江西省社会科学规划项目"明代茶具与明代社会"（项目编号18LS05）

江西省文化艺术科学规划项目"明代陶瓷茶具与明代社会关系研究"（项目编号YG2017108）

香茗雅器

明代茶具与明代社会

蔡定益 著

Fragrant Tea and Elegant Utensils:
the Tea Sets and the Society in Ming Dynasty

中国社会科学出版社

图书在版编目(CIP)数据

香茗雅器：明代茶具与明代社会/蔡定益著.—北京：中国社会科学出版社，2019.7（2021.7重印）
ISBN 978-7-5203-4810-2

Ⅰ.①香… Ⅱ.①蔡… Ⅲ.①茶具—研究—中国—明代 ②社会史—研究—中国—明代 Ⅳ.①K875.24②K248.07

中国版本图书馆CIP数据核字（2019）第155868号

出 版 人	赵剑英
责任编辑	郭 鹏
责任校对	刘 俊
责任印制	李寡寡

出　　版	中国社会科学出版社
社　　址	北京鼓楼西大街甲158号
邮　　编	100720
网　　址	http://www.csspw.cn
发 行 部	010-84083685
门 市 部	010-84029450
经　　销	新华书店及其他书店

印刷装订	北京市十月印刷有限公司
版　　次	2019年7月第1版
印　　次	2021年7月第2次印刷

开　　本	710×1000　1/16
印　　张	34.5
插　　页	2
字　　数	501千字
定　　价	158.00元

凡购买中国社会科学出版社图书，如有质量问题请与本社营销中心联系调换
电话：010-84083683
版权所有　侵权必究

目 录

绪论 …………………………………………………………… (1)
 一 相关研究概述 ………………………………………… (1)
 二 本书创新和价值 ………………………………………… (5)
 三 本书框架和主要内容 …………………………………… (9)

第一章 明代的茶具 ………………………………………… (11)
第一节 明代的炉 ……………………………………… (11)
 一 茶书中的炉 ………………………………………… (11)
 二 诗歌中的炉 ………………………………………… (19)
 三 茶画中的炉 ………………………………………… (38)
 四 小说戏曲中的炉 …………………………………… (48)

第二节 明代的盏 ……………………………………… (56)
 一 茶书中的盏 ………………………………………… (56)
 二 诗歌中的盏 ………………………………………… (64)
 三 茶画中的盏 ………………………………………… (82)
 四 小说戏曲中的盏 …………………………………… (89)

第三节 明代的壶 ……………………………………… (100)
 一 茶书中的壶 ………………………………………… (101)
 二 诗歌中的壶 ………………………………………… (117)
 三 茶画中的壶 ………………………………………… (131)

四　小说戏曲中的壶 ……………………………………… (139)
　第四节　明代的其他茶具 ……………………………………… (150)
　　一　茶书中的其他茶具 ………………………………… (150)
　　二　诗歌中的其他茶具 ………………………………… (174)
　　三　茶画中的其他茶具 ………………………………… (192)
　　四　小说戏曲中的其他茶具 ……………………………… (197)

第二章　明代的茶具与宫廷、文人和世俗 ……………………… (207)
　第一节　明代的茶具与宫廷 …………………………………… (207)
　　一　明代的贡茶 ………………………………………… (207)
　　二　明代宫廷的饮食、礼仪与茶具 ……………………… (224)
　　三　明代御窑与茶具 …………………………………… (241)
　第二节　明代的茶具与文人 …………………………………… (260)
　　一　茶具是文人生活的一部分 …………………………… (260)
　　二　文人影响茶具设计 ………………………………… (289)
　　三　文人珍藏茶具 ……………………………………… (306)
　　四　茶具与文人饮茶的环境 ……………………………… (325)
　　五　茶具与文人饮茶的伴侣 ……………………………… (354)
　第三节　明代的茶具与世俗 …………………………………… (367)
　　一　官绅与茶具 ………………………………………… (367)
　　二　豪商富室与茶具 …………………………………… (377)
　　三　普通平民与茶具 …………………………………… (385)
　　四　茶馆与茶具 ………………………………………… (401)
　　五　仙境、幻境与茶具 ………………………………… (406)

第三章　明代的茶具与儒、释、道 ……………………………… (413)
　第一节　明代的茶具与儒家 …………………………………… (413)
　　一　儒家与明代茶具的纹饰、器型与款识 ……………… (413)

二　明代茶具与人格思想 ……………………………… (426)
　　三　明代茶具与礼仪思想 ……………………………… (439)
　　四　明代茶具与入世思想 ……………………………… (449)
　　五　明代茶具与崇玉观念 ……………………………… (456)
　第二节　明代的茶具与佛教 ………………………………… (467)
　　一　佛教与明代茶具的纹饰、器型与款识 …………… (467)
　　二　明代僧人参与茶具的制作 ………………………… (473)
　　三　明代僧人喜持茶具饮茶 …………………………… (476)
　　四　明代茶具与茶禅一味思想 ………………………… (480)
　第三节　明代茶具与道教（道家） ………………………… (486)
　　一　道教（道家）与明代茶具的纹饰、器型与款识 ……… (487)
　　二　明代道徒参与茶具的制作 ………………………… (497)
　　三　明代道徒喜持茶具饮茶 …………………………… (500)
　　四　明代茶具与道法自然的思想 ……………………… (505)
　　五　明代茶具与隐逸思想 ……………………………… (507)
　　六　明代茶具与长生神仙思想 ………………………… (517)

结语 ……………………………………………………………… (522)
参考文献 ……………………………………………………… (530)
后记 …………………………………………………………… (544)

绪　　论

一　相关研究概述

学术研究譬如积薪，后来者居上，任何研究课题了解前人研究成果是十分必要的。有关明代茶具的研究成果，可分为著作和论文两类。目前以中国古代茶具为主要研究内容的著作，已有30余种，这些著作或多或少从不同视角对明代茶具有一定涉及。但以明代茶具为主要内容的著作，目前尚付阙如。有关明代茶具的研究论文至今已有20余篇，从不同角度论述了这个时代茶具的某个方面。下面先概述有关著作，再简述相关论文。

宜兴紫砂壶在明代中叶崛起并得到很大发展，有三种著作对这种特殊的茶具进行了专门论述。史俊棠、盛畔松《紫砂春秋》[1]，徐秀棠《中国紫砂》[2]，徐秀棠《徐秀棠说紫砂》[3] 这三部专著述及了宜兴紫砂壶的方方面面，其中有部分内容对明代紫砂壶的兴起、发展以及明代制壶艺人和明代制壶工艺等各个方面进行了探讨。

胡小军与姚国坤合著的《中国古代茶具》[4] 及独著的《茶具》[5] 分唐代以前、唐代、宋代、元代、明代和清代几个时期对中国古代的茶具进行了梳理和介绍。这两部书在文献方面运用了包括茶书在内的许多古

---

[1] 史俊棠、盛畔松：《紫砂春秋》，文汇出版社1991年版。
[2] 徐秀棠：《中国紫砂》，上海古籍出版社2000年版。
[3] 徐秀棠：《徐秀棠说紫砂》，上海辞书出版社2007年版。
[4] 姚国坤、胡小军：《中国古代茶具》，上海文化出版社1998年版。
[5] 胡小军：《茶具》，浙江大学出版社2003年版。

香茗雅器：明代茶具与明代社会

籍和诗歌，列举了不同时期各个陶瓷窑口的茶具，特别是收集了大量茶具图片，并从文化和工艺的角度进行了解读。

王建平《茶具清雅》[①]利用古代文献中的大量史料分唐代、宋代、明代和清代几个时期对中国古代茶具进行了阐述，明代部分主要论述的是明代茶具的特点以及景德镇瓷和宜兴紫砂壶的崛起。

郭丹英、王建荣合著有四种有关中国古代茶具的著作，分别是《中国老茶具图鉴》[②]《中国茶具百科》[③]《中国茶具流变图鉴》[④]《中国老茶具》[⑤]。这四种书内容都比较接近，分唐以前、唐代、宋代、元代和明清几个时期对中国古代茶具作了论述。特别值得一提的是，这四部书采用的史料除古人著作、诗歌以及一些考古材料外，还使用了一些古代茶画，对这些茶画中的茶具以及饮茶方式和文化现象进行了分析。

我国台湾学者池宗宪著有系列茶具著作，主要有《茶杯：寂光幽邃》[⑥]《茶壶：有容乃大》[⑦]《炉铫兴味》[⑧]《藏茶生金》[⑨]。这些著作对有关古今茶具（主要是茶杯、茶壶、茶炉、茶铫和藏茶用具）的文化内涵、生活哲理、饮茶方式以及工艺制作等进行了论述，有部分内容涉及了明代。

我国台湾学者廖宝秀《历代茶器与茶事》[⑩]是一部她历年相关论文的论文集，收录论文十余篇。《明代文人的茶空间与茶器陈设——以丁云鹏茶画为例》《仇英绘画上的茶事》是其中两篇有关明代的论文。这两篇论文通过茶画分析解读了明代的饮茶时尚、茶具形制以及茶具陈

---

① 王建平：《茶具清雅》，光明日报出版社1999年版。
② 郭丹英、王建荣：《中国老茶具图鉴》，中国轻工业出版社2007年版。
③ 王建荣、赵燕燕、郭丹英、姚晓燕：《中国茶具百科》，山东科学技术出版社2008年版。
④ 郭丹英、王建荣：《中国茶具流变图鉴》，中国轻工业出版社2009年版。
⑤ 王建荣、郭丹英：《中国老茶具》，黄山书社2014年版。
⑥ 池宗宪：《茶杯：寂光幽邃》，生活·读书·新知三联书店2010年版。
⑦ 池宗宪：《茶壶：有容乃大》，生活·读书·新知三联书店2010年版。
⑧ 池宗宪：《炉铫兴味》，清华大学出版社2012年版。
⑨ 池宗宪：《藏茶生金》，清华大学出版社2012年版。
⑩ 廖宝秀：《历代茶器与茶事》，故宫出版社2017年版。

绪 论

设等。

另还有一些有关茶具的著作以历代茶具汇编的形式出现，这些著作收集了大量茶具图片，并在每种茶具的图片之后附加文字说明，以阐述其工艺特点和历史文化。相关著作主要有：顾景舟《宜兴紫砂珍赏》[1]、赵自强《中国历代茶具》[2]、佘彦焱《中国历代茶具》[3]、宋伯胤《品味清香：茶具》[4]、中国茶叶博物馆《品茗的排场：民间收藏茶具精品》[5]、陈文华《中国古代茶具鉴赏》[6]、吴光荣《茶具鉴藏》[7]、中国茶叶博物馆《品茶说茶：在中国茶叶博物馆漫步》[8]、汪星燚《以适幽趣：明清茶具珍藏展》[9]和李文年《中国陶瓷茶具珍赏》[10]等。上述图书皆包涵有一些有关明代的内容。

除此之外，查俊峰与尹寒《茶文化与茶具》[11]、罗文华《趣谈中国茶具》[12]、寇丹《鉴壶》[13]、南国嘉木《茶具大观》[14]、何国松《图观茶天下：茶具》[15]、余悦《图说茶具文化》[16]、黄文哲与李菲《茶之器》[17]亦对古今茶具从不同角度进行了介绍，均有部分内容涉及明代，为免烦琐，不再一一评述。

总体而言，目前有关中国古代茶具的著作对包括明代在内的古代茶

---

[1] 顾景舟：《宜兴紫砂珍赏》，香港三联书店1992年版。
[2] 赵自强：《中国历代茶具》，广西美术出版社1999年版。
[3] 佘彦焱：《中国历代茶具》，浙江摄影出版社2001年版。
[4] 宋伯胤：《品味清香：茶具》，上海文艺出版社2002年版。
[5] 中国茶叶博物馆：《品茗的排场：民间收藏茶具精品》，浙江大学出版社2006年版。
[6] 陈文华：《中国古代茶具鉴赏》，江西教育出版社2007年版。
[7] 吴光荣：《茶具鉴藏》，印刷工业出版社2013年版。
[8] 中国茶叶博物馆：《品茶说茶：在中国茶叶博物馆漫步》，东方出版社2013年版。
[9] 汪星燚：《以适幽趣：明清茶具珍藏展》，西泠印社出版社2014年版。
[10] 李文年：《中国陶瓷茶具珍赏》，文物出版社2016年版。
[11] 查俊峰、尹寒：《茶文化与茶具》，四川科学技术出版社2003年版。
[12] 罗文华：《趣谈中国茶具》，百花文艺出版社2005年版。
[13] 寇丹：《鉴壶》，浙江摄影出版社2006年版。
[14] 南国嘉木：《茶具大观》，华艺出版社2007年版。
[15] 何国松：《图观茶天下：茶具》，北京工业大学出版社2011年版。
[16] 余悦：《图说茶具文化》，世界图书出版公司2014年版。
[17] 黄文哲、李菲：《茶之器》，武汉大学出版社2015年版。

♨ 香茗雅器：明代茶具与明代社会

具进行了一定程度的探讨，但大多为介绍性的通俗读物，并非严格的学术专著，有些书籍甚至完全没有列参考文献和注释。现有著作采用了古人著作、诗歌和茶画中的一些材料，但使用材料范围较为狭窄，甚至陈陈相因。这些著作的内容大多是从工艺和美术的角度进行论述，从历史、社会和文化角度进行论述的内容较少。

目前有关明代茶具的论文有20余篇。郭孟良《〈金瓶梅〉与明代的饮茶风尚》[1]和唐冰《〈水浒传〉中的餐具酒具和茶具》[2]分别论述了明代小说兰陵笑笑生《金瓶梅词话》及施耐庵《水浒传》中的茶具以及茶文化。

明清时期产生几种专记明代茶具的茶书。明周高起《阳羡茗壶系》记载的是明代的宜兴紫砂壶；清吴钺、刘继增的《竹炉图咏》、清邹炳泰《纪听松庵竹炉始末》、民国顾庚良的《惠山听松庵竹炉志》与《竹炉图咏补辑》均记载的是明代无锡惠山听松庵竹炉。有些论文对这些茶书进行了评介论述，主要有：李敏行《〈阳羡茗壶系〉之考证》[3]、王建平《尚陶延古意，排闷仰真茶——从周高起〈阳羡茗壶系〉看明代紫砂茶具》[4]、陈宁《〈阳羡茗壶系〉内容价值评析》[5]、王河《惠山听松庵竹茶炉与〈竹炉图咏〉》[6]、王河《顾庚良〈惠山听松庵竹炉志〉与〈竹炉图咏补辑〉》[7]、王河等《清代邹炳泰与〈纪听松庵竹炉始末〉》[8]。

李培的学位论文《从文徵明画中的茶具看吴门四家的文人生活

---

[1] 郭孟良：《〈金瓶梅〉与明代的饮茶风尚》，《明清小说研究》2002年第2期。
[2] 唐冰：《〈水浒传〉中的餐具酒具和茶具》，《水浒争鸣》2010年第12辑。
[3] 李敏行：《〈阳羡茗壶系〉之考证》，《南方文物》2008年第1期。
[4] 王建平：《尚陶延古意，排闷仰真茶——从周高起〈阳羡茗壶系〉看明代紫砂茶具》，《农业考古》2014年第2期。
[5] 陈宁：《〈阳羡茗壶系〉内容价值评析》，《农业考古》2016年第2期。
[6] 王河：《惠山听松庵竹茶炉与〈竹炉图咏〉》，《农业考古》2006年第2期。
[7] 王河：《顾庚良〈惠山听松庵竹炉志〉与〈竹炉图咏补辑〉》，《农业考古》2006年第2期。
[8] 王河、王晓丹、刘美彩：《清代邹炳泰与〈纪听松庵竹炉始末〉》，《农业考古》2009年第2期。

状态》①和潘高洁《晚明文人的茶具、茶寮与饮茶生活——以丁云鹏〈煮茶图〉为例》②分别通过文徵明和丁云鹏的绘画作品来考察明代的茶具、饮茶方式和文化内涵。

宜兴紫砂壶是明代中叶崛起的一种重要茶具，以下论文从不同角度论述了明代宜兴紫砂壶：朱培初《明清宜兴紫砂陶对欧洲陶瓷的影响》③、梁盛平《明嘉靖柿蒂纹紫砂提梁壶传统设计解析》④、王叶菁《紫砂壶在明代江南的兴起与传播》⑤、刘芝华《晚明宜兴紫砂壶的社会生命史》⑥、邢舒良《从墓葬出土资料看明代紫砂壶特点》⑦、滕晓铂《17—18世纪中国外销紫砂茶具对欧洲的影响》⑧。

另外郭丹英《苦节君考》⑨考察了明代有特色的茶具苦节君，这是竹茶炉的美称。刘双《明代茶具革新探究》⑩探讨了从明代之前的历史时期到明代茶具的革新变化以及紫砂壶的风靡。商亚敏《明清彩绘瓷茶具装饰特征研究》⑪阐述了明清时期彩绘瓷茶具在装饰图案的内容上深厚的文化内涵与审美意识。

二 本书创新和价值

本书的创新与价值主要体现在三个方面，一是在史料上有了较大拓展，二是通过茶具视角来研究明代社会，三是有一定的学术意义和现实意义。

---

① 李培：《从文徵明画中的茶具看吴门四家的文人生活状态》，安徽大学硕士学位论文，2014年。
② 潘高洁：《晚明文人的茶具、茶寮与饮茶生活——以丁云鹏〈煮茶图〉为例》，《艺术品》2015年第6期。
③ 朱培初：《明清宜兴紫砂陶对欧洲陶瓷的影响》，《艺苑》1985年第4期。
④ 梁盛平：《明嘉靖柿蒂纹紫砂提梁壶传统设计解析》，《艺术评论》2012年第3期。
⑤ 王叶菁：《紫砂壶在明代江南的兴起与传播》，西北师范大学硕士论文，2014年。
⑥ 刘芝华：《晚明宜兴紫砂壶的社会生命史》，《农业考古》2015年第2期。
⑦ 邢舒良：《从墓葬出土资料看明代紫砂壶特点》，《东方收藏》2017年第7期。
⑧ 滕晓铂：《17—18世纪中国外销紫砂茶具对欧洲的影响》，《装饰》2017年第8期。
⑨ 郭丹英：《苦节君考》，《茶叶》2009年第1期。
⑩ 刘双：《明代茶具革新探究》，《农业考古》2011年第5期。
⑪ 商亚敏：《明清彩绘瓷茶具装饰特征研究》，《农业考古》2014年第2期。

♨ 香茗雅器：明代茶具与明代社会

本书的第一个创新与价值在于采用的史料上有了较大的拓展。史料是史学研究的前提和基础，甚至有观点把史学看作是史料学，缺乏史料，史学就成了无源之水、无本之木，采用史料的拓展是用较大意义的。本书研究使用的史料主要在于四个方面，一是明人著作（包括茶书），二是明人诗歌，三是明人绘画，四是明人小说戏曲。前人有关明代茶具的研究成果已经利用了一些明代著作中的材料，常见的有高濂《遵生八笺》、屠隆《考槃馀事》、文震亨《长物志》、沈德符《万历野获编》、朱权《茶谱》、顾元庆《茶谱》、许次纾《茶疏》和周高起《阳羡茗壶系》等。本书以一些大型丛书[①]为引导，进一步收集了大量明代著作中的有关史料。明代诗歌创作十分繁荣，诗歌数量浩如烟海，大量诗歌涉及了茶具的方方面面，完全可以以诗证史，但目前有关研究中只是零星地利用了少量诗歌。唐代诗歌主要集中于《全唐诗》[②]中，宋代诗歌主要集中于《全宋诗》[③]和《全宋词》[④]中，收集有关诗歌较为方便，但明人诗歌并无明诗全集可资利用，为此本书作者耗费了大量时间，以一些大型丛书为引导，辑出了明人有关茶具的诗歌数百首，并在本书研究中大量利用了这些诗歌。明人绘画作品十分丰富，许多绘画作品是涉及茶事活动的茶画，例如明代著名文人和画家沈周、文徵明、唐寅、仇英、丁云鹏和陈洪绶等人均创作了数量不等的茶画，仅今人裘纪平《中国茶画》[⑤]即收录明代茶画103幅，在这些茶画中茶具往往得到形象生动的呈现。目前涉及明代茶具的研究成果对明代茶画已有少量的运用，但还很不充分，本书大量利用了茶画作为研究的史料基础。明代是一个小说创作繁荣的时代，著名小说有施耐庵《水浒传》、兰陵笑

[①] 这些大型丛书主要有《四库全书》《四库全书存目丛书》《续修四库全书》《丛书集成初编》《丛书集成新编》《丛书集成续编》（新文丰出版公司出版）、《丛书集成续编》（上海书店出版社出版）。
[②] （清）彭定求等：《全唐诗》，中华书局1960年版。
[③] 北京大学古文献研究所：《全宋诗》，北京大学出版社1991—1998年版。
[④] 唐圭璋：《全宋词》，中华书局1965年版。
[⑤] 裘纪平：《中国茶画》，浙江摄影出版社2014年版。

绪 论

笑生《金瓶梅词话》和冯梦龙编撰的《喻世明言》《警世通言》《醒世恒言》以及凌濛初编撰的《拍案惊奇》《二刻拍案惊奇》等。明代小说中有大量茶事活动的描写，涉及许多不同类型的茶具，小说中的内容当然有程度不等的虚构和夸张，但很大程度还是建立在现实的基础上，是对现实一定程度的真实反映，所以明代小说中有关茶具的内容完全可以作为进行研究的史料。现有研究成果对明代小说中的茶具还较少涉及，本书收集了40余种明代小说中的大量相关史料，作为研究的重要基础。另外明代戏曲创作也较为繁荣，仅明末毛晋编辑的《六十种曲》[①]即收集了明代戏曲60种，这些戏曲中存在大量有关茶事和茶具的描写，是研究可资利用的史料。但目前明代戏曲中的史料还完全没有得到利用，本书对此进行了收集和利用。

本书的第二个创新与价值在于通过茶具的视角来研究明代社会。目前有关明代社会的研究成果已经十分丰富，但并没有从茶具角度来研究明代社会而形成的较为系统完整的研究成果。现有有关明代茶具的研究成果大多从工艺美术的视角来进行研究，重点在于茶具在历史进程中的演变、茶具的工艺制作和茶具的器型、纹饰和款识等，从历史、社会、文化的角度研究茶具并从而窥探社会面貌的成果较少。本书的研究从视角上进行了拓展，是较大的创新。明代茶具处于特定的时代背景之中，既是时代的产物，又对时代面貌进行了反映和折射。明代最典型的茶具有茶炉、茶盏和茶壶，另外还有其他一些配套茶具。这些茶具在明代的茶书、诗歌、绘画和小说戏曲中皆有大量的描绘和记载。茶炉方面最突出的是竹炉，文人趋之若鹜，竹炉受欢迎有深刻的文化背景和内涵。茶盏方面最典型的是景德镇瓷，景德镇是明代的瓷业中心，由于从唐宋到明清饮茶风尚的演变，景德镇生产的白瓷极受欢迎。茶壶方面最引人注目的是宜兴紫砂壶，茶壶是由茶铫逐渐演变而来，宜兴紫砂壶的兴起与文人的喜好及参与有密切关系。明代宫廷大量消费茶叶，茶叶大量用于

---

① （明）毛晋：《六十种曲》，中华书局1958年版。

♨ 香茗雅器：明代茶具与明代社会

饮食和礼仪，因之对茶具的需求十分巨大。茶具的主流是陶瓷，明代宫廷在景德镇设有专门的御窑，宣窑、成窑和靖窑生产的茶具皆有极高声誉。明代文人追求怡然自得、舒展性灵的惬意生活，茶具在他们的生活中扮演重要角色，竹炉和宜兴紫砂壶是他们突出的追求。许多文人收藏茶具甚至参与茶具的制作。茶具也渗透到了世俗生活之中，不似宫廷茶具的精美华贵、文人茶具的清雅，官绅、豪商和底层平民使用的茶具透露出强烈的世俗气息，适应的是世俗生活。明代茶具与儒家、佛教和道教（道家）皆有密切关系。明代茶具的纹饰、器型和款识均受到儒释道三家的影响，往往有很深的文化内涵。深受儒家浸染的明代文人往往赋予茶具礼仪、入世、人格等儒家理念。信仰佛教思想的僧人很大程度参与并影响了茶具的制作，茶具也在明人茶禅一味的观念中扮演重要角色。明代茶具亦往往体现了道教（道家）中的道法自然、隐逸避世以及神仙长生等思想。

  本书的第三个创新与价值在于有一定的学术意义和较强的现实意义。本书的学术意义主要体现在本书的研究能够深化对中国古代茶具的认识，填补中国社会史、文化史研究的一个薄弱之处，并且可为明史研究提供一定的借鉴。茶具特别是陶瓷茶具在中国古代的经济、文化中曾是一个重要角色，发挥过很大的作用。经济上茶具是陶瓷中十分重要的品种，从唐代开始，在国内的销量就很大，还大量行销海外。文化上茶具是陶瓷文化与茶文化的结晶，在中国古代都是很重要的物质形态的文化。研究中国古代茶具是很有学术意义的。本书的现实意义主要在于文化价值和经济价值。文化实力极大影响到一国综合国力的强弱，茶具文化既涉及茶文化，又与陶瓷文化密切相关，都是中国传统文化的重要组成部分。中国目前正在实施一带一路战略，古代丝绸之路上中国对外输出的最主要商品即为丝绸、陶瓷和茶叶，这三种商品皆带有强烈的中国文化特征。大力研究中国古代茶具，对弘扬传统文化，抵御西方文化入侵，增强民族自尊心、自信心有相当的现实意义。茶具是一种包含有很强文化价值的经济产品，大力对历史上的茶具进行研究和宣传，一定程度可以促进社会上大众的茶具消费。对古代茶具的研究，也可以为今天茶具的生产制作提供参考，从而达到知古鉴今，促进茶具生产和发展的目的。

三　本书框架和主要内容

下面列出本书提纲，该提纲能够反映本书的框架和主要内容。

绪论
一　相关研究概述
二　本书创新和价值
三　本书框架和主要内容

第一章　明代的茶具
第一节　明代的炉
第二节　明代的盏
第三节　明代的壶
第四节　明代的其他茶具

第二章　明代的茶具与宫廷、文人和世俗
第一节　明代的茶具与宫廷
第二节　明代的茶具与文人
第三节　明代的茶具与世俗

第三章　明代的茶具与儒、释、道
第一节　明代的茶具与儒家
第二节　明代的茶具与佛教
第三节　明代茶具与道教（道家）

♨ 香茗雅器：明代茶具与明代社会

结语
参考文献
后记

　　本书主要分成五个部分，第一个部分是绪论，第二至第四个部分是正文的第一章到第三章，第五个部分是结语、参考文献和后记。

　　本书绪论的内容主要有三方面，一是前人相关研究成果的概述，作一个简单的学术史回顾，以明了本书的研究基础，二是阐述本书的创新和价值，以明了本书写作的意义，三是本书的框架和主要内容。第一章的内容主要叙述的是明代的炉、盏、壶以及其他茶具，分别从茶书、诗歌、茶画和小说戏曲的角度进行考察。第二章的内容主要是论述明代的茶具与宫廷、文人和世俗社会之间的关系，茶具已成为宫廷生活、文人生活以及世俗生活中不可或缺的重要角色。第三章的内容论述的是明代茶具与儒家、佛教和道教（道家）之间的关系，儒释道三教皆对茶具产生很大影响，茶具也在信仰儒家的士人、信仰佛教的僧人以及信仰道教（道家）的道徒生活中占有重要地位。结语是对全书观点与论述的总结，参考文献反映的是本书的史料基础和背景，后记叙述了本书写作的缘起。

第一章 明代的茶具

明代最典型的茶具有炉、盏和壶，另外还有一些其他茶具，在明代的茶书、诗歌、茶画和小说戏曲中有大量的相关内容。

第一节 明代的炉

明代之炉，可从茶书、诗歌、茶画和小说戏曲四个方面论述。

一 茶书中的炉

所谓茶书，指的是有关茶叶、茶饮和茶马之书，中国古代（截止到1912年）遗留到今天的茶书约有百种左右。中国古代茶书保留有大量关于茶叶历史与文化的材料，是古代茶文化的最集中体现。茶具是茶书记载一个重要方面，而炉在茶饮中是最典型也必不可少的茶具之一。

唐代出现了中国历史上的第一部茶书，那就是陆羽的《茶经》。《茶经》的《四之器》详细记录了茶饮所需的28种茶具，其中炉占据极为重要的地位。在28种茶具中，炉位列第一，并且描述的文字最丰富。包括今人所加标点，《茶经》之《四之器》有1900余字，而描述炉的文字就有近300字。《茶经》之所以这么重视炉，与当时的茶饮方式有关，采用烹茶法，将磨成粉状的茶叶投入置于炉上的鍑中烹煮，之后再盛入盏中饮用，炉成了视觉的焦点。文字如下：

♨ 香茗雅器：明代茶具与明代社会

风炉以铜铁铸之，如古鼎形，厚三分，缘阔九分，令六分虚中，致其朽墁。凡三足，古文书二十一字。一足云"坎上巽下离于中"，一足云"体均五行去百疾"，一足云"圣唐灭胡明年铸"。其三足之间，设三窗。底一窗以为通飙漏烬之所。上并古文书六字，一窗之上书"伊公"二字，一窗之上书"羹陆"二字，一窗之上书"氏茶"二字。所谓"伊公羹，陆氏茶"也。置墆㙞于其内，设三格：其一格有翟焉，翟者火禽也，画一卦曰离；其一格有彪焉，彪者风兽也，画一卦曰巽；其一格有鱼焉，鱼者水虫也，画一卦曰坎。巽主风，离主火，坎主水，风能兴火，火能熟水，故备其三卦焉。其饰，以连葩、垂蔓、曲水、方文之类。其炉，或锻铁为之，或运泥为之。①

根据《茶经》的描述，炉的材质为铜（"铜铁铸之"）、铁（"锻铁为之"）或陶（"运泥为之"），形状有似古代三足的鼎，炉上装饰丰富，刻有大量的文字和图形，并且这些文字和图均有很深的寓意。

但与唐代茶书《茶经》大为不同的是，宋代的几部代表性茶书②几乎完全没有对炉的描述。之所以出现这种情况，是因为从唐至宋，茶书中记载的茶饮方式发生巨大变化，不再是烹茶法，而是点茶法，碾磨好的茶粉直接放置到茶盏再冲入沸水击拂，而不再投入炉上的煮水器，盏成了视觉中心，炉于是被边缘化不再受重视。

到明代，茶书中主流的茶饮方式又发生了重要变化，由宋代的点茶法演变为泡茶法，不再流行唐宋时期的饼茶（又称团茶），而是盛行散茶（又称叶茶），茶的饮用不须碾磨成粉，更不须投入盏中搅动和击拂，直接置入盏或壶中冲入沸水即可。泡茶的过程中，以炉为中心火候

---

① （唐）陆羽：《茶经》卷中《四之器》，《丛书集成新编》第47册，新文丰出版公司1985年版。
② 宋代的代表性茶书主要有蔡襄《茶录》、赵佶《大观茶论》和审安老人《茶具图赞》等。

第一章 明代的茶具

的掌握十分重要，炉又相当程度上回到了茶书中茶人的视野。例如明代茶书朱权《茶谱》，共记载包括茶炉、茶灶、茶碾、茶罗、茶架、茶匙、茶筅、茶瓯和茶瓶在内的九种茶具，茶炉、茶灶位列第一第二，其实茶灶也是茶炉之一种，描述茶具的文字包括今人所加标点符号共650多字，其中描述茶炉、茶灶的文字就达260多字，约占40%，可见茶具中炉在朱权心中的地位。① 明代茶书程用宾《茶录》共记载茶具12种，被称为"鼎"的炉也位居第一。② 明茶书罗廪《茶解》之《器》条记载有关茶的器具12种，炉位列第七，但前六种器具籯、灶、箕、扇、笼、帨、瓮实际是制茶用具，真正的茶饮用具是后面的炉、注、壶、瓯和楪五种，炉仍然位列第一。③

明清茶书中记载的明代的炉其材质主要有铜、陶、竹三种。明代茶书屠本畯《茗笈》之《第十辩器章》在列举了大量茶具后评论："炉宜铜，瓦竹易坏。"④ 其中"瓦"即陶，虽然屠本畯有自己的倾向性，但至少说明炉的材质以这三种为主。

明代茶书朱权《茶谱》、张丑《茶经》、程用宾《茶录》皆记录了茶炉以铜制成。朱权《茶谱》曰："茶炉……泻铜为之。……予以泻银坩锅瓷为之，尤妙。"⑤ 朱权所云另外以银制成茶炉或许是特例，银价昂贵，很难推广。张丑《茶经》曰："茶炉用铜铸，如古鼎形。"⑥ 程用宾《茶录》曰："鼎……以铜铁铸之。"在该书附图中甚至直接把炉叫作"铜鼎"。⑦ 另外明代茶书许次纾《茶疏》虽然没有直接对炉再描述，但在《出游》条中直接将炉称为"铜炉"，说明许次纾默认茶炉中

---

① （明）朱权：《茶谱》，《艺海汇函》，明抄本。
② （明）程用宾：《茶录》，明万历三十二年戴凤仪刻本。
③ （明）罗廪：《茶解》，喻政《茶书》，明万历四十一年刻本。
④ （明）屠本畯：《茗笈》之《第十辩器章》，喻政《茶书》，明万历四十一年刻本。
⑤ （明）朱权：《茶谱》，《艺海汇函》，明抄本。
⑥ （明）张丑：《茶经》，《中国古代茶道秘本五十种》第2册，全国图书馆文献缩微复制中心2003年版。
⑦ （明）程用宾：《茶录》，明万历三十二年戴凤仪刻本。

· 13 ·

铜炉是最普及的。①

明代茶书朱权《茶谱》、罗廪《茶解》皆记载了陶制的炉，陆廷灿《续茶经》虽是清代茶书，亦引用朱权的话描述了明代陶炉。朱权《茶谱》曰："茶灶。古无此制，予于林下置之。烧成瓦器如灶样。"② 罗廪《茶解》曰："炉。用以烹泉，或瓦或竹。"③ 陆廷灿《续茶经》曰："臞仙云：古之所有茶灶，但闻其名，未尝见其物，想必无如此清气也。予乃陶土粉以为瓦器，不用泥土为之。"④ 臞仙是朱权的号。瓦器也即陶器，此处茶灶也是茶炉之一种。

明代茶书顾元庆《茶谱》、罗廪《茶解》均记载了明代的竹炉。顾元庆《茶谱》附录了盛颙、盛虞伯侄所著《王友石竹炉并分封六事》，描述了竹炉和另外六种茶具，将竹炉美称为"苦节君"，形容竹炉为"匪冶匪陶"，也即既非金属也非陶制⑤（图1-1）。罗廪《茶解》曰："炉。用以烹泉，或瓦或竹。"⑥ 明代茶书周高起《阳羡茗壶系》、醉茶消客《茶书》以及清代茶书陆廷灿《续茶经》亦涉及了明代竹炉。周高起《阳羡茗壶系》："竹炉幽讨，松火怒飞。"⑦ 醉茶消客《茶书》："《慧山第二泉志》：山在锡山西南……壁间王孟端画庐山景于其上，制竹茶炉于其中。"⑧ 王孟端也即明初著名画家王绂，曾会同他人制竹炉于惠山。陆廷灿《续茶经》："《曝书亭集》：锡山听松庵僧性海，制竹火炉，王舍人过而爱之，为作山水横幅并题以诗。"⑨ 引文亦记述的是

---

① （明）许次纾：《茶疏》，《四库全书存目丛书·子部》第79册，齐鲁书社1997年版。
② （明）朱权：《茶谱》，《艺海汇函》，明抄本。
③ （明）罗廪：《茶解》，喻政《茶书》，明万历四十一年刻本。
④ （清）陆廷灿：《续茶经》卷上《二之具》，《景印文渊阁四库全书》第844册，台湾商务印书馆1986年版。
⑤ （明）顾元庆：《茶谱》，《续修四库全书》第1115册，上海古籍出版社2003年版。
⑥ （明）罗廪：《茶解》，喻政《茶书》，明万历四十一年刻本。
⑦ （明）周高起：《阳羡茗壶系》，《丛书集成续编》第90册，新文丰出版公司1988年版。
⑧ （明）醉茶消客：《茶书》，明抄本。
⑨ （清）陆廷灿：《续茶经》卷下《七之事》，《景印文渊阁四库全书》第844册，台湾商务印书馆1986年版。

第一章 明代的茶具

明初僧人性海与王绂在惠山制作竹炉。

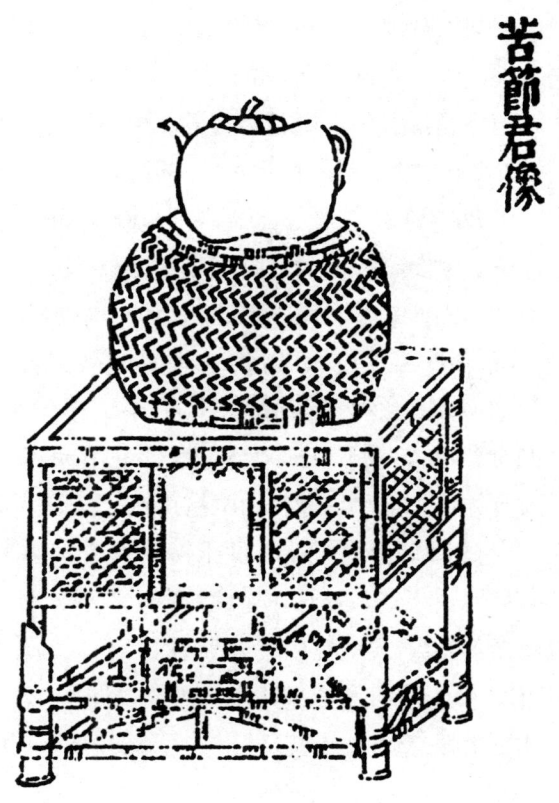

图1-1 被称为苦节君的竹炉（引自顾元庆《茶谱》）

特别值得一提的是，清代至少出现两部专记明代无锡惠山听松庵竹炉的茶书，分别是吴钺、刘继增的《竹炉图咏》和邹炳泰《纪听松庵竹炉始末》。明初王绂在惠山听松庵会同僧人性海、医生潘克诚命竹工制作了一个竹炉，王绂为此绘画一幅并作诗一首，产生极大文化影响力。之后明清数百年，竹炉数次被复制，大批文人墨客甚至清乾隆帝围绕此竹炉绘画、作文、赋诗。乾隆二十七年，由于乾隆帝对惠山竹炉的喜爱，无锡知县吴钺将有关此竹炉的画、文、诗汇编为《惠山听松庵竹炉图咏》，分为元、亨、利、贞四集。但乾隆四十四年，原卷因保管不善毁于火，时任无锡知县邱涟为赎罪于乾隆四十七年又编成了《竹炉图咏补集》，主要收录乾隆二十七年之后乾隆帝及一些大臣围绕此竹炉的诗文。光绪十九年，刘继增将吴钺《竹炉图咏》和邱涟《竹炉图咏补集》删去重复，合编在一起，这就是今天所见《竹炉图咏》。[①] 所以今日署名吴钺、刘继增的《竹炉图咏》实际是由两部茶书合编而成的。邹炳泰《纪听松庵竹炉始末》亦编撰于乾隆年间，实际上主要是对吴钺《竹炉图咏》和邱涟《竹炉图咏补集》的摘录，不再详述。[②]

明清茶书中炉的设计主要有似鼎和似灶两种，事实上明清时期茶炉常常被直接称为鼎和灶。朱权《茶谱》、张丑《茶经》、程用宾《茶录》设计的茶炉皆似鼎。朱权《茶谱》曰："茶炉。与炼丹神鼎同制，通高七寸，径四寸，脚高三寸，风穴高一寸，上用铁隔，腹深三寸五分……襻高一尺七寸半，把手用藤扎，两傍用钩，挂以茶帚、茶筅、炊筒、水滤于上。"[③] 这种炉上有把手，便于携带移动，边有挂钩，便于挂上茶帚、茶筅等附属茶具。张丑《茶经》曰："茶炉用铜铸，如古鼎形。四周饰以兽面饕餮纹。"[④] 程用宾《茶录》曰："鼎：拟《经》之风炉也。"[⑤] 程用宾模仿陆羽《茶经》中风炉的设计。

朱权《茶谱》和陆廷灿《续茶经》记载了似灶的茶炉的设计。朱权《茶谱》："茶灶。……下层高尺五，为灶台，上层高九寸，长尺五，宽一尺，傍刊以诗词咏茶之语。前开二火门，灶面开二穴以置瓶。顽石置前，便炊者之坐。"[⑥] 陆廷灿《续茶经》："臞仙云：……大能耐火，

---

① （清）吴钺、刘继增：《竹炉图咏》，《锡山先哲丛刊》第1册，凤凰出版社2005年版。
② （清）邹炳泰：《纪听松庵竹炉始末》，《丛书集成初编》第1501册，中华书局1985年版。
③ （明）朱权：《茶谱》，《艺海汇函》，明抄本。
④ （明）张丑：《茶经》，《中国古代茶道秘本五十种》第2册，全国图书馆文献缩微复制中心2003年版。
⑤ （明）程用宾：《茶录》，明万历三十二年戴凤仪刻本。
⑥ （明）朱权：《茶谱》，《艺海汇函》，明抄本。

第一章 明代的茶具

虽猛焰不裂。径不过尺五，高不过二尺馀，上下皆镂铭颂箴戒之。又置汤壶于上，其座皆空，下有阳谷之穴，可以藏瓢、瓯之具，清气倍常。"① 臞仙也即朱权，这种似灶茶炉刻有诗词装饰，还可置瓢、瓯等茶具。

特别值得一提的是清代茶书《竹炉图咏》中有关明代惠山竹炉设计的描述。《竹炉图咏》引朱逢吉《竹茶炉记》曰："炉形不可状，圆方下上，法乾坤之覆载也。周实以土，火炎弗毁，烂虹光之贯穴也。织文外饰，苍然玉润，铺湘云而翦淇水也。视其中空无所有，冶铁如删者横其半。"引秦夔《听松庵复竹茶炉记》曰："合炉之具，其数有六：为瓶之似弥明石鼎者一；为茗碗者四，皆陶器也；方而为茶格者一，截竹管为之，乃洪武间惠山听松庵真公旧物。炉之制圆上而方下，织竹为郭，筑土为质，土甚坚密，爪之铿然，作金石声，而其中歉焉。以虚类谦有德者。熔铁为栅，横截上下，以节宣气候，制度绝巧，相传以为真公手迹，余独疑此非良工师不能为。"② 这种炉下方上圆，外为竹管，内壁实以土，中有铁栅隔断上下。并且有配套的茶瓶一个，茶碗四个。成化年间盛虞复制竹炉，上刻有铭文，铭文为其伯父所撰："苦节君铭。肖形天地，匪冶匪陶。心存活火，声带湘涛。一滴甘露，涤我诗肠。清风两腋，洞然八荒。戊戌秋八月望日锡山盛顒著。"③ 当然竹茶炉也有主要缺点，那就是容易朽坏，如《竹炉图咏》引陆简《复竹茶炉记》所云："鸿渐嗜茶，饰及炉鼎，至范铜为之，当不如竹之不凡，但竹力朽弱，难久存。"④

在茶饮的过程中，有关炉的用火技巧是十分重要的。张源《茶录》

---

① （清）陆廷灿：《续茶经》卷上《二之具》，《景印文渊阁四库全书》第844册，台湾商务印书馆1986年版。
② （清）吴钺、刘继增：《竹炉图咏》亨集、利集，《锡山先哲丛刊》第1册，凤凰出版社2005年版。
③ （明）顾元庆：《茶谱》，《续修四库全书》第1115册，上海古籍出版社2003年版。
④ （清）吴钺、刘继增：《竹炉图咏》贞集，《锡山先哲丛刊》第1册，凤凰出版社2005年版。

☕ 香茗雅器：明代茶具与明代社会

之《火候》条曰："烹茶旨要，火候为先。炉火通红，茶瓢始上。扇起要轻疾，待有声，稍稍重疾，斯文武之候也。过于文，则水性柔，柔则水为茶降；过于武，则火性烈，烈则茶为水制。"[①] 程用宾《茶录》曰："汤之得失，火其枢机，直用活火。彻鼎通红，洁瓶上水，挥扇轻疾，闻声加重，此火候之文武也。盖过文则水性柔，茶神不吐；过武则火性烈，水抑茶灵。"[②] 烹茶时火候极为重要，不可过柔也不可过烈，需要慎重把握。明代茶书陆树声《茶寮记》记载他从阳羡士人那里学习烹饮茶叶的方法："大率先火候，其次候汤。"[③]

关于炉中的燃料，明代茶书普遍主张用炭。顾元庆《茶谱》附录的《王友石竹炉并分封六事》记载了盛炭的茶具"乌府"："炭之为物，貌玄性刚……其所藏之具，曰乌府，不亦宜哉！"[④] 许次纾《茶疏》描述了炉中的燃料炭："炭宜远置，勿令近炉，尤宜多办，宿干易炽。"[⑤] 茶书中所谓的活火，也即有焰的炭火。明代茶书黄履道《茶苑》引高濂《遵生八笺》云："凡茶须缓火炙、活火煎。活火，谓炭火之有焰者，当使汤无妄沸，庶可养茶。"[⑥] 之所以茶书中主张炉中的燃料用炭，除火力大以外，也是为了防止产生烟雾影响茶水的品质。如许次纾《茶疏》曰："火必以坚木炭为上，然木性未尽，尚有余烟，烟气入汤，汤必无用。故先烧令红，去其烟焰，兼取性力猛炽，水乃易沸。"[⑦] 高元濬《茶乘》曰："煮须活火，最忌烟熏，非炭不可。凡经燔炙，为膻腻所及，及膏水败器，俱不用之。"[⑧]

明清茶书反映炉已在明代文人的生活中占据重要地位，是代表性的

[①]（明）张源：《茶录》，喻政《茶书》，明万历四十一年刻本。
[②]（明）程用宾：《茶录》，明万历三十二年戴凤仪刻本。
[③]（明）陆树声：《茶寮记》，《四库全书存目丛书·子部》第79册，齐鲁书社1997年版。
[④]（明）顾元庆：《茶谱》，《续修四库全书》第1115册，上海古籍出版社2003年版。
[⑤]（明）许次纾：《茶疏》，《四库全书存目丛书·子部》第79册，齐鲁书社1997年版。
[⑥]（明）黄履道：《茶苑》卷13，清抄本。
[⑦]（明）许次纾：《茶疏》，《四库全书存目丛书·子部》第79册，齐鲁书社1997年版。
[⑧]（明）高元濬：《茶乘》卷1，《续修四库全书》第1115册，上海古籍出版社2003年版。

茶具。如朱权虽是明太祖朱元璋之子，实际上已是文人化的王公，他的《茶谱》描述他在会客时茶炉诗一个重要角色，"命一童子设香案，携茶炉于前……寄形物外，与世相忘。"① 又如许次纾《茶疏》描写会客时"三人以下，止燕一炉；如五六人，便当两鼎炉，用一童，汤方调适"，有专门用以饮茶的茶寮，"壁边列置两炉，炉以小雪洞覆之，止开一面，用省灰尘腾散"。② 又如明代茶书黄履道《茶苑》引熊明遇《芥茶疏》表现熊明遇常围绕炉进行茶饮："主人舌根，多为名根所役，时于松风竹雨、暑昼清宵，呼童汲水吹炉，依依觉鸿渐之致不远。"③ 再如陆廷灿《续茶经》引明人王象晋《群芳谱》："世人情性嗜好各殊，而茶事则十人而九。竹炉火候，茗碗清缘。"④

二 诗歌中的炉

要论述古代诗歌中的炉，有必要对茶具中称为鼎的器具进行辨析，在大多数情况下，鼎指的是炉，但有时也指称的是在炉上作为煮水器的铛或铫。

在古代茶书中，炉的外形往往似鼎，甚至直接被称为鼎。唐代茶书陆羽《茶经》曰："风炉以铜铁铸之，如古鼎形"。⑤《茶经》的观念对后世影响很大。明代茶书朱权《茶谱》曰："茶炉。与炼丹神鼎同制"。⑥ 明代茶书张丑《茶经》曰："茶炉。茶炉用铜铸，如古鼎形。"⑦ 明代茶书程用宾《茶录》直接将炉称为鼎："鼎。拟《经》之风炉也，

---

① （明）朱权：《茶谱》，《艺海汇函》，明抄本。
② （明）许次纾：《茶疏》，《四库全书存目丛书·子部》第79册，齐鲁书社1997年版。
③ （明）黄履道：《茶苑》卷14，清抄本。
④ （清）陆廷灿：《续茶经》卷下《五之煮》，《景印文渊阁四库全书》第844册，台湾商务印书馆1986年版。
⑤ （唐）陆羽：《茶经》卷中《四之器》，《丛书集成新编》第47册，新文丰出版公司1985年版。
⑥ （明）朱权：《茶谱》，《艺海汇函》，明抄本。
⑦ （明）张丑：《茶经》，《中国古代茶道秘本五十种》第2册，全国图书馆文献缩微复制中心2003年版。

香茗雅器：明代茶具与明代社会

以铜铁铸之。"[1]

中国古代诗歌中作为茶具的鼎大多指的是生火的炉。吴觉农主编的《茶经述评》针对唐代的情况指出："对于陆羽所设计的鼎形风炉，唐代诗人皮日休和陆龟蒙曾作有《茶鼎》诗，僧皎然、刘禹锡、李德裕等也有诗记述。"[2] 皮日休《茶鼎》是他所作《茶中杂咏》中的一首，诗曰："龙舒有良匠，铸此佳样成。立作菌蠢势，煎为潺湲声。草堂暮云阴，松窗残雪明。此时勺复茗，野语知逾清。"皮日休在《茶中杂咏》的诗序中说："季疵之始为经三卷，由是分其源，制其具，教其造，设其器，命其煮……有其具而不形于诗，亦季疵之馀恨也，遂为十咏，寄天随子。"[3] 季疵是陆羽的字，皮日休作此诗是为了将陆羽《茶经》中的茶具写入诗中，而《茶经》形容风炉如古鼎形，所以皮日休《茶鼎》诗咏的是茶炉无疑。《茶鼎》诗咏"龙舒有良匠"，龙舒以石材著名，所以此茶炉应为石炉。陆龟蒙《茶鼎》诗曰："新泉气味良，古铁形状丑。那堪风雪夜，更值烟霞友。"[4] 此茶炉应为铁炉。《茶经述评》所谓僧皎然的诗是《饮茶歌诮崔石使君》，诗曰："越人遗我剡溪茗，采得金牙爨金鼎。素瓷雪色缥沫香，何似诸仙琼蕊浆。"[5] 此炉应为铜炉。刘禹锡《西山兰若试茶歌》曰："骤雨松声入鼎来，白云满碗花徘徊。悠扬喷鼻宿酲散，清峭彻骨烦襟开。"[6] 李德裕《忆平泉杂咏·忆茗芽》诗曰："松花飘鼎泛，兰气入瓯轻。饮罢闲无事，扪萝溪上行。"[7]

吴觉农《茶经述评》又针对宋代、明代的情况指出："鼎形风炉的生命周期并不太短，至宋代改用'点茶'时，还有使用鼎形风炉的，

---

[1] （明）程用宾：《茶录》，明万历三十二年戴凤仪刻本。
[2] 吴觉农：《茶经述评》，中国农业出版社2005年版，第124页。
[3] （清）彭定求等：《全唐诗》卷611，中华书局1960年版，第7053页。
[4] （清）彭定求等：《全唐诗》卷620，中华书局1960年版，第7144页。
[5] （清）彭定求等：《全唐诗》卷821，中华书局1960年版，第9260页。
[6] （清）彭定求等：《全唐诗》卷356，中华书局1960年版，第4000页。
[7] （清）彭定求等：《全唐诗》卷475，中华书局1960年版，第5413页。

第一章 明代的茶具

如黄庭坚《以潞公所惠拣芽送公择》诗中有'风炉小鼎不须催，鱼眼长随蟹眼来'之句。也有用石制的，如黄裳《茶苑》诗中说：'旋烧石鼎供吟啸，容照岩中日未西'。……至明代……在徐𤊹的《试鼓山寺僧惠新茶》诗中还说'火候已周开鼎器'，这说明在'煎茶只煎水'以后，鼎形风炉还流行了很长一段时间。"① 宋代黄裳和明代徐𤊹诗中鼎当为茶炉无疑，但宋代黄庭坚诗中的鼎应不是鼎，而是作为铛或铫的煮水器，《茶经述评》判断有误。该诗在《全宋诗》中诗题为《奉同六舅尚书咏茶碾煎烹三首·其二》，诗中风炉和小鼎并列，"风炉小鼎不须催"，此处鼎绝不可能是茶炉，而是置于茶炉之上的水铫。

明代诗歌中将炉称为鼎的诗句很多。明盛时泰《大城山房十咏·茶鼎》诗曰："紫竹传闻制古，白沙空说形奇。争似山房凿石，恨无韩老联诗。"② 此鼎为竹制，当为竹茶炉无疑。吴宽《谢李贞伯送瓦茶炉》诗曰："搏埴功成上短筵，茶香酒暖尽相便。送来陶鼎风斯下，移近寒屏火始然。"③ 诗句中将诗题中的"瓦茶炉"又称为"陶鼎"，此为陶制茶炉。吴俨《和国贤谢茶》诗曰："品茶世独推阳羡，评水人多说慧山。今日相从调众口，莫教腾沸鼎铛间。"④ 诗中鼎、铛并列，铛为置于炉上的煮水器，此处鼎应为炉无疑。高道素《煮茶亭戏仿坡翁作》诗曰："鉴公弟子本书仙，茗碗流连侣玉川。瓦铛雪浪分秋月，石鼎松风夹夜泉。"⑤ 瓦铛和石鼎并列，分别为陶制茶铛和石制茶炉。明人陈璚、钱骥分别咏有关于惠山听松庵竹炉的诗。前者诗曰："几年林下煮名泉，携向词垣试一煎。古朴肯容铜鼎并，雅宜应置笔床前。"后者诗曰："鼎制新烦织翠筠，冶金陶埴未须论。湘纹蹙浪汤初沸，翠节凝烟

---

① 吴觉农：《茶经述评》，中国农业出版社 2005 年版，第 124—125 页。
② （明）醉茶消客：《茶书》，明抄本。
③ （明）吴宽：《家藏集》卷 10，《景印文渊阁四库全书》第 1255 册，台湾商务印书馆 1986 年版。
④ （明）吴俨：《吴文肃摘稿》卷 2，《景印文渊阁四库全书》第 1259 册，台湾商务印书馆 1986 年版。
⑤ （清）沈季友：《檇李诗系》卷 18，《景印文渊阁四库全书》第 1475 册，台湾商务印书馆 1986 年版。

火倍温。"① 前者将竹茶炉与铜鼎相提并论，铜鼎是铜制茶炉，后者将竹茶炉称为"鼎制"。

但在中国古代的诗歌中也确实存在将置于炉上的煮水器称为鼎的情况。最典型的是唐代韩愈的《石鼎联句》。该诗诗序中说："（轩辕弥明）指炉中石鼎谓喜曰：'子云能诗，能与我赋此乎？'"说明石鼎是置于炉中，应为煮水器。联诗中刘师服诗曰："或讶短尾铛，又似无足铏。"② 说明此石鼎既象铛，又似铏，介于铛、铏之间。《石鼎联句》对后世影响极大，这是后世诗歌中常将作为铛或铏的煮水器称作鼎的重要原因之一。宋代陆游《冬晴与子坦子聿游湖上六首·其三》诗曰："道边白水如牛涺，知是山泉一脉来。会挈风炉并石鼎，桃枝竹里试茶杯。"陆游另外一首诗《效蜀人煎茶戏作长句》曰："午枕初回梦蝶床，红丝小硙破旗枪。正须山石龙头鼎，一试风炉蟹眼汤。"③ 这两首诗中均将风炉与石鼎并列，诗中的石鼎都指的是煮水器。扬之水《两宋之煎茶》认为："鍑在两宋却并不流行，诗词中习见的是'铫'与'铛'，又或'鼎''石鼎''折脚鼎''折脚铛'。……至于出现在煎茶情景中的'鼎'，则是铛或铫的雅称。"④ 扬之水认为宋代诗歌中的鼎均是铛或铫，此观点固然并不完全准确，大多数情况下鼎实际指的是炉，但也道出了部分真实情况。

明代诗歌中也大量存在将煮水器称为鼎的情况。下面列举五条将煮水器称为鼎的诗句。江左玄诗曰："桐阴匝地松影乱，呼童饷客燃风炉。一缕清烟透书幌，瓦鼎晴翻雪涛响。"⑤ 杨溥《汲泉煮茗对梅清啜》诗曰："缁流不到玉川家，石鼎风炉自煮茶。"⑥ 王翰《雪夜茗会》：

---

① （清）吴钺、刘继增：《竹炉图咏》元集、亨集，《锡山先哲丛刊》第1册，凤凰出版社2005年版。
② （清）彭定求等：《全唐诗》卷791，中华书局1960年版，第8912—8914页。
③ 北京大学古文献研究所：《全宋诗》卷2184，北京大学出版社1991—1998年版，第24889页。
④ 扬之水：《两宋之煎茶》，《中国历史文物》2002年第4期，第27页。
⑤ （明）喻政：《烹茶图集》，喻政《茶书》，明万历四十一年刻本。
⑥ （明）醉茶消客：《茶书》，明抄本。

第一章　明代的茶具

"土炉火新炽，石鼎安欲正。"① 张吉《题刘世熙爱茶卷》诗曰："一炉一鼎深相结，水火中宵犹未灭。"② 邵宝《次王郡公煎茶行》："竹炉石鼎文具耳，妙手只在调和中。"③ 这五首诗均将鼎与炉并列，应为煮水器确凿无疑。

中国历史上最早涉及茶炉的诗歌可能是西晋左思的《娇女诗》，诗曰："心为荼荈剧，吹嘘对鼎䥶。"④ 鼎䥶也即茶炉。在唐代，茶饮方式主流的是烹茶法，碾磨成粉末状的茶叶要投入炉上的煮水器中搅动，炉往往成为视觉的焦点，唐诗中炉大量出现。如温庭筠《宿一公精舍》："茶炉天姥客，棋席剡溪僧。"⑤ 李群玉《龙山人惠石廩方及团茶》："红炉爨霜枝，越儿斟井华。"⑥ 郑愚《茶诗》："夜臼和烟捣，寒炉对雪烹。"⑦ 这三首诗分别将炉称为茶炉、红炉（烧得火旺的炉）、寒炉（寒天之炉）。又如姚合《病中辱谏议惠甘菊药苗，因以诗赠》："熟宜茶鼎里，餐称石瓯中。"⑧ 卢纶《新茶咏寄上西川相公二十三舅大夫二十舅》："三献蓬莱始一尝，日调金鼎阅芳香。"⑨ 武元衡《津梁寺采新茶与幕中诸公遍赏芳香尤异因题四韵兼呈陆郎中》："幸将调鼎味，一为奏明光。"⑩ 这三首诗将茶炉称为鼎。再如张籍《赠姚合少府》："为客烧茶灶，教儿扫竹亭。"⑪ 白居易《偶吟二首》："晴教晒药泥茶灶，

---

① （明）王翰：《梁园寓稿》卷1，《景印文渊阁四库全书》第1233册，台湾商务印书馆1986年版。
② （明）张吉：《古城集》卷5，《景印文渊阁四库全书》第1257册，台湾商务印书馆1986年版。
③ （明）邵宝：《容春堂续集》卷1，《景印文渊阁四库全书》第1258册，台湾商务印书馆1986年版。
④ 逯钦立：《先秦汉魏南北朝诗》，中华书局1983年版，第375页。
⑤ （清）彭定求等：《全唐诗》卷583，中华书局1960年版，第6739页。
⑥ （清）彭定求等：《全唐诗》卷568，中华书局1960年版，第6579页。
⑦ （清）彭定求等：《全唐诗》卷597，中华书局1960年版，第6911页。
⑧ （清）彭定求等：《全唐诗》卷499，中华书局1960年版，第5641页。
⑨ （清）彭定求等：《全唐诗》卷279，中华书局1960年版，第3177页。
⑩ （清）彭定求等：《全唐诗》卷316，中华书局1960年版，第3551页。
⑪ （清）彭定求等：《全唐诗》卷384，中华书局1960年版，第4314页。

香茗雅器：明代茶具与明代社会

闲看科松洗竹林。"① 这两首诗将炉称为灶。

在宋代，因为流行点茶法，将茶饼碾磨成粉后是放入茶盏中再冲入沸水击拂，茶炉在宋代茶书中不受重视，其角色甚至近乎消失。但在宋代诗歌中，情况并非如此，炉在茶具中仍占据重要角色。如陆游《九日试雾中僧所赠茶》："今日蜀州生白发，瓦炉独试雾中茶。"② 吕本中《烹茶》："便觉曲生风味好，小炉新火对蒲团。"③ 韩驹《又谢送凤团及建茶》："白发前朝旧史官，风炉煮茗暮江寒。"④ 这三首诗中炉分别为瓦炉、小炉和风炉。又如范仲淹《和章岷从事斗茶歌》："鼎磨云外首山铜，瓶携江上中泠水。"⑤ 方岳《煮茶》："不知茶鼎沸，但觉雨声寒。"⑥ 陈师道《满庭芳·咏茶》："华堂静，松风竹雪，金鼎沸潺湲。"⑦ 这三首诗歌将炉称为鼎。再如徐铉《和门下殷侍郎新茶二十韵》"轻瓯浮绿乳，孤灶散余烟。"⑧ 杨万里《寄题朱元晦武夷精舍十二咏·茶灶》："茶灶本笠泽，飞来摘茶国。堕在武夷山，溪心化为石。"⑨ 朱熹《武夷精舍杂咏·茶灶》："仙翁遗石灶，宛在水中央。饮罢方舟去，茶烟袅细香。"⑩ 这三首诗将炉称为灶。

---

① （清）彭定求等：《全唐诗》卷450，中华书局1960年版，第5077页。
② 北京大学古文献研究所：《全宋诗》卷2241，北京大学出版社1991—1998年版，第24367页。
③ 北京大学古文献研究所：《全宋诗》卷1626，北京大学出版社1991—1998年版，第18056页。
④ 北京大学古文献研究所：《全宋诗》卷1442，北京大学出版社1991—1998年版，第16632页。
⑤ 北京大学古文献研究所：《全宋诗》卷167，北京大学出版社1991—1998年版，第1868页。
⑥ 北京大学古文献研究所：《全宋诗》卷3222，北京大学出版社1991—1998年版，第38328页。
⑦ 唐圭璋：《全宋词》第1册，中华书局1965年版，第586页。
⑧ 北京大学古文献研究所：《全宋诗》卷10，北京大学出版社1991—1998年版，第107页。
⑨ 北京大学古文献研究所：《全宋诗》卷2318，北京大学出版社1991—1998年版，第26457页。
⑩ 北京大学古文献研究所：《全宋诗》卷2392，北京大学出版社1991—1998年版，第27633页。

第一章 明代的茶具

元代在茶文化史上是从唐宋向明清过渡的时代，茶具中的炉仍然在诗歌中大量出现。如刘敏中《蝶恋花》："矮炉翻动松风壑。几日余醒情味恶。七碗何须，一啜都醒却。"① 谢宗可《茶烟》："玉川庐畔影沉沉，淡碧萦空杳隔林。蚓窍声微松火暗，凤团香暖竹窗阴。"② 又如陈高《题高士煮茶图》："何人绘高士，别味试鼎铛。"③ 刘诜《石泉》："瓢汲试茶鼎，庶足凌飞仙。"④ 这两首诗称茶炉为鼎。再如陈泰《茶灶歌》："兰雪堂中一事无，茶灶笔床相媚悦。方其煮茶时，自抚一曲琴。"⑤ 蔡廷秀《茶灶石》："仙人应爱武夷茶，旋汲新泉煮嫩芽。啜罢骖鸾归洞府，空余石灶锁烟霞。"⑥ 这两首诗将茶炉称为灶。

明代诗歌中有关茶炉的内容十分丰富，根据材质，茶炉主要可分为铜炉、陶炉、地炉、石炉、竹炉，另外也有木炉和铁炉。

从明代诗歌来看，铜炉是十分普及的。例如倪谦《咏雪唱和诗序》诗曰："香生石鼎茶初热，暖拂铜炉火旋添。"⑦ 吴宽《侄奕勺泉烹茶风味甚胜》："碧瓮泉清初入夜，铜炉火暖自生春。"⑧ 孙传庭《秋夜不寐》："铜炉火烬茶烟冷，纸帐香销烛影流。"⑨ 陶望龄《胜公煎茶歌兼

---

① 唐圭璋：《全金元词》下册，中华书局1979年版，第769—770页。
② （元）谢宗可：《咏物诗》不分卷，《景印文渊阁四库全书》第1216册，台湾商务印书馆1986年版。
③ （元）陈高：《不系舟渔集》卷3，《景印文渊阁四库全书》第1216册，台湾商务印书馆1986年版。
④ （元）刘诜：《桂隐诗集》卷1，《景印文渊阁四库全书》第1195册，台湾商务印书馆1986年版。
⑤ （元）陈泰：《所安遗集》不分卷，《景印文渊阁四库全书》第1210册，台湾商务印书馆1986年版。
⑥ （清）张豫章等：《御选元诗》卷75，《景印文渊阁四库全书》第1439—1441册，台湾商务印书馆1986年版。
⑦ （明）倪谦：《倪文僖集》卷21，《景印文渊阁四库全书》第1439—1441册，台湾商务印书馆1986年版。
⑧ （明）吴宽：《家藏集》卷20，《景印文渊阁四库全书》第1255册，台湾商务印书馆1986年版。
⑨ （明）孙传庭：《白谷集》卷5，《景印文渊阁四库全书》第1296册，台湾商务印书馆1986年版。

☙ 香茗雅器：明代茶具与明代社会

寄嘲中郎》："铜炉宿火灰初暖，旃檀半铢芬气蒲。"① 有时铜炉也被称为金鼎或金炉。如程敏政《斋所谢定西侯惠巴茶》："雪乳味调金鼎厚，松涛声泻玉壶长。"② 倪岳诗曰："金炉宝鼎多销歇，眼底怜渠独久全。"③

明代诗歌中陶炉被称为瓦炉或瓦鼎。前者如费元禄《清明试茶》："春暮倍愁花鸟困，不妨频傍瓦炉煎。"④ 王樨登《清明后一日赏新茶》："乌巾花树下，自傍瓦垆煎。"⑤ 后者如谢肇淛《茶洞》："草屋编茅竹结亭，薰床瓦鼎黑磁瓶。……瓦鼎生涛火候谙，旗枪倾出绿仍甘。"⑥ 文徵明《煎茶》："竹符调水沙泉活，瓦鼎然松翠鬣香。"⑦

地炉是指就地挖砌的火炉，明代茶诗中大量出现地炉的身影。文徵明的诗歌中就多次出现地炉，下举三例。《试吴大本所寄茶》："地炉残雪贫陶谷，破屋清风病玉川。"⑧ 《煮茶》："绢封阳羡月，瓦缶惠山泉。……地垆残雪后，禅榻晚风前。"⑨ 《相城会宜兴王德昭为烹阳羡茶》："地炉相对语离离，旋洗砂瓶煮涧澌。"⑩ 再如于谦《寒夜煮茶歌》："萧条厨传无长物，地炉爇火烹茶汤。初如清波露蟹眼，次若轻车转羊肠。"⑪ 高攀龙《村居》："小屋深深堎北房，烹茶煨芋地炉香。"⑫

---

① （明）陶望龄：《歇庵集》卷 2，《续修四库全书》第 1365 册，上海古籍出版社 2003 年版。
② （明）程敏政：《篁墩文集》卷 77，《景印文渊阁四库全书》第 1252—1253 册，台湾商务印书馆 1986 年版。
③ （明）醉茶消客：《茶书》，明抄本。
④ （明）喻政：《茶集》卷 2，喻政《茶书》，明万历四十一年刻本。
⑤ （明）醉茶消客：《茶书》，明抄本。
⑥ （明）喻政：《茶集》卷 2，喻政《茶书》，明万历四十一年刻本。
⑦ （明）文徵明：《文徵明集》补辑卷 10，上海古籍出版社 1987 年版，第 1031 页。
⑧ （明）喻政：《茶集》卷 2，喻政《茶书》，明万历四十一年刻本。
⑨ （明）文徵明：《甫田集》卷 12，《景印文渊阁四库全书》第 1273 册，台湾商务印书馆 1986 年版。
⑩ （明）文徵明：《文徵明集》卷 8，上海古籍出版社 1987 年版，第 183 页。
⑪ （明）于谦：《忠肃集》卷 11，《景印文渊阁四库全书》第 1296 册，台湾商务印书馆 1986 年版。
⑫ （明）高攀龙：《高子遗书》卷 6，《景印文渊阁四库全书》第 1292 册，台湾商务印书馆 1986 年版。

第一章 明代的茶具

明代诗歌中，石制茶炉除被称为石炉，还被称为石鼎和石灶。以下三首诗歌将石制茶炉称为石炉。高启《煮雪斋为贡文学赋禁言茶》："自扫琼瑶试晓烹，石炉松火两同清。"① 毛泽民《西江月》："玉泉惠泉，香雾冷琼珠溅。石垆松火手亲煎，细搅入梅花片。"② 李延兴《渔阳客邸》："石垆添火试松香，袅袅篆云飞不起。天涯倦客此停骖，茶灶烟销犹隐几。"③ 以下三首诗将石制茶炉称为石鼎。文徵明《袁与之送新茶荐以荣夫新笋赋谢二君》："拣芽骈笋荐新泉，石鼎沙铛手自煎。"④ 沈周《石鼎》："惟尔宜烹我服从，浑然玉斲谢金镕。……老夫饱饭需茶次，笑看其间水火攻。"⑤ 王世贞《赠味茶山人》："山家谷雨，初展石鼎，松风渐降。"⑥ 下面三首诗称石制茶炉为石灶。龚敩《中秋之夕分宪张侯以陆羽泉煎茶分惠》："建溪顾渚得异品，惠山之外惟中冷。琵琶洲前千越溪，镌石作灶留山坳。"⑦ 邱云霄《和棹歌》："六曲中流石灶寒，茶烟香湿紫苔斑。仙人饮罢留空鼎，拍掌岩头去不还。"⑧ 虞谦《游宜兴大涪山追和乡先生史良臣诗韵》："一山都见水，万竹尽含风。石灶茶烟碧，螺杯酒晕红。"⑨

明代诗歌中竹炉也是茶炉中的重要一员。如徐熥《茶杂咏》："竹

---

① （明）高启：《大全集》卷15，《景印文渊阁四库全书》第1230册，台湾商务印书馆1986年版。

② （明）醉茶消客：《茶书》，明抄本。

③ （清）张豫章等：《御选明诗》卷38，《景印文渊阁四库全书》第1442—1444册，台湾商务印书馆1986年版。

④ （明）文徵明：《文氏五家集·太史诗集》卷6，《景印文渊阁四库全书》第1382册，台湾商务印书馆1986年版。

⑤ （明）沈周：《石田诗选》10，《景印文渊阁四库全书》第1249册，台湾商务印书馆1986年版。

⑥ （明）王世贞：《弇州四部稿》卷32，《景印文渊阁四库全书》第1279—1281册，台湾商务印书馆1986年版。

⑦ （明）龚敩：《鹅湖集》卷1，《景印文渊阁四库全书》第1233册，台湾商务印书馆1986年版。

⑧ （明）邱云霄：《止山集·山中集》卷2，《景印文渊阁四库全书》第1277册，台湾商务印书馆1986年版。

⑨ （明）曹学佺：《石仓历代诗选》卷331，《景印文渊阁四库全书》第1387—1394册，台湾商务印书馆1986年版。

♨ 香茗雅器：明代茶具与明代社会

炉莫放灰教冷，闻说诗肠好润枯。……竹炉蟹眼荐新尝，愈苦从教愈有香。"① 刘嵩《春夕有怀》："竹炉瀹茗火初残，苔榭收书露未干。"② 史谨《谢郭公子送桂花佳茗》："萤案昼分金粟影，竹炉夜响翠涛声。"③ 邵宝《次王郡公煎茶行》："竹炉石鼎文具耳，妙手只在调和中。"④ 竹炉有时也被称为筠炉，筠也即竹之意，下举三例。李汛《登太平兴国寺》："自拨筠炉烹茗净，手持松帚扫苔荒。"⑤ 程敏政《竹茶炉卷》："新茶曾试惠山泉，拂拭筠炉手自煎。……细结湘筠煮石泉，虚心宁复畏相煎。"⑥ 吴宽《游惠山入听松庵观竹茶炉》："百年重试筠垆火，古杓争怜更瓦全。"⑦

明代有关茶炉的诗歌相比前代有一个很大的特点，那就是有关竹炉的诗歌特别丰富，这些诗歌大多围绕明初王绂等人在惠山听松庵所制竹茶炉吟咏，大量有关此茶炉的诗歌主要集中在明钱椿年主编的《制茶新谱》所附《竹炉茶咏》、署名醉茶消客编撰的《茶书》以及清代吴钺、刘继增编撰的《竹炉图咏》。据统计，钱椿年编撰的《制茶新谱》所附《竹炉新咏》共有明人所咏惠山听松庵竹炉诗37首，署名醉茶消客编撰的《茶书》共有相关诗歌66首，吴钺、刘继增编撰的《竹炉图咏》共有相关诗歌92首（不计清人所咏诗歌）。

关于惠山听松庵竹茶炉的外形，诗人们有一定的描绘。谢士元诗曰："见说松庵事事幽，此君作则异常流。乾坤取象方成器，水火功

---

① （明）喻政：《茶集》卷2，喻政《茶书》，明万历四十一年刻本。
② （明）刘嵩：《槎翁诗集》卷6，《景印文渊阁四库全书》第1227册，台湾商务印书馆1986年版。
③ （明）史谨：《独醉亭集》卷中，《景印文渊阁四库全书》第1233册，台湾商务印书馆1986年版。
④ （明）邵宝：《容春堂续集》卷1，《景印文渊阁四库全书》第1258册，台湾商务印书馆1986年版。
⑤ （明）曹学佺：《石仓历代诗选》卷476，《景印文渊阁四库全书》第1387—1394册，台湾商务印书馆1986年版。
⑥ （明）程敏政：《篁墩文集》卷74，《景印文渊阁四库全书》第1252—1253册，台湾商务印书馆1986年版。
⑦ （明）吴宽：《家藏集》卷6，《景印文渊阁四库全书》第1255册，台湾商务印书馆1986年版。

第一章 明代的茶具

收不论秋。"① 莫士安《效颦赋竹炉诗》诗曰："一炉周绕护琅玕，圆上方中量自宽。"② 韩奕诗曰："绿玉裁成偃月形，偏宜煮雪向岩扃。……达人曾拟同天地，上有秋虫为篆铭。"③ 诗人们形容此竹茶炉取象乾坤、拟同天地，而在古人的观念中，乾坤天地是天圆地方的，所以此炉外形上圆下方，"上有秋虫为篆铭"，说明炉上刻有一定的铭文。

明代诗歌中吟咏竹茶炉的诗歌特别丰富，这是由于特殊的历史原因造成的，并不代表在实际的社会生活中竹炉也十分普及，事实上铜炉、陶炉和石炉普及程度应大大超过竹炉。明代大批文人曾围绕惠山听松庵竹炉进行歌咏，有些诗人将竹炉与铜炉、石炉和陶炉比较。如屠濬、王鏊将竹炉与铜炉、石炉比较。屠濬诗曰："陆氏铜炉应在右，韩公石鼎敢争前。"④ 王鏊诗曰："石锈铜腥不受泉，小团还对此君煎。"⑤ 陈璲、陆质将竹炉与铜炉比较。陈璲诗曰："古朴肯容铜鼎并，雅宜应置笔床前。"⑥ 陆质诗曰："湘竹编成胜冶成，紫芝诗里见佳名。"⑦ 莫士安、杨循吉将竹炉与陶炉比较。莫士安莫士安《竹茶炉》诗曰："织翠环炉代瓦陶，试烹香茗若溪毛。"⑧ 杨循吉《见新效中舍制有赠秋亭》诗曰："岂无陶瓦辈，垄俗何足议。筠炉既轻便，提挈随所置。"⑨ 表面上诗人们褒竹炉而贬铜炉、陶炉和石炉，但反面正说明竹炉一定程度是较为新鲜、新奇的事物，并不太盛行。

---

① （明）醉茶消客：《茶书》，明抄本。
② （清）吴钺、刘继增：《竹炉图咏》亨集，《锡山先哲丛刊》第1册，凤凰出版社2005年版。
③ 同上。
④ （明）醉茶消客：《茶书》，明抄本。
⑤ （明）钱椿年：《制茶新谱》之《竹炉新咏》，《中国古代茶道秘本五十种》第4册，全国图书馆文献缩微复制中心2003年版。
⑥ （明）醉茶消客：《茶书》，明抄本。
⑦ （清）吴钺、刘继增：《竹炉图咏》亨集，《锡山先哲丛刊》第1册，凤凰出版社2005年版。
⑧ （明）醉茶消客：《茶书》，明抄本。
⑨ 同上。

◎ 香茗雅器：明代茶具与明代社会

　　另外明代诗歌中还有关于铁炉和木炉的记载，只是较为罕见。董纪《宿紫阳观次韵故人辛好礼题壁三首》诗曰："铁炉火暖煨山药，石鼎茶香试井花。"① 杨基《木茶炉》诗曰："绀绿仙人炼玉肤，花神为曝紫霞腴。……肌骨已为香魄死，梦魂犹在露团枯。"②

　　炉是在茶饮过程中生火煮水的器具，明代茶诗常涉及炉中之火。如刘珏《紫薇精舍为陆大参孟昭赋》诗曰："石壁扫苔看旧刻，竹炉炊火荐新茶。"③ 徐祯卿《游资庆寺》诗曰："茶炊灶火薪衔鹤，饭洗云波钵绕鱼。"④ 杨基《留题湘江寺》诗曰："汲泉敲火煮新茗，茶香鼎洁泉甘清。"⑤ 龚诩《梅花庄诗为朱明仲赋》诗曰："归来袖手寒窗坐，石鼎有茶炉有火。"⑥

　　明代茶诗最欣赏活火，活火也即连续有焰的烈火，十分忌讳燃灭不定。如朱诚泳《首夏》诗曰："池亭引水新泉出，石鼎烹茶活火鸣。"⑦ 陈昌诗曰："巧织苍筠外分幽，心存活火汗先流。"⑧ 文徵明《次夜会茶于家兄处》诗曰："寒夜清谈思雪乳，小炉活火煮溪冰。"⑨

　　明代诗歌中常有向炉中添加燃料的描写。徐渭《鹧鸪天·竹炉汤沸火初红》："客来寒夜话头频。路滑难沽曲米春。点检松风汤老嫩，

---

　　① （明）董纪：《西郊笑端集》卷1，《景印文渊阁四库全书》第1231册，台湾商务印书馆1986年版。
　　② （明）杨基：《眉庵集》卷8，《景印文渊阁四库全书》第1230册，台湾商务印书馆1986年版。
　　③ （明）钱谷：《吴都文粹续集》卷50，《景印文渊阁四库全书》第1385—1386册，台湾商务印书馆1986年版。
　　④ （明）钱谷：《吴都文粹续集》卷52，《景印文渊阁四库全书》第1385—1386册，台湾商务印书馆1986年版。
　　⑤ （明）曹学佺：《石仓历代诗选》卷294，《景印文渊阁四库全书》第1387—1394册，台湾商务印书馆1986年版。
　　⑥ （清）张豫章等：《御选明诗》卷40，《景印文渊阁四库全书》第1442—1444册，台湾商务印书馆1986年版。
　　⑦ （明）朱诚泳：《小鸣稿》卷五，《景印文渊阁四库全书》第1260册，台湾商务印书馆1986年版。
　　⑧ （明）钱椿年：《制茶新谱》之《竹炉新咏》，《中国古代茶道秘本五十种》第4册，全国图书馆文献缩微复制中心2003年版。
　　⑨ （明）文徵明：《文徵明集》卷8，上海古籍出版社1987年版，第179页。

第一章 明代的茶具

退添柴叶火新陈。"[1] 文贞《庚戌春暮漫书》："经函防蠹常翻帙，茶灶增薪每爇灰。"[2] 刘渊甫《谢僧惠茶》："涤鼎汲冽泉，刈薪自煎热。悠然酌瓦钵，渴喉慰甘飶。"[3] 潘希曾《丙子冬至次韩信山韵》："冻合砚池从阁笔，暖生茶灶任添薪。"[4]

明代诗歌中炉中燃料最常见的有松、竹、笋壳和枯叶，这些燃料的共同点是易燃且火力旺，十分符合对活火的要求。

明代诗歌茶炉中燃料出现频率最高的是松。下举数例。王绂《题静照轩》："寻常客不到山家，松火寒炉自煮茶。"[5] 陶安《省中夜直》："长廊群掾散，从者煮茶供。……松火炉中烬，神清睡不浓。"[6] 包衡《携馀云厂酌俞羡长王叔治赵文度得钟字》："客怀宽纵酒，茶灶冷添松。"[7] 文徵明《煎茶》："竹符调水沙泉活，瓦鼎然松翠鬣香。"[8] 吴廷翰《百合茶》："密添松火嫩，转傍竹炉清。"[9]

松作为茶炉中的燃料，有的是烧松根。如蓝智《游东林寺》："一二老僧皆旧识，松根敲火试春茶。"[10] 孙承恩《出郭访隐士》："山肴野蔌频行酒，石鼎松根细煮茶。"[11] 有的是烧松枝。如文肇祉《新夏》：

---

[1] （明）徐渭：《青藤书屋文集》卷13，《丛书集成初编》第2156—2160册，中华书局1985年版。

[2] （明）释正勉，释性通：《古今禅藻集》卷25，《景印文渊阁四库全书》第1416册，台湾商务印书馆1986年版。

[3] （明）石存礼，蓝田，冯裕等：《海岱会集》卷3，《景印文渊阁四库全书》第1377册，台湾商务印书馆1986年版。

[4] （明）潘希曾：《竹涧集》卷3，《景印文渊阁四库全书》第1266册，台湾商务印书馆1986年版。

[5] （明）王绂：《王舍人诗集》卷5，《景印文渊阁四库全书》第1237册，台湾商务印书馆1986年版。

[6] （明）陶安：《陶学士集》卷3，《景印文渊阁四库全书》第1225册，台湾商务印书馆1986年版。

[7] （清）沈季友：《檇李诗系》卷16，《景印文渊阁四库全书》第1475册，台湾商务印书馆1986年版。

[8] （明）文徵明：《文徵明集》补辑卷10，上海古籍出版社1987年版，第1031页。

[9] （明）吴廷翰：《吴廷翰集》，中华书局1984年版，第225页。

[10] （明）蓝智：《蓝涧集》卷5，《景印文渊阁四库全书》第1229册，台湾商务印书馆1986年版。

[11] （明）孙承恩：《文简集》卷22，《景印文渊阁四库全书》第1271册，台湾商务印书馆1986年版。

香茗雅器：明代茶具与明代社会

"自扫松枝试煮茶，四檐新绿映窗纱。"① 胡安《江村》："自折松枝向茶灶，客来应得当清尊。"② 还有的烧松叶。如杨守址《竹茶炉次吴原博谕德韵》："火红松叶汤初沸，月白桃花客未眠。"③

因为炉中烧松太过常见，明代诗人甚至直接把茶炉称为松炉或松鼎。如永瑛《戏赠阿师》："瓦灶松炉自一家，阿师炊饭我煎茶。"④ 许国《玉溜泉》："竹瓢分乳液，松鼎起茶烟。"⑤

除松以外，明代诗人最青睐的炉中燃料是竹。下举数例。徐𤊹《武夷采茶词》："竹火风炉煮石铛，瓦瓶磔碗注寒浆。"徐𤊹《试武夷新茶作建除体贻在杭犀》："除去灶上尘，活火烹苦竹。"⑥ 邵宝《与客谈竹茶炉二首》："松下煎茶试古垆，涛声隐隐起风湖。老僧妙思禅机外，烧尽山泉竹未枯。"⑦ 文徵明诗曰："风檐石鼎燃湘竹，夜久香浮乳花熟。"⑧ 蒋山卿《田园秋日杂兴》："煮茗频烧竹，炊羹旋刘葵。"⑨

笋壳也是明代诗人们茶炉中的常见燃料。如程敏政参与的联句《冬夜烧笋供茶教子弟联句》："坐拥寒炉夜气清，烹茶烧笋散闲情。"⑩

---

① （明）文肇祉：《文氏五家集·录事诗集》卷14，《景印文渊阁四库全书》第1382册，台湾商务印书馆1986年版。
② （清）张豫章等：《御选明诗》卷45，《景印文渊阁四库全书》第1442—1444册，台湾商务印书馆1986年版。
③ （明）曹学佺：《石仓历代诗选》卷428，《景印文渊阁四库全书》第1387—1394册，台湾商务印书馆1986年版。
④ （明）释正勉、释性通：《古今禅藻集》卷27，《景印文渊阁四库全书》第1416册，台湾商务印书馆1986年版。
⑤ （清）张豫章等：《御选明诗》卷93，《景印文渊阁四库全书》第1442—1444册，台湾商务印书馆1986年版。
⑥ （明）喻政：《茶集》卷2，喻政《茶书》，明万历四十一年刻本。
⑦ （明）邵宝：《容春堂前集》卷8，《景印文渊阁四库全书》第1258册，台湾商务印书馆1986年版。
⑧ （明）文徵明：《文徵明集》补辑卷3，上海古籍出版社1987年版，第829页。
⑨ （清）张豫章等：《御选明诗》卷55，《景印文渊阁四库全书》第1442—1444册，台湾商务印书馆1986年版。
⑩ （明）程敏政：《篁墩文集》卷86，《景印文渊阁四库全书》第1252—1253册，台湾商务印书馆1986年版。

第一章　明代的茶具

王镛《水竹居为朱克恭赋》："旋烧新笋安茶灶，时斫嘉鱼踞钓舟。"①李流芳《小葺檀园初成》："客来随分能供具，埠篝煨铛与试茶。"② 董说《蚕豆》："细雨卖茶声过后，竹炉烧笋火停时。"③

枯叶易燃火旺，也是明人喜爱的茶炉中燃料，明代诗歌多有体现。如江左玄《武夷试茶因怀在杭》："扫叶呼童燃石鼎，开函随地品《茶经》。"④ 盛颙诗曰："秋共林僧烧叶坐，夜留山客听松眠。"⑤ 唐锦《和韵答郑别驾》："酿泉酒瓮新蒭薄，烧叶茶炉宿火寒。"⑥ 罗荣《督储至白羊口信宿游西山诸寺》："老僧肃客焚香迓，稚子烹茶扫叶烧。"⑦

明代诗歌中对茶炉中燃料似乎也有偏爱老树根的情况。如李庶诗曰："活火带烟烧榾柮，小团和月煮婵娟。"⑧ 钱月龄《寒夜》："幽夜虚斋榾柮炉，香茶美酒向谁呼。"⑨ 榾柮为树根疙瘩，火力一般虽不旺，但经久耐烧。

中国古代茶书中极为推崇的炉中燃料炭，在明代诗歌中并不常见。但也偶有出现。如赵完璧《煎茶》："斧冰寒泉下，粉玉石瓶中。凤团沈夜寂，兽炭烧春红。"⑩ 高逊志《炽炭烹茶》："霜寒阴始凝，剥尽阳

---

① （清）沈季友：《檇李诗系》卷7，《景印文渊阁四库全书》第1475册，台湾商务印书馆1986年版。

② （清）张豫章等：《御选明诗》卷87，《景印文渊阁四库全书》第1442—1444册，台湾商务印书馆1986年版。

③ （清）朱彝尊：《明诗综》卷79，《景印文渊阁四库全书》第1459—1460册，台湾商务印书馆1986年版。

④ （明）喻政：《茶集》卷2，喻政《茶书》，明万历四十一年刻本。

⑤ （明）醉茶消客：《茶书》，明抄本。

⑥ （明）曹学佺：《石仓历代诗选》卷452，《景印文渊阁四库全书》第1387—1394册，台湾商务印书馆1986年版。

⑦ （明）曹学佺：《石仓历代诗选》卷462，《景印文渊阁四库全书》第1387—1394册，台湾商务印书馆1986年版。

⑧ （明）醉茶消客：《茶书》，明抄本。

⑨ （明）曹学佺：《石仓历代诗选》卷506，《景印文渊阁四库全书》第1387—1394册，台湾商务印书馆1986年版。

⑩ （明）赵完璧：《海壑吟稿》卷2，《景印文渊阁四库全书》第1285册，台湾商务印书馆1986年版。

来复。因观薪火传，悟此道机熟。"①

　　明代诗歌中茶炉中还有其他燃料。如凌云翰《春日》："自把新茶试新火，喜看榆柳变炉灰。"② 张九才诗曰："真公手制济瘤禅，人作炉亡正有年。……榆枝柳梗生新火，瓦罐瓷瓶继旧缘。"③ 这两首诗中的炉中燃料都是榆、柳。杨守址《阳谷道中清明》诗曰："篷窗春色柳枝挂，茶灶新烟榆火生。"④ 诗中燃料是榆。陶宗仪《次韵答张林泉二首》："梧柏鼎烟时瀹茗，石床衣露夜横琴。"⑤ 诗中燃料是梧、柏。瞿佑《暮春书事二首》："煮茶汤沸风声转，梦草诗成日影斜。……睡起呼童扫落花，石泉槐火试新茶。"⑥ 诗中燃料是槐。胡应麟《茶灶》："夜凉起南轩，然藜煮雀舌。山童荷担归，满瓮严陵月。"⑦ 诗中燃料是藜，藜是一种草本植物。杨慎《好事近·煮茶和蔡松年韵》："兰薪桂火筠炉，听松风翻雪。"⑧ 诗中燃料为兰和桂，此处兰应为木兰。

　　中国古代茶书之所以主张茶事活动中炉中的燃料用炭，一个重要原因是为了防止产生烟雾影响茶味。但从明代诗歌来看，当时炉中似乎并不流行用炭，反而颇为崇尚茶烟，也即炉中燃料燃烧时产生的烟雾，认为是一种很美的意境。

　　明代诗歌中描绘茶炉之烟的诗句很多。如董传策《谢友惠茶》：

---

① （明）曹学佺：《石仓历代诗选》卷343，《景印文渊阁四库全书》第1387—1394册，台湾商务印书馆1986年版。
② （明）凌云翰：《柘轩集》卷1，《景印文渊阁四库全书》第1227册，台湾商务印书馆1986年版。
③ （明）醉茶消客：《茶书》，明抄本。
④ （明）曹学佺：《石仓历代诗选》卷428，《景印文渊阁四库全书》第1387—1394册，台湾商务印书馆1986年版。
⑤ （清）张豫章等：《御选明诗》卷72，《景印文渊阁四库全书》第1442—1444册，台湾商务印书馆1986年版。
⑥ （清）张豫章等：《御选明诗》卷73，《景印文渊阁四库全书》第1442—1444册，台湾商务印书馆1986年版。
⑦ （明）胡应麟：《少室山房集》卷68，《景印文渊阁四库全书》第1290册，台湾商务印书馆1986年版。
⑧ （明）杨慎：《杨慎词曲集》，四川人民出版社1984年版，第60页。

第一章 明代的茶具

"烟鼎浪翻黄雀舌，冰壶雨滴鹧鸪班。"① 徐贲《赋得石井赠虎丘蟾书记》："锡影孤亭日，茶香小灶烟。"② 邵宝《冬日偶过听松南院》："日昃壶添酒，烟消灶熟茶。"③ 冯从吾《登太虚阁望绝顶》："石鼎茶烟浮细细，松林鸟语弄悠悠。"④ 佚名《祈泽寺诗》："幸对炉烟坐终日，煮茶清话得徜徉。"⑤ 瞿佑专门咏有《茶烟》一诗："石鼎火红诗咏后，竹炉汤沸客来时。"⑥

明代诗歌中对茶烟的颜色也有一定的描绘。如王洪《西湖饮游书赠沈茶博》："烟生石鼎飞青霭，香满金盘起绿尘。"⑦ 文彭《次韵答李太史》："曾试山中茗，无如雨后泉。浮花凝白乳，然竹散青烟。"⑧ 徐熥《天津道中怀王玉生》："花下笔床临粉本，松间茶鼎扇青烟。"⑨ 这三首诗将茶烟描绘为青色。又如皇甫汸《陆羽泉茶》："莲宫幽处涌清泉，茶灶年深冷绿烟。"⑩ 虞谦《游宜兴大涪山追和乡先生史良臣诗韵》："石灶茶烟碧，螺杯酒晕红。"⑪ 黄希英《到太平观》："竹林晴翠

---

① （明）醉茶消客：《茶书》，明抄本。
② （明）徐贲：《北郭集》卷4，《景印文渊阁四库全书》第1217册，台湾商务印书馆1986年版。
③ （明）邵宝：《容春堂续集》卷2，《景印文渊阁四库全书》第1258册，台湾商务印书馆1986年版。
④ （明）冯从吾：《少墟集》卷10，《景印文渊阁四库全书》第1293册，台湾商务印书馆1986年版。
⑤ （清）张豫章等：《御选明诗》卷91，《景印文渊阁四库全书》第1442—1444册，台湾商务印书馆1986年版。
⑥ （清）张玉书、汪霦等：《御定佩文斋咏物诗选》卷223，《景印文渊阁四库全书》第1432—1434册，台湾商务印书馆1986年版。
⑦ （明）王洪：《毅斋集》卷4，《景印文渊阁四库全书》第1237册，台湾商务印书馆1986年版。
⑧ （明）文彭：《文氏五家集·博士诗集》卷7，《景印文渊阁四库全书》第1382册，台湾商务印书馆1986年版。
⑨ （明）徐熥：《幔亭集》卷9，《景印文渊阁四库全书》第1296册，台湾商务印书馆1986年版。
⑩ （明）皇甫汸：《皇甫司勋集》卷32，《景印文渊阁四库全书》第1275册，台湾商务印书馆1986年版。
⑪ （明）曹学佺：《石仓历代诗选》卷331，《景印文渊阁四库全书》第1387—1394册，台湾商务印书馆1986年版。

重，茶灶紫烟浮。"① 这三首诗分别将茶烟描绘为绿、碧和紫三种颜色。

竹是茶炉的上佳燃料，且青翠清逸，有很高观赏价值，竹子也往往象征着坚贞气节、虚怀若谷的品格，所以明人颇喜在竹林中烹茶。明人诗句中常有对竹中茶烟的描写。下举数例。夏原吉《题吴敬安竹轩》："有时携茶竹下烹，茶烟竹雾相吞吐。"② 钱仲益《浦浚之家山图》："松下雨收栽药圃，竹边烟起焙茶垆。"③ 林爚《五言律一首》："诗成留偈处，竹坞起茶烟。"④ 熊明遇《东皋即事二首》："竹下茶炉烟起，床头酒瓮香深。"⑤ 王守仁《登凭虚阁和石少宰韵》："松间鸣瑟惊栖鹤，竹里茶烟起定僧。"⑥

唐人陆龟蒙是唐代著名隐士，被《新唐书》列入《隐逸传》中。据《新唐书》记载，他"不喜与流俗交，虽造门不肯见。不乘马，升舟设蓬席，赍束书、茶灶、笔床、钓具往来。时谓江湖散人，或号天随子、甫里先生，自比涪翁、渔父、江上丈人"。⑦ 陆龟蒙有关茶灶的事迹对后代产生很大影响，携茶灶、笔床、钓具往来江湖成为隐逸的重要象征，是一些文人极力欣赏或追求的境界。明人诗歌对此多有反映。如叶士彦《题法相寺虚舟亭》诗："渔歌响苔穿蓬户，晚饭经行忆舵楼。茶灶笔床安榻畔，江湖长任散人游。"⑧ 胡奎《寄柴野愚》："野愚钓者

---

① （明）曹学佺：《石仓历代诗选》卷477，《景印文渊阁四库全书》第1387—1394册，台湾商务印书馆1986年版。

② （明）夏原吉：《忠靖集》卷3，《景印文渊阁四库全书》第1240册，台湾商务印书馆1986年版。

③ （明）钱仲益：《三华集·锦树集》卷11，《景印文渊阁四库全书》第1372册，台湾商务印书馆1986年版。

④ （明）曹学佺：《石仓历代诗选》卷439，《景印文渊阁四库全书》第1387—1394册，台湾商务印书馆1986年版。

⑤ （清）张豫章等：《御选明诗》卷118，《景印文渊阁四库全书》第1442—1444册，台湾商务印书馆1986年版。

⑥ （明）曹学佺：《石仓历代诗选》卷455，《景印文渊阁四库全书》第1387—1394册，台湾商务印书馆1986年版。

⑦ （宋）欧阳修等：《新唐书》卷196《隐逸·陆羽传》，中华书局1975年版，第5611—5612页。

⑧ （明）吴之鲸：《武林梵志》卷6，《景印文渊阁四库全书》第588册，台湾商务印书馆1986年版。

第一章 明代的茶具

近如何，占得溪山雨一蓑。茶灶笔床天上坐，往来浑不怕风波。"① 韩雍《江行怀乡里天全侗轩诸老偶成二首》："五湖烟景擅江东，诸老欢游有古风。凤吹鹍弦范成大，笔床茶灶陆龟蒙。全抛俗事水云外，尽付闲情诗酒中。"② 陈昌《江湖胜览》："笔床茶灶寄生涯，来往烟波到处家。帆影拂云过九泽，猿声啼月下三巴。"③ 文彭《余有别业在笠泽之上，尝课耕于此，因阅黄太史渔父词，喜而继作，聊以述其自得之乐也》："无利无名一老翁，笔床茶灶任西东。陆鲁望，米南宫，除却先生便是侬。"④

唐人陆羽亦在《新唐书·隐逸传》中，陆羽对后世也产生很大影响。陆羽游历各地，有些地方留下据传为他烹茶的茶灶，成为明代诗歌中诗人追怀的对象。如钱子义《九龙峰》⑤："青山飞下白云端，御井沉沉锁翠寒。陆羽祠前旧茶灶，道人留试小龙团。"⑥ 皇甫汸《陆羽泉茶》："莲宫幽处涌清泉，茶灶年深冷绿烟。香供尚存龙藏里，试尝何似虎丘前。"⑦ 胡应麟《陆楚生新居在弇园澹圃间，邀余斋中啜茗，即席赋》："爱尔新居僻，令余世事忘。……鸿渐余茶灶，龟蒙但笔床。"⑧ 此诗中"鸿渐"是陆羽的字。

---

① （明）胡奎：《斗南老人集》卷5，《景印文渊阁四库全书》第1233册，台湾商务印书馆1986年版。
② （明）韩雍：《襄毅文集》卷7，《景印文渊阁四库全书》第1245册，台湾商务印书馆1986年版。
③ （明）曹学佺：《石仓历代诗选》卷400，《景印文渊阁四库全书》第1387—1394册，台湾商务印书馆1986年版。
④ （明）文彭：《文氏五家集·博士诗集》卷7，《景印文渊阁四库全书》第1382册，台湾商务印书馆1986年版。
⑤ 此诗诗题原有注："陆羽，字鸿渐，以无锡九龙山泉为天下第二。漪澜堂龙井赵宋取以供御，人不敢汲饮。山间有桑苎翁祠、茶灶遗迹。"
⑥ （明）钱子义：《三华集·种菊庵集》卷8，《景印文渊阁四库全书》第1372册，台湾商务印书馆1986年版。
⑦ （明）皇甫汸：《皇甫司勋集》卷32，《景印文渊阁四库全书》第1275册，台湾商务印书馆1986年版。
⑧ （明）胡应麟：《少室山房集》卷34，《景印文渊阁四库全书》第1290册，台湾商务印书馆1986年版。

三 茶画中的炉

美国人威廉·乌克斯在 20 世纪 30 年代出版的《茶叶全书》是影响很大的世界茶史名著。该书有这样一段内容："中国古代的绘画极少以茶为题材，只有在英国博物馆中存有一副中国明代仇英（1368—1644 年）的画，题名为《为皇煮茗》。图上画一个宫殿中的花园，地点可能是当时的首都南京。此画绘于一暗色的绢轴上，展开画轴可以看到皇帝高坐在皇宫的花园中。"① 这名美国人的观点说明他对中国文化存在很大的隔阂和误解。事实上中国历史上以茶为题材的绘画不但不是很少，反而是极其丰富。

明代之前就已出现大量茶画。例如明人贝琼《题火龙烹茶图》诗引中描绘了南唐周文矩的茶画："火龙烹茶图，盖写古帝王事。而断缣落粉，半为好事者裂去，独有茶具及黄衣中使拱而立者二人，烹茶者一人。曲江钱惟善定为唐之玄宗，岂尝见其全欤？"诗曰："松声忽作秋涛雄，铜龙吐火麟甲红。……宫中一日歌舞散，世上千秋图画存。"② 又如宋人文同《谢许判官惠茶图茶诗》诗曰："成图画茶器，满幅写茶诗。会说工全妙，深谙句特奇。……便觉新来癖，浑如陆季疵。"③ 再如明人王世贞《题刘松年大历十才子图》描绘了南宋刘松年的茶画："潘子过余，示此卷，乃刘松年绘大历十才子。其树石、琴阮、茶灶之类，皆精密得五季随意，而人物尤妍，雅有韵，与此君所图西园雅集颇埒。"④ 元人袁桷曾作诗歌咏南宋史文卿所作茶画《煮茶图》，诗序曰："《煮茶图》一卷，仿石窗史处州燕居故事所作也。……此图左列图

---

① （美）威廉·乌克斯：《茶叶全书》，东方出版社 2011 年版，第 995 页。
② （明）贝琼：《清江诗集》卷 2，《景印文渊阁四库全书》第 1228 册，台湾商务印书馆 1986 年版。
③ 北京大学古文献研究所：《全宋诗》卷 450，北京大学出版社 1991—1998 年版，第 5355 页。
④ （明）王世贞：《弇州续稿》卷 168，《景印文渊阁四库全书》第 1282—1284 册，台湾商务印书馆 1986 年版。

第一章 明代的茶具

卷……旁有一童，出囊琴拂尘以俟命。右横重屏，石窗手执乌丝阑书展玩，疑有所构思。屏后一几，设茶器数十。一童伛背运碾，绿尘满巾。一童箑火候汤，蹙唇望鼎口，若惧主人将索者。如意、麈尾、巾壶、研纸，皆纤悉整具。"[1]

清人陆廷灿《续茶经》的"历代图画名目"记载了一些明及前代的茶画，明之前的茶画有："唐张萱有《烹茶士女图》，见《宣和画谱》。唐周昉寓意丹青，驰誉当代，宣和御府所藏有《烹茶图》一。五代陆滉《烹茶图》一，宋中兴馆阁储藏。宋周文矩有《火龙烹茶图》四、《煎茶图》一。宋李龙眠有《虎阜采茶图》，见题跋。宋刘松年绢画《卢仝煮茶图》一卷，有元人跋十馀家，范司理龙石藏。王齐翰有《陆羽煎茶图》，见王世懋《澹园画品》。董逌《陆羽点茶图》有跋。元钱舜举画《陶学士雪夜煮茶图》，在焦山道士郭第处，见詹景凤《东冈玄览》。史石窗，名文卿，有《煮茶图》，袁桷作《煮茶图诗序》。冯璧有《东坡海南烹茶图并诗》。……元赵松雪有《宫女啜茗图》，见《渔洋诗话·刘孔和诗》。"[2] 引文中王齐翰为南唐人，史石窗是南宋人，冯璧为元人。

明清时期一些有关书画的著作对明代茶画多有记载。如明人郁逢庆《书画题跋记》记载了陆治的《烹茶图》，上有诗曰："茗外寄幽赏，琴中饶濮音。……蚓窍战水火，月团破璆琳。"题跋曰："嘉靖壬子，友人携琴过访，试雨前茶。作此后二十三年早春，复与同试陆羽泉，重题乃万历乙亥三月三日也。而余阅八丙七辰矣。书此以纪岁月。陆治识。"[3] 郁逢庆《续书画题跋记》记载了文徵明的《烹茶图》，图上文徵明的题诗曰："品茶嗜味陆鸿渐，墨妙笔精王右军。煮茶写帖关幽

---

[1] （元）袁桷：《清容居士集》卷7，《景印文渊阁四库全书》第1203册，台湾商务印书馆1986年版。

[2] （清）陆廷灿：《续茶经》卷下《十之图》，《景印文渊阁四库全书》第844册，台湾商务印书馆1986年版。

[3] （明）郁逢庆：《书画题跋记》卷10，《景印文渊阁四库全书》第816册，台湾商务印书馆1986年版。

香茗雅器：明代茶具与明代社会

兴，白日看云惟二君。"陆安道的题诗曰："煮茗焚香消晏坐，硬黄临得右军书。"王谷祥的题诗曰："偶欲挥毫刚洗砚，只缘涤暑几烹茶。"①清人梁诗正等《石渠宝笈》记载了文徵明的《乔林煮茗图》："素笺本，淡著色。画款题云：不见鹤翁今几年，如闻仙骨瘦于前。只应陆羽高情在，坐荫乔林煮石泉。"②清人孙承泽《庚子销夏记》论及了唐寅的《事茗图》："伯虎画传流极少，余向有试茗图。二人坐梧下试茗，梧叶萧萧，枝如篆籀，乱后失去。"③清人卞永誉《书画彙考》记载了文嘉的一些山水画，这些山水画多有茶事内容。题诗之一曰："与客相携过桥去，绿阴清寂试新茶。"题诗之二曰："瘦骨主人清似水，煮茶香透竹间桥。"题诗之三曰："煮茶写帖关幽兴，白日看云怀二君。"④

另外明代歌咏茶画或直接题于茶画之上的诗句很多，下举数例。高启《方崖师画》："画图忽见白云峰，茶屋香台树几重。身若在师行道处，晚来唯讶不闻钟。"⑤王绂《茅斋煮泉图》："小结茅斋四五椽，萧萧竹树带秋烟。呼童埽取空阶叶，好煮山厨第二泉。"⑥刘嵩《题卢仝煮茶图》："沙泥搨额最堪悲，纱帽笼头又一时。可怜画史寻常意，不写当年月蚀诗。"⑦凌云翰《龚翠岩所画煎茶索句图》："玉川和靖总清标，煮茗吟梅共寂寥，时世不同人物似，正如雪里见芭蕉。"⑧胡奎

---

① （明）郁逢庆：《续书画题跋记》卷12，《景印文渊阁四库全书》第816册，台湾商务印书馆1986年版。

② （清）梁诗正等：《石渠宝笈》卷38，《景印文渊阁四库全书》第824—825册，台湾商务印书馆1986年版。

③ （清）孙承泽：《庚子销夏记》卷3，《景印文渊阁四库全书》第826册，台湾商务印书馆1986年版。

④ （清）卞永誉：《书画彙考》卷58，《景印文渊阁四库全书》第827—829册，台湾商务印书馆1986年版。

⑤ （明）高启：《大全集》卷16，《景印文渊阁四库全书》第1230册，台湾商务印书馆1986年版。

⑥ （清）陈邦彦：《御定历代题画诗类》卷49，《景印文渊阁四库全书》第1435—1436册，台湾商务印书馆1986年版。

⑦ （明）刘嵩：《槎翁诗集》卷8，《景印文渊阁四库全书》第1227册，台湾商务印书馆1986年版。

⑧ （明）凌云翰：《柘轩集》卷1，《景印文渊阁四库全书》第1227册，台湾商务印书馆1986年版。

第一章 明代的茶具

《煮茶图》:"落花风扬煮茶烟,水榭高闲即是仙。想见杭州苏太守,赋成龙井试春泉。"① 王立道《题扫雪煎茶图》:"素质渐沦浮蟹眼,绿尘初瀹映娥眉。一杯漱入枯肠里,尚忆思成禅诏时。"② 唐寅《卢仝煎茶图》:"千载经纶一秃翁,王公谁不仰高风。缘何坐听添丁惨,不住山中住洛中。"③

明清一些记载中国古代书画的著作记录了大量的明代茶画,这些著作对茶具中的炉多有涉及。如明人张丑《真迹日录》记载的唐寅《溪山渔隐图》就涉及了茶炉:"六如真迹:'茶灶鱼竿养野心,水田漠漠树阴阴。太平时节英雄懒,湖海无边草泽深。'唐寅。右画水墨绢本。全学马和之真,逸品也。"④ 唐寅号六如居士。明汪砢玉《珊瑚网》记载了陆治《烹茶图》,图上陆治自题诗句曰:"茗碗月团新破,竹炉活火初然。门外全无酒债,山中惟有茶烟。"⑤ 清人梁诗正等《石渠宝笈》记载了董其昌《春湖烟树图》:"素绢本。墨画款题云:'幽人茶灶烟,每与宿云乱。凭轩望所思,春湖渺无岸。'董元宰画。"⑥ 清人孙承泽《庚子销夏记》记载了沈周《煮雪图》:"煮雪图。是纸画大幅峰峦树木……后竹前林,云深境寂,四人围一炉而话,宛然岩村景色。此石田得意之笔。上题一诗:'人间有雪寻常事,座有嘉宾雪亦奇。羔酒党家何足问,一炉活火试茶时。'"⑦ 陆治《烹茶图》、董其昌《春湖树烟

---

① (明)胡奎:《斗南老人集》卷5,《景印文渊阁四库全书》第1233册,台湾商务印书馆1986年版。
② (明)王立道:《具茨诗集》卷5,《景印文渊阁四库全书》第1277册,台湾商务印书馆1986年版。
③ (清)陈邦彦:《御定历代题画诗类》卷40,《景印文渊阁四库全书》第1435—1436册,台湾商务印书馆1986年版。
④ (明)张丑:《真迹日录》卷5,《景印文渊阁四库全书》第817册,台湾商务印书馆1986年版。
⑤ (明)汪砢玉:《珊瑚网》卷41,《景印文渊阁四库全书》第818册,台湾商务印书馆1986年版。
⑥ (清)梁诗正等:《石渠宝笈》卷17,《景印文渊阁四库全书》第824—825册,台湾商务印书馆1986年版。
⑦ (清)孙承泽:《庚子销夏记》卷3,《景印文渊阁四库全书》第826册,台湾商务印书馆1986年版。

图》和沈周《煮雪图》中均出现了茶炉。

另有大量歌咏明代茶画或直接题于茶画上的诗歌涉及茶炉。下举数例。如唐寅《题画》："春风修禊忆江南，酒榼茶炉共一担。"①张宁《为张都阃宗大题画四首》："蓬窗风扬钓丝轻，竹炉茗熟茶烟淡。"②顾璘《赋煮茶图》："涧阿霁雪新泉清，风吹石鼎茶烟横。"③文徵明《题养逸图》："书卷茶垆百虑融，梦回午枕竹窗风。忙身见画刚生愧，安得身闲似画中。"④王世贞《题尤生画赠林总兵》："白云幕松顶，轻风扇茗垆。……宁知日出处，片橄尽舆图。"⑤董其昌《题画》："幽人茶灶烟，每与宿云乱。"⑥林景清《题煮雪卷》："竹炉石鼎烧榾柮，须臾取雪烹成汤。"⑦

据清人黄虞稷《千顷堂书目》，明人顾元庆曾编撰《茶具图》一卷，可惜已经佚失。⑧明清时期有两部茶书主要围绕明代的茶画而形成，分别是明代喻政《烹茶图集》⑨和清代吴钺、刘继增《竹炉图咏》（图1-2）。

明万历年间，任福州知府的喻政得到据称为著名书画家唐寅所绘的

---

① （明）徐𤊹：《徐氏笔精》卷4，《景印文渊阁四库全书》第856册，台湾商务印书馆1986年版。
② （明）张宁：《方洲集》卷5，《景印文渊阁四库全书》第1247册，台湾商务印书馆1986年版。
③ （明）顾璘：《顾华玉集·息园存稿诗》卷7，《景印文渊阁四库全书》第1263册，台湾商务印书馆1986年版。
④ （明）文徵明：《甫田集》卷2，《景印文渊阁四库全书》第1273册，台湾商务印书馆1986年版。
⑤ （明）王世贞：《弇州续稿》卷19，《景印文渊阁四库全书》第1282—1284册，台湾商务印书馆1986年版。
⑥ （清）陈邦彦：《御定历代题画诗类》卷26，《景印文渊阁四库全书》第1435—1436册，台湾商务印书馆1986年版。
⑦ （清）陈邦彦：《御定历代题画诗类》卷49，《景印文渊阁四库全书》第1435—1436册，台湾商务印书馆1986年版。
⑧ （清）黄虞稷：《千顷堂书目》卷9，《景印文渊阁四库全书》第676册，台湾商务印书馆1986年版。
⑨ 蔡定益《论喻政〈烹茶图集〉应为独立茶书》（《茶业通报》2016年第3期，第139—139页）认为《烹茶图集》应为独立茶书。

第一章 明代的茶具

图 1-2 吴钺、刘继增《竹炉图咏》书影

《陆羽烹茶图》（简称《烹茶图》），上附有唐寅及其友人文徵明、臧懋循所书宋人的几首茶诗。喻政十分喜爱此画，遍示自己的友人和僚属，这些人以唐寅的画为主题，或赋诗或作文进行题咏。后喻政将有关诗文编辑为《烹茶图集》，共计有诗24首，文9篇。此图是否为唐寅真迹当时就有有争议，但喻政似乎并不在乎。[1] 此图所绘环境十分优雅，小桥流水、树木葱郁、怪石嶙峋。图中共有人物四人，两名文士一人坐于榻上，一人坐于椅上，相对饮茶，两名仆人一人在石桌边照料烹茶，一人在溪边取水。引人注目的是画中的茶具，石桌上置有茶炉和置放茶叶的竹编提盒，桌下有储水的水罐，两名文士各手握一茶盏，榻上有一茶壶。图

---

[1] 喻政的僚属周之夫认为"此图有远体而无远神，以为伯虎真笔，不敢闻命。"喻政笑答："吾岂为图辨真赝哉？吾以寄吾趣耳。"（喻政《烹茶图集》，喻政《茶书》，明万历四十一年刻本）

♨ 香茗雅器：明代茶具与明代社会

中茶炉应为上圆下方的竹炉。《烹茶图集》引王穉登《题唐伯虎〈烹茶图〉为喻使君正之赋》诗曰："太守风流嗜酪奴，行春常带煮茶图。图中傲吏依稀似，纱帽笼头对竹垆。"引徐熥诗曰："纱巾短褐无人识，此是苕溪桑苎翁。……谷雨才过紫笋新，竹炉香袅月团春。"① 唐寅此图所绘虽为自己想象的唐人陆羽烹茶，但从茶具及图中的茶饮方式来看，完全是明代形式的。特别是图中的茶炉，是明代文人十分青睐的竹茶炉。

明初洪武二十八年，著名画家王绂因目疾在无锡惠山听松庵休养，会同住持僧人性海命一湖州竹工制作了竹茶炉，王绂和性海遍邀文人学士为此炉题诗作文，王绂还为此创作了一幅描绘庐山的画作（图1-3），后经历明清两代300多年，大批文人多次围绕这件竹茶炉题咏，又增加了三幅绘画作品，一为履斋（生平不详）所绘，一为成化十三年冬吴珵所绘，另外一图佚失。清乾隆二十七年因乾隆帝对惠山竹茶炉的喜爱，时任无锡知县吴钺编辑了《竹炉图咏》，汇集了从明初到清乾隆年间有关此炉的诗文。该书分四卷，每卷前有绘画作品一幅，前三幅分别为明人王绂、履斋、吴珵所绘，第四幅佚失的图由乾隆帝命张宗苍补绘。乾隆四十四年，因保管不善该书原卷毁于火，为弥补过失，时任知县邱涟编辑了《竹炉图咏补集》，汇编了尚未编入《竹炉图咏》的一些诗文。清光绪年间刘继增将两书合编为今日所见的《竹炉图咏》版本。王绂所绘图将茶事场景置于宏阔的山水之中，画一高山，山势高峻，瀑布从山间飞流直下，山下水波浩瀚，山水之间有数间房屋，两人在屋中攀谈饮茶，画中另有一主一仆在路途似赶往赴会。履斋所绘画呈现出层峦叠嶂、古木参天的面貌，山间有一僧人盘腿而坐。吴珵的画背景是险峻的高山，山间云雾缭绕，山涧有一瀑布，如闻水声，山下遒劲的苍松之间有两间茅屋，屋中一主一客，另有一童子在屋中烹茶。这三幅图使人如在桃源，忘却世间尘嚣。第四幅图为清人所绘，不再论述。②

---

① （明）喻政：《烹茶图集》，喻政《茶书》，明万历四十一年刻本。
② （清）吴钺、刘继增：《竹炉图咏》，《锡山先哲丛刊》第1册，凤凰出版社2005年版。

第一章 明代的茶具

图1-3 王绂庐山山水图（引自《竹炉图咏》元集）
此图虽为王绂在惠山所绘，但确实绘的是庐山，不是惠山，本书第315页有论述。

　　由于茶炉的体量和在茶事活动中不可替代的重要性，中国古代茶画大多会出现茶炉，且茶炉往往会处于一个十分显要的位置。今人裘纪平编著了收录中国古代茶画的著作《中国茶画》，其中收录明代茶画103幅，这些明代茶画中有82幅就出现了茶炉，这些茶画能使今人十分形象地感知明代的茶炉。如佚名《煮茶问道图》，画中一文人坐于蒲团之上，童子捧紫砂壶进献，左下角陶制茶炉之上搁着水铫，炉边放置着一把用来扇风的蒲扇。① 又如周翰《西园雅集图》，画面右边一群文人正在吟诗作画，左边木石之下有一童子正蹲于地上给茶炉添加木炭，炉上放置着一把水铫。② 又如文徵明《惠山茶会图》，描绘的是文徵明等七人（画中有文士5人，另仆人3人）在惠山之麓汲泉烹茶、吟诗赏景的情形，画面左侧桌上堆放了许多茶具，桌边放置着四脚茶炉，汤瓶置

---

① 裘纪平：《中国茶画》，浙江摄影出版社2014年版，第79页。
② 同上书，第82—83页。

香茗雅器：明代茶具与明代社会

于茶炉之上，一仆童正在给炉中添火①（图1-4）。又如唐寅《煎茶图》绘一高士坐于怪石之下，手把蒲扇面对茶炉，炉边放着炭篓、火箸、水缸等茶具。②又如王问《煮茶图》，画面左边一童子正协助坐于席上的文士欣赏长卷，右边一高士正用火箸给竹炉添炭，炉上放着提梁壶。③再如陈洪绶《高隐图》，画面中部为三人正在围棋，左部一人正持扇面对茶炉，炉中冒出红色的焰火。④

图1-4 文徵明《惠山茶会图》（局部）

关于明代茶画中的茶炉，值得一提的还有明人黄凤池编撰的《唐诗画谱》，该书是集诗、书、画于一体的版画图谱，为每首选入的唐诗

---

① 裘纪平：《中国茶画》，浙江摄影出版社2014年版，第90—91页。
② 同上书，第104页。
③ 同上书，第126—127页。
④ 同上书，第146页。

第一章 明代的茶具

都配有白描图。该书为唐人皮日休《闲夜酒醒》"醒来山月高，孤枕群书里。酒渴漫思茶，山童呼不起"配的图右边是一文人坐于席上，正向沉睡的童子呼喝，左边是一顿着水壶的茶炉，茶炉四足，边侧有提手便于移动①（图1-5）。该书为唐人李白《醉兴》"江风索我狂吟，山月笑我酣饮。醉卧松竹梅林，天地籍为衾枕"的配图是一文人醉卧于江边林下，两名童子正在照料，其中一名童子在茶炉边烹茶，正把松针添入炉中。② 这两幅画虽是为唐诗所配，但描绘的完全是明代的茶具情形，对我们了解明代茶炉有一定裨益。

图1-5 《闲夜酒醒》配图（引自黄凤池《唐诗画谱》）

---

① （明）黄凤池：《唐诗画谱》，山东画报出版社2004年版，第38—39页。
② 同上书，第152—153页。

四 小说戏曲中的炉

明代小说的创作十分繁荣,小说中固然有许多虚构夸张的内容,但也相当程度是对现实的反映。明代小说中大量出现茶炉,茶炉已成为官与民、贫与富各色人等日常生活中的重要器具。

以下三部小说反映了官宦人家用炉烹茶。明代短篇小说集《警世通言》描绘:"荆公命堂候官两员,将水瓮抬进书房……纸封打开,命童儿茶灶中煨火,用银铫汲水烹之。"[1] 荆公是指王安石,曾为北宋宰辅,小说的背景虽是宋代,反映的是明代的现实。明末撰人不详的小说《梼杌闲评》描绘:"一日,程中书退朝……进忠烧起炉子炖茶,又把香炉内焚起好香来,斟的杯茶,送至程中书面前。程公拿起茶吃了两口,又叹了口气。"[2] 程中书是朝中大臣。署名兰陵笑笑生的小说《金瓶梅词话》描绘了何太监家中用茶炉:"原来何千户盛陈酒筵,在家等候。进入厅上,但见屏开孔雀,褥隐芙蓉,兽炭焚烧,金炉香霭。……炉上茶煮宝瓶,篆内香焚麝饼。何千户又陪西门庆叙话良久,小童看茶吃了,方道安置,起身归后边去了。"[3] 文内的"兽炭焚烧",自然是焚于茶炉之内。《金瓶梅词话》表面上以北宋末年为背景,实际上反映的是晚明的社会生活。

明末清初署名西周生的小说《醒世姻缘传》中的晁大舍是官宦之子,其妾珍哥因事陷在死牢之中,晁大舍贿赂衙门,珍哥竟能似在家中继续享受茶炉烹茶的生活。"别的房里黑暗地洞,就如地狱一般,惟有一间房内,糊得那窗干干净净,明晃晃的灯光……只见珍哥……坐着一把学士方椅,椅上一个拱线边青段心蒲绒垫子。地下焰烘烘一个火炉,

---

[1] (明)冯梦龙:《警世通言》第3卷《王安石三难苏相公》,人民文学出版社1956年版,第35页。

[2] (明)佚名:《梼杌闲评》第8回《程中书湖广清矿税,冯参汉水溺群奸》,华夏出版社2013年版,第73页。

[3] (明)兰陵笑笑生:《金瓶梅词话》第71回《李瓶儿何千户家托梦,提刑官引奏朝仪》,人民文学出版社2000年版,第918—919页。

第一章 明代的茶具

顿着一壶沸滚的茶；两个丫头坐在床下脚踏上；三四个囚妇，有坐矮凳的，有坐草墩的。"①

《金瓶梅词话》中最重要的人物是豪商西门庆，西门庆家中的日常生活茶炉是常见角色。如《金瓶梅词话》第二十四回："金莲向玉楼道：'咱如今往狮子街，李大姐房子里走走去。'于是吩咐画童、来安儿打灯先行，迤迤往狮子街来。小厮先去打门，老冯已是歇下，房中有两个人家买的丫头，在炕上睡。慌的老冯连忙开了门，让众妇女进来，旋戳开炉子顿茶，挈着壶往街上取酒。"② 金莲、玉楼分别是西门庆的妾潘金莲和孟玉楼。又如第七十三回："春梅道：'他说娘要吃茶来。'妇人道：'我要吃口茶儿，嫌他那手不干净。'这春梅连忙舀了一小铫子水，坐在火上，使他挝了些炭放在火内。须臾，就是茶汤，涤盏儿干净，浓浓的点上去递与妇人。妇人问春梅：'你爹睡下多大回了？'春梅道：'我打发睡了这一日了。问娘来，我说娘在后边还未来哩。'"③ 这表现的是西门庆的丫鬟春梅为西门庆的妾潘金莲炉上烹茶的情形。再如第七十五回："（西门庆）于是走出明间李瓶儿影跟前一张交椅下坐下不一时，只见如意儿笑嘻嘻走出来，说道：'爹，这里冷，你往屋里坐去罢。'这西门庆一把手摸到怀里，搂过来就亲了个嘴，一面走到房中床正面坐了。火炉上顿着茶，迎春连忙点茶来吃了。如意儿在炕边烤着火儿站立。"④ 李瓶儿是西门庆的妾，如意儿本是西门庆家中的奶妈。

家境平常的普通人家茶炉也是日常生活的重要物品。如明末清初短篇小说集《豆棚闲话》中表现在苏州古董摊和清客店中均有茶炉。古董摊："清幽雅致曲栏杆，物件多般摆作摊。内屋半间茶灶小，梅花竹

---

① （明）西周生：《醒世姻缘传》第14回《图圄中起盖福堂，死囚牢大开寿宴》，人民文学出版社2015年版，第188页。
② （明）兰陵笑笑生：《金瓶梅词话》第24回《陈经济元夜戏娇姿，惠祥怒骂来旺妇》，人民文学出版社2000年版，第274页。
③ （明）兰陵笑笑生：《金瓶梅词话》第73回《潘金莲不愤忆吹箫，郁大姐夜唱闹五更》，人民文学出版社2000年版，第977页。
④ （明）兰陵笑笑生：《金瓶梅词话》第75回《春梅毁骂申二姐，玉箫愬言潘金莲》，人民文学出版社2000年版，第1001页。

☙ 香茗雅器：明代茶具与明代社会

笪避人看。"清客店："并无他物，止有茶具炉瓶。手掌大一间房儿，却又分作两截，候人闲坐，兜揽嫖赌。外边开店内书房，茶具花盆小榻牀。香盒炉瓶排竹几，单条半假董其昌。"① 又如明末小说《欢喜冤家》中的王小山是小商人，娶了年少妻子二娘，二娘趁茶炉烹茶之机与王小山的生意合伙人二官偷情。"（二娘）须臾下楼，往灶前取火煽茶。二官道：'哥哥睡未？'回道：'睡熟了，我着三女坐在地下伴他，恐他要茶吃，特下来煎哩。'……二娘洗了手，拿了茶上楼……将茶递与丈夫吃。"② 又如明末清初小说《麟儿报》中的廉小村是磨豆腐卖酒做小生意的穷汉，雪天招呼过路之人歇息吃茶。"那人听见便回过头来，笑嘻嘻说道：'原来你老人家倒有些善心，可敬，可敬，只得要领情了。'因走上阶头。廉小村见他肯来，不胜欢喜。因在炉中斟一杯热茶与他吃，道：'我看你身上单薄，可到里面来，火上烘烘，也得些暖气。'"③ 再如明代小说《清平山堂话本》中的李翠莲嫁入张家，公公张员外吩咐翠莲灶（炉）上烧茶。"那翠莲听得公公讨茶，慌忙走到厨下，刷洗锅儿，煎滚了茶，复到房中，打点各样果子，泡了一盘茶，托至堂前。……只见翠莲捧着一盘茶，口中道：'公吃茶，婆吃茶，伯伯、姆姆来吃茶。姑娘、小叔若要吃，灶上两碗自去拿。……'"④

以下两部明代小说则描绘了僧道所居的寺观中的炉。《五鼠闹东京》："小二径往到来，果然好个茅山。怎见得，有《西江月》一首，单道此庵景致：……洗砚鱼吞水黑，烹茶鸟避炉烟。四围修竹绕茅檐。赛过蓬莱仙苑。小二见了此处，果然好个修行道院。"⑤ 此是董真人所

---

① （清）艾衲居士：《豆棚闲话》第 10 则《虎丘山贾清客联盟》，上海古籍出版社 1983 年版，第 108 页。

② （明）西湖渔隐主人：《欢喜冤家》第 9 回《乖二官骗落美人局》，华夏出版社 2015 年版，第 121 页。

③ （明）西湖渔隐主人：《麟儿报》第 1 回《廉老儿念风雪冷济饥人，葛神仙趁天灾巧指吉他》，上海古籍出版社 1994 年版，第 5—6 页。

④ （明）洪楩：《清平山堂话本》卷二《快嘴李翠莲记》，岳麓书社 2013 年版，第 39 页。

⑤ （明）佚名：《五鼠闹东京》第 3 回《施俊途中遇妖精》，春风文艺出版社 1994 年版，第 21 页。

第一章 明代的茶具

居道观。《三刻拍案惊奇》:"果然这徐公子悄悄步入佛堂,蹴过僧房,转入墙门,闯入小轩:静几余残局,茶炉散断烟。萧萧檐外竹,写影上窗间。真是清雅绝人。"① 此是寺院中的僧房。

明代茶馆遍及城乡,明代小说多有反映。明代小说涉及茶馆时常出现茶炉。如明代小说《喻世明言》:"马观察马翰得了台旨,分付众做公的落宿。自归到大相国寺前,只见一个人,背系带砖顶头巾,也着上一领紫衫,道:'观察拜茶。'同入茶坊里,上灶点茶来。那着紫衫的人,怀里取出一裹松子胡桃仁,倾在两盏茶里。"② 明代小说《水浒传》:"且说这王婆却才开得门,正在茶局子里生炭,整理茶锅,张见西门庆从早晨在门前踅了几遭,一迳奔入茶坊里来,水帘底下,望着武大门前帘子里坐了看。王婆只做不看见,只顾在茶局里煽风炉子,不出来问茶。西门庆呼道:'干娘,点两盏茶来。'"③ 西门庆与潘金莲的奸情就发生于王婆的茶馆之中。《儒林外史》虽是清初小说,反映的其实主要是明末清初的社会状况。第十四回:"这西湖乃是天下第一个真山真水的景致!……那些卖酒的青帘高飏,卖茶的红炭满炉,士女游人,络绎不绝,真不数'三十六家花酒店,七十二座营弦楼'。"④ 此处描写了西湖边茶馆中之炉。第五十五回:"可怜这盖宽……寻了两间房子开茶馆。……外一间摆了几张茶桌子。后檐支了一个茶炉子。右边安了一副柜台。后面放了两口水缸,满贮了雨水。他老人家清早起来,自己生了火,扇著了,把水倒在炉子里放著,依旧坐在柜台里看诗画画。"⑤

明代文人逸士外出游玩常携带炉等茶具,明代小说对此多有反映。

---

① (明)梦觉道人、西湖浪子:《三刻拍案惊奇》第29回《淫贪皆有报,僧俗总难逃》,三秦出版社1994年版,第327页。
② (明)冯梦龙:《喻世明言》第36卷《宋四公大闹禁魂张》,人民文学出版社1958年版,第538页。
③ (明)施耐庵:《水浒传》第24回《王婆贪贿说风情,郓哥不忿闹茶肆》,人民文学出版社1997年版,第315页。
④ (清)吴敬梓:《儒林外史》第14回《蘧公孙书坊送良友,马秀才山洞遇神仙》,人民文学出版社1958年版,第533页。
⑤ (清)吴敬梓:《儒林外史》第55回《添四客述往思来,弹一曲高山流水》,人民文学出版社1958年版,第153页。

☕ **香茗雅器：明代茶具与明代社会**

如明代短篇小说集《剪灯馀话》之《幔亭遇仙录》曰："杜僎成，巴丘之逸士，而寓居于建阳。赋性高迈，抗志林泉。畜一小舟，置笔床、茶灶、钓具、酒壶于其中。每夷犹于清溪九曲间以为常，而人亦推其有标致。一日，仲秋雨霁，凉风满襟。僎成沿流临泛，听其所之。"① 又如明末清初小说《吴江雪》："正饮酒间，不觉已到虎丘了。众人起来，各处游玩了一番，风景自不必说。闲玩多时，日才西转，家人带着水火炉并茶具。明月初升，尽坐在千人石上。四个侍女，吹箫弹瑟，品竹鼓簧，妙娘歌出绕梁之声，真正莫愁复出，其实动人。"② 文中描绘了信生等文人携妓在虎丘游玩，家人带了炉等茶具。再如明末清初小说《水浒后传》："燕青扯了柴进、乐和道：'我三个在湖上步月就来。'出了寺门，过了断桥，沿堤步去。……湖堤上悄无人迹，愈觉得景物清幽。柴进挽了燕青的手，见两三个人同一美人席地而坐，安放竹炉茶具，小童蹲着扇火。听得那美人唱着苏学士'明月几时有，把酒问青天'那套《水调歌头》，真有留云过月之声，娇滴滴字字圆转。"③

明代小说中，富贵人家在日常生活中饮茶几乎是必不可少的，奴仆的一项重要职责即是扇炉煮茗。如《梼杌闲评》："公子吩咐小厮道：'昨日张爷送的新茶，把惠泉水泡了来吃。'小厮扇炉煮茗。"④ 又如《禅真逸史》："小姐叫：'快去生竹炉，烹茶来吃。'腊梅方才走去生火。张善相指着壁上挂的古琴道：'茶尚未熟，久闻小姐善此，请教一曲何如？'"⑤ 再如明末清初《金云翘传》："走出两个丫头，慌慌张张的道：'娘到后园烧夜香，我们正在这里煽茶，忽见一二十个将军把娘

---

① （明）瞿佑等：《剪灯新话（外二种）》，上海古籍出版社1981年版，第218页。
② （明）佩蘅子：《吴江雪》第12回《巫女有心荐枕，楚襄无意为云》，春风文艺出版社1986年版，第74页。
③ （清）陈忱：《水浒后传》第38回《武行者叙旧六和塔，宿太尉敕封遏罗》，华夏出版社2014年版，第275页。
④ （明）佚名：《梼杌闲评》第4回《赖风月牛三使势，断吉凶跛老灼龟》，华夏出版社2013年版，第32页。
⑤ （明）清溪道人：《禅真逸史》第33回《计入香闺贻异宝，侠逢朔郡庆良缘》，华夏出版社2015年版，第371页。

第一章 明代的茶具

推入中堂……如飞而去。娘不知躲在那里。'"① 引文中的小厮、腊梅和丫头分别都是主人的奴仆。

有的富贵人家,甚至有专司茶炉的奴仆。如《警世通言》中华府夫人随身侍婢中就有一人专门掌管香炉茶灶。"原来那四个是有执事的,叫作:春媚、夏清、秋香、冬瑞。春媚,掌首饰脂粉;夏清,掌香炉茶灶;秋香,掌四时衣服;冬瑞,掌酒果食品。"② 又如《醒世姻缘传》中峄山圣姆也有专司茶炉的管茶博士。"末后一个戴黄巾的后生,挑着一头食箱,一头火炉茶壶之类,其担颇重,力有未胜,夹在香头队内,往前奔赶。……黄巾后生道:'我就是圣姆脚下的管茶博士。'"③ 小说中的峄山圣姆虽是虚构的神灵,但有专门掌管茶炉的奴仆也是现实的反映。

明代小说中专司茶炉的奴仆,特别值得一提的是《金瓶梅词话》中的情形。如第二十二回:"惠莲自从和西门庆私通之后,背地不算与他衣服、汗巾、首饰、香茶之类。只银子成两,家带在身边,在门首买花翠胭粉,渐渐显露,打扮的比往日不同。西门庆又对月娘说:'他做的好汤水。'不教他上大灶,只教他和玉箫两个,在月娘房里,后边小灶上,专顿茶水,整理菜蔬,打发月娘房里吃饭,与月娘做针指,不必细说。"④ 惠莲本是西门庆家中女仆,因与西门庆私通受宠爱,被安排在西门庆妻月娘房内专司茶炉(也即引文中顿茶水的灶)。

又如《金瓶梅词话》第二十四回:"(西门庆)陪荆都监在厅上说话,一面使平安儿进来后边要茶,宋惠莲正和玉箫、小玉在后边院子里……正顽着,只见平安走来,叫:'玉箫姐,前边荆老爹来,使我进来要茶哩。'那玉箫也不理他,且和小玉厮打顽耍,不理他。那平安儿

---

① (清)青心才人:《金云翘传》第14回《宦鹰犬移花接木,王美人百折千磨》,春风文艺出版社1983年版,第126页。
② (明)冯梦龙:《警世通言》第26卷《唐解元一笑姻缘》,人民文学出版社1956年版,第385页。
③ (明)西周生:《醒世姻缘传》第93回《晁孝子两口焚修,峄山神三番显圣》,人民文学出版社2015年版,第1237页。
④ (明)兰陵笑笑生:《金瓶梅词话》第22回《西门庆私淫来旺妇,春梅正色骂李铭》,人民文学出版社2000年版,第254页。

香茗雅器：明代茶具与明代社会

只顾催逼说：'人坐下来这一日了。'宋惠莲道：'怪囚根子！爹要茶，问厨房里上灶的要去，如何只在俺这里缠？俺这后边，只是预备爹娘房里用的茶，不管你外边的帐。'那平安儿走到厨房下，那日该来保妻惠祥，惠祥道：'怪囚！我这里使着手做饭，你问后边要两钟茶出去就是了，巴巴来问我要茶！'平安道：'我到后头来，后边不打发茶，惠莲嫂子说，该是那上灶的首尾，问那个要，他不管哩！'这惠祥便骂道：'贼泼妇！他认定了他是爹娘房里人，俺天生是上灶的来？我这里又做大家伙里饭，又替大娘子炒素菜，几只手？论起就倒倒茶儿去也罢了，巴巴坐名儿来寻上灶的，上灶的是你叫的！误了茶也罢，我偏不打发上去。'平安道：'荆老爹来坐了这一日，嫂子快些打发茶，我拿上去罢。迟了又惹爹骂！'当下这里推那里，那里推这里，就耽误了半日。比及又等玉箫取茶果、茶匙儿出来，平安儿拿出茶去，那荆都监坐的久了，再三要起身，被西门庆留住。嫌茶冷不好吃，唱骂平安来，另换茶上去吃了，荆都监纔起身去了。西门庆进来，问：'今日茶是谁顿的？'平安道：'是灶上顿的茶。'西门庆回到月娘上房，告诉月娘：'今日顿这样茶去与人吃，你往厨下查那个奴才老婆上灶？采出来问他，打与他几下。'小玉道：'今日该惠祥上灶哩。'慌的月娘说道：'这歪辣骨待死！越发顿恁样茶上去了！'一面使小玉叫将惠祥当院子跪着，问他要打多少？惠祥答道：'因把做饭，炒大娘子素菜，使着手，茶略冷了些。'被月娘数骂了一回，饶了他起来。吩咐：'今后，但凡你爹前边人来，教玉箫和惠莲后边顿茶，灶上只管大家茶饭。'这惠祥在厨下，忍气不过，刚等的西门庆出去了，气恨恨走来后边，寻着惠莲，指着大骂：'……俺每是上灶的老婆来！巴巴使小厮坐名，问上灶要茶；上灶的是你叫的？你我生米做成熟饭，你识我见的！……是爹的小老婆，我也不怕你！'惠莲道：'你好没要紧，你顿的茶不好，爹嫌你，管我甚事？你如何走来拿人散气？'"① 西门庆家中茶灶（炉）分大灶和小灶，大

---

① （明）兰陵笑笑生：《金瓶梅词话》第 24 回《陈经济元夜戏娇姿　惠祥怒骂来旺妇》，人民文学出版社 2000 年版，第 277—279 页。

· 54 ·

第一章　明代的茶具

灶茶供应家中众人，小灶茶只供应西门庆夫妇，但外来客人的茶谁来供应分工并不明确。所以管小灶的惠莲、玉箫与轮值管大灶的惠祥在客人荆都监来时对供茶的事互相推诿，导致西门庆发怒要责罚奴仆。西门庆妻月娘因之只好明确规定以后前边客人供茶之事由惠莲和玉箫的小灶负责。惠祥因受罚忍气不过，与惠莲发生激烈争吵。

明代也是一个戏曲创作较为繁荣的时代，明代戏曲中也有一些涉及茶炉的内容。下举三例。

明代陆采创作的戏曲《明珠记》较为典型。王仙客与刘无双相爱有婚约，后因战乱失散，乱后王仙客在蓝桥驿任驿臣，无双没入宫中为奴，凑巧经过蓝桥宿于驿中，王仙客派书童塞鸿扮作炉前煎茶童子与无双相会。第二十五出《煎茶》："（旦上）……【前腔】偷瞧。朱帘轻揭。金铃声小。那一炉宿火。两个铜瓶。敢是煎茶之所。一缕茶烟香缭绕。（丑）帘儿下有个内家来也。（旦惊退介）呀。元来有人在外边。（进看介）是个煎茶童子。那人我好面善呵。青衣执爨。分明旧识丰标。悄语低声问分晓。塞鸿。塞鸿。（丑）呀。帘内莫非无双小姐么。（旦）你不是塞鸿么。（丑）小人正是。（旦）天呵。果然是萍水相遭。（丑）小姐果然在此。（旦）塞鸿。你怎的也在这裏。（丑）覆小姐。俺官人见做驿官。着小人假做茶童打探。不想果得相遇。"[1] 引文中的旦、丑分别是无双小姐和书童塞鸿。

明代戏曲《寻亲记》中有《茶坊》一出："（丑上）【水底鱼儿】开设茶坊，声名播四方。烹煎得法，非咱胡调谎。官员来往，招接日夜忙。卢仝陆羽，也来此处尝，也来此处尝。自家生居柳市，业在茶坊；器皿精奇，铺排洒落。招接的都是十洲三岛客，应付的俱是四海五湖宾。真个是风流茶博士，萧洒酒家人。咦，伙计，风炉上多添点炭拉浪，恐有吃茶的到来，烹茶伺候。"[2] 引文中的丑为茶馆炉前煎茶并照

---

[1] （明）陆采：《明珠记》第25出《煎茶》，毛晋《六十种曲》第3册，中华书局1958年版。

[2] 《寻亲记》之《茶坊》，钱德苍《缀白裘》初集卷4，中华书局1941年版，第243—244页。

料茶客的茶博士，在本出范仲淹通过茶博士了解到恶霸张敏的重大犯罪事实。

明代戏曲孙柚《琴心记》叙述的主要是西汉卓文君与司马相如的爱情故事。第四十出："（旦行介）【祝英台】叩慈悲。来方丈。都为负心郎。……（合）甚日也保佑夫妻随唱。（尼）夫人休快。拜如来。称大宝。业果自然忘。你身在青山。目断瑶京。空把远愁添上。不如今夜裹呵。绳床。松涛几阵窗前。带却茶炉声响。"① 引文中的旦、尼分别是已削发的卓文君和庵中尼姑。此出卓文君削发为尼在山中尼庵之中，尼姑劝卓文君在炉边饮茶消愁。第四十一回："（生）作赋过劳。痰疾忽动。我要眠息一回。央你暂时扇枕。半晌煎茶。醒时谢你。（贴）正当驱使。（生）不要惊了我。手弄生绡白团扇。孤眠全仗北窗风。枝头莫放黄莺语。惊机瑶台梦不通。（睡介贴打扇介）痨病鬼。你教我打扇呵。分明要【皂角儿】扇底风晚凉作雨。煎茶呵。分明要炉中火夜深求水。只怕你梦儿中上楚台热心已消。到华胥风情走矣。只愿你做一个绕南柯蛱蝶飞。梦西园池塘树。枕上清虚。"② 引文中生、帖分别是司马相如和卓文君的贴身丫鬟孤红，司马相如命孤红枕边打扇、炉中煎茶。

第二节　明代的盏

明代的盏，亦可从茶书、诗歌、茶画和小说戏曲四个方面论述。

一　茶书中的盏

中国古代茶具中的盏，在茶书中又叫瓯、碗、盂、杯等。古代茶书

---

① （明）孙柚：《琴心记》第40出《吟寄白头》，毛晋《六十种曲》第5册，中华书局1958年版。

② （明）孙柚：《琴心记》第41出《金买赋》，毛晋《六十种曲》第5册，中华书局1958年版。

第一章 明代的茶具

中，茶盏也有叫氅的。如清代茶书陆廷灿《续茶经》引宋人周密《乾淳岁时记》曰："禁中大庆会，用大镀金氅，以五色果簇钉龙凤，谓之绣茶。"《续茶经》又引宋人程大昌《演繁露》曰："东坡后集二《从驾景灵宫》诗云：'病贪赐茗浮铜叶。'按：今御前赐茶，皆不用建盏，用大汤氅，色正白，但其制样似铜叶汤氅耳。铜叶，色黄褐色也。"①明代茶书黄履道《茶苑》引明人张衮《水南翰记》曰："韵书无氅字，今人呼茶酒器为之氅，邵康节诗：'大氅子中消白日，小车儿上看青天'，即此氅字也。"②

在唐代茶书陆羽《茶经》之《四之器》罗列的28种茶具中，被称为碗的茶盏占据十分重要的地位。"碗，越州上，鼎州次，婺州次，岳州次，寿州、洪州次。或者以邢州处越州上，殊为不然。若邢瓷类银，越瓷类玉，邢不如越一也；若邢瓷类雪，则越瓷类冰，邢不如越二也；邢瓷白而茶色丹，越瓷青而茶色绿，邢不如越三也。晋杜毓《荈赋》所谓：'器择陶拣，出自东瓯。'瓯，越也。瓯，越州上，口唇不卷，底卷而浅，受半升已下。越州瓷、岳瓷皆青，青则益茶。茶作白红之色。邢州瓷白，茶色红；寿州瓷黄，茶色紫；洪州瓷褐，茶色黑：悉不宜茶。"③加上现代人的标点，《四之器》共1900余字，对碗的描述文字就有200余字，在28种茶具中字数上仅次于风炉位居第二，可见陆羽《茶经》对盏的重视程度。陆羽《茶经》崇尚以越窑为代表的青瓷，而贬斥以邢窑为代表的白瓷，原因在于陆羽时代流行蒸青团茶，茶色绿，青瓷能更好衬托茶色。陆羽扬越窑青瓷贬邢窑白瓷完全是从有益茶色的角度而言，"越瓷青而茶色绿"，并不涉及不同瓷类的本身品质。

从唐入宋，由于饮茶方式的变化，宋代茶书中的盏崇尚的是以建窑为代表的黑瓷。如宋代茶书蔡襄《茶录》之《茶盏》条曰："茶色白，

---

① （清）陆廷灿：《续茶经》卷中《四之器》,《景印文渊阁四库全书》第844册，台湾商务印书馆1986年版。
② （明）黄履道：《茶苑》卷19，清抄本。
③ （唐）陆羽：《茶经》卷中《四之器》,《丛书集成新编》第47册，新文丰出版公司1985年版。

香茗雅器：明代茶具与明代社会

宜黑盏，建安所造者，绀黑，纹如兔毫，其坯微厚，熁之久热难冷，最为要用。出他处者，或薄，或色紫，皆不及也。其青白盏，斗试家自不用。"① 宋代茶书宋徽宗《大观茶论》之《盏》条曰："盏色贵青黑，玉毫条达者为上，取其焕发茶采色也。底必差深而微宽，底深则茶直立，易以取乳；宽则运筅旋彻，不碍击拂。然须度茶之多少，用盏之小大。盏高茶少，则掩蔽茶色；茶多盏小，则受汤不尽。盏惟热，则茶发立耐久。"② 宋代流行研膏团茶，茶色白，建窑为代表的黑瓷更能衬托茶色，所以得到崇尚。蔡襄《茶录》主张茶盏的坯要稍厚些，这样点茶时加热了不容易冷。宋徽宗《大观茶论》主张茶盏要稍微深些宽些，便于筅在盏内击拂，盏的大小要与茶量的多少适合。

宋代流行点茶法，碾磨成粉的茶叶投入盏中，冲入少量沸水调成膏，再相继冲入沸水，用茶筅不断击拂，盏因之在所有茶具中成为视觉关注的中心。蔡襄《茶录》之《熁盏》和《点茶》条曰："凡欲点茶，先须熁盏令热，冷则茶不浮。""钞茶一钱匕，先注汤，调令极匀，又添注之，环回击拂。汤上盏，可四分则止，视其面色鲜白、著盏无水痕为绝佳。建安斗试以水痕先者为负，耐久者为胜；故较胜负之说，曰相去一水、两水。"③ 点茶前先要把茶盏加热，茶粉加入少量水后调成膏，再注入沸水击拂，盏上无水痕者佳，斗茶以是否有水痕决定胜负。

宋徽宗《大观茶论》之《点》条曰："点茶不一，而调膏继刻。以汤注之，手重筅轻，无粟文蟹眼者，谓之静面点。盖击拂无力，茶不发立，水乳未浃，又复增汤，色泽不尽，英华沦散，茶无立作矣。有随汤击拂，手筅俱重，立文泛泛，谓之一发点。盖用汤已故，指腕不圆，粥面未凝，茶力已尽，雾云虽泛，水脚易生。妙于此者，量茶受汤，调如融胶。环注盏畔，勿使侵茶。势不欲猛，先须搅动茶膏，渐加击拂，手轻筅重，指绕腕旋，上下透彻，如酵糵之起面，疏星皎月，灿然而生，

---

① （宋）蔡襄：《茶录》，《丛书集成初编》第1480册，中华书局1985年版。
② （宋）赵佶：《大观茶论》，陶宗仪《说郛》卷93，清顺治三年李际期宛委山堂刊本。
③ （宋）蔡襄：《茶录》，《丛书集成初编》第1480册，中华书局1985年版。

第一章 明代的茶具

则茶面根本立矣。第二汤自茶面注之,周回一线,急注急止,茶面不动,击拂既力,色泽渐开,珠玑磊落。三汤多寡如前. 击拂渐贵轻匀,周环旋复,表里洞彻,粟文蟹眼,泛结杂起,茶之色十已得其六七。四汤尚啬,筅欲转稍宽而勿速,其真精华彩,既已焕然,轻云渐生。五汤乃可稍纵,筅欲轻盈而透达,如发立未尽,则击以作之。发立已过,则拂以敛之,结浚霭,结凝雪;茶色尽矣。六汤以观立作,乳点勃然,则以筅著居,缓绕拂动而已。七汤以分轻清重浊,相稀稠得中,可欲则止。乳雾汹涌,溢盏而起,周回凝而不动,谓之咬盏,宜均其轻清浮合者饮之。"① 茶粉在盏中调成膏以后,先后七次注水,用筅击拂,在此过程中茶汤汤面出现大量不同稍纵即逝的美丽图案,让人得到极大美的享受。这种点茶已经极大艺术化了,主要似乎不是为了品饮茶汤,而是观赏汤面变幻的图案以及点茶过程中带来的身心愉悦。明代茶书黄履道《茶苑》引《延礼曲宴》记载了宋徽宗亲点茶汤以赐臣下:"道君亲点茶赐近臣　宣和二年十一月癸巳,召宰执亲王等曲宴于延福宫,时召学士承旨李邦彦、宇文粹中,以示异也。又命学士蔡绦引二臣至保和殿游观,上命近侍取茶具,亲手注汤击拂,少顷,白乳浮盏面,如疏星淡月。顾诸臣曰:'此自烹茶。'饮毕皆顿首谢。"②

宋代茶书陶穀《荈茗录》亦记载了一个善于在盏中点茶使汤面幻化出各种图案的僧人。《荈茗录》之《生成盏》条曰:"馔茶而幻出物象于汤面者,茶匠通神之艺也。沙门福全生于金乡,长于茶海,能注汤幻茶,成一句诗,并点四瓯,共一绝句,泛乎汤表。小小物类,唾手办耳。檀越日造门求观汤戏,全自咏曰:'生成盏里水丹青,巧画工夫学不成。却笑当时陆鸿渐,煎茶赢得好名声。'"③ 僧人福全甚至能在盏中点出诗句,实在令人惊叹。

明代茶书普遍崇尚以景德镇窑为代表的白瓷,原因在于明代主流的

---

① (宋)赵佶:《大观茶论》,陶宗仪《说郛》卷93,清顺治三年李际期宛委山堂刊本。
② (明)黄履道:《茶苑》卷13,清抄本。
③ (宋)陶穀:《荈茗录》,喻政《茶书》,明万历四十一年刻本。

♨ 香茗雅器：明代茶具与明代社会

饮茶方式由唐代的烹茶法、宋代的点茶演变为泡茶法，唐宋流行的饼茶到明代逐渐退出历史舞台，盛行散茶，茶叶不用碾磨直接置入盏中用沸水冲泡，汤色清纯，白瓷更易衬托茶色并观察茶芽在汤水中的舒展变化。

明代茶书朱权《茶谱》之《茶瓯》条曰："茶瓯，古人多用建安所出者，取其松纹兔毫为奇。今淦窑所出者，与建盏同，但注茶色不清亮，莫若饶瓷为上，注茶则清白可爱。"① 朱权明显反对建窑的黑瓷，而主张景德镇窑的白瓷。② 景德镇位处饶州浮梁县，故景德镇瓷又称为饶瓷。明代茶书屠隆《茶说》之《择器》条曰："宣庙时有茶盏，料精式雅，质厚难冷，莹白如玉，可试茶色，最为要用。蔡君谟取建盏，其色绀黑，似不宜用。"③ 屠隆也主张景德镇白瓷，反对建窑黑瓷，"宣庙"是指明代宣德时期的景德镇窑。明代茶书许次纾《茶疏》之《瓯注》条曰："茶瓯，古取建窑兔毛花者，亦斗碾茶用之宜耳。其在今日，纯白为佳，叶贵于小。定窑最贵，不易得矣。"④ 许次纾也主张白瓷，定窑是指宋代定州瓷窑生产的白瓷，到明代已很名贵。明代茶书张丑《茶经》之《茶盏》条曰："今烹点之法，与君谟不同。取色莫如宣、定；取久热难冷，莫如官、哥。向之建安黑盏，收一两枚以备一种略可。"⑤ "宣、定"是指明代宣德年间景德镇和宋代定窑生产的白瓷。明代茶书张源《茶录》之《茶盏》条曰："盏以雪白者为上，蓝白者不

---

① （明）朱权：《茶谱》，《艺海汇函》，明抄本。
② 在茶饮方式上，朱权《茶谱》明显处于从宋代的点茶法向明代的泡茶法的过渡形态，虽然使用散茶，但茶叶仍需碾磨成粉置入茶盏中再用沸水冲泡击拂。朱权《茶谱》所列茶具即有用来碾茶的茶碾，筛茶的茶罗和击拂的茶筅。朱权《茶谱》之《点茶》条的文字基本承袭了蔡襄《茶录》。朱权《茶谱》中的茶盏分两种，一种是用来点茶的"巨瓯"，一种是众人的"啜瓯"："碾茶为末，置于磨令细，以罗罗之，候汤将如蟹眼，量客众寡，投数匕入于巨瓯。候茶出相宜，以茶筅摔令沫不浮，乃成云头雨脚，分于啜瓯，置之竹架，童子捧献于前。"
③ （明）屠隆：《茶说》，喻政《茶书》，明万历四十一年刻本。
④ （明）许次纾：《茶疏》，《四库全书存目丛书·子部》第79册，齐鲁书社1997年版。
⑤ （明）张丑：《茶经》，《中国古代茶道秘本五十种》第2册，全国图书馆文献缩微复制中心2003年版。

第一章 明代的茶具

损茶色，次之。"① 明代茶书高元濬《茶乘》之《择器》条曰"茶瓯，亦取料精式雅、质厚难冷、莹白如玉者，可试茶色。"② 明代茶书周高起《阳羡茗壶系》曰："品茶用瓯，白瓷为良，所谓'素瓷传静夜，芳气满闲轩'也。"③ 张源、高元濬和周高起均主张白瓷，而且都是从有益茶色的角度而言。

明代茶书最欣赏的明代白瓷是宣德、成化、嘉靖年间景德镇官窑生产的瓷器。明代茶书罗廪《茶解》之《瓯》条曰："以小为佳，不必求古，只宣、成、靖窑足矣。"④ 明代茶书龙膺《蒙史》曰："昭代宣、成、靖窑器精良，亦足珍玩。"⑤ 明代茶书黄龙德《茶说》曰："器具精洁，茶愈为之生色。……宣、成窑之茶盏，高人词客，贤士大夫，莫不为之珍重。即唐宋以来，茶具之精，未必有如斯之雅致。"⑥ 许次纾《茶疏》曰："宣、成、嘉靖，俱有名窑。"⑦

明代茶书主流的观点是主张茶盏用白瓷，但也有相异的不同观点。如程用宾《茶录》承袭了唐陆羽《茶经》的观点仍然推崇越州青瓷："《经》言越州上……越、岳瓷皆青，青则益茶。……邢瓷白，茶色红。寿瓷黄，茶色紫。洪瓷褐，茶色黑。悉不宜茶。"⑧ 顾元庆《茶谱》则承袭了宋蔡襄《茶录》的观点仍推崇建窑黑瓷："茶色白，宜黑盏。建安所造者，绀黑纹如兔毫……最为要用。"⑨ 冯可宾《岕茶笺》则对茶盏使用何种瓷没有明显的倾向性，认为只要适意则可："茶杯，汝、

---

① （明）张源：《茶录》，喻政《茶书》，明万历四十一年刻本。
② （明）高元濬：《茶乘》卷1，《续修四库全书》第1115册，上海古籍出版社2003年版。
③ （明）周高起：《阳羡茗壶系》，《丛书集成续编》第90册，新文丰出版公司1988年版。
④ （明）罗廪：《茶解》，喻政《茶书》，明万历四十一年刻本。
⑤ （明）龙膺：《蒙史》卷下，喻政《茶书》，明万历四十一年刻本。
⑥ （明）黄龙德：《茶说》，《中国古代茶道秘本五十种》第1册，全国图书馆文献缩微复制中心2003年版。
⑦ （明）许次纾：《茶疏》，《四库全书存目丛书·子部》第79册，齐鲁书社1997年版。
⑧ （明）程用宾：《茶录》，明万历三十二年戴凤仪刻本。
⑨ （明）顾元庆：《茶谱》，《续修四库全书》第1115册，上海古籍出版社2003年版。

香茗雅器：明代茶具与明代社会

官、哥、定如未可多得，则适意者为佳耳。"① 汝、官、哥、定都是宋代名窑，汝窑、官窑、哥窑是青瓷，定窑是白瓷。

中国古代最主流的茶盏毫无疑问是瓷质的，这是因为瓷相对其他材质有突出优点。瓷不似金银十分昂贵而较为廉价，不似铜铁易于腐蚀而能千年不腐，不似竹木难以清洗而便于卫生，不似陶器易于吸水而有防水的特性，瓷器突出的优点使之成为最适宜的茶具。

但明清茶书中的茶盏除瓷以外，还存在其他材质的。如黄龙德《茶说》记录了金质的茶盏："古鼎金瓯，饮之富贵者也。"② 邓志谟《茶酒争奇》记录了玉质、金质茶盏："酪奴将玉杯、金盏、酒樽、酒县尽行打碎。督邮将玉钟、金瓯、茶壶、茶锅尽行打碎。"③ 玉钟、金瓯即为玉质、金质茶盏。清代茶书陆廷灿《续茶经》引明人朱权的话说："臞仙云：茶瓯者，予尝以瓦为之，不用瓷。以笋壳为盖，以槲叶攒覆于上，如箬笠状，以蔽其尘。"④ 臞仙是明人朱权的号，他使用的茶盏陶质的，并且以笋壳为盖。

唐代茶书陆羽《茶经》就已十分注重盏的清洁，防止污染产生异味，"膻鼎腥瓯，非器也"，此观点对明代茶书产生很大影响，明代茶书普遍十分注重茶饮中茶盏的清洁。屠隆《茶说》曰："茶瓶、茶盏、茶匙生鉎，致损茶味，必须先时洗洁则美。"⑤ 张丑《茶经》曰："一切茶器，每日必时时洗涤始善，若膻鼎腥瓯，非器也。"⑥ 程用宾《茶录》曰："饮茶先后，皆以清泉涤盏，以拭具布拂净，不夺茶香，不损茶色，不失茶味，而元神自在。"⑦ 许次纾的《茶疏》对茶盏的清洁有

---

① （明）冯可宾：《岕茶笺》，《丛书集成续编》第86册，新文丰出版公司1988年版。
② （明）黄龙德：《茶说》，《中国古代茶道秘本五十种》第1册，全国图书馆文献缩微复制中心2003年版。
③ （明）邓志谟：《茶酒争奇》卷1，邓志谟《七种争奇》，清春语堂刻本。
④ （清）陆廷灿：《续茶经》卷中《四之器》，《景印文渊阁四库全书》第844册，台湾商务印书馆1986年版。
⑤ （明）屠隆：《茶说》，喻政《茶书》，明万历四十一年刻本。
⑥ （明）张丑：《茶经》，《中国古代茶道秘本五十种》第2册，全国图书馆文献缩微复制中心2003年版。
⑦ （明）程用宾：《茶录》，明万历三十二年戴凤仪刻本。

第一章 明代的茶具

较多论述:"汤铫瓯注,最宜燥洁。每日晨兴,必以沸汤荡涤,用极熟黄麻巾蜕向内拭干,以竹编架覆而求之燥处,烹时随意取用。……瓯中残渖,必倾去之,以俟再斟。如或存之,夺香败味。人必一杯,毋劳传递,再巡之后,清水涤之为佳。"① 从许次纾的论述来看,当时存在着共享茶盏,轮流饮用的情况,许次纾对此反对,因为这违反了"洁"的要求。

在明代茶书中,茶盏是最典型的茶具,明代茶书往往用"茗碗"来代称茶饮之事。如陆树声《茶寮记》:"除烦雪滞,涤醒破睡,谭渴书倦,是时茗碗策勋,不减凌烟。"② 许次纾《茶疏》曰:"士人登山临水,必命壶觞。乃茗碗薰炉,置而不问,是徒游于豪举,未托素交也。"③ 闻龙《茶笺》曰:"因忆老友周文甫,自少至老,茗碗薰炉,无时暂废。"④ 茗碗和熏炉分别代指的是茶事和香事。董其昌为夏树芳《茶董》所作序曰:"陶通明曰:'不为无益之事,何以悦有涯之生?'余谓茗碗之事,足当之。"⑤ 朱之蕃为龙膺《蒙史》所作《题辞》曰:"壶觞、茗碗,世俗不啻分道背驰,自知味者,视之则如左右手,两相为用,缺一不可。"⑥ 壶觞、茗碗分指的是酒事和茶事。

明代茶书喻政《茶集》是一部汇编性质的茶书,辑录了大量有关茶的诗文,其中明人支中夫的《味苦居士传》⑦ 是一篇拟人化描绘明代茶盏的小品文。"汤器之,字执中,饶州人,尝爱孟子'苦其心志'之言,别号味苦居士。"茶盏之所以名汤器之,是因为这是盛茶汤的器皿,茶盏制作需左右对称,所以字执中,饶州景德镇的瓷器最为著名,故为饶州人,茶汤味苦,所以号味苦居士。"人召之则行,命之则

---

① (明)许次纾:《茶疏》,《四库全书存目丛书·子部》第79册,齐鲁书社1997年版。
② (明)陆树声:《茶寮记》,《四库全书存目丛书·子部》第79册,齐鲁书社1997年版。
③ (明)许次纾:《茶疏》,《四库全书存目丛书·子部》第79册,齐鲁书社1997年版。
④ (明)闻龙:《茶笺》,陶珽《说郛续》卷37,清顺治三年李际期宛委山堂刻本。
⑤ (明)夏树芳:《茶董》,《四库全书存目丛书·子部》第79册,齐鲁书社1997年版。
⑥ (明)龙膺:《蒙史》,喻政《茶书》,明万历四十一年刻本。
⑦ (明)喻政:《茶集》卷1,喻政《茶书》,明万历四十一年刻本。

☙ 香茗雅器：明代茶具与明代社会

往……多寡不择，且暮不失……奈何长在人掌握之中乎？"这反映茶盏使用极其普遍，许多人旦暮手持茶盏饮茶。"寒热不辞"，反映茶盏可盛冷热茶汤。"待我如执玉，奉我如捧盈，惟恐我少有所伤。……苟待我不谨，使能虀粉，我亦不往也。"这反映了瓷质茶盏易碎的特征，需要小心对待。"既至，虽醉亦醒，虽寐亦寤，昏惰则勤，忿怒则释，忧愁郁闷则解"。说明了持盏饮茶有使人清醒、振奋精神的功用。"行己甚洁，略无毫发瑕玷，妒忌者以谤玷之，亦受之而不与辩；不久则白，人以涅不缁许之。"说明了白瓷茶盏洁白的特征，茶盏的使用需要清洁，不能污染。"我则自天子至于庶人，苟有用我者，无施而不可也。"说明饮茶现象极其普遍，从天子到平民各色人等都使用茶盏。

二　诗歌中的盏

从中国古代的茶诗来看，瓷器是茶盏的主流。中国古代最早涉及茶盏的诗歌应是西晋杜育的《荈赋》。《荈赋》曰："器择陶简，出自东隅；酌之以匏，取式公刘。"[1] 也有的版本作"器择陶拣，出自东瓯。"所谓来自东隅或东瓯的茶盏，指的是越州窑的青瓷。

唐代茶诗中的茶盏基本为瓷质的。如施肩吾《蜀茗词》曰："越碗初盛蜀茗新，薄烟轻处搅来匀。"[2] 此越碗是越窑生产的茶盏。刘言史《与孟郊洛北野泉上煎茶》曰："湘瓷泛轻花，涤尽昏渴神。"[3] 此诗中的茶盏是湘地瓷窑所产。皎然《饮茶歌诮崔石使君》曰："素瓷雪色缥沫香，何似诸仙琼蕊浆。"[4] 此诗茶盏为白瓷。

宋代茶诗中的茶盏也基本为陶瓷。下举数例。黄庭坚《和答梅子明王扬休点密云龙》："建安瓷碗鹧鸪班，谷帘水与月共色。"[5] 吕南公

---

[1] （唐）欧阳询等：《艺文类聚》卷82，《景印文渊阁四库全书》第887—888册，台湾商务印书馆1986年版。
[2] （清）彭定求等：《全唐诗》卷494，中华书局1960年版，第4603页。
[3] （清）彭定求等：《全唐诗》卷468，中华书局1960年版，第5321页。
[4] （清）彭定求等：《全唐诗》卷821，中华书局1960年版，第9260页。
[5] （宋）黄庭坚：《山谷集·外集》卷2，《景印文渊阁四库全书》第1113册，台湾商务印书馆1986年版。

第一章 明代的茶具

《以双井茶寄道先从以长句》:"客至启柴扉,瓷瓯等闲出。"[1] 家铉翁《谢刘仲宽惠茶》:"儒臣讲毕上命坐,瀹茗初试琼瓯瓷。"[2] 杨无咎《朝中措》:"春雪看飞金碾,香云旋涌花瓷。"[3] 吴文英《望江南·茶》:"妆褪宫梅人倦绣,梦回春草日初长。瓷碗试新汤。"[4]

明代茶诗中表明茶盏为瓷的例子也很多。如邓原岳《鼓山茶》:"雨后新茶及早收,山泉石鼎试磁瓯。"[5] 王问《竹茶炉》:"净洗雪色瓷,言倾鱼眼沸。"[6] 程敏政《病中夜试新茶简二弟戏用建除体》:"朝来定与两难弟,执手共瀹青瓷瓯。"[7] 顾清《惠泉试茗》:"临流啜花磁,更忆长安客。"[8] 费寀《长至斋居和苔太常盛程斋少常胡九鸾》:"轻瓷茗饮清何极,羽客敲冰贮玉瓶。"[9]

在中国古代,陶瓷有崇玉的倾向,陶瓷生产中尽量达到似玉的质感,所以茶诗中茶盏常被称为玉瓯、玉碗等。目前唐诗中尚未发现以玉来形容茶盏的,但有的诗歌用玉来形容酒盏。如李白《琴曲歌辞·雉朝飞操》:"雉子班奏急管弦,心倾美酒尽玉碗。"[10] 王昌龄《送李五》:"玉碗金罍倾送君,江西日入起黄云。"[11] 元稹《饮致用神麴酒三十韵》:"雕镌荆玉盏,烘透内丘瓶。"[12]

---

[1] 北京大学古文献研究所:《全宋诗》卷10384,北京大学出版社1991—1998年版,第11819页。
[2] 北京大学古文献研究所:《全宋诗》卷3343,北京大学出版社1991—1998年版,第39950页。
[3] 唐圭璋:《全宋词》第2册,中华书局1965年版,第1188页。
[4] 唐圭璋:《全宋词》第4册,中华书局1965年版,第2897页。
[5] (明)喻政:《茶集》卷2,喻政《茶书》,明万历四十一年刻本。
[6] (明)醉茶消客:《茶书》,明抄本。
[7] (明)程敏政:《篁墩文集》卷63,《景印文渊阁四库全书》第1252—1253册,台湾商务印书馆1986年版。
[8] (明)顾清:《东江家藏集》卷12,《景印文渊阁四库全书》第1261册,台湾商务印书馆1986年版。
[9] (清)张豫章等:《御选明诗》卷79,《景印文渊阁四库全书》第1442—1444册,台湾商务印书馆1986年版。
[10] (清)彭定求等:《全唐诗》卷23,中华书局1960年版,第293页。
[11] (清)彭定求等:《全唐诗》卷475,中华书局1960年版,第1449页。
[12] (清)彭定求等:《全唐诗》卷408,中华书局1960年版,第4539页。

香茗雅器：明代茶具与明代社会

但宋代诗歌中以玉形容茶盏的例子很多。如刘挚《煎茶》："石鼎沸蟹眼，玉瓯浮乳花。"① 释德洪《与客啜茶戏成》："金鼎浪翻螃蟹眼，玉瓯绞刷鹧鸪斑。"② 刘才邵《方景南出示馆中诸公唱和分茶诗次韵》："迩英讲读优儒臣，玉瓯珍赐从中宸。"③ 这三首诗将茶盏称为玉瓯。苏轼《记梦回文二首》："酡颜玉碗捧纤纤，乱点余花唾碧衫。"④ 此诗将茶盏称为玉碗。宋祁《贵溪周懿文寄遗建茶偶成长句代谢》："品绝未甘奴视酪，啜清须要玉为瓷。"⑤ 此诗亦用玉形容茶盏。

明代诗歌中以玉形容茶盏的例子更多。以下两首诗将茶盏称为玉瓯。谢士元《和竹茶灶诗》诗曰："玉瓯金碾相将久，拟待春风到雅州。"⑥ 谢士元另一首诗曰："尘尾有情披拂遍，玉瓯多事往来稠。"⑦ 下面两首诗称茶盏为玉碗。杨慎《和章水部沙坪茶歌》："贮之玉碗蔷薇水，拟以帝台甘露浆。"⑧ 胡应麟《少傅赵公斋头烹供虎丘新茗适侯家以紫牡丹至清香艳色应接不遑即席二首》："玉碗坐邀阳羡月，金盘驰送洛城霞。"⑨ 以下一首诗称茶盏为玉盏。杨爵《雪茶》："六花烹作六安水，瑞气都留玉盏中。"⑩

---

① 北京大学古文献研究所：《全宋诗》卷 679，北京大学出版社 1991—1998 年版，第 7922 页。
② 北京大学古文献研究所：《全宋诗》卷 1344，北京大学出版社 1991—1998 年版，第 15204 页。
③ 北京大学古文献研究所：《全宋诗》卷 1680，北京大学出版社 1991—1998 年版，第 18846 页。
④ 北京大学古文献研究所：《全宋诗》卷 831，北京大学出版社 1991—1998 年版，第 9315 页。
⑤ 北京大学古文献研究所：《全宋诗》卷 225，北京大学出版社 1991—1998 年版，第 2500 页。
⑥ （明）曹学佺：《石仓历代诗选》卷 390，《景印文渊阁四库全书》第 1387—1394 册，台湾商务印书馆 1986 年版。
⑦ （明）醉茶消客：《茶书》，明抄本。
⑧ （明）杨慎：《升庵集》卷 39，《景印文渊阁四库全书》第 1270 册，台湾商务印书馆 1986 年版。
⑨ （明）胡应麟：《少室山房集》卷 63，《景印文渊阁四库全书》第 1290 册，台湾商务印书馆 1986 年版。
⑩ （明）杨爵：《杨忠介集》卷 12，《景印文渊阁四库全书》第 1276 册，台湾商务印书馆 1986 年版。

第一章　明代的茶具

中国古代特别注重饮茶时茶盏的清洁，使陶瓷茶盏像冰一样莹洁，因之在古代茶诗中茶盏常被称为冰瓯、冰瓷等。如唐代徐夤《尚书惠蜡面茶》称茶盏为冰碗："金槽和碾沈香末，冰碗轻涵翠缕烟。"① 宋代杨无咎《朝中措》和《清平乐·熟水》分别称茶盏为冰碗。《朝中措》："冷暖旋投冰碗，荤膻一洗诗肠。"②《清平乐·熟水》："雪碗冰瓯凝灏露。自涤紫毫鸡距。"③ 以下三首宋诗则称茶盏为冰瓷。如宋祁《答朱彭州惠茶长句》："雪沫清吟肺，冰瓷爽醉唇。"④ 梅尧臣《晏成续太祝遗双井茶五品茶具四枚近诗六十篇因以为谢》："纹柘冰瓷作精具，灵味一啜驱昏邪。"⑤ 谢逸《武陵春·茶》："捧碗纤纤春笋瘦，乳雾泛冰瓷。"⑥ 以下两首明诗称茶盏为冰碗。程敏政《避暑李符台宅》："可是春杯冰碗客，也期来此共茶峭。"⑦ 黄卿《暑夜微凉集东渚第》："茗香冰碗觥筹静，绮席风帘剑履轻。"⑧ 明人杨慎《鹧鸪天·以茉莉沙坪茶送少岷》称茶盏为冰碗："云叶嫩，乳花新，冰瓯雪碗却杯巡。"⑨

唐代茶诗中最受欣赏的茶盏毫无疑问是越窑青瓷，这与陆羽《茶经》《四之器》中的观点一致。有关越窑青瓷茶盏的诗句很多，下举数例。施肩吾《蜀茗词》："越碗初盛蜀茗新，薄烟轻处搅来匀。"⑩ 徐夤《贡馀秘色茶盏》："捩翠融青瑞色新，陶成先得贡吾君。功剜明月染春

---

① （清）彭定求等：《全唐诗》卷780，中华书局1960年版，第8153页。
② 唐圭璋：《全宋词》第2册，中华书局1965年版，第1188页。
③ 同上书，第1193页。
④ 北京大学古文献研究所：《全宋诗》卷225，北京大学出版社1991—1998年版，第2531页。
⑤ 北京大学古文献研究所：《全宋诗》卷261，北京大学出版社1991—1998年版，第3153页。
⑥ 唐圭璋：《全宋词》第2册，中华书局1965年版，第648页。
⑦ （明）程敏政：《篁墩文集》卷78，《景印文渊阁四库全书》第1252—1253册，台湾商务印书馆1986年版。
⑧ （明）石存礼、蓝田、冯裕等：《海岱会集》卷10，《景印文渊阁四库全书》第1377册，台湾商务印书馆1986年版。
⑨ （明）杨慎：《杨慎词曲集》，四川人民出版社1984年版，第100页。
⑩ （清）彭定求等：《全唐诗》卷494，中华书局1960年版，第4603页。

香茗雅器：明代茶具与明代社会

水，轻旋薄冰盛绿云。"① 孟郊《凭周况先辈于朝贤乞茶》："蒙茗玉花尽，越瓯荷叶空。"② 张又新《谢庐山僧寄谷帘水》："啜意吴僧共，倾宜越碗圆。"③ 唐代邢窑白瓷影响也很大，皮日休《茶中杂咏·茶瓯》即将邢窑的白瓷茶盏与越窑瓷器相提并论："邢客与越人，皆能造兹器。圆似月魂堕，轻如云魄起。"④ 以下三首茶诗歌咏的都是白瓷茶盏。颜真卿《五言月夜啜茶联句》中陆士修的联句："素瓷传静夜，芳气清闲轩。"⑤ 皎然《饮茶歌诮崔石使君》："越人遗我剡溪茗，采得金牙爨金鼎。素瓷雪色缥沫香，何似诸仙琼蕊浆。"⑥ 白居易《睡后茶兴忆杨同州》："白瓷瓯甚洁，红炉炭方炽。"⑦

宋代茶诗中出现最多的茶盏是以建窑为代表的黑瓷，原因在于宋代流行研膏团茶，茶色尚白，黑瓷更易衬托茶色。这些黑瓷茶盏因为是紫黑色，常被称为紫瓯、紫盏、紫玉、紫泥和金瓯等。以下三首诗词将茶盏称为紫瓯。欧阳修《和梅公仪尝茶》："喜共紫瓯吟且酌，羡君萧洒有余清。"⑧ 秦观《满庭芳·茶词》⑨："轻淘起，香生玉尘，雪溅紫瓯圆。"⑩ 陈襄《和东玉少卿谢春卿防御新茗》："绿绢封来溪上印，紫瓯浮出社前花。"⑪ 以下两诗将茶盏称为紫盏。梅尧臣《次韵和永叔尝新茶杂言》："兔毛紫盏自相称，清泉不必求虾蟆。"⑫ 苏轼《游惠山·其

---

① （清）彭定求等：《全唐诗》卷710，中华书局1960年版，第8174页。
② （清）彭定求等：《全唐诗》卷380，中华书局1960年版，第4266页。
③ 王重民等：《全唐诗外编》下册，中华书局1982年版，第464页。
④ （清）彭定求等：《全唐诗》卷611，中华书局1960年版，第7053页。
⑤ （清）彭定求等：《全唐诗》卷788，中华书局1960年版，第8882页。
⑥ （清）彭定求等：《全唐诗》卷821，中华书局1960年版，第9260页。
⑦ （清）彭定求等：《全唐诗》卷453，中华书局1960年版，第5126页。
⑧ 北京大学古文献研究所：《全宋诗》卷302，北京大学出版社1991—1998年版，第3700页。
⑨ 此词一作作者为米芾。唐圭璋《全宋词》在此词下注曰："按此首别误入米芾《宝晋英光集》卷五。"（中华书局1965年版，第464页）
⑩ 唐圭璋：《全宋词》第1册，中华书局1965年版，第464页。
⑪ 北京大学古文献研究所：《全宋诗》卷445，北京大学出版社1991—1998年版，第5090页。
⑫ 北京大学古文献研究所：《全宋诗》卷261，北京大学出版社1991—1998年版，第3262页。

第一章　明代的茶具

三》："明窗倾紫盏，色味两奇绝。"① 下面两首诗称茶盏为紫玉。范仲淹《和章岷从事斗茶歌》："黄金碾畔绿尘飞，紫玉瓯心雪涛起。"② 黄庭坚《醉落魄·咏茶》："紫玉瓯圆，浅浪泛春雪。"③ 梅尧臣《依韵和杜相公谢蔡君谟寄茶》④ 称茶盏为紫泥："小石冷泉留早味，紫泥新品泛春华。"⑤ 下面两首诗词称茶盏为金瓯或金盏。黄庭坚《茶词》："消滞思，解尘烦。金瓯雪浪翻。"⑥ 晁补之《次韵提刑毅甫送茶》："健步远梅安用插，鹧鸪金盏有余春。"⑦

宋代茶诗中以建窑为代表的黑瓷茶盏，其上斑纹典型的有兔毫斑和鹧鸪斑，另也有铜叶斑、虎斑等。宋代茶诗黑瓷茶盏上的斑纹最常见的是兔毫斑，也即似兔毛的纹路，除被称作兔毫外，也被叫作兔毛、兔褐（即褐色的兔毛）等。以下三诗茶盏上的斑纹被称为兔毫。蔡襄《北苑十咏·试茶》："兔毫紫瓯新，蟹眼青泉煮。"⑧ 方岳《黄宰致江西诗双井茶》："砖炉春著兔毫玉，石鼎月翻鱼眼汤。"⑨ 杨万里《以六一泉煮双井茶》："鹰爪新茶蟹眼汤，松风鸣雪兔毫霜。"⑩ 以下两诗兔毫斑被

---

①　北京大学古文献研究所：《全宋诗》卷 831，北京大学出版社 1991—1998 年版，第 9281 页。

②　北京大学古文献研究所：《全宋诗》卷 167，北京大学出版社 1991—1998 年版，第 1869 页。

③　（宋）佚名：《草堂诗余》卷 1，《景印文渊阁四库全书》第 1489 册，台湾商务印书馆 1986 年版。

④　有学者认为梅尧臣《依韵和杜相公谢蔡君谟寄茶》中的紫泥是宜兴紫砂陶，典型的是徐秀棠《中国紫砂》（上海古籍出版社 1998 年版，第 10—11 页）和《徐秀棠说紫砂》（上海辞书出版社 2007 年版，第 57—59 页）中的观点，但此观点未得到普遍认可。

⑤　北京大学古文献研究所：《全宋诗》卷 252，北京大学出版社 1991—1998 年版，第 3046 页。

⑥　唐圭璋：《全宋词》第 1 册，中华书局 1965 年版，第 402 页。

⑦　北京大学古文献研究所：《全宋诗》卷 1141，北京大学出版社 1991—1998 年版，第 12871 页。

⑧　北京大学古文献研究所：《全宋诗》卷 391，北京大学出版社 1991—1998 年版，第 4764 页。

⑨　北京大学古文献研究所：《全宋诗》卷 3222，北京大学出版社 1991—1998 年版，第 38468 页。

⑩　北京大学古文献研究所：《全宋诗》卷 2318，北京大学出版社 1991—1998 年版，第 26339 页。

♨ **香茗雅器：明代茶具与明代社会**

称为兔毛。苏辙《次韵李公择以惠泉答章子厚新茶》："蟹眼煎成声未老，兔毛倾看色尤宜。"① 梅尧臣《次韵和永叔尝新茶杂言》："兔毛紫盏自相称，清泉不必求虾蟆。"② 下面两诗称兔毫斑为兔褐。黄庭坚《西江月·茶》："兔褐金丝宝碗，松风蟹眼新汤。"③ 林正大《括意难忘》的词序曰："余尝为嗣直瀹茗，因录其涤烦破睡之功，为之甲乙。……不得已而去于三，则六者亦可酌兔褐之瓯，瀹鱼眼之鼎者也。"④

因为黑瓷茶盏大多带有兔毫斑纹，所以常被称为兔瓯、毫瓯和毫盏等。以下三诗称茶盏为兔瓯。毛滂《送茶宋大监》："寄与青云欲仙客，一瓯相映两无尘。兔瓯中霜月色，照公问路广寒宫。"⑤ 陆游《烹茶》："兔瓯试玉尘，香色两超胜。"⑥ 杨万里《澹庵坐上观显上人分茶》："分茶何似煎茶好，煎茶不似分茶巧。……二者相遭兔瓯面，怪怪奇奇真善幻。"⑦ 以下两诗称茶盏为毫瓯。黄裳《谢人惠茶器并茶》："几时对话爱竹轩，更引毫瓯斸诗句。"⑧ 陆游《试茶》："绿地毫瓯雪花乳，不妨也道入闽来。"⑨ 陆游《梦游山寺焚香煮茗甚适既觉怅然以诗记之》则称茶盏为毫盏："毫盏雪涛驱滞思，篆盘云缕洗尘襟。"⑩

---

① 北京大学古文献研究所：《全宋诗》卷873，北京大学出版社1991—1998年版，第9896页。
② 北京大学古文献研究所：《全宋诗》卷261，北京大学出版社1991—1998年版，第3262页。
③ 唐圭璋：《全宋词》第1册，中华书局1965年版，第397页。
④ 唐圭璋：《全宋词》第4册，中华书局1965年版，第2457页。
⑤ 北京大学古文献研究所：《全宋诗》卷1249，北京大学出版社1991—1998年版，第14130页。
⑥ 北京大学古文献研究所：《全宋诗》卷2241，北京大学出版社1991—1998年版，第24481页。
⑦ 北京大学古文献研究所：《全宋诗》卷2318，北京大学出版社1991—1998年版，第26085页。
⑧ 北京大学古文献研究所：《全宋诗》卷946，北京大学出版社1991—1998年版，第11019页。
⑨ 北京大学古文献研究所：《全宋诗》卷2241，北京大学出版社1991—1998年版，第24493页。
⑩ 同上书，第24907页。

第一章 明代的茶具

鹧鸪斑也是宋代茶诗中黑瓷茶盏之上的著名斑纹。清人陈浏《匋雅》曰："卵幂俗名鸡蛋壳，兔毫即是鹧鸪斑。"① 如果作者的意思指的是兔毫和鹧鸪斑都可代指黑瓷茶盏，这自然是正确的，但如果指的是兔毫斑纹即是鹧鸪斑，则与事实不符，鹧鸪鸟羽毛上有白色圆形的斑纹，鹧鸪斑也即黑瓷茶盏之上颜色形状类似的斑纹，与兔毫斑纹差异很大。有关鹧鸪斑的宋代诗词下举三例。黄庭坚《和答梅子明王扬休点密云龙》诗曰："建安瓷碗鹧鸪班，谷帘水与月共色。"② 黄庭坚《满庭芳》词曰："北苑龙团，江南鹰爪，万里名动京关。……纤纤捧，冰瓷莹玉，金缕鹧鸪斑。"③ 周紫芝《摊破浣溪沙·茶词》词曰："苍璧新敲小凤团。赤泥开印煮清泉。醉捧纤纤双玉笋，鹧鸪斑。"④ 陈仲愕《送新茶李圣喻郎中》一诗中的茶盏上甚至同时有兔毫和鹧鸪斑两种斑纹："鹧斑碗面云萦字，兔褐瓯心雪作泓。"⑤

宋代茶诗中的黑瓷茶盏之上的斑纹还有铜叶斑和虎斑。以下两诗茶盏之上的斑纹为铜叶斑。郭祥正《梦锡惠墨答以蜀茶》："开缄碾泼试一尝，尤称君家铜叶盏。"⑥ 魏了翁《鲁提干以诗惠分茶碗用韵为谢》："铜叶分花春意闹，银瓶发乳雨声高。"⑦ 冯多福《鹤林寺》一诗中茶盏之上的斑纹为虎斑："暇日还携茗，同来瀹虎斑。"⑧

除黑瓷之外，宋代茶诗中的茶盏还有以越窑为代表的青瓷、以景德镇窑为代表的白瓷以及彩瓷（也即上有彩绘之瓷，一般也为白瓷，诗

---

① （清）陈浏：《匋雅》卷下，《丛书集成续编》第 90 册，新文丰出版公司 1988 年版。
② （宋）黄庭坚：《山谷集·外集》卷 2，《景印文渊阁四库全书》第 1113 册，台湾商务印书馆 1986 年版。
③ 唐圭璋：《全宋词》第 1 册，中华书局 1965 年版，第 401 页。
④ 唐圭璋：《全宋词》第 2 册，中华书局 1965 年版，第 873 页。
⑤ 北京大学古文献研究所：《全宋诗》卷 2149，北京大学出版社 1991—1998 年版，第 24214 页。
⑥ 北京大学古文献研究所：《全宋诗》卷 929，北京大学出版社 1991—1998 年版，第 10830 页。
⑦ 北京大学古文献研究所：《全宋诗》卷 2935，北京大学出版社 1991—1998 年版，第 34937 页。
⑧ 北京大学古文献研究所：《全宋诗》卷 2787，北京大学出版社 1991—1998 年版，第 33002 页。

♨ 香茗雅器：明代茶具与明代社会

中称为花瓷）。以下三首宋诗中的茶盏为越窑青瓷。宋白《宫词》："龙焙中春进乳茶，金瓶汤沃越瓯花。"[①] 杨亿《北苑焙》："越瓯犹借渌，蒙顶敢争新。"[②] 宋庠《新年谢故人惠建茗》："左鐕沸香殊有韵，越瓷涵绿更疑空。"[③] 下面两诗中的茶盏涉及景德镇窑白瓷。释德洪《无学点茶乞诗》："盏深扣之看浮乳，点茶三昧须饶汝。"[④] 所谓"饶汝"，也即饶州景德镇窑白瓷和汝窑青瓷。彭汝砺《答赵温甫见谢茶瓯韵》："我昔曾涉昌江滨，故人指我观陶钧。……谨持清白与子共，敢因泥土邈仁恩。"[⑤] 诗中茶盏产于昌江之滨，为景德镇窑所产无疑。以下两首诗词则涉及了彩瓷。释道潜《琅琊山茶仙亭呈曾子开侍郎》："花瓷劝引满，疏瀹贯百神。"[⑥] 曹冠《朝中措·茶》："春芽北苑小方珪，碾畔玉尘飞。金箸春葱击拂，花瓷雪乳珍奇。"[⑦]

元代诗歌的情况与宋代类似，黑瓷茶盏仍占主流。如以下两首诗词用兔毫代指茶盏。张雨《游惠山寺》："连唤点茶三昧手，酬我松风吹兔毫。"[⑧] 马钰《瑞鹧鸪·咏茶》："兔毫盏热铺金蕊，蟹眼汤煎泻玉泉。"[⑨] 再如下面两首诗词用鹧鸪斑代指茶盏。白朴《满庭芳》："银瓶注，花浮兔碗，雪点鹧鸪斑。"[⑩] 许有壬《咏酒兰膏次恕斋韵》："混沌

[①] 北京大学古文献研究所：《全宋诗》卷 20，北京大学出版社 1991—1998 年版，第 283 页。

[②] 北京大学古文献研究所：《全宋诗》卷 121，北京大学出版社 1991—1998 年版，第 1377 页。

[③] 北京大学古文献研究所：《全宋诗》卷 200，北京大学出版社 1991—1998 年版，第 2266 页。

[④] 北京大学古文献研究所：《全宋诗》卷 1344，北京大学出版社 1991—1998 年版，第 15167 页。

[⑤] 北京大学古文献研究所：《全宋诗》卷 894，北京大学出版社 1991—1998 年版，第 10451 页。

[⑥] 北京大学古文献研究所：《全宋诗》卷 920，北京大学出版社 1991—1998 年版，第 10786 页。

[⑦] 唐圭璋：《全宋词》第 3 册，中华书局 1965 年版，第 1534 页。

[⑧] （清）张豫章等：《御选元诗》卷 34，《景印文渊阁四库全书》第 1439—1441 册，台湾商务印书馆 1986 年版。

[⑨] 唐圭璋：《全金元词》上册，中华书局 1979 年版，第 339 页。

[⑩] 唐圭璋：《全金元词》下册，中华书局 1979 年版，第 742 页。

第一章　明代的茶具

黄中云乳乱，鹧鸪斑底蜡香浮。"[1]

从宋元到明代，诗歌中茶盏的主流发生了巨大的变化，不再是以建窑为代表的黑瓷，而是以景德镇窑为代表的白瓷，原因在于明代盛行的不再是饼茶而是散茶，白瓷更有利于观察汤水颜色和茶芽在汤水中的舒展变化。以下两首明诗中的白瓷茶盏被称为白瓯。张岱《曲中妓王月生》："白瓯沸雪发兰香，色似梨花透窗纸。"[2] 杨廉《烹茶和赵侍御韵》："白瓯晃漾识先春，最惬空斋静坐人。"[3] 以下两诗中的素瓷和皓碗也分别为白瓷茶盏之意。胡虞逸《敲冰煮茶》："煮冰如煮石，泼茶如泼乳。生香湛素瓷，白凤出吞吐。"[4] 祝允明《茗碗铭》："紫腴翠涛，皓碗玄盘，我有嘉宾，礼乐兹先。"[5]

因为明代茶盏尚白，明代茶诗常以雪来形容瓷盏之色。下举数例。文彭《煮茶》："煮得新茶碧似油，满倾如雪白瓷瓯。"[6] 陆深《桂州夜宴出青州山查荐茗》："清润入脾消酒渴，瓷瓯如雪更宜茶。"[7] 王世贞《谢宜兴令惠新茶》："中泠新水泼冰丝，泻向宣州雪白瓷。"[8] 甚至茶盏被直接称为雪碗或雪瓯。如杨慎《鹧鸪天·以茉莉沙坪茶送少岷》："云叶嫩，乳花新，冰瓯雪碗却杯巡。"[9] 再如吴廷翰《过白石山下人家啜茶吴廷翰》："草屋生松火，烹茶献雪瓯。"[10]

---

[1] （元）许有壬：《至正集》卷16，《景印文渊阁四库全书》第1211册，台湾商务印书馆1986年版。
[2] （明）张岱：《张岱诗文集·张子诗秕》卷3，上海古籍出版社1991年版，第45页。
[3] （明）曹学佺：《石仓历代诗选》卷434，《景印文渊阁四库全书》第1387—1394册，台湾商务印书馆1986年版。
[4] （清）卓尔堪：《明遗民诗》卷15，中华书局1961年版，第638页。
[5] （明）祝允明：《怀星堂集》卷9，《景印文渊阁四库全书》第1260册，台湾商务印书馆1986年版。
[6] （明）醉茶消客：《茶书》，明抄本。
[7] （明）陆深：《俨山续集》卷7，《景印文渊阁四库全书》第1268册，台湾商务印书馆1986年版。
[8] （明）王世贞：《弇州续稿》卷25，《景印文渊阁四库全书》第1282—1284册，台湾商务印书馆1986年版。
[9] （明）杨慎：《杨慎词曲集》，四川人民出版社1984年版，第100页。
[10] （明）吴廷翰：《吴廷翰集》，中华书局1984年版，第234页。

☕ 香茗雅器：明代茶具与明代社会

明代茶诗中有时也用白玉来形容茶盏。如盛时泰《大城山房十咏·茶杯》："白玉谁家酒盏，青花此地茶瓯。"① 又如《示允迪允恕二弟》："风动青纱帐，茶香白玉瓯。"②

明代茶诗中，宣窑（即明代宣德年间的景德镇官窑）茶盏享有极高声誉。孙崇祯《宫词》曰："赐来谷雨新茶白，景泰盘承宣德瓯。"③ 此诗表明宫中使用宣窑瓷盏。文肇祉《寓目自遣》："字学永和修禊帖，茶倾宣德小磁瓯。"④ 诗中的永和修禊帖是指东晋王羲之的书法作品《兰亭序》，以书法中的极品与宣窑瓷盏相提并论，表明了此种茶盏在诗人心中的地位。张岱《定窑莲子杯铭》曰："玉吾属，莲吾族。伶酒羽茶，惟尔所欲。"《宣窑茶碗铭》曰："秋月初，翠梧下，出素瓷，传静夜。"⑤ 张岱将宣窑茶盏与宋代名窑定窑并列。王世贞《和东坡居士煎茶韵》曰："陆郎为我手自煎，松飚写出真珠泉。君不见，蒙顶空劳荐巴蜀，定红输却宣瓷玉。"⑥ 诗人进一步认为宋代名贵的定窑红瓷也要输于宣窑瓷盏。胡应麟《吴德符损饷宣德茶盂二枚，因瀹天池新焙赋二绝以赏之》曰："柴汝官哥各浪传，摩挲秋色到龙泉。筵中宣德新磁在，笑杀何郎食万钱。把赠双珍破寂寥，龙团翻雪乱云飘。琅琊旧著煎茶赋，已说宣窑胜定窑。"⑦ 诗人认为前代名窑柴窑、汝窑、官窑、哥窑和定窑，皆不如宣窑。

除白瓷茶盏之外，明代茶诗中仍有相当一部分茶盏为青瓷。青瓷茶

---

① （明）醉茶消客：《茶书》，明抄本。
② （明）罗钦顺：《整庵存稿》卷16，《景印文渊阁四库全书》第1261册，台湾商务印书馆1986年版。
③ （清）姚之骃：《元明事类钞》卷30《器用门》，《景印文渊阁四库全书》第884册，台湾商务印书馆1986年版。
④ （明）文肇祉：《文氏五家集·录事诗集》卷13，《景印文渊阁四库全书》第1382册，台湾商务印书馆1986年版。
⑤ （明）张岱：《张岱诗文集·琅嬛文集》卷5，上海古籍出版社1991年版，第316页。
⑥ （明）王世贞：《弇州续稿》卷9，《景印文渊阁四库全书》第1282—1284册，台湾商务印书馆1986年版。
⑦ （明）胡应麟：《少室山房集》卷79，《景印文渊阁四库全书》第1290册，台湾商务印书馆1986年版。

第一章 明代的茶具

盏被称为碧碗的最多，下举三例。刘嵩《北斋晚凉即事》："碧碗行茶冰共进，青盘盛果酒频添。"① 林鸿《酬张少府惠山僧茶》："碧碗沧洲片片云，金茎汉苑棱棱水。"② 夏良胜《啜茶》："故乡茶叶异乡烹，添得吟肠一味清。水凿冰崖凝碧碗，火翻雪浪覆青瓶。"③ 青瓷茶盏有时也被称为碧瓯，下举两例。王洪《西湖饮游书赠沈茶博》："百斛美醪终日醺，碧瓯偏喜试先春。"④ 许天锡《柬省寮故人》："五粒寒松苍石古，一旗春茗碧瓯新。"⑤ 王绂《题真上人竹茶炉》称茶盏为翠瓯："玉臼夜敲苍雪冷，翠瓯晴引碧云稠。"⑥ 沈周《纪梦》称茶盏为秘色瓯："儿郎习字陟厘纸，童子供茶秘色瓯。"⑦ 秘色瓷是越窑青瓷的极品。

明代茶诗反映，在明代仍有人还在用黑瓷茶盏饮茶，虽然已非主流。下面三首明诗分别用玉兔、兔褐瓯和兔毫盏代指黑瓷茶盏。张宇初《次姚少师茶歌韵》曰："囊收余沥倾玉兔，乳面一扫浮云收。"⑧ 陶望龄《胜公煎茶歌兼寄嘲中郎》曰："胜公煎茶契斯法，兔褐瓯中雪花白。"⑨ 曹溶《兔毫盏歌报陈若水》则咏的是宋代遗留下来的建窑黑瓷

---

① （明）刘嵩：《槎翁诗集》卷6，《景印文渊阁四库全书》第1227册，台湾商务印书馆1986年版。

② （明）林鸿：《鸣盛集》卷3，《景印文渊阁四库全书》第1231册，台湾商务印书馆1986年版。

③ （明）夏良胜：《东洲初稿》卷8，《景印文渊阁四库全书》第1269册，台湾商务印书馆1986年版。

④ （明）王洪：《毅斋集》卷4，《景印文渊阁四库全书》第1237册，台湾商务印书馆1986年版。

⑤ （明）曹学佺：《石仓历代诗选》卷446，《景印文渊阁四库全书》第1387—1394册，台湾商务印书馆1986年版。

⑥ （清）张玉书、汪霦等：《御定佩文斋咏物诗选》卷215，《景印文渊阁四库全书》第1432—1434册，台湾商务印书馆1986年版。

⑦ （明）沈周：《石田诗选》卷6，《景印文渊阁四库全书》第1249册，台湾商务印书馆1986年版。

⑧ （明）张宇初：《岘泉集》卷4，《景印文渊阁四库全书》第1236册，台湾商务印书馆1986年版。

⑨ （明）陶望龄：《歇庵集》卷2，《续修四库全书》第1365册，上海古籍出版社2003年版。

香茗雅器：明代茶具与明代社会

茶盏："建安黑窑天下奇，土质光恠欺琉璃。内含纹泽细毫发，传是窑变非人为。宋家茶焙首北苑，必须此琖相鼓吹。"① 以下两首诗用鹧鸪斑代指黑瓷茶盏。董传策《谢友惠茶》曰："东吴瑞草愁予臆，象岭春芽春尔颁。烟鼎浪翻黄雀舌，冰壶雨滴鹧鸪班。"② 杨基《木茶炉》："绀缘仙人炼玉肤，花神为曝紫霞腴，九天清泪沾明月，一点芳心托鹧鸪。"③ 黄省曾《煮七宝泉》④ 则直接将黑瓷茶盏称为建州紫瓷："建州紫磁金叵罗，钱塘新拣龙井茶。"⑤

明代茶诗中的茶盏还有被称为花瓷的，所谓花瓷，也即绘有彩绘的瓷盏，花瓷一般为白瓷。下举数例。顾清《惠泉试茗》："携将双凤团，来试九龙脉。临流啜花磁，更忆长安客。"⑥ 谢承举《睡起口占》："茶瀹花磁洗睡魔，枕流亭上暮凉多。"⑦ 蒋文藻《立夏日俗尚斗茶，戏为煎煮……》："摘得琳腴及雨前，日长煮水亦安禅。花瓷雪涨鸡嗉暖，石鼎云翻蟹眼鲜。"⑧

明代茶诗中的茶盏，从材质来看，瓷盏毫无疑问占大部分，但仍有其他材质。以下两首诗中的茶盏材质为陶。陶望龄《遇雪忆越中旧游二首（其二）》诗曰："小出携茶鼎，旋烹试瓦杯。"⑨ 徐𤊹《丘文举寄金井坑茶用苏子由煎茶韵答谢》诗曰："铜铛响雷炉掣电，瓦瓯浮出琉

---

① （清）沈季友：《槜李诗系》卷23，《景印文渊阁四库全书》第1475册，台湾商务印书馆1986年版。
② （明）醉茶消客：《茶书》，明抄本。
③ 同上。
④ 在署名为醉茶消客的明人《茶书》中此诗作者题为蔡羽。
⑤ （明）曹学佺：《石仓历代诗选》卷501，《景印文渊阁四库全书》第1387—1394册，台湾商务印书馆1986年版。
⑥ （明）顾清：《东江家藏集》卷12，《景印文渊阁四库全书》第1261册，台湾商务印书馆1986年版。
⑦ （明）曹学佺：《石仓历代诗选》卷495，《景印文渊阁四库全书》第1387—1394册，台湾商务印书馆1986年版。
⑧ （清）沈季友：《槜李诗系》卷10，《景印文渊阁四库全书》第1475册，台湾商务印书馆1986年版。
⑨ （明）陶望龄：《歇庵集》卷1，《续修四库全书》第1365册，上海古籍出版社2003年版。

第一章 明代的茶具

璃光。窗前检点《清异录》,斟酌十六仙芽汤。"① 下面两首诗中的茶盏材质则为金。王宠《七宝泉》:"携来双玉瓶,酌以黄金瓯。"② 林廷㭿《和赵克用豸史煎茶韵》:"石鼎烹来初荐客,金瓯啜罢解通神。"③ 文徵明《十月十三夜……》诗中的茶盏材质为银:"风檐石鼎燃湘竹,夜久香浮乳花熟。银杯和月泻金波,洗我胸中尘百斛。"④

明代文人在日常生活中大多特别喜爱香和茶,都被当作清雅之物,在炉香袅袅中品茶,被认为是莫大的享受,显得超凡脱俗,所以文人常将香与茶合在一起相提并论。如明代文人文震亨所著《长物志》有《香茗》一节,将性质相近的香与茶合在一起论述,又如明代宗室朱佑㮳编有由《茶谱》十二卷和《香谱》四卷合在一起的《清媚合谱》。明代茶诗中大量出现燃香烹茶同时进行的情景,作为香具的熏炉(或炉熏)与作为茶具的茶碗甚至合在一起成为固定搭配的词汇。以下两首诗中"茗碗熏炉"是固定搭配的词汇。王鏊《送吴编修克温归省宜兴》:"玉堂退直几相从,茗碗薰炉坐晏春。"⑤ 吴俨《舣舟蜀山候沈石田晨起闻已过怅然赋此》:"兰桨桂桡留黄浃,茗碗薰炉对蜀山。"⑥ 下面两首诗中"茗碗炉熏"作为词汇是固定搭配的。孙承恩《都下寄友人五首》:"茗碗炉薰对终夕,曾谈往事各潸然。"⑦ 文徵明《崇义院杂题》:"茗碗垆熏意有余,日长人散闭精庐。"⑧ 以下两诗中"熏炉茗

---

① (明)喻政:《茶集》卷2,喻政《茶书》,明万历四十一年刻本。
② (明)钱谷:《吴都文粹续集》卷19,《景印文渊阁四库全书》第1385—1386册,台湾商务印书馆1986年版。
③ (明)曹学佺:《石仓历代诗选》卷463,《景印文渊阁四库全书》第1387—1394册,台湾商务印书馆1986年版。
④ (明)文徵明:《文徵明集》补辑卷3,上海古籍出版社1987年版,第829页。
⑤ (明)王鏊:《震泽集》卷3,《景印文渊阁四库全书》第1256册,台湾商务印书馆1986年版。
⑥ (明)吴俨:《吴文肃摘稿》卷1,《景印文渊阁四库全书》第1259册,台湾商务印书馆1986年版。
⑦ (明)孙承恩:《文简集》卷25,《景印文渊阁四库全书》第1271册,台湾商务印书馆1986年版。
⑧ (明)文徵明:《甫田集》卷1,《景印文渊阁四库全书》第1273册,台湾商务印书馆1986年版。

● **香茗雅器：明代茶具与明代社会**

碗"是固定搭配。张以宁《次韵春日见寄》："薰炉茗碗何时共，细与论文到夕曛。"① 邵宝《秋日侯明府见过》："帘阁不知移日影，熏炉茗碗有双童。"② 以下"炉熏茗碗"是固定搭配。文肇祉《自适》："一事不关心似水，垆薰茗碗自年年。"③ 李应祯《和》："春日暮云无限思，炉熏茗碗有余清。"④

明代茶诗中被称为香炉（或炉香）的香具与"茗碗"也常固定搭配在一起。下面两首诗"茗碗"与"香炉"搭配在一起。吴孔嘉《西湖汪然明招同李太虚钱改斋先辈泛不系园》："清风明月消闲趣，茗碗香炉寄野情。"⑤ 李埈《读南华经》："展读南华聊自适，香炉茗碗足徘徊。"⑥ 以下两首诗则将"茗碗"与"炉香"进行搭配。郭谏臣《夏日过城南别业》："便欲携家同此隐，炉香茗碗事幽探。"⑦ 沈瓒《郡中寓楼咏怀》"碗茗炉香手自持，林光草色共含滋。"⑧

明代茶诗中香具与作为茶具的茶盏还有其他表述搭配。文徵明《除夜》中的表述是"杯茗垆薰"："拥寒枯坐夜无聊，杯茗垆薰次第消。"⑨ 文徵明《雨后》中的表述为"茗杯香鼎"："竹几蒲团供坐睡，

---

① （明）张以宁：《翠屏集》卷2《景印文渊阁四库全书》第1226册，台湾商务印书馆1986年版。
② （明）邵宝：《容春堂后集》卷12，《景印文渊阁四库全书》第1258册，台湾商务印书馆1986年版。
③ （明）文肇祉：《文氏五家集·录事诗集》卷13，《景印文渊阁四库全书》第1382册，台湾商务印书馆1986年版。
④ （明）钱谷：《吴都文粹续集》卷32，《景印文渊阁四库全书》第1385—1386册，台湾商务印书馆1986年版。
⑤ （清）张豫章等：《御选明诗》卷89，《景印文渊阁四库全书》第1442—1444册，台湾商务印书馆1986年版。
⑥ （清）胡文学：《甬上耆旧诗》卷24，《景印文渊阁四库全书》第1256册，台湾商务印书馆1986年版。
⑦ （明）郭谏臣：《鲲溟诗集》卷2，《景印文渊阁四库全书》第1288册，台湾商务印书馆1986年版。
⑧ （清）张豫章等：《御选明诗》卷86，《景印文渊阁四库全书》第1442—1444册，台湾商务印书馆1986年版。
⑨ （明）文徵明：《甫田集》卷4，《景印文渊阁四库全书》第1273册，台湾商务印书馆1986年版。

第一章 明代的茶具

茗杯香鼎有闲缘。"[1] 吴伟业《烛影摇红（山塘即事）》表述为"碗茗炉烟"："绣帘深处，茗碗炉烟，一床弦管。"[2] 谋埤《就鹫峰寺宿同喻宣仲王曰常郭伏生作》的表述是"熏笼茗碗"："鹫岭幽僧借竹房，熏笼茗碗坐绳床。"[3] 文肇祉《晏起》中"炉熏"与"茶瓯"搭配在一起："垆熏初烬茶瓯歇，白石灯明绣佛前。"[4] 沈周《二月八日过灵殿祥公房》中"炉香"与"碗茗"进行搭配："衲子作供养，炉香侑碗茗。"[5] 杨旦《秋日偶成》中"炉熏"与"茗瓯"进行搭配："胸中不解著闲愁，公退炉熏伴茗瓯。"[6]

唐代茶饮兴盛以后，中国古代最流行的饮料毫无疑问是茶和酒，茶、酒皆有使人兴奋的作用，而且茶一定程度上有解酒的功效，所以在明代诗歌中，茶事、酒事往往同时出现，茶具、酒具常搭配在一起。明诗中有关茶具、酒具的搭配最常出现的是"茶碗"和"酒杯"，下举三例。祝允明《赠张守之工部》："皓月清风居不隔，酒杯茶碗共余情。"[7] 潘希曾《龙泉寺寻梅次曹霜厓韵》："茶碗不烦供地主，酒杯犹足醉花神。"[8] 王世贞《秋日再过伯寅作》："窗前竹色分茶碗，径里橙香入酒杯。"[9]

---

[1] （明）文徵明：《甫田集》卷13，《景印文渊阁四库全书》第1273册，台湾商务印书馆1986年版。
[2] （清）吴伟业：《梅村集》卷20，《景印文渊阁四库全书》第1312册，台湾商务印书馆1986年版。
[3] （清）张豫章等：《御选明诗》卷2，《景印文渊阁四库全书》第1442—1444册，台湾商务印书馆1986年版。
[4] （明）文肇祉：《文氏五家集·录事诗集》卷13，《景印文渊阁四库全书》第1382册，台湾商务印书馆1986年版。
[5] （清）张豫章等：《御选明诗》卷23，《景印文渊阁四库全书》第1442—1444册，台湾商务印书馆1986年版。
[6] （明）曹学佺：《石仓历代诗选》卷451，《景印文渊阁四库全书》第1387—1394册，台湾商务印书馆1986年版。
[7] （明）祝允明：《怀星堂集》卷7，《景印文渊阁四库全书》第1260册，台湾商务印书馆1986年版。
[8] （明）潘希曾：《竹涧集》卷3，《景印文渊阁四库全书》第1266册，台湾商务印书馆1986年版。
[9] （明）王世贞：《弇州四部稿》卷37，《景印文渊阁四库全书》第1279—1281册，台湾商务印书馆1986年版。

♨ 香茗雅器：明代茶具与明代社会

　　明诗中茶具与酒具搭配还有其他表述。如谢肃《松陵留别倪元镇高士》将"茶碗"与"酒壶"搭配："邂逅松陵慨今昔，酒壶茶碗鬓如丝。"① 唐之淳《访马忝卿得微字》将"茶碗"与"酒卮"搭配："公馆秋清坐不归，酒卮茶碗送斜晖。"② 沈周《游西庵》将"茗杯"与"酒罂"搭配："寻僧虽爱茗杯清，也要提携有酒罂。"③ 李东阳《春日奉怀方石先生四首》将"茶瓯"与"酒碗"搭配："酒碗茶瓯俱不厌，谷云溪鸟尚相依。"④ 王世贞《长夏无事避暑山园景事所会即成微吟得二十绝句》将"茶碗"与"酒鎗"搭配："尔雅楼头日正长，酒鎗茶碗博山香。"⑤ 顾清《乙亥元日十峯饮师邵东斋出予家桂饼师邵有诗自墙上递至次韵奉答》将"茗碗""酒杯"进行搭配："茗碗酒杯皆可意，好将新岁作传生。"⑥ 陆宝《斋居二首》中"茶罇""酒榼"互相搭配："酒榼茶罇人去后，窗前一幅米家山。"⑦ 瞿式耜《游虞帝祠次金道隐韵》中"茶碗""酒铛"互相搭配："茶碗酒铛全部史，风篙月桨一江春。"⑧

　　在明代文人的生活中，奏琴、饮药、读书、赋诗、下棋及赏花与品茶一样都是雅事，均常出现在明诗中，所以明代茶诗中琴、药、书、诗、棋及花与茶盏常搭配在一起出现，显得清逸典雅。以下三首诗将茶

---

　　① （明）谢肃：《密庵集》卷4，《景印文渊阁四库全书》第1228册，台湾商务印书馆1986年版。
　　② （明）唐之淳：《唐愚士诗》卷2，《景印文渊阁四库全书》第1236册，台湾商务印书馆1986年版。
　　③ （明）沈周：《石田诗选》卷3，《景印文渊阁四库全书》第1249册，台湾商务印书馆1986年版。
　　④ （明）李东阳：《怀麓堂集》卷97，《景印文渊阁四库全书》第1250册，台湾商务印书馆1986年版。
　　⑤ （明）王世贞：《弇州续稿》卷22，《景印文渊阁四库全书》第1282—1284册，台湾商务印书馆1986年版。
　　⑥ （清）张玉书、汪霦等：《御定佩文斋咏物诗选》卷249，《景印文渊阁四库全书》第1432—1434册，台湾商务印书馆1986年版。
　　⑦ （清）张豫章等：《御选明诗》卷113，《景印文渊阁四库全书》第1442—1444册，台湾商务印书馆1986年版。
　　⑧ （清）朱彝尊：《明诗综》卷78，《景印文渊阁四库全书》第1459—1460册，台湾商务印书馆1986年版。

第一章 明代的茶具

盏与琴搭配。文徵明诗曰:"幽人相对无余事,啜罢茶瓯再鼓琴。"① 林鸿《暮春游林七钦园亭得朝字》诗:"茗碗香云滑,床琴白雪调。"② 吴宽《次韵任太常过园居》:"闲凭却爱琴徽冷,连饮惟夸茗碗香。"③ 以下两首诗将茶盏与药搭配。顾璘《寿姚孟恭七十》:"大道长生唯药鼎,清谈终日有茶瓯。"④ 吴兆《过吴门访沈野范汭携酒至因赋》:"药香余石臼,茶绿泛山杯。"⑤ 以下两首诗将茶盏与书搭配。文徵明《暮春斋居即事三首》:"茗杯眠起味,书卷静中缘。"⑥ 文肇祉《自遣》:"数卷图书香一缕,茶瓯初歇试弹棋。"⑦ 以下两首诗茶盏与诗搭配。蓝仁《雨中会云松无善宿西山》:"茶瓯款话更深后,诗卷分题烛影前。"⑧ 李昱《对雪怀池文仲》:"此时安得池征士,茗碗新诗夜剧谈。"⑨ 以下两首诗茶盏与棋搭配。程敏政《赠程都纪宗贵宋相文清公之裔藏有先世诰牒》:"散局敲棋子,轻瓯泛茗花。"⑩ 文肇祉《同家弟访顾克承》:"茗杯棋局堪忘世,不羡当涂日夕忙。"⑪ 下面两首诗则茶

---

① (明)汪砢玉:《珊瑚网》卷15,《景印文渊阁四库全书》第818册,台湾商务印书馆1986年版。
② (明)袁表、马荧:《闽中十子诗》卷4《林膳部集四》,《景印文渊阁四库全书》第1372册,台湾商务印书馆1986年版。
③ (清)张豫章等:《御选明诗》卷76,《景印文渊阁四库全书》第1442—1444册,台湾商务印书馆1986年版。
④ (明)顾璘:《顾华玉集·山中集》卷3,《景印文渊阁四库全书》第1263册,台湾商务印书馆1986年版。
⑤ (清)张豫章等:《御选明诗》卷94,《景印文渊阁四库全书》第1442—1444册,台湾商务印书馆1986年版。
⑥ (明)文徵明:《文氏五家集·太史诗集》卷5,《景印文渊阁四库全书》第1382册,台湾商务印书馆1986年版。
⑦ (明)文肇祉:《文氏五家集·录事诗集》卷13,《景印文渊阁四库全书》第1382册,台湾商务印书馆1986年版。
⑧ (明)蓝仁:《蓝山集》卷5,《景印文渊阁四库全书》第1229册,台湾商务印书馆1986年版。
⑨ (明)李昱:《草阁诗集》卷5,《景印文渊阁四库全书》第1232册,台湾商务印书馆1986年版。
⑩ (明)程敏政:《篁墩文集》卷70,《景印文渊阁四库全书》第1252—1253册,台湾商务印书馆1986年版。
⑪ (明)文肇祉:《文氏五家集·录事诗集》卷13,《景印文渊阁四库全书》第1382册,台湾商务印书馆1986年版。

盏与花搭配。王鏊《海月庵观灯》："莲花深屋赏，来曾茗碗寒。"① 朱 谏《忆灵岩》："山童扫僧舍，茗碗对残花。"②

三 茶画中的盏

明清时期有一些记载并评论中国古代书画作品的著作，这些著作往往涉及明代茶画中的盏。如明人汪砢玉《珊瑚网》记载了明人沈周的《溪峦秋色图》，画中沈周的题诗曰："每忆西禅地，城中人不知。香炉供课佛，茗碗博题诗。"沈周自称创作此画的原因为："予虽江乡人，岁入郭无虚月，然未尝一假居廛市，假必明公所……出纸索画与题以志契阔，因写溪峦秋色应之。写毕渝篱豆茶为供，时夜已过半矣。"③《珊瑚网》又记载了明人文徵明在自己创作的山水画上题诗："茗杯书卷意萧然，灯火微明夜未眠。竹树雨收残月出，清声凉影满窗前。"④《珊瑚网》还记载明人陆治自题于《烹茶图》上的诗："茗碗月团新破，竹炉活火初然。门外全无酒债，山中惟有茶烟。"⑤ 清人梁诗正等《石渠宝笈》记载了明人唐寅的《事茗图》⑥："素笺本，著色。画款题云：'日长何所事，茗碗自赍持。料得南窗下，清风满鬓丝。'"⑦ 清人卞永誉《书画彙考》记载了文徵明的一幅茶画，上有嘉靖二十七年题诗曰：

---

① （明）曹学佺：《石仓历代诗选》卷416，《景印文渊阁四库全书》第1387—1394册，台湾商务印书馆1986年版。
② （明）曹学佺：《石仓历代诗选》卷467，《景印文渊阁四库全书》第1387—1394册，台湾商务印书馆1986年版。
③ （明）汪砢玉：《珊瑚网》卷37，《景印文渊阁四库全书》第818册，台湾商务印书馆1986年版。
④ （明）汪砢玉：《珊瑚网》卷39，《景印文渊阁四库全书》第818册，台湾商务印书馆1986年版。
⑤ （明）汪砢玉：《珊瑚网》卷41，《景印文渊阁四库全书》第818册，台湾商务印书馆1986年版。
⑥ 此画现收藏于故宫博物院，上有清乾隆帝所题诗及其他文字曰："记得惠山精舍里，竹炉渝茗绿杯持。解元文笔闲相仿，消渴何劳玉常丝。甲戌闰四月雨余几暇，偶展此卷，日暮其意，即用卷中原韵，题之并书于此。御笔。"裘纪平《中国茶画》将乾隆帝所题诗误为嘉庆帝所题（浙江摄影出版社2014年版，第102页）。
⑦ （清）梁诗正等：《石渠宝笈》卷15，《景印文渊阁四库全书》第824—825册，台湾商务印书馆1986年版。

第一章 明代的茶具

"檐树扶疏带乱鸦,萧斋只似野人家。纸窗猎猎风生竹,玉盎浮浮火宿茶。"①

另外明代还有一些歌咏茶画或直接题于茶画上的诗歌涉及茶盏。例如明人贝琼题于南唐周文矩所作的茶画《火龙烹茶图》上的诗曰:"松声忽作秋涛雄,铜龙吐火麟甲红。黄衣中使备玉食,泉出金沙甘露浓。春风一旗色尚活,建溪山人雨前掇。蓬莱殿里沃焦余,玉碗分沾侍臣渴。"②沈周《写画赠陈惟孝》描写了诗人与陈惟孝的交往,所绘画虽然不一定是茶画,但诗中涉及茶盏:"我昨寻虞山,君出不在家。我归君来寻,迹类鸿雁差。把酒牡丹后,园林净无花。绿阴亦可爱,茗碗浮新芽。迟留越信宿,谈笑补叹嗟。莫易判风袂,后会未可涯。"③卢昭《题鹤亭斗茶图(鹤亭吕散夫也)》诗曰:"花阴小队斗龙章,巨碗香分第二汤。莫倚酪奴风味好,内厨催送大官羊。"④张以宁《陆羽烹茶图》歌咏了描绘唐人陆羽烹茶的绘画:"阅罢茶经坐石苔,惠山新汲入瓷杯。高人惯识人间味,笑看江心取水来。"⑤明人蒋文藻曾在立夏日煮茶,因此作诗一首,再绘图以纪其事,诗题为《立夏日俗尚斗茶,戏为煎煮,自谓曲几蒲团一领罯车声羊肠之趣,啜宋宫绣茶不啻也,因成一律,复图此以纪其胜》,诗曰:"摘得琳腴及雨前,日长煮水亦安禅。花瓷雪涨鸡嗦暖,石鼎云翻蟹眼鲜。"⑥诗人所用茶盏为彩瓷(花瓷)。嘉靖十三年,文徵明得到友人惠赠的几种茶叶,因此汲泉烹茶,仿效唐

---

① (清)卞永誉:《书画汇考》卷58,《景印文渊阁四库全书》第827—829册,台湾商务印书馆1986年版。
② (明)贝琼:《清江诗集》卷2,《景印文渊阁四库全书》第1228册,台湾商务印书馆1986年版。
③ (明)沈周:《石田诗选》卷8,《景印文渊阁四库全书》第1249册,台湾商务印书馆1986年版。
④ (明)钱谷:《吴都文粹续集》卷25,《景印文渊阁四库全书》第1385—1386册,台湾商务印书馆1986年版。
⑤ (清)陈邦彦:《御定历代题画诗类》卷40,《景印文渊阁四库全书》第1435—1436册,台湾商务印书馆1986年版。
⑥ (清)沈季友:《檇李诗系》卷10,《景印文渊阁四库全书》第1475册,台湾商务印书馆1986年版。

♨ 香茗雅器：明代茶具与明代社会

人皮日休、陆龟蒙作了《茶具十咏》诗十首，并且绘图一幅，将诗录于画上。诗序曰："嘉靖十三年，岁在甲午谷雨前三日，天池、虎丘茶事最盛。……会佳友念我，走惠二三种，乃汲泉吹火烹啜之，辄自第其高下，以适其幽闲之趣。偶忆唐贤皮、陆辈《茶具十咏》，因追次焉。非敢窃附于二贤，聊以寄一时之兴耳。漫为小图，遂录其上。"其中的第九首诗《茶瓯》曰："畴能炼精珉，范月夺素魄。清宜鬻雪人，雅惬吟风客。谷雨斗时珍，乳花凝处白。林下晚未收，吾方迟来展。"① 从此诗的描写来看，"范月夺素魄"，诗中茶盏应为白瓷。

中国古代茶书中有一些绘图，有的绘图非常形象地呈现了古代茶盏的面貌。中国历史上的第一部茶书唐人陆羽《茶经》就已有图，《茶经》之《十之图》曰："以绢素或四幅或六幅，分布写之，陈诸座隅，则茶之源、之具、之造、之器、之煮、之饮、之事、之出、之略目击而存，于是《茶经》之始终备焉。"② 但可惜的是这些图早就已经散佚了。

署名为审安老人的宋代茶书《茶具图赞》是围绕十二种茶具的绘图展开文字而形成的图书，在书中，拟人化地描绘这些茶具。第九种茶具是被称为陶宝文（陶为姓，宝文为官职）的茶盏，从绘图来看，应为上有兔毫纹的黑瓷，侈口、深腹、斜壁、圈足（图1-6）。之所以被叫做"陶宝文"，是因为其材质为陶，黑色釉面上有宝贵纹路，宋代有宝文阁，是皇家藏书之处。陶宝文名"去越"，原因在于宋代不再流行唐代盛行的越窑青瓷，字"自厚"，盖因茶盏要用来斗茶，盏壁厚些能使茶汤久热难冷，之所以号"兔园上客"，是因为茶盏之上有类似兔毫的纹路。茶书对陶宝文的赞词曰："出河滨而无苦窳，经纬之象，刚柔之理，炳其绷中，虚己待物，不饰外貌，位高秘阁，宜无愧焉。"③ 茶盏是用来盛茶汤的，当然是"虚己待物"，茶盏面貌漆黑，并不甚美

---

① （明）文徵明：《文徵明集》补辑卷16，上海古籍出版社1987年版，第1213—1217页。

② （唐）陆羽：《茶经》卷下《十之图》，《丛书集成新编》第47册，新文丰出版公司1985年版。

③ （宋）审安老人：《茶具图赞》，《丛书集成初编》第1501册，中华书局1985年版。

第一章 明代的茶具

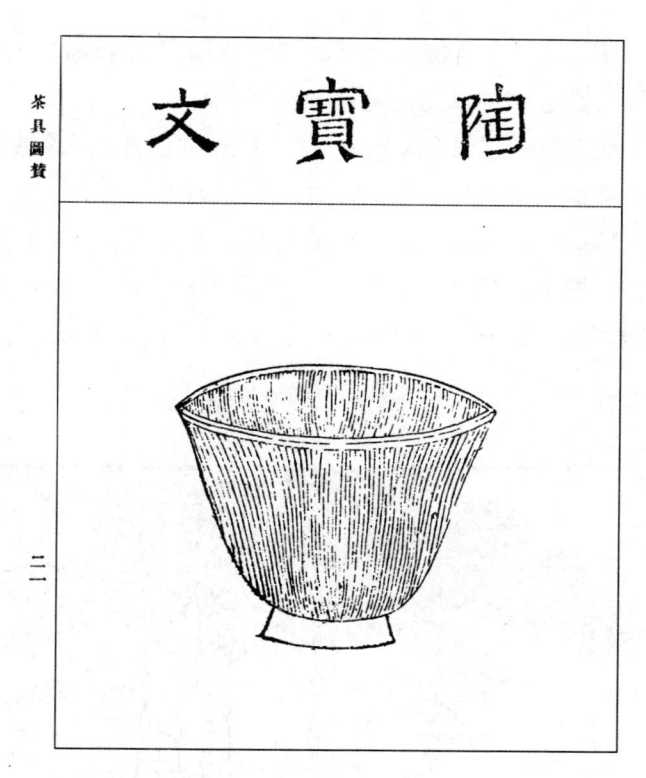

图1-6 被称为陶宝文的茶盏（引自审安老人《茶具图赞》）

观，所以说是"不饰外貌"，饮茶时茶盏置于被称为"漆雕秘阁"的盏托之上，所以说是"位高秘阁"。被称为"漆雕秘阁"的盏托是与茶盏配合的茶具，在十二种茶具中位居第八。从书中的绘图来看，这是一种用漆雕工艺制作的上有花纹的木质茶具。用漆雕工艺制成，故姓"漆雕"，它的功用是茶盏可搁于其上，故官职为"秘阁"，秘阁在宋代指尚书省。盏托是用来承托茶盏的，故名"承之"，用盏托承盏能使高温的茶盏不烫手，故字"易持"，盏托外形似古朴之台，故号"古台老人"。赞词曰："危而不持，颠而不扶，则吾斯之未能信。以其弭执热之患，无坳堂之覆，故宜辅以宝文，而亲近君子。"[①] 所谓"危而不持，

---

① （宋）审安老人：《茶具图赞》，《丛书集成初编》第1501册，中华书局1985年版。

香茗雅器：明代茶具与明代社会

颠而不扶，则吾斯之未能信"，反映了盏托用来承盏的特性，"以其弭执热之患"，反映了盏托防止烫手的功效。

明人喻政编撰的《烹茶图集》① 是围绕据称为唐寅所绘的《陆游烹茶图》而形成的茶书。图中环境清幽，令人有出尘之想，在小桥流水、怪石嶙峋的环境中，两位衣着宽松随意的文士高人坐于葱郁的古木之下，一人坐于榻上，似为主，另一人相对坐于椅上，似为宾，两人中一人手持茶盏高谈，另一人一边聆听一边品饮盏中的茶水。图中茶盏为侈口、斜壁、平足（图1-7）。

图1-7 唐寅《烹茶图》（局部）（引自喻政《烹茶图集》）

明人程用宾所著茶书《茶录》的《茶具十二执事名说》绘有十二种茶具，并有相关的文字说明，其中"盏"位列第五（图1-8）。从

---

① （明）喻政：《烹茶图集》，喻政《茶书》，明万历四十一年刻本。

· 86 ·

第一章 明代的茶具

书中的绘图来看，"磁盏"共绘出了七种形制，其中五种为侈口，一种为直口，还有一种花口，均为斜壁，既有圈足，也有高足和平足。关于绘图中"盏"的釉色，一种为白瓷，另外几种应为青瓷。程用宾《茶录》有关于茶盏的观点承袭了陆羽《茶经》尚青的观点，"宜黑青瓷，则益茶"，"越、岳瓷皆青，青则益茶"。从绘图很难判断茶盏的大小，但书中《器具》条曰："茶盏不宜太巨，致走元气。"饮茶茶盏不会太大。《器具》条又曰："体可稍厚，不烙手而久热。"① 因此这种茶盏不是薄胎瓷，胎体较厚，目的在于保温且不烫手。

明末清初人陈鉴所著茶书《虎丘茶经注补》记载了明人王仲山的《虎丘茗碗旗枪图叙》，但可惜并没有附图。② "旗枪"是茶芽的代称，从绘图的名称来看，图的内容应是有关虎丘山茶盏饮茶。

盏在诸多茶具中是十分重要并且核心的茶具，无论何种饮茶方式，作为盛装茶水并用来品饮的盏是不可或缺的。今人裘纪平编撰的《中国茶画》收集了大量中国古代茶画，其中明代茶画103幅，而明代茶画中出现茶盏的就有64幅。例如吴伟的《词林雅集图》，画面描绘了八位文士在梧桐树下、怪石之间聚会的情景，这些文士有的在棋盘边弈棋观棋，有的读书展卷，有的高谈阔论，画面右边绘有童子在茶炉边生火煮水，炉边放置着水缸，画面中间的石桌上除笔砚外，还置有茶盏，六只茶盏在茶盘之内，两只在之外，合起来正与八人对应，茶盏侈口斜壁圈足。③ 又如唐寅《陶谷赠词图》，画面描绘的是五代南唐的故事，夜色下红烛高照，在古树、芭蕉和怪石环绕的庭院内，一文士坐于树下的榻上，左手边是纸笔，似在构思诗句，右手边是白色茶盏，茶盏用棕色木质盏托承托，文士对面是手弹琵琶的白衣女子，引人注目的是画面左下角有童子伏于地上在炉边煮茶。④ 又如钱谷的《秦淮冶游图》是表

---

① （明）程用宾：《茶录》，明万历三十二年戴凤仪刻本。
② （清）陈鉴：《虎丘茶经注补》，《檀几丛书》本。
③ 裘纪平：《中国茶画》，浙江摄影出版社2014年版，第72页。
④ 同上书，第101页。

香茗雅器：明代茶具与明代社会

图1-8　程用宾《茶录》附图中的十一种茶具：铜鼎、都蓝、锡盒、瓷壶、磁盏、锡罐、瓠瓢、铜筴、竹篮、水方、麻巾

现才子佳人金陵出游的图册，其中的第四开为"歌舞"，画面中庭院内有苍松、翠竹和荷池，两名女子翩翩起舞，四名文士在桌边举目观看，桌上置有带盏托的三只茶盏，另有一人连托带盏将茶盏置于手中似准备饮用，四只茶盏正与四人对应，盏为白瓷，盏托似为黑色漆雕木质茶具，画面右上角有童子在炉边扇火煮水。[①] 又如佚名《品茶图》，画面

---

① 裘纪平：《中国茶画》，浙江摄影出版社2014年版，第121页。

第一章 明代的茶具

描绘的是在巨石嶙峋、水流潺潺、兰花盛开的环境中,三位文士烹茶品茗的情形,画面左边坐于凳上的文士一边给石上的茶炉扇火,一边扭头与另外两人交谈,炉下地上置有水缸和炭篓,炉边桌上放置有一只茶盏,画面右边另两位文士坐于榻上,皆手持平足茶盏注目画面左边之人,三只茶盏正与三人对应,盏皆为白瓷。① 又如孙克弘《芸窗清玩图》描绘的是文人闲居清玩之物,其中就有茶盏、茶壶和带水勺的水缸,图中茶盏夹在假山、花瓶和茶壶之间,盏为侈口斜壁圈足的白瓷,盏壁上绘有釉里红工艺的游鱼,大概是为了达到整体协调的效果,此盏从比例上看比真实似乎绘得过大。② 再如陈洪绶《闲话官事图》,画面中有一石桌,边上为两石凳,左边一女子手持书卷阅读,右边一中年男子将包裹好的乐器置于膝上若有所思,似准备稍后一展琴技,桌上有花瓶、茶壶和两只茶盏,茶盏为侈口圈足的白瓷,整个画面显得闲适宁静。③

四 小说戏曲中的盏

明代是一个小说创作十分繁荣的时期,这些小说中有大量涉及茶盏的内容,通过茶盏推动情节的发展。如明人冯梦龙《喻世明言》:"一日午饭后,(滕大尹)又去看那轴子。丫鬟送茶来吃,将一手去接茶瓯,偶然失挫,泼了些茶把轴子沾湿了。滕大尹放了茶瓯,走向阶前,双手扯开轴子,就日色晒干。忽然,日光中照见轴子里面有些字影,滕知县心疑,揭开看时,乃是一幅字纸,托在画上,正是倪太守遗笔。"④ 滕大尹茶瓯中的茶水偶然泼到画上,使他发现了画中的秘密。又如明人凌濛初《拍案惊奇》中僧人智园与村妇杜氏借茶盏敬茶勾搭成奸:"到得里头坐下了,小沙弥掇了茶盘送茶。智圆拣个好磁碗,把袖子展一

---

① 裘纪平:《中国茶画》,浙江摄影出版社2014年版,第129页。
② 同上书,第130—131页。
③ 同上书,第151页。
④ (明)冯梦龙:《喻世明言》第10卷《滕大尹鬼断家私》,人民文学出版社1958年版,第155页。

♨ **香茗雅器：明代茶具与明代社会**

展，亲手来递与杜氏。杜氏连忙把手接了，看了智圆丰度，越觉得可爱，偷眼觑着，有些魂出了，把茶侧翻了一袖。智圆道：'小娘子茶泼湿了衣袖，到房里薰笼上烘烘。'"① 又如明人罗懋登《三宝太监西洋记》中三宝老爷故意击碎茶盏考验钉碗之人的道行："（三宝）老爷叫声：'左右的，看茶来。'左右的捧上茶来。老爷伸手接着，还不曾到口，举起手来，二十五里只是一拽，把个茶瓯儿拽得一个粉碎，也不论个块数。老爷道：'你既是会钉碗，就把这个茶瓯儿钉起来，方才见你的本事。'钉碗的道：'"钉这等一个茶瓯儿，有何难处！……'"② 如署名梦觉道人的《三刻拍案惊奇》中塾师钱公布作弊将文字粘在茶杯下送与陈公子蒙蔽陈公子之父陈副使："后边（陈）副使误认了儿子通，也曾大会亲友面课，自在那边看做，钱公布却令小厮，将文字粘在茶杯下送与他，照本誊录；一次陈公子诈嫌笔不堪写，馆中取笔，把文字藏在笔管中与他；把一个中、外都瞒得，陈公子是个通人了。"③ 又如明清溪道人《东度记》中尊者通过茶盏点拨一名为家僧的老者悟道："乃手捧一杯清茶奉尊者，尊者方接茶在手，家僧随问道：'师父，道从何处见？'尊者随答道：'从茶里见。'家僧又问：'从何处入？'尊者道：'从茶里入。'家僧道：'老拙未曾见，却怎生入？'尊者答道：'善人，未曾入却怎生见？'家僧忙向尊者茶杯内一看，照见须眉，笑道：'老拙见了入了。'尊者摇首道：'未真见，岂能真入？'家僧听了，随拜于地，道：'老拙求师父开度。'"④ 再如明末清初陈忱《水浒后传》中妓女李师师抹去茶盏上的水渍向客人献茶："柴进唤取过礼物……命丫鬟收了，献出龙井雨前茶。李师师将绒绢抹了碗上水渍，又逐位送

---

　　① （明）凌濛初：《拍案惊奇》卷26《夺风情村妇捐躯，假天语幕僚断狱》，人民文学出版社1991年版，第439页。
　　② （明）罗懋登《三宝太监西洋记通俗演义》卷4第17回《宝船厂鲁班助力，铁锚厂真人施能》，上海古籍出版社1985年版，第223页。
　　③ （明）梦觉道人、西湖浪子：《三刻拍案惊奇》第27回《为传花月道，贯讲差使书》，三秦出版社1994年版，第294页。
　　④ （明）清溪道人：《东度记》第15回《茶杯入见度家僧，一品遗书荐梵志》，巴蜀书社1993年版，第145页。

第一章 明代的茶具

来。送到徐晟，见这小伙儿生得俊伟，一眼睃他。徐晟又从不曾在女人手里接东西的，过于矜持，把茶泼翻在袍子上。徐晟满面通红，乐和笑道：'贤侄，你见师娘送茶来，就慌了，经不起这一杯。'"①

明代小说中茶盏的主流为瓷器，另也有漆器、玉器等。以下几部小说中茶盏皆为瓷器。如明人吴承恩《西游记》中女子向唐僧等人敬茶用的是瓷盏："那女子叫：'快献茶来。'又有两个黄衣女童，捧一个红漆丹盘，盘内有六个细磁茶盂，盂内设几品异果……斟了茶，那女子微露春葱，捧磁盂先奉三藏，次奉四老，然后一盏，自取而陪。"② 又如明末清初西周生《醒世姻缘传》中童奶奶向客人献茶也是瓷盏："童七的媳妇，人都称为'童奶奶'。那童奶奶使玉儿送过两杯茶来，朱红小盘，细磁茶钟……狄员外父子吃过茶，玉儿接下钟去，又送过两钟茶来与狄周、尤厨子吃。"③ 以下两例中也是瓷盏。题名天然痴叟的《石点头》："不多时小鬟将茶送到，取过磁瓯斟起，恭恭敬敬的，先递与韦皋，后送荆宝。"④ 明代佚名的《梼杌闲评》："玉支也下禅床，叫侍者取茶来吃。只见两个清俊小童，捧着一盒果品，一壶香茶，摆下几个磁杯。"⑤

明代小说中的瓷器茶盏多为白瓷，明人兰陵笑笑生《金瓶梅词话》中对白瓷茶盏多有描绘。如《金瓶梅词话》第十回："怎见当日好筵席？但见：'……碾破凤团，白玉瓯中分白浪；斟来琼液，紫金壶内喷清香。毕竟压赛孟尝君，只此敢欺石崇富。'"⑥ "白玉瓯"即为白瓷茶

---

① （清）陈忱：《水浒后传》第 38 回《武行者叙旧六和塔，宿太尉敕封逼罗》，华夏出版社 2014 年版，第 276 页。
② （明）吴承恩：《西游记》第 64 回《荆棘岭悟能努力，木仙庵三藏谈诗》，人民文学出版社 2010 年版，第 791 页。
③ （明）西周生：《醒世姻缘传》第 54 回《狄生客中遇贤主，天爷秋里殛凶人》，人民文学出版社 2015 年版，第 718 页。
④ （明）天然痴叟：《石点头》第 9 卷《玉箫女再世玉环缘》，中国戏剧出版社 2000 年版，第 163 页。
⑤ （明）佚名：《梼杌闲评》第 25 回《跛头陀幻术惑愚，田知县贪财激大变》，华夏出版社 2013 年版，第 247 页。
⑥ （明）兰陵笑笑生：《金瓶梅词话》第 10 回《武松充配孟州道，妻妾玩赏芙蓉亭》，人民文学出版社 2000 年版，第 105 页。

香茗雅器：明代茶具与明代社会

盏。又如第十二回："西门庆把桂姐搂在怀中陪笑，一递一口儿饮酒，只见少顷，鲜红漆丹盘拿了七钟茶来。雪绽般茶盏……馨香可掬，每人面前一盏。"① 第十五回："少顷，顶老彩漆方盘，拿七盏来，雪绽盘盏儿……甚是馨香美味，桂卿、桂姐，每人递了一盏，陪着吃毕茶，接下茶托去。"② 第八十九回："这长老见吴大舅、吴月娘，向前合掌道了问讯……观看子一回，然后到长老方丈。长老连忙点上茶来，雪锭般盏儿，甜水好茶。"③ 第九十六回："无非是细巧蒸酥，异样甜食，美口菜蔬，希奇果品，缕金碟，象牙筯，雪锭盘盏儿，绝品芽茶。月娘和大妗子陪着吃了茶，让春梅进上房里换衣裳，脱了上面袍儿。"④ "雪锭盘"的茶盏即为雪白的白瓷茶盏。

明代小说中的白瓷茶盏有明确窑口信息的是定窑和景德镇窑。以下几部小说中的白瓷茶盏都是定窑瓷。明冯梦龙《警世通言》："荆公命堂候官两员，将水瓮抬进书房，荆公亲以衣袖拂拭。纸封打开，命童儿茶灶中煨火，用银铫汲水烹之。先取白定碗一只，投阳羡茶一撮于内，候汤如蟹眼，急取起倾入，其茶色半晌方见。"⑤ 荆公是北宋著名政治家王安石。明施耐庵《水浒传》："海阇黎……一邀把这妇人引到僧房里深处。预先都准备下了。叫声：'师哥拿茶来。'只见两个侍者，捧出茶来。白雪定器盏内，朱红托子，绝细好茶。"⑥ 小说中的海阇黎是与妇人勾搭成奸的淫僧。《金瓶梅词话》："不一时，（道士石伯才）两

---

① （明）兰陵笑笑生：《金瓶梅词话》第12回《潘金莲私仆受辱，刘理星魇胜贪财》，人民文学出版社2000年版，第122页。
② （明）兰陵笑笑生：《金瓶梅词话》第15回《佳人笑赏玩登楼，狎客帮嫖丽春院》，人民文学出版社2000年版，第169页。
③ （明）兰陵笑笑生：《金瓶梅词话》第89回《佳清明节寡妇上新坟，吴月娘误入永福寺》，人民文学出版社2000年版，第1219页。
④ （明）兰陵笑笑生：《金瓶梅词话》第96回《春梅游旧家池馆　守备使张胜寻经济》，人民文学出版社2000年版，第1304—1305页。
⑤ （明）冯梦龙：《警世通言》第3卷《王安石三难苏相公》，人民文学出版社1956年版，第35页。
⑥ （明）施耐庵：《水浒传》第45回《杨雄醉骂潘巧云，石秀智杀裴如海》，人民文学出版社1997年版，第604页。

第一章 明代的茶具

个徒弟守清、守礼，房中安放桌儿，就摆斋上来，都是美口甜食，蒸煤饼馓咸口春馔，各样菜蔬，摆满春台。白定磁盏儿，银杏叶匙，绝品雀舌甜水好茶，收下家火去。"① 定窑兴盛主要是在宋代，是宋代五大名窑之一，元代以后基本绝烧，明代定窑并不生产。那为何以上明代小说中还出现定窑瓷呢，这是因为上述小说中设定的时代都是北宋，《警世通言·王安石三难苏相公》中的王安石是北宋宋神宗时期的宰相，《水浒传》描绘的是北宋末年的宋江起义，《金瓶梅词话》表面描绘的也是北宋徽宗时期的社会。而北宋年间的定窑是生产白瓷的著名民窑窑口，小说的描写是要有意与当时的时代相符。

明代小说中除定窑外，涉及白瓷窑口还有宣窑。如明罗懋登《三宝太监西洋记》中三宝老爷命一钉碗之人修碗："一会儿盘儿、碗儿、瓯儿、盏儿、钵儿、盆儿就搬倒了一地。你看他拿出手段来，口里不住的吐唾沫，手里不住的倒过来，一手一个，一手一个，就是宣窑里烧，也没有这等的快捷。一会搬来，一会搬去。"② 宣窑就是明代景德镇宣德年间的官窑。另清吴敬梓《儒林外史》虽是清初小说，但反映的是明末清初的社会状况。《儒林外史》："话说南京城里，每年四月半后，秦淮景致，渐渐好了。那外江的船，都下掉了楼子，换上凉篷，撑了进来。船舱中间，放一张小方金漆桌子，桌上摆着宜兴沙壶，极细的成窑、宣窑的杯子，烹的上好的雨水毛尖茶。"③ 成窑、宣窑分别是景德镇成化、宣德年间的官窑。

明代茶书中的白瓷茶盏还有雕瓷茶盏，雕瓷，也即表面有浮雕的瓷器。如明末清初丁耀亢《续金瓶梅》第二十九回："那僧人又送上中冷泉的新茶，领着个白净沙弥，一个雕漆盘，四个雪靛般雕磁杯，俱是哥

---

① （明）兰陵笑笑生：《金瓶梅词话》第 84 回《吴月娘大闹碧霞宫，宋公明义释清风寨》，人民文学出版社 2000 年版，第 1163 页。
② （明）罗懋登《三宝太监西洋记通俗演义》卷 4 第 17 回《宝船厂鲁班助力，铁锚厂真人施能》，上海古籍出版社 1985 年版，第 225—226 页。
③ （清）吴敬梓：《儒林外史》第 41 回《庄濯江话旧秦淮河，沈琼枝押解江都县》，人民文学出版社 1958 年版，第 404 页。

♨ 香茗雅器：明代茶具与明代社会

窑新款。"① 哥窑是宋代名窑，到明代早不生产，文中出现哥窑不过是要与小说描绘的年代北宋末年相适应。又如《续金瓶梅》，在名妓李师师家中，"不多时，捧出一盏桂露点的松茶来，金镶的雕磁茶杯儿，不用茶果。吃茶下去就抬了一张八仙倭漆桌来，就是一副螺甸彩漆手盒，内有二十四器随方就圆的定窑磁盘儿，俱是稀奇素果。"②

明代小说中还有青瓷茶盏。如明凌濛初《二刻拍案惊奇》："孟沂与美人赏花玩月，酌酒吟诗，曲尽人间之乐。……美人诗道：……天冻雨寒朝闭户，雪飞风冷夜关城。鲜红炭火围炉暖，浅碧茶瓯注茗清（冬）。"③ 美人诗中的"浅碧茶瓯"就是青瓷茶盏。又如《续金瓶梅》："有一词单道富家行乐，名《沁园春》：暖阁红炉，匝地毛毡，何等奢华！……碧碗烹茶，金杯度曲，乳酪羊羔味更佳。"④ 所谓"碧碗"也即青瓷茶盏。

除瓷器茶盏外，明代小说中还有漆器茶盏，主要在《金瓶梅词话》中多有体现。如《金瓶梅词话》第七回，在孟玉楼家中："说着，只见小丫鬟擎了三盏蜜饯金橙子泡茶，银镶雕漆茶钟，银杏叶茶匙。妇人起身，先取头一盏，用纤手抹去盏边水渍，递与西门庆"。⑤ 第三十四回："西门庆唤画童取茶来。不一时，银匙雕漆茶钟，蜜饯金澄泡茶吃了，收了盏托去。"⑥ 第六十七回："正说着，只见王经抓帘子，画童儿用彩漆方盒银厢雕漆茶钟，拿了两盏酥油白糖熬的牛奶子。伯爵取过一盏，

---

① （清）丁耀亢：《续金瓶梅》第 29 回《董玉娇明月一帆风，郑玉卿吹箫千里梦》，中国戏剧出版社 2000 年版，第 144 页。

② （清）丁耀亢：《续金瓶梅》第 20 回《李银瓶梅花三弄，郑玉卿一箭双雕》，中国戏剧出版社 2000 年版，第 98 页。

③ （明）凌濛初：《二刻拍案惊奇》卷 17《同窗友认假作真，女秀才移花接木》，人民文学出版社 1991 年版，第 325 页。

④ （清）丁耀亢：《续金瓶梅》第 12 回《众女客林下结盟，刘学官雪中还债》，中国戏剧出版社 2000 年版，第 61 页。

⑤ （明）兰陵笑笑生：《金瓶梅词话》第 7 回《薛嫂儿说娶孟玉楼，杨姑娘气骂张四舅》，人民文学出版社 2000 年版，第 72 页。

⑥ （明）兰陵笑笑生：《金瓶梅词话》第 34 回《书童儿因宠揽事，平安儿含愤戳舌》，人民文学出版社 2000 年版，第 392 页。

第一章 明代的茶具

拿在手内"。① 第七十一回："（西门庆）吃了粥，又拿上一盏肉员子馄饨鸡蛋头脑汤，金匙银厢雕漆茶钟。"②《续金瓶梅》中也有漆器茶盏的描述。如第二十回："（郑）玉卿坐了一会，出来个蓬头小京油儿，打着一个苏州綵，纯绢青衣，拿着雕漆银镶盅儿……吃了"。③ 第三十二回："（李）守备自己筛酒来斟，要请他小姊妹，二人都过那边院子里耍去了。一面用了三个雕漆茶杯，满斟过五香酒来。"④ 以上文中的"雕漆"茶盏，也即漆器茶盏，这种茶盏的胎体一般为铜或木，外施雕漆。小说中雕漆茶盏一般会镶银，显示了所在人家的豪华与富贵。

明代小说中还常出现玉器茶盏。如明吴承恩《西游记》第二十三回："那屏风后，忽有一个丫髻垂丝的女童，托着黄金盘、白玉盏，香茶喷暖气，异果散幽香。那人绰彩袖，春笋纤长；擎玉盏，传茶上奉。对他们一一拜了。茶毕，又吩咐办斋。"⑤ 茶是献给唐僧等一行四众。第二十六回："行者道：'小道士们，快取玉瓢来。'镇元子道：'贫道荒山，没有玉瓢，只有玉茶盏、玉酒杯，可用得么？'菩萨道：'但是玉器，可舀得水的便罢，取将来看。'大仙即命小童子取出有二三十个茶盏，四五十个酒盏，却将那根下清泉舀出。"⑥ 行者是指孙悟空。又如明代佚名《梼杌闲评》："二人携手到亭上，分宾主坐下。童子献茶，以白玉为盏，黄金为盘。茶味馨香，迥异尘世，到口滑稽甘香，滋心沁齿，如饮醍醐甘露。吃毕起身，各处游玩，果然仙境非凡，心神不

---

① （明）兰陵笑笑生：《金瓶梅词话》第 67 回《西门庆书房赏雪，李瓶儿梦断幽情》，人民文学出版社 2000 年版，第 848 页。
② （明）兰陵笑笑生：《金瓶梅词话》第 71 回《李瓶儿何千户家托梦，提刑官引奏朝仪》，人民文学出版社 2000 年版，第 927 页。
③ （清）丁耀亢：《续金瓶梅》第 12 回《众女客林下结盟，刘学官雪中还债》，中国戏剧出版社 2000 年版，第 97 页。
④ （清）丁耀亢：《续金瓶梅》第 32 回《拉枯桩双姤夹攻，扮新郎二女交美》，中国戏剧出版社 2000 年版，第 158 页。
⑤ （明）吴承恩：《西游记》第 23 回《三藏不忘本，四圣试禅心》，人民文学出版社 2010 年版，第 279—280 页。
⑥ （明）吴承恩：《西游记》第 26 回《孙悟空三岛求方，观世音甘泉活树》，人民文学出版社 2010 年版，第 325 页。

♨ 香茗雅器：明代茶具与明代社会

觉顿爽。"① 二人是指陈元朗和魏忠贤。再如明清溪道人《禅真逸史》："天主唤玉女献浆。紫衣女童捧出一个真珠穿的托盘，四个碧玉茶盏，满贮雪白琼浆，异香扑鼻。杜伏威接上，一吸而尽，其味甘美清香，顿觉身体轻健，气爽神清。"② 其实玉器并不适合作为茶盏，因为玉不耐高温，沸水冲泡容易破裂，所以在现实生活中富贵人家或许会用玉器作为酒器，却极少作为茶具。那上述几部小说中为什么会出现使用玉器作为茶盏的情况呢？原因在于上述小说中描写的环境为迥异人世的仙境或幻境，玉更能衬托小说中的氛围。在上文中，《西游记》第二十三回中的环境是四位菩萨的幻化之境，第二十六回的环境是类似仙境的镇元子所居的万寿山五庄观，《梼杌闲评》中的环境是陈元朗为警醒劝诫魏忠贤而布置的幻境，《禅真逸史》中的环境是作为仙境的"清虚境"。

　　明代小说中还有玻璃茶盏、翡翠茶盏、金器茶盏、珐琅茶盏和竹器茶盏。如《水浒后传》中蔡京请安道全为小妾珍病，安道全所用的为玻璃茶盏："一个披发丫鬟，云肩青服，捧到金镶紫檀盘内五色玻璃碗阳羡峒山茶。茶罢，养娘丫鬟引安道全轻轻行至绣榻边，安放锦墩，侍儿从销金帐内接出小奶奶玉腕来。"③ "金镶紫檀盘内五色玻璃碗"衬托了权臣蔡京的大富大贵，玻璃器在古代极其名贵。明熊大木《大宋中兴通俗演义》中冥司中采女所捧也为玻璃茶盏："殿上坐者百余人……见（阎）王至悉降阶迎迓，宾主礼毕，分东西而坐。采女数人，执玛瑙之壶，捧玻璃之盏，荐龙睛之果，倾凤髓之茶，世罕闻见。"④《金瓶梅词话》中在妓女郑月儿家西门庆用翡翠茶盏饮茶："郑爱香儿与郑爱月儿亲手拣攒各样菜蔬肉丝卷，就安放小泥金碟儿内，递与西门庆吃。

---

① （明）佚名：《梼杌闲评》第46回《陈元朗幻化点奸，魏忠贤行边杀猎户》，华夏出版社2013年版，第415页。
② （明）清溪道人：《禅真逸史》第22回《张氏园中三义侠，隔尘溪畔二仙舟》，华夏出版社2015年版，第258页。
③ （清）陈忱：《水浒后传》第13回《救水厄天涯逢故友，换良方相府药佳人》，华夏出版社2014年版，第97页。
④ （明）熊大木：《大宋中兴通俗演义》卷8《冥司中报应秦桧》，中国文史出版社2003年版，第326页。

第一章 明代的茶具

旁边烧金翡翠瓯儿，斟上苦艳艳桂花木樨茶。须臾，姊妹二人陪吃了饼，收下家火去。"①《梼杌闲评》中魏忠贤自尽前携带了金茶盏："行李内玉带二条，金台盏十副，金茶杯十只，金酒器十件，宝石珠玉一箱，衣缎等物，尽行开单报院存县。"②《西游记》中观音院老僧用珐琅茶盏招待唐三藏："有一个小幸童，拿出一个羊脂玉的盘儿，有三个法蓝镶金的茶钟。又一童，提一把白铜壶儿，斟了三杯香茶。真个是色欺榴蕊艳，味胜桂花香。三藏见了，夸爱不尽道：'好对象，好对象！真是美食美器！'"③《金瓶梅词话》中西门庆和夏提刑用竹器茶盏饮茶："西门庆冠带从后边迎将来。两个叙礼毕，分宾主坐下。不一时，棋童儿云南玛瑙雕漆方盘拏了两盏茶来，银镶竹丝茶钟，金杏叶茶匙，木樨青荳泡茶吃了。"④

从明代小说来看，酒盏、茶盏的外形似乎差异不大，或者说可以通用，常有用茶盏饮酒的情况。如明冯梦龙《醒世恒言》："（朱氏）当下问了婆婆讨了一壶上好酽酒，烫得滚热，取了一个小小杯儿，两碟小菜，都放在桌上。陈小官人道：'不用小杯，就是茶瓯吃一两瓯，到也爽利。'朱氏取了茶瓯，守着要斟。"⑤又如《醒世姻缘传》："狄希陈……把那尊烧酒倒了一茶钟，冷吃在肚里，脱了袜子，脱了裤，脱了衫袄，钻在桌上睡了。……只见素姐只道狄希陈果真睡着，叫玉兰拿过那尊烧酒，剥着鸡子，喝茶钟酒，吃个鸡蛋"。⑥又如《金瓶梅词话》：

---

① （明）兰陵笑笑生：《金瓶梅词话》第59回《西门庆摔死雪狮子，李瓶儿痛哭官哥儿》，人民文学出版社2000年版，第729页。

② （明）佚名：《梼杌闲评》第49回《旧婢仗义赎尸，孽子袒官服罪》，华夏出版社2013年版，第438页。

③ （明）吴承恩：《西游记》第16回《观音院僧谋宝贝，黑风山怪窃袈裟》，人民文学出版社2010年版，第193页。

④ （明）兰陵笑笑生：《金瓶梅词话》第35回《西门庆挟恨责平安，书童儿妆旦劝狎客》，人民文学出版社2000年版，第411页。

⑤ （明）冯梦龙：《醒世恒言》第9卷《陈多寿生死夫妻》，人民文学出版社1956年版，第185页。

⑥ （明）西周生：《醒世姻缘传》第45回《薛素姐酒醉疏防，狄希陈乘机取鼎》，人民文学出版社2015年版，第608—609页。

· 97 ·

♨ 香茗雅器：明代茶具与明代社会

"春梅做定科范，取了个茶瓯子，流沿边斟上递与他。……那（陈）经济笑着，挐酒来刚呷了两口。"① 又如《续金瓶梅》："只见姚庄从房内掀起布帘来，远远一柄银壶，斟出一茶钟仙酒来，叫刘公跪接，色如丹砂，味如甘露，饮毕，但觉四肢畅美，不可名状"。② 再如《三刻拍案惊奇》："无垢竟往前走，路径都是熟游，直到远公房中。此时下午，他正磁壶里装一上壶淡酒，一碟咸菜儿，拿只茶瓯儿，在那边吃。无垢向前道：'师父稽首！'把一个远公的酒盅，便惊将落来，道：'师父哪里来？'"③ 远公和无垢作为僧人是师徒关系，开始把饮酒器皿叫茶瓯，后又叫酒盅，正反映了茶盏和酒盏可通用常混用的情况。

明代也是一个戏曲繁荣的时代，戏曲中常出现茶盏的身影。下举数例。明李玉《清忠谱》："（各坐介）（丑将茶壶、茶钟放付桌上介）（付拉钱介）（众各银钱交付，争论少介）"④ 丑是开书场的周文元，付是说书的李海泉。明周履靖《锦笺记》："（丑扯生退介）急遽还愁犯玉威。潜身松牖下。（窥介）细细偷窥。真个是千娇百媚。（旦饮茶介生）看他抚茶瓯。（小旦挑灯介生）挑灯烬。（旦凭几介生）凭几席。"⑤ 此处为书生梅玉偷窥柳氏，柳氏正在持盏饮茶。明单本《蕉帕记》："（逊坐介外）看茶。（丑）有茶。（净暗上傍听介丑送茶介外小生执茶钟在手介外）足下今日光顾。必有所教。（小生）晚生不为别事。特来替令爱作伐。……（净暗下小生外起身方放茶钟介外）足下暂且请回。待老夫与寒荆商议停当。"⑥ 此处为有人

---

① （明）兰陵笑笑生：《金瓶梅词话》第 33 回《陈经济失钥罚唱，韩道国纵妇争风》，人民文学出版社 2000 年版，第 382 页。
② （清）丁耀亢：《续金瓶梅》第 52 回《刘学官弃职归山，龙大师传丹入海》，中国戏剧出版社 2000 年版，第 273 页。
③ （明）梦觉道人、西湖浪子：《三刻拍案惊奇》第 24 回《冤家原自结，儿女债须还》，三秦出版社 1994 年版，第 267 页。
④ （明）李玉：《清忠谱》第 2 折《书闹》，中州书画社 1982 年版，第 33 页。
⑤ （明）周履靖：《锦笺记》第 20 出《尼奸》，毛晋《六十种曲》第 9 册，中华书局 1958 年版。
⑥ （明）单本：《蕉帕记》第 11 出《议婚》，毛晋《六十种曲》第 9 册，中华书局 1958 年版。

第一章 明代的茶具

前来求婚，双方持盏言谈。明汤显祖《还魂记》："（贴）报道官厨饭熟。且去传递茶汤。（下）【月儿高】（旦上）几曲屏山展。残眉黛深浅。为甚衾儿裏。不住的柔肠转。……情殊怅悦。真个可怜人也。（闷介贴捧茶食上）香饭盛来鹦鹉粒。清茶擎出鹧鸪斑。小姐。早膳哩。（旦）咱有甚心情也。"① 此处为丫鬟请小姐杜丽娘饮茶，"鹧鸪斑"是茶盏的代称。

明代戏曲中有时借茶推动情节发展，茶盏在其中扮演重要角色。如明许自昌《水浒记》"借茶"一出："（付）就居来哉。似莺声呖呖偷吁气。且喜无人，待我上前，只做借茶吃，看他怎生光景。小娘子拜揖。个个学生寻芳到此，一时火动，渴吻难熬，敢借香茶一盏，胜似琼浆玉液。……（贴上）携茗碗，整绣襦；为怜鸿渐思依依。茶有了。（付）吓，茶没拉里哉，那亨叫我阶头上吃？阿觉弗好意思？阿可以让学生拉门角里吃子罢？（贴）吓，待我放在桌上。（付）那就递拉学生手里何妨，必定要拉台上介？古执得势。阿呀，热个，骗我是冷个，一只指头烫痛哉。（贴）吓，是旋烹的。（付）姜泡个。喷喷喷香，好茶，颜色甚佳，更兼个阵香味，那了来得能清趣？阿呀呀，等我谢声个。多谢小娘子。【前腔】茗借，茗借，怜崔护；消渴，消渴，甚相如。"②《水浒记》是取材于《水浒传》而改编的戏曲。此处张文远利用借茶的机会接近阎婆惜，借口自己不便在室外台阶上喝茶，阎婆惜于是将茶盏放在室内桌上，张文远又称茶盏应该送到自己手里，双方逐渐勾搭成奸。

又如明沈璟《义侠记》："（丑王婆上）茶汤为活计。浆水作生涯。胜如扬子江心水。赛过蒙山顶上茶。如今六月天气。人都要吃些茶水。不免早开店面则个。自古道。牙关不开。利市不来。且先吃两三碗。

---

① （明）汤显祖：《还魂记》第12出《寻梦》，毛晋《六十种曲》第4册，中华书局1958年版。
② 《水浒记》之《借茶》，钱德苍《缀白裘》初集卷4，中华书局1941年版，第211页。

（吃介）好苦茶。好梅汤。好甜水。……（净末对丑介）常言道小不能敌大。（对小丑介）常言道男不和女打。（丑踢瓜篮介净末）休把他瓜儿打碎。（小丑敲桌介净末）休把他茶瓯乱撒。（丑）你乱撒。（小丑）我乱撒。（众）当场时大家戏耍。"① 此剧也取材于《水浒传》。此处故事发生于王婆茶馆，王婆诱使西门庆与武大郎之妻潘金莲发生奸情，郓哥前来寻趁西门庆，王婆阻挠，双方发生争打，王婆踢了郓哥瓜篮，郓哥怒砸王婆茶盏。

再如清孔尚任《桃花扇》中也有利用茶盏推动情节的内容。孔尚任虽是清初人，但《桃花扇》描绘的是明末故事，在一定程度上能反映明末的社会状况。"（问丑介）足下尊姓大号？（丑）不敢，晚生姓柳，草号敬亭。（杂捧茶上）（小生）敬亭请茶。（丑接茶介）（小生）你可知这座武昌城，自经张献忠一番焚掠，十室九空。俺虽镇守在此，缺草乏粮，日日鼓噪，连俺也做不得主了。（丑气介）元帅说那里话，自古道'兵随将转'，再没个将逐兵移的。……（摔茶钟于地下介）（小生怒介）呵呀！这等无礼，竟把茶杯掷地。（丑笑介）晚生怎敢无礼，一时说的高兴，顺手摔去了。（小生）顺手摔去，难道你的心做不得主么。（丑）心若做得主呵，也不叫手下乱动了。（小生笑介）敬亭讲的有理。只因兵丁饿的急了，许他就粮内里。亦是无可奈何之一著。"② 左良玉以缺粮为由纵兵向南京移动，柳敬亭劝谏，故意摔茶盏于地，使左良玉醒悟不可使手下乱动。

第三节 明代的壶

下面从茶书、诗歌、茶画和小说戏曲四个方面论述明代的壶，作为壶前身的各式煮水器，亦在本节的论述范围内。

---

① （明）沈璟：《义侠记》第7出《设伏》，毛晋《六十种曲》第10册，中华书局1958年版。

② （清）孔尚任：《桃花扇》第十一出《投辕》，岳麓书社2002年版，第62—63页。

第一章　明代的茶具

一　茶书中的壶

从中国古代茶书来看，现代意义用来泡茶的壶是在明后期的万历年间才逐渐盛行的。壶在明代的出现并普及与唐宋到明清饮茶方式的变迁有关，唐代流行烹茶法，茶饼碾磨成粉置入鍑中烹煮再酌出饮用，宋代流行点茶法，茶饼碾磨成粉置入茶盏调成膏再冲入沸水饮用，明代盛行散茶，流行泡茶法，茶芽置入盏或壶中再冲入沸水，如果茶芽是放入壶中，还须再次将茶水斟入茶盏才能饮用。明代的壶与唐宋时期煮水器有很深渊源关系，是由煮水器逐渐演化而来，到明后期在功能方面才完全从煮水器中脱离出来与煮水器并列。壶与炉、盏不同的一点是在茶事活动中并非不可或缺，即便没有壶，饮茶还是能够进行的，但壶在明后期开始风行并十分普及，成为最核心的茶具之一。

壶是由唐宋时期的煮水器演变而来。唐代茶书陆羽《茶经》中的煮水器是鍑，鍑是敞口的，从外形上看与后代的壶差异很大。鍑在《茶经》中的28种茶具中占有重要地位，加上今人所加标点，描述28种茶具的《茶经》之《四之器》共有1900余字，其中鍑就占有近200字，仅次于风炉和碗位居第三。"鍑（音辅，或作釜，或作鬴）。鍑，以生铁为之，今人有业冶者所谓急铁。其铁以耕刀之趄，炼而铸之。内摸土而外摸沙。土滑于内，易其摩涤；沙涩于外，吸其炎焰。方其耳，以正令也；广其缘，以务远也；长其脐，以守中也。脐长，则沸中；沸中，则末易扬；末易扬，则其味淳也。洪州以瓷为之，莱州以石为之。瓷与石皆雅器也，性非坚实，难可持久。用银为之，至洁，但涉于侈丽。雅则雅矣，洁亦洁矣，若用之恒，而卒归于铁也。"[1] 鍑的材质除铁以外，还有瓷、石和银，瓷、石虽雅，但不经久耐用，银非常清洁，但过于奢侈，铁既廉价，又很耐用，是最合适的材料。这种铁制鍑用所谓急铁铸成，脐很长，便于充分接受热量。

---

[1] （唐）陆羽：《茶经》卷中《四之器》，《丛书集成新编》第47册，新文丰出版公司1985年版。

♨ 香茗雅器：明代茶具与明代社会

唐代茶书苏廙《十六汤品》认为煮水器的材质很大程度会影响饮茶人的心理以及茶汤的口味和品质。苏廙生平不详，约生活于唐末五代时期。《十六汤品》最欣赏的煮水器毫无疑问是金银材质的，煮出来的水叫富贵汤。"以金银为汤器，惟富贵者具焉。所以策功建汤业，贫贱者有不能遂也。汤器之不可舍金银，犹琴之不可舍桐，墨之不可舍胶。"以石或瓷为材质的煮水器也是《十六汤品》青睐的，石制的煮水器煮出的水叫秀碧汤，瓷质的煮水器煮出的水则叫压一汤。"石，凝结天地秀气而赋形者也，琢以为器，秀犹在焉。其汤不良，未之有也。""贵厌金银，贱恶铜铁，则瓷瓶有足取焉。幽士逸夫，品色尤宜。岂不为瓶中之压一乎？然勿与夸珍炫豪臭公子道。"石凝结天地秀气，煮出的水没有不好的，瓷瓶廉价，适合幽人逸士使用。《十六汤品》十分反对铜铁铅锡以及无釉陶质的煮水器，将前者煮出水称为缠口汤，后者煮出的水被称为减价汤。"猥人俗辈，炼水之器，岂暇深择，铜铁铅锡，取热而已。夫是汤也，腥苦且涩，饮之逾时，恶气缠口而不得去。"之所以如此，是因为铜铁铅锡的煮水器容易生锈，很大程度影响口感。"无油之瓦，渗水而有土气。虽御胯宸缄，且将败德销声。谚曰：'茶瓶用瓦，如乘折脚骏登高。'好事者幸志之。"[1] 这是因为无釉陶容易渗透而且煮出的水有土气。

宋代茶书中的煮水器被称为瓶或汤瓶。蔡襄《茶录》之《汤瓶》条曰："瓶要小者，易候汤，又点茶、注汤有准。黄金为上，人间以银、铁或瓷、石为之。"[2]《茶录》主张瓶要小，这样水易沸腾不须长久等待，材质以黄金最好，民间用银、铁、瓷和石。宋徽宗《大观茶论》之《瓶》条曰："瓶宜金银，大小之制，惟所裁给。注汤利害，独瓶之口嘴而已。嘴之口欲大而宛直，则注汤力紧而不散。嘴之末欲圆小而峻削，则用汤有节而不滴沥。盖汤力紧，则发速有节；不滴沥，则茶面不破。"[3]

---

[1]（唐）苏廙：《十六汤品》，《丛书集成新编》第47册，新文丰出版公司1985年版。
[2]（宋）蔡襄：《茶录》，《丛书集成初编》第1480册，中华书局1985年版。
[3]（宋）赵佶：《大观茶论》，陶宗仪《说郛》卷93，清顺治三年李际期宛委山堂刊本。

第一章 明代的茶具

《大观茶论》认为茶瓶宜用金银，这与蔡襄《茶录》主张黄金为上的观点一致，金银确实有很大优点，作为金属易导热水易沸腾，而且不易生锈水无异味，但金银昂贵，非民间普通人能够广泛使用，宋徽宗是帝王，蔡襄是与皇帝关系密切地位很高的官员。茶瓶是用来向茶盏注汤的，《大观茶论》认为茶瓶的设计关键在于瓶的口和嘴，口要大而直，嘴之末端要圆而小，这样注汤时水柱有力不散，而且不滴沥。宋代在煮水器的材质方面，也有其他观点。如清代茶书《续茶经》引宋陶穀《清异录》曰："富贵汤，当以银銚煮之，佳甚。铜銚煮水，锡壶注茶，次之。"① 银銚最好。铜銚、锡壶也可。

唐代的煮水器为敞口的鍑，易观察水波的涌动和水温的变化，但宋代流行束口的瓶，无法直接观察，所以必须靠声音的变化来判断。明代茶书屠本畯《茗笈》引宋人罗大经《鹤林玉露》曰："余友李南金云：《茶经》以鱼目、涌泉、连珠为煮水之节，然近世瀹茶，鲜以鼎鍑，用瓶煮水，难以候视，则当以声辨一沸、二沸、三沸之节。又陆氏之法，以末就茶鍑，故以第二沸为合量；而下末若以今汤就茶瓯瀹之，则当用背二涉三之际为合量，乃为《声辨》之诗云：'砌虫唧唧万蝉催，忽有千车捆载来。听得松风并涧水，急呼缥色绿瓷杯。'其论固已精矣。然瀹茶之法，汤欲嫩而不欲老，盖汤嫩则茶味甘，老则过苦矣。若声如松风涧水，而遽瀹之，岂不过于老而苦哉？惟移瓶去火，少待其沸，止而瀹之，然后汤适中而茶味甘，此南金之所未讲者也。因补一诗云：'松风桂雨到来初，急引铜瓶离竹炉。待得声闻俱寂后，一瓶春雪胜醍醐。'"② 唐陆羽《茶经》中可以观察到沸水"鱼目、涌泉、连珠"的效果，是因为煮水器为敞口的鍑，宋代用瓶煮水，水的沸汤程度就要用声音判断。李南金还作有《声辩》诗，将水的声音描绘为虫鸣蝉叫、松风涧水。罗大经修正了李南金的观点，认为水温不能过高，如果水已

---

① （清）陆廷灿：《续茶经》卷中《四之器》，《景印文渊阁四库全书》第844册，台湾商务印书馆1986年版。

② （明）屠本畯：《茗笈》之《第八定汤章》，喻政《茶书》，明万历四十一年刻本。

♨ 香茗雅器：明代茶具与明代社会

发出"松风涧水"般的声音，水温已经过高将会导致茶味苦涩。他补作了一首诗，提出刚刚听到"松风桂雨"的声音，就要从火炉上引开茶瓶，待水声平息温度稍降后再用茶瓶点茶。

  明代茶书中煮水器的材质有金、银、瓷、石、铜、铁、锡和陶等，哪一种最合适，不同茶书观点并不相同，甚至互相矛盾。朱权《茶谱》认为瓷、石最佳。朱权《茶谱》之《茶瓶》条曰："古人多用铁，谓之罂。罂，宋人恶其生鉎，以黄金为上，以银次之。今予以瓷石为之，通高五寸，腹高三寸，项长二寸，觜长七寸。"① 朱权为崇信道教的藩王，更倾向于使用接近自然的瓷、石。但清代茶书陆廷灿《续茶经》引朱权的一段话说明他也青睐锡铫："臞仙云：……煎茶用铜瓶，不免汤腥；用砂铫，亦嫌土气，惟纯锡为五金之母，制铫能益水德。"② "臞仙"是朱权的号。顾元庆《茶谱》认为银、锡最佳，瓷、石其次："茶铫、茶瓶，银锡为上，瓷石次之。"③ 屠隆《茶说》继承了唐苏廙《十六汤品》的观点，首崇金、银，其次瓷、石，反对铜、铁、铅、锡和无釉之陶："所以策功建汤业者，金银为优；贫贱者不能具，则瓷石有足取焉。瓷瓶不夺茶气，幽人逸士，品色尤宜。石凝结天地秀气而赋形，琢以为器，秀犹在焉。其汤不良，未之有也。然勿与夸珍炫豪臭公子道。铜、铁、铅、锡，腥苦且涩；无油瓦瓶，渗水而有土气，用以炼水，饮之逾时，恶气缠口而不得去。"④ 张源《茶录》最赞同锡，认为银过于奢侈，瓷不能持久，铜、铁易于生锈："桑苎翁煮茶用银瓢，谓过于奢侈。后用磁器，又不能持久，卒归于银。愚意银者宜贮朱楼华屋，若山斋茅舍，惟用锡瓢，亦无损于香、色、味也。但铜铁忌之。"⑤ 许次纾《茶疏》也最赞同锡。《茶疏》《煮水器》条曰："金乃水母，

---

  ① （明）朱权：《茶谱》，《艺海汇函》，明抄本。
  ② （清）陆廷灿：《续茶经》卷中《四之器》，《景印文渊阁四库全书》第 844 册，台湾商务印书馆 1986 年版。
  ③ （明）顾元庆：《茶谱》，《续修四库全书》第 1115 册，上海古籍出版社 2003 年版。
  ④ （明）屠隆：《茶说》，喻政《茶书》，明万历四十一年刻本。
  ⑤ （明）张源：《茶录》，喻政《茶书》，明万历四十一年刻本。

第一章 明代的茶具

锡备柔刚，味不成涩，作铫最良。铫中必穿其心，令透火气。沸速则鲜嫩风逸，沸迟则老熟昏钝，兼有汤气，慎之慎之！茶滋于水，水藉乎器；汤成于火，四者相须，缺一则废。"① 锡铫煮水没有涩味，而且作为金属容易导热。《茶疏》在《不宜用》条列有"铜铫"，主要是铜易生锈影响水味。张丑《茶经》则主张瓷最好，铜、锡不宜。张丑《茶经》之《汤瓶》条曰："瓷器为上，好事家以金银为之。铜锡生鉎，不入用。"② 程用宾《茶录》认为锡为最宜。《器具》条曰："昔东冈子以银鍑煮茶，谓涉于侈，瓷与石难可持久……惟以锡瓶煮汤为得。"《茶具十二执事名说》条曰："罐。以锡为之，煮汤者也。"③ 此处罐也即汤瓶。在程用宾《茶录》附图的十一种茶具中，罐被直接称为锡罐，说明程用宾默认锡是最佳材质。罗廪《茶解》将煮水器称为壶："壶。……或锡或瓦，或汴梁摆锡铫。"④ 罗廪认为合适的材质是锡或陶（瓦）。屠本畯《茗笈》之《第十辩器章》在引用列举了一系列茶书有关茶具的论述后，评论曰："鍑宜铁，炉宜铜，瓦竹易坏。汤铫宜锡与砂"。⑤ 屠本畯认为汤铫最宜锡和陶（砂）。黄履道《茶苑》引高濂《遵生八笺》曰："茶铫茶瓶，磁砂为上，铜锡次之。磁壶注茶，砂铫煮水为上。"⑥ 所谓"磁砂为上"，也即瓷、陶的煮水器最好。

明代茶书普遍认为煮水器宜小不宜大，因为器小水易沸腾，便于及时冲泡，器大的话水不易用完，停滞过久水味就不佳了。朱权《茶谱》曰："瓶要小者，易候汤，又点茶注汤有准。"⑦ 屠隆《茶说》曰："若瓶大，啜存停久，味过则不佳矣。"⑧ 其他许多茶书也承袭了这种观点。

---

① （明）许次纾：《茶疏》，《四库全书存目丛书·子部》第79册，齐鲁书社1997年版。
② （明）张丑：《茶经》，《中国古代茶道秘本五十种》第2册，全国图书馆文献缩微复制中心2003年版。
③ （明）程用宾：《茶录》，明万历三十二年戴凤仪刻本。
④ （明）罗廪：《茶解》，喻政《茶书》，明万历四十一年刻本。
⑤ （明）屠本畯：《茗笈》之《第十辩器章》，喻政《茶书》，明万历四十一年刻本。
⑥ （明）黄履道：《茶苑》卷12，清抄本。
⑦ （明）朱权：《茶谱》，《艺海汇函》，明抄本。
⑧ （明）屠隆：《茶说》，喻政《茶书》，明万历四十一年刻本。

香茗雅器：明代茶具与明代社会

屠隆《茶说》专门论述了用茶瓶冲泡的方法。《注汤》条曰："茶已就膏，宜以造化成其形。若手颤臂弹，惟恐其深；瓶嘴之端，若存若亡，汤不顺通，则茶不匀粹，是谓缓注。一瓯之茗，不过二钱。茗盏量合宜，下汤不过六分。万一快泻而深积之，则茶少汤多，是谓急注。缓与急，皆非中汤。欲汤之中，臂任其责。"[1] 此处茶盏中的茶明显不是散茶的茶芽，而是经过碾磨的茶粉，说明即便到晚明时期，一定程度还存在宋代流行的将茶碾磨成粉再冲入沸水的点茶法。茶瓶中的沸水冲入茶盏时既不能缓注，也不能急注，要恰到好处，手臂承担很大作用。

茶饮过程中水是极其重要的因素，水温很大程度决定着一盏茶的口味与成败，用煮水器煮水有一定的技巧和方法，明代茶书普遍有所论述。大多认为水不可不熟也不可过熟，但也有观点主张水应纯熟。朱权《茶谱》之《茶瓶》条曰："凡候汤不可太过，未熟则沫浮，过熟则茶沉。"[2] 也即茶瓶煮水水不可未熟也不可过熟。许次纾《茶疏》不主张水煮得太老，水有微涛即可。《茶疏》之《汤候》条曰："水一入铫，便须急煮。候有松声，即去盖，以消息其老嫩。蟹眼之后，水有微涛，是为当时。大涛鼎沸，旋至无声，是为过时。过则汤老而香散，决不堪用。"[3] 如果水到纯熟就不堪用了。程用宾《茶录》之《煮汤》条曰："汤之得失，火其枢机，直用活火。彻鼎通红，洁瓶上水，挥扇轻疾，闻声加重，此火候之文武也。盖过文则水性柔，茶神不吐；过武则火性烈，水抑茶灵。候汤有三辨：辨形、辨声、辨气。辨形者，如蟹眼，如鱼目，如涌泉，如聚珠，此萌汤形也；至腾波鼓涛，是为形熟。辨声者，听噫声，听转声，听骤声，听乱声，此萌汤声也；至急流滩声，是为声熟。辨气者，若轻雾，若淡烟，若凝云，若布露，此萌汤气也；至氤氲贯盈，是为气熟。已上则老矣。"[4] 程用宾也认为煮水时水温要恰

---

[1] （明）屠隆：《茶说》，喻政《茶书》，明万历四十一年刻本。
[2] （明）朱权：《茶谱》，《艺海汇函》，明抄本。
[3] （明）许次纾：《茶疏》，《四库全书存目丛书·子部》第79册，齐鲁书社1997年版。
[4] （明）程用宾：《茶录》，明万历三十二年戴凤仪刻本。

第一章 明代的茶具

当，过低（过文）或过高（过武）都会影响茶味。辨别水的沸腾程度有辨形、辨声和辨气三种方法，辨形也即通过水的外形辨别，辨声是通过水的声音辨别，辨气是从茶瓶中冒出的水气判别。罗廪《茶解》之《烹》条曰："先令火炽，始置汤壶，急扇令涌沸，则汤嫩而茶色亦嫩。……李南金谓当用背二涉三之际为合量，此真赏鉴家言。而罗大经惧汤过老，欲于松涛涧水后移瓶去火，少待沸止而瀹之。不知汤既老矣，虽去火何救耶？此语亦未中窍。"① 李南金和罗大经都是宋人。罗廪也认为水要煮得老嫩适当，也即李南金所谓的"背二涉三"（二沸结束即将三沸），水过老则不可救矣。黄龙德《茶说》《六之汤》条曰："汤者，茶之司命，故候汤最难。未熟，则茶浮于上，谓之婴儿汤，而香则不能出。过熟，则茶沉于下，谓之百寿汤，而味则多滞。善候汤者，必活火急扇，水面若乳珠，其声若松涛，此正汤候也。"② 水未熟茶香不能出，过熟茶味也会不佳。

但张源的观点与以上诸人却并不相同，认为煮水应该纯熟，也即沸腾到最大程度。张源《茶录》之《汤辨》条曰："汤有三大辨、十五小辨：一曰形辨，二曰声辨，三曰气辨。形为内辨，声为外辨，气为捷辨。如虾眼、蟹眼、鱼眼连珠，皆为萌汤，直至涌沸如腾波鼓浪，水气全消，方是纯熟。如初声、转声、振声、骤声，皆为萌汤，直至无声，方是纯熟。如气浮一缕、二缕、三四缕及缕乱不分，氤氲乱绕，皆为萌汤，直至气直冲贯，方是纯熟。"③ 辨别水的沸腾程度有形辨、声辩和气辨三种大的方法，还有十五种小的方法，必须纯熟。张源《茶录》之《汤用老嫩》条曰："蔡君谟汤用嫩而不用老。盖因古人制茶，造则必碾，碾则必磨，磨则必罗，则茶为飘尘飞粉矣。于是和剂，印作龙凤团，则见汤而茶神便浮，此用嫩而不用老也。今时制茶，不假罗磨，全

---

① （明）罗廪：《茶解》，喻政《茶书》，明万历四十一年刻本。
② （明）黄龙德：《茶说》，《中国古代茶道秘本五十种》第1册，全国图书馆文献缩微复制中心2003年版。
③ （明）张源：《茶录》，喻政《茶书》，明万历四十一年刻本。

香茗雅器：明代茶具与明代社会

具元体，此汤须纯熟，元神始发也。故曰汤须五沸，茶奏三奇。"① 蔡君谟是写作了《茶录》的宋人蔡襄。宋代饮茶时茶要碾磨成粉，煮水时不主张水太熟，不然茶汤苦涩，明代饮茶使用的是散茶，张源《茶录》特别强调水必须纯熟。

茶瓶的作用并非完全用来煮水，明代也存在将茶叶置入茶瓶烹煮，再倾出饮用的情况。明代茶书陈师《茶考》曰："烹茶之法，唯苏吴得之。以佳茗入磁瓶火煎，酌量火候，以数沸蟹眼为节，如淡金黄色，香味清馥，过此而色赤，不佳矣。故前人诗云：'采时须是雨前品，煎处当来肘后方。'古人重煎法如此。"②

明代茶壶是从唐宋时期的煮水器演变而来，明万历年间功能方面完全从煮水器中分离出来。明代茶书中壶的材质有陶、瓷、金、银、锡、铜等，何者最佳不同茶书观点并不一致，但陶质的宜兴紫砂壶已在有的茶书中颇受关注与推崇，另外锡壶也极受青睐。许次纾《茶疏》之《瓯注》条曰："茶注以不受他气者为良，故首银次锡。上品真锡，力大不减，慎勿杂以黑铅。虽可清水，却能夺味。其次内外有油瓷壶亦可，必如柴、汝、宣、成之类，然后为佳。然滚水骤浇，旧瓷易裂，可惜也。近日饶州所造，极不堪用。往时龚春茶壶，近日时彬所制，大为时人宝惜。盖皆以粗砂制之，正取砂无土气耳。随手造作，颇极精工，顾烧时必须火力极足。方可出窑。然火候少过，壶又多碎坏者，以是益加贵重。火力不到者，如以生砂注水，土气满鼻，不中用也。较之锡器，尚减三分。砂性微渗，又不用油，香不窜发，易冷易馊，仅堪供玩耳。其余细砂及造自他匠手者，质恶制劣，尤有土气，绝能败味，勿用勿用。"③ 许次纾将茶壶称为茶注，认为关键在于不受不良气味的影响，银最好锡其次，瓷也可，但易破裂，龚春（供春）和时彬（时大彬）所制宜兴紫砂壶十分宝贵，但其他人所制火力太过或活力不到都不足

---

① （明）张源：《茶录》，喻政《茶书》，明万历四十一年刻本。
② （明）陈师：《茶考》，喻政《茶书》，明万历四十一年刻本。
③ （明）许次纾：《茶疏》，《四库全书存目丛书·子部》第 79 册，齐鲁书社 1997 年版。

第一章 明代的茶具

取。张丑《茶经》之《茶壶》条曰："官、哥、宣、定为上，黄金、白银次；铜锡者，斗试家自不用。"① 张丑《茶经》认为官窑、哥窑、宣窑和定窑为代表的瓷壶最佳，金、银其次，铜、锡不宜用。程用宾《茶录》之《茶具十二执事名说》条曰："壶。宜瓷为之，茶交于此。今义兴时氏多雅制。" 在附图中将壶称为"陶壶"。《器具》条曰："壶或用瓷可也，恐损茶真，故戒铜铁器耳。"② 这说明程用宾认为最合适的茶壶是宜兴紫砂壶，戒用铜壶和铁壶。罗廪《茶解》将茶壶称为注，《注》条曰："以时大彬手制粗沙烧缸色者为妙，其次锡。"③ 罗廪认为时大彬所制宜兴紫砂壶最好，其次为锡。冯可宾《岕茶笺》之《论茶具》条曰："茶壶，窑器为上，锡次之。"④ 冯可宾认为茶壶瓷最好，锡次之。黄履道《茶苑》引作者不详的《岕茶疏》曰："宜以磁罐煨水，而滇锡为注。……亦有以时大彬壶代锡注者，虽雅朴而茶味稍醇，损风致。"⑤ 明显认为锡壶是最好的，时大彬宜兴紫砂壶等而次之。

有的清代茶书引用明代文献也论述了明代茶壶的材质。如清代茶书《续茶经》引明人文震亨《长物志》曰："壶以砂者为上，既不夺香，又无熟汤气。锡壶有赵良璧者，亦佳。吴中归锡，嘉禾黄锡，价皆最高。"⑥ 文震亨认为茶壶陶（砂）者最好，锡壶亦佳。《续茶经》引明人高濂《遵生八笺》曰："瓷壶注茶、砂铫煮水为上。"⑦ 高濂主张瓷壶最好。清代茶书吴骞《阳羡名陶录》引明人张岱《陶庵梦忆》曰："宜兴罐以龚春为上，时大彬次之，陈用卿又次之。锡注以黄元吉为上，归懋德次之。夫砂罐，砂也；锡注，锡也；器方脱手，而一罐一注

---

① （明）张丑：《茶经》，《中国古代茶道秘本五十种》第2册，全国图书馆文献缩微复制中心2003年版。

② （明）程用宾：《茶录》，明万历三十二年戴凤仪刻本。

③ （明）罗廪：《茶解》，喻政《茶书》，明万历四十一年刻本。

④ （明）冯可宾：《岕茶笺》，《丛书集成续编》第86册，新文丰出版公司1988年版。

⑤ （明）黄履道：《茶苑》卷13，清抄本。

⑥ （清）陆廷灿：《续茶经》卷中《四之器》，《景印文渊阁四库全书》第844册，台湾商务印书馆1986年版。

⑦ 同上。

♨ 香茗雅器：明代茶具与明代社会

价五六金。则是砂与锡之价，其轻重正相等焉，岂非怪事？然一砂罐一锡注，直跻之商彝、周鼎之列而毫无惭色，则是其品地也。"① 张岱将宜兴紫砂壶与锡壶等量齐观，都十分赞赏，紫砂壶、锡壶甚至可与商彝、周鼎相提并论，十分名贵。

关于茶壶的大小明代茶书普遍主张宜小不宜大。许次纾《茶疏》之《秤量》条曰："茶注，宜小不宜甚大。小则香气氤氲，大则易于散漫。大约及半升，是为适可。独自斟酌，愈小愈佳。容水半升者，量茶五分，其余以是增减。"② 茶壶不宜太大，太大香气就散失了，如果独自斟酌，越小越好。张丑《茶经》之《茶壶》条曰："茶性狭，壶过大，则香不聚，容一两升足矣。"③ 壶不必过大，容一两升就够了。冯可宾《岕茶笺》之《论茶具》条曰："或问：'茶壶毕竟宜大宜小？'茶壶以小为贵。每一客，壶一把，任其自斟自饮，方为得趣。何也？壶小则香不涣散，味不耽阁；况茶中香味，不先不后，只有一时。太早则未足，太迟则已过，的见得恰好，一泻而尽。化而裁之，存乎其人，施于他茶，亦无不可。"④ 冯可宾也主张壶以小为贵，甚至每客壶一把为得趣。程用宾《茶录》之《器具》条曰："壶……以颇小者易候汤，况啜存停久，则不佳矣。"⑤ 壶以小为佳，壶太大会导致壶中茶水喝得太久停留下来，口味就不好了。

由于壶的使用在明代已经较为普遍，明代茶书中对使用茶壶泡茶的方法有较多论述。张源《茶录》之《泡法》条曰："探汤纯熟便取起，先注少许壶中，祛荡冷气，倾出，然后投茶。茶多寡宜酌，不可过中失正。茶重则味苦香沉，水胜则色清气寡。……确熟，则茶神不健；壶

---

① （清）吴骞：《阳羡名陶录》卷下，《续修四库全书》第1111册，上海古籍出版社2003年版。
② （明）许次纾：《茶疏》，《四库全书存目丛书·子部》第79册，齐鲁书社1997年版。
③ （明）张丑：《茶经》，《中国古代茶道秘本五十种》第2册，全国图书馆文献缩微复制中心2003年版。
④ （明）冯可宾：《岕茶笺》，《丛书集成续编》第86册，新文丰出版公司1988年版。
⑤ （明）程用宾：《茶录》，明万历三十二年戴凤仪刻本。

第一章 明代的茶具

清，则水性常灵。稍俟茶水冲和，然后分酾布饮。酾不宜早，饮不宜迟。早则茶神未发，迟则妙馥先消。"① 张源对壶泡法有详细论述，泡茶前先用沸水涤荡茶壶，茶叶多少要恰到好处，筛茶时机不可太早也不可太迟。许次纾《茶疏》之《烹点》条曰："先握茶手中，俟汤既入壶，随手投茶汤，以盖覆定。三呼吸时，次满倾盂内，重投壶内，用以动荡香韵，兼色不沉滞。更三呼吸顷，以定其浮薄，然后泻以供客，则乳嫩清滑，馥郁鼻端。病可令起，疲可令爽；吟坛发其逸思，谈席涤其玄襟。"② 汤入壶后再投茶壶内，稍等片刻将茶倒入茶盏，又重新投入壶内摇荡，再稍等片刻倾出饮用。程用宾《茶录》之《投交》条曰："汤茶协交，与时偕宜。茶先汤后，曰早交。汤半茶入，茶入汤足，曰中交。汤先茶后，曰晚交。交茶，冬早夏晚，中交行于春秋。"壶中沸水和茶叶的投入时间要恰当，冬天先茶后水，夏天先水后茶，春秋水半入茶。《酾啜》条曰："协交中和，分酾布饮。酾不当早，啜不宜迟。酾早元神未逞，啜迟妙馥先消。"③ 用沸水泡茶后，筛茶时机不可太早也不可太迟。周高起《洞山岕茶系》曰："岕茶德全，策勋惟归洗控。沸汤泼叶即起，洗鬲敛其出液，候汤可下指，即下洗鬲排荡沙沫；复起，并指控干，闭之茶藏候投。盖他茶欲按时分投，惟岕既经洗控，神理绵绵，止须上投耳（倾汤满壶，后下叶子，曰上投，宜夏日。倾汤及半，下叶满汤，曰中投，宜春秋。叶着壶底，以汤浮之，曰下投，宜冬日初春）。"④ 也即岕茶壶泡先要用茶洗洗茶，再将茶叶控干候投，因为经过洗控，茶叶投入壶中的时机上投即可，也即先在壶中冲入沸水再投入茶叶。

明代茶书普遍十分注重壶的清洁，以免产生异味影响茶味或者影响观感。如许次纾《茶疏》之《荡涤》条曰："汤铫瓯注，最宜燥洁。每

---

① （明）张源：《茶录》，喻政《茶书》，明万历四十一年刻本。
② （明）许次纾：《茶疏》，《四库全书存目丛书·子部》第79册，齐鲁书社1997年版。
③ （明）程用宾：《茶录》，明万历三十二年戴凤仪刻本。
④ （明）周高起：《洞山岕茶系》，《丛书集成续编》第86册，新文丰出版公司1988年版。

香茗雅器：明代茶具与明代社会

日晨兴，必以沸汤荡涤，用极熟黄麻巾蜕向内拭干，以竹编架覆而求之燥处，烹时随意取用。……每注茶甫尽，随以竹筋尽去残叶，以需次用。"① 每天早上要用沸水涤荡，拭干并覆放在竹架上干燥，每次注茶完后，要去除残叶。程用宾《茶录》之《治壶》条曰："伺汤纯熟，注杯许于壶中，命曰浴壶，以祛寒冷宿气也。倾去交茶，用拭具布乘热拂拭，则壶垢易遁，而磁质渐蜕。饮讫，以清水微荡，覆净再拭藏之，令常洁冽，不染风尘。"② 用沸水冲入壶中叫浴茶，倾出后用拭布拂拭，则壶垢易脱落，再用清水微荡，拭净藏之。"若腻滓烂斑，油光烁烁，是曰'和尚光'，最为贱相。每见好事家，藏列颇多名制，而爱护垢染，舒袖摩挲，惟恐拭去。曰：'吾以资其旧色尔。'不知西子蒙不洁，堪充下陈否耶？以注真茶，是藐姑射山之神人，安置烟瘴地面矣，岂不舛哉！"③ 周高起主要是从影响观感的角度而言。张丑《茶经》之《涤器》条曰："一切茶器，每日必时时洗涤始善，若膻鼎腥瓯，非器也。"④ 所谓一切茶器，自然是包括茶壶。

明清时期在诸种茶具中，宜兴紫砂壶享有很高声誉，至少产生三部有关宜兴紫砂壶的茶书，分别是明周高起《阳羡茗壶系》、清吴骞《阳羡名陶录》和吴骞《阳羡名陶续录》（图1-9）。

除序言和文后类似余论的部分外，周高起《阳羡茗壶系》正文分为《创始》《正始》《大家》《名家》《雅流》《神品》《别派》几个部分。《阳羡茗壶系》序言曰："近百年中，壶黜银锡及闽豫瓷而尚宜兴陶，又近人远过前人处也。陶曷取诸？……至名手所作，一壶重不数两，价重每一二十金，能使土与黄金争价。"周高起指出近百年来茶壶逐渐淘汰银、锡和瓷，而崇尚宜兴紫砂壶，名手所作，可与黄金争价。

---

① （明）许次纾：《茶疏》，《四库全书存目丛书·子部》第79册，齐鲁书社1997年版。
② （明）程用宾：《茶录》，明万历三十二年戴凤仪刻本。
③ （明）周高起：《阳羡茗壶系》，《丛书集成续编》第90册，新文丰出版公司1988年版。
④ （明）张丑：《茶经》，《中国古代茶道秘本五十种》第2册，全国图书馆文献缩微复制中心2003年版。

第一章 明代的茶具

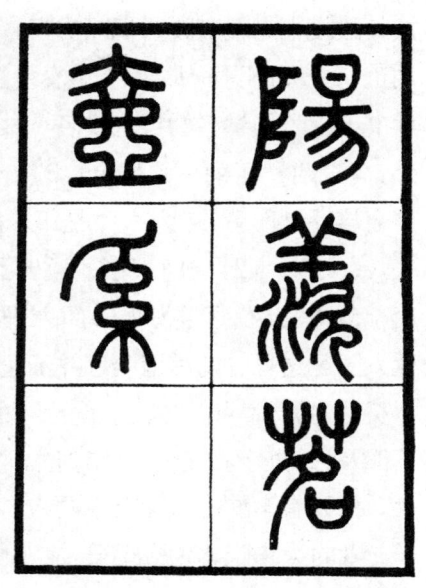

图1-9 周高起《阳羡茗壶系》书影

"创始"是宜兴紫砂壶创制的开始。《创始》曰:"金沙寺僧,久而逸其名矣。闻之陶家云,僧闲静有致,习与陶缸瓮者处,为其细土,加以澄练,捏而为胎,规而圆之,刳使中空,踵傅口、柄、盖、的,附陶穴烧成,人遂传用。"金沙寺僧是宜兴紫砂的创始人,年代久远生平姓名已经不详。①"正始"是宜兴紫砂壶正式的开始。《正始》曰:"供春,学宪吴颐山公青衣也。颐山读书金沙寺中,供春于给役之暇,窃仿老僧心匠,亦淘细土抟胚,茶匙穴中,指掠内外,指螺文隐起可按。胎必累

---

① 也有观点认为宋元时期宜兴就已出现紫砂壶,宋人梅尧臣"小石冷泉留早味,紫泥新品泛春华"诗句中的"紫泥""雪贮双砂罂,诗琢无玉瑕"诗句中的"双砂罂"均是紫砂陶,明人蔡司霑《霁园丛话》记载的"余于白下获一紫砂罐,有'且吃茶,清隐'草书五字,知为孙高士遗物,每以泡茶"中的"紫砂罐"是紫砂壶,而此紫砂罐的原主人孙高士是元人。参见顾景舟、徐秀棠《宜兴紫砂工艺陶》(史俊棠、盛畔松《紫砂春秋》,文汇出版社1992年版,第1—2页)以及顾景舟、徐秀棠《宜兴紫砂珍赏》(香港三联书店1992年版,第3页)。顾景舟和徐秀棠都是现代极负盛名的制壶名家,但他们的观点并未得到普遍认可。一般认为严格意义上的紫砂壶起源于明代中期的供春。

香茗雅器：明代茶具与明代社会

按，故腹半尚现节腠，视以辨真。今传世者，栗色暗暗如古金铁，敦庞周正，允称神明垂则矣。"供春是曾任过学政的吴颐山的家僮，吴颐山读书寺中时偷学老僧技艺成名。供春可谓紫砂壶行业的祖师爷。除供春外，《正始》还列举了董翰、赵梁、玄锡、时朋和李茂林五位著名的紫砂壶早期制作者。"大家"是第一流的紫砂壶制作者，仅列有时大彬一人。《大家》曰："时大彬，号少山。或淘土，或杂硇砂土，诸款具足，诸土色亦具足。不务妍媚，而朴雅坚栗，妙不可思。……几案有一具，生人闲远之思，前后诸名家并不能及。遂于陶人标大雅之遗，擅空群之目矣。"按周高起的描述，时大彬的技艺近乎空前绝后（前后诸名家并不能及），处于独一无二的地位。"名家"是稍逊于"大家"的制壶名手，仅列有李仲芳、徐友泉两人。《名家》曰："李仲芳，行大，茂林子。及时大彬门，为高足第一。制度渐趋文巧，其父督以敦古。……今世所传大彬壶，亦有仲芳作之，大彬见赏而自署款识者。时人语曰：'李大瓶，时大名。'徐友泉，名士衡。……变化式土，仿古尊罍诸器，配合土色所宜，毕智穷工，粗移人心目。……种种变异，妙出心裁。然晚年恒自叹曰：'吾之精，终不及时之粗。'"李仲芳和徐友泉都是时大彬之徒，李仲芳是李茂林之子，为时大彬排第一的高足，徐友泉虽然制作极为精妙，晚年仍感叹自己制作之精巧不如时大彬之粗糙。"雅流"是比"大家"又稍逊的制壶名手，共列有八人。"欧正春，多规花卉果物，式度精妍。邵文金，仿时大汉方独绝，今尚寿。邵文银。蒋伯荂，名时英。四人并大彬弟子。……陈用卿，与时同工，而年伎俱后。……陈信卿，仿时、李诸传器，具有优孟叔敖处，故非用卿族。品其所作。虽丰美逊之，而坚瘦工整，雅自不群。……闵鲁生，名贤，制仿诸家，渐入佳境。人颇醇谨，见传器则虚心企拟，不惮改。为技也，进乎道矣。陈光甫，仿供春、时大为入室。天夺其能，蚤眚一目。相视口的，不极端致；然经其手摹，亦具体而微矣。"前四人是时大彬的弟子，后四人与时大彬同时或稍后，与时大彬也有一定的渊源关系。"神品"是陈仲美和沈君用两人。《神品》："陈仲美，婺源人……好为壶土，意造

· 114 ·

第一章　明代的茶具

诸玩，如香盒、花杯、狻猊炉、辟邪、镇纸，重镂叠刻，细极鬼工。壶象花果，缀以草虫，或龙戏海涛，伸爪出目。……智兼龙眠、道子，心思殚竭，以夭天年。沈君用，名士良，踵仲美之智，而妍巧悉敌。壶式上接欧正春一派……配土之妙，色象天错，金石同坚。……巧殚厥心，亦以甲申四月夭。"大概是这两人过于殚精竭虑早夭，被列入《神品》。《别派》共列有十一人："诸人见汪大心《叶语》附记中。邵盖、周后溪、邵二孙，并万历间人。陈俊卿，亦时大彬弟子。周季山、陈和之、陈挺生、承云从、沈君盛，善仿友泉、君用。并天启、崇祯间人。沈子澈，崇祯时人，所制壶古雅浑朴。尝为人制菱花壶，铭之曰：'石根泉，蒙顶叶，漱齿鲜，涤尘热。'陈辰，字共之，工镌壶款，近人多假手焉；亦陶家之中书君也。"① 这些茗壶制作者均记录于休宁人汪大心的《叶语》中，故称"别派"。在正文之后，还有一些类似余论的内容，叙述了茗壶的款识、陶泥、壶泡技艺、茗壶保养以及其他茶具等内容。

清人吴骞编撰有两部茶书，分别是《阳羡名陶录》和《阳羡名陶续录》，前者编于乾隆年间，后者编于嘉庆。《阳羡名陶录》分为上、下两卷。上卷包括《原始》《选材》《本艺》和《家溯》四部分，在承袭周高起《阳羡茗壶系》文字的基础上，又进行了进一步的补充、扩展和评论，"原始"相当于宜兴紫砂壶的起源，"选材"是有关宜兴紫砂壶原料陶泥的内容，"本艺"是有关壶泡技艺、壶的保养等方面内容，"家溯"是有关宜兴紫砂壶的创制渊源和传承，下卷分为《丛谈》和《文翰》两部分，均为引用他人著作而成，"丛谈"是汇编了前人有关于宜兴紫砂壶的一些历史记录，"文翰"汇集了有关紫砂壶的文学作品。② 从内容的丰富和体例的完善方面来看，《阳羡名陶录》要超过

---

① （明）周高起：《阳羡茗壶系》，《丛书集成续编》第90册，新文丰出版公司1988年版。
② （清）吴骞：《阳羡名陶录》，《续修四库全书》第1111册，上海古籍出版社2003年版。

♨ 香茗雅器：明代茶具与明代社会

《阳羡茗壶系》，但基本是承袭前人文献特别是《阳羡茗壶系》中的有关内容而成，原创性前者远不如后者。《阳羡名陶续录》较为简略，对《阳羡名陶录》进一步作了补充。

在宜兴紫砂壶诸名家中，供春和时大彬享有极高声誉，他们所制茗壶得到后人的宝爱，得到极高评价。如明代茶书闻龙《茶笺》记载了一个极其钟爱供春壶的文人周文甫："尝畜一龚春壶，摩挲宝爱，不啻掌珠，用之既久，外类紫玉，内如碧云，真奇物也。后以殉葬。"① 清代茶书《茶史》曰："龚春、时大彬所制，黄质而坚，光华若玉，价至二三十千钱，俱为难得。"② 清代茶书吴骞《阳羡名陶录》引明末清初人陈贞慧《秋园杂佩》曰："时壶名远甚，即遐陬绝域犹知之。其制，始于供春壶，式古朴风雅，茗具中得幽野之趣者。后则如陈壶、徐壶，皆不能仿佛大彬万一矣。"③ 陈贞慧认为后来的陈用卿、徐友泉所制壶不如时大彬远甚，仿佛只有万分之一。吴骞《阳羡名陶录》引清人张燕昌的话曰："余不及见供春手制，见大彬壶，叹观止矣。宜周伯起有'明代良陶让一时'之谕耳。又余少年得一壶，底有真书'文杏馆孟臣制'六字，笔法亦不俗，而制作远不逮大彬，等之自桧以下可也。"④ 明末清初惠孟臣也是享有盛名的制壶名家，但在张燕昌看来远不如时大彬。吴骞《阳羡名陶录》引清人徐喈凤《宜兴县志》曰："供春制茶壶，款式不一，虽属瓷器，海内珍之。用以盛茶不失原味，故名公巨卿高人墨士恒不惜重价购之。继如时大彬，益加精巧，价愈腾。若徐友泉、陈朋卿、沈君用、徐令音，皆制壶之名手也。"⑤ 时大彬比之供春所制壶还要愈加精巧。清代茶书吴骞《阳羡名陶续录》引明人袁宏道

---

① （明）闻龙：《茶笺》，陶珽《说郛续》卷37，清顺治三年李际期宛委山堂刻本。
② （清）刘源长：《茶史》卷2，《四库全书存目丛书·子部》第79册，齐鲁书社1997年版。
③ （清）吴骞：《阳羡名陶录》卷上，《续修四库全书》第1111册，上海古籍出版社2003年版。
④ 同上。
⑤ （清）吴骞：《阳羡名陶续录》，《续修四库全书》第1111册，上海古籍出版社2003年版。

第一章 明代的茶具

《袁中郎集》曰："近日小技著名者尤多，皆吴人。瓦壶如龚春、时大彬，价至二三千钱。……然其器实精良，非他工所及，其得名不虚也云云。"①

二 诗歌中的壶

唐宋时期的煮水器与明代的壶有很深的渊源关系，唐代诗歌中就已大量出现煮水器的身影。如皎然《对陆迅饮天目山茶因寄元居士晟》："喜见幽人会，初开野客茶。……投铛涌作沫，著碗聚生花。"②徐夤《尚书惠蜡面茶》："武夷春暖月初圆，采摘新芽献地仙。……分赠恩深知最异，晚铛宜煮北山泉。"③元稹《茶》："茶，香叶，嫩芽。……铫煎黄蕊色，碗转麹尘花。"④上述诗中的铛、铫分别都是煮水器。

有些唐诗透露出煮水器明确的材质信息。皎然《饮茶歌送郑容》："云山童子调金铛，楚人茶经虚得名。"⑤张又新《谢庐山僧寄谷帘水》："竹柜新茶出，铜铛活火煎。"⑥以上两首诗中的煮水器为铜。崔珏《美人尝茶行》："银瓶贮泉水一掬，松雨声来乳花熟。"⑦此诗中煮水器为银。李咸用《谢僧寄茶》："空门少年初志坚，摘芳为药除睡眠。……金槽无声飞碧烟，赤兽呵冰急铁喧。"⑧此诗中的煮水器材质为铁。下诗韩愈《石鼎联句》中的煮水器则为石质。此诗是由刘师服、侯喜和道士轩辕弥明三人联句而成。刘师服曰："巧匠斫山骨，刳中事煎烹。"说明此煮水器为石质。轩辕弥明曰："龙头缩菌蠢，豕腹涨彭亨。"说明此物头小腹大。刘师服曰："旁有双耳穿，上有孤髻撑。或

---

① （清）刘源长：《茶史》卷2，《四库全书存目丛书·子部》第79册，齐鲁书社1997年版。
② （清）彭定求等：《全唐诗》卷811，中华书局1960年版，第9225页。
③ （清）彭定求等：《全唐诗》卷780，中华书局1960年版，第7153页。
④ （清）彭定求等：《全唐诗》卷423，中华书局1960年版，第4652页。
⑤ （清）彭定求等：《全唐诗》卷821，中华书局1960年版，第9262页。
⑥ 王重民等：《全唐诗外编》下册，中华书局1982年版，第464页。
⑦ （清）彭定求等：《全唐诗》卷591，中华书局1960年版，第6857页。
⑧ （清）彭定求等：《全唐诗》卷644，中华书局1960年版，第7386页。

讶短尾铫,又似无足铛。"说明此物上有双耳,外形介于铫与铛之间。轩辕弥明曰:"何当出灰炧,无计离瓶罂。"说明此煮水器功能和外形不外乎瓶罂之类。轩辕弥明曰:"方当洪炉然,益见小器盈",又曰:"形模妇女笑,度量儿童轻",刘师服亦曰:"徒示坚重性,不过升合盛"。① 说明此煮水器的容量并不大。此联诗对后世产生很大影响。

宋代诗歌中煮水器的材质有金、银、铜、石和陶等。以下几首诗歌中的煮水器,其材质很可能是金。宋白《宫词》:"龙焙中春进乳茶,金瓶汤沃越瓯花。"② 舒信道《醉花阴·试茶》:"露芽初破云腴细。玉纤纤亲试。香雪透金瓶,无限仙风,月下人微醉。"③ 史浩《南歌子·熟水》:"藻涧蟾光动,松风蟹眼鸣。浓熏沉麝入金瓶。泻出温温一盏、涤烦膺。"④ 当然以上诗歌中的"金瓶"也不排除是铜质的可能性,古代诗歌中有时也把铜瓶美称为金瓶。

以下几首宋代诗歌中的"银瓶"都是银质的煮水器。苏轼《试院煎茶》:"银瓶泻汤夸第二,未识古人煎水意。君不见昔时李生好客手自煎,贵从活火发新泉。"⑤ 黄庭坚《满庭芳》:"北苑龙团,江南鹰爪,万里名动京关。……相如,方病酒,银瓶蟹眼,波怒涛翻。"⑥ 杨万里《澹庵坐上观显上人分茶》:"分茶何似煎茶好,煎茶不似分茶巧。……银瓶首下仍尻高,注汤作字势嫖姚。"⑦ 陆游《试茶》:"苍爪初惊鹰脱鞴,得汤已见玉花浮。……银瓶铜碾俱官样,恨欠纤纤为捧瓯。"⑧ 尽管

---

① (清)彭定求等:《全唐诗》卷791,中华书局1960年版,第8912—8914页。
② 北京大学古文献研究所:《全宋诗》卷20,北京大学出版社1991—1998年版,第283页。
③ (宋)曾慥:《乐府雅词》卷中,《景印文渊阁四库全书》第1489册,台湾商务印书馆1986年版。
④ 唐圭璋:《全宋词》第2册,中华书局1965年版,第1284页。
⑤ 北京大学古文献研究所:《全宋诗》卷831,北京大学出版社1991—1998年版,第9160页。
⑥ 唐圭璋:《全宋词》第1册,中华书局1965年版,第401页。
⑦ 北京大学古文献研究所:《全宋诗》卷2318,北京大学出版社1991—1998年版,第26085页。
⑧ 北京大学古文献研究所:《全宋诗》卷2241,北京大学出版社1991—1998年版,第24385页。

第一章 明代的茶具

银较为昂贵，但在宋代诗歌中"银瓶"仍是出现概率很高的煮水器，原因一是在崇金尚银的观念下使用银是一种身份地位的象征，二是银作为金属易导热适合作为煮水器。

中国古代茶书普遍不太赞同使用铜质煮水器，主要是因为铜易生锈影响水味。但在宋代诗歌中，被称为铜瓶的铜质煮水器频繁出现。下举数例。苏辙《次韵李公择以惠泉答章子厚新茶》："无锡铜瓶手自持，新芽顾渚近相思。"[1] 黄庭坚《寄新茶与南禅师》："石钵收云液，铜瓶煮露华。"[2] 曾几《李相公饷建溪新茗奉寄》："无奈笔端尘俗在，更呼活火发铜瓶。"[3] 司马允中《陆羽井》："只今此味属谁论，自把铜瓶汲新渌。"[4]

宋代诗歌中石质煮水器也较为常见，下举数例。宋苏辙《题方子明道人东窗》："客到催茶磨，泉声响石瓶。"[5] 邹浩《次韵仲孺见督烹小团》："会当扫南轩，石铫沃清泚。"[6] 吴则礼《周介然所惠石铫取淮水瀹茶》："吾人老怀丘壑情，洗君石铫盱眙城。"[7] 曾几《啜建溪新茗李文授有二绝句次韵》："未到舌根先一笑，风炉石鼎雨来声。"[8] 虞俦《以酥煎小龙茶因成》："水分石鼎暮江寒，灰拨砖炉白雪干。"[9] 以上

---

[1] 北京大学古文献研究所：《全宋诗》卷873，北京大学出版社1991—1998年版，第9896页。

[2] 北京大学古文献研究所：《全宋诗》卷1027，北京大学出版社1991—1998年版，第11649页。

[3] 北京大学古文献研究所：《全宋诗》卷1658，北京大学出版社1991—1998年版，第18571页。

[4] 北京大学古文献研究所：《全宋诗》卷3774，北京大学出版社1991—1998年版，第45533页。

[5] 北京大学古文献研究所：《全宋诗》卷973，北京大学出版社1991—1998年版，第9980页。

[6] 北京大学古文献研究所：《全宋诗》卷1243，北京大学出版社1991—1998年版，第13936页。

[7] 北京大学古文献研究所：《全宋诗》卷1269，北京大学出版社1991—1998年版，第14298页。

[8] 北京大学古文献研究所：《全宋诗》卷1658，北京大学出版社1991—1998年版，第18586页。

[9] 北京大学古文献研究所：《全宋诗》卷2465，北京大学出版社1991—1998年版，第28499页。

♨ 香茗雅器：明代茶具与明代社会

诗中的石瓶、石铫和石鼎分别都是石质煮水器。

宋代诗歌中也有陶质煮水器。如梅尧臣《尝惠山泉》："相袭好事人，砂瓶和月注。"① 又如罗愿《日涉园次韵五首·茶岩》："岩下才经昨夜雷，风炉瓦鼎一时来。便将槐火煎岩溜，听作松风万壑回。"② 以上两首诗中的沙瓶、瓦鼎都是陶质煮水器。但不知为何，陶质煮水器在宋代诗歌中并不常见。

宋代煮水器与唐代很大的不同一点是，宋代不再流行敞口的煮水器，一般为束口，这样煮水时难以用肉眼直接观察水温的变化，而主要通过水的声音来判断。宋代诗歌中对煮水时煮水器中的水声有丰富的描述，不同诗人由于个人感受的差异联想大不相同。丁谓《煎茶》将水声形容为蝉声："自绕风炉立……猛沸却如蝉。……铛新味更全。"③ 以下两诗将水声形容为蚯蚓鸣叫。苏辙《和子瞻煎茶》："铜铛得火蚯蚓叫，匙脚旋转秋荧光。"④ 刘过《盐官借沈氏屋》："煜炉火活蹲鸱熟，沸鼎茶香蚯蚓鸣。"⑤ 当然蚯蚓实际上并不会鸣叫，这是古人的误解。黄庭坚《看花回·茶词》将水声形容为飞瀑："催茗饮、旋煮寒泉，露井瓶窦响飞瀑。"⑥ 谢邁《与诸友汲同乐泉烹黄蘖新芽》将水声形容为哭泣："汲泉泣铜瓶，落硙碎鹰爪。"⑦ 吴则礼《同李汉臣赋陈道人茶匕诗》形容水声为苍蝇："腐儒惯烧折脚铛，两耳要听苍蝇声。"⑧ 以下两

---

① 北京大学古文献研究所：《全宋诗》卷 261，北京大学出版社 1991—1998 年版，第 2977 页。
② 北京大学古文献研究所：《全宋诗》卷 2505，北京大学出版社 1991—1998 年版，第 28972 页。
③ 北京大学古文献研究所：《全宋诗》卷 101，北京大学出版社 1991—1998 年版，第 1149 页。
④ 北京大学古文献研究所：《全宋诗》卷 873，北京大学出版社 1991—1998 年版，第 9872 页。
⑤ 北京大学古文献研究所：《全宋诗》卷 2707，北京大学出版社 1991—1998 年版，第 31841 页。
⑥ 唐圭璋：《全宋词》第 1 册，中华书局 1965 年版，第 404 页。
⑦ 北京大学古文献研究所：《全宋诗》卷 1378，北京大学出版社 1991—1998 年版，第 15764 页。
⑧ 北京大学古文献研究所：《全宋诗》卷 1269，北京大学出版社 1991—1998 年版，第 14295 页。

第一章 明代的茶具

诗形容水声为羊肠道上的车声。释德洪《无学点茶乞诗》:"银瓶瑟瑟过风雨,渐觉羊肠挽声度。"① 吴文英《水龙吟·无射商惠山酌泉》:"煮银瓶、羊肠车转。临泉照影,清寒沁骨,客尘都浣。"② 以下两诗形容水声为雨声。曾几《啜建溪新茗李文授有二绝句次韵》:"未到舌根先一笑,风炉石鼎雨来声。"③ 魏了翁《鲁提干以诗惠分茶碗用韵为谢》:"铜叶分花春意闹,银瓶发乳雨声高。"④ 吕本中《正月十五日试院中烹茶因阅溪碑》形容水声为蛙叫蚓鸣:"小炉方鼎蛙蚓鸣,那知帘外东风惊。"⑤ 邓肃《道原惠茗以长句报谢》称茶瓶为瓶笙,意即瓶中之水发出似笙之音。诗曰:"瓶笙已作鱼眼从,杨花傍碾轻随风。"⑥ 以下两诗将水声形容为松风。罗愿《日涉园次韵五首·茶岩》:"岩下才经昨夜雷,风炉瓦鼎一时来。便将槐火煎岩溜,听作松风万壑回。"⑦ 方岳《约鲁山兄》:"松风石铫晴云碗,不是吾曹未必奇。"⑧

宋代诗歌中对煮水时的水形描写则较为贫乏,主要为蟹眼、鱼眼,蟹眼是煮水时状如蟹目较小的气泡,鱼眼是较大的气泡。下举数例。黄庭坚《奉同六舅尚书咏茶碾煎烹三首》:"风炉小鼎不须催,鱼眼长随蟹眼来。"⑨ 吴则礼《次公采赠太希先密云团韵》:"快烧铜瓶作蟹眼,

---

① 北京大学古文献研究所:《全宋诗》卷1344,北京大学出版社1991—1998年版,第15167页。

② 唐圭璋:《全宋词》第4册,中华书局1965年版,第2879页。

③ 北京大学古文献研究所:《全宋诗》卷1658,北京大学出版社1991—1998年版,第18586页。

④ 北京大学古文献研究所:《全宋诗》卷2935,北京大学出版社1991—1998年版,第34937页。

⑤ 北京大学古文献研究所:《全宋诗》卷1626,北京大学出版社1991—1998年版,第18094页。

⑥ 北京大学古文献研究所:《全宋诗》卷1777,北京大学出版社1991—1998年版,第19693页。

⑦ 北京大学古文献研究所:《全宋诗》卷2505,北京大学出版社1991—1998年版,第28972页。

⑧ 北京大学古文献研究所:《全宋诗》卷3222,北京大学出版社1991—1998年版,第28278页。

⑨ (宋)黄庭坚:《山谷集·外集》卷7,《景印文渊阁四库全书》第1113册,台湾商务印书馆1986年版。

♨ 香茗雅器：明代茶具与明代社会

铸成八载心如抽。"① 虞俦《以酥煎小龙茶因成》："水分石鼎暮江寒，灰拨砖炉白雪干。蟹眼已收鱼眼出，酥花翻作乳花团。"② 方岳《黄宰致江西诗双井茶》："砖炉春著兔毫玉，石鼎月翻鱼眼汤。"③

明代诗歌中仍然有大量有关煮水器的内容，在这些诗歌中，煮水器被称为铛、瓶和鼎等。煮水器最常被称为铛，下举数例。孙一元《夜起煮茶》诗曰"瓦铛然野竹，石瓮泻秋江。"④ 文徵明《期陈淳不至》诗曰："空令开竹径，深负洗茶铛。"⑤ 顾清《寄寿何以仁御医用鲍翁韵》诗曰："松间倚几逐阴迁，竹里茶铛扫叶然。"⑥ 以下三首诗将煮水器称为瓶。江左玄《武夷试茶因怀在杭》："灵芽次第浮云液，玉乳更番注瓦瓶。"⑦ 宋讷《舟宿桃花口》："客子茶瓶浮蟹眼，渔翁茅屋傍芦花。"⑧ 蓝仁《春日忆章屯故居》："林阴岚湿藏书架，炉冷苔侵煮茗瓶。"⑨ 以下三首诗将煮水器称为鼎。谢应芳《茶灶春烟》："竹炉汤沸红绡隔，石鼎香清水墨施。"⑩ 倪谦《咏雪唱和诗序》："香生石鼎茶初热，暖拂铜炉火旋添。"⑪ 张吉《题刘世

---

① 北京大学古文献研究所：《全宋诗》卷1269，北京大学出版社1991—1998年版，第14296页。
② 北京大学古文献研究所：《全宋诗》卷2465，北京大学出版社1991—1998年版，第28499页。
③ 北京大学古文献研究所：《全宋诗》卷3222，北京大学出版社1991—1998年版，第38468页。
④ （明）孙一元：《太白山人漫藁》卷4，《景印文渊阁四库全书》第1268册，台湾商务印书馆1986年版。
⑤ （明）文徵明：《甫田集》卷2，《景印文渊阁四库全书》第1273册，台湾商务印书馆1986年版。
⑥ （明）顾清：《东江家藏集》卷8，《景印文渊阁四库全书》第1261册，台湾商务印书馆1986年版。
⑦ （明）喻政：《茶集》卷2，喻政《茶书》，明万历四十一年刻本。
⑧ （明）宋讷：《西隐集》卷3，《景印文渊阁四库全书》第1225册，台湾商务印书馆1986年版。
⑨ （明）蓝仁：《蓝山集》卷3，《景印文渊阁四库全书》第1229册，台湾商务印书馆1986年版。
⑩ （明）醉茶消客：《茶书》，明抄本。
⑪ （明）倪谦：《倪文僖集》卷21，《景印文渊阁四库全书》第1439—1441册，台湾商务印书馆1986年版。

第一章　明代的茶具

熙爱茶卷》："一炉一鼎深相结，水火中宵犹未灭。"① 明代茶书中煮水器常被称为铫，但奇怪的是在明代诗歌中几乎找不到将煮水器称为铫的例子。

明代诗歌中煮水器的材质有银、铜、陶、瓷和石等。以下几首诗中煮水器的材质为银。张昱《听雪轩》："花飞翠袖寒光动，茶煮银瓶夜气清。"② 谢士元《和竹茶灶诗》："银铛煮月当晴夜，石鼎凝云带晚秋。"③ 丘吉《春夜二首》："银瓶浇茗漱春醒，倚遍雕阑睡未成。"④ 王世懋《解语花·题美人捧茶》："堪爱素鬟小髻，向琼芽相映寒透纤指。……银瓶小婢，偏点缀几般佳丽。"⑤ 但银质煮水器在明代诗歌中已不像在宋代诗歌中大量出现。

铜质煮水器在明代诗歌中类似宋代诗歌仍然大量出现，尽管中国古代茶书并不欣赏易生锈可能影响水味的铜质煮水器。这种煮水器大量被使用原因大概在于铜廉价，而且铜为金属易导热煮水便捷。下举数例。徐燉《丘文举寄金井坑茶用苏子由煎茶韵答谢》："铜铛响雷炉掣电，瓦瓯浮出琉璃光。窗前检点《清异录》，斟酌十六仙芽汤。"⑥ 释妙声《煮雪斋》："禅客嗜春茶，铜瓶煮雪花。"⑦ 胡应麟《詹东图有茶癖即所居为醉茶轩自言一饮辄可数百杯书来索诗戏成短歌寄赠》："吾闻陆羽称茶仙，铜瓶细酌中泠泉。"⑧ 永瑛《题院壁》："自爱青山常住家，

---

① （明）张吉：《古城集》卷5，《景印文渊阁四库全书》第1257册，台湾商务印书馆1986年版。
② （明）张昱：《可闲老人集》卷3，《景印文渊阁四库全书》第1222册，台湾商务印书馆1986年版。
③ （明）曹学佺：《石仓历代诗选》卷390，《景印文渊阁四库全书》第1387—1394册，台湾商务印书馆1986年版。
④ （清）张豫章等：《御选明诗》卷105，《景印文渊阁四库全书》第1442—1444册，台湾商务印书馆1986年版。
⑤ （明）潘游龙：《精选古今诗馀醉》卷12，辽宁教育出版社2003年版，第359页。
⑥ （明）喻政：《茶集》卷2，喻政《茶书》，明万历四十一年刻本。
⑦ （明）释妙声：《东皋录》卷上，《景印文渊阁四库全书》第1227册，台湾商务印书馆1986年版。
⑧ （明）胡应麟：《少室山房集》卷24，《景印文渊阁四库全书》第1290册，台湾商务印书馆1986年版。

· 123 ·

♨ 香茗雅器：明代茶具与明代社会

铜瓶闲煮壑源茶。"① 朱朴《西皋得新茶以诗索和》："何因日就林塘汲，醉看铜瓶滚雪花。"②

陶质煮水器在明代诗歌中一般被称为瓦或砂。以下几首诗中的陶质煮水器被称为瓦瓶或瓦铛。吕暄《蒙山茶》："土炕笼香朝出焙，瓦瓶翻雪夜生花。"③ 孙蕡《送翰林宋先生致仕归金华》："归去山中无个事，瓦瓶春水自煎茶。"④ 徐熥《闲居》："石鼎香酣吟懒后，瓦铛茶熟梦回初。"⑤ 高道素《煮茶亭戏仿坡翁作》："瓦铛雪浪分秋月，石鼎松风夹夜泉。"⑥ 以下几首诗将陶质煮水器称为砂瓶、砂铛或砂锅。莫止《次青城翁见寄二首》："暑余倦极何聊赖，净洗砂瓶自煮茶。"⑦ 文徵明《郑太吉送慧泉试吴大本寄茶》："醉思雪乳不能眠，活火砂瓶夜自煎。"⑧ 文徵明《袁与之送新茶荐以荣夫新笋赋谢二君》："拣芽骈笋荐新泉，石鼎沙铛手自煎。"文肇祉《久雨》："香焚凝净几，茶焙煮砂铛。"⑨ 黄汉卿《穹窿山》："一尊醉倒东风里，更觅沙锅谷雨茶。"⑩

明代诗歌中也有瓷质煮水器。以下三例中瓷质煮水器均被称为瓷

---

① （清）张豫章等：《御选明诗》卷114，《景印文渊阁四库全书》第1442—1444册，台湾商务印书馆1986年版。
② （清）沈季友：《檇李诗系》卷11，《景印文渊阁四库全书》第1475册，台湾商务印书馆1986年版。
③ （明）醉茶消客：《茶书》，明抄本。
④ （明）曹学佺：《石仓历代诗选》卷291，《景印文渊阁四库全书》第1387—1394册，台湾商务印书馆1986年版。
⑤ （清）张豫章等：《御选明诗》卷86，《景印文渊阁四库全书》第1442—1444册，台湾商务印书馆1986年版。
⑥ （清）沈季友：《檇李诗系》卷18，《景印文渊阁四库全书》第1475册，台湾商务印书馆1986年版。
⑦ （明）曹学佺：《石仓历代诗选》卷502，《景印文渊阁四库全书》第1387—1394册，台湾商务印书馆1986年版。
⑧ （明）文徵明：《文氏五家集·太史诗集》卷6，《景印文渊阁四库全书》第1382册，台湾商务印书馆1986年版。
⑨ （明）文肇祉：《文氏五家集·录事诗集》卷12，《景印文渊阁四库全书》第1382册，台湾商务印书馆1986年版。
⑩ （明）钱谷：《吴都文粹续集》卷20，《景印文渊阁四库全书》第1385—1386册，台湾商务印书馆1986年版。

· 124 ·

第一章 明代的茶具

瓶。盛颙诗曰:"三湘漫卷磁瓶里,一窍初因置我前。"① 张九才诗曰:"榆枝柳梗生新火,瓦罐瓷瓶继旧缘。"② 袁宗道《读李洞诗》诗曰:"闲洗磁瓶烹芥茗,故人新寄玉山泉。"③ 下面两首诗中的"青瓶"和"翠瓶"均是青瓷煮水器。夏良胜《啜茶》诗曰"水凿冰崖凝碧碗,火翻雪浪覆青瓶。"④ 范昌龄诗曰:"玉碗素涛晴雪卷,翠瓶香蔼白云稠。"⑤

明代诗歌中石质煮水器也较为常见。以下几首诗中的煮水器被称为石铛或石瓶。谢应芳《重游惠山煮泉》:"老夫来访旧僧家,石铛试瀹赵州茶。"⑥ 杜芥《寄莘叟采茶》:"蕨芽深处草新晴,急采头茶煮石铛。"⑦ 赵完璧《煎茶(都城作)》:"斧冰寒泉下,粉玉石瓶中。凤团沈夜寂,兽炭烧春红。"⑧ 以下几首诗中则称煮水器为石鼎。邵宝《次王郡公煎茶行》:"竹炉石鼎文具耳,妙手只在调和中。"⑨ 王越《同唐金宪游吉祥寺》:"石鼎谩煎茶味苦,竹炉闲煮菜根香。"⑩ 瞿佑《茶烟》:"石鼎火红诗咏后,竹炉汤沸客来时。"⑪

明代诗歌对茶事活动中煮水时煮水器中的水声有丰富描述。林鸿

---

① (明)醉茶消客:《茶书》,明抄本。
② 同上。
③ (清)张豫章等:《御选明诗》卷86,《景印文渊阁四库全书》第1442—1444册,台湾商务印书馆1986年版。
④ (明)夏良胜:《东洲初稿》卷8,《景印文渊阁四库全书》第1269册,台湾商务印书馆1986年版。
⑤ (明)钱椿年:《制茶新谱》之《竹炉新咏》,《中国古代茶道秘本五十种》第4册,全国图书馆文献缩微复制中心2003年版。
⑥ (明)醉茶消客:《茶书》,明抄本。
⑦ (清)卓尔堪:《明遗民诗》卷13,中华书局1961年版,第535页。
⑧ (明)赵完璧:《海壑吟稿》卷2,《景印文渊阁四库全书》第1285册,台湾商务印书馆1986年版。
⑨ (明)邵宝:《容春堂续集》卷1,《景印文渊阁四库全书》第1258册,台湾商务印书馆1986年版。
⑩ (明)曹学佺:《石仓历代诗选》卷386,《景印文渊阁四库全书》第1387—1394册,台湾商务印书馆1986年版。
⑪ (清)张玉书、汪霦等:《御定佩文斋咏物诗选》卷223,《景印文渊阁四库全书》第1432—1434册,台湾商务印书馆1986年版。

♨ 香茗雅器：明代茶具与明代社会

《酬张少府惠山僧茶》形容水声为车远去的鸣响："山童急走汲井花，铛里龙涎鸣远车。"① 杨守阯的诗句也将水声形容为羊肠道上的车声："气蒸蟹眼潮初长，声绕羊肠车不前。"② 以下两诗形容水声为松涛，也即风撼松树，声如波涛的声音。陶宗仪《听雪为孙以贞赋》："闭户先生俄侧耳，松涛沸起煮茶铛。"③ 程敏政《斋所谢定西侯惠巴茶》："雪乳味调金鼎厚，松涛声泻玉壶长。"④ 以下两诗将水声形容为波涛的声音。胡奎《邬子茶》："雪乳满瓯消午梦，风涛一榻起秋声。"⑤ 钱仲益《梁先生畦乐轩》："蓽甀凝香露，茶铛响夜涛。"⑥ 赵完璧《煮茶声》形容水声为蝉鸣松风："石鼎春茸静自烹，寒泉暖焰战分明。山蝉泣露秋仍细，松叶吟风晚更清。"⑦ 范景文《过泉林得灵字》将水声形容为雨声："响传濑底同人语，涛沸铛中作雨听。"⑧ 孙询诗中形容水声为蚯蚓鸣："烹茶最爱铛鸣蚓，洗砚长疑墨化龙。"⑨ 以下三首诗将茶瓶比喻为笙（一种乐器），煮水时瓶内的水发出有似芦笙的音乐。钱仲益诗曰："瓶笙尚作龙吟细，汗简犹疑鸟迹殊。"⑩ 郏庚老诗曰："火升龙气

---

① （明）林鸿：《鸣盛集》卷3，《景印文渊阁四库全书》第1231册，台湾商务印书馆1986年版。
② （明）钱椿年：《制茶新谱》之《竹炉新咏》，《中国古代茶道秘本五十种》第4册，全国图书馆文献缩微复制中心2003年版。
③ （明）陶宗仪：《南邨诗集》卷3，《景印文渊阁四库全书》第1231册，台湾商务印书馆1986年版。
④ （明）程敏政：《篁墩文集》卷77，《景印文渊阁四库全书》第1252—1253册，台湾商务印书馆1986年版。
⑤ （明）胡奎：《斗南老人集》卷3，《景印文渊阁四库全书》第1233册，台湾商务印书馆1986年版。
⑥ （明）钱仲益：《三华集·锦树集》卷15，《景印文渊阁四库全书》第1372册，台湾商务印书馆1986年版。
⑦ （明）赵完璧：《海壑吟稿》卷3，《景印文渊阁四库全书》第1285册，台湾商务印书馆1986年版。
⑧ （明）范景文：《文忠集》卷10，《景印文渊阁四库全书》第1295册，台湾商务印书馆1986年版。
⑨ （清）沈季友：《槜李诗系》卷8，《景印文渊阁四库全书》第1475册，台湾商务印书馆1986年版。
⑩ （清）吴钺、刘继增：《竹炉图咏》亨集，《锡山先哲丛刊》第1册，凤凰出版社2005年版。

第一章 明代的茶具

若丹鼎，瓶合凤声如玉笙。"① 顾协诗曰："笙芋韵发铜瓶古，鸾凤声沉石鼎寒。"② 以下两首诗形容水声为清籁的声音。梁用行诗曰："烟引翠阴秋绕榻，水喧清籁夜翻瓶。"③ 韩奕《竹炉》："绿玉裁成偃月形，偏宜煮雪向岩扃。……偶免樵柯供土锉，尚疑清籁和陶瓶。"④

唐代韩愈《石鼎联句》对后世产生极大影响，此诗由文人刘师服、侯喜和道士轩辕弥明围绕被称为石鼎的煮水器联句而成，参与联句的轩辕弥明笼罩着神异的色彩，成为后世追慕的对象。到明代仍经常有诗歌运用有关轩辕弥明和石鼎茶的典故，下举数例。李东阳《士常得男叠前韵奉贺》："东楼若许吟诗到，联尽轩辕石鼎茶。"⑤ 程敏政《分得惠山泉送张公实佥议还浙江》："龙团笑茶谱，石鼎怜诗盟。"⑥ 顾璘《宿云开堂》："难逢魏母彩鸾车，聊试弥明石鼎茶。"⑦ 明代大批文人曾围绕王绂和性海所制惠山听松庵竹炉赋诗，有些诗人即将此竹炉与轩辕弥明所咏石鼎相提并论。如卞荣诗曰："此泉第二此山幽，名胜谁为第一流。石鼎联诗追昔日，玉堂挥翰照清秋。"⑧ 陆简诗曰："渭川风骨瘦于禅，爨下相逢厄闰年。……已看石鼎成奇遇，欲负诗瓢结此缘。"⑨ 邵珪诗曰："此君只合对腥禅，沦没重经甲子年。……若遣弥明当日见，

---

① （清）吴钺、刘继增：《竹炉图咏》亨集，《锡山先哲丛刊》第1册，凤凰出版社2005年版。
② 同上。
③ 同上。
④ （清）张豫章等：《御选明诗》卷72，《景印文渊阁四库全书》第1442—1444册，台湾商务印书馆1986年版。
⑤ （明）李东阳：《怀麓堂集》卷13，《景印文渊阁四库全书》第1250册，台湾商务印书馆1986年版。
⑥ （明）程敏政：《篁墩文集》卷77，《景印文渊阁四库全书》第1252—1253册，台湾商务印书馆1986年版。
⑦ （清）张玉书、汪霦等：《御定佩文斋咏物诗选》卷237，《景印文渊阁四库全书》第1432—1434册，台湾商务印书馆1986年版。
⑧ （明）钱椿年：《制茶新谱》之《竹炉新咏》，《中国古代茶道秘本五十种》第4册，全国图书馆文献缩微复制中心2003年版。
⑨ （清）吴钺、刘继增：《竹炉图咏》贞集，《锡山先哲丛刊》第1册，凤凰出版社2005年版。

· 127 ·

♨ 香茗雅器：明代茶具与明代社会

未应石鼎得诗传。"① 释坦庵诗曰："不教周鼎与齐名，别翦湘筠细织成。……寒夜倘逢佳客至，定应联句压弥明。"②

现代意义冲入沸水用来泡茶的壶约在明代后期开始盛行，明代已出现一些有关茶壶的诗歌。下举数例。袁袠《赏新茶》将茶壶和茶杯合称为壶杯："四月梧荫下，壶杯写乳花。"③ 张九才诗中将茶壶称为瓦罐："榆枝柳梗生新火，瓦罐瓷瓶继旧缘。"④ 盛时泰《大城山房十咏·茶瓶》称茶壶为茶瓶："山里谁烧紫玉，灯前自制青囊。可是杖藜客至，正当隔座茶香。"⑤ 此诗将茶壶称为紫玉，很可能是紫砂壶。吴时来《横州报恩寺》诗中将茶壶与酒具并列："为借残僧旧草毡，茶壶酒榼一萧然。"⑥ 夏良胜《洪都和胡副郎赴召二首》称茶壶为方壶："兀兀推蓬坐，方壶有剩茶。"⑦ 刘渊甫《谢僧惠茶》称茶壶为瓦钵："涤鼎汲冽泉，刈薪自煎热。悠然酌瓦钵，渴喉慰甘馝。"⑧

宜兴紫砂壶已在明末享有盛誉，明代诗歌中的壶主要是宜兴紫砂壶。如蔡复一《茶事咏》："今时无石鼎，托客觅宜兴。"⑨ 所谓"宜兴"代指的是宜兴紫砂壶。蔡成中《茶罐与汪少石许茶罐以诗速之》诗序曰："蒙允宜兴罐，虽鄙心所甚欲，然率尔求之，似为非是"，诗曰："水流蜀山拥作泥，肤脉腻细良无比。土人范器复试茶，雅观不数黄金美。平生嗜茶颇成癖，挈罐相俱四千里。瓦者已破锡者存，破吾所

---

① （清）吴钺、刘继增：《竹炉图咏》贞集，《锡山先哲丛刊》第1册，凤凰出版社2005年版。
② （清）吴钺、刘继增：《竹炉图咏》亨集，《锡山先哲丛刊》第1册，凤凰出版社2005年版。
③ （明）醉茶消客：《茶书》，明抄本。
④ 同上。
⑤ 同上。
⑥ （清）汪森：《粤西诗载》卷18，《景印文渊阁四库全书》第1465册，台湾商务印书馆1986年版。
⑦ （明）夏良胜：《东洲初稿》卷8，《景印文渊阁四库全书》第1269册，台湾商务印书馆1986年版。
⑧ （明）石存礼、蓝田、冯裕等：《海岱会集》卷3，《景印文渊阁四库全书》第1377册，台湾商务印书馆1986年版。
⑨ （明）喻政：《茶集》之蔡复一《茶事咏》，喻政《茶书》，明万历四十一年刻本。

第一章 明代的茶具

惜存吾鄙。"① 此诗将宜兴紫砂壶称为宜兴罐，极为赞叹，表示可与黄金相提并论。从诗句看诗人还有锡壶，但并不珍惜。徐渭《某伯子惠虎丘茗谢之·石门》诗曰："虎丘春茗妙烘蒸，七碗何愁不上升，青箬旧封题谷雨，紫沙新罐买宜兴。"② 诗句中诗人欲买的是宜兴紫砂壶。袁宗道《寿亭舅赠我宜兴瓶茶具酒具，一时精美，喜而作歌》诗曰："吾舅赠我宜兴瓶，色如羊肝坚如石。"③ 袁宗道得到乃舅所赠宜兴紫砂壶。

明代诗歌反映当时社会已经出现极其崇尚宜兴紫砂壶的风气，特别是供春、时大彬等名家的作品。熊飞《坐怀苏亭焚北铸炉以陈壶徐壶烹洞山芥片歌》诗曰："景陵铜鼎半百沽，荆溪瓦注十千余。宣工衣钵有施叟，时大后劲模陈徐。凝神呢古得古意，宁与秦汉官哥殊。……（顾智跋：偶检残编，得熊公"怀苏亭"歌词，想见往时风流暇逸。……亦见阳羡茗壶固甲天下也）"④ 紫砂壶十分名贵，可与秦汉彝鼎以及官窑哥窑并列，陈壶徐壶是指在时大彬之后紫砂名家陈用卿、徐友泉所制壶。周高起《过吴迪美朱萼堂看壶歌兼呈贰公》诗曰："荆南土俗雅尚陶，茗壶奔走天下半。吴郎鉴器有渊心，曾听壶工能事判。源流裁别字字矜，收贮将同彝鼎玩。……始信黄金瓦价高，作者展也天工窜。技道会何彼此分，空堂日晚滋三叹。"⑤ 此诗反映周高起往友人吴迪美家中观赏收藏的大量紫砂壶，这些紫砂壶价比黄金。周高起《供春大彬诸名壶价高不易办予但别其真而旁搜残缺于好事家用自怡悦诗以解嘲》诗曰："阳羡名壶集，周郎不弃瑕。尚陶延古意，排闷仰真茶。燕市会酬骏，齐师亦载车。也知无用用，携欲对残花（吴迪美曰：用

---

① （明）醉茶消客：《茶书》，明抄本。
② （明）徐渭：《徐渭集》，中华书局1983年版，第289页。
③ （明）袁宗道：《白苏斋类集》卷1，上海古籍出版社1989年版，第6页。
④ （清）吴骞：《阳羡名陶录》卷下，《续修四库全书》第1111册，上海古籍出版社2003年版。
⑤ （明）周高起：《阳羡茗壶系》，《丛书集成续编》第90册，新文丰出版公司1988年版。

香茗雅器：明代茶具与明代社会

涓人买骏骨、孙膑刖足事，以喻残壶之好。伯高乃真赏鉴家，风雅又不必言矣）。"① 此诗表现诗人亦喜好收藏紫砂壶，但供春、时大彬等人的茗壶价高不易办到，只好收藏了一些残缺品。林茂之《陶宝肖像歌（为冯本卿金吾作）》诗曰："我明龚春时大彬，量齐水火抟埴作。……荆溪陶正司陶复，泥沙贵重如珩璜。世间茶具称为首，玩赏揩摩为人手。……癖好收藏阮光禄，割爱举赠冯金吾。金吾得之喜绝倒，写图锡名曰陶宝。一时咏赞如勒铭，直似千年鼎彝好。"② 此诗反映供春、时大彬等人开创的紫砂壶是茶具之首，癖好收藏的阮光禄将紫砂壶赠给冯本卿，冯本卿喜极为壶绘图赐名。

  以供春、时大彬为代表的明代制壶名家到了清代仍然享有很高声望，他们所制壶成为文人争相收藏的对象，清代诗歌对此多有反映。下举数例。清陈维崧《赠高侍读澹人以宜壶二器并系以诗》诗曰："宜壶作者推龚春，同时高手时大彬。……清狂录事偶弄得，一具尚值三千缗。后来佳者或间出，巉削怪巧徒纷纶。……时壶市纵有人卖，往往赝物非其真。"③ 诗人向高士奇赠送紫砂壶二件，紫砂壶制作者首推供春和时大彬，当时市场上时壶很难是真品了。高士奇亦作诗《宜壶歌答陈其年检讨》曰："土人取沙作茶器，大彬名与龚春齐。……柴磁汉玉价高贵，商彝周鼎难考稽。……拂拭经时不释手，童心爱玩仍孩提。……纸窗木几本精粲，翻憎玛瑙兼玻璃。"④ 高士奇得到紫砂壶后爱不释手，甚至憎恶起了名贵的玛瑙和玻璃。清汪文柏《陶器行赠陈鸣远》诗曰："荆溪陶器古所无，问谁作者时与徐（时大彬徐友泉）。泥沙入手经抟埴，光色便与寻常殊。后来多众工，摹仿皆雷同。陈生一出发巧思，远与二子相争雄。茶具方圆新制作，石泉槐火鏖松风。……

---

  ① （明）周高起：《阳羡茗壶系》，《丛书集成续编》第 90 册，新文丰出版公司 1988 年版。
  ② 同上。
  ③ （清）吴骞：《阳羡名陶录》卷下，《续修四库全书》第 1111 册，上海古籍出版社 2003 年版。
  ④ 同上。

第一章　明代的茶具

吁嗟乎，人间珠玉安足取，岂如阳羡溪头一丸土。……古来技巧能几人，陈生陈生今绝伦。"① 此诗为作者赠给当时的制壶名家陈鸣远，诗人认为陈鸣远可与明代的时大彬、徐友泉争雄，甚至人间珠玉都不如阳羡（即宜兴）的一丸土。清吴省钦《论瓷绝句》诗曰："宜兴妙手数龚春，后辈还推时大彬。一种尘砂无土气，竹炉谗煞斗茶人。"② 诗人赞叹了供春和时大彬。清陈鳣《观六十四研斋所藏时壶率成一绝》诗曰："陶家虽欲数供春，能事终推时大彬。"③ 清吴骞《苴堂明经以尊甫瓜圃翁旧藏时少山茗壶见视制作醇雅形类僧帽为赋诗而返之》诗曰："蜀冈陶覆苏祠邻，天生时大神通神。……一行铭字昆吾刻，岁纪丙申明万历。"④ 时少山即时大彬，此壶外形似僧帽，制作于明万历年间。清任安上《少山壶》诗曰："洞山茶，少山壶，玉骨冰肤。虽欲不传，其可得乎？壶一把，千金价。"⑤ 少山壶即时大彬所制壶，可有千金价。清张廷济得到一把时大彬所制壶，作诗四首，《得时少山方壶于隐泉王氏乃国初进士幼扶先生旧物率赋四律》诗节略曰："添得萧斋一茗壶，少山佳制果精殊。……削竹镌留廿字铭，居然楷法本《黄庭》（周高起曰：大彬款用竹刀，逼真换鹅经）。……从钦法物齐三代（张岱云：龚、时瓦罐，直跻商彝、周鼎之列而无愧。予家藏三代彝鼎十数种。殿以此壶，弥增古泽），便载都篮总一家（吾弟季勤，藏石林中人壶；兄子又超，藏陈雀峰壶）。"⑥ 少山壶可与三代彝鼎并列。

三　茶画中的壶

明代一些歌咏茶画或直接题于茶画上的诗歌涉及煮水器。下举数

---

① （清）吴骞：《阳羡名陶录》卷下，《续修四库全书》第1111册，上海古籍出版社2003年版。
② 同上。
③ 同上。
④ 同上。
⑤ （清）刘源长：《茶史》卷2，《四库全书存目丛书·子部》第79册，齐鲁书社1997年版。
⑥ 同上。

♨ **香茗雅器：明代茶具与明代社会**

例。贝琼在南唐周文矩创作的《火龙烹茶图》上题诗一首，诗曰："松声忽作秋涛雄，铜龙吐火麟甲红。……空山扫叶烧破铛，闭门读书秋夜永。"① 诗中的铛也即煮水器，水声开始像松声（风过松涛的声音），又变做像秋天雄壮的波涛。张坤在王叔明所绘《听雨楼图》上题诗曰："草楼听夜雨，春灯隔重帘。瓶中新茗煮，奁里旧香添。"② 诗中的煮水器是瓶。文徵明在自绘的《烹茶图》上题诗曰："嫩汤自爱鱼生眼，新茗还夸翠展旗。谷雨江南佳节近，惠山泉下小船归。"③ 此诗文字并未直接点出煮水器，但间接作了描绘，沸水在煮水器中冒出像鱼眼一样的气泡。袁华在南宋画家李嵩《会茶图》上题诗，袁华《题李嵩会茶图》诗曰："谷雨初晴花乱吹，金河春水腻如脂。挈瓶小试团龙饼，想见东都全盛时。"④ 诗中的煮水器称为瓶。林景清《题煮雪卷》诗曰："先生朣然坐茅屋，左有图书右笔床。竹炉石鼎烧槲柮，须臾取雪烹成汤。武夷游子多相识，龙牙雀舌随意将。"⑤ 诗中的煮水器为石鼎。

明代歌咏茶画的诗歌还有涉及壶的。林茂之《林茂之陶宝肖像歌》诗曰："昔贤制器巧舍朴，规仿樽壶从古博。我明龚春时大彬，量齐水火抟埴作。……近闻复有友泉子，雅式精工仍继美。尝教春茗注山泉，不比瓶罂罄时耻。以兹珍赏向东吴，胜却方平众玉壶。癖好收藏阮光禄，割爱举赠冯金吾。金吾得之喜绝倒，写图锡名曰陶宝。一时咏赞如勒铭，直似千年鼎彝好。"⑥ 癖好收藏的阮光禄将著名壶工徐友泉之子

---

① （明）贝琼：《清江诗集》卷2，《景印文渊阁四库全书》第1228册，台湾商务印书馆1986年版。
② （明）郁逢庆：《续书画题跋记》卷5，《景印文渊阁四库全书》第816册，台湾商务印书馆1986年版。
③ （明）汪砢玉：《珊瑚网》卷39，《景印文渊阁四库全书》第818册，台湾商务印书馆1986年版。
④ （明）袁华：《耕学斋诗集》卷12，《景印文渊阁四库全书》第1232册，台湾商务印书馆1986年版。
⑤ （清）陈邦彦：《御定历代题画诗类》卷49，《景印文渊阁四库全书》第1435—1436册，台湾商务印书馆1986年版。
⑥ （明）周高起：《阳羡茗壶系》，《丛书集成续编》第90册，新文丰出版公司1988年版。

第一章　明代的茶具

所制壶赠给了冯本卿，冯本卿喜极命人绘图，并对此壶赐名曰陶宝。俞仲茅《俞仲茅赠冯本卿都护陶宝肖像歌》曰："何人霾向陶家侧，千年化作土赭色。掠来播治水火齐去声，义兴好手夸埏埴。春涛沸后春旗濡，彭亨豕腹正所须。吴儿宝若金服匿，夤缘先入步兵厨。于今东海小冯君，清赏风流天下闻。主人会意却投赠，媵以长句缥缃文。陈君雅欲酣茗战，得此摩挲日千遍。尺如鹅溪缀刺藤，更教摩诘开生面（图为王宏卿一时所写）。一时佳话倾瑶玙，堪备他年班管书。月笋（冯园名）即今书画舫，为山同伴玉蟾蜍。"① 俞仲茅此诗内容也是歌咏冯本卿得到名贵紫砂壶，诗中说明绘图者为王宏卿。

　　中国古代茶书中有一些绘图形象地呈现了煮水器或壶的面貌。如宋代署名审安老人的《茶具图赞》是一部围绕十二种茶具的绘图组织文字的茶书，每种茶具均有绘图一幅和拟人化的赞语文字一段。从汤瓶的绘图来看，此瓶小口直颈溜肩弧腹，长流，流开始一端较大，末端较细，这样注水时力大而不散，瓶盖上有绳系于把手之上（图1-10）。作为煮水器的汤瓶姓汤，表明了汤瓶用来煮热水的性质，官职为提点，表明汤瓶用来提而点茶的作用，提点是宋代官职提举检点的略称，一语双关，名发新，因为汤瓶煮水倾向新泉活水，字一鸣，原因在于判断水的沸腾程度主要通过瓶中的鸣响判断，号温谷遗老，表明汤瓶是用来热水的。赞语曰："养浩然之气，发沸腾之声，中执中之能，辅成汤之德，斟酌宾主间，功迈仲叔圉，然未免外烁之忧，复有内热之患，奈何？"② 汤瓶煮水会产生大量水气，发出沸腾的声音，所以说是"养浩然之气，发沸腾之声"，汤瓶是左右对称有中心的，其功能是用来煮沸水（汤也即沸水），故言"中执中之能，辅成汤之德"，瓶中水温有时难以判断，故曰"然未免外烁之忧，复有内热之患"。

　　明喻政得到一幅据称为著名画家唐寅创作的《陆羽烹茶图》（下文

---

① （明）周高起：《阳羡茗壶系》，《丛书集成续编》第90册，新文丰出版公司1988年版。

② （宋）审安老人：《茶具图赞》，《丛书集成初编》第1501册，中华书局1985年版。

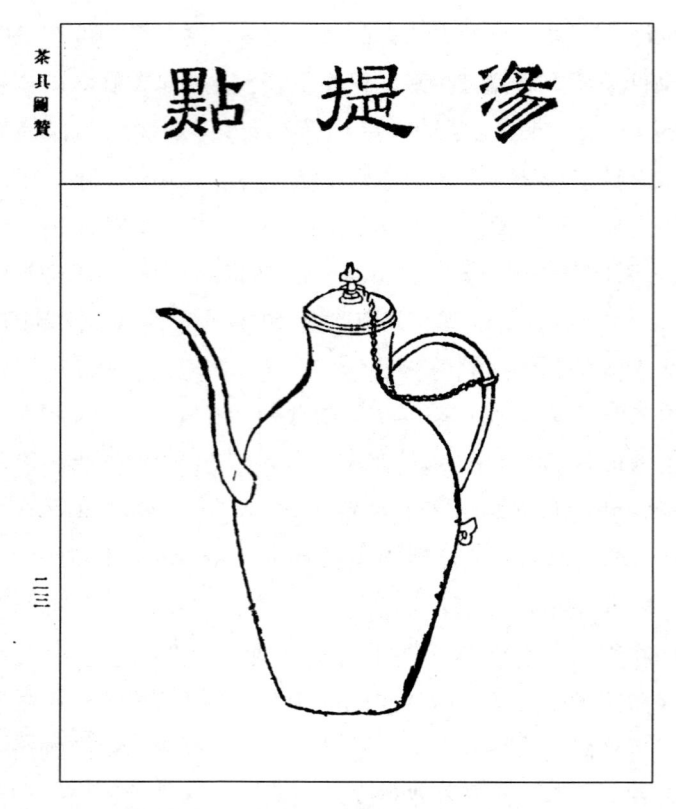

图1-10 被称为汤提点的茶瓶（引自审安老人《茶具图赞》）

简称《烹茶图》），大批文人围绕这幅图创作诗文，后被汇编为茶书《烹茶图集》。在怪石、古木和淙淙流水的野外环境中，两名文人正相对饮茶，石桌上置有竹炉，竹炉之上的煮水器为敞口的镬，镬两旁有便于提举移动的耳。两名文人一人似为主人坐于榻上，其身旁置有茶壶，此壶为小口溜肩弧腹。另围绕此图的有些诗歌也咏及了煮水器。图上唐寅所书宋人黄庭坚的诗曰："勿以姬姜弃憔悴，逢时瓦釜亦鸣雷"，唐寅又书有黄庭坚的另一首诗曰："风炉小鼎不须催，鱼眼长随蟹眼来"。诗中瓦釜、小鼎为煮水器。图上文徵明所书宋人罗大经的诗曰："瓦瓶新汲三泉水，纱帽笼头手自煎。"诗中的瓦瓶为陶质的煮水器。闵有功诗曰："瓦铛松火短筇垆，缥沫轻浮蟹眼珠。"古时学诗曰："石阑瓦釜

第一章 明代的茶具

博山炉，卧阁香清展画图。"谢肇淛诗曰："瓦鼎斜支旁药栏，松窗白日翠涛寒。"江左玄诗曰："桐阴匝地松影乱，呼童饷客燃风炉。一缕清烟透书幌，瓦鼎晴翻雪涛响。"郭继芳诗曰："松涛瑟瑟瓦鼎沸，清烟一道凌紫霞。"[1] 上述诗中的瓦铛、瓦釜和瓦鼎也均为陶质煮水器。这说明《烹茶图》中置于竹炉之上的鍑是陶质的。

明代茶书程用宾《茶录》绘有十一种茶具之图，并配有文字说明《茶具十二执事名说》。《茶具十二执事名说》中煮水器被称为罐："以锡为之，煮汤者也。"附图直接把罐称为锡罐。从附图来看，锡罐形状为鼓腹、短流和长柄把手。对壶的文字表述为："宜瓷为之，茶交于此。今义兴时氏多雅制。"附图把壶称为陶壶。说明此种壶为宜兴紫砂壶。从附图来看，这种壶为僧帽壶，鼓腹、短流、环形把手。[2]

在茶事活动中，煮水器是不可或缺的，因为不论何种饮茶方式，都需要沸水，再加上煮水器较大的体量，在茶画中煮水器往往处于较突出的位置。今人裘纪平编辑的《中国茶画》共收录有明朝茶画 103 幅，其中描绘了煮水器的就有 73 幅，比例超过七成。如郭纯的《人物》图，在高耸的山峦和垂柳之下，有屋数间，屋内有两文人正在攀谈，另有三童子在屋外，画面右下角有一桌，桌上置有茶炉，炉上的煮水器为提梁壶，材质不得而知，一童子在低头手捧茶盏立于茶炉和煮水器之旁，似乎正准备进献给自己的主人。[3] 又如仇英《煮茶图》，整个画面为扇形，在远山的背景下，一文人坐于苍松之侧的巨石之上，文人神情潇洒，边上置有一卷书，似乎正放下书注目于眼前的茶炉，炉上的煮水器为鼓腹的白瓷茶铫，一名童子蹲于炉边用扇扇火。[4] 又如陆治《桐荫高士图》，在高大的梧桐、竹林和巨石之间，置有一张石床，一高士悠闲地卧于石床之上，画面左下角一童子正用木桶提水，画面右边缘另一

---

[1] （明）喻政：《烹茶图集》，喻政《茶书》，明万历四十一年刻本。
[2] （明）程用宾：《茶录》，明万历三十二年戴凤仪刻本。
[3] 裘纪平：《中国茶画》，浙江摄影出版社 2014 年版，第 77 页。
[4] 同上书，第 109 页。

☙　香茗雅器：明代茶具与明代社会

童子立于高及人肩的茶炉边持扇扇火，炉上的煮水器为提梁壶，从颜色质地判断，似为陶质。① 又如李士达《西园雅集图》，此图描绘的是北宋官员王诜府邸之中园林雅集活动，在遒劲苍松、萧竹成林和巨石嶙峋的环境之下，众多文人（也有僧道）或作诗，或绘画，或题石，或拨弦，或讲经，在画面右端绘有四足竹炉，炉上煮水器颇有特点，那就是先置镬于炉上，镬中盛水，再将茶铫置于水中，此茶铫外形为鼓腹、环柄和短流。② 再如陈洪绶《品茶图》，两位高士一主一客均手捧茶杯坐于石间，正面的主人盘腿坐于巨大的芭蕉叶之上，侧面的客人前面是刚包装好的琴，似乎是在奏琴之后再品茗深谈，画面正中绘有置于石上的炉，炉上的煮水器为长柄鼓腹的水铫，材质似为紫砂③（图 1-11）。

　　壶在明代虽然已经十分普及，但在茶事活动中并非不可或缺，少了壶，饮茶活动还是可以进行的。所以在明代茶画中，茶壶出现的频率要远小于各式煮水器。裘纪平编撰的《中国茶画》中，明代茶画 103 幅，其中出现壶的有 25 幅。下面列举几幅内含有茶壶的茶画。如唐寅《事茗图》，画面远处为雾气笼罩若隐若现的山峦，瀑布似发出鸣响从山间冲泻而下，在溪水、巨石和古木之间有茅屋数间，茅屋左端一童子正在炉边烹茶，右端的大厅里一文人伏于案上似在等待友人造访，案上置有茶壶和茶盏，壶为硕大的提梁壶，画面中间溪流的桥上有一老者正拄杖而来，身后紧随抱琴童子，似准备与茅屋主人赏琴品茗④（图 1-12）。又如黄卷《嬉春图》描绘了明末年轻女子结伴出游郊外的情形，图中女子有的在湖中移动的船上，有的在湖边的亭阁之中，有的在树木浓阴之下，女子们或攀谈，或观景，或奏乐，或闲游，也有的在烹茶倒茶，在湖中船上有一女子似手持茶壶正准备给案上的茶盏斟茶，湖边亭阁之中有一桌，桌边两女子正在烹茶，一人持扇给炉扇火，一人注目观看，

---

　　① 裘纪平：《中国茶画》，浙江摄影出版社 2014 年版，第 125 页。
　　② 同上书，第 126—127 页。
　　③ 同上书，第 148 页。
　　④ 同上书，第 102—103 页。

第一章　明代的茶具

图1-11　陈洪绶《品茶图》（局部）

桌上另有茶壶和茶盏，另外树木之下有一女子蹲于地上给炉扇火，另一女子手持茶壶正准备给茶盘中的茶盏斟茶，石桌之上还有一把备用茶壶，从茶壶的色泽和造型来看，应为弧腹环柄短流的紫砂壶。图中从事茶事的女子从衣着外貌和神态来看，都不是婢女，她们烹茶倒茶纯粹是当作一种雅事。[①] 又如丁云鹏《玉川煮茶图》，图中核心人物为唐代创

---

① 裘纪平：《中国茶画》，浙江摄影出版社2014年版，第136—137页。

图 1-12　唐寅《事茗图》（局部）

作了著名茶诗《走笔谢孟谏议寄新茶》的卢仝，在翠竹、芭蕉和怪石的背景下，卢仝坐于石桌边的毯上，注目于身前的茶炉和茶铫，画面左边绘有手捧茶盘点心的老婢，右边是提罐取水的老翁，石桌上有茶壶两把，一把为弧腹带提梁的紫砂壶，另一把为鼓腹环柄的白瓷茶壶，整个画面显得安逸闲适。① 又如陈洪绶《玉川子像》，画面中卢仝手捧书卷，

---

①　裘纪平：《中国茶画》，浙江摄影出版社 2014 年版，第 139 页。

似乎满腹韬略，气度非凡，卢仝身边有一赤脚老妪正低首手持茶盘向卢仝献茶，茶盘中置有一把紫砂壶和两个茶盏，老妪身上插着蒲扇，暗示刚刚扇炉烹茶而来。① 再如陈洪绶《隐居十六观·谱泉》，画中绘一高人隐士在泉边石上烹茶饮茶，石上置有一炉，炉上为紫砂长柄茶铫，高士坐于石上，一手持盏品饮，另一手按在紫砂壶的壶盖上，似乎正准备随时从壶内向茶盏斟入茶水。②

四　小说戏曲中的壶

明代小说中大量出现煮水器，煮水器常被称为锅、铫、壶、瓶和罐等。从明代小说来看，这些煮水器的功能并非单纯煮水，有时还直接用来煮茶，也即将茶叶置入煮水器中烹煮，再倾出茶水饮用。

以下几部小说中的煮水器被称为锅。如明冯梦龙《警世通言》："宋金走出船头，刘翁道：'把饭与宋小官吃。'刘妪道：'饭便有，只是冷的。'宜春道：'有热茶在锅内。'宜春便将瓦罐子舀了一罐滚热的茶。"③ 从文中描述来看，此锅是用来直接煮茶的，要饮用时从锅中舀出。又如明兰陵笑笑生《金瓶梅词话》："原来这开茶坊的王婆子，也不是守本分的。……这婆子正开门，在茶局子里整理茶锅。张见西门庆踅过几遍，奔入茶局子水廉下，对着武大门首，不住把眼只望帘子里瞧。王婆只推不看见，只顾在茶局子内搧火，不出来问茶。"④ 文中"茶锅"即为煮水器。再如明洪楩《清平山堂话本》："那翠莲听得公公讨茶，慌忙走到厨下，刷洗锅儿，煎滚了茶，复到房中，打点各样果子，泡了一盘茶，托至堂前，摆下椅子，走到公婆面前，道：'请公公、婆婆堂前吃茶。'"⑤

---

① 裘纪平：《中国茶画》，浙江摄影出版社2014年版，第145页。
② 同上书，第146页。
③ （明）冯梦龙：《警世通言》第22卷《宋小官团圆破毡笠》，人民文学出版社1956年版，第299页。
④ （明）兰陵笑笑生：《金瓶梅词话》第2回《西门庆帘下遇金莲，王婆贪贿说风情》，人民文学出版社2000年版，第28—29页。
⑤ （明）洪楩：《清平山堂话本》卷二《快嘴李翠莲记》，岳麓书社2013年版，第39页。

♨ 香茗雅器：明代茶具与明代社会

刷洗的"锅儿"即为煮水器。

下面两部小说将煮水器称为壶。明末清初西周生《醒世姻缘传》中新任典史到女监中去视察："自己走下监去，一直先到女监中。别的房里黑暗地洞，就如地狱一般，惟有一间房内，糊得那窗干干净净，明晃晃的灯光，许多妇人在里面说笑。……只见珍哥猱着头……地下焰烘烘一个火炉，顿着一壶沸滚的茶；两个丫头坐在床下脚踏上；三四个囚妇，有坐矮凳的，有坐草墩的。"① 火炉上所顿的煮水器被称为壶。吴敬梓《儒林外史》虽是清初小说，但反映的基本是明末清初的历史事实。《儒林外史》第二回曰："到了早饭时候，为头的申祥甫带了七八个人走了进来，在殿上拜了佛。……申祥甫发作和尚道：'和尚！你新年新岁，也该把菩萨面前香烛点勤些！……'……和尚陪着小心，等他发作过了，拿一把铅壶，撮了一把苦丁茶叶，倒满了水，在火上燎得滚热，送与众位吃。"② 文中的煮水器为铅壶，从文中的描述看，此壶是用来在炉上直接煮茶的。

以下两部小说中的煮水器为瓶。《金瓶梅词话》中在何千户家中："房内绛烛高烧，迭席床帐，锦幔倭金屏护，琴书几席清幽，翠帘低挂，铺陈整齐。炉上茶煮宝瓶，篆内香焚麝饼。何千户又陪西门庆叙话良久，小童看茶吃了，方道安置，起身归后边去了。"③ 文中炉上的煮水器被称为"宝瓶"。明艾衲居士《豆棚闲话》描述苏州的清客店："并无他物，止有茶具炉瓶。手掌大一间房儿，却又分作两截，候人闲坐，兜揽嫖赌。"诗曰："外边开店内书房，茶具花盆小榻床。香盒炉瓶排竹几，单条半假董其昌。"④ 此种清客店是专门候人闲坐兜揽嫖赌

---

① （明）西周生：《醒世姻缘传》第14回《囹圄中起盖福堂，死囚牢大开寿宴》，人民文学出版社2015年版，第188页。

② （清）吴敬梓：《儒林外史》第2回《王孝廉村学识同科，周蒙师暮年登上第》，人民文学出版社1958年版，第15页。

③ （明）兰陵笑笑生：《金瓶梅词话》第71回《李瓶儿何千户家托梦，提刑官引奏朝仪》，人民文学出版社2000年版，第926页。

④ （清）艾衲居士：《豆棚闲话》第10则《虎丘山贾清客联盟》，上海古籍出版社1983年版，第108页。

第一章 明代的茶具

的，故店内设有茶具，文中煮水器被称为瓶。

《金瓶梅词话》第七十三回将煮水器称为铫："妇人要茶吃，秋菊连忙倾了一盏茶来。妇人道：'贼奴才，好干净手儿，你倒茶我吃！我不吃这陈茶，熬的怪泛汤气！你叫春梅来，教他另拿小铫儿顿些好甜水茶儿，多着些茶叶，顿的苦艳艳我吃。'……这春梅连忙舀了一小铫子水，坐在火上，使他挝了些炭放在火内。须臾，就是茶汤，涤盏儿干净，浓浓的点上去递与妇人。"① 从文中描绘看，茶叶是直接放在铫内烹煮的。

明罗贯中《三遂平妖传》中将煮水器称为罐："员外在家巴不得到晚，交当直的打扫书院，安排香炉、烛台、茶架、汤罐之类……不觉楼头鼓响，寺内钟鸣，看看天色晚了。……只见那女子觑着员外，深深地道个万福。那员外急忙还礼，去壁炉上汤罐内倾一盏茶递与那女子，自又倾一盏茶陪奉着。吃茶罢，盏托归台。"② 此汤罐在文中是直接用来煮茶的，也即茶叶直接置入罐中在炉上烹煮。

茶壶在明代小说中已是很常见的茶具，频繁出现。如冯梦龙《醒世恒言》描述秦重怀抱茶壶照顾酒醉的妓女美娘："秦重道：'有热茶要一壶。'丫鬟泡了一壶浓茶，送进房里，带转房门，自去耳房中安歇。秦重看美娘时，面对里床……取了这壶热茶，脱鞋上床，捱在美娘身边，左身抱着茶壶在怀，右手搭在美娘身上，眼也不敢闭一闭。却说美娘睡到半夜，醒将转来……秦重慌忙也坐起来，知他要吐，放下壶，用手抚摩其背。……摸茶壶还是暖的，斟上一瓯香喷喷的浓茶，递与美娘。美娘连吃了二碗，胸中虽然略觉豪燥，身子兀自倦怠，仍旧倒下，向里睡去了。"③ 明天然痴叟《石点头》描绘小鬟给韦

---

① （明）兰陵笑笑生：《金瓶梅词话》第73回《潘金莲不愤忆吹箫，郁大姐夜唱闹五更》，人民文学出版社2000年版，第977页。

② （明）罗贯中：《三遂平妖传》第1回《胡员外典当得仙画，张院君焚画产永儿》，华夏出版社1995年版，第3—4页。

③ （明）冯梦龙：《醒世恒言》第3卷《卖油郎独占花魁》，人民文学出版社1956年版，第55—56页。

・141・

♨ 香茗雅器：明代茶具与明代社会

皋献茶，茶具为壶和瓯："荆宝说：'韦家哥哥在此，你可烹一壶香茶送来。'……不多时小鬟将茶送到，取过磁瓯斟起，恭恭敬敬的，先递与韦皋，后送荆宝。"① 明末清初佚名《飞花咏》涉及了茶壶："周重文一面说话，不觉手中的茶早已呷完。春辉在旁看见茶完，连忙翠袖殷勤，仍将那壶内的苦茗，连忙轻移莲步，走至周重文面前，复又筛上。"② 明佚名《梼杌闲评》描绘了丫头茶壶泡茶献给进忠："进忠道：'被两个朋友邀去吃酒的，可有茶？拿壶来吃。'丫头道：'家里有热茶，进去吃罢。'进忠道：'略坐一坐，醒醒酒再进。'……一日天雨无事，进忠走到印月房内谈了一会……秋鸿道：'茶熟了，舅舅吃了茶再去。'进忠道：'送到前面来吃罢。'走到楼上，见盆内残菊都枯了，于是一枝枝摘下来放在桌上。秋鸿提了茶上来，将壶放在桌上，去弄花玩耍，说道：'这花初开时何等娇艳，如今零落了，就这等可厌。'"③ 明金木散人的《鼓掌绝尘》中也提到了茶壶："正说话间，那道童一只手擎了笔砚，一只手提了茶壶，连忙送来。许叔清在旁着实帮衬，便把笔砚摆列齐整。李道士就捧了一杯茶，送与杜萼道：'请杜相公见教一联。'杜萼连忙接过茶道：'二位老师在此，岂敢斗胆？'"④

在明代小说中，因为茶壶已经是极其常见的茶具，所以饮茶常以壶为单位，享用茶水是一壶一壶进行的。如明冯梦龙《醒世恒言》："空照道：'我们出家人，并无闲事缠扰，又无儿女牵绊，终日诵经念佛，受用一炉香，一壶茶。倦来眠纸帐，闲暇理丝桐，好不安闲自在。'……两下你一句，我一声，渐渐说到分际。大卿道：'有好茶再

---

① （明）天然痴叟：《石点头》第9卷《玉箫女再世玉环缘》，中国戏剧出版社2000年版，第163页。
② （清）佚名：《飞花咏》第12回《昌小姐苦在心头甘死节，周总兵变生意外悄移花》，春风文艺出版社1983年版，第108页。
③ （明）佚名：《梼杌闲评》第13回《客印月怜旧分珠，侯秋鸿传春窃玉》，华夏出版社2013年版，第129页。
④ （明）金木散人：《鼓掌绝尘》第1回《小儿童题咏梅花观，老道士指引凤凰山》，春风文艺出版社1985年版，第13页。

第一章 明代的茶具

求另泼一壶来吃。'空照已会意了,便教女童去廊下烹茶。"① 又如明凌蒙初《拍案惊奇》:"赵尼姑故意谦逊了一番,走到房里一会,又走到灶下一会,然后叫徒弟本空托出一盘东西、一壶茶来。巫娘子已此饿得肚转肠鸣了。摆上一台好些时新果品,多救不得饿,只有热腾腾的一大盘好糕。巫娘子取一块来吃,又软又甜,况是饥饿头上,不觉一连吃了几块。"② 又如明凌蒙初《二刻拍案惊奇》:"次日早起,老姥又来,手中将着四枚剥净的熟鸡子,做一碗盛着,同了一小壶好茶,送到(闻)俊卿面前道:'舍人吃点心。'俊卿道:'多谢妈妈盛情。'"③ 又如《金瓶梅词话》:"月娘分付:'对你姐说,上房拣妆里有六安茶,顿一壶来俺每吃。'"④ 明末清初荑荻散人《玉娇梨》:"(静心)便拿了灯,送苏友白到一间洁净客房里,又烧了一炉好香,又泡了一壶苦茶放在案上,只看苏友白睡了,方才别去。"⑤ 明佚名《好逑传》:"那老婆子教他将马牵到后面菜园破屋里去喂,又请铁公子到旁边一间草屋里去坐,又一面烧了一壶茶出来,请铁公子吃。"⑥

因为明代逐渐流行壶泡法,先将茶叶置入壶中再冲入沸水,稍候片刻即可将茶水斟入盏中,所以常壶盏合称、壶盏并列,提及壶时往往也叙及盏。下举数例。如明吴承恩《西游记》:"三藏道:'既如此,盛将饭来,我们吃了去罢。'……二童忙取小菜,却是些酱瓜、酱茄、糟萝卜、醋豆角、腌窝蕖、绰芥菜,共排了七八碟儿,与师徒

---

① (明)冯梦龙:《醒世恒言》第15卷《赫大卿遗恨鸳鸯绦》,人民文学出版社1956年版,第268页。
② (明)凌濛初:《拍案惊奇》卷6《酒下酒赵尼媪迷花,机中机贾秀才报怨》,人民文学出版社1991年版,第103页。
③ (明)凌濛初:《二刻拍案惊奇》卷17《同窗友认假作真,女秀才移花接木》,人民文学出版社1991年版,第336页。
④ (明)兰陵笑笑生:《金瓶梅词话》第23回《玉箫观风赛月房 金莲窃听藏春坞》,人民文学出版社2000年版,第261页。
⑤ (清)荑荻散人:《玉娇梨》第6回《丑郎君强作词赋人》,中州古籍出版社1994年版,第71页。
⑥ (明)名教中人:《好逑传》第1回《省凤城侠怜鸳侣苦》,豫章书社1981年版,第2—3页。

· 143 ·

香茗雅器：明代茶具与明代社会

们吃饭。又提一壶好茶，两个茶钟，伺候左右。"① 文中是一把壶配两个茶"钟"。明末清初佚名《萤窗清玩》中是壶盏合称："时凤仙啜盏茶未完，小梅已奉诗入。……因命小梅开花关第一门，遣生入小房坐之。房颇精洁，杂悬图画诗章，壶盏杂陈，茶温可啜。"② 明末清初谷口生等《生绡剪》中也是茶壶茶盏合称："正德圣上携了妓女薛凤儿，冉冉如天仙步来看月。娇似淡云笼月色，姮娥态度不分明。露台上设着一张螺钿交椅；一个瓷墩，一张紫檀桌子，上列香炉香盒，茶壶茶盏。米年随即跪道：'教坊司米年，有事禀上。'"③ 明梦觉道人《三刻拍案惊奇》中邓氏将奸夫耿埴领进房内，房内茶壶、茶杯并陈："邓氏……便把耿埴领进房中。却也好个房！上边顶格，侧边泥壁，都用绵纸糊得雪白的。内中一张凉床，一张桌儿，摆列些茶壶、茶杯。"④ 明佚名《梼杌闲评》："玉支也下禅床，叫侍者取茶来吃。只见两个清俊小童，捧着一盒果品，一壶香茶，摆下几个磁杯。玉支道：'请山主来。'"⑤ 小童所献为一壶数杯。明清溪道人《禅真后史》曰："濮员外右手提了一壶热茶，左手拿着几个磁碗，从侧门踅出去，笑嘻嘻道：'众位辛苦了，请吃一杯茶何如？'"⑥ 濮员外手执一壶数碗。

小说中明代茶壶的材质有银、铜、瓷和紫砂等。下面两部小说中的茶壶材质为银。明末清初丁耀亢《续金瓶梅》："这些众女僧都来问讯，磕下头去。他稳坐不动，不知说了几句番语，那跟随的喇嘛妇人，有带

---

① （明）吴承恩：《西游记》第 25 回《镇元仙赶捉取经僧，孙行者大闹五庄观》，人民文学出版社 2010 年版，第 304 页。
② （清）佚名：《萤窗清玩》第 2 卷《玉管笔》，中国文史出版社 2003 年版，第 71 页。
③ （明）谷口生等：《生绡剪》第 14 回《清廉能使民无讼，忠勇何妨权作奴》，春风文艺出版社 1987 年版，第 289 页。
④ （明）梦觉道人、西湖浪子：《三刻拍案惊奇》第 9 回《淫妇情可诛，侠士心当宥》，三秦出版社 1994 年版，第 112 页。
⑤ （明）佚名：《梼杌闲评》第 25 回《跛头陀幻术惑愚，田知县贪财激大变》，华夏出版社 2013 年版，第 247 页。
⑥ （明）清溪道人：《禅真后史》第 4 回《听谗言泼皮兴大讼，遇知己老穆诉衷情》，大众文艺出版社 1997 年版，第 25 页。

第一章　明代的茶具

的大银提梁扁壶，盛着奶子茶，斟过一碗来，一吸而尽。"①文中饮茶之人为喇嘛教百花姑，茶壶材质为银。明末清初佚名《绣球缘》："素娟忍不住大骂道：'丧心狗贼不顾天良……'骂罢于执桌上银茶壶照面掷去。铁威回避不及，泼得浑身热茶，身上衣服几乎湿透，勃然大怒骂声：'小贱婢，如此放肆……'"②引文中茶壶材质也为银。

明吴承恩《西游记》中出现的茶壶材质为铜。《西游记》第十六回中观音院的老僧命人向唐僧献茶："有一个小幸童，拿出一个羊脂玉的盘儿，有三个法蓝镶金的茶钟。又一童，提一把白铜壶儿，斟了三杯香茶。真个是色欺榴蕊艳，味胜桂花香。三藏见了，夸爱不尽道：'好物件，好物件！真是美食美器！'"③文中壶的材质"白铜"应为铜合金。《西游记》第六十四回在木仙庵中女子命人向唐僧献茶："那女子叫：'快献茶来。'又有两个黄衣女童，捧一个红漆丹盘，盘内有六个细磁茶盂，盂内设几品异果，横担着匙儿，提一把白铁嵌黄铜的茶壶，壶内香茶喷鼻。斟了茶，那女子微露春葱，捧磁盂先奉三藏，次奉四老，然后一盏，自取而陪。"④文中茶壶为白铁嵌黄铜。

明冯梦龙《醒名花》中的茶壶为瓷壶："内壁挂的，都是名人手迹，几上列着古今画卷，宣炉内一缕名香，瓷壶中泡得苦茗，鲜花几枝，斜插在胆瓶之内。"⑤文中描绘的是湛翌王进入尼庵看到的陈设。

小说中明代茶壶的材质最常见的是紫砂。如《金瓶梅词话》："吴月娘见雪下在粉壁前太湖石上，甚厚。下席来，教小玉拿着茶罐，亲自扫雪，烹江南凤团雀舌牙茶，与众人吃。正是：'白玉壶中翻碧浪，紫

---

①（清）丁耀亢：《续金瓶梅》第37回《三教堂青楼成净土，百花姑白骨演旁门》，中国戏剧出版社2000年版，第184页。
②（清）佚名：《绣球缘》第9回《困铁宅冤逢土霸，俏烈女殉节投溪》，陕西师范大学出版社2001年版，第33页。
③（明）吴承恩：《西游记》第16回《观音院僧谋宝贝，黑风山怪窃袈裟》，人民文学出版社2010年版，第193页。
④（明）吴承恩：《西游记》第64回《荆棘岭悟能努力，木仙庵三藏谈诗》，人民文学出版社2010年版，第791页。
⑤（明）冯梦龙：《醒名花》第5回《奔父命巧遇攒戟岭，避仇人深羁不染庵踪》，金城出版社2000年版，第46页。

♨ 香茗雅器：明代茶具与明代社会

金壶内喷清香。'"① 文中的紫金壶即为紫砂壶。清初小说吴敬梓《儒林外史》中多次出现紫砂壶，《儒林外史》反映的基本是明末清初的社会现状。如《儒林外史》第四十一回："话说南京城里，每年四月半后，秦淮景致，渐渐好了。那外江的船，都下掉了楼子，换上凉篷，撑了进来。船舱中间，放一张小方金漆桌子，桌上摆着宜兴沙壶，极细的成窑、宣窑的杯子，烹的上好的雨水毛尖茶。"② 文中的"宜兴沙壶"也即宜兴紫砂壶。第四十二回："大爷道：'我酒是够了，倒用杯茶罢。'葛来官叫那大脚三把螃蟹壳同果碟都收了去，揩了桌子，拿出一把紫砂壶，烹了一壶梅片茶。"③ 第五十三回："聘娘用纤手在锡瓶内撮出银针茶来，安放在宜兴壶里，冲了水，递与四老爷，和他并肩而坐，叫丫头出去取水来。"④ 文中的"宜兴壶"也即宜兴紫砂壶。

明代小说中茶壶的材质还出现琉璃、玉和玛瑙等。如明董说《西游补》第四回："行者定睛一看，原来是个琉璃楼阁：上面一大片琉璃作盖，下面一大片琉璃踏板；一张紫琉璃榻，十张绿色琉璃椅，一只粉琉璃桌子，桌上一把墨琉璃茶壶，两只翠蓝琉璃钟子；正面八扇青琉璃窗，尽皆闭着，又不知打从哪一处进来。"⑤ 文中茶壶的材质为琉璃。又如《西游补》第十四回："忽见唐僧道：'戏倒不要看了，请翠绳娘来。'登时有个侍儿，又摆着一把飞云玉茶壶，一只潇湘图茶盏。"⑥ 文中茶壶材质为玉。再如明熊大木《大宋中兴通俗演义》："殿上坐者百

---

① （明）兰陵笑笑生：《金瓶梅词话》第 21 回《吴月娘扫雪烹茶，应伯爵替花勾使》，人民文学出版社 2000 年版，第 242 页。
② （清）吴敬梓：《儒林外史》第 41 回《庄濯江话旧秦淮河，沈琼枝押解江都县》，人民文学出版社 1958 年版，第 404 页。
③ （清）吴敬梓：《儒林外史》第 42 回《公子妓院说科场，家人苗疆报信息》，人民文学出版社 1958 年版，第 422 页。
④ （清）吴敬梓：《儒林外史》第 53 回《国公府雪夜留宾，来宾楼灯花惊梦》，人民文学出版社 1958 年版，第 515 页。
⑤ （明）董说：《西游补·续西游记》第 4 回《一窦开时迷万镜，物形现处我形亡》，华夏出版社 1995 年版，第 10 页。
⑥ （明）董说：《西游补·续西游记》第 14 回《唐相公应诏出兵，翠绳娘池边碎玉》，华夏出版社 1995 年版，第 44 页。

第一章 明代的茶具

余人……见（阎）王至悉降阶迎迓，宾主礼毕，分东西而坐。采女数人，执玛瑙之壶，捧玻璃之盏，荐龙睛之果，倾凤髓之茶，世罕闻见。茶既毕，王乃道生所见之故，命生致拜，诸公皆答之尽礼。"[1] 文中茶壶材质为玛瑙。《西游补》中琉璃壶和玉壶出现的环境都是迥异人世的幻境，《大宋中兴通俗演义》中玛瑙壶出现的环境为非人世的冥司，在真正的现实生活中，琉璃壶、玉壶和玛瑙壶均是十分昂贵并且罕见的器具。

在明代小说中，饮茶时配合茶壶中的茶常有可食用的茶点，茶点一般为糕、饼和水果等物。如《金瓶梅词话》："伯爵道：'怎么处？'就跑的进去了。拿一碟子干糕、一碟子檀香饼、一壶茶出来，与白来创吃。那白来创把檀香饼一个一口，都吃尽了，赞道：'这饼却好！'伯爵道：'糕亦颇通。'"[2] 文中配合一壶茶的"一碟子干糕、一碟子檀香饼"即为茶点。又如《续金瓶梅》："吴惠……远远站在门首一个小茶馆里。那店主道：'老客是吃茶的么？请进来坐！'吴惠故意走进去，坐在侧首一副座头上，那茶博士送了一壶茶，一盘蒸糕，又是四盘茶食时果。吴惠吃了一钟茶、一块糕，问茶博士道：'这帅府可是斡将军家么？'"[3] 文中的"蒸糕""茶食时果"是配合茶食用的。又如《梼杌闲评》："（吴）天荣回到房中，过了半日，只见一个小丫头送了四盘果子、一壶茶来，道：'郁小娘叫我送来的。'"[4] 文中的四盘果子佐茶食用。再如明清溪道人《禅真逸史》："（张善）看看日午，夫人另着人送饭来。不觉天色又晚，野寺钟鸣，纱窗月上。春香提一壶茶，捧几样细果点心，摆在桌上道：'奶奶拜上官人，尊体不健；吃了茶请

---

[1] （明）熊大木：《大宋中兴通俗演义》卷8《冥司中报应秦桧》，中国文史出版社2003年版，第326页。

[2] （明）兰陵笑笑生：《金瓶梅词话》第21回《应伯爵郊园会诸友，任医官豪家看病症》，人民文学出版社2000年版，第656页。

[3] （清）丁耀亢：《续金瓶梅》第35回《清河县李铭传信，齐王府银姐逢时》，中国戏剧出版社2000年版，第172页。

[4] （明）佚名：《梼杌闲评》第41回《枭奴卖主列冠裳，恶宦媚权毒桑梓》，华夏出版社2013年版，第371页。

香茗雅器：明代茶具与明代社会

睡罢。'"① 文中的"细果点心"也即佐茶茶食。

明代戏曲创作繁荣，内有一些涉及煮水器和茶壶的内容。下面三部戏曲中的内容涉及煮水器。明陆采《明珠记》第二十五回《煎茶》："（旦上）……【前腔】偷瞧。朱帘轻揭。金铃声小。那一炉宿火。两个铜瓶。敢是煎茶之所。一缕茶烟香缭绕。……（进看介）是个煎茶童子。那人我好面善呵。……塞鸿。塞鸿。（丑）呀。帘内莫非无双小姐么。"② 无双小姐（旦）看到的两个铜瓶也即铜质煮水器，塞鸿（丑）假扮煎茶童子在煎茶。明袁于令《西楼记》："【探春令】（丑扮鸨母上）……（旦）几番欲去整琵琶。病怯更愁纤指脆。（丑）独我门前不绣鞍。谁家楼上无高髻。（旦）茶铛药碾是吾谋。那管梅花满阶砌。（丑）我儿。我老身乜氏。年纪一把。祇收拾得你一个。……教我做娘的怎么了。"③《西楼记》描写的是书生于鹃与妓女穆素徽的爱情故事，文中穆素徽（旦）自称"茶铛药碾是吾谋"，茶铛是茶具中的煮水器，体现了穆素徽的高雅，药碾则暗示了穆素徽的多病。明徐复祚《投梭记》："（生冠服扮谢鲲上）……（清平乐）中原鼎沸。带甲满天地。解组归来聊自避。寂寂柴门长闭。闲来何事徜徉。笔床酒盏茶铛。试问东华热哄。何如北牖清凉。……下官赋性落拓。不修威仪。"④ 文中的笔床、酒盏、茶铛分别是文具、酒具和茶具，其中茶铛为茶具中的煮水器，象征着文人的闲适与清雅。

明代戏曲中还常出现茶壶。如明李玉《清忠谱》："（各坐介）（丑将茶壶、茶钟放付桌上介）（付拉钱介）（众各银钱交付，争论少介）

---

① （明）清溪道人：《禅真逸史》第32回《张善相梦中配偶，段春香月下佳期》，华夏出版社2015年版，第365页。

② （明）陆采：《明珠记》第25出《煎茶》，毛晋《六十种曲》第3册，中华书局1958年版。

③ （明）袁于令：《西楼记》第5出《倦游》，毛晋《六十种曲》第8册，中华书局1958年版。

④ （明）徐复祚：《投梭记》第2出《叙饮》，毛晋《六十种曲》第8册，中华书局1958年版。

第一章 明代的茶具

（付）且听了半回再找。"① 周文元（丑）将茶壶、茶盏放在桌上，他招揽说书人在此说书。又如明范受益《寻亲记》中的《饭店》一出："（生上）吓，天色晚了，快些趱路。……在此借宿一宵，明日早行。店家有么？（丑上）来哉，来哉。……（丑）阿用夜饭哉？（生）前途用过了。有茶取一壶来。（丑）是哉喂，伙计，有茶拿一壶到夹厢里去吓。……（贴上）……店家有么？（丑上）来哉，来哉，亦是偺人？……（丑转介）喂，小客人，请进去。阿用夜饭哉？（贴）前途用过了。有茶取一壶来。"② 周羽（生）、周瑞隆（贴）先后到饭店求宿，均要求店家取茶一壶。再如明孙梅锡《琴心记》："（丑携琴上）拍托勾剔。打抹挑泛。小人不知。相公弹惯。告相公。琴在此。（生）青囊。我在此抚琴。你去烹一壶茶来。今后卓家人至。可决意回报他。……（丑偷上）相公。不消王老爹作伐。闻知小姐好音。若饮酒之时。将机就机。把琴去挑动他。那时或者天作良缘。勾引他逃别处去。也到省出茶礼钱。（生）教你烹茶。到来闲话。好打。"③《琴心记》中的内容是有关西汉司马相如和卓文君的爱情故事，此处司马相如（生）抚琴并命人烹茶一壶。

清孔尚任《桃花扇》虽为清初戏曲，但能够反映明末的社会现实。《桃花扇》中侯方域（生）、柳敬亭（丑）等人去拜访名妓李香君（旦）："（小旦扮李贞丽捧茶壶，领香君捧花瓶上）（小旦）香草偏随蝴蝶扇，美人又下凤凰台。……（生见小旦介）小生河南侯朝宗，一向渴慕，今才遂愿。（见旦介）果然妙龄绝色，龙老赏鉴，真是法眼。（坐介）（小旦）虎邱新茶，泡来奉敬。（斟茶）（众饮介）（旦）绿杨红杏，点缀新节。（众赞介）有趣有趣！煮茗看花，可称雅集矣。"在茶会过程中，或许是受到茶壶启发，柳敬亭讲了一个有关茶壶的笑话：

---

① （明）李玉：《清忠谱》第2折《书闹》，中州书画社1982年版，第33页。
② 《寻亲记》之《饭店》，钱德苍《缀白裘》初集卷4，中华书局1941年版，第231—232页。
③ （明）孙柚：《琴心记》第7出《挑动春心》，毛晋《六十种曲》第5册，中华书局1958年版。

"(丑)就说笑话。(说介)苏东坡同黄山谷访佛印禅师,东坡送了一把定瓷壶,山谷送了一斤阳羡茶。三人松下品茶,佛印说:'黄秀才茶癖天下闻名,但不知苏胡子的茶量何如;今日何不斗一斗,分个谁大谁小。'东坡说:'如何斗来?'佛印说:'你问一机锋,叫黄秀才答。他若答不来,吃你一棒,我便记一笔:胡子打了秀才了。你若答不来,也吃黄秀才一棒,我便记一笔:秀才打了胡子了。末后总算,打一下吃一碗。'东坡说:'就依你说。'东坡先问:'没鼻针如何穿线?'山谷答:'把针尖磨去。'佛印说:'答的好。'山谷问:'没把葫芦怎生拿?'东坡答:'抛在水中。'佛印说:'答的也不错。'东坡又问:'虱在裤中,有见无见?'山谷未及答,东坡持棒就打。山谷正拿壶子斟茶,失手落地,打个粉碎。东坡大叫道:'和尚记着,胡子打了秀才了。'佛印笑道:'你听唝哪一声,胡子没打着秀才,秀才倒打了壶子了。'(众笑介)(丑)众位休笑,秀才利害多着哩。(弹壶介)这样硬壶子都打坏,何况软壶子。(生)敬老妙人,随口诙谐,都是机锋。"[①] 虽然笑话中的苏东坡(苏轼)、黄山谷(黄庭坚)和佛印禅师都是北宋人,但这则杜撰出来的笑话能够反映在明末茶壶使用已经极其普及的社会真实。

第四节 明代的其他茶具

下面从茶书、诗歌、茶画和小说戏曲几个方面论述炉、盏和壶以外的其他明代茶具。

一 茶书中的其他茶具

中国古代茶书中最核心的茶具是炉、盏、壶,但仍然还有大量其他茶具,所有的茶具可分为藏茶用具、生火用具、煮茶用具、烤茶碾茶用具、盛水取水用具、饮茶用具、盛器和摆设用具、清洁用具几类。

---

① (清)孔尚任:《桃花扇》第五出《访翠》,岳麓书社2002年版,第28—30页。

第一章 明代的茶具

　　藏茶用具在茶具中占有十分重要的地位，茶叶有易受潮、易染异味和易陈化变质的特点，所以藏茶用具应尽量达到防潮、防异味以及延缓茶叶陈化变质的作用。

　　唐代茶书陆羽《茶经》之《二之具》中木制竹编的"育"已是有一定藏茶性质的用具。《茶经》曰："育，以木制之，以竹编之，以纸糊之。中有隔，上有覆，下有床，傍有门，掩一扇。中置一器，贮糖煨火，令熅熅然。江南梅雨时，焚之以火（育者，以其藏养为名）。"[1] 育兼具焙茶和藏茶的性质，以适应茶叶需要干燥的需求。育并不在《茶经》之《四之器》的28种茶具中，而列在作为生产用具的《二之具》中，说明陆羽更多是把育当作一种生产用具，而非茶具之一种。

　　唐代已有用陶瓶藏茶的情况，之所以用陶瓶，是有利于防潮。明代茶书黄履道《茶苑》引唐代赵璘《因话录》曰："察院诸厅各有谓也，如礼察谓之松厅，厅南有古松也；刑察厅谓之魇厅，寝者多魇；兵察谓之茶瓯厅，以其主院中茶，茶必以陶器置之，躬自缄启，谓之御史茶瓶也。"[2] 唐代陶瓶藏茶是否为普遍现象，不得而知。

　　宋代最有影响的两部茶书蔡襄《茶录》和宋徽宗赵佶《大观茶论》中的藏茶用具均为竹制茶笼。蔡襄《茶录》之《茶笼》条曰："茶不入焙者，宜密封，裹以蒻，笼盛之，置高处，不近湿气。"[3]《茶笼》条是列在《茶焙》条之后，说明特别重视茶叶的干燥。宋徽宗《大观茶论》更进一步将焙茶和藏茶的用具合并在一起论述。《大观茶论》之《藏焙》条在论述了焙茶的情况后，论述了藏茶用具："焙毕，即以用久漆竹器中缄藏之，阴润勿开，如此终年再焙，色常如新。"[4]《茶录》和《大观茶论》都特别重视藏茶用具的密封，以期达到防潮的目的。

　　明代茶书中的藏茶用具相比唐宋已有很大变化，除顾元庆《茶谱》

---

[1]（唐）陆羽：《茶经》卷上《二之具》，《丛书集成新编》第47册，新文丰出版公司1985年版。
[2]（明）黄履道：《茶苑》卷19，清抄本。
[3]（宋）蔡襄：《茶录》，《丛书集成初编》第1480册，中华书局1985年版。
[4]（宋）赵佶：《大观茶论》，陶宗仪《说郛》卷93，清顺治三年李际期宛委山堂刊本。

♨ 香茗雅器：明代茶具与明代社会

中记述的藏茶用具仍为竹制茶笼以外，其他茶书记载的藏茶用具一般为陶瓷器皿，另外锡器也已出现。作为藏茶用具的陶瓷器具被称为罂、坛、瓮和瓶等。

明代茶书顾元庆《茶谱》引明人盛虞《王友石竹炉并分封六事》中的茶笼应为竹制箬编："茶宜密裹，故以篛笼盛之，宜于高阁，不宜湿气，恐失真味。古人因以用火，依时焙之。常如人体温温，则御湿润。今称建城。按《茶录》云：建安民间以茶为尚，故据地以城封之。"① 盛虞是明代前期人，承宋代的余绪，仍以茶笼为藏茶用具。除此以外，明代茶书中基本没有以茶笼为藏茶用具的情况。

明代茶书屠隆《茶说》将陶瓷藏茶用具称为罂和瓶。《茶说》之《藏茶》条曰："茶宜箬叶而畏香药，喜温燥而忌冷湿。故收藏之家，先于清明时收买箬叶，拣其最青者，预焙极燥，以竹丝编之。每四片编为一块听用。又买宜兴新坚大罂，可容茶十斤以上者，洗净焙干听用。……约以二斤作一焙，别用炭火入大炉内，将罂悬其架上，至燥极而止。以编箬衬于罂底，茶燥者，扇冷方先入罂。茶之燥，以拈起即成末为验。随焙随入。既满，又以箬叶覆于罂上。每茶一斤，约用箬二两。口用尺八纸焙燥封固，约六七层，掘以寸厚白木板一块，亦取焙燥者。然后于向明净室高阁之。用时以新燥宜兴小瓶取出，约可受四五两，随即包整。……罂中用浅，更以燥箬叶贮满之，则久而不浥。"也即藏茶时罂内填置极其干燥的箬叶（起到防潮作用），茶叶也要焙得极其干燥才放入，然后把罂放在明亮干净的高处，取茶时用可容四五两的小瓶，取出后随其再对罂包装密封。大罂和小瓶均为宜兴产的陶器，便于防潮。《茶说》中还提到另外两种藏茶方法，一种是："以中坛盛茶，十斤一瓶，每瓶烧稻草灰入于大桶，将茶瓶座桶中。以灰四面填桶，瓶上覆灰筑实。每用，拨开瓶，取茶些少，仍复覆灰，再无蒸坏。次年换灰。"也即把盛有茶叶的瓶置于大桶中的稻草灰中，作用当然是防潮防

---

① （明）顾元庆：《茶谱》，《续修四库全书》第1115册，上海古籍出版社2003年版。

第一章 明代的茶具

异味。此处将藏茶用具称为坛和瓶。另一种藏茶方法是:"空楼中悬架,将茶瓶口朝下放,不蒸。缘蒸气自天而下也。"① 将瓶口朝下悬于空中。

明代茶书张源《茶录》将藏茶用具称为坛。《藏茶》条曰:"造茶始干,先盛旧盒中,外以纸封口。过三日,俟其性复,复以微火焙极干,待冷,贮坛中。轻轻筑实,以箬衬紧。将花笋箬及纸数重扎坛口,上以火煨砖冷定压之,置茶育中。切勿临风近火,临风易冷,近火先黄。"也即以焙得极干的茶叶置入坛中,以箬叶衬紧,密封后坛口用火煨砖压之,砖的作用其实也是吸水防潮,不要临风近火,因为临风容易有空气进入,近火产生高温,都会加剧茶叶的陈化变质。《茶录》中用来在坛中取出茶后暂时储存使用的用具是锡制的分茶盒:"以锡为之。从大坛中分用,用尽再取。"《茶录》极其强调藏茶的干燥:"造时精,藏时燥,泡时洁;精、燥、洁,茶道尽矣。"② 张源认为茶叶造时精致,藏时干燥,泡时洁净,就已经满足了茶道的要求。

许次纾《茶疏》对茶叶的藏用有较详细的论述,《茶疏》将藏茶用具大者称为瓮,小者称为罂。《茶疏》将藏茶的内容分为《收藏》《置顿》《取用》《包裹》和《日用置顿》几个部分,这几部分内容分别为茶叶储于瓮中的方法、茶叶储于瓮中后平常的保存方法、茶叶日常的取用方法、茶叶取出后的包裹方法以及茶叶取出后存于罂中的保存方法。在明代茶书中,许次纾《茶疏》对藏茶的论述是最为详尽的。《收藏》条曰:"收藏宜用瓷瓮,大容一二十斤。四围厚箬,中则贮茶。须极燥极新,专供此事。久乃愈佳,不必岁易。茶须筑实,仍用厚箬填紧,瓮口再加箬,以真皮纸包之,以苎麻紧扎,压以大新砖,勿令微风得入,可以接新。"不管是茶叶还是箬叶,以及瓮口的包扎,都特别强调干燥。《置顿》条曰:"茶恶湿而喜燥,畏寒而喜温,忌蒸郁而喜清凉。置顿之所,须在时时坐卧之处,逼近人气,则常温不寒。必在板房,不

---

① (明)屠隆:《茶说》,喻政《茶书》,明万历四十一年刻本。
② (明)张源:《茶录》,喻政《茶书》,明万历四十一年刻本。

♨ 香茗雅器：明代茶具与明代社会

宜土室，板房则燥，土室则蒸。又要透风，勿置幽隐，幽隐之处，尤易蒸湿，兼恐有失点检。其阁庋之方，宜砖底数层，四围砖砌，形若火炉，愈大愈善，勿近土墙；顿瓮其上，随时取灶下火灰，候冷，簇于瓮傍半尺以外；仍随时取灰火簇之，令里灰常燥。一以避风，一以避湿；却忌火气，入瓮则能黄茶。世人多用竹器贮茶，虽复多用箬护，然箬性峭劲，不甚伏帖，最难紧实，能无渗罅？风湿易侵多，故无益也。且不堪地炉中顿，万万不可。人有以竹器盛茶，置被笼中，用火即黄，除火即润，忌之，忌之。"许次纾列举了种种储茶瓷瓮适合存放的条件，最关键的是避湿，另外是避风，例如将瓮置于冷却的火灰之中，就是防潮的需求，茶叶也不适合储于竹器之中，因为很难防潮防风。许次纾提出茶叶不适合放在笼中焙烤，不然用火即黄，这是因为明代的茶叶是作为绿茶的叶茶，而不再是唐宋流行的饼茶。《取用》条曰："茶之所忌，上条备矣。然则阴雨之日，岂宜擅开？如欲取用，必候天气晴明、融和高朗，然后开缶，庶无风侵。先用热水濯手，麻帨拭燥。缶口内箬，别置燥处。另取小罂贮所取茶，量日几何，以十日为限。去茶盈寸，则以寸箬补之。仍须碎剪。茶日渐少，箬日渐多，此其节也。焙燥筑实，包扎如前。"茶叶的日常取用用小罂，量以十日为限，也要特别注重干燥。《包裹》条曰："茶性畏纸，纸于水中成，受水气多也。纸裹一夕，随纸作气尽矣。虽火中焙出，少顷即润。雁宕诸山，首坐此病。每以纸帖寄远，安得复佳。"许次纾认为茶不宜以纸包裹，因为容易受潮且产生异味。《日用置顿》条曰："日用所需，贮小罂中，箬包苎扎，亦勿见风。宜即置之案头，勿顿巾箱书簏，尤忌与食器同处，并香药则染香药，并海味则染海味，其他以类而推。不过一夕，黄矣变矣。"日常之需的茶叶存于小罂中，因为茶有易染异味的特点，小罂不要与其他食器放在一起。《茶疏》之《权宜》条还提到若出游储茶的陶瓷器皿太重，可用竹器，但也要注意干燥。"出游远地，茶不可少，恐地产不佳，而人鲜好事，不得不随身自将。瓦器重难，又不得不寄贮竹等。茶甫出瓮，焙之。竹器晒干，以箬厚贴，实茶其中。所到之处，即先焙新好瓦

第一章 明代的茶具

瓶，出茶焙燥，贮之瓶中。虽风味不无少减，而气力味尚存。若舟航出入，及非车马修途，仍用瓦缶，毋得但利轻赍，致损灵质。"①

明代茶书罗廪《茶解》将藏茶的陶瓷用具大者称为瓮，小者称为瓶。《茶解》之《藏》条曰："藏茶，宜燥又宜凉。湿则味变而香失，热则味苦而色黄。蔡君谟云：'茶喜温。'此语有疵。大都藏茶宜高楼，宜大瓮。包口用青箬。瓮宜覆不宜仰，覆则诸气不入。晴燥天，以小瓶分贮用。又贮茶之器，必始终贮茶，不得移为他用。小瓶不宜多用青箬，箬气盛，亦能夺茶香。"罗廪明确指出了藏茶"宜燥""宜凉"，"热则味苦而色黄"，也即高温会使茶叶加速陈化变质，变得味苦色黄，罗廪的观点是正确的，在低温状态下茶的陈化过程会大大延缓。北宋蔡襄主张"茶喜温"，罗廪认为"此语有疵"。但其实北宋流行紧压的饼茶，茶叶保持一定的温度更易保持干燥以防变质，蔡襄的观点是有合理性的。而罗廪生活的明代流行叶茶，茶叶保存条件则不宜温度太高，否则绿茶易发黄变质，这是罗廪批评蔡襄的原因。《茶解》之《瓮》条曰："用以藏茶，须内外有油水者。预涤净晒干以待。"② 说明这种瓮是内外有釉的陶瓷器皿，之所以要有釉，当然是为了更易清洁，釉也可防水防潮。

明代茶书张丑《茶经》中的藏茶用具是被称为瓶的陶瓷器皿。《茶瓶》条曰："瓶或杭州或宜兴所出，宽大而厚实者，贮芽茶，乃久久如新而不减香气。"③ 这种茶瓶产于杭州或宜兴。

明人程用宾所著茶书《茶录》中的藏茶用具是被称为盒的锡器。《器具》条曰："又以锡为小茶盒，径可四寸许。"这种锡盒是用来藏茶的。《盒》条曰："以锡为之，径三寸，高四寸，以贮茶时用也。"④

明人熊明遇所著茶书《罗岕茶记》中的藏茶用具大者被称为罂，

---

① （明）许次纾：《茶疏》，《四库全书存目丛书·子部》第79册，齐鲁书社1997年版。
② （明）罗廪：《茶解》，喻政《茶书》，明万历四十一年刻本。
③ （明）张丑：《茶经》，《中国古代茶道秘本五十种》第2册，全国图书馆文献缩微复制中心2003年版。
④ （明）程用宾：《茶录》，明万历三十二年戴凤仪刻本。

♨ 香茗雅器：明代茶具与明代社会

小者为瓶。"藏茶宜箬叶而畏香药，喜温燥而忌冷湿。收藏时，先用青箬以竹丝编之，置罂四周。焙茶俟冷，贮器中，以生炭火煅过，烈日中曝之令灭，乱插茶中，封固罂口，覆以新砖，置高爽近人处。霉天雨候，切忌发覆。须于晴明，取少许别贮小瓶。空缺处，即以箬填满，封置如故，方为可久。或夏至后一焙，或秋分后一焙。"① 之所以"藏茶宜箬叶而畏香药"，是因为茶叶有很强的吸附性，箬叶的气味与茶叶相宜，而香、药会严重影响茶味。如何看待"喜温燥而忌冷湿"的观点？以今人看法，茶叶自然是喜燥的，但并不喜温，因为会加速陈化，但在古代，只要不是温度过高，保持一定温度是有利于茶叶干燥的，所以认为茶叶"喜温燥"有其道理。

明人徐𤊹茶书《茗谭》认为最好的藏茶用具是产于泉州的砂质陶瓶："注茶，莫美于饶州瓷瓯；藏茶，莫美于泉州沙瓶。若用饶器藏茶，易于生润。屠幽叟曰：'茶有迁德，几微见防。如保赤子，云胡不臧。'宜三复之。"② 屠幽叟是著有茶书《茗笈》的屠本畯，所谓"茶有迁德"，指的是茶特别容易变质，所以藏茶用具十分重要。之所以泉州的陶质砂瓶比景德镇瓷更佳，是因为砂瓶对水气有一定的吸附性，不会像带釉瓷器水气在表面凝结。

明代茶书黄龙德《茶说》中的藏茶用具是瓮和瓶，将储有茶叶的瓶倒置在盛有大量谷灰的瓮中，再将瓮密封。《茶说》之《十之藏》曰："今藏茶当于未入梅时，将瓶预先烘暖，贮茶于中，加箬于上，仍用厚纸封固于外。次将大瓮一只，下铺谷灰一层，将瓶倒列于上，再用谷灰埋之。层灰层瓶，瓮口封固，贮于楼阁，湿气不能入内。虽经黄梅，取出泛之，其色、香、味犹如新茗而色不变。藏茶之法，无愈于此。"③

---

① （明）熊明遇：《罗岕茶记》，陶珽《说郛续》卷37，清顺治三年李际期宛委山堂刻本。
② （明）徐𤊹：《茗谭》，喻政《茶书》，明万历四十一年刻本。
③ （明）黄龙德：《茶说》，《中国古代茶道秘本五十种》第1册，全国图书馆文献缩微复制中心2003年版。

第一章 明代的茶具

明人冯可宾的茶书《岕茶笺》中记载的藏茶用具是瓷坛，另外还记载了一种锡器，并认为这种锡器优于瓷坛，因为更加坚固密不透风。《论藏茶》条曰："新净磁坛，周回用干箬叶密砌，将茶渐渐装进摇实，不可用手揸。上覆干箬数层，又以火炙干，炭铺坛口扎固；又以火炼候冷新方砖压坛口上。如潮湿，宜藏高楼，炎热则置凉处。阴雨不宜开坛。近有以夹口锡器贮茶者，更燥更密。盖磁坛犹有微罅透风，不如锡者坚固也。"①

清人茶书陆廷灿《续茶经》引用一些明代文献也涉及了明代的藏茶用具。《续茶经》引明人冯梦祯《快雪堂漫录》曰："藏茶之罂，先用汤煮过，烘燥，乃烧栗炭透红，投罂中，覆之令黑。去炭及灰，入茶五分，投入冷炭，再入茶。将满，又以宿箬叶实之，用厚纸封固罂口，更包燥净无气味砖石压之，置于高燥透风处。不得傍墙壁及泥地方得。"② 此处将藏茶用具称为罂，用罂储茶之前在罂内投入炭火使其尽量干燥，罂内藏茶时投入炭和箬叶，以达到防潮的目的，要将罂放在高燥透风的地方。《续茶经》引明人熊明遇《岕山茶记》曰："贮茶器中，先以生炭火煅过，于烈日中暴之令火灭，乃乱插茶中。封固罂口，覆以新砖，置于高爽近人处。霉天雨候。切忌发覆，须于晴燥日开取。其空缺处，即当以箬填满，封闭如故，方为可久。"③ 熊明遇的说法和冯梦祯比较接近，藏茶用具也被称为罂。《续茶经》引明人徐茂吴文字："实茶，大瓮底置箬，瓮口封闭，倒放，则过夏不黄；以其气不外泄也。子晋云：当倒放有盖缸内，缸宜砂底，则不生水而常燥。加谨封贮，不宜见日；见日则生翳，而味损矣。藏又不宜于热处。新茶不宜骤用，贮过黄梅，其味始足。"④ 此处将藏茶用具称为瓮和缸，缸以砂底为宜。《续茶经》引明人顾元庆《云林遗事》："莲花茶，就池沼中于早

---

① （明）冯可宾：《岕茶笺》，《丛书集成续编》第86册，新文丰出版公司1988年版。
② （清）陆廷灿：《续茶经》卷上《三之造》，《景印文渊阁四库全书》第844册，台湾商务印书馆1986年版。
③ 同上。
④ 同上。

♨ 香茗雅器：明代茶具与明代社会

饭前日初出时，择取莲花蕊略绽者，以手指拨开，入茶满其中，用麻丝缚扎定。经一宿，次早连花摘之，取茶纸包晒。如此三次，锡罐盛贮，扎口收藏。"① 云林是指元末明初著名画家诗人倪瓒，此处藏茶用具为锡罐。

茶具中的生火用具最重要的毫无疑问是炉，第一节已有详细论述，此处不再重复。除炉以外，生火用具中还有一些其他茶具。

在唐代茶书陆羽《茶经》之《四之器》中的28种茶具，作为生火用具最重要的是风炉，除风炉外还有筥、炭挝和火筴。"筥，以竹织之，高一尺二寸，径阔七寸。或用藤，作木楦如筥形织之。六出圆眼，其底盖若利箧口，铄之。""炭挝，以铁六棱制之，长一尺，锐一丰中，执细头系一小镊以饰挝也，若今之河陇军人木吾也。或作锤，或作斧，随其便也。""火筴，一名箸，若常用者，圆直一尺三寸，顶平截，无葱苔勾鏁之属，以铁或熟铜制之。"② 筥是盛物的圆形筐，作用是盛炭，用竹或藤制成；炭挝是用来敲碎炭和夹炭用的器具，用铁制成；火筴，又名箸，是用来将炭夹起送入炉中的器具，由铁或铜制成。筥、炭挝和火筴都是风炉的配套附属茶具。

宋代流行围绕盏的点茶法，不甚重视炉等生火用具，生火用具在宋代茶书中完全缺席。

明代茶书朱权《茶谱》之《茶炉》条曰："茶炉。与炼丹神鼎同制……两傍用钩，挂以茶帚、茶筅、炊筒、水滤于上。"③ 其中的炊筒是一种常见的生火用具，其作用是将口中之气吹入炉中，使炉火更旺。但炊筒作为一种茶具在明代茶书中仅见于此处。

明代茶书顾元庆《茶谱》引明人盛虞《王友石竹炉并分封六事》中最重要的生火用具毫无疑问是被称为苦节君的竹炉，另外还有炭篓、

---

① （清）陆廷灿：《续茶经》卷上《三之造》，《景印文渊阁四库全书》第844册，台湾商务印书馆1986年版。
② （唐）陆羽：《茶经》卷中《四之器》，《丛书集成新编》第47册，新文丰出版公司1985年版。
③ （明）朱权：《茶谱》，《艺海汇函》，明抄本。

· 158 ·

第一章 明代的茶具

火斗、火箸和竹扇。《王友石竹炉并分封六事》中炭篓被称为乌府："炭之为物，貌玄性刚……苦节君得此，甚利于用也，况其别号乌银，故特表章。其所藏之具，曰乌府，不亦宜哉！"[1]（图1-13）此外将铜火斗称为递火，用来搬运炭火，将铜火箸称为降红，用来夹取木炭，将湘竹扇称为团风，用来扇风使炉火更旺。

图1-13 被称为乌府的炭篓（引自顾元庆《茶谱》）

明代茶书程用宾《茶录》中的生火用具除被称为鼎的炉外，还有火筴。"火筴。按，《经》以铁或熟铜制之。"[2] 也即火筴就是陆羽《茶经》中用来夹运木炭的用具，用铁或铜制成。

---

[1] （明）顾元庆：《茶谱》，《续修四库全书》第1115册，上海古籍出版社2003年版。
[2] （明）程用宾：《茶录》，明万历三十二年戴凤仪刻本。

♨ 香茗雅器：明代茶具与明代社会

明代茶书中除顾元庆《茶谱》所引《王友石竹炉并分封六事》外，均未将扇作为一种正式茶具，但其实扇也是一种常见器具，有些明代茶书间接出现了扇。如张源《茶录》之《火候》条曰："烹茶旨要，火候为先。……扇起要轻疾，待有声，稍稍重疾，斯文武之候也。"[①] 又如许次纾《茶疏》之《火候》条曰："火必以坚木炭为上……既红之后，乃授水器，仍急扇之，愈速愈妙，毋令停手。停过之汤，宁弃而再烹。"[②] 黄龙德《茶说》之《六之汤》条曰："汤者，茶之司命，故候汤最难。……善候汤者，必活火急扇，水面若乳珠，其声若松涛，此正汤候也。"[③] 烹茶时炉火要旺，扇在其中发挥了不可或缺的作用。

煮茶用具最重要的当然是煮水器。唐代茶书陆羽《茶经》之《四之器》中的煮水器是鍑，除鍑外，与煮茶有关的用具还有交床、竹筴和熟盂。"交床，以十字交之，剜中令虚，以支鍑也。""竹筴，或以桃、柳、蒲葵木为之，或以柿心木为之。长一尺，银裹两头。""熟盂，以贮熟水，或瓷，或沙，受二升。"[④] 交床是放置鍑的木制支架，竹筴是煮茶时用来在鍑内搅动的木制器具，熟盂是用来盛放沸水以便再次投入鍑中止沸的瓷质或砂质器具。这三种用具都是鍑的附属器皿。

宋代茶书蔡襄《茶录》中的煮水器被称为汤瓶，宋徽宗《大观茶论》中的煮水器被称为瓶，此外未见其他煮茶用具。

明代茶书朱权《茶谱》、张源《茶录》、许次纾《茶疏》、张丑《茶经》、程用宾《茶录》和罗廪《茶解》中的煮水器分别被称为茶瓶、瓢、铫、汤瓶、罐和壶，此外也未见其他煮茶用具。

烤茶碾茶用具主要在唐宋时期流行，唐宋茶书对烤茶碾茶用具有较多记载，明代除明初朱权所著《茶谱》外，明代茶书中基本不再出现

[①]（明）张源：《茶录》，喻政《茶书》，明万历四十一年刻本。
[②]（明）许次纾：《茶疏》，《四库全书存目丛书·子部》第79册，齐鲁书社1997年版。
[③]（明）黄龙德：《茶说》，《中国古代茶道秘本五十种》第1册，全国图书馆文献缩微复制中心2003年版。
[④]（唐）陆羽：《茶经》卷中《四之器》，《丛书集成新编》第47册，新文丰出版公司1985年版。

第一章 明代的茶具

有关烤茶碾茶的器具。

唐代流行饼茶，茶叶食用前必须先在火边炙烤，然后碾磨成粉，再投入煮水器中烹煮，所以烤茶碾茶用具必不可少并在茶具中占据重要地位。唐代茶书陆羽《茶经》中的烤茶碾茶用具有夹、纸囊、碾、罗合以及则。"夹，以小青竹为之，长一尺二寸，令一寸有节，节已上剖之，以炙茶也。彼竹之筱，津润于火，假其香洁以益茶味，恐非林谷间莫之致。或用精铁熟铜之类，取其久也。"夹是用来夹取茶饼在火边炙烤的用具，由竹做成，或用铁、铜。"纸囊，以剡藤纸白厚者夹缝之。以贮所炙茶，使不泄其香也。"纸囊是用来存放炙烤过的茶饼，避免香味散失。"碾，以橘木为之，次以梨、桑、桐、柘为之。内圆而外方。内圆，备于运行也；外方，制其倾危也。内容堕而外无余。木堕，形如车轮，不辐而轴焉。长九寸，阔一寸七分。堕径三寸八分，中厚一寸，边厚半寸，轴中方而执圆。"碾是用来碾茶的器具，将茶饼碾成粉末，用木制成。"罗末，以合盖贮之，以则置合中。用巨竹剖而屈之，以纱绢衣。其合以竹节为之，或屈杉以漆之。高三寸，盖一寸，底二寸，口径四寸。"罗合其实包括罗与合，罗是筛茶的器具，将筛出的极细的茶粉贮于合中，罗用竹和纱绢制成，合用竹或杉木制成。"则，以海贝、蛎蛤之属，或以铜、铁、竹匕策之类。则者，量也，准也，度也。凡煮水一升，用末方寸匕。若好薄者，减之；嗜浓者，增之，故云则也。"[1] 则是用来度量并舀取茶粉的用具，平常置于合中。

宋代继续流行饼茶，烤茶碾茶用具非常重要并不可或缺。宋代茶书蔡襄《茶录》中烤茶碾茶用具有砧椎、茶钤、茶碾和茶罗。"砧椎，盖以碎茶。砧以木为之，椎或金或铁，取于便用。"砧椎是将茶饼击碎的器具，砧、椎分别用木和金、铁制成。"茶钤，屈金铁为之，用以炙茶。"茶钤是烤茶时用来夹取茶饼的器具，用金、铁制成，相当于陆羽《茶经》中的夹。"茶碾，以银或铁为之。黄金性柔，铜及鍮石皆能生

---

[1] （唐）陆羽：《茶经》卷中《四之器》，《丛书集成新编》第47册，新文丰出版公司1985年版。

· 161 ·

香茗雅器：明代茶具与明代社会

鍷，不入用。"茶碾是用来碾茶将茶饼碾磨成粉的用具。"茶罗以绝细为佳，罗底用蜀东川鹅溪画绢之密者，投汤中揉洗以幂之。"① 茶罗是筛茶用具，因为茶粉的使用要在盏中先用少量沸水调成膏，再冲入沸水，茶粉越细越好。

宋代茶书宋徽宗《大观茶论》中的烤茶碾茶用具有碾和罗。"碾以银为上，熟铁次之。生铁者，非淘炼槌磨所成，间有黑屑藏于隙穴，害茶之色尤甚。凡碾为制，槽欲深而峻，轮欲锐而薄。槽深而峻，则底有准而茶常聚；轮锐而薄，则运边中而槽不戛。……碾必力而速，不欲久，恐铁之害色。"茶碾的材质以银为上，熟铁次之，因为不易锈蚀，生铁易生锈。"罗欲细而面紧，则绢不泥而常透。……罗必轻而平，不厌数，庶已细者不耗。惟再罗，则入汤轻泛，粥面光凝，尽茶色。"②茶罗筛茶次数越多越好，越细越好。

明代茶书仅在朱权《茶谱》中还存在烤茶碾茶用具，盖因朱权是明初人，明代初年是从流行饼茶到流行叶茶的过渡阶段，唐宋的饮茶方式还有很大影响并一定程度还存在。朱权《茶谱》中的烤茶碾茶用具有茶碾和茶罗。"茶碾，古以金、银、铜、铁为之，皆能生鍷。今以青礞石最佳。"朱权最欣赏的茶碾是青礞石。"茶罗，径五寸，以纱为之。细则茶浮，粗则水浮。"茶罗是筛茶用具。朱权在《茶谱》的序言中叙述了烹茶的过程和程序："命一童子设香案，携茶炉于前；一童子出茶具，以瓢汲清泉注于瓶而炊之。然后碾茶为末，置于磨令细，以罗罗之，候汤将如蟹眼，量客众寡，投数匕入于巨瓯。候茶出相宜，以茶筅摔令沫不浮，乃成云头雨脚，分于啜瓯，置之竹架，童子捧献于前。"③先将瓶中注水置于炉上烹煮，再将茶碾为末，置于磨中磨细，以罗筛之，等瓶中水煮沸，将茶粉适量投入巨瓯，冲入沸水，用茶筅击拂，再分于啜瓯饮用。从引文来看，上述烹茶过程除茶碾外还用到了茶磨。

---

① （宋）蔡襄：《茶录》，《丛书集成初编》第1480册，中华书局1985年版。
② （宋）赵佶：《大观茶论》，陶宗仪《说郛》卷93，清顺治三年李际期宛委山堂刊本。
③ （明）朱权：《茶谱》，《艺海汇函》，明抄本。

第一章 明代的茶具

清代茶书陆廷灿《续茶经》引明人孔迩《云蕉馆纪谈》曰："明玉珍子升，在重庆取涪江青礴石为茶磨，令宫人以武隆雪锦茶碾，焙以大足县香霏亭海棠花，味倍于常。"① 明升是元末明初人，当时茶磨一定程度在社会上还存在并使用。

盛水取水用具在茶具中也是必不可少的。唐代茶书陆羽《茶经》中的盛水取水用具有水方和瓢。"水方，以桐木、槐、楸、梓等合之，其里并外缝漆之，受一斗。"水方是用来盛水的容器，木制。"瓢，一曰牺杓。剖瓠为之，或刊木为之。晋舍人杜毓《荈赋》云：'酌之以匏。'匏，瓢也。口阔，胫薄，柄短。永嘉中，余姚人虞洪人瀑布山采茗，遇一道士，云：'吾丹丘子，祈子他日瓯牺之余，乞相遗也。'牺，木杓也。今常用以梨木为之。"② 瓢也即"杓"，用葫芦或木制成，历史上也被叫做"匏"或"牺"。

唐代茶书张又新《煎茶水记》中提到了盛水用具"瓶"和取水用具"杓"。唐代宗时李季卿遇到了陆羽，李季卿因之命军士到长江中取南零水。"命军士谨信者，挈瓶操舟，深诣南零，陆利器以俟之。俄水至，陆以杓扬其水曰：'江则江矣，非南零者，似临岸之水。'使曰：'某棹舟深入，见者累百，敢虚绐乎？'陆不言，既而倾诸盆，至半，陆遽止之，又以杓扬之曰：'自此南零者矣。'"③ 这种瓶应为陶瓷器皿，"杓"是为木制还是葫芦制成，不得而知。

宋代茶书宋徽宗《大观茶论》中出现的取水用具是"杓"。"杓之大小，当以可受一盏茶为量。过一盏则必归其余，不及则必取其不足。倾杓烦数，茶必冰矣。"④ 但从文意看，这种"杓"并非在烧水前用于将水取出盛入煮水器中，而是待煮水器中的水沸腾后，将水舀出冲入茶

---

① （清）陆廷灿：《续茶经》卷上《三之造》，《景印文渊阁四库全书》第844册，台湾商务印书馆1986年版。
② （唐）陆羽：《茶经》卷中《四之器》，《丛书集成新编》第47册，新文丰出版公司1985年版。
③ （唐）张又新：《煎茶水记》，《丛书集成新编》第47册，新文丰出版公司1985年版。
④ （宋）赵佶：《大观茶论》，陶宗仪《说郛》卷93，清顺治三年李际期宛委山堂刊本。

♨ 香茗雅器：明代茶具与明代社会

盏之中。

　　明代茶书田艺蘅《煮泉小品》、醉茶消客《茶书》和龙膺《蒙史》分别引宋代文献均涉及了盛水用具。《煮泉小品》引宋人唐子西的话提到的盛水用具是瓶："汲泉道远，必失原味。唐子西……云：'提瓶走龙塘，无数千步，此水宜茶，昔人以为不减清远峡。'"① 《茶书》引宋人翁挺《胶山窦乳泉记》曰："自承平来，茗饮逾侈，惠山适当道傍，而声利怵迫之徒，往来临之。又以瓶罂瓷盎挈饷千里，诸公贵人之家，至以沃盥焉，泉之德至此益贬矣。"② 文中提到的盛水用具有瓶、罂、瓷、盎。《蒙史》引宋人周煇《清波杂志》："亲旧东来，数闻松竹平安信，且时致陆子泉，茗碗殊不落莫。然顷岁亦可致于汴都，但未免瓶盎气，用细沙淋过，则如新汲时，号折洗惠山泉。……苏魏公尝云：'平生荐举不知几何人，唯孟安序朝奉，岁以双井一瓮为饷。'"③ 文中提到的盛水用具有瓶、盎和瓮。上文提到的瓶、罂、盎和瓮都是陶瓷器皿。

　　明代茶书顾元庆《茶谱》引明人盛虞《王友石竹炉并分封六事》中的盛水和取水用具分别是云屯和分盈。"泉汲于云根，取其洁也。欲全香液之腴，故以石子同贮瓶缶中，用供烹煮。水泉不甘者，能损茶味，前世之论，必以惠山泉宜之。今名云屯，盖云即泉也。"也即云屯就是贮水的瓶、缶，云也就是泉水之意。"分盈。杓也，即《茶经》水则。每二升，计茶一两。"④ 分盈也即用来取水的"杓"。盛虞认为分盈就是陆羽《茶经》中的水则，但《茶经》中有用来量茶的则和盛水的水方，并无水则。

　　明代茶书程用宾《茶录》中取水用具是瓢。"瓢。按《经》剖瓠或刊木为之，今用汲也。"⑤ 文中的《经》也即陆羽《茶经》，程用宾

---

① （明）田艺蘅：《煮泉小品》，《四库全书存目丛书·子部》第 80 册，齐鲁书社 1997 年版。
② （明）醉茶消客：《茶书》，明抄本。
③ （明）龙膺：《蒙史》卷下，喻政《茶书》，明万历四十一年刻本。
④ （明）顾元庆：《茶谱》，《续修四库全书》第 1115 册，上海古籍出版社 2003 年版。
⑤ （明）程用宾：《茶录》，明万历三十二年戴凤仪刻本。

第一章 明代的茶具

《茶录》附图中直接把瓢称为瓠瓢，瓠即葫芦之意。

除顾元庆《茶谱》和程用宾《茶录》外，未有明代茶书再直接把盛水取水用具列为正式茶具。但许多明代的茶书都涉及了有关盛水取水的器皿。盛水用具大多被称为瓮，取水用具多被称为瓢。

明代茶书许次纾《茶疏》认为理想的盛水用具是作为陶瓷器皿的瓮和瓶，但也忌新器，不宜用木桶，因为会产生异味，贮水要密封，以利清洁。《贮水》条曰："甘泉旋汲用之斯良，丙舍在城，夫岂易得，理宜多汲，贮大瓮中。但忌新器，为其火气未退，易于败水，亦易生虫。久用则善，最嫌他用。水性忌木，松杉为甚。木桶贮水，其害滋甚，挈瓶为佳耳。贮水，瓮口厚箬泥固，用时旋开。泉水不易，以梅雨水代之。"《不宜用》条曰："恶水；敝器；铜匙；铜铫；木桶……"①许次纾明确将木桶列为不宜用的盛水器皿。

明代茶书程用宾《茶录》中的盛水用具是瓮。《茶录》之《积水》条曰："江流山泉，或限于地，梅雨，天地化育万物，最所宜留。雪水，性感重阴，不必多贮。久食，寒损胃气。凡水以瓮置负阴燥洁檐间稳地，单帛掩口，时加拂尘，则星露之气常交而元神不爽。如泥固封纸，曝日临火，尘朦击动，则与沟渠弃水何异。"②程用宾的观点与许次纾并不相同，反对将瓮密封，而是置于露天用单帛挡住灰尘即可。

明代茶书熊明遇《罗岕茶记》中的盛水用具也为瓮。"烹茶，水之功居大。无泉则用天水，秋雨为上，梅雨次之。秋雨冽而白，梅雨醇而白。雪水，五谷之精也，色不能白。养水须置石子于瓮，不惟益水，而白石清泉，会心亦不在远。"③进行烹茶水质是极其重要的，石子在瓮中可养水，因为石子会释放微量的矿物质，有利于水质，而且清泉白石，在视觉上在人的心理也会产生良好感觉。

---

① （明）许次纾：《茶疏》，《四库全书存目丛书·子部》第79册，齐鲁书社1997年版。
② （明）程用宾：《茶录》，明万历三十二年戴凤仪刻本。
③ （明）熊明遇：《罗岕茶记》，陶珽《说郛续》卷37，清顺治三年李际期宛委山堂刻本。

· 165 ·

香茗雅器：明代茶具与明代社会

明代茶书高元濬《茶乘拾遗》曰："《茶记》言：'养水置石子于瓮，不惟益水，而白石清泉，会心不远。'夫石子须取其水中表里莹彻者佳，白如截肪，赤如鸡冠，蓝如螺黛，黄如蒸栗，黑如玄漆，锦纹五色，辉映瓮中，徙倚其侧，应接不暇，非但益水，亦且娱神。"① 此处《茶记》是指熊明遇《罗岕茶记》，在熊明遇观点的基础上，高元濬进一步论述了瓮中养水的石头，要选表里光洁透亮者，有白、赤、蓝、黄、黑等颜色。

明代茶书罗廪《茶解》中的盛水用具也是瓮。"梅水，须多置器于空庭中取之，并入大瓮，投伏龙肝两许包，藏月馀汲用，至益人。伏龙肝，灶心中干土也。"② 梅水也即梅雨季节天降之水，多取置入瓮中，投伏龙肝（也即灶心土）在水中十分有益，医学上认为伏龙肝有温中止血，止呕，止泻之功效。

明代茶书黄履道《茶苑》引明人朱国祯《涌幢小品》中的盛水用具是瓷缸。"《涌幢小品》云：家居，苦泉水难得，自以意取寻常井水煮滚，总入大磁缸。置庭中避日色，俟夜天色皎洁，开缸受露，凡三夕，其水即清澈，缸底积垢二三寸，亟取出，以瓯盛之烹茶，与惠泉无二。盖井水经火煅炼一番，又经渑露取真气，则返本还原，依然可用。此亦修炼遗意，而余创为之，未必非品泉之一助也。"③ 这是一种自制高品质烹茶用水的方法，将寻常井水煮沸放在瓷缸中，夜间开缸受露，三夜后缸底有大量沉积的积垢，再将水取出与名贵的惠泉无异。《茶苑》引作者不详的《茶谱》④曰："泉水初入净瓮一二日，俟澄定，用烧红栎木劲炭一二茎投入瓮内。久之则水不渭而不易败。"⑤ 泉水刚入盛水用具瓮中一二日后，待水中杂志沉淀，用烧红栎木木炭投入瓮中，

---

① （明）高元濬：《茶乘拾遗》下篇，《续修四库全书》第 1115 册，上海古籍出版社 2003 年版。
② （明）罗廪：《茶解》，喻政《茶书》，明万历四十一年刻本。
③ （明）黄履道：《茶苑》卷 11，清抄本。
④ 历史上现存以《茶谱》为名的茶书有五代毛文锡《茶谱》、明朱权《茶谱》、明顾元庆《茶谱》、明朱祐槟《茶谱》，均不见这段文字。
⑤ （明）黄履道：《茶苑》卷 11，清抄本。

第一章 明代的茶具

如果水清洁并不易腐败。之所以如此,是因为烧红木炭可杀灭水中可能败味的微生物,并且木炭有吸附作用,能吸收异味。

明代茶书朱权《茶谱》和张源《茶录》均将取水用具称为瓢。朱权《茶谱》曰:"命一童子设香案,携茶炉于前;一童子出茶具,以瓢汲清泉注于瓶而炊之。"① 张源《茶录》曰:"烹茶旨要,火候为先。炉火通红,茶瓢始上。"② 明人周高起所著茶书《阳羡茗壶系》将取水用具称为"杓":"水杓、汤铫,亦有制之尽美者,要以椰匏、锡器,为用之恒。"③ 所谓椰匏也即椰子和葫芦,此处水"杓"是用椰子或葫芦制成。明许次纾《茶疏》中用瓷瓯为取水用具。《舀水》条曰:"舀水必用瓷瓯,轻轻出瓮,缓倾铫中,勿令淋漓瓮内,致败水味,切须记之。"④ 舀水要轻,不要淋漓,否则很容易导致微生物进入瓮中败坏水味。

唐宋时期最重要的饮茶用具毫无疑问是盏(也被称为碗、瓯等),到明代除盏外,还有壶。唐代茶书陆羽《茶经》之《四之器》28 种茶具中用来饮茶的器具是碗,此外未见其他器具。宋代茶书蔡襄《茶录》中的饮茶用具除茶盏外,还有配合茶盏的茶匙。"茶匙要重,击拂有力,黄金为上,人间以银、铁为之。竹者轻,建茶不取。"⑤ 宋代流行点茶法,茶粉置入盏中以后再冲入沸水要用茶匙击拂。蔡襄是和皇室关系密切的上层官僚,所以提出茶匙黄金为上,民间用银、铁,竹太轻不建议用。宋徽宗《大观茶论》中的饮茶用具除盏外还有筅,筅虽也是用来击拂茶汤,但外形和匙大不相同。"茶筅以箸竹老者为之,身欲厚重,筅欲疏劲,本欲壮而末必眇,当如剑脊之状。盖身厚重,则操之有力而易于运用。筅疏劲如剑脊,则击拂虽过而浮沫不生。"⑥ 茶筅用老竹做成,需要厚重,厚重则击拂有力。从宋代茶书审安老人《茶具图

---

① (明)朱权:《茶谱》,《艺海汇函》,明抄本。
② (明)张源:《茶录》,喻政《茶书》,明万历四十一年刻本。
③ (明)周高起:《阳羡茗壶系》,《丛书集成续编》第 90 册,新文丰出版公司 1988 年版。
④ (明)许次纾:《茶疏》,《四库全书存目丛书·子部》第 79 册,齐鲁书社 1997 年版。
⑤ (宋)蔡襄:《茶录》,《丛书集成初编》第 1480 册,中华书局 1985 年版。
⑥ (宋)赵佶:《大观茶论》,陶宗仪《说郛》卷 93,清顺治三年李际期宛委山堂刊本。

♨ 香茗雅器：明代茶具与明代社会

赞》有关被称为竺副帅的茶筅的附图来看，一片竹子一端被劈为众多细长条形，另一边是把手。《大观茶论》所谓茶筅"当如剑脊之状"应指的是用竹子劈成的细长条。

明代茶书朱权《茶谱》中用来作为饮茶用具的器皿除茶瓯外，还有茶筅和茶匙。"茶筅，截竹为之。广、赣制作最佳。长五寸许，匙茶入瓯，注汤筅之，候浪花浮成云头雨脚乃止。"明初尚处于从宋代的点茶法向明清的泡茶法过渡的阶段，虽使用叶茶，仍要碾磨成粉置入盏中冲入沸水用茶筅击拂。《茶谱》序言中就叙及了茶筅在烹茶时用来击拂茶汤的作用："碾茶为末……候汤将如蟹眼，量客众寡，投数匕入于巨瓯。候茶出相宜，以茶筅摔令沫不浮，乃成云头雨脚，分于啜瓯，置之竹架，童子捧献于前。"茶匙也是用来击拂茶汤："茶匙要用击拂有力，古人以黄金为上，今人以银、铜为之，竹者轻。予尝以椰壳为之，最佳。后得一瞽者，无双目，善能以竹为匙，凡数百枚，其大小则一，可以为奇。特取异于凡匙，虽黄金亦不为贵也。"① 从文意来看，当时流行的茶匙有银、铜和竹，朱权用椰壳制成茶匙。因为朱权《茶谱》文中已有茶筅用来击拂茶汤的叙述，按理就不需要相同功能的茶匙再存在，茶匙是否有量取茶粉送入盏中的功能，因为《茶谱》文中没有叙及不得而知。

明代茶书田艺蘅《煮泉小品》中的匙功能上与蔡襄《茶录》和朱权《茶谱》中的茶匙并不相同，是用来舀取盏中茶汤中的茶果食用的。明代饮茶除清饮外，还有在盏中置入茶果饮用的习俗。茶果是指饮茶时放在茶水中的某些水果和经过加过的某些蔬菜。"今人荐茶，类下茶果，此尤近俗。纵是佳者，能损真味，亦宜去之。且下果则必用匙，若金银，大非山居之器，而铜又生腥，皆不可也。若旧称北人和以酥酪，蜀人入以白盐，此皆蛮饮，固不足责耳。"② 金银太昂贵，普通平民无

---

① （明）朱权：《茶谱》，《艺海汇函》，明抄本。
② （明）田艺蘅：《煮泉小品》，《四库全书存目丛书·子部》第 80 册，齐鲁书社 1997 年版。

第一章 明代的茶具

法使用，铜又有腥味，也不宜使用，但田艺蘅并没指出匙的材质以何者为宜。

明代茶书顾元庆《茶谱》所引盛虞《王友石竹炉并分封六事》中的饮茶用具有注春、运锋、啜香、撩云。注春也即瓷壶，运锋是劙果刀，也即用来切果的果刀，说明当时饮茶往往是要置入茶果的，啜香也即建盏，即用来饮茶的茶瓯，撩云是竹茶匙，用来饮茶时取果食用。①

明代茶书许次纾《茶疏》中正式的饮茶用具是被称为瓯的茶盏和被称为注的茶壶。但另外实际还有匙，《不宜用》条列出的不宜用物品就有"铜匙"，之所以不宜用是因为铜带腥味会影响茶味。虽然将之列为不宜用，但也说明许次纾心目中还是存在饮茶时用匙取果食用的情形。

盛器和摆设用具也是茶具中重要的器具。唐代茶书陆羽《茶经》之《四之器》中的盛器有畚和都篮，摆设用具为具列。"畚，以白蒲卷而编之。可贮碗十枚。或用筥。其纸帊以剡纸夹缝，令方，亦十之也。"也即畚用白蒲编制而成，或用本来盛炭的筥也可，衬以剡纸，都可放碗十只。"都篮，以悉设诸器而名之。以竹篾内作三角方眼，外以双篾阔者经之，以单篾纤者缚之，递压双经，作方眼，使玲珑。高一尺五寸，底阔一尺、高二寸，长二尺四寸，阔二尺。"都蓝，用来盛装烹茶用的所有用具，用竹篾编制而成。"具列，或作床，或作架，或纯木、纯竹而制之。或木或竹，黄黑可扃而漆者，长三尺，阔二尺，高六寸。具列者，悉敛诸器物，悉以陈列也。"② 具列，作床或架状，用木、竹制成，用来烹茶时陈列诸种茶具。

宋代茶书中未见盛器和摆设用具。

明代茶书朱权《茶谱》中的陈设用具为茶架。"茶架，今人多用木，雕镂藻饰，尚于华丽。予制以斑竹、紫竹，最清。"茶架当时多用

---

① （明）顾元庆：《茶谱》，《续修四库全书》第1115册，上海古籍出版社2003年版。
② （唐）陆羽：《茶经》卷中《四之器》，《丛书集成新编》第47册，新文丰出版公司1985年版。

香茗雅器：明代茶具与明代社会

木制成，朱权制以竹。《茶谱》序言叙及了用以陈列的竹架："候茶出相宜，以茶筅摔令沫不浮，乃成云头雨脚，分于啜瓯，置之竹架，童子捧献于前。"①

明代茶书顾元庆《茶谱》引盛虞《王友石竹炉并分封六事》中的盛器有苦节君行省、纳敬、器局和品司。"茶具六事分封，悉贮于此，侍从苦节君于泉石山斋亭馆间，执事者故以行省名之。……得是以管摄众器，固无一阙，况兼以惠麓之泉，阳羡之茶，乌乎废哉？陆鸿渐所谓都篮者，此其是与？款识以湘筼编制，因见图谱，故不暇论。"苦节君行省收贮建城（即藏茶的茶笼）、云屯（即盛水的瓷瓶）、乌府（即盛炭的炭篓）、"水曹"（用于盛水盥洗的木盆）、器具（用来盛放16种茶具的盛器）和品司（用来盛放茶果的盛器）六和茶具，用竹编制而成，相当于陆羽《茶经》中的都蓝。"纳敬，竹茶囊也。"纳敬是用来盛放茶盏的竹篮。"右茶具十六事，收贮于器局，供役苦节君者，故立名管之，盖欲统归于一，以其素有贞心雅操而自能守之也。"器局用来收贮16种茶具木竹制成的箱形盛器。"古者，茶有品香而入贡者，微以龙脑和膏，欲助其香，反失其真。煮而膻鼎腥瓯，点杂枣、橘、葱、姜，夺其真味者尤甚。今茶产于阳羡山中，珍重一时，煎法又得赵州之传，虽欲啜时，入以笋、榄、瓜仁、芹蒿之属，则清而且佳。因命湘君设司检束，而前之所忌乱真味者，不敢窥其门矣。"②品司是用来盛放茶果的盛器，用来烹茶的茶果是有所选择的，从"命湘君设司检束"一语判断，这种器具是用竹制成的，从附图来看，品司是上有提手的箱状器物。

明代茶书许次纾《茶疏》中并未将盛器和摆设用具作为正式茶具，但也出现了摆设用具的身影。《荡涤》条曰："汤铫瓯注，最宜燥洁。每日晨兴，必以沸汤荡涤，用极熟黄麻巾蜕向内拭干，以竹编架覆而求

---

① （明）朱权：《茶谱》，《艺海汇函》，明抄本。
② （明）顾元庆：《茶谱》，《续修四库全书》第1115册，上海古籍出版社2003年版。

第一章 明代的茶具

之燥处，烹时随意取用。"① 此处竹编架是用来摆设的器具。

明代茶书程用宾《茶录》中的盛器有都蓝和篮，摆设用具有具列。"都篮。按《经》以总摄诸器而名之，制以竹篾。今拟携游山斋亭馆泉石之具。"都蓝用竹篾制成，盛放各种茶具，可携带都蓝盛装各种茶具出游。"篮。拟《经》之漉水囊也，以支盥器，用竹为之。"结合附图篮是用来盛放盏、"杓"的竹制手提盛器。"具列。按，《经》或作床，或作架，或纯木纯竹而制之。长三尺，阔二尺，高六寸，以列器。"②具列为床或架状，用竹、木制成，用来摆放各种器具。

中国古代的烹茶十分注重清洁，因此茶具中清洁用具也很重要。唐代茶书陆羽《茶经》之《四之器》中的清洁用具有漉水囊、札、涤方、滓方和巾。"漉水囊，若常用者，其格以生铜铸之，以备水湿，无有苔秽腥涩意。以熟铜苔秽，铁腥涩也。林栖谷隐者，或用之竹木。木与竹非持久涉远之具，故用之生铜。其囊，织青竹以卷之，裁碧缣以缝之，纽翠钿以缀之。又作绿油囊以贮之，圆径五寸，柄一寸五分。"漉水囊是用来滤水的用具，将水中的小虫、杂质等物滤去，以生铜制者最佳，无腥涩味。"札，缉栟榈皮以茱萸木夹而缚之，或截竹束而管之，若巨笔形。"札也即刷子，前端装上棕榈皮，把手为茱萸木或竹，是用来清洁器物的器具。③ "涤方，以贮涤洗之余，用楸木合之，制如水方，受八升。"这是用来盛放洗涤用水的器具，外形如水方，木制而成。"滓方，以集诸滓，制如涤方，处五升。"这是用来收集盛放茶渣、残水的器具，制作外形如涤方。巾也叫巾。"巾，以绝布为之，长二尺，作二枚，互用之，以洁诸器。"④ 巾用粗绸制成，用来揩拭洁净诸物。

明代茶书朱权《茶谱》涉及的清洁用具有茶帚和水滤。"茶炉。……

---

① （明）许次纾：《茶疏》，《四库全书存目丛书·子部》第79册，齐鲁书社1997年版。
② （明）程用宾：《茶录》，明万历三十二年戴凤仪刻本。
③ 亦有观点认为札是饮茶用具。如姚国坤、胡小军在《中国古代茶具》一书中即认为："札……供饮茶时调清茶用。"（上海文化出版社1998年版，第14页）
④ （唐）陆羽：《茶经》卷中《四之器》，《丛书集成新编》第47册，新文丰出版公司1985年版。

☙ 香茗雅器：明代茶具与明代社会

把手用藤扎，两傍用钩，挂以茶帚、茶筅、炊筒、水滤于上。"① 茶帚用来清扫碾茶时溢出的茶粉，水滤用来对水过滤清除杂质。

明代茶书顾元庆《茶谱》引盛虞《王友石竹炉并分封六事》中的清洁用具有"水曹""漉尘"和"受污"。"凡苦节君器物用事之余，未免有残沥微垢，皆赖水沃盥，名其器曰水曹，如人之濯于盘水，则垢除体洁，而有日新之功。岂不有关于世教也耶！""水曹"是用来盥洗各种茶具的木制盛水器物（图 1-14）。"漉尘，洗茶篮也。……受污，拭抹布也。"② 漉尘是用来淋洗茶叶去除尘土的器具，这种篮可能用竹制成，受污是用来揩抹茶具的抹布。

图 1-14 用以洗涤的"水曹"（引自顾元庆《茶谱》）

---

① （明）朱权：《茶谱》，《艺海汇函》，明抄本。
② （明）顾元庆：《茶谱》，《续修四库全书》第 1115 册，上海古籍出版社 2003 年版。

第一章 明代的茶具

明代茶书程用宾《茶录》中的清洁用具有水方和巾。"水方。按，《经》以稠木、槐、楸、梓等合之，受一斗。今以之沃盥。"此处水方与陆羽《茶经》中的水方作用并不相同，不是盛水用具，而是用来盛水盥洗各种茶具的洁具。"巾。按，《经》作二枚互用，以洁诸器。"①巾是用来清洁诸茶具的抹布。

明代茶书许次纾《茶疏》中的清洁用具是巾。《荡涤》条曰："汤铫瓯注，最宜燥洁。每日晨兴，必以沸汤荡涤，用极熟黄麻巾帨向内拭干，以竹编架覆而求之燥处，烹时随意取用。"这种巾是黄麻制成的。在《出游》条列举的各种出游时建议携带的茶具包括巾："茶罂一，注二，铫一，小瓯四，洗一，瓷合一，铜炉一，小面洗一，巾副之"。在《不宜用》条列举的各种不宜用的诸事物中，包括"不洁巾帨"，不洁的抹布不但不能清洁茶具，反而会产生玷污。②

明代茶书张源《茶录》和程用宾《茶录》中均记载了材质为麻布的抹布。张源《茶录》将抹布称为拭盏布："饮茶前后，俱用细麻布拭盏，其他易秽，不宜用。"③ 程用宾《茶录》中抹布被称为巾："巾。按《经》作二枚互用，以洁诸器。"附图中将巾称为麻巾，说明是用麻布制成的。程用宾《茶录》之《器具》条指出了抹布用麻布的好处："拭具布用细麻布，有三妙：曰耐秽，曰避臭，曰易干。"④

明代茶书张丑《茶经》中的清洁用具是茶洗。"茶洗，以银为之，制如碗式，而底穿数孔，用洗茶叶，凡沙垢皆从孔中流出，亦烹试家不可缺者。"茶洗是用来冲洗茶叶上的尘垢的用具，此处茶洗为银制，碗状，下有孔。"洗茶。凡烹蒸熟茶，先以热汤洗一两次，去其尘垢冷气，而烹之则美。"⑤ 洗茶不但有去除尘垢的作用，还可使茶味得到更

---

① （明）程用宾：《茶录》，明万历三十二年戴凤仪刻本。
② （明）许次纾：《茶疏》，《四库全书存目丛书·子部》第79册，齐鲁书社1997年版。
③ （明）张源：《茶录》，喻政《茶书》，明万历四十一年刻本。
④ （明）程用宾：《茶录》，明万历三十二年戴凤仪刻本。
⑤ （明）张丑：《茶经》，《中国古代茶道秘本五十种》第2册，全国图书馆文献缩微复制中心2003年版。

香茗雅器：明代茶具与明代社会

好的发挥而更美。茶洗似乎是明代特有的茶具，唐宋时期未见，清代也不再流行。

冯可宾《岕茶笺》中的茶洗被称为涤器。"以热水涤茶叶，水不可太滚，滚则一涤无馀味矣。以竹箸夹茶于涤器中，反复涤荡，去尘土、黄叶、老梗净，以手搦干，置涤器内盖定。少刻开视，色青香烈，急取沸水泼之。"① 洗茶的作用除了去除茶中尘土和杂质，还可发挥茶香。

明代茶书周高起《阳羡茗壶系》中也有关于茶洗的叙述。"茶洗，式如扁壶，中加一盎鬲而细窍其底，便过水漉沙。茶藏，以闭洗过茶者，仲美、君用各有奇制，皆壶史之从事也。"② 此种茶洗是何材质文中未说明不得而知，茶藏是用来置放洗过的茶叶的，是茶洗的附属用具。另外周高起所著茶书《洞山岕茶系》中还有有关岕茶如何清洗的内容："岕茶德全，策勋惟归洗控。沸汤泼叶即起，洗鬲敛其出液，候汤可下指，即下洗鬲排荡沙沫；复起，并指控干，闭之茶藏候投。盖他茶欲按时分投，惟岕既经洗控，神理绵绵，止须上投耳。"③ 岕茶要得到更好地冲泡，很大程度归功于洗茶。

二 诗歌中的其他茶具

中国古代茶诗中出现频率最高的茶具毫无疑问是炉、盏和壶（包括壶的前身鍑、铫等煮水器），但还存在一些其他茶具，这些茶具可分为藏茶用具、烤茶碾茶用具、盛水取水用具、饮茶用具和清洁用具等。

在古代茶诗中唐代就已出现藏茶用具。如唐人卢纶《新茶咏》诗曰："三献蓬莱始一尝，日调金鼎阅芳香。贮之玉合才半饼，寄与惠连题数行。"④ 新茶贮于"玉合"之中，此玉合是何材质诗中并未言明，

---

① （明）冯可宾：《岕茶笺》，《丛书集成续编》第86册，新文丰出版公司1988年版。
② （明）周高起：《阳羡茗壶系》，《丛书集成续编》第90册，新文丰出版公司1988年版。
③ （明）周高起：《洞山岕茶系》，《丛书集成续编》第86册，新文丰出版公司1988年版。
④ （清）彭定求等：《全唐诗》卷279，中华书局1960年版，第3177页。

第一章 明代的茶具

可能为瓷器。

到宋代，茶诗中已大量出现藏茶用具，主要有茶笼和茶瓶两类。宋苏轼《焦千之求惠山泉诗》诗曰："赤泥开方印，紫饼截团玉。……故人怜我病，箬笼寄新馥。"① 箬笼应为箬编竹制的茶笼，用来贮茶。宋陆游《初夏》诗曰："闽川茶笼犹沾及，肺渴朝来顿欲苏。"② 诗中茶笼用来藏茶。宋欧阳修《尝新茶呈圣俞》诗曰："鄙哉谷雨枪与旗，多不足贵如刈麻。建安太守急寄我，香箬包裹封题斜。"③ 此诗中的茶叶用箬叶包裹，且上有封题，这些茶叶也应藏于茶笼之中。

以下三首宋诗中藏茶用具为瓷质茶瓶。杨万里《谢岳大用提举郎中寄茶果药物三首（日铸茶）》诗曰："瓷瓶蜡纸印丹砂，日铸春风出使家。白锦秋鹰微露爪，青瑶晓树未成芽。"④ 张镃《许深父送日铸茶》："短笺欣见小龙蛇，谏省初颁越岭茶。瓷缶秘香蒙翠箬，蜡封承印湿丹砂。"⑤ 赵蕃《谢莫升之惠茶》："双罂稍缀焙中茶，好卧黄绸稳听衙。御雨况闻当用瓦，固知不怕落檐花。"⑥ 此三首诗中的茶瓶分别被称为瓷瓶、瓷缶和双罂。以下三首宋诗中的藏茶用具皆为瓶，诗中未点明材质，可能为瓷，也可能是其他。章甫《叶子逸以惠山泉瀹日铸新茶饷予与常郑卿》："惠山甘泉苦不冷，日铸茶香方是真。……瓶芽分送已无余，杯水尚容消午渴。"⑦ 韩淲《叶侍郎寄乌石茶昌甫诗谢之

---

① 北京大学古文献研究所：《全宋诗》卷791，北京大学出版社1991—1998年版，第9158页。
② 北京大学古文献研究所：《全宋诗》卷2241，北京大学出版社1991—1998年版，第25051页。
③ 北京大学古文献研究所：《全宋诗》卷288，北京大学出版社1991—1998年版，第3646页。
④ 北京大学古文献研究所：《全宋诗》卷2318，北京大学出版社1991—1998年版，第26340页。
⑤ 北京大学古文献研究所：《全宋诗》卷2688，北京大学出版社1991—1998年版，第31616页。
⑥ 北京大学古文献研究所：《全宋诗》卷2642，北京大学出版社1991—1998年版，第30792页。
⑦ 北京大学古文献研究所：《全宋诗》卷2517，北京大学出版社1991—1998年版，第29055页。

♨ 香茗雅器：明代茶具与明代社会

次韵同赋》："瓶茶远自水心寄，缄诗又谢章泉分。拣芽为赠信灵物，回味有功非世勋。"① 周必大《胡邦衡生日以诗送北苑八銙日注二瓶》："贺客称觞满冠霞，悬知酒渴正思茶。尚书八饼分闽焙，主簿双瓶拣越芽。"②

  明代诗歌中的藏茶用具也主要是茶笼和茶瓶。以下三首诗中的藏茶用具皆为茶笼。盛时泰《大城山房十咏·茶函》诗曰："已倩缘筠自织，还教青箬重封。不赠当年冯异，可容此日卢仝。"③ 筠为竹子之意，说明诗中的茶函是竹子编织箬叶密封的茶笼。胡奎《何本先以天香茶见惠奉赋一首》诗曰："金粟与金芽，都收陆羽家。……煨焙筠笼火，凉敲玉臼砂。"④ 筠笼即为竹制茶笼。费宏《和赵侍御煎茶韵呈巡按陈崇之》："凭探箬笼出先春，敲臼仍呼隔竹人。"⑤ 此诗中的茶也是藏于箬叶封存的茶笼之中。

  以下三首诗中的藏茶用具为茶瓶。元末明初张昱诗曰："龙虎山中有道家，上清剑履绚晴霞。依时进谒棕毛殿，坐赐金瓶数十茶。"⑥ 此诗中的茶瓶为金瓶。明末清初周亮工《闽茶曲并注》诗曰："延津廖地胜支提，山下萌芽山上奇。学得新安方锡罐，松萝小款恰相宜（……闽人以粗瓷胆瓶贮茶，近鼓山支提新茗出，一时学新安，制为方圆锡具，便觉神采奕奕）。"⑦ 此诗中将锡制茶瓶称为罐，闽人本用瓷瓶贮茶，近来学新安（即徽州）用方、圆的锡罐藏茶。吴尔施《上石西

---

  ① 北京大学古文献研究所：《全宋诗》卷 2768，北京大学出版社 1991—1998 年版，第 32683 页。
  ② 北京大学古文献研究所：《全宋诗》卷 2331，北京大学出版社 1991—1998 年版，第 26718 页。
  ③ （明）醉茶消客：《茶书》，明抄本。
  ④ （明）胡奎：《斗南老人集》卷 3，《景印文渊阁四库全书》第 1233 册，台湾商务印书馆 1986 年版。
  ⑤ （明）曹学佺：《石仓历代诗选》卷 430，《景印文渊阁四库全书》第 1387—1394 册，台湾商务印书馆 1986 年版。
  ⑥ （明）张昱：《可闲老人集》之《补遗》，《景印文渊阁四库全书》第 1222 册，台湾商务印书馆 1986 年版。
  ⑦ （清）周亮工：《闽小记》卷 1，上海古籍出版社 1985 年版，第 65—70 页。

第一章 明代的茶具

州》:"马跑相传旧有泉,行人消渴欲流涎。瓶中携得家园茗,太子亭边竹火煎。"① 此诗中茶瓶不知是何材质。

明代茶诗中用来包裹封闭茶叶的除前述诗歌中的箬叶外,还有绢。例如文徵明《煮茶》诗曰:"绢封阳羡月,瓦缶惠山泉。"② 又如胡奎《何本先以天香茶见惠奉赋一首》诗曰:"金粟与金芽,都收陆羽家。……饼制龙团小,书封白绢斜。"③

唐宋流行的茶叶是饼茶,烤茶碾茶用具不可或缺,唐宋茶诗中常出现的碾茶工具有臼、碾和磨等。明代已不太流行饼茶,叶茶更为盛行,但从明代茶诗来看,烤茶碾茶用具并未完全退出历史舞台,一定程度还存在于社会之中。

唐代茶诗中的烤茶碾茶用具主要有茶臼和茶碾。以下两首唐诗中的碾茶器具为茶臼。茶臼一般为碗钵状,在碗钵中用杵把茶叶捣碎碾磨为粉末状。柳宗元《夏昼偶作》诗曰:"日午独觉无馀声,山童隔竹敲茶臼。"④ 郑愚《茶诗》诗曰:"夜臼和烟捣,寒炉对雪烹。惟忧碧粉散,尝见绿花生。"⑤

以下三首唐诗中的碾茶器具为茶碾。李群玉《龙山人惠石廪方及团茶》:"珪璧相压叠,积芳莫能加。碾成黄金粉,轻嫩如松花。"⑥ 曹邺(一作李德裕)《故人寄茶》:"剑外九华英,缄题下玉京。开时微月上,碾处乱泉声。"⑦ 齐己《闻道林诸友尝茶因有寄》:"枪旗冉冉绿丛园,谷雨初晴叫杜鹃。摘带岳华蒸晓露,碾和松粉煮春泉。"⑧

---

① (清)汪森:《粤西诗载》卷24,《景印文渊阁四库全书》第1465册,台湾商务印书馆1986年版。
② (明)文徵明:《甫田集》卷12,《景印文渊阁四库全书》第1273册,台湾商务印书馆1986年版。
③ (明)胡奎:《斗南老人集》卷3,《景印文渊阁四库全书》第1233册,台湾商务印书馆1986年版。
④ (清)彭定求等:《全唐诗》卷352,中华书局1960年版,第3948页。
⑤ (清)彭定求等:《全唐诗》卷597,中华书局1960年版,第6911页。
⑥ (清)彭定求等:《全唐诗》卷568,中华书局1960年版,第6579页。
⑦ (清)彭定求等:《全唐诗》卷593,中华书局1960年版,第6872页。
⑧ (清)彭定求等:《全唐诗》卷846,中华书局1960年版,第9571页。

♨ 香茗雅器：明代茶具与明代社会

唐诗中的茶碾一般为铁制。下举三例。齐己《尝茶》："石屋晚烟生，松窗铁碾声。"[1] 徐夤《尚书惠蜡面茶》："金槽和碾沈香末，冰碗轻涵翠缕烟。"[2] 李咸用《谢僧寄茶》："金槽无声飞碧烟，赤兽呵冰急铁喧。"[3] 所谓金槽是指茶碾的铁槽。另唐诗中也有茶碾为玉质的情况。如元稹《茶》："茶，香叶，嫩芽。慕诗客，爱僧家。碾雕白玉，罗织红纱。"[4] 也即茶碾用白玉雕成，茶罗用红纱织成。

宋代诗歌中主要的烤茶碾茶用具有茶臼、茶碾、茶磨和茶罗。以下三首宋诗中的碾茶器具为茶臼。秦观《茶臼》："幽人耽茗饮，刳木事捣撞。巧制合臼形，雅音侔柷椌。……所宜玉兔捣，不必力士扛。愿偕黄金碾，自比白玉缸。"[5] 此诗说明这种茶具为木制而成，功能与碾一样皆为碾磨茶叶，外形似缸，碾磨茶叶时要用杵捣。林希逸《隔竹敲茶臼》曰："兴入卢仝碗，龙团旋解包。忽闻茶臼响，正隔竹窗敲。……听知童落杵，惊起鹊离巢。"[6] 此诗歌咏了茶臼，还涉及了茶臼的配合工具"杵"。林希逸《烹茶鹤避烟》诗曰："隔竹敲茶臼，禅房汲井烹。山僧吹火急，野鹤避烟行。"[7] 林希逸的这两首诗说明他对茶臼碾茶的声音十分欣赏。

以下几首宋代诗词中的碾茶工具为茶碾。喻良能《就报恩借碾碾茶彝老有诗因次其韵》："断无鹅鸭恼比邻，赖有钟鱼隔竹闻。故遣新茶就佳硙，要供戏彩满瓯云。"[8] 此诗将碾称为硙，硙本为磨之意，

---

[1] （清）彭定求等：《全唐诗》卷838，中华书局1960年版，第9450页。
[2] （清）彭定求等：《全唐诗》卷780，中华书局1960年版，第8153页。
[3] （清）彭定求等：《全唐诗》卷644，中华书局1960年版，第7386页。
[4] （清）彭定求等：《全唐诗》卷423，中华书局1960年版，第4652页。
[5] 北京大学古文献研究所：《全宋诗》卷1067，北京大学出版社1991—1998年版，第12128页。
[6] 北京大学古文献研究所：《全宋诗》卷3124，北京大学出版社1991—1998年版，第37347页。
[7] 北京大学古文献研究所：《全宋诗》卷3124，北京大学出版社1991—1998年版，第37348页。
[8] 北京大学古文献研究所：《全宋诗》卷2357，北京大学出版社1991—1998年版，第27043页。

第一章 明代的茶具

大概功能相同故有此称。曾几《李相公饷建溪新茗奉寄》："一书说尽故人情，闽岭春风入户庭。碾处曾看眉上白，分时为见眼中青。"① 诗人用碾将茶碾磨成粉，茶粉飘散甚至连眉毛都白了。邓肃《道原惠茗以长句报谢》："瓶笙已作鱼眼从，杨花傍碾轻随风。"② 诗中杨花其实是柳絮，碾茶时茶粉飘起像柳絮一样飘逸。曹冠《朝中措·茶》词曰："春芽北苑小方珪，碾畔玉尘飞。"③ 碾茶时茶粉象玉尘般飞起。

宋代诗词中的碾其材质主要有铜、石和金。宋代茶诗中的碾铜碾最多，下举四例。陈师道《南柯子·问王立之督茶》词曰："但有寒暄问，初无凤鸟过。尘生铜碾网生罗。"④ 梅尧臣《次韵和再拜》诗曰："昔得陇西大铜碾，碾多岁久深且窊。"⑤ 陆游《试茶》："银瓶铜碾俱官样，恨欠纤纤为捧瓯。"⑥ 陆游《七月十日到故山削瓜瀹茗翛然自适》又诗曰："瓜冷霜刀开碧玉，茶香铜碾破苍龙。"⑦

宋代诗词中还有相当一部分茶碾的材质为石，下举三例。林逋《监郡吴殿丞惠以笔墨建茶各吟一绝谢之·茶》词曰："石辗轻飞瑟瑟尘，乳花烹出建溪春。"⑧ 苏轼《寄周安孺茶》诗曰："晴天敞虚府，石碾破轻绿。"⑨ 释德洪《谢性之惠茶》诗曰："午窗石碾哀怨语，活

---

① 北京大学古文献研究所：《全宋诗》卷 1658，北京大学出版社 1991—1998 年版，第 18571 页。
② 北京大学古文献研究所：《全宋诗》卷 1777，北京大学出版社 1991—1998 年版，第 19693 页。
③ 唐圭璋：《全宋词》第 3 册，中华书局 1965 年版，第 1534 页。
④ 唐圭璋：《全宋词》第 1 册，中华书局 1965 年版，第 588 页。
⑤ 北京大学古文献研究所：《全宋诗》卷 261，北京大学出版社 1991—1998 年版，第 3262 页。
⑥ 北京大学古文献研究所：《全宋诗》卷 2241，北京大学出版社 1991—1998 年版，第 24385 页。
⑦ 同上书，第 24702 页。
⑧ 北京大学古文献研究所：《全宋诗》卷 108，北京大学出版社 1991—1998 年版，第 1241 页。
⑨ 北京大学古文献研究所：《全宋诗》卷 831，北京大学出版社 1991—1998 年版，第 9327 页。

☙　香茗雅器：明代茶具与明代社会

火银瓶暗浪翻。"①

宋代诗词中也有一部分茶碾的材质为金。下举数例。范仲淹《和章岷从事斗茶歌》诗曰："黄金碾畔绿尘飞，紫玉瓯心雪涛起。"② 王庭珪《好事近·茶》词曰："黄金碾入碧花瓯，瓯翻素涛色。"③ 秦观《茶》诗曰："茶实嘉木英，其香乃天育。……玉鼎注漫流，金碾响丈竹。"④ 刘过《临江仙·茶词》："饮罢清风生两腋，馀香齿颊犹存。……银鞍和月载，金碾为谁分。"⑤

宋代诗词中的碾茶工具除茶臼、茶碾外，还有茶磨，茶磨应该是宋代新出现的碾茶器具，使用茶磨碾茶效率更高，能将茶饼碾磨得更细。梅尧臣有专咏茶磨的诗歌两首。梅尧臣《茶磨二首》曰："楚匠斲山骨，折檀为转脐。乾坤人力内，日月蚁行迷。……盆是荷花磨是莲，谁砻麻石洞中天。欲将雀舌成云末，三尺蛮童一臂旋。"⑥ 诗中茶磨是楚地工匠用山石雕成。苏轼也赋有专咏茶磨的诗歌《次韵黄夷仲茶磨》："前人初用茗饮时，煮之无问叶与骨。寖穷厥味臼始用，复计其初碾方出。计尽功极至于磨，信哉智者能创物。破槽折杵向墙角，亦其遭遇有伸屈。岁久讲求知处所，佳者出自衡山窟。巴蜀石工强镌凿，理疏性软良可咄。予家江阳远莫致，尘土何人为披拂。"⑦ 诗中茶磨是巴蜀石工用山石凿成，诗中内容说明为了追求茶味，碾磨茶叶最早用茶臼，后用茶碾，后又进一步发展为茶磨。以下两首诗也咏及茶磨。苏辙《题方子明道人东

---

① 北京大学古文献研究所：《全宋诗》卷 1344，北京大学出版社 1991—1998 年版，第 15202 页。
② 北京大学古文献研究所：《全宋诗》卷 167，北京大学出版社 1991—1998 年版，第 1868 页。
③ 唐圭璋：《全宋词》第 2 册，中华书局 1965 年版，第 823 页。
④ 北京大学古文献研究所：《全宋诗》卷 1067，北京大学出版社 1991—1998 年版，第 12128 页。
⑤ 唐圭璋：《全宋词》第 3 册，中华书局 1965 年版，第 2152 页。
⑥ 北京大学古文献研究所：《全宋诗》卷 261，北京大学出版社 1991—1998 年版，第 3131 页。
⑦ 北京大学古文献研究所：《全宋诗》卷 831，北京大学出版社 1991—1998 年版，第 9600 页。

第一章 明代的茶具

窗》："客到催茶磨，泉声响石瓶。"① 苏轼《试院煎茶》："蟹眼已过鱼眼生，飕飕欲作松风鸣。蒙茸出磨细珠落，眩转绕瓯飞雪轻。"② 以下两首诗将茶磨称为硙。葛胜仲《次韵中散兄及诸弟寄顾渚茶二首》诗曰："轻瓯延喜凝珍玉，小硙邻虚堕细尘。"③ 张栻《筠州曾使君寄贶中州新芽赋此以谢》："午窗落硙飞琼屑，鸣碗翻汤涌雪花。"④

茶罗是筛茶工具，宋代诗歌中也常出现茶罗的身影。下举三例。晁补之《次韵苏翰林五日扬州石塔寺烹茶》："轻尘散罗曲，乱乳发瓯雪。"⑤ 陈渊《寄椰子様茶罗与光祖颂》："不得其髓而象其皮，胶漆所成甚是而非。有隔其中，罗动尘飞。麤中求细，于焉用筛。"⑥ 陈师道《南柯子·问王立之督茶》："但有寒暄问，初无凤鸟过。尘生铜碾网生罗。"⑦

宋代诗歌中的茶罗追求"细"，也即罗上筛孔小，这样筛出的茶粉就细，避免粗糙。下举数例。丁谓《煎茶》："罗细烹还好，铛新味更全。"⑧ 韩驹《又谢送凤团及建茶》："犹喜晚涂官样在，密罗深碾看飞霜。"⑨ 王洋《尝新茶》："僧窗虚白无埃尘，碾宽罗细杯勺匀。"⑩ 罗从

---

① 北京大学古文献研究所：《全宋诗》卷 873，北京大学出版社 1991—1998 年版，第 9980 页。
② 北京大学古文献研究所：《全宋诗》卷 831，北京大学出版社 1991—1998 年版，第 9160 页。
③ 北京大学古文献研究所：《全宋诗》卷 1368，北京大学出版社 1991—1998 年版，第 15678 页。
④ 北京大学古文献研究所：《全宋诗》卷 2421，北京大学出版社 1991—1998 年版，第 27922 页。
⑤ 北京大学古文献研究所：《全宋诗》卷 1141，北京大学出版社 1991—1998 年版，第 12776 页。
⑥ （宋）陈渊：《默堂集》卷 20，《景印文渊阁四库全书》第 1139 册，台湾商务印书馆 1986 年版。
⑦ 唐圭璋：《全宋词》第 1 册，中华书局 1965 年版，第 588 页。
⑧ 北京大学古文献研究所：《全宋诗》卷 101，北京大学出版社 1991—1998 年版，第 1149 页。
⑨ 北京大学古文献研究所：《全宋诗》卷 1442，北京大学出版社 1991—1998 年版，第 16632 页。
⑩ 北京大学古文献研究所：《全宋诗》卷 1690，北京大学出版社 1991—1998 年版，第 18960 页。

♨ 香茗雅器：明代茶具与明代社会

彦《寄满庭芳》词曰："北苑龙团。江南鹰爪，万里名动京关。碾深罗细，琼芷冷生烟。"①

宋诗中的茶罗多用柘木制成。如陆游《试茶》诗："乳井帘泉方偏试，柘罗铜碾雅相宜。"② 再如周必大《次韵王少府送焦坑茶》诗："敢向柘罗评绿玉，待君同碾试飞尘。"③ 又如苏轼《和蒋夔寄茶》诗："柘罗铜碾弃不用，脂麻白土须盆研。"④ "柘罗"成为固定搭配的词组，说明柘木是最常见的茶罗制作原料。

明代的茶叶最为流行的是叶茶而非饼茶，但饼茶并未完全退出历史舞台，有些人出于特别爱好，或为了发思古之幽情，还存在饮用饼茶的情况。既然饮用饼茶，就需要碾磨工具，明代茶诗中最常见的碾茶工具是茶臼，另外还有茶碾。

以下几首明代诗歌中的碾茶器具是茶臼。吴宽《爱茶歌》诗曰："汤翁爱茶如爱酒，不数三升并五斗。先春堂开无长物，只将茶灶连茶臼。"⑤ 黄省曾《池上纳凉》："石臼碾新茶，冰盘过沈李。"⑥ 江禹奠《被放偶占》："放归吾懒甚，二月寄僧居。……泉飞茶臼冷，云动竹窗虚。"⑦

明代茶诗中对茶臼碾茶时发出的声响十分欣赏，认为能够烘托闲适清雅的意境。如童轩《闲居漫兴》："泉烹建溪茗，香霭博山炉。……

---

① （宋）吴曾：《能改斋漫录》卷17《乐府下》，《景印文渊阁四库全书》第850册，台湾商务印书馆1986年版。

② 北京大学古文献研究所：《全宋诗》卷2241，北京大学出版社1991—1998年版，第25060页。

③ 北京大学古文献研究所：《全宋诗》卷2331，北京大学出版社1991—1998年版，第26701页。

④ 北京大学古文献研究所：《全宋诗》卷831，北京大学出版社1991—1998年版，第9219页。

⑤ （明）吴宽：《家藏集》卷4，《景印文渊阁四库全书》第1255册，台湾商务印书馆1986年版。

⑥ （明）曹学佺：《石仓历代诗选》卷501，《景印文渊阁四库全书》第1387—1394册，台湾商务印书馆1986年版。

⑦ （清）朱彝尊：《明诗综》卷69，《景印文渊阁四库全书》第1459—1460册，台湾商务印书馆1986年版。

第一章 明代的茶具

竹里敲茶臼，花前倒酒尊。"① 又如李承芳《依韵和答雷敏秀才》："无机理即堪忘我，不朽名应却累人。茶臼敲风松叶响，酒杯邀月竹根陈。"② 再如马愈《次韵沈陶庵题有竹庄诗》："独携真诰西林住，便是仙人葛稚川。一个茅亭修竹里，几声茶臼夕阳边。"③ 再如陈铎《春晚过程竹溪用韵》："春日春盘荐白鱼，地幽全胜野人居。诗篇静阅新晴后，茶臼闲敲午梦余。"④

茶碾也出现在明代诗歌之中，只是出现的频率远小于茶臼。下举数例。顾清《首夏即事》诗曰："小碾试茶催瀹鼎，轻刀裁葛已成衣。"⑤ 王世懋《苏幕遮·夏景题茶》词曰："无那多情偏著意，碧碾旗枪，玉沸中冷水。"⑥ 史自守《过石碑村居》诗曰："床边珠滴春筥酒，灯下尘飞夜碾茶。"⑦

烹茶过程必须用水，所以盛水取水用具是不可或缺的。中国现存最早的茶诗西晋杜育所作的《荈赋》就已涉及取水用具。《荈赋》曰："器择陶简，出自东隅；酌之以匏，取式公刘。"⑧ 匏即是用葫芦做成的取水用具水瓢。但奇怪的是在十分丰富的唐代茶诗中并未发现咏及盛水取水用具的诗歌。

宋代诗歌中的盛水用具被称为缸、瓶、罂、罐和瓮等，取水用具被

---

① （明）童轩：《清风亭稿》卷5，《景印文渊阁四库全书》第1247册，台湾商务印书馆1986年版。
② （明）曹学佺：《石仓历代诗选》卷465，《景印文渊阁四库全书》第1387—1394册，台湾商务印书馆1986年版。
③ （清）张豫章等：《御选明诗》卷75，《景印文渊阁四库全书》第1442—1444册，台湾商务印书馆1986年版。
④ （清）张豫章等：《御选明诗》卷80，《景印文渊阁四库全书》第1442—1444册，台湾商务印书馆1986年版。
⑤ （清）张豫章等：《御选明诗》卷77，《景印文渊阁四库全书》第1442—1444册，台湾商务印书馆1986年版。
⑥ （清）陈梦雷：《古今图书集成·食货典》卷295，中华书局1934年版。
⑦ （清）胡文学：《甬上耆旧诗》卷16，《景印文渊阁四库全书》第1256册，台湾商务印书馆1986年版。
⑧ （唐）欧阳询等：《艺文类聚》卷82，《景印文渊阁四库全书》第887—888册，台湾商务印书馆1986年版。

称为瓢和"杓"等。以下两首宋诗中的盛水用具被称为缸。梅尧臣《平山堂留题》诗曰："陆羽井苔黏瓦缸，煎铛泻鼎声淙淙。"① 郭祥正《谢胡丞寄锡泉十瓶》诗曰："幸遇佳客便，十缸附轻船。开缸潄清冷，不待同茗煎。"② 该诗标题将盛水用具称为瓶，但诗句却又称为缸，说明在诗人看来瓶、缸是可互称的。

以下几首宋诗将盛水用具称为瓶。强至《惠山泉》诗曰："封寄晋陵船，东南第一泉。出瓶云液碎，落鼎月波圆。"③ 刘挚《石生煎茶》诗曰："石生兰溪来，手提溪泉瓶。"④ 张履信《访丹阳玉乳泉已变昏黑因赋诗》诗曰："观音寺里泉经品，今日唯存玉乳名。定是年来无陆子，甘香收入柳枝瓶。"⑤ 陈埙《分水道中》诗曰："松窗竹牖人家静，旋借沙瓶汲涧泉。"⑥

有时盛水用具也被称为罂。下举三例。苏轼《寄周安孺茶》诗曰："陆子咤中泠，次乃康王谷。蝾培顷曾尝，瓶罂走僮仆。"⑦ 李纲《谷帘泉》诗曰："甘泉多自名山出，世品谷帘为第一。……坐令仆隶致瓶罂，是非诚否良难诘。"⑧ 王十朋《虾蟆碚水》诗曰："虾蟆好居水，背水以自濡。……我亦走瓶罂，一瓯瀹云腴。"⑨ 三首诗均将瓶、罂合

---

① 北京大学古文献研究所：《全宋诗》卷 261，北京大学出版社 1991—1998 年版，第 3204 页。

② 北京大学古文献研究所：《全宋诗》卷 779，北京大学出版社 1991—1998 年版，第 8884 页。

③ 北京大学古文献研究所：《全宋诗》卷 594，北京大学出版社 1991—1998 年版，第 6941 页。

④ 北京大学古文献研究所：《全宋诗》卷 679，北京大学出版社 1991—1998 年版，第 7922 页。

⑤ 北京大学古文献研究所：《全宋诗》卷 2729，北京大学出版社 1991—1998 年版，第 32126 页。

⑥ （清）厉鹗：《宋诗纪事》卷 61，《景印文渊阁四库全书》第 1484—1485 册，台湾商务印书馆 1986 年版。

⑦ 北京大学古文献研究所：《全宋诗》卷 831，北京大学出版社 1991—1998 年版，第 9327 页。

⑧ 北京大学古文献研究所：《全宋诗》卷 1569，北京大学出版社 1991—1998 年版，第 17669 页。

⑨ 北京大学古文献研究所：《全宋诗》卷 2042，北京大学出版社 1991—1998 年版，第 22872 页。

第一章 明代的茶具

称，原因两者性质一致，皆为盛水用具，甚至可互称。

宋诗中也有将盛水用具称为罐、瓮或钵的。苏辙《和子瞻调水符》将盛水用具称为罐："何用费卒徒，取水负瓢罐。"① 苏轼《汲江煎茶》将盛水用具称为瓮："活水还须活火烹，自临钓石取深清。大瓢贮月归春瓮，小杓分江入夜瓶。雪乳已翻煎处脚，松风忽作泻时声。"② 此诗中的瓮和瓶是盛水用具。黄庭坚《寄新茶与南禅师》将盛水用具称为钵："筠焙熟香茶，能医病眼花。……石钵收云液，铜瓶煮露华。"③

宋诗中一般将取水用具称为瓢或"杓"。瓢一般用葫芦剖制而成，"杓"一般为木制。苏轼《汲江煎茶》诗曰："活水还须活火烹，自临钓石取深清。大瓢贮月归春瓮，小杓分江入夜瓶。"④ 诗中的取水用具分别是瓢和"杓"。苏辙《和子瞻调水符》："渴饮吾井泉，饥食甑中饭。何用费卒徒，取水负瓢罐。"⑤ 诗中取水用具为瓢。周弼《陆羽泉》将取水用具称为牺："拟酌松根泉，先酹松下土。瓯牺副都篮，拾薪自煎煮。"⑥ 牺是"杓"的古称。唐陆羽《茶经》曰："牺，木杓也。今常用以梨木为之。"⑦

明代诗歌中的盛水用具被称为瓮、瓶和罂等，取水用具被称为瓢和"杓"。以下几首明诗将盛水用具称为瓮。方侯《中汲惠泉》诗曰："飞花点点逐春泥，拍瓮名泉远见携。即使煎烹供细酌，亦知恬澹称幽栖。"⑧

---

① 北京大学古文献研究所：《全宋诗》卷973，北京大学出版社1991—1998年版，第9838页。
② 北京大学古文献研究所：《全宋诗》卷831，北京大学出版社1991—1998年版，第9567页。
③ 北京大学古文献研究所：《全宋诗》卷1027，北京大学出版社1991—1998年版，第11649页。
④ 北京大学古文献研究所：《全宋诗》卷831，北京大学出版社1991—1998年版，第9567页。
⑤ 北京大学古文献研究所：《全宋诗》卷973，北京大学出版社1991—1998年版，第9838页。
⑥ 北京大学古文献研究所：《全宋诗》卷3149，北京大学出版社1991—1998年版，第37739页。
⑦ （唐）陆羽：《茶经》卷中《四之器》，《丛书集成新编》第47册，新文丰出版公司1985年版。
⑧ （明）醉茶消客：《茶书》，明抄本。

♨ 香茗雅器：明代茶具与明代社会

李梦阳《谢友送惠山泉》诗曰："开瓮滴滴皆新泉，敢谓君非山水仙。"① 凌云翰《冷泉雪涧》诗曰："下有流泉上有松，诸山罗列玉芙蓉。……汲去煮茶随瓮抱，引来刳木入厨供。"② 吴宽《谢吴东涧惠悟道泉》诗："试茶曾忆廿年前，抱瓮倾来味宛然。"③ 王洪《少师姚公见寄新茗兼示以诗谨奉和答酬二首》诗："常笑茶经收未遍，每于泉品较来真。云涛泛晓当窗响，涧月分秋入瓮新。"④

明代诗歌中的瓮有不同材质。吴宽《谢吴承翰送悟道泉有序》诗序曰："一日鸣翰弟承翰使人舁巨瓮以水见饷，予嘉其意，以诗谢之。"诗曰："试茶忆在廿年前，碧瓮舁来味宛然。"⑤ 吴宽《侄奕勺泉烹茶风味甚胜》又诗曰："碧瓮泉清初入夜，铜炉火暖自生春。"⑥ 诗中所谓碧瓮，应为青瓷的盛水用具。孙一元《夜起煮茶》诗曰："碎擘月团细，分灯来夜缸。瓦铛然野竹，石瓮泻秋江。"⑦ 此诗中的瓮为石质的。吴宽《饮玉泉二首》诗曰："地底洞名疑小有，江南泉品类中泠。御厨络绎驰银瓮，僧寺分明枕玉屏。"⑧ 此诗中的盛水用具为银瓮。

以下几首明代诗歌中的盛水用具为瓶。何汉宗《惠泉》诗曰："呼童汲水瓶将得，待客烹茶酒易醒。"⑨ 文徵明《还过无锡同诸友游慧山

---

① （明）醉茶消客：《茶书》，明抄本。
② （明）凌云翰：《柘轩集》卷2，《景印文渊阁四库全书》第1227册，台湾商务印书馆1986年版。
③ （明）钱谷：《吴都文粹续集》卷33，《景印文渊阁四库全书》第1385—1386册，台湾商务印书馆1986年版。
④ （明）王洪：《毅斋集》卷4，《景印文渊阁四库全书》第1237册，台湾商务印书馆1986年版。
⑤ （明）吴宽：《家藏集》卷20，《景印文渊阁四库全书》第1255册，台湾商务印书馆1986年版。
⑥ （明）吴宽：《家藏集》卷20，《景印文渊阁四库全书》第1255册，台湾商务印书馆1986年版。
⑦ （明）孙一元：《太白山人漫藁》卷4，《景印文渊阁四库全书》第1268册，台湾商务印书馆1986年版。
⑧ （明）吴宽：《家藏集》卷17，《景印文渊阁四库全书》第1255册，台湾商务印书馆1986年版。
⑨ （清）汪森：《粤西诗载》卷15，《景印文渊阁四库全书》第1465册，台湾商务印书馆1986年版。

第一章 明代的茶具

酌泉试茗》诗曰："妙绝龙山水，相傅陆羽开。……解维忘未得，汲取小瓶回。"① 徐贲《赋得石井赠虎丘蟾书记》诗曰："来款生公室，因寻陆羽泉。……竹引归香积，瓶分供法筵。"② 胡奎《赋惠山泉送张征君之无锡》："往年曾识惠山人，遗我灵泉一味真。……此去茅斋休煮雪，山瓶还许寄来频。"③ 胡应麟《茶灶（水记桐庐第十九）》诗曰："夜凉起南轩，然藜煮雀舌。山童荷担归，满瓮严陵月。"④

明诗中被称为瓶的盛水用具有瓷、陶和铜等。以下两诗中的瓶应为瓷瓶。范景文《过泉林得灵字》诗曰："风闲夜静几曾停，百道珍珠泻玉瓶。"⑤ 王宠《七宝泉》诗曰："携来双玉瓶，酌以黄金瓯。"⑥ 诗中"玉瓶"应是对瓷瓶的美称。文徵明《游慧山》诗曰："惠山清梦特相牵，裹茗来尝第二泉。惭愧客途难尽味，瓦瓶汲取趁航船。"⑦ 此处瓦瓶为陶瓶。胡应麟《詹东图有茶癖即所居为醉茶轩自言一饮辄可数百杯书来索诗戏成短歌寄赠》诗曰："吾闻陆羽称茶仙，铜瓶细酌中泠泉。"⑧ 胡应麟《惠山泉上小憩薄暮入僧房观王孟端竹炉》又诗曰："江宁擅扬子，谷岂后康王。石鼎流云润，铜瓶贮月凉。"⑨ 胡应麟诗中的盛水用具为铜瓶。

以下几首明诗中的盛水用具为罂。盛时泰《大城山房十咏·茶罂》

---

① （明）文徵明：《文徵明集》补辑卷5，上海古籍出版社1987年版，第863页。
② （明）徐贲：《北郭集》卷4，《景印文渊阁四库全书》第1217册，台湾商务印书馆1986年版。
③ （明）胡奎：《斗南老人集》卷3，《景印文渊阁四库全书》第1233册，台湾商务印书馆1986年版。
④ （明）胡应麟：《少室山房集》卷68，《景印文渊阁四库全书》第1290册，台湾商务印书馆1986年版。
⑤ （明）范景文：《文忠集》卷10，《景印文渊阁四库全书》第1295册，台湾商务印书馆1986年版。
⑥ （明）钱谷：《吴都文粹续集》卷19，《景印文渊阁四库全书》第1385—1386册，台湾商务印书馆1986年版。
⑦ （明）文徵明：《文徵明集》卷14，上海古籍出版社1987年版，第395页。
⑧ （明）胡应麟：《少室山房集》卷24，《景印文渊阁四库全书》第1290册，台湾商务印书馆1986年版。
⑨ （明）胡应麟：《少室山房集》卷38，《景印文渊阁四库全书》第1290册，台湾商务印书馆1986年版。

☙ 香茗雅器：明代茶具与明代社会

诗曰："一瓮细涵藻荇，半泓满注山泉。欲试龙坑多远，只教虎穴曾穿。"① 此诗诗题中称盛水用具为罂，但诗句中又称为瓮，说明诗人的概念中这二者是可以互称的。王穉登《友人寄惠山泉》诗曰："夜半扣山扃，灵泉满玉罂。"② 玉罂为瓷罂的美称。沈周《饮中冷泉》诗曰："此山有此泉，他山无此泉。……满注两大罂，载归下江船。"③ 黄省曾《煮七宝泉》④ 诗曰："相如有文渴，陆羽无宦情。相逢开士家，七碗同日倾。茶炉若过铜坑去，石上长罂仔细盛。"⑤ 文徵明《再游惠山》诗曰："东行不负酌泉盟，一笑再理登山屐。……小奚解事走相从，瓶罂预洁提泉具。"⑥

明代诗歌中的盛水用具较多被称为瓮、瓶和罂，也有其他称呼。以下两诗称盛水用具为缶。刘崧《遣送茶器与欧阳仲元》："金樽翠杓非吾事，瓦缶瓷罂也可怜。急送直愁冲暮雨，远携应得注寒泉。"⑦ 文徵明《煮茶》："绢封阳羡月，瓦缶惠山泉。"⑧ 华夫所咏诗中的盛水用具为盆："瓦盆盛水原非瓿，湘竹盘疏尚自娟。"⑨ 吴宽《谢文宗儒以茶櫝寄赠》一诗的诗题中称盛水用具为櫝，诗曰："畴昔山崖与水滨，行时茶具每随身。……陆羽已尝泉最美，迟任休说器惟新。"⑩ 吴宽《谢冯副郎送惠山泉》一诗中称盛水用具为瓿甊："何处泉满

---

① （明）醉茶消客：《茶书》，明抄本。
② 同上。
③ （明）沈周：《石田诗选》卷2，《景印文渊阁四库全书》第1249册，台湾商务印书馆1986年版。
④ 此诗一作为蔡羽所作，诗题为《游邓尉山煮七宝泉》，参见明钱谷《吴都文粹续集》卷19。
⑤ （明）曹学佺：《石仓历代诗选》501，《景印文渊阁四库全书》第1387—1394册，台湾商务印书馆1986年版。
⑥ （明）文徵明：《文徵明集》卷4，上海古籍出版社1987年版，第63页。
⑦ （明）刘崧：《槎翁诗集》卷6，《景印文渊阁四库全书》第1227册，台湾商务印书馆1986年版。
⑧ （明）文徵明：《甫田集》卷12，《景印文渊阁四库全书》第1273册，台湾商务印书馆1986年版。
⑨ （明）醉茶消客：《茶书》，明抄本。
⑩ （明）吴宽：《家藏集》卷24，《景印文渊阁四库全书》第1255册，台湾商务印书馆1986年版。

第一章 明代的茶具

腹,惠山横翠屏。……远饷逾千里,瓵甄载吴舲。"① 瓵甄,为小罂之意。

明代诗歌中的取水用具被称为瓢和"枓"。以下几首诗中的取水用具被称为瓢。盛时泰《大城山房十咏·茶瓢》诗曰:"雨里平分片玉,风前遥泻明珠。忆昔许由空老,即今颜子何如。"② 所谓"平分片玉",是指将葫芦一分为二制成瓢。释宗泐《送裕上人归天台》诗曰:"崖泓有泉瓢,竹室留茶灶。"③ 姚广孝《支硎山十三咏·碧琳泉》:"壁间玛瑙红,涧底琅玕碧。童子为煎茶,山瓢汲还涤。"④ 赵宽《烹茶桐江舟中》:"寒碧净澈底,洒然怡我心。乘船临中流,操瓢汲其深。"⑤ 许国《玉溜泉》:"水石净娟娟,殊方一洞天。……竹瓢分乳液,松鼎起茶烟。"⑥ 此诗中的瓢为竹制。

以下几首诗中的取水用具为"枓"。沈周《饮中泠泉》诗曰:"我久负渴心,始修一啜缘。凭栏引小勺,冰雪流荒咽。"⑦ 诗中的勺即为"枓"。吴宽《游惠山入听松庵观竹茶炉》诗曰:"与客来尝第二泉,山僧休怪急相煎。……百年重试筠炉火,古枓争怜更瓦全。"⑧ 吴宽又诗曰:"晓汲荒园冷澹泉,入厨不付爨奴煎。……更闻瓦枓兼精妙,乞与斋居欲两全。"⑨ 秦夔诗曰:"贞姿宁受俗尘污,旧态尚含湘水娟。舒州

---

① (明)吴宽:《家藏集》卷29,《景印文渊阁四库全书》第1255册,台湾商务印书馆1986年版。
② (明)醉茶消客:《茶书》,明抄本。
③ (明)释宗泐:《全室外集》卷2,《景印文渊阁四库全书》第1234册,台湾商务印书馆1986年版。
④ (明)钱谷:《吴都文粹续集》卷32,《景印文渊阁四库全书》第1385—1386册,台湾商务印书馆1986年版。
⑤ (清)张豫章等:《御选明诗》卷23,《景印文渊阁四库全书》第1442—1444册,台湾商务印书馆1986年版。
⑥ (清)张豫章等:《御选明诗》卷93,《景印文渊阁四库全书》第1442—1444册,台湾商务印书馆1986年版。
⑦ (明)醉茶消客:《茶书》,明抄本。
⑧ (明)吴宽:《家藏集》卷6,《景印文渊阁四库全书》第1255册,台湾商务印书馆1986年版。
⑨ (清)吴钺、刘继增:《竹炉图咏》元集,《锡山先哲丛刊》第1册,凤凰出版社2005年版。

· 189 ·

香茗雅器：明代茶具与明代社会

短杓本非侣，温石小铛知有缘。"① 以下两诗将瓢与"杓"并列，称为"大瓢小杓"。钱子正《题仲毅侄煮茗轩》诗曰："旋拾荆薪涧底归，深清自汲瀹枪旗。……大瓢小杓乌纱帽，相伴卢仝到落晖。"② 高道素《煮茶亭戏仿坡翁作》诗曰："瓦铛雪浪分秋月，石鼎松风夹夜泉。大瓢小杓那能数，枯肠醉眼俱茫然。"③

中国古代诗歌中最重要的饮茶用具毫无疑问是盏和壶，本书第一章第二节、第三节已有详细论述，此处不再重复。饮茶用具除盏和壶外，还有某些配合的器具，典型的有点茶时用来在盏中击拂的茶匙、茶筅，以及用来承托茶盏的茶盘等。

点茶法宋代才开始流行，点茶时用来在盏中击拂的用具是不可缺少的。宋人欧阳修所作《尝新茶呈圣俞》诗中将击拂用具称为匙："新香嫩色如始造，不似来远从天涯。停匙侧盏试水路，拭目向空看乳花。"④ 以下两诗则将击拂用具称为钗。宋人苏轼《到官病倦未尝会客毛正仲惠茶乃以端午小集石塔戏作一诗为谢》诗曰："坐客皆可人，鼎器手自洁。金钗候汤眼，鱼蟹亦应诀。"⑤ 宋人孙觌《李茂嘉寄茶》诗曰："蛮珍分到谪仙家，断壁残璋裹绛纱。拟把金钗候汤眼，不将白玉伴脂麻。"⑥ 元人谢宗可专作有《茶筅》一诗："此君一节莹无瑕，夜听松声漱玉华。万缕引风归蟹眼，半瓶飞雪起龙牙。香凝翠发云生脚，湿满苍髯浪卷花。到手纤毫皆尽力，多应不负玉

---

① （清）吴钺、刘继增：《竹炉图咏》贞集，《锡山先哲丛刊》第1册，凤凰出版社2005年版。
② （明）钱子正：《三华集·绿苔轩集》卷1，《景印文渊阁四库全书》第1372册，台湾商务印书馆1986年版。
③ （清）沈季友：《檇李诗系》卷18，《景印文渊阁四库全书》第1475册，台湾商务印书馆1986年版。
④ 北京大学古文献研究所：《全宋诗》卷302，北京大学出版社1991—1998年版，第3646页。
⑤ 北京大学古文献研究所：《全宋诗》卷831，北京大学出版社1991—1998年版，第9466页。
⑥ 北京大学古文献研究所：《全宋诗》卷1487，北京大学出版社1991—1998年版，第16962页。

第一章 明代的茶具

川家。"① 茶筅也是点茶时用来击拂的用具。

明代诗歌中出现了一些有关盘的诗句，这些盘是用来承托茶盏的饮茶附属器具。如金嗣孙《崇祯宫词》："赐来谷雨新茶白，景泰盘承宣德瓯。"② 又如王翰《雪夜茗会》："盏斝涤已洁，盘托拭更净。"③ 又如王洪《西湖饮游书赠沈茶博》："百斛美醪终日醼，碧瓯偏喜试先春。烟生石鼎飞青霭，香满金盘起绿尘。"④ 再如胡应麟《少傅赵公斋头烹供虎丘新茗适侯家以紫牡丹至清香艳色应接不遑即席二首》："玉碗坐邀阳羡月，金盘驰送洛城霞。"⑤

明人凌义渠《夏日漫兴》诗曰："且忍须臾随例散，一匙浓茗胜醍醐。"⑥ 此诗中的匙不知是点茶时用来击拂的茶匙还是用来舀取茶汤中茶果食用的匙。陈宪章《邹吏目书至有作》诗曰："茶筅粟瓶供客尽，不妨人笑长官贫。"⑦ 此诗中茶筅可能是点茶时用来击拂的，但也可能只是一种保持洁净的洁具。

中国古代烹茶十分注重清洁，以防异味异物和污物影响视觉，所以清洁用具十分重要。明代有特点的清洁用具是茶洗，用以洗茶，也有发香的作用。以下两首明代诗歌是专咏茶洗的茶诗。王问《茶洗》："片片云腴鲜，泠泠井泉冽。一洗露气浮，再洗泥滓绝，三洗神骨清，寒香

---

① （元）谢宗可：《咏物诗》不分卷，《景印文渊阁四库全书》第1216册，台湾商务印书馆1986年版。

② （清）姚之骃：《元明事类钞》卷30《器用门》，《景印文渊阁四库全书》第884册，台湾商务印书馆1986年版。

③ （明）王翰：《梁园寓稿》卷1，《景印文渊阁四库全书》第1233册，台湾商务印书馆1986年版。

④ （明）王洪：《毅斋集》卷4，《景印文渊阁四库全书》第1237册，台湾商务印书馆1986年版。

⑤ （明）胡应麟：《少室山房集》卷63，《景印文渊阁四库全书》第1290册，台湾商务印书馆1986年版。

⑥ （明）凌义渠：《凌忠介公集》卷1，《景印文渊阁四库全书》第1297册，台湾商务印书馆1986年版。

⑦ （清）张豫章等：《御选明诗》卷104，《景印文渊阁四库全书》第1442—1444册，台湾商务印书馆1986年版。

香茗雅器：明代茶具与明代社会

逗芸室。"① 从诗句来看，似乎烹茶时茶叶要洗三次。盛时泰《大城山房十咏·茶洗》："壶内旗枪未试，炉边水火初匀。莫道千山尘净，还令七碗功新。"② 诗句明确说明了茶洗的作用是将茶叶上的尘土洗去。

三 茶画中的其他茶具

明代的茶画中，大量出现各种类型的茶具，除最典型的炉、盏、壶（及其前身各式煮水器）外，还有一些其他茶具。

明代存在一些歌咏茶画的诗歌，这些诗歌往往涉及炉、盏和壶以外的其他茶具。如明徐祯卿《煎茶图》："惠山秋净水冷冷，煎具随身挈小瓶。欲点云腴还按法，古藤花底阅茶经。"③ 诗中小瓶应是用来贮水之瓶。又如明陈蒙《题石田翁赠朱守拙小景》："野藤刺水竹篱斜，落尽东风枳壳花。日午不闻茶臼响，春城买药未还家。"④ 诗中的茶臼是一种用来捣茶的碾磨工具。

中国古代的一些茶书中往往附有表现茶具的茶画，唐宋时期最典型的是唐陆羽《茶经》和宋审安老人《茶具图赞》。《茶经》三卷分为十部分，第十部分即为《十之图》："以绢素或四幅或六幅，分布写之，陈诸座隅，则茶之源、之具、之造、之器、之煮、之饮、之出、之略目击而存，于是《茶经》之始终备焉。"⑤ 《茶经》本身是有图的，可惜后来佚失了。这些图中必然有大量茶具，包括炉、盏、壶和除此之外的一些其他茶具。

宋审安老人《茶具图赞》是以图配合文字的"赞"描绘了十二种茶具，除被称为"漆雕秘阁"的盏托、被称为"陶宝文"的瓷盏以及

---

① （明）醉茶消客：《茶书》，明抄本。
② 同上。
③ （清）张豫章等：《御选明诗》卷107，《景印文渊阁四库全书》第1442—1444册，台湾商务印书馆1986年版。
④ （清）张豫章等：《御选明诗》卷106，《景印文渊阁四库全书》第1442—1444册，台湾商务印书馆1986年版。
⑤ （唐）陆羽：《茶经》卷下《十之图》，《丛书集成新编》第47册，新文丰出版公司1985年版。

第一章 明代的茶具

被称为"汤提点"的茶瓶（用来烹水的煮水器）外，还有九种其他茶具。茶焙被称为"韦鸿胪"，从图来看为竹制，上有盖，下有炉，中有隔列茶其上。茶臼被称为"木待制"，图中显示为木制，中空，用来捣茶。茶碾被称为"金法曹"，图中为金属制成，用来碾茶成末。茶磨被称为"石转运"，图中为石制，用来旋转将茶末磨成粉（图1-15）。茶瓢被称为"胡员外"，图中为葫芦剖开制成，用来舀水。茶罗被称为"罗枢密"，图中用绢纱制成，用来筛分茶粉。茶帚被称为"宗从事"，图中用棕丝制成，用来扫集碾磨茶叶时溢出的残茶。茶筅被称为"竺副帅"，图中截竹制成，用来盏中点茶时击拂。茶巾被称为"司职方"，图中用丝制成，用来擦拭茶具保持清洁。①

明代附有茶画的茶书主要有明喻政《烹茶图集》和明程用宾《茶录》。《烹茶图集》是围绕一幅可能作者为唐寅的绘画作品而形成的诗文集。在画中两位文人持盏相对饮茶，榻上置有茶壶，边上的石桌上置有竹茶炉正在烹茶，桌上另还有用来盛放诸种茶具的都蓝，桌下放置有盛炭的炭篓、盛水的水缸，水缸置于有提手的竹篓之中以便搬运，另外不远处有童子正在溪边弓腰用瓶取水。②

程用宾《茶录》之《茶具十二执事名说》共记载了十二种茶具，并附有其中十一种茶具的绘图（不知为何缺少具列）。除铜鼎（也即铜茶炉）、陶壶、磁盏和锡罐（锡制茶铫）外，另还有其他七种茶具的绘图。结合文字来看，都蓝用竹篾制成，为带有木提手的长方体，用来放置诸种茶具以便提携移动。锡盒为锡制藏茶用具，直径为三寸，高四寸，从绘图看锡盒为倒置，便于避潮保质。瓠瓢为葫芦剖制而成，用来舀水。铜筴为金属的铜制成，用来夹炭入炉。麻巾用麻布制成，用来清洁茶具之用。竹篮用竹制成，有提手，用来盛放盥洗过后的盏碟等物。水方以木制成，其实就是木盆，用作洗涤茶具之用。③

---

① （宋）审安老人：《茶具图赞》，《丛书集成初编》第1501册，中华书局1985年版。
② （明）喻政：《烹茶图集》，喻政《茶书》，明万历四十一年刻本。
③ （明）程用宾：《茶录》，明万历三十二年戴凤仪刻本。

香茗雅器：明代茶具与明代社会

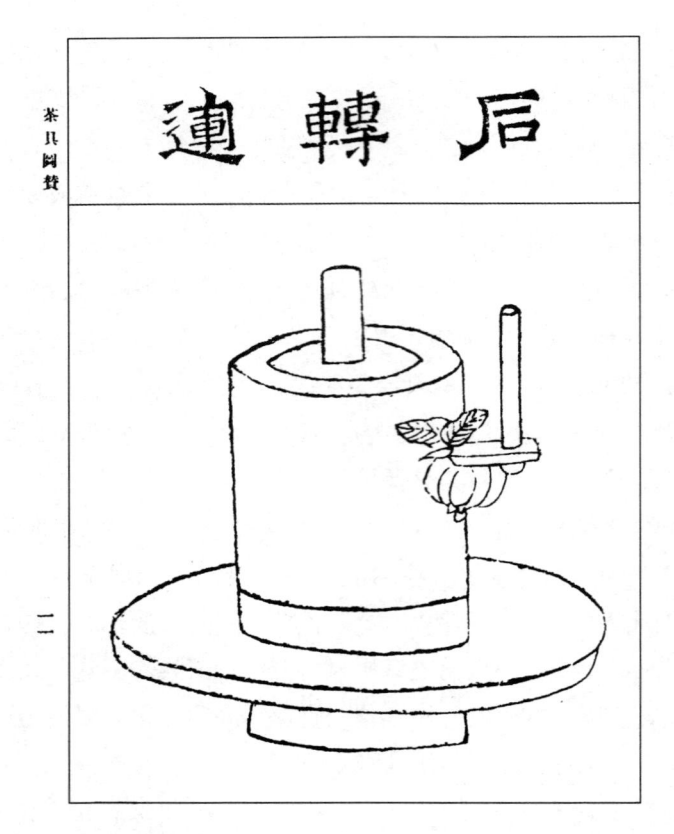

图 1-15　被称为石转运的茶磨（引自审安老人《茶具图赞》）

　　裘纪平《中国茶画》收集了大量古代茶画，其中明代茶画即有 103 幅，这些茶画出现茶炉、茶盏和茶壶（包括作为壶前身的各类煮水器）之外其他茶具的就有 46 幅。下面列举几幅含有其他茶具的明代茶画。明吴伟《词林雅集图》中有八位文人或高谈，或读书，或弈棋，一童子正在茶炉边照料，茶炉之外有两个很大的水缸，一置盖，另一未置盖。① 明周翰《西园雅集图》中一群文人正在雅集聚会，一童子蹲在怪石树木之间烹茶，他用火筴从炭篓中将炭夹入炉中，炉边摆放茶具的茶架（也叫具列）上置有茶盏、贮水的水缸、碾茶的茶碾、筛茶的茶罗，

---

① 裘纪平：《中国茶画》，浙江摄影出版社 2014 年版，第 73 页。

第一章 明代的茶具

仔细观察，成沓的茶盏之上还有一个用来舀水的水"杓"。① 明唐寅《煎茶图》中巨大的怪石之下有一文人正坐于蒲团之上，文人持蒲扇给炉扇火，炉边地上置有贮水的水缸、用于洗涤的水方、盛炭的炭篓，炭篓上置有火筴，在不远处的茶架上有带托的茶盏等物。② 明王问《煮茶图》中左边一文人正在席上欣赏长卷，右边一文人坐于芭蕉叶上用火筴将炭夹入竹茶炉之中，之旁置有两个大水缸，其中一个水缸内有一个用来舀水的水"杓"③（图1-16）。明黄卷《嬉春图》描绘了春日一群女子结伴嬉游，其中一名女子蹲于地上在炉边用扇扇火，炉边地上置有几个形态不一的水缸，仔细观察，图中用来饮茶的茶盏之中皆有茶匙

图1-16 王问《煮茶图》（局部）

---

① 裘纪平：《中国茶画》，浙江摄影出版社2014年版，第83页。
② 同上。
③ 同上书，第126页。

· 195 ·

香茗雅器：明代茶具与明代社会

（用来舀取盏中茶果食用的器具），这说明这群女子饮茶并非清饮。① 最为奇特的是明项圣谟《琴泉图》，画中完全没有人物，绘有一桌，桌上置有一琴，桌下地上摆放有七个大小不一、形状各异的贮水水缸。此画中附有五言二十八句诗一首，节略曰："或者陆鸿渐，与夫钟子期。自笑琴不弦，未茶先贮泉。泉或涤我心，琴非所知音。写此琴泉图，聊存以自娱。"此画引人浮想，虽然画中并无人物，但令人似乎看到文人正在抚琴品茶②（图1-17）。

图1-17 项圣谟《琴泉图》（局部）

---

① 裘纪平：《中国茶画》，浙江摄影出版社2014年版，第137页。
② 同上书，第154页。

第一章　明代的茶具

四　小说戏曲中的其他茶具

明代小说中有关茶具的内容十分丰富，除炉、盏和壶（包括壶的前身各类煮水器）这几种核心茶具外，其他茶具可分为藏茶用具、盛水取水用具、饮茶用具以及盛器和摆设用具几类。

明代小说中的藏茶用具可分为箱、袋、瓶几类。明兰陵笑笑生《金瓶梅词话》第十六回中的藏茶用具为箱。"妇人因指道：'奴这床后茶叶箱内，还藏着四十斤沉香、二百斤白蜡、两罐子水银、八十斤胡椒。你明日都搬出来，替我卖了银子，凑着你盖房子使。……'……一日西门庆会了经纪，把李瓶儿床后茶叶箱内堆放的香蜡等物，都秤了斤两，共卖了三百八十两银子。"[1] 妇人是指李瓶儿。《金瓶梅词话》第四十九回中藏茶用具为袋："宋御史与蔡御史都穿着大红狮豸绣服……二官揖让进厅，与西门庆叙礼。蔡御史家人具贽见之礼，两端湖䌷，一部文集，四袋芽茶，一面端溪砚。"[2] 明天然痴叟《石点头》中的藏茶用具为瓶："董昌看时，却是一个拜贴，一个礼贴……礼贴开具四羹四果，绉纱二端，白金五两，金扇四柄，玉章二方，松萝茶二瓶，金华酒四坛。"[3] 明清溪道人《禅真后史》中的藏茶用具也为瓶："瞿天民接了，拆书看时，书云：辱侄刘仁轨顿首百拜……谨具土绸四端、白金五十两、细茶八瓶、草褐二匹，聊伸孝敬。"[4] 吴敬梓的《儒林外史》虽是清初小说，也能反映明代的社会状况。《儒林外史》中的藏茶用具也为瓶："聘娘用纤手在锡瓶内撮出银针茶来，安放在宜兴壶里，冲了

---

[1] （明）兰陵笑笑生：《金瓶梅词话》第16回《西门庆谋财娶妇，应伯爵喜庆追欢》，人民文学出版社2000年版，第174页。
[2] （明）兰陵笑笑生：《金瓶梅词话》第49回《西门庆迎请宋巡按，永福寺饯行遇胡僧》，人民文学出版社2000年版，第580页。
[3] （明）天然痴叟：《石点头》第12卷《侯官县烈女歼仇》，中国戏剧出版社2000年版，第217页。
[4] （明）清溪道人：《禅真后史》第19回《五彩落水全生定，媚姐思儿得受病》，大众文艺出版社1997年版，第144页。

♨ 香茗雅器：明代茶具与明代社会

水，递与四老爷，和他并肩而坐，叫丫头出去取水来。"①

明代小说（含清初小说《儒林外史》）中的盛水取水用具主要是瓮和缸。明冯梦龙《警世通言》第三卷《王安石三难苏相公》中的盛水用具为瓮。王安石曾委托苏东坡，如前往蜀地家乡，将瞿塘中峡水，携一瓮寄与他，东坡领命。在瞿塘，苏东坡"叫手下给官价与百姓买个干净磁瓮，自己立于船头，看水手将下峡水满满的汲一瓮，用柔皮纸封固，亲手佥押，即刻开船，直至黄州。……东坡赍了表文，带了一瓮蜀水，星夜来到东京，仍投大相国寺内。天色还早，命手下抬了水瓮，乘马到相府来见荆公。……荆公命堂候官两员，将水瓮抬进书房，荆公亲以衣袖拂拭"。② 明末清初西周生《醒世姻缘传》中的盛水用具也是瓮："就是济南的合属中，如海丰、乐陵、利津、蒲台、滨州、武定，那井泉都是盐卤一般的咸苦。……有那仕宦大家，空园中放了几百只大瓮，接那夏秋的雨水，也是发得那水碧绿的青苔；血红色米粒大的跟斗虫，可以手拿。到霜降以后，那水渐渐澄清将来，另用别瓮逐瓮折澄过去，如此折澄两三遍，澄得没有一些滓渣，却用煤炭如拳头大的烧得红透，乘热投在水中，每瓮一块，将瓮口封严，其水经夏不坏，烹茶也不甚恶，做极好的清酒，交头吃这一年。"③ 在济南一带因泉水咸苦，用瓮接夏秋的雨水，霜降后澄净两三遍，再投入拳头大烧红的煤炭杀灭微生物，再密封，可经夏不坏。吴敬梓《儒林外史》中家道中落的盖宽为生计开了一家茶馆，用缸储存雨水："后面放了两口水缸，满贮了雨水。他老人家清早起来，自己生了火，扇著了，把水倒在炉子里放著，依旧坐在柜台里看诗画画。"④

---

① （清）吴敬梓：《儒林外史》第53《国公府雪夜留宾，来宾楼灯花惊梦》，人民文学出版社1958年版，第515页。

② （明）冯梦龙：《警世通言》第3卷《王安石三难苏相公》，人民文学出版社1956年版，第35页。

③ （明）西周生：《醒世姻缘传》第28回《关大帝泥胎显圣，许真君撮土救人》，人民文学出版社2015年版，第377页。

④ （清）吴敬梓：《儒林外史》第55《添四客述往思来，弹一曲高山流水》，人民文学出版社1958年版，第533页。

第一章 明代的茶具

明代小说中最常见的饮茶用具毫无疑问是盏和壶，另外还有茶盘、茶托、茶匙和茶碟，前三者是茶盏的附属器皿，茶碟则是饮茶时盛放茶果糕点等物配合茶水食用的器具。茶盘、茶托虽都用来承托茶盏，但功用还是有一定区别。茶盘较大，一般可放置数个茶盏，用于端茶者传送数盏茶时用，而茶托较小，只能承托一个茶盏，以防饮茶者饮茶时沸水烫手。

茶盘用于端茶者传送数盏茶时用。如明洪楩《清平山堂话本》中李翠莲用茶盘端了几盏茶给长辈："那翠莲听得公公讨茶，慌忙走到厨下，刷洗锅儿，煎滚了茶，复到房中，打点各样果子，泡了一盘茶，托至堂前，摆下椅子……少刻，一家儿俱到堂前，分大小坐下，只见翠莲捧着一盘茶，口中道：'公吃茶，婆吃茶，伯伯、姆姆来吃茶。……'"[①] 李翠莲的茶盘中至少放了四盏茶，供公公、婆婆、伯伯和姆姆四人吃。又如凌濛初《拍案惊奇》中小厮捧茶盘献茶给王部郎和袁尚宝，茶盘内至少有两盏茶："其时有一个姓王的部郎，家中人眷不时有病。一日，袁尚宝来拜……正说话间，一个小厮捧了茶盘出来送茶。"[②] 再如《西游记》中道士令道童用茶盘端出五盏茶："果然那仙童将五杯茶拿出去。道士敛衣，双手拿一杯递与三藏，然后与八戒、沙僧、行者。茶罢收钟，小童丢个眼色，那道士就欠身道：'列位请坐。'教：'童儿，放了茶盘陪侍，等我去去就来。'"[③] 茶盘中的五盏茶唐僧、孙悟空、猪八戒和沙和尚分别饮一盏，道士自饮一盏。

明代小说中的茶盘一般为红色漆器茶盘。下举数例。如《西游记》："那女子叫：'快献茶来。'又有两个黄衣女童，捧一个红漆丹盘，盘内有六个细磁茶盂。"[④] 又如《醒世姻缘传》："那童奶奶使玉儿送过

---

① （明）洪楩：《清平山堂话本》卷二《快嘴李翠莲记》，岳麓书社2013年版，第39页。
② （明）凌濛初：《拍案惊奇》卷21《袁尚宝相术动名卿，郑舍人阴功叨世爵》，人民文学出版社1991年版，第363页。
③ （明）吴承恩：《西游记》第73回《情因旧恨生灾毒，心主遭魔幸破光》，人民文学出版社2010年版，第894页。
④ （明）吴承恩：《西游记》第64回《荆棘岭悟能努力，木仙庵三藏谈诗》，人民文学出版社2010年版，第791页。

♨ 香茗雅器：明代茶具与明代社会

两杯茶来，朱红小盘，细磁茶钟。"① 又如《金瓶梅词话》第十二回："西门庆把桂姐搂在怀中陪笑，一递一口儿饮酒，只见少顷，鲜红漆丹盘拿了七钟茶来。"② 再如《金瓶梅词话》第七十回："西门庆……于是叙礼毕，让坐，家人捧茶，金漆朱红盘托盏递上茶去吃了。"③ 上文中的"红漆丹盘""朱红小盘""鲜红漆丹盘"和"金漆朱红盘"都是红色漆器茶盘。

除一般性的漆器茶盘，明代小说中还有比较特殊的雕漆茶盘。如《续金瓶梅》："那僧人又送上中冷泉的新茶，领着个白净沙弥，一个雕漆盘，四个雪靛般雕磁杯。"④ 又如明代题名为金木散人的《鼓掌绝尘》曰："王二道：'还是先看茶后沽酒。'说不了，长官托着一个雕漆八角桶盘，送两杯茶来。"⑤ 王二是教坊司的妓女。

明代小说中还有其他材质的茶盘。如《西游记》第十六回观音院中小童献茶拿的是玉器茶盘："那老僧也只当一句疯话，便不介意，也不再问，只叫献茶。有一个小幸童，拿出一个羊脂玉的盘儿，有三个法蓝镶金的茶钟。"⑥ 《西游记》第二十三回女童献茶托的是黄金茶盘："那妇人见了他三众……请各叙坐看茶。那屏风后，忽有一个丫髻垂丝的女童，托着黄金盘、白玉盏。"⑦《西游记》是神话小说，文中出现玉器和黄金茶盘主要是为了烘托氛围，现实生活中并不常见。

---

① （明）西周生：《醒世姻缘传》第54回《狄生客中遇贤主 天爷秋里殛凶人》，人民文学出版社2015年版，第719页。
② （明）兰陵笑笑生：《金瓶梅词话》第12回《潘金莲私仆受辱 刘理星魇胜贪财》，人民文学出版社2000年版，第122页。
③ （明）兰陵笑笑生：《金瓶梅词话》第70回《西门庆工完升级，群僚廷参朱太尉》，人民文学出版社2000年版，第909—910页。
④ （清）丁耀亢：《续金瓶梅》第29回《董玉娇明月一帆风，郑玉卿吹萧千里梦》，中国戏剧出版社2000年版，第144页。
⑤ （明）金木散人：《鼓掌绝尘》第33回《乔小官大闹教坊司，俏姐儿夜走牟田院》，春风文艺出版社1985年版，第365页。
⑥ （明）吴承恩：《西游记》第16回《观音院僧谋宝贝，黑风山怪窃袈裟》，人民文学出版社2010年版，第193页。
⑦ （明）吴承恩：《西游记》第23回《三藏不忘本，四圣试禅心》，人民文学出版社2010年版，第279—280页。

第一章 明代的茶具

除茶盘外，明代小说还常出现茶托，茶盏与茶托合称为盏托。如《水浒传》："李师师亲手与宋江、柴进、戴宗、燕青换盏。不必说那盏茶的香味，细欺雀舌，香胜龙涎。茶罢，收了盏托，欲叙行藏。"① 又如明罗贯中《三遂平妖传》："只见那女子觑着员外，深深地道个万福。那员外急忙还礼，去壁炉上汤罐内倾一盏茶递与那女子，自又倾一盏茶陪奉着。吃茶罢，盏托归台。"②《金瓶梅词话》中较多出现有关茶托的文字，下举数例。如第二十三回："老婆道：'茶有了，着姐拿果仁儿来。'不一时，小玉拿着盏托，他提着茶，一直来到前边。……于是打发众人喝了茶，小玉便拿回盏托去了。"③ "老婆"是西门庆家中的女仆惠莲。第四十九回："西门庆回到方丈坐下，长老走来递茶，头戴僧伽帽，身披袈裟，小沙弥拿着茶托，递茶去，合掌道了问讯。"④ 第六十八回："西门庆悉把工部安郎中拜留饭之事，说了一遍。须臾，郑春拿茶上来。……吃毕茶，收下盏托去。"⑤

明代小说中的茶托多为漆器。如《水浒传》："海阇黎……叫声：'师哥拿茶来。'只见两个侍者，捧出茶来。白雪定器盏内，朱红托子，绝细好茶。"⑥ 又如《金瓶梅词话》："须臾王经红漆描金托子，拿了两盏八宝青荳木樨泡茶，韩道国先取一盏，举的高高，奉与西门庆，然后自取一盏，旁边相陪。"⑦ "朱红托子""红漆描金托子"都是红色漆器

---

① （明）施耐庵：《水浒传》第72回《柴进簪花入禁院，李逵元夜闹东京》，人民文学出版社1997年版，第943页。
② （明）罗贯中：《三遂平妖传》第1回《胡员外典当得仙画，张院君焚画产永儿》，华夏出版社1995年版，第3—4页。
③ （明）兰陵笑笑生：《金瓶梅词话》第23回《玉箫观风赛月房，金莲窃听藏春坞》，人民文学出版社2000年版，第262页。
④ （明）兰陵笑笑生：《金瓶梅词话》第49回《西门庆迎请宋巡按，永福寺饯行遇胡僧》，人民文学出版社2000年版，第588页。
⑤ （明）兰陵笑笑生：《金瓶梅词话》第68回《郑月儿卖俏透密意，玳安殷勤寻文嫂》，人民文学出版社2000年版，第873页。
⑥ （明）施耐庵：《水浒传》第45回《杨雄醉骂潘巧云，石秀智杀裴如海》，人民文学出版社1997年版，第604页。
⑦ （明）兰陵笑笑生：《金瓶梅词话》第61回《韩道国筵请西门庆，李瓶儿苦痛宴重阳》，人民文学出版社2000年版，第754页。

香茗雅器：明代茶具与明代社会

茶托。

明代茶书中饮茶普遍主张清饮，反对在茶盏中置入果品，这反映的是一种文人茶文化。但明代小说中的饮茶更多反映的是一种世俗茶文化，在茶事活动时茶盏中大多会置入果品，吃茶时既饮用茶汤，也食用用茶匙舀起的果品，所以茶匙成为配合茶盏使用的一种重要附属茶具。

明代小说中常有茶匙的描写，茶匙作为配合茶盏的茶具是用来舀出并食用盏内的果品。如《西游记》第二十六回："那呆子出得门来，只见一个小童，拿了四把茶匙，方去寻钟取果看茶，被他一把夺过，跑上殿，拿着小磬儿，用手乱敲乱打，两头玩耍。"[①] 呆子是指猪八戒，童子办茶之所以需要茶匙，是因为茶盏中要置入果品，"寻钟取果看茶"。《西游记》第六十四回："那女子叫：'快献茶来。'……盂内设几品异果，横担着匙儿，提一把白铁嵌黄铜的茶壶，壶内香茶喷鼻。"[②] 茶盏内设有果品，盏上横着茶匙。《西游记》第七十三回："（道士）急唤仙童看茶，当有两个小童，即入里边，寻茶盘，洗茶盏，擦茶匙，办茶果。"[③] 从后文来看，茶盏中所办的茶果为红枣和黑枣。又如《金瓶梅词话》第十二回："西门庆把桂姐搂在怀中陪笑……鲜红漆丹盘拿了七钟茶来。……杏叶茶匙儿，盐笋芝麻木樨泡茶，馨香可掬，每人面前一盏。"[④] 茶匙是杏叶形状的，茶盏中所置果品为盐笋、芝麻和木樨。《金瓶梅词话》第二十四回："比及又等玉筲取茶果、茶匙儿出来，平安儿拿出茶去，那荆都监坐的久了，再三要起身，被西门庆留住。"[⑤] 此处茶盏内也是要配茶果、茶匙的。再如

---

① （明）吴承恩：《西游记》第 26 回《孙悟空三岛求方，观世音甘泉活树》，人民文学出版社 2010 年版，第 320 页。

② （明）吴承恩：《西游记》第 64 回《荆棘岭悟能努力，木仙庵三藏谈诗》，人民文学出版社 2010 年版，第 791 页。

③ （明）吴承恩：《西游记》第 73 回《情因旧恨生灾毒，心主遭魔幸破光》，人民文学出版社 2010 年版，第 894 页。

④ （明）兰陵笑笑生：《金瓶梅词话》第 12 回《潘金莲私仆受辱，刘理星魇胜贪财》，人民文学出版社 2000 年版，第 122 页。

⑤ （明）兰陵笑笑生：《金瓶梅词话》第 24 回《陈经济元夜戏娇姿，惠祥怒骂来旺妇》，人民文学出版社 2000 年版，第 277 页。

第一章 明代的茶具

《醒世姻缘传》:"那童奶奶使玉儿送过两杯茶来……乌银茶匙,羊尾笋夹核桃仁茶果。"① 所用果品为羊尾笋和核桃仁,茶匙材质为乌银,乌银是一种含银的合金。

明代小说中茶匙的材质并无太多信息,从《金瓶梅词话》来看多为银。如《金瓶梅词话》第七回:"西门庆一见,满心欢喜。……说着,只见小丫鬟拏了三盏蜜饯金橙子泡茶……银杏叶茶匙。"② 此处泡茶的果品为蜜饯金橙子,茶匙为银质,杏叶形状。《金瓶梅词话》第十三回:"这西门庆是……积年风月中走,甚么事儿不知道。……妇人又道了万福,又叫小丫鬟拿了一盏果仁泡茶来,银匙雕漆茶钟。"③ 此处所用果品为果仁,茶匙为银质。《金瓶梅词话》第十五回:"少顷,顶老彩漆方盘,拿七盏来……银舌叶茶匙,梅桂泼卤瓜仁泡茶,甚是馨香美味,桂卿、桂姐,每人递了一盏,陪着吃毕茶,接下茶托去。"④ 此处所用茶果为梅、桂、泼卤瓜仁,茶匙为银质舌叶状。《金瓶梅词话》第八十四回道士石伯才命徒弟为西门庆遗孀准备茶:"白定磁盏儿,银杏叶匙,绝品雀舌甜水好茶,收下家火去。"⑤ 茶匙为银质杏叶状。《金瓶梅词话》中的西门庆是富商,他以及他家庭生活的环境中广泛使用银质茶匙是可以想象的,但银较为昂贵,或许在明代的社会生活中银茶匙并不普遍。

明代小说中的茶匙还有金质的,主要集中在《金瓶梅词话》中。如《金瓶梅词话》第三十五回:"西门庆冠带从后边迎将来。两个叙礼毕,分宾主坐下。不一时,棋童儿云南玛瑙雕漆方盘拏了两盏茶来……

---

① (明) 西周生:《醒世姻缘传》第54回《狄生客中遇贤主 天爷秋里殛凶人》,人民文学出版社2015年版,第719页。
② (明) 兰陵笑笑生:《金瓶梅词话》第7回《薛嫂儿说娶孟玉楼,杨姑娘气骂张四舅》,人民文学出版社2000年版,第72页。
③ (明) 兰陵笑笑生:《金瓶梅词话》第13回《李瓶儿隔墙密约,迎春女窥隙偷光》,人民文学出版社2000年版,第139页。
④ (明) 兰陵笑笑生:《金瓶梅词话》第15回《佳人笑赏玩登楼 狎客帮嫖丽春院》,人民文学出版社2000年版,第169页。
⑤ (明) 兰陵笑笑生:《金瓶梅词话》第84回《吴月娘大闹碧霞宫,宋公明义释清风寨》,人民文学出版社2000年版,第1163页。

◎ 香茗雅器：明代茶具与明代社会

金杏叶茶匙，木樨青荳泡茶吃了。"① 此处所用果品是木樨和青荳，茶匙为金质杏叶状。《金瓶梅词话》第四十三回："每人拏着一方盘果馅元宵，都是银镶茶钟，金杏叶茶匙放白糖玫瑰，馨香美口。"② 茶盏内的果品为白糖玫瑰，茶匙为金质杏叶状。当然豪商之家西门庆府中所用的金质茶匙在明代的社会生活中是很难普及的。

明代小说（含清初小说《儒林外史》）中的茶碟用于摆放茶果糕点，在饮茶时配合茶水食用。西周生《醒世姻缘传》第六十九回出现茶碟身影："老侯老张看着正面安下圣母的大驾……号佛已完，主人家端水洗脸，摆上菜子油炸的馓枝、毛耳朵，煮的熟红枣、软枣，四碟茶果吃茶。"③ 茶果有馓枝、毛耳朵、熟红枣和软枣四种，分盛于四个碟子。兰陵笑笑生《金瓶梅词话》第四十三回中也出现茶碟："月娘连忙下来拜谢了，请去房中换了衣裳。须臾，前边卷棚内安放四张桌席，摆下茶。每桌四十碟，都是各样茶果甜食，美口菜蔬，蒸酥点心，细巧油酥饼馓之数。"④ 为佐茶，每桌茶食有四十碟，极为丰富。吴敬梓《儒林外史》第二、四和二十八回将茶碟称为茶盘。第二回："和尚捧出茶盘——云片糕、红枣，和些瓜子、豆腐干、栗子、杂色糖，摆了两桌。尊夏老爹坐在首席，斟上茶来。"⑤ 第四回："工房听见县主的相与到了，慌忙迎到里面客位内坐着，摆上九个茶盘来。工房坐在下席，执壶斟茶。"⑥ 第二十八回："僧官迎了出来，一脸都是笑，请三位厅上坐，

---

① （明）兰陵笑笑生：《金瓶梅词话》第35回《西门庆挟恨责平安，书童儿妆旦劝狎客》，人民文学出版社2000年版，第411页。
② （明）兰陵笑笑生：《金瓶梅词话》第43回《为失金西门庆骂金莲　因结亲月娘会乔太太》，人民文学出版社2000年版，第515页。
③ （明）西周生：《醒世姻缘传》第69回《招商店素姐投师，蒿里山希陈哭母》，人民文学出版社2015年版，第916页。
④ （明）兰陵笑笑生：《金瓶梅词话》第43回《为失金西门庆骂金莲　因结亲月娘会乔太太》，人民文学出版社2000年版，第514—515页。
⑤ （清）吴敬梓：《儒林外史》第2回《王孝廉村学识同科，周蒙师暮年登上第》，人民文学出版社1958年版，第17页。
⑥ （清）吴敬梓：《儒林外史》第4回《荐亡斋和尚吃官司，打秋风乡绅遭横事》，人民文学出版社1958年版，第48页。

第一章 明代的茶具

便煨出新鲜茶来,摆上九个茶盘——上好的蜜橙糕,核桃酥——奉过来与三位吃。"① 《儒林外史》第二十三回仍称茶碟为碟:"牛浦……当下锁了门,同道士一直进了旧城,一个茶馆内坐下。茶馆里送上一壶干烘茶,一碟透糖,一碟梅豆上来。"②

明代小说中的盛器和摆设用具有茶盒和茶架。茶盒用来盛放配合茶水食用的茶果糕点等物,便于搬运移动。兰陵笑笑生《金瓶梅词话》中常出现茶盒,这些茶盒可能为木制。下举数例。第十五回:"李瓶儿一面分付迎春外边明间内放小桌儿,摆了四盒茶食,管待玳安。"③ 第三十九回:"自从搬过来,那左近街坊邻舍,都知他是西门庆伙计,又见他穿着一套儿齐整绢帛衣服,在街上摇摆,他老婆常插戴的头上黄煋煋打扮模样,在门前站立。这等行景,不敢怠慢,都送茶盒与他。又出人情庆贺。"④ 此处西门庆伙计是指韩道国。第四十三回:"月娘分付玉箫:'早些打发他们吃了茶罢!等住回只怕那边人来忙了。'一面放下桌儿,两方春楇,四盒茶食。月娘使小玉:'你二娘房里请了桂姐来,同吃了茶罢。'"⑤ 第七十三回:"薛姑子说罢,只见玉楼房中兰香,拿了两方盒细巧素菜果碟,茶食点心,收了香炉,摆在桌上,又是一壶茶,与众人陪三个师父吃了。"⑥ 第七十五回:"月娘装了两个茶食盒子,与桂姐一两银子,吃了茶,打发出门。"⑦

---

① (清)吴敬梓:《儒林外史》第 28 回《季苇萧扬州入赘,萧金铉白下选书》,人民文学出版社 1958 年版,第 288 页。
② (清)吴敬梓:《儒林外史》第 23 回《发阴私诗人被打,叹老景寡妇寻夫》,人民文学出版社 1958 年版,第 233 页。
③ (明)兰陵笑笑生:《金瓶梅词话》第 15 回《佳人笑赏玩灯楼,狎客帮嫖丽春院》,人民文学出版社 2000 年版,第 163 页。
④ (明)兰陵笑笑生:《金瓶梅词话》第 39 回《西门庆玉皇庙打醮,吴月娘听尼僧说经》,人民文学出版社 2000 年版,第 455 页。
⑤ (明)兰陵笑笑生:《金瓶梅词话》第 43 回《为失金西门庆骂金莲,因结亲月娘会乔太太》,人民文学出版社 2000 年版,第 510 页。
⑥ (明)兰陵笑笑生:《金瓶梅词话》第 73 回《潘金莲不愤忆吹箫,郁大姐夜唱闹五更》,人民文学出版社 2000 年版,第 947 页。
⑦ (明)兰陵笑笑生:《金瓶梅词话》第 75 回《春梅毁骂申二姐,玉箫愬言潘金莲》,人民文学出版社 2000 年版,第 1004 页。

香茗雅器：明代茶具与明代社会

茶架是用来摆放各类茶具的摆设用具。明罗贯中《三遂平妖传》中出现了作为摆设用具的茶架：为了迎接茶画中的仙女，"员外在家巴不得到晚，交当直的打扫书院，安排香炉、烛台、茶架、汤罐之类，觉到晚也，与妈妈吃罢晚饭，只见员外思量个计策"。① 可惜小说中对茶架没有进一步的信息，对其形制难以详知。

明代戏曲繁荣，但明代戏曲中较少出现炉、盏和壶以外的其他茶具。不过孟称舜《娇红记》和《双烈记》中均出现了作为藏茶用具的茶盒。《娇红记》第九折："（净扮天使捧旗上）……（净）圣旨已到，跪听宣读。皇帝诏曰：览卿奏孤军挫敌，义勇可嘉，深念勤劳，往加抚问。特遣内侍李世良诣卿军赐精忠旗一面，战鼓、绣鞍各一对，龙涎香一千饼、龙茶一合、龙宝丹一合、铁简一对，金千两、银五万两、钱三十万缗。"② 使者所宣为皇帝诏书，其中"龙茶一合"的合即为茶盒。《双烈记》第二十二出："（太后）夫人。你夫妇忠义。朕心颇知。但此行早促将军勤王。速清殿陛。家国大幸。宫官取金盒茶叶来。（宫官领旨下复上介）制得内宫金凤盒。采来谷雨小龙团。奏娘娘。金盒茶叶在此。（太后）夫人。此物赐卿路途消渴。"③ 这段话是太后对韩世忠妻梁氏所言，其中茶盒为金盒。

---

① （明）罗贯中：《三遂平妖传》第 1 回《胡员外典当得仙画，张院君焚画产永儿》，华夏出版社 1995 年版，第 3—4 页。
② （明）孟称舜（著），冯其庸（笺证）：《精忠旗笺证稿》第 9 折《御赐忠旗》，青岛出版社 2014 年版，第 120 页。
③ （明）张四维：《双烈记》第 22 出《宠赐》，毛晋《六十种曲》第 10 册，中华书局 1958 年版。

第二章 明代的茶具与宫廷、文人和世俗

明代的茶具在宫廷生活、文人生活和世俗生活中皆占有重要地位，总体而言，宫廷茶具显得华贵，文人茶具清雅，而世俗社会所用茶具则带有强烈世俗气息。

第一节 明代的茶具与宫廷

明代宫廷的茶叶消费量十分巨大，这些茶叶主要来自于地方的贡茶。茶具在明代宫廷的饮食与礼仪活动中扮演重要角色，宫廷陶瓷茶具主要由设于景德镇的御窑生产。

一 明代的贡茶[①]

明代茶具与宫廷发生密切关系，盖因宫廷茶事活动的兴盛，任何茶事活动均离不开茶具，而宫廷耗费的茶叶主要来自于贡茶。

明代贡茶可分为地方府县进贡、太监进贡、土官进贡几个部分。

毫无疑问，地方府县向朝廷进贡的茶叶是明代贡茶最主要的部分。《明会典》之《礼部七十一》详细记载了弘治十三年朝廷规定的地方府县需要交纳给礼部的芽茶，这些府县包括南直隶、浙江、江西、湖

---

① 参见蔡定益、周致元论文《明代贡茶的若干问题》，《安徽大学学报（哲学社会科学版）》2015年第5期，第99—107页。

广、福建诸地。例如南直隶的府县需缴纳的贡茶为："直隶五百斤。常州府宜兴县一百斤，内二十斤南京礼部纳，限四十六日；庐州府六安州三百斤，限二十五日；广德州七十五斤，建平县二十五斤，限四十六日。"① 另外明人陈仁锡《皇明世法录》也记载了万历末年各地通过户部上交给供用库的贡茶数量，这些地方包括浙江、江西、湖广、福建、四川、广东、贵州诸地以及南直隶的安庆府、池州府、宁国府、太平府、苏州府、松江府、常州、镇江、庐州、凤阳府、淮安府和扬州府等处。例如浙江各府县需上交芽叶茶共12452斤11两，江西各府县需上交芽叶茶共9100斤。② 明代地方志中也有大量府县进贡茶叶的记载。如正德《袁州府志》记载袁州府宜春县每年进贡茶芽5斤6两，分宜县茶芽2斤15两，萍乡县茶芽5斤6两，万载县茶芽4斤5两。③ 又如嘉靖《延平府志》记载延平府进贡茶叶684斤，其中南平县叶茶102斤，将乐县叶茶69斤，沙县叶茶108斤，尤溪县叶茶108斤，顺昌县叶茶60斤。④

从《明会典》和《皇明世法录》的记载来看，进贡茶叶的府县遍及南直隶、浙江、江西、湖广、福建、四川、广东和贵州。据《明史·食货志四》，明代中国的产茶区域主要有南直隶、浙江、江西、湖广、福建、四川、广东、贵州、云南和陕西汉中。⑤ 明代贡茶之地覆盖了大部分产茶区域。云南没有贡茶记录，可能是此地开发较晚，茶业还处于起步阶段，且距京师路途遥远。陕西汉中也无贡茶，盖因此处茶叶要大量用于与番人进行茶马贸易，且产量也不太高。⑥ 福建的贡茶量特

---

① （明）申时行等：《明会典》卷113《岁进》，中华书局1989年版，第599页。
② （明）陈仁锡：《皇明世法录》卷34《理财》，《四库禁毁书丛刊·史部》第14册，北京出版社1998年版。
③ （明）严嵩：《（正德九年）袁州府志》，朱自振《中国茶叶历史资料续辑》，东南大学出版社1991年版，第149页。
④ （明）郑庆云、辛绍佐：《（嘉靖四年）延平府志》，朱自振《中国茶叶历史资料续辑》，东南大学出版社1991年版，第253页。
⑤ （清）张廷玉等：《明史》卷80《食货志四》，中华书局1974年版，第1947—1955页。
⑥ 同上。

第二章 明代的茶具与宫廷、文人和世俗

别高,据《明会典》全国每年规定交给礼部的芽茶是 4000 斤,其中福建就有 2350 斤,福建的建宁府建安县和崇安县分别为 1360 和 990 斤。① 这有重要的历史原因,宋代时建宁就有大规模的御茶园,已是贡茶的主要征收之地,元代朝廷在这里也设有专门机构生产并征收贡茶。另外建宁的大量贡茶,与该地茶叶的极高品质和巨大产量有关。《明史》即记载福建建宁之茶最为上品:"其上供茶,天下贡额四千有奇,福建建宁所贡最为上品"。② 弘治年间所修《八闽通志》亦将建宁之茶评价为绝品:"八县皆出,而龙凤、武夷二山所出者尤号绝品"。③ 明代建宁的茶叶产量也是很高的。例如明徐㶿《茶考》记载建宁境内武夷山的茶叶:"环九曲之内……岁所产数十万斤……夷茗甲于海内矣。"④ 一般而言,一地贡茶的多少,主要取决于该地茶叶的品质和产量。

太监进贡也是明代制度规定的贡茶组成部分。明代存在派遣宦官出外守备、镇守的制度,这种制度永乐后趋于稳定。向朝廷进贡茶叶的太监主要有派驻在外的南京守备太监、天寿山守备太监、凤阳守备太监、湖广承天府守备太监和太岳太和山镇守太监等。

南京守备太监贡茶。据《明会典》,成化年间,"计南京各衙门,每年进贡物件共三十起,用船一百六十二只。……守备并尚膳监等衙门二十八起。"其中包括南京守备太监进贡的"鲜茶十二扛,实用船四只"。嘉靖九年,南京进贡船只数目省并,其中南京守备进贡的茶叶省并为"一起新茶,与青梅,并用船三只"。⑤ 明沈德符《万历野获编》亦载:"南都入贡船……其贡名目不一,每纲必以宦官一人主之。……守备府则曰橄榄茶桔等物,在司苑局则曰荸荠芋藕等物,在供用库则曰

---

① (明)申时行等:《明会典》卷 113《岁进》,中华书局 1989 年版,第 599 页。
② (清)张廷玉等:《明史》卷 80《食货志四》,中华书局 1974 年版,第 1955 页。
③ (清)陈道、黄仲昭:《(弘治二年)八闽通志》,朱自振《中国茶叶历史资料续辑》东南大学出版社 1991 年版,第 230 页。
④ (清)魏大名:《(嘉庆十三年)崇安县志》卷 2《物产》,吴觉农《中国地方志茶叶历史资料选辑》,农业出版社 1990 年版,第 323 页。
⑤ (明)申时行等:《明会典》卷 158《南京兵部·车驾清吏司》,中华书局 1989 年版,第 814 页。

☕ 香茗雅器：明代茶具与明代社会

香稻苗姜等物……"①《明实录》："（天启五年十一月）诏停止南都解茶，以彰朝廷恤民德意。"② 停止的南都解茶，其实就是南京守备的贡茶。当然所谓的停止，只是暂停而已，不久就会恢复。

天寿山守备太监贡茶。据明代刘若愚《酌中志》："天寿山守备太监一员……每岁进松花、黄连、茶、核桃、榛、栗等果。各陵皆有晾果厂在京。"③

凤阳守备太监贡茶。据《明实录》："（嘉靖元年三月）初诏书禁额外贡献，凤阳守备太监张阳复进贡新茶，给事中张翀言，宁夏所贡红花及镇守总兵官到任贡马谢恩，皆非令甲，宜罢。礼部覆议，宜遵诏一切禁止，如翀言。上是之。"④ 但最后的结果是"帝虽是其言不能从。"⑤

湖广承天府守备太监贡茶。据《明实录》："（隆庆二年二月）诏湖广承天府所进茶鲜，令内臣以租银贸易，无得扰民，其一切贡献仍如诏旨停免。"⑥《酌中志》亦有记载："湖广承天府守备太监一员……每年进茶、扇、葛布、香茶、手巾。"⑦

太岳太和山镇守太监贡茶。《明实录》："（弘治二年四月）巡抚湖广都御史梁璟言：'比礼科给事中张九功奏请查革武当山供给道士及额外进贡之扰民者，礼部移文臣等覆议。近奉登极诏旨，停止一切额外贡献，今提督武当山太监韦贵等已贡茶、梅，复贡黄精、竹笋，俱非永乐十四年所定常贡之数，乞赐停免。'……从之。"⑧ 武当山也即太和山。但事实上太和山镇守太监贡茶只是暂时停止。撰于天启年间的《酌中

---

① （明）沈德符：《万历野获编》卷17《兵部》，中华书局1959年版，第430—431页。
② 《明熹宗实录》卷65，"中央研究院"历史语言研究所1962年版。
③ （明）刘若愚：《酌中志》卷16《内府衙门职掌》，《明代笔记小说大观》第4册，上海古籍出版社2005年版，第2991页。
④ 《明世宗实录》卷12，"中央研究院"历史语言研究所1962年版。
⑤ （清）嵇璜、曹仁虎等：《钦定续文献通考》卷29《土贡考》，《景印文渊阁四库全书》第626册，台湾商务印书馆1986年版。
⑥ 《明穆宗实录》卷17，"中央研究院"历史语言研究所1962年版。
⑦ （明）刘若愚：《酌中志》卷16《内府衙门职掌》，《明代笔记小说大观》第4册，上海古籍出版社2005年版，第2991页。
⑧ 《明孝宗实录》卷25，"中央研究院"历史语言研究所1962年版。

第二章 明代的茶具与宫廷、文人和世俗

志》即记载："太岳太和山，镇守太监一员，关防一颗。辖均州等处。经管本山香火、羽流，进榔梅、鹰嘴笋、骞山茶等件。"①

明代在南京、天寿山、凤阳、承天府这几个有特殊政治意义的地方设有常驻的守备太监，每年均有贡茶的职责。但天寿山在北京附近，从气候条件来看本身并不产茶，文献中该地进贡的所谓茶有两种可能，一是来自外地的产茶区，二是本地产的某种类茶植物。另外明代在全国许多重镇都设有镇守太监，但目前文献中仅发现太和山镇守太监有贡茶的规定。

土官进贡也是明代向朝廷贡茶的一个组成部分，不过不占重要地位。据《明实录》："（嘉靖元年十一月）礼部条奏议处土官朝觐五事。一曰定赏例，请自今土官遣人至京……凡进香茶、黄蜡每杠五十五斤由布政司传送者，所赏生绢照数递加，违例者罢其赏。……上皆允，行之。"② 明代俞汝楫所编《礼部志稿》记载相同。③ 又据《明会典》："（隆庆五年）题准：……凡庆贺……四川土官差来人进马者，钞二十锭，彩段一表里。进降香、茶、蜡等物者，钞二十锭，绢二疋。"④ 这也说明土官贡茶的存在。正德十五年，户部曾要求将贵州养龙坑长官司的贡茶从一年一贡改为三年一贡。正德十五年四月，"户部言：贵州养龙坑长官司岁解茶课不过十余斤，而万里劳费，请自今三年一解。从之。"⑤

明代贡茶的征收⑥从宋、元时期的朝廷委官到地方直接管理征收改

---

① （明）刘若愚：《酌中志》卷16《内府衙门职掌》，《明代笔记小说大观》第4册，上海古籍出版社2005年版，第2991页。
② 《明世宗实录》卷20，"中央研究院"历史语言研究所1962年版。
③ （明）俞汝楫：《礼部志稿》卷90，《景印文渊阁四库全书》第597—598册，台湾商务印书馆1986年版。
④ （明）申时行等：《明会典》卷113《给赐四·土官》，中华书局1989年版，第598页。
⑤ 《明武宗实录》卷185，"中央研究院"历史语言研究所1962年版。
⑥ 明代制度上贡茶有府县进贡、太监进贡和土官进贡，但府县进贡是贡茶的最主要部分，太监进贡制度规定的量不大，也不太稳定，土官进贡在量上更是可以忽略不计，所以此处贡茶的征收主要探讨的是府县进贡。

变为由地方府县征收。① 地方府县进贡到朝廷的茶叶实际上有两类，一类是礼部征收并转交光禄寺的茶叶，另一类是户部征收转交内府供用库的茶叶，分别用于外廷和内廷的开支。贡茶征收中并非全为本色，还有折色。

征收贡茶是明代地方府县的重要职司。洪武二十四年明太祖曾下令贡茶由茶户自行上缴，有司不必干预。这当然是不可能长期行得通的，明人郎瑛对此就已经不以为然："诏天下产茶之地，岁有定额，以建宁为上，听茶户来进，勿预有司。……此抄本《圣政记》所载，恐今不然也。不预有司，亦无所稽矣，此真圣政，较宋取茶之扰民，天壤矣。"②《圣政记》编纂于明初，生活于明中叶的郎瑛虽然指出贡茶不预有司是圣政，但也认为这是不大可能的。下以常州府宜兴县、湖州府长兴县、宁波府慈溪县和建宁府崇安县的贡茶为例来说明。

常州宜兴县贡茶。明代周高起《洞山岕茶系》记载了宜兴县的贡茶情况："南岳产茶，不绝修贡。迨今方春采茶，清明日，县令躬享白蛇于卓锡泉亭，隆厥典也。后来檄取，山农苦之。……县官修贡，期以清明日，入山肃祭，乃始开园采。"③ 从中可看出，当地茶叶作为贡茶，不但官府隆重其事，茶农也颇以为苦。

湖州府长兴县贡茶。嘉靖《吴兴掌故集》："我朝……定制岁贡止三十二斤，清明前二日，县官亲诣采造。"④ 康熙《长兴县志》："明洪武八年革罢，每岁止贡芽茶二斤，永乐二年加增三十斤，岁贡南京，焚于奉先殿。然官茶地止有一亩八分，山南北虽俱产茶，而皆为

---

① 宋代征收贡茶是由驻在福建建州的福建路转运司管理，元代是由常湖等处茶园都提举司、平江等处榷茶提举司、建宁北苑武夷茶场提领所管理。参见宋赵汝砺《北苑别录》（《丛书集成新编》第47册，新文丰出版公司1985年版）、明宋濂《元史·百官志三》（卷87，中华书局1976年版，第2206页）。

② （明）郎瑛：《七修类稿》卷9《国事类》，中华书局1959年版，第146页。

③ （明）周高起：《洞山岕茶系》，《丛书集成续编》第86册，新文丰出版公司1988年版，第663页。

④ （明）徐献忠：《吴兴掌故集》卷13《物产类》，吴觉农《中国地方志茶叶历史资料选辑》，农业出版社1990年版，第112页。

第二章 明代的茶具与宫廷、文人和世俗

民业,以贡额不足,岁轮采茶童子一十四名,每名纳茶一斤。又添谢公、尚吴、嘉会、平定、至德、安化、吉祥等七区粮长三十名,共纳茶三十斤。"①

宁波府慈溪县贡茶。嘉靖《浙江通志》:"慈溪县。……每岁清明前一日,县令入山监制茶芽,先祭史墓,乃开局制茶,至谷雨日回县。本朝永乐间,县官袭其旧,建局在山之西南,至期派办,供亿所费不赀,民无宁岁。嘉靖十五年春,余(笔者注:指当时的县令薛应旂)至县,议革入山故事,应办茶户送县监制,永为定规,士民称便。况此山旧志产茶,今则无矣,应贡芽茶,实在他山采办,而县官顾入居此山,亦甚无谓也。"②

建宁府崇安县贡茶。康熙《武夷山志》:元代崇安县令每年主持贡茶生产的大规模活动,"明初仍之,著(为)令。每岁惊蛰日,崇安县官率所属具牲醴诣喊山台致祭。洪武二十四年,诏天下产茶之地……勿预有司……然而祀典贡额犹如故也。"③

从这几处情况来看,每到采茶季节,县令都要入山,举行盛大的仪式,诚惶诚恐,率众祭拜,亲自监造,开支极为浩大,造成当地百姓的沉重负担。慈溪县甚至在产贡茶的山中已无茶,茶实际产于别处的情况下县令仍旧入山,被讥为"亦甚无谓也"。

地方府县进贡朝廷的茶叶其实分为两个部分,一部分是由礼部征收交给光禄寺,另一部分由户部征收交给内府供用库。下面先论述礼部征收的贡茶。

礼部负责接收茶叶的部门是主客清吏司,再转交光禄寺。《明会典》:"主客清吏司。……分掌诸番朝贡,接待给赐之事。……凡百官

---

① (清)韩应恒、金镜:《(康熙十二年)长兴县志》,朱自振《中国茶叶历史资料续辑》,东南大学出版社1991年版,第199页。
② (明)胡宗宪、薛应旂:《(嘉靖四十年)浙江通志》,朱自振《中国茶叶历史资料续辑》,东南大学出版社1991年版,第192页。
③ (清)王梓:《(康熙四十九年)武夷山志》,朱自振《中国茶叶历史资料续辑》,东南大学出版社1991年版,第249页。

香茗雅器：明代茶具与明代社会

恩赉、各省土贡、亦隶焉。"① 明俞汝楫《礼部志稿》载："各处岁进茶芽，弘治十三年奏准，俱限谷雨后十日差解赴（礼）部送光禄寺，交收违限一月以上送问虽有公文不与准理。"② 又载："如解茶文到，即擡题进该司，即与验进该送纳光禄寺者，该司立刻发与手本，其样茶验讫郄还，该司仍将样茶郄还四字条记刷印批文上，与之。"③ 茶叶是由礼部的主客清吏司检验再送纳光禄寺的。

礼部从地方接收交给光禄寺的茶叶，主要用于朝廷祭祀、筵宴等礼仪性开支。《明会典》记载光禄寺的职能："凡福建等处，解纳……叶茶一万五千斤，先春茶芽三千八百七十八斤。收充供养、膳羞茶饭等用。"④ 光禄寺有专门储藏茶叶的仓库。《明光禄寺志》："光禄寺大门内左为茶叶库，月进房，右为钱钞库……"⑤

明代实行两京制，在南京也有一套和北京相仿的朝廷机构。每年有少量茶叶由南京礼部转交南京光禄寺。《明会典》载："（南京礼部）主客清吏司。凡浙江湖州府长兴县、直隶常州府宜兴县、湖广宝庆府新化县，每年送至荐新茶芽，福建建宁府建安县，每年送至茶芽紫笋……俱本部收送南京光禄寺供荐及类进。"⑥ 又载："奉先殿供养。……常州等府，纳茶芽七十斤。……凡福建建宁府，纳芽茶五十二斤。解（南京）光禄寺交收。"⑦

户部从地方征收的贡茶转交给内府供用库，主要用于宫廷的日常饮

---

① （明）申时行等：《明会典》卷 105《主客清吏司》，中华书局 1989 年版，第 571 页。
② （明）俞汝楫：《礼部志稿》卷 38，《景印文渊阁四库全书》第 597—598 册，台湾商务印书馆 1986 年版。
③ （明）俞汝楫：《礼部志稿》卷 100，《景印文渊阁四库全书》第 597—598 册，台湾商务印书馆 1986 年版。
④ （明）申时行等：《明会典》卷 217《光禄寺》，中华书局 1989 年版，第 1083 页。
⑤ （清）英廉：《钦定日下旧闻考》卷 65，《景印文渊阁四库全书》第 498 册，台湾商务印书馆 1986 年版。
⑥ （明）申时行等：《明会典》卷 117《南京礼部·主客清吏司》，中华书局 1989 年版，第 612 页。
⑦ （明）申时行等：《明会典》卷 217《南京光禄寺》，中华书局 1989 年版，第 1084 页。

第二章 明代的茶具与宫廷、文人和世俗

食消费。① 宫廷负责饮食的机构主要有司礼监、尚膳监、御茶房等。② 户部征收交给供用库与礼部征收转交光禄寺的茶叶是有很大区别的，前者主要是内廷消费，占大部分，后者主要是外廷支出，占小部分，性质并不一样。例如正统九年三月皇帝在国子监举行的视学礼仪："尚膳监进茶御前，上命光禄寺赐各官茶毕……驾兴升舆由太学门出。"③ 为何皇帝所饮茶由尚膳监供给，而百官的饮茶却由光禄寺提供，这是因为前者是内廷的用度，后者却是外廷的开支。④

明代对户部征收贡茶再转交内府供用库有明确的规定。《明会典》之《户部十七》载："内府库。各库所掌，最大者金花银……除折放武俸之外，皆为御用。其粟、帛、茶、蜡、颜料，以需上供，虽本折不一，皆有规条。……户部山东河南等司官、九门盐法等委官，亦会同科道官，照时会估价直，办纳应用。"又载："供用库。凡浙江、湖广、四川、福建、江西、广东、山东、河南等布政司，直隶苏、松、常、镇、宁、太、安庆、庐、凤、淮、扬等府，岁解黄白蜡、芽叶茶，并苏、松、常三府，解到白熟糙粳糯米，俱送本库收。"⑤ 亦有部分贡茶通过南京户部征收交纳给南京供用库，《明会典》之《户部二十九》即规定苏州府、徽州府、池州府、广德州、徐州、和州每年要通过南京户部向南京供用库交纳一定的贡茶。⑥

《明实录》中可证明户部征收贡茶的记载很多。下举数例：

宣德六年七月，常州府知府莫愚上奏，宜兴旧额每年进贡茶叶是

---

① 地方进贡的大部分茶叶实际上是交给户部的，但贡茶则例只记录交给礼部的那一部分，而且实际一般只记录交给礼部叶茶、芽茶中芽茶那一部分，这是为何仅从数字上看明代贡茶要求的数量远小于宋、元时期的原因。
② （明）刘若愚：《酌中志》卷16《内府衙门职掌》，《明代笔记小说大观》第4册，上海古籍出版社2005年版，第2985—3023页。
③ 《明英宗实录》卷114，"中央研究院"历史语言研究所1962年版。
④ 如郭孟良《明代的贡茶制度及其社会影响》（《郑州大学学报（哲学社会科学版）》1990年第3期，第109—115页）、刘淼《明代茶叶经济研究》（汕头大学出版社1997年版，第26—31页）都未注意到礼部征收和户部征收贡茶之间的区别。
⑤ （明）申时行等：《明会典》卷30《库藏一·内府库》，中华书局1989年版，第220页。
⑥ （明）申时行等：《明会典》卷42《南京户部》，中华书局1989年版，第300—303页。

香茗雅器：明代茶具与明代社会

100斤，后增加到500斤，而"近年采办增至二十九万余斤，除纳外欠九万七千斤"，请求所欠茶叶分派产茶州县平均承担。皇帝于是对行在户部大臣下令："不意茶之害民如此，所欠者悉免追。今后岁办于二十九万斤减半。"① 宜兴县旧额贡茶100斤这是交给礼部的，后来增加到惊人的29万斤，绝大部分实际是户部征收用于宫廷的日常消费，造成地方难以承受的负担，所以皇帝下诏给户部欠者免追，原额减半。

又如景泰元年闰正月，户部上奏："内府岁用黄白蜡、芽茶、茶恭、灯草诸物，例应南北直隶并各布政使司供应。"② 再如万历十一年三月，"户部题本部岁办供用库，万历十一年应用黄白蜡、芽茶、蒲杖、灯草、盐斤等项，遵奉诏书各免十分之三。……报可。"③ 户部为了内府供用库从地方征收而来的贡茶问题而上奏，因为这正是其职司。

明代贡茶征收中有本色也有折色，这有明确的制度规定。《明会典》载："其粟、帛、茶、蜡、颜料，以需上供，虽本折不一，皆有规条。其本色，经验粮厅委官验过，会同科道官覆验堪中，于六科领勘合，填数照进；其折色，召商买办。"④ 本色要由相关官员检验，折色征收银两，再招商用银两购买需要的茶叶。

不过在贡茶的实际征收中本色和折色常会发生混乱。如嘉靖三十七年四月，户部回复御史钟沂的上奏："禁革包揽，如浙江岁派物料及内府蜡、茶之类，不俱本，折色俱择富户领解及廉吏收买，不得纵奸民影射，其各省一应起运钱粮，悉如之。"⑤ 这种情况的折色是府县向茶农征收折色银，在当地由廉吏收买茶叶，再由富户解运到京城，既然说"不得纵奸民影射"，肯定是有一些奸民包揽作弊的情况。又如万历四十年正月，户科给事中姚宗文就提出："茶、蜡等项或用本用折，宜有

---

① 《明宣宗实录》卷81，"中央研究院"历史语言研究所1962年版。
② 《明英宗实录》卷188，"中央研究院"历史语言研究所1962年版。
③ 《明英宗实录》卷135，"中央研究院"历史语言研究所1962年版。
④ （明）申时行等：《明会典》卷30《库藏一·内府库》，中华书局1989年版，第220页。
⑤ 《明世宗实录》卷458，"中央研究院"历史语言研究所1962年版。

第二章 明代的茶具与宫廷、文人和世俗

一定之规。今起解者折色,而各监局故为留难,云欲本色。此等物料不办于所产之地,而取办都下,价固三倍矣。况积年牙侩内外串通,能出库中旧藏以作新解,重价包揽,延捱岁月,解役有困顿愁苦身死长安不得竣事者,殊为可悯。当斟酌各项之有无缓急,颁为定式。如已解折色来京,便当准收,果须本色,俟其下年再解固未晚也。"① 这种情况的折色又有不同,是由解役将地方征收的银两直接解到京城交给朝廷。但有的官员故意为难,说要本色,逼使解役以三倍的价格在京城购买茶叶,甚至官员串通作弊,解役有为此困死者。

贡茶之所以有时征折色②,其原因是多种多样的,最主要的原因是有时本色征收过多,短期内难以消费,甚至出现腐烂的情况。如嘉靖十一年二月,户部回覆给事中高金等的条奏《经理库藏四事》:"发旧积以宽新徵,库监茶、盐收积数多,易致腐涸,宜行各该司府将芽、叶二茶除原解本色照旧上纳,如系折色,暂贮太仓,俟有缺乏……待积盐支尽一并解纳。"③ 又如万历四十七年(1619 年)七月,督饷户部侍郎李长庚奏:"丝、绵、绢疋、蜡、茶、颜料之用,其节年所收,陈积红朽,何裨于用。若以应解内府本色改折一年,发之外库,来岁仍解内库,是在内库支旧节新,不过通融于一岁之入,而在外库改本为折,亦可足用于数百万之支。"④ 这两例都是因为茶叶收积过多以致陈腐而改征折色。

贡茶征折色的原因之二是地方遥远,运输不便。如万历三十三年十二月,皇帝命礼部郎中陈于王、中书舍人吴采、行人翟师雍等往省直等处开读诏书:"两广、川贵、福建等处地方辽远,起解内库铜、锡、蜡、茶、朱、漆等项到京……该部通查本色钱粮,非本地土产或可改折色者酌议奏请。"⑤ 有些非本地土产却还要本色,长途运到京城,这自

---

① 《明神宗实录》卷491,"中央研究院"历史语言研究所1962年版。
② 刘淼《明代茶业经济研究》(汕头大学出版社1997年版,第31页)对明代贡茶的折色问题也有一定论述。
③ 《明世宗实录》卷135,"中央研究院"历史语言研究所1962年版。
④ 《明神宗实录》卷584,"中央研究院"历史语言研究所1962年版。
⑤ 《明神宗实录》卷416,"中央研究院"历史语言研究所1962年版。

☕ **香茗雅器：明代茶具与明代社会**

然是极不合理的。又如天启六年闰六月，"四川巡按吴尚默因贡扇允折，并议将茶、蜡各项俱请改折。得旨：'扇柄已有旨折价助工，其生绢、银、朱、生漆、铜、锡、牛角、药材、蜡、茶等项俱上供急需，仍宜征解本色应用。吴尚默何得轻议改折，姑不究。'"[①] 四川巡按吴尚默之所以提出茶叶等项改折，主要是因为四川地处偏僻，离京师路途遥远运输不便，虽然最后没有得到允许，但这种情况是存在的。

明代每年贡茶的数量，制度上有比较明确的规定。但全国实际上交的贡茶数量远远超过制度的规定，其中主要原因在于皇室的奢侈、官吏的贪渎和太监的强征。

地方上每年交纳给朝廷的贡茶分为礼部（含南京礼部）征收的部分和户部（含南京户部）征收的部分。先简单叙述礼部征收的贡茶。

礼部每年征收的贡茶数量制度上有明确规定，每年约19000斤。《明会典》之《光禄寺》载："凡福建等处解纳……叶茶一万五千斤，先春茶芽三千八百七十八斤，收充供养、膳羞茶饭等用。"[②] 这是礼部征收转交给光禄寺的贡茶数量。《明会典》之《光禄寺》还记载了南京户部征收转交给南京光禄寺的贡茶数量："凡每岁奉先殿供养……常州等府纳茶芽七十斤……凡福建建宁府纳芽茶五十二斤，解（南京）光禄寺交收。"[③] 上述贡茶量加起来共是19000斤。[④]

[①]《明熹宗实录》卷73，"中央研究院"历史语言研究所1962年版。
[②]（明）申时行等：《明会典》卷217《光禄寺》，中华书局1989年版，第1083页。
[③]（明）申时行等：《明会典》卷217《南京光禄寺》，中华书局1989年版，第1084页。
[④] 但《明史》却明确记载每年贡茶仅4000余斤："其上供茶，天下贡额四千有奇"（张廷玉等：《明史》卷80《食货志四·茶法》，中华书局1974年版，第1955页）。清人谈迁《枣林杂俎》的记载类似："计天下贡茶共四千二十二斤，而建宁茶名为上。"（谈迁：《枣林杂俎》中集《茶》，中华书局2006年版，第477页）为何《明会典》之《光禄寺》与《明史》及《枣林杂俎》的记载有这么大差别呢？其中原因在于明代贡茶的种类分为叶茶和芽茶（也称茶叶和茶芽），其实就是粗茶和细茶之分。《明史》和《枣林杂俎》都将芽茶的进贡误为贡茶的全部。《明会典》之《礼部七十一》可资证明："各处岁进茶芽……差解赴（礼）部，送光禄寺交收。……计茶芽四千斤，内一百二十斤，南京纳。"（申时行等：《明会典》卷113《岁进》，中华书局1989年版，第599页）这则史料与《明会典》之《光禄寺》记载的每年交纳给光禄寺茶芽3878斤，另交给南京光禄寺茶芽122斤（合计4000斤）是基本吻合的。至于交纳的叶茶15000斤，可能是因为茶质粗劣，《明会典》之《礼部七十一》并没有记载。

第二章 明代的茶具与宫廷、文人和世俗

下面再论述户部征收的贡茶数量。《明会典》之《户部十七》记载："供用库。……芽茶，四万七千九百五十九斤一十一两，叶茶，四万九十三斤。"① 芽茶和叶茶共 88052 斤。《户部二十九》记载了各地通过南京户部转交南京供用库的茶叶数量："各处起运数目。……苏州府……南京供用库……茶叶二千斤。……徽州府……南京供用库……芽茶四千斤，今三千斤，叶茶四千斤，今二千斤。……池州府……南京供用库，原额芽茶一千斤，今二千斤。……广德州……南京供用库……叶茶八百斤，今三百斤。……徐州……南京供用库……叶茶二百斤。……和州……南京供用库……叶茶二百斤，今三百斤。"② 有的府、州交给南京供用库的茶叶数量有原额和今额的区别，现一律按今额计算，共 9800 斤。供用库和南京供用库合计共 97852 斤，接近 10 万斤。

从史料记载来看，每年户部征收转交给供用库的贡茶数量大致符合以上的制度规定。如嘉靖年间户部尚书梁材在《复议节财用疏》中就提到："供用库……芽茶额派五万二千九百五十九斤十一两，叶茶额派四万五千九十三斤。"③ 芽茶、叶茶合计 98052 斤。《明实录》记载："（隆庆元年二月）户部奏定内府各监局岁派钱粮，供用库……叶茶三万五千斤，芽茶四万五千九百斤。"④ 叶茶、芽茶合计 80900 斤。又记载："（万历二年二月）户部题：'内府供用库万历二年……芽茶四万七千九百五十九斤一十一两，茶叶四万九十三斤……坐派浙江、直隶、苏、松等处各办征解。'从之。"合计 88052 斤。⑤ 以上记载的数字如果再加上南京供用库每年近 1 万斤的贡茶量，合计 10 万斤左右。

可以得出结论，在制度上礼部每年征收的贡茶约 19000 斤，户部近

---

① （明）申时行等：《明会典》卷 30《库藏一·内府库》，中华书局 1989 年版，第 220 页。
② （明）申时行等：《明会典》卷 42《南京户部》，中华书局 1989 年版，第 300—303 页。
③ （明）陈子龙等：《皇明经世文编》卷 102《梁端肃公奏议》，《四库禁毁书丛刊·集部》第 23 册，北京出版社 1997 年版。
④ 《明穆宗实录》卷 5，"中央研究院"历史语言研究所 1962 年版。
⑤ 《明神宗实录》卷 22，"中央研究院"历史语言研究所 1962 年版。

10万斤，合计共11万多斤。

但在实际的地方贡茶中，上交的茶叶数量往往远远大于制度的规定。例如前文就已论及宣德六年常州府宜兴县贡茶竟然增至29万斤，而制度规定不过100斤，是旧额的2900倍，皇帝了解情况后也不过减半征纳而已。明人沈德符在《万历野获编》中对这件事不禁发出感叹："时去二祖庙未远，且宣宗圣德，尚不免加旧额至数十倍。即云减半，为数亦不少矣。况后世但知增，不知减耶！"① 这说明在宣德之后，宜兴远超制度规定的贡茶数量不但没有减少，反而在不断增加，这是一种普遍现象。又如正德年间广信府同知曹琥在《请革芽茶疏》也提出广信府的茶叶贡额规定每年不过20斤，但近年来有宁王府和镇守太监的额外之贡，除每年交给镇守太监的茶叶1千多斤外，"宁府正德十年之贡，取去芽茶一千二百斤，细茶六千斤，不知实贡朝廷者几何？今岁之贡，取去芽茶一千斤，细茶八千斤，又不知实贡朝廷者几何？"② 他的奏疏反映广信府实际的贡茶数量是制度规定的几百倍。至于全国每年茶农实际被盘剥了多少以贡茶名义的茶叶，这是谁也无法统计出来的天文数字。

实际贡茶数量远超制度规定，其原因主要在于皇室的奢侈、官吏的贪渎以及太监的强征。③

皇室奢侈是造成贡茶数量大大超过制度规定的首要原因。例如在英宗即位之初曾大量裁减茶叶等物的进贡。宣德十年二月，"行在户部言在京牛羊等房供用浩繁，命……岁贡蜡、绵、朱、茶等物俱减其半，以省冗费。"④ 宣德十年二月，"省行在礼部等衙门诸冗费。……湖广、江

---

① （明）沈德符：《万历野获编》卷1《列朝》，中华书局1959年版，第24—25页。
② （清）于觉世、陆龙腾：《（康熙十二年）巢县志》卷17《艺文志·疏》，吴觉农《中国地方志茶叶历史资料选辑》，农业出版社1990年版，第181—182页。
③ 郭孟良《明代的贡茶制度及其社会影响》（《郑州大学学报（哲学社会科学版）》1990年第3期，第109—115页）一文对贡茶实际数量大大超过制度规定有一定论及，但不太充分，尚有进一步论述的余地。
④ 《明英宗实录》卷2，"中央研究院"历史语言研究所1962年版。

第二章　明代的茶具与宫廷、文人和世俗

西等处荐新茶芽七千五百余斤省为四千斤。"① 宣德十年五月，"减除南京岁费。……减省……供用库麻、米、茶、蜡，御马监豆粟、谷草凡十二万三千有奇。"② 但这恐怕不能说明皇帝的仁慈，而主要是因为在英宗之前宫廷茶叶等物的开支过于奢侈浩大，不得不有所裁减。

明代频繁出现大臣上奏指出宫廷茶叶等物的消耗过大。下举数例：弘治十三年十二月，"工部议覆给事中张文所陈罢宴乐之奏，谓：'……光禄寺供办乾清等宫灯节茶食及攒盘之类，比之弘治初元多至一倍，请如所奏，命光禄寺查元年以后增加者，量为减节，庶供应可继而太仓边储不至再借。'从之。"③ 从弘治元年到十三年，灯节茶食等消耗竟增加了一倍，影响到了太仓边储。弘治十七年五月，"光禄寺卿艾璞陈五事：'一、量减果品。正统年间凡遇祭祀并筵宴、茶饭等项，茶食果品俱系散撮，天顺年间始用黏砌，加添数倍。……宜从减损'。"④ 从正统到天顺不过二三十年，用于祭祀、筵宴的茶食果品就增加了数倍。嘉靖九年正月，"礼科给事中曾仲魁等陈四事：一言自嘉靖九年为始，供用库粳米、茶芽、豆穀等项附余数多，宜量为减派，以苏民困。"⑤ 宫廷的供用库茶芽等物剩余很多，民众却陷于困境。

到了明代末年，由于建州女真的兴起，军费开支十分浩大，但宫廷茶叶等物的消费并不降低。如万历四十六年六月，南京山西道御史孙光裕上奏建议："如内府之茶、蜡、颜料、朱、漆、麻等项，查其有余，亦应改折二年……尽留充饷"⑥，竟然幻想将内府茶叶等物的开支改折二年以充边饷，结果只能是"不报"。又如天启元年九月，署户部事左侍郎臧尔劝向皇帝提出："辽左用兵，至三十万计，岁用新饷非一千数百万不可。……请改折承运库之丝、绢，供用库之蜡、茶……岁可折银

---

① 《明英宗实录》卷2，"中央研究院"历史语言研究所1962年版。
② 《明英宗实录》卷5，"中央研究院"历史语言研究所1962年版。
③ 《明孝宗实录》卷169，"中央研究院"历史语言研究所1962年版。
④ 《明英宗实录》卷212，"中央研究院"历史语言研究所1962年版。
⑤ 《明世宗实录》卷109，"中央研究院"历史语言研究所1962年版。
⑥ 《明神宗实录》卷571，"中央研究院"历史语言研究所1962年版。

香茗雅器：明代茶具与明代社会

二十三万八千有奇。"[1] 得到的旨意也是供用库茶叶等物是上供给官廷所用的，不可轻议改折。

官吏的贪渎亦是贡茶的实际数量大大超过规定的重要原因。例如明人陈霆正德年间曾谪宦六安州，以亲历的事实指出："六安茶为天下第一。有司包贡之余，例馈权贵与朝士之故旧者。"[2] 六安州官员除正常的贡茶外还大量以茶叶作为馈赠，馈赠的茶叶从何而来，只能来自官吏的强征和贪渎。清人郑日奎在《西山茶课记》中也记载了明代广信府铅山县贡茶中官吏贪渎的情况。本来铅山的贡茶只有8斤，但后来"除正供外，自监司以下逮丞尉，皆有馈，名曰荐新"，再后来茶课外的馈赠都要以银来代替，结果是"民岁费金以百数十计，茶户或称贷偿，或鬻妻子偿，甚有自经沟渎间者。"[3]

明代一些诗歌也可证明有的官吏利用贡茶进行私人馈赠，盘剥茶农。如明人朱朴《西皋得新茶以诗索和》诗曰："带雨新抽粟粒芽，山人其梦有生涯。细缄已入明廷贡，官焙还来太守家。"[4] 明人蓝仁《寄刘仲祥索贡余茶》："春山一夜社前雷，万树旗枪渺渺开。使者林中征贡入，野人日暮采芳回。"[5] 蓝仁《求河泊刘昌期贡余茶》："月校舟缙留渡口，春催茶贡住林间。……河官暂托贡茶臣，行李山中住数旬。万指入云频采绿，千峰过雨自生春。"[6] 朱朴得到其他官吏赠送的贡茶因而赋诗，而蓝仁作诗以向主管贡茶的官吏索取茶叶，但诗人笔下令人陶醉的诗情画意并不能掩盖官吏利用职务之便压榨茶农的罪恶。

即使贡茶已经交到朝廷，还要被官吏们重重盘剥。如明人陆深

---

[1] 《明熹宗实录》卷14，"中央研究院"历史语言研究所1962年版。
[2] （明）陈霆：《两山墨谈》卷9，中华书局1985年版，第74页。
[3] （清）曾国藩、刘绎：《（光绪七年）江西通志》卷48《风俗》，吴觉农《中国地方志茶叶历史资料选辑》，农业出版社1990年版，第225—226页。
[4] （清）沈季友：《檇李诗系》卷11，《景印文渊阁四库全书》第1475册，台湾商务印书馆1986年版。
[5] （明）蓝仁：《蓝山集》卷3，《景印文渊阁四库全书》第1229册，台湾商务印书馆1986年版。
[6] 同上。

第二章　明代的茶具与宫廷、文人和世俗

《奉训大夫尚书礼部精膳司署郎中唐君行状》记载："君讳祯……精膳，每岁新茶进御，必先至司验视，附其余为馈，曰样茶者，分馈僚友以为常。君揆诸心曰：'焉有上供之物人臣敢私尝耶？'乃戒诸门者每茶至必执策数而入之，无容入其余，验既复执策数而出之，如其入焉。由是样茶遂绝"[1]。唐祯一度取消了实际上是贿赂的所谓样茶，但这只能是个案。又如汪应轸的上疏中《分豁额外荐新茶芽疏》指出："六安茶芽岁额三百斤，此外多取毫厘，即为因公科敛。虽该部审据解吏，闻报三百袋，袋多四两有余，亦非勘合正数，且无批文查销，以后或轻或重，焉知谁公谁私？不若通融议处，立为定规，每岁六安茶，止收三百斤正数，其耗余加增，一槩不许滥取。"[2]　六安州的贡额本来是三百斤，每斤一袋共三百袋，但每袋实际多出四两有余（当时每斤十六两），贡额无形中增加了四分之一多，这是一种额外的剥削。甚至皇帝都已经注意到了朝廷官吏对进贡的茶叶等物盘剥勒索的情况。万历三十三年十二月，皇帝命礼部郎中陈于王等人宣读诏书："两广、川贵、福建等处……起解内库铜、锡、蜡、茶、朱、漆等项到京，屡被包侵勒指，以致解官久稽陪累，多毙杖狱，情实可矜。"[3]

　　太监强征茶叶也是地方贡茶数量极大超过规定的原因之一。太监是寄生在专制皇权上的毒瘤，本来太监进贡也有制度上的规定，量并不高，但太监们往往利用特权额外强征，问题就变得严重起来。例如陈霆《两山墨谈》指出："予谪宦六安，见频岁春冻，茶产不能广，而中官镇守者，私征倍于官贡，有司督责……故茶在六安，始若利民，而今为民害则甚。"[4]　太监的私征数倍于正常的官贡。

　　又如正德年间浙江等处提刑按察司佥事韩邦奇曾上奏《为苏民困

---

[1]　（明）陆深：《俨山集》卷78，《景印文渊阁四库全书》第1268册，台湾商务印书馆1986年版。

[2]　（明）陈子龙等：《皇明经世文编》卷191《汪青湖集》，《四库禁毁书丛刊·集部》第24册，北京出版社1997年版。

[3]　《明神宗实录》卷416，"中央研究院"历史语言研究所1962年版。

[4]　（明）陈霆：《两山墨谈》卷9，中华书局1985年版，第74页。

香茗雅器：明代茶具与明代社会

以保安地方事》，指出太监在严州府建德等县、杭州府富阳等地横征鱼、鳔、茶、绫等物，"任意科敛地方，被害人不聊生，而肆太监伴贡之物动以万计。是陛下所得者壹而太监即所得者十，爻随人等所得者百，有司官吏所得者千，粮里人等所得者万"。① 征收的物品真正供给皇帝的只是少数，大多落入太监等人手中。

再如曾任广信府同知的曹琥所上的《请革芽茶疏》，也指出除正常的贡额外，还有镇守太监之贡，"如镇守之贡，岁办千有余斤，不知实贡朝廷者几何？今岁太监黎安行取回京，未及征派，而百姓相贺于道，则往岁之为民病，从可知已，臣姑未暇论矣"。② 太监回京未及征派，百姓相贺于道，可以想见其祸民之深。

二 明代宫廷的饮食、礼仪与茶具

茶叶是明代宫廷的重要饮食，这使茶具在明代宫廷生活中占有重要地位，宫廷甚至有专门负责皇帝茶饮等饮食的机构，即御茶房。《明史》载："御茶房，提督太监正、副二员，分两班。近侍无定员。职司供奉茶酒、瓜果及进御膳。"③ 明人刘若愚《酌中志》亦载："御茶房，秩视御药房。分两班，牌子四员，常行近侍三、四十员。职司茶酒、瓜果。凡圣驾出朝、经筵讲筵御用茶，及宫中三时进膳，圣驾七箸，中宫七箸，系其职掌。"④ 从御茶房的职司来看，并非仅为茶饮，还包括瓜果以及皇帝、皇后的日常用膳等，但该机构以茶为名，可见茶在宫廷饮食中的重要地位，也可推论茶具在宫廷生活中的重要地位。

因为御茶房人员与皇帝关系密切，往往朝夕相处，明代就有大臣上

---

① （明）韩邦奇：《苑洛集》卷13，《景印文渊阁四库全书》第1269册，台湾商务印书馆1986年版。

② （清）于觉世、陆龙腾：《（康熙十二年）巢县志》卷17《艺文志·疏》，吴觉农《中国地方志茶叶历史资料选辑》，农业出版社1990年版，第181—182页。

③ （清）张廷玉等：《明史》卷74，《志第五十·职官三》，中华书局1974年版，第1822页。

④ （明）刘若愚：《酌中志》卷16《内府衙门职掌》，《明代笔记小说大观》第4册，上海古籍出版社2005年版，第3020页。

第二章　明代的茶具与宫廷、文人和世俗

疏论及御茶房等机构人员的选用。杨廷和曾上疏明世宗："人君一身天下根本，欲令出入起居事事尽善，惟在左右前后皆用正人，日闻正言，日行正道。……乞命司礼监官将尚冠、尚衣等四执事及膳房、茶房殿内答应、掌宫、侍卫、牌子等项人员逐一豫选老成重厚慎密小心之人、以待陛下任使。"①

王府也是宫廷的重要延伸，据《明会典》，王府也有专门负责茶饮的处所，即茶房。既有茶房，茶具在王府生活中必然占据有重要的一席之地。"弘治八年定。王府制，前门五间，门房十间……茶房二间，净房一间。"② 朝廷每年对诸王的茶叶供应也有明确规定。据明王世贞《弇山堂别集》："（永乐）九年定诸王公主岁供之数。亲王岁支米五万石……茶一千斤，马匹草料月支五十匹……已封郡王者，岁米六千石……茶三百斤，马匹草料月支十匹。"③

文献中多有明代帝王宫廷中所用茶具的记载。如明杨仪《明良记》记载了明孝宗所用的金茶壶："明孝宗赐茶。帝常啜茶，谓中官学张羽曰：'汝谓刘文泰善煮茶，何如此茶？'羽对曰：'外人安得有此？'遂命以御用金壶，令茶人善煮，遣羽赐文泰尝之。临行，帝以茶末少许着壶中曰：'毋为所笑。'其宠异如此。"④ 明文震亨《长物志》《茶盏》条记载了明宣宗和明世宗所用的瓷茶盏："宣庙有尖足茶盏，料精式雅，质厚难冷，洁白如玉，可试茶色，盏中第一。世庙有坛盏，中有'茶汤果酒'，后有'金箓大醮坛用'等字者，亦佳。"⑤ 宣庙和世庙分别指的是明宣宗和明世宗。清嵇璜等《钦定续通志》记载了明代帝王

---

① （明）杨廷和：《杨文忠三录》卷 2，《景印文渊阁四库全书》第 428 册，台湾商务印书馆 1986 年版。

② （明）申时行等：《明会典》卷 181《营造一·王府》，中华书局 1989 年版，第 919 页。

③ （明）王世贞：《弇山堂别集》卷 6，《景印文渊阁四库全书》第 409—410 册，台湾商务印书馆 1986 年版。

④ （明）黄履道：《茶苑》卷 13，清抄本。

⑤ （明）文震亨：《长物志》卷 12，《景印文渊阁四库全书》第 872 册，台湾商务印书馆 1986 年版。

香茗雅器：明代茶具与明代社会

的一些陶瓷食器，其中就包括茶具："明永乐窑压手栢，宣德窑白坛琖、白茶琖、红鱼靶栢、朱砂大碗、朱砂小壶，成化窑鸡缸，嘉靖窑小白瓯、坛琖、鱼扁琖。"①

明代宫廷中的茶具不但用于饮食，还大量用于祭祀、婚礼、筵宴、赏赐、赐茶等礼仪。

自古以来，祭祀在国家政治生活中有着极为显著的地位，国之大事，在祀与戎。茶在明代宫廷的祭祀中扮演着重要的角色，而茶必须沸水冲泡盛装于茶具之中，这使茶具在祭祀中大量使用。太庙、奉先殿、陵寝、灵明显佑宫和灵济宫等的祭祀中都离不开茶及茶具。

太庙是皇帝的宗庙，是皇帝举行祭祖典礼的地方，太庙祭祀在国家政治中是十分重要的礼仪，而茶是太庙祭祀中不可或缺的祭品。下引两条《明太祖实录》中太庙祭祀用茶的史料："（吴元年）三月丁丑朔，宣州贡新茶，上命内夫人亲煮荐于宗庙。"②"（洪武元年二月壬子）太常又进宗庙月朔荐新礼：正月以韭荠、生菜、鸡子、鸭子；二月以水芹、蒌蒿、苔菜、子鹅；三月以茶、笋、鲤鱼、鳖鱼；……命以月朔荐新仪物著之常典，俾子孙世承之。"③《明太祖实录》还记录了朝廷制造祭祀所用的金茶具："（洪武二年六月）丁亥，造太庙金器成。每庙壶一、盂一、台一、盏二、爵二、碗四、肉楪十、菜楪十、楪四、匙二、筯二、茶壶二、茶钟二、香炉一、香盒一、花瓶二、烛台二，计金八千八百八十余两。"④从明代俞汝楫所编《礼部志稿》来看，太庙祭祀用茶在明初以后成为礼仪的成规。⑤

奉先殿也是皇帝的宗庙。为何已有太庙还要建奉先殿？明代佚名编

---

① （清）嵇璜、曹仁虎等：《钦定续通志》卷122《器服略一》，《景印文渊阁四库全书》第392—401册，台湾商务印书馆1986年版。
② 《明太祖实录》卷22，"中央研究院"历史语言研究所1962年版。
③ 《明太祖实录》卷30，"中央研究院"历史语言研究所1962年版。
④ 《明太祖实录》卷43，"中央研究院"历史语言研究所1962年版。
⑤ （明）俞汝楫：《礼部志稿》卷83，《景印文渊阁四库全书》第597—598册，台湾商务印书馆1986年版。

第二章　明代的茶具与宫廷、文人和世俗

的《太常续考》有记载："国朝以太庙时享未足展孝思之诚，复于宫内建奉先殿，盖以太庙象外朝，以奉先殿象内朝。"① 奉先殿祭祀中茶亦是重要祭品。《明太祖实录》载："（洪武四年二月）己巳……奉先殿成殿……上及皇太子诸王二朝皇后率妃嫔日进膳羞，每月朔荐新：正月用韭荠、生菜、鸭子、鸡子；二月水芹、薹菜、蒌蒿、子鹅；三月新茶、笋、鲤鱼；……"② 根据《礼部志稿》，奉先殿祭祀用茶也定为成规。③ 奉先殿除每月的荐新外，还有每日不同的供献："初一日卷煎，初二日髓饼，初三日沙炉烧饼，初四日蓼花，初五日羊肉肥䴗角儿，初六日糖沙馅馒头，初七日巴茶，初八日蜜酥饼……"④ 茶在奉先殿祭祀中是极为重要的。明嘉靖时夏言在《折浮议以慎庙制疏》中就指出："周令四时必荐新于寝庙……但今銮舆之出，必致围宿，恐太烦也，其或遣官代祭，则天子率圣后焚香、点茶拜于奉先殿，如此则礼意周备而孝思无遗矣。"⑤ 作为礼部尚书的夏言还为明世宗制定了祭祀的具体礼仪："清明报荐二圣（献皇帝后），乐章十成，迎神，献香，奠帛，献茶，初献，亚献，三献，进枣汤，彻馔，送神。"⑥

在明代帝王的陵寝祭祀中，茶是重要祭品。据《太常续考》，长陵每次祭祀的祭品包括："祝版一片，奉先帛二段，素帛十六段，速香三斤八两烛十六枝，四两烛五十二枝，二两烛六十枝，一两烛三十枝，胡桃、栗子、红枣各十八斤，荔枝、圆眼各十一斤四两，香油、豆粉各九斤，土碱六斤，白盐四斤八两，大笋、木耳各六两，花椒、细茶、栀

---

① （明）佚名：《太常续考》卷2《奉先殿蓄品事宜》，景印文渊阁四库全书第599册，台湾商务印书馆1986年版，第119页。
② 《明太祖实录》卷61，"中央研究院"历史语言研究所1962年版。
③ （明）俞汝楫：《礼部志稿》卷28，《景印文渊阁四库全书》第597—598册，台湾商务印书馆1986年版。
④ （清）孙承泽：《春明梦余录》卷18《奉先殿》，《景印文渊阁四库全书》第868册，台湾商务印书馆1986年版。
⑤ （明）夏言：《南宫奏稿》卷3，《景印文渊阁四库全书》第429册，台湾商务印书馆1986年版。
⑥ （清）嵇璜、曹仁虎等：《钦定续文献通考》卷105《乐考》，《景印文渊阁四库全书》第629册，台湾商务印书馆1986年版。

香茗雅器：明代茶具与明代社会

子、红曲各四两，铜青、黄丹各二钱，祝版本纸二张，包版黄白榜纸各一张，包香帛黄咨纸二十五张，白咨纸十八张，酒二十瓶，犊一只，猪五口，北羊四只，白面一百四十斤。"其中使用细茶为四两。从《太常续考》所绘长陵前祭品摆放示意说明图来看，盛茶的茶具是摆在很显著的位置①（图2-1）。

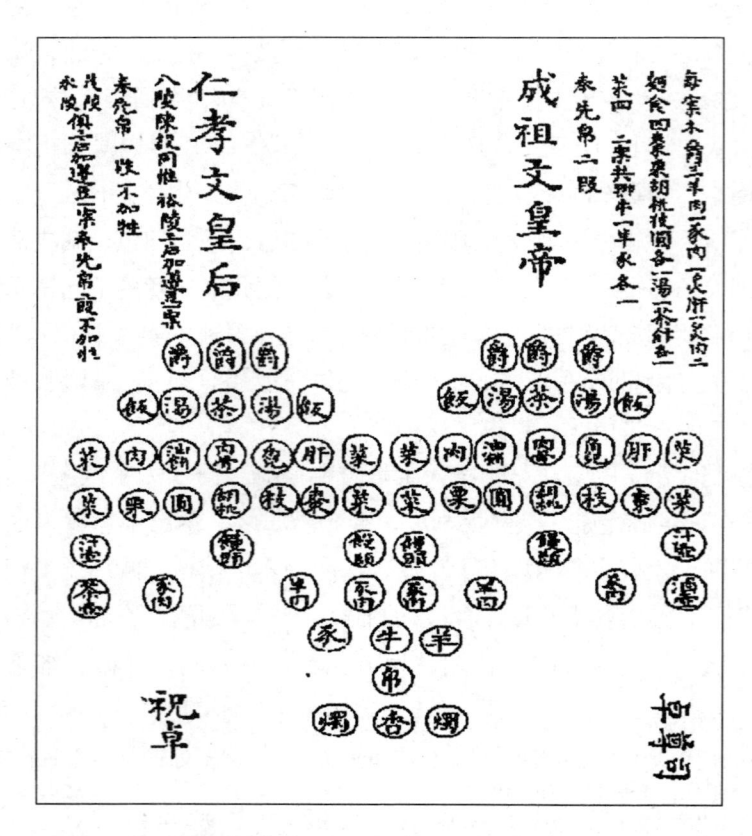

图2-1　明长陵祭品摆放示意图（引自《太常续考》卷4）

献陵每次祭祀使用细茶三两，景陵细茶三两，裕陵七两，茂陵四

---

① （明）佚名：《太常续考》卷4《长陵等陵事宜》，《景印文渊阁四库全书》第599册，台湾商务印书馆1986年版。

第二章 明代的茶具与宫廷、文人和世俗

两，泰陵一两，康陵一两，永陵十二两，昭陵二两，定陵二两，庆陵二两，德陵二钱，恭仁康定景皇帝一两。① 前文中的长陵、献陵、景陵、裕陵、茂陵、泰陵、康陵、永陵、昭陵、定陵、庆陵、德陵分别为明成祖朱棣、仁宗朱高炽、宣宗朱瞻基、英宗朱祁镇、宪宗朱见深、孝宗朱佑樘、武宗朱厚照、世宗朱厚熜、穆宗朱载后、神宗朱翊钧、光宗朱常洛、熹宗朱由校的陵寝，恭仁康定景皇帝是指明景帝朱祁钰。

灵明显佑宫祀北极真君。在明成祖由北往南发动的靖难之役中，他认为有代表北方的北极真君从中相助，所以明代永乐时期开始，宫廷中对北极真君的祭祀一直很重视。在灵明显佑宫的祭祀中茶是必不可少的。据《太常续考》，十一月十五日太常寺祭祀北极真君的礼仪为："本寺官冠带行礼，祭日子时，赞引导遣官行，教坊司作乐，赞引赞诣盥洗所盥讫……赞诣神位前，赞献帛，赞献茶，赞复位，赞跪，赞读祝……赞礼毕。"该祭祀礼仪用太常寺库内细茶二两。三月初三祭祀的礼仪大致与十一月十五日相同，亦用细茶二两。②

灵济宫祀金阙、玉阙二真君。永乐年间，"太宗尝弗豫，祷神辄应"③，之后宫廷中灵济宫祭祀得到特别的重视。灵济宫祭祀的礼仪也要用茶："祭日子时赞引导遣官行，教坊司作乐，赞诣盥洗所……执事捧爵至各神位前，赞引，赞诣神位前，赞搢笏，赞献茶，赞出笏……"在祭祀礼仪中用细茶四两④（图2-2）。

太常寺是朝廷专门管理祭祀的机构，该机构中处理茶食的人员多达一百五十四名。《太常续考》："正官卿一人，少卿二人，寺丞二人……

---

① （明）佚名：《太常续考》卷4《长陵等陵事宜》，《景印文渊阁四库全书》第599册，台湾商务印书馆1986年版，第180—183页。
② （明）佚名：《太常续考》卷6，《景印文渊阁四库全书》第599册，台湾商务印书馆1986年版。
③ （清）张廷玉等：《明史》卷50《礼志六》，中华书局1974年版，第1309页。
④ （明）佚名：《太常续考》卷6，《景印文渊阁四库全书》第599册，台湾商务印书馆1986年版。

茶食十五牌，每牌十名，共一百五十四名。"① 太常寺主持的祭祀每年消耗茶叶多少？《太常续考》的记载是仅细茶二十五斤三两②，当然实际数字肯定要大大超过，因为据《明会典》仅常州等府每年向南京奉先殿缴纳的茶芽就达七十斤。③ 太常寺每年实际消耗的茶叶量是十分巨大的，使用茶具的量很大并且也很广泛。

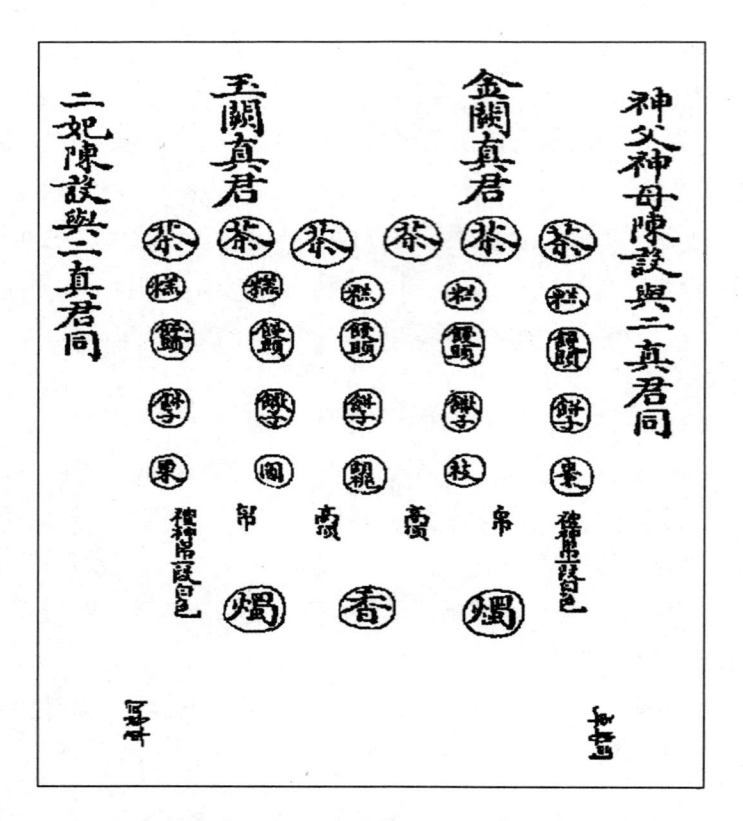

图2-2 灵济宫祭祀玉阙真君、金阙真君的陈设（引自《太常续考》卷6）

---

① （明）佚名：《太常续考》卷7，《景印文渊阁四库全书》第599册，台湾商务印书馆1986年版。
② 同上。
③ （明）申时行等：《明会典》卷217《南京光禄寺》，中华书局1989年版，第1084页。

第二章 明代的茶具与宫廷、文人和世俗

  婚礼是明代宫廷中的重要礼仪，茶具在其中必不可少。据《明会典》，成化二十三年所定皇太子纳妃仪中，纳采问名礼物即有"末茶一十二袋（用红绿罗销金袋一十二个）"，纳征礼物有"末茶四十袋（用红绿罗销金袋四十个）"，供用器皿中的金器有"壶瓶一对（六十两重）、酒注一对（六十两重）、盂子一对（二十两重）、赞礼盘二面（六十两重）、盘盏二副（二十两重）、托里胡桃木碗四个（六十四两重）、楞边胡桃木托四个（五两重）、托里胡桃木钟子一对（一十一两重）、撒盏一对（八两重）、葫芦盘盏一副（一十两重）、茶匙一双（一两重）、匙一双（五两重）、箸二双（五两重）"，供用器皿中的银器有"壶瓶二把（共五十两重）、果合一对（一百六十两重）、汁瓶二把（共五十两重）、茶瓶一对（五十两重）、汤鼓四个（八十两重）、按酒楪一十二个（四十二两重）、果楪一十二个（三十两重）、茶楪一十二个（二十四两重）"。①

  又据《明会典》，亲王婚礼中的定亲礼物包括"末茶一十袋（用红绿罗销金袋一十个）"，纳征礼物包括"末茶三十二袋（用红绿罗销金袋三十二个）"，供用器皿中的金器有"壶瓶一对（六十两重）、酒注一对（六十两重）、盂子一对（二十两重）、赞礼盘二面（六十两重）、盘盏二副（二十两重）、托里胡桃木碗四个（六十四两重）、楞边胡桃木托子四个（五两重）、托里胡桃木钟子一对（一十一两重）、撒盏一对（八两重）、葫芦盘盏一副（一十两重）、茶匙一双（一两重）、匙一双（五两重）、箸二双（五两重）"，银器有"果合一对（一百六十两重）、汁瓶二对（一百两重）、茶瓶一对（五十两重）、汤鼓四个（八十两重）、按酒楪一十二个（四十二两重）、果楪一十二个（三十两重）、菜楪一十二个（二十四两重）"。②

---

  ① （明）申时行等：《明会典》卷 68《婚礼二·皇太子纳妃仪》，中华书局 1989 年版，第 407—409 页。
  ② （明）申时行等：《明会典》卷 69《婚礼三·亲王婚礼》，中华书局 1989 年版，第 412—414 页。

♨ 香茗雅器：明代茶具与明代社会

宫廷婚礼茶具的使用量可能很大。据《明会典》："大婚，合用朱红戗金盘盒、并黄红罗绢销金夹单袱茶袋等件器皿，共五千二百六十件。……（嘉靖元年例）"[1] 按嘉靖元年例，宫廷大婚使用的茶袋等器皿多达数千件。

筵宴是明代宫廷中的重要礼仪，筵宴中茶叶必不可少，所以筵宴的饮食往往被叫作茶饭，配合饮茶的佐茶食物被叫作茶食，可以推论，茶壶、茶盏、茶碟等茶具在筵宴中得到广泛使用。下面从对臣僚的筵宴与对蕃国的筵宴两个方面进行论述。

明代宫廷中常举行大规模的对臣僚的筵宴，宫廷筵宴一般在重大节令、祭祀和政务时举行。这些筵宴的饮食中一般都有茶食。如天顺元年规定的郊祀庆成宴："上卓，宝妆茶食，向糖缠碗八个，棒子骨二块……上中卓，宝妆茶食，向糖缠碗八个，棒子骨二块……中卓，宝妆茶食，云子麻叶二楪，甘露饼四个……下卓，宝妆茶食，大银锭油酥八个，爆鱼二块……"又如永乐间规定的元宵节宴："上卓，按酒四般，果子，茶食……中合卓，按酒四般，果子，茶食……"再如弘治三年规定的进士恩荣宴："上卓，按酒五般，果子五般，宝妆茶食五般……上中卓，按酒果子宝妆茶食各五般，凤鸭一只……中卓，按酒果子茶食各五般，甘露饼一楪……"[2] 茶食是配合饮茶的糕点等物，从上述记载来看，宫廷筵宴中的饮茶一般在开宴之始，程序上很重要，有时茶食也在酒和果子之后。

如果亲王来朝一般不入筵宴，而是另外便殿享受精洁茶饭，叙家人礼。"凡亲王来朝，若遇大宴会，诸王不入筵宴中。若欲筵宴，于便殿去处，精洁茶饭，叙家人礼。群臣大会宴中，王并不入席。"[3]

---

[1] （明）申时行等：《明会典》卷 201《织造·器用》，中华书局 1989 年版，第 1014 页。

[2] （明）申时行等：《明会典》卷 114《膳羞一·筵宴》，中华书局 1989 年版，第 600 页。

[3] （明）申时行等：《明会典》卷 56《王国礼二·来朝》，中华书局 1989 年版，第 353 页。

第二章 明代的茶具与宫廷、文人和世俗

有时皇帝为了表达对某些大臣的重用和褒奖，常会额外赐予茶饭，这也可谓筵宴的一种特殊形式。如："（隆庆二年二月）壬辰……遣太监刘大用至（徐）阶第赐白金五十两，大红麒麟服及纻丝四表里，钞五千贯，并茶饭羊酒。"① 又如："（嘉靖二十一年三月）丙申……上遣中使赐（夏）言银五十两，彩叚四表里，宝钞五千贯，茶饭五卓，羊三只，酒三十瓶。"② 再如："（万历三十年十一月）戊辰，以冬至令节赐三辅臣上尊珍馔，特遣司礼太监侍茶饭，又赐烧割伏姜甜食。"③

君臣们在宫廷享受筵宴茶饭，这绝非单纯的饮食活动，而是有重大政治意义的礼仪，座位的排序、桌椅的摆放以及斟酒递汤都有严格的规定，并有专人管理和引导。例如永乐十三年十二月初十日，光禄寺卿张泌等人就因为鸿胪寺在筵宴茶饭中疏于礼仪的管理和引导而向皇帝上奏"为不遵旧制事"："切照洪武年间，凡遇筵宴，礼部奏请合宴人数，坐派本寺造办茶饭完备，鸿胪寺堂上官提督司宾、司仪分摆班次，序班搬放茶饭桌椅，斟酒递汤，已有成规。近年以来，四方使臣朝贡及遇节令筵宴，序班止是殿内斟酒递汤，其余搬放茶饭桌椅，斟酒递汤等项俱系本寺整理。臣等累对鸿胪寺官说知旧制事例，其寺丞丁铎、高庆司宾司仪王神等视为泛常，略不究心照例改正，又不分摆与宴官人等依品序坐，致使搀越挤匝，难以供应，非惟背旧制，乖礼仪，实乃故违旧制，俱合拏送法司问罪。"皇帝很重视，圣旨是："且记他每一遭，都察院着御史看着，今后再不依旧制时，拏了问。"又奉圣旨："但有搀越班次的，再不许他入宴。"④

蕃国来朝进贡，一般会钦赐筵宴一两次，回还时再由经过的地方管待茶饭，这都有严格的安排和具体的规定。《明会典》载："凡诸蕃国及四夷使臣、土官人等进贡，例有钦赐筵宴一次二次。礼部预开筵宴日

---

① 《明穆宗实录》卷17，"中央研究院"历史语言研究所1962年版。
② 《明世宗实录》卷259，"中央研究院"历史语言研究所1962年版。
③ 《明神宗实录》卷378，"中央研究院"历史语言研究所1962年版。
④ （清）孙承泽：《春明梦余录》卷27《光禄寺》，《景印文渊阁四库全书》第868册，台湾商务印书馆1986年版。

香茗雅器：明代茶具与明代社会

期，奏请大臣一员待宴，及行光禄寺备办，于会同馆管待，教坊司用乐。……回还之日，差官伴送，沿途备办饭食。经过去处，茶饭管待，各有次数。"如："朝鲜国，筵宴二次，宣德三年，使臣回还，蓟州永平府茶饭管待；占城国、琉球国、爪哇国、暹罗国，各筵宴二次，使臣回还，至广东布政司茶饭管待一次；哈密，筵宴二次，使臣回还，至良乡汤饭，陕西布政司茶饭管待一次；……榜葛剌国，筵宴一次，使臣回，经过府州茶饭管待；以必洗必儿，筵宴一次，使臣回，至大同茶饭管待一次。"①

皇帝钦赐蕃国的筵宴桌面有严格规定，其中茶食必不可少。如天顺元年的规定是："上卓，高顶茶食，云子麻叶……茶食果子按酒各五般，米糕二楪……茶食一楪，酒七钟；中卓，宝妆茶食，云子麻叶二楪……茶食一楪，酒七钟；下卓，宝妆茶食，大银锭油酥八个……酒七钟。"蕃国朔、望朝见及见辞酒饭还另有安排规定："上卓，按酒用牛羊等肉共五楪，每楪生肉一斤八两，茶食五楪，每楪一斤……胶枣柿饼每楪一斤八两；中卓，按酒用羊牛肉四楪，每楪生肉一斤，茶食四楪，每楪十两……汤饭各一碗。"②

宫廷赏赐是明代经常的礼仪活动，涉及茶具的赏赐有两种情况，一种是皇帝向大臣赏赐茶具，另一种是朝廷向藩属或外国赐予茶具。

明代皇帝对臣下的赏赐有时包括茶具。如清姚之骃《元明事类钞》之《磁杯见朕》条曰："《卓异记》：上最宠遇夏原吉，一日赐茶杯，是白磁，公觉其异，为一注目。上曰：'以赐卿，令卿子孙世世见朕也。'今杯为其家世宝，无心视之内有永乐二字，久视不见。"③ 此处皇帝为明成祖，杯内有隐约的"永乐"二字，应为当时生产的宫廷用瓷。又如明黄佐《翰林记》载："宣德初，上尝亲御翰墨作春山、竹石、牧牛

---

① （明）申时行等：《明会典》卷114《膳羞一·筵宴》，中华书局1989年版，第602—603页。

② 同上书，第603页。

③ （清）姚之骃：《元明事类钞》卷30《器用门》，《景印文渊阁四库全书》第884册，台湾商务印书馆1986年版。

· 234 ·

第二章　明代的茶具与宫廷、文人和世俗

三图，题诗其上，以赐大学士杨荣，并赐端砚、御用笔墨及白磁酒器、茶钟、瓦罐、香炉之类。"① 这是在宣德元年，此处皇帝为明宣宗。宣德四年，皇帝还向杨荣赏赐"白金、珍珠、钞币、白磁器、苏合香丸等物"。② 其中"白磁器"很可能也包括茶具。

　　朝廷对藩属和外国的赏赐经常也包括茶具。《明会典》记载了朝廷对乌斯藏赐封给予赏赐的制度："礼部行吏部请给诰命。内府各衙门关造锦二段、纻丝十表里、袈裟僧衣一套、高顶僧帽一顶、水晶数珠一串、响钹二副、铃杵二副、白瓷茶钟二个……食茶一百斤、檀香一炷。"③《明太宗实录》记载永乐年间朝廷对日本国王赏赐，其中包括茶具："（永乐四年春正月），遣使赍玺书褒谕日本国王源道义。先是对马壹岐等岛海寇劫掠居民，敕道义捕之，道义出师获渠魁以献，而尽歼其党类。上嘉其勤诚故有是命。仍赐道义白金千两、织金及诸色彩币二百匹、绮绣衣六十件、银茶壶三、银盆四……"④

　　另外文献中还存在藩属使臣乞买食茶、瓷器等物的记载，既然需要大量茶叶，瓷器中必然很多是茶具。使臣乞买，间接说明朝廷赏赐的茶叶和瓷器等物不足，只好另行购买。《明宪宗实录》："（成化九年二月）壬午，哈密忠顺王母弩温答失力等遣使臣失迭力迷失等各来朝贡马、驼，赐衣服彩段等物有差，仍命赍敕并彩段表里回赐王母，其使臣乞易买纱罗、食茶、瓷器等物。礼部请如例仍定与数目，不许过多，并禁约沿途私买。从之。"⑤《明会典》中记载了朝廷允许使臣购买食茶、瓷器等物数量的规定："使臣进贡到京者，每人许买食茶五十斤，青花瓷器五十副，铜锡汤瓶五个。"⑥

---

　　① （明）黄佐：《翰林记》卷16，《景印文渊阁四库全书》第596册，台湾商务印书馆1986年版。
　　② 同上。
　　③ （明）申时行等：《明会典》卷112《给赐三·外夷下》，中华书局1989年版，第596页。
　　④ 《明太宗实录》卷50，"中央研究院"历史语言研究所1962年版。
　　⑤ 《明宪宗实录》卷113，"中央研究院"历史语言研究所1962年版。
　　⑥ （明）申时行等：《明会典》卷112《给赐三·外夷下》，中华书局1989年版，第595页。

· 235 ·

香茗雅器：明代茶具与明代社会

赐茶是宫廷的一种重要礼仪，皇帝赏赐茶饮，虽然表面赐的是茶，但茶水是要茶具盛装的，赐茶过程茶具必不可少。如明黄佐《翰林记》："宣德三年三月庚辰，上命尚书蹇义、内阁学士杨士奇、杨荣等十有八人同游万岁山，许乘马，及将从者二人。……复赐登御舟，泛太液池。赐茶及素羞十余品。"① 为表示荣宠，明宣宗允许蹇义、杨士奇和杨荣等大臣游玩宫内的万岁山，并赐予茶等食品。杨荣为此赋诗《赐游万岁山》："太液春波暖，承恩泛彩舟。轻盈兰棹发，荡漾玉虹流。帘影移宫树，茶香出御瓯。此中多胜景，况是从宸游。"② 诗中的"御瓯"即为宫中的御用茶瓯。

明代宫廷赐茶可分为犒赏赐茶、召对赐茶、视学赐茶和教育赐茶几类。

《明实录》中有关皇帝犒赏赐茶的记载很多。下以万历、天启年间的史料举例。"（万历十三年闰九月）丙午，上阅黄山一岭至于宝山，及复遂升大峪山，覆阅至于东井平冈地，阅竟于幄次召四辅臣入谕……（申）时行等褒赞圣德，上亦劳之，有旨赐随侍勋臣、辅臣、九卿茶，公（徐）文璧等入谢。"③ 为表示犒劳，明神宗向随自己考察将来寿宫（皇帝生前预筑的陵墓）的诸大臣赐茶。"（万历二十六年三月）己丑，大学士张位、沈一贯恭视乾清坤宁宫工程，赐茶，具谢。"④"（万历二十七年三月）癸未，大学士沈一贯恭视大内工程，赐茶，称谢。嗣后月以为常。"⑤"（万历三十年二月）甲申，乾清、坤宁宫兴工，辅臣沈一贯恭视，赐茶，每月为常。"⑥"（万历三十一年正月）壬午，复建乾

---

① （明）黄佐：《翰林记》卷6，《景印文渊阁四库全书》第596册，台湾商务印书馆1986年版。
② （明）曹学佺：《石仓历代诗选》卷319，《景印文渊阁四库全书》第1387—1394册，台湾商务印书馆1986年版。
③ 《明神宗实录》卷166，"中央研究院"历史语言研究所1962年版。
④ 《明神宗实录》卷320，"中央研究院"历史语言研究所1962年版。
⑤ 《明神宗实录》卷332，"中央研究院"历史语言研究所1962年版。
⑥ 《明神宗实录》卷368，"中央研究院"历史语言研究所1962年版。

第二章　明代的茶具与宫廷、文人和世俗

清、坤宁宫，辅臣入视工程，赐茶。"①"（万历三十二年六月）壬辰，大学士沈一贯、沈鲤、朱赓恭诣仁德门，起居命司礼监太监田义、陈矩成敬待赐茶。"② 为表示对沈一贯等大臣视察宫内工程的犒赏和尊重，皇帝多次赐茶。又如天启年间："（天启元年正月）甲午……是日皇极门竖柱，遣工部尚书王佐行礼，大学士刘一燝等恭视，赐茶。"③"（天启五年六月）庚戌……大学士顾秉谦恭视皇极殿工，上赐茶。"④"（天启五年六月）壬子，弘政、宣治等门插剑、悬牌，赐辅臣顾秉谦茶。"⑤"（天启五年八月）庚辰，大学士顾秉谦、魏广微恭视皇极殿工，赐茶。"⑥"（天启六年五月辛亥），上以迎吻，赐辅臣顾秉谦等茶。"⑦"（天启七年二月）己亥，迎建极殿金梁，赐辅臣黄立极等茶。"⑧"（天启七年二月）辛丑，建极殿升梁，赐辅臣黄立极等茶。"⑨ 明熹宗为犒劳和褒奖大臣视察宫内工程，也经常赐茶。

明代宫廷中皇帝召对时常对大臣赐茶，这往往表达的是敬重、亲密之意。召对本身并非礼仪，而是一种政务活动，但带上了浓厚的礼仪色彩。如洪武年间，明太祖十分敬重宋濂，"久益厚之，每燕见必命茶赐坐，每旦令侍膳，询访旧章，讲求治道，或至夜分乃退"。⑩ 又如嘉靖年间，"大礼之议起时，兴献王与母妃名号犹未定。上欲有所加隆，召（杨）廷和等从容赐茶慰论"。⑪ 再如"崇祯十五年闰十一月二十九日，上常朝毕，有旨传内阁五府六部九卿科道等官及起居记注官，来中左门

---

① 《明神宗实录》卷380，"中央研究院"历史语言研究所1962年版。
② 《明神宗实录》卷397，"中央研究院"历史语言研究所1962年版。
③ 《明熹宗实录》卷5，"中央研究院"历史语言研究所1962年版。
④ 《明熹宗实录》卷60，"中央研究院"历史语言研究所1962年版。
⑤ 同上。
⑥ 《明熹宗实录》卷71，"中央研究院"历史语言研究所1962年版。
⑦ 《明熹宗实录》卷5，"中央研究院"历史语言研究所1962年版。
⑧ 《明熹宗实录》卷81，"中央研究院"历史语言研究所1962年版。
⑨ 同上。
⑩ （明）黄佐：《翰林记》卷6，《景印文渊阁四库全书》第596册，台湾商务印书馆1986年版。
⑪ （明）王世贞：《嘉靖以来首辅传》卷1《杨廷和传》，《景印文渊阁四库全书》第452册，台湾商务印书馆1986年版，第427页。

香茗雅器：明代茶具与明代社会

召对，赐各官茶、饼，午刻上出御门，各官行叩头礼毕，上谕九卿科道公议督抚去留处分"。①

皇帝召对赐茶有利于密切君臣关系，了解政情，增长见识和才干。手持茶杯，在茶水中君臣之间的紧张疏远较易化解于无形，很多重大的政治问题也是在饮茶中轻松讨论并决定。应该说在明代前期君臣关系还是比较紧密的，但明中期开始君臣议政饮茶日渐减少，双方关系渐趋隔阂，这种情况引起了一些大臣的忧虑。嘉靖年间霍韬向明世宗上奏："英宗皇帝，日召学士李贤，面决政事。孝宗皇帝，日召尚书刘大夏，咨询密谋。……陛下且不远法三代，只近法祖宗，首复君臣同游之盛。六部大臣、讲读学士，许不时进谒。或命坐赐茶，或讲论经史，如古之君臣师友。则凡圣德神功，优悠积久，自有不言而化者矣，无为而成者矣。"② 嘉靖二年唐皋在给皇帝的奏折中也提出："（孝宗）遇有怀疑未决必召辅臣至此，叅详可否，然后下之所司。是以政无阙失，昭令闻以垂无穷，且召见之顷，传宣赐茶，或撤赐御馔。君臣际遇至今美谈。不知左右近臣熟知先朝典故者，曾为陛下言之乎？"③ 林俊也向皇帝提出建议："惟上下交，则德业成。……于臣下不闻引见，都俞未作，上下未交，尧舜之治恐不当若此。窃意今后文武大臣及翰林科道部属等官，日召数人便殿接见，或赐坐赐茶，论学论政，或论古人盛衰治乱之由，务使情洽意乎，然后命退。……可以养德性、通民情、感人心。"④ 为何这几位大臣都不约而同郑重提出召对赐茶之事，因为宫廷饮茶已与国家大事联系在一起。

视学是指皇帝前往国子监视察的活动，朝廷极为重视，也十分隆重

---

① （清）孙承泽：《春明梦余录》卷48《都察院》，《景印文渊阁四库全书》第869册，台湾商务印书馆1986年版。

② （明）陈子龙等：《皇明经世文编》卷185《霍文敏公文集》，《四库禁毁书丛刊·集部》第24册，北京出版社1997年版。

③ （明）贺复征：《文章辨体彙选》卷110《疏二十四》，《景印文渊阁四库全书》第1403册，台湾商务印书馆1986年版。

④ （明）林俊：《见素集·奏议》卷1，《景印文渊阁四库全书》第1257册，台湾商务印书馆1986年版。

第二章 明代的茶具与宫廷、文人和世俗

而且复杂,其中尚膳监进茶御前,皇帝向百官赐茶是必不可少的礼仪。以下为洪武十五年制定,成化元年续定的视学仪式:"前期一日,太常寺备祭仪。……是日早,百官免朝,先诣国子监门外迎驾。……驾从东长安门出,卤簿大乐以次前导,乐设而不作,太常寺先陈设祭仪于各神位前。……上受爵献毕,复授执事官奠于神位前。……从太学门入,诸生先分列于堂下东西,学官列于诸生前。……礼官奏请授经于讲官。……宣谕毕,赞行五拜叩头礼毕,学官诸生以次退。……尚膳监进茶御前,上命光禄寺赐各官茶毕。各官退列于堂门外,叩头,东西序立,上起升舆。"[1]

明代皇帝对举行视学极为郑重,多在即位之初举办,一般提前一两个月先由礼部确定好视学的具体时间和程序,到时再如期举行(仅有弘治元年三月举行的视学礼因雨延迟了六日)。根据史料,皇帝在永乐四年三月辛卯[2]、正统九年三月辛亥[3]、成化元年三月戊午[4]、弘治元年三月癸酉[5]、正德元年三月甲申[6]、嘉靖元年三月甲寅[7]、嘉靖十二年二月戊戌[8]、隆庆元年八月癸未[9]、万历四年八月壬戌[10]、崇祯十四年八月十八日[11]举行的视学活动中均有赐百官茶的内容。如明武宗举行的视学活动:"(正德元年春正月)丙午,礼部具视学仪注,择三月初四日吉。"礼部拟定的具体礼仪程序就包括"尚膳监进茶御前,上命光禄寺赐各官茶,各官复坐,饮茶毕,退列于堂外。……驾兴,升舆,出太学门。"[12]

---

[1] (明)申时行等:《明会典》卷51《视学》,中华书局1989年版,第335页。
[2] 《明太宗实录》卷52,"中央研究院"历史语言研究所1962年版。
[3] 《明英宗实录》卷114,"中央研究院"历史语言研究所1962年版。
[4] 《明宪宗实录》卷15,"中央研究院"历史语言研究所1962年版。
[5] 《明孝宗实录》卷12,"中央研究院"历史语言研究所1962年版。
[6] 《明武宗实录》卷11,"中央研究院"历史语言研究所1962年版。
[7] 《明世宗实录》卷12,"中央研究院"历史语言研究所1962年版。
[8] 《明世宗实录》卷147,"中央研究院"历史语言研究所1962年版。
[9] 《明穆宗实录》卷11,"中央研究院"历史语言研究所1962年版。
[10] 《明神宗实录》卷52,"中央研究院"历史语言研究所1962年版。
[11] (清)孙承泽:《春明梦余录》卷21,《景印文渊阁四库全书》第868册,台湾商务印书馆1986年版。
[12] 《明武宗实录》卷9,"中央研究院"历史语言研究所1962年版。

♨ 香茗雅器：明代茶具与明代社会

同年三月甲申（也即三月初四）视学礼在国子监如期举行。①

明熹宗天启四年举行的视学礼却因为赐茶的问题起了风波。当时宦官魏忠贤专权，为压制打击百官，提出皇帝视学时取消赐茶百官的内容。明代刘若愚《酌中志》载："（天启）五年二月内视太学，逆贤、王体干擅改仪注，凡赐坐大臣不得赐茶，逼先帝速还宫。"②《明熹宗实录》亦载："（天启五年二月）甲辰，上传幸学仪注，设牲、奏乐、加币与太牢俱不可缺，惟赐茶等项与洪武十五年事例不合，着礼部改定来行。"③ 取消赐茶引起大臣的反对。"帝幸太学，（魏）忠贤欲先一日听祭酒讲，议裁诸听讲大臣赐坐赐茶礼……（崔）景荣皆力持不行，浸忤忠贤指。"④ 赐茶在礼仪上蕴含了皇帝对百官的尊重，具有浓厚的政治含义，这是为何视学取消赐茶会引起极大不满的原因。

宫廷教育针对皇帝的为经筵，是为皇帝讲解经史而专设的。作为一项重要活动，赐茶必不可少。经筵可分为日讲仪、讲大学衍义仪等。据《礼部志稿》，日讲仪的仪式为："上御文华穿殿，止用讲读官、内阁学士侍班……讲读等官入见，行叩头礼，东西分立。……讲读后，侍书官侍上习书毕，各官叩头退，文华殿赐茶。"《讲大学衍义仪》的仪式为："每月初三、初八、十三、十八、二十三、二十八日，用经筵日讲官二员进讲，内阁学士一员侍班，讲毕赐茶、赐酒饭，俱如日讲仪。"⑤ 赐茶是经筵很重要的礼仪，含有对讲官的敬重慰问之意。明孝宗还是太子时，"东宫出讲，（覃）吉必使左右迎请讲官。讲毕，则语东宫官云：'先生吃茶。'局丞张端颇不以为然。吉曰："尊师重傅，礼当如此。'"⑥ 经筵用茶甚至成为宫中尚膳监的重要职司之一。《酌中志》记载："御

---

① 《明武宗实录》卷11，"中央研究院"历史语言研究所1962年版。
② （明）刘若愚：《酌中志》卷10《逆贤乱政纪略》，《明代笔记小说大观》第4册，上海古籍出版社2005年版，第2946页。
③ 《明熹宗实录》卷56，"中央研究院"历史语言研究所1962年版。
④ （清）张廷玉等：《明史》卷256《崔景荣传》，中华书局1974年版，第6606页。
⑤ （明）俞汝楫：《礼部志稿》卷14，《景印文渊阁四库全书》第597—598册，台湾商务印书馆1986年版。
⑥ （明）陆釴：《病逸漫记》，中华书局1985年版，第32页。

第二章 明代的茶具与宫廷、文人和世俗

茶房,秩视御药房。……职司茶酒、瓜果。凡圣驾出朝、经筵讲筵御用茶,及宫中三时进膳,圣驾七箸,中宫七箸,系其职掌。"①

从明代宫中举行的经筵来看,大致符合上述的规定。如宣德三年十月庚寅明宣宗举行的经筵:"翰林院儒臣进讲春秋竟……遂赐讲臣坐,命左右赐果茗。"②又如弘治元年三月,程敏政曾自述参与经筵的情形:"十三日,文华后殿早进读尚书、孟子,午进讲大学衍义,日以为常,读毕,赐宴,讲毕,赐茶,上皆呼先生而不名,惭感之余敬赋以志。"③

东宫出阁讲学仪是针对太子的读书活动,出于尊师重道的目的赐茶礼仪必不可少。《春明梦余录》载:"东宫自座上背诵先日之书毕……各官易素袍复进,通讲三日之书毕,谕先生每吃茶,各官叩头而出。"④清代谈迁《枣林杂俎》记载了崇祯十七年三月甲辰东宫读书赐茶的内容:"是日内阁课庶吉士。东宫日讲官刘理顺、何瑞征讲《论语》首章未竟,东宫沈吟曰:'不亦乐乎,不亦说乎,二乎字可玩。'因视两讲官而笑,讲官亦笑。赐茶退。"⑤

诸王讲书仪是针对诸王的宫廷教育,礼仪上亦有赐茶的环节。万历六年详定的仪式十分复杂,涉及赐茶的部分为:"各官酒饭,止是初入书堂时,令旨说一次,以后不必再说。只于讲书罢,令旨与先生每茶吃,内侍官答应,岁率为常。"⑥

三 明代御窑与茶具

早在先秦时期的商周之际,位处西南一带的巴国就已向周王进贡茶

---

① (明)刘若愚:《酌中志》卷16《内府衙门职掌》,《明代笔记小说大观》第4册,上海古籍出版社2005年版,第3020页。
② 《明宣宗实录》卷47,"中央研究院"历史语言研究所1962年版。
③ (明)程敏政:《篁墩文集》卷81,《景印文渊阁四库全书》第1252—1253册,台湾商务印书馆1986年版。
④ (清)孙承泽:《春明梦余录》卷10,《景印文渊阁四库全书》第868册,台湾商务印书馆1986年版。
⑤ (清)谈迁:《枣林杂俎》仁集《金陵对泣录》,中华书局2006年版,第96页。
⑥ (明)俞汝楫:《礼部志稿》卷14,《景印文渊阁四库全书》第597—598册,台湾商务印书馆1986年版。

叶。而饮茶必须要有器皿，所以可推断西周初年周王室的宫廷之中已有烹饮茶叶的用具（当然不一定是专用的茶具）。东晋常璩《华阳国志》曰："（周）武王既克殷，以其宗姬封于巴，爵之以子。古者远国虽大，爵不过子，故吴、楚及巴皆曰子。其地东至鱼复，西至僰道，北接汉中，南极黔、涪。土植五谷，牲具六畜。桑、蚕、麻、纻、鱼、盐、铜、铁、丹、漆、茶、蜜、灵龟、巨犀、山鸡、白雉、黄润、鲜粉，皆纳贡之。其果实之珍者：树有荔芰，蔓有辛蒟，园有芳蒻、香茗、给客橙、葵。"① 这是中国古代最早的有关贡茶的记录，而且所贡之茶为种植茶。②

1998 至 2005 年对西汉皇帝汉景帝安葬的汉阳陵的考古发掘，发现了一些腐烂碳化植物。2015 年中国科学院地质与地球物理研究所吕厚远等人鉴定这些植物样品为古代茶叶，而且几乎都是茶芽。③ 这是迄今世界上发现的最早茶叶，距今已有 2100 多年，直接证明西汉宫廷就已食用茶叶，间接说明汉代宫中必然存在烹饮茶叶的用具，当然宫廷之中专用茶具是否已经出现不得而知。

陈寿《三国志》中出现了最早的有关宫廷之内饮茶的记载："孙皓时，每餐晏飨，无不竟日，坐席无能否饮酒，率以七升为限，虽不悉入口，皆浇灌取尽。曜素饮酒不过二升，初见礼异，时或为裁减，或密赐茶荈以当酒，至于宠衰，更见逼强，辄以为罪。"④ 东吴皇帝孙皓因为

---

① （晋）常璩：《华阳国志》卷1，《巴志》，《景印文渊阁四库全书》第463册，台湾商务印书馆1986年版。

② 一般认为《华阳国志》中的此条史料反映的是商末周初的情况。吴觉农就此评论："这说明早在公元前1066年周武王率南方八个小国伐纣时，巴蜀已用所产茶叶作为'贡品'。"（吴觉农《茶经述评》，中国农业出版社2005年版，第6页）但亦有不同观点。竺济法认为此条史料"其地东至鱼复"以后的内容应另起一段，反映的是《华阳国志》的作者常璩所生活的晋代的一般情况，而非商周之际（竺济法《〈华阳国志〉两处"茶事"并非特指周代》，《中国茶叶》2015年第9期，第38页）。

③ 参见文艳《汉阳陵出土最古老茶叶，距今已2100多年》（《西安日报》2016年5月14日第6版），《研究人员发现迄今最早茶叶实物》（《茶叶》2016年第3期，第32—33页）。

④ （晋）陈寿：《三国志》卷65《吴书二十·韦曜传》，中华书局1982年版，第1462页。

第二章　明代的茶具与宫廷、文人和世俗

宠异韦曜，秘密让他以茶代酒，酒具临时成了茶具。这说明宫廷之中酒具、茶具等饮用器皿处于混用阶段，还并未出现专用茶具。

晋卢綝《晋四王起事》曰："惠帝蒙尘，还洛阳，黄门以瓦盂盛茶上至尊。"① 黄门是侍奉帝王的宦官，宦官用陶瓷小盏向晋惠帝献茶。这是有关宫廷茶具的最早文献记载，当然这种器皿可能并非专用的饮茶器具，而是可以和其他饮料混用。

唐代是中国茶业勃兴的时代，有关宫廷内饮茶的记载已经很多。下举三例。唐曹邺《梅妃传》曰："梅妃，姓江氏，莆田人。……妃笄矣，见其少丽，选归侍明皇，大见宠幸。……上与妃斗茶，顾诸王戏曰：'此梅精也。吹白玉笛，作惊鸿舞，一座光辉。斗茶今又胜我矣！'妃应声曰：'草木之戏。误胜陛下。设使调和四海，烹饪鼎鼐，万乘自有心法，贱妾何能较胜负也。'"② 明皇是指唐玄宗，唐玄宗在宫中与梅妃斗茶。北宋董逌《陆羽点茶图跋》曰："竟陵大师积公嗜茶久，非渐儿煎奉不向口，（陆）羽出游江湖四五载，师绝于茶味。代宗召师入内供奉，命宫人善茶者烹以饷，师一啜而罢。帝疑其诈，令人私访得羽，召入。翌日，赐师斋，密令羽煎茗遗之。师捧瓯，喜动颜色，且赏且啜，一举而尽。上使问之，师曰：'此茶有似渐儿所为者。'帝由是叹师知茶，出羽见之。"③ 唐代宗召陆羽之师竟陵大师入宫供奉，代宗密令陆羽烹茶进献，以考察竟陵大师对茶水的鉴别能力。宋王谠《唐语林》曰："宣宗暇日，召翰林学士韦澳入。上曰：'要与卿款曲。少间出外，但言论诗。'上乃出诗一篇。有小黄门置茶床讫，亟屏之。"④ 唐宣宗召韦澳，小黄门献茶。

---

① （唐）陆羽：《茶经》卷下《七之事》，《丛书集成新编》第47册，新文丰出版公司1985年版。
② （明）陶宗仪：《说乳》卷111下，《景印文渊阁四库全书》第876—882册，台湾商务印书馆1986年版。
③ （清）陆廷灿：《续茶经》卷下《七之事》，《景印文渊阁四库全书》第844册，台湾商务印书馆1986年版。
④ （宋）王谠：《唐语林（校证）》卷2，中华书局1987年版，第96页。

♨ 香茗雅器：明代茶具与明代社会

唐代因为宫廷饮茶风气的兴盛，宫中需要大量茶具。《旧唐书·韦坚传》即记载豫章郡船向朝廷进贡茶具："天宝元年三月，擢为陕郡太守、水陆转运使。……（韦）坚预于东京、汴、宋取小斛底船三二百只置于潭侧，其船皆署牌表之。……豫章郡船，即名瓷、酒器、茶釜、茶铛、茶碗。"[①] 越窑还向皇帝进贡所谓"秘色"茶具。唐徐夤《贡馀秘色茶盏》诗曰："捩翠融青瑞色新，陶成先得贡吾君。功剜明月染春水，轻旋薄冰盛绿云。古镜破苔当席上，嫩荷涵露别江濆。"[②] 五代时期越窑所在的吴越国仍然大量向中原王朝进贡秘色瓷器。如天福七年十一月，"王遣使贡晋铤银五千两、绢五千疋、丝一万两，谢封国王恩……又贡苏木二万斤、干姜三万斤、茶二万五千斤，及秘色瓷器、鞋履、细酒、糟姜、细纸等物。"[③] 又如乾祐二年十一月，"王遣判官贡汉御衣、犀带、金银装、兵仗、绫绢、茶、香、药物、秘色瓷器、鞍辔、海味等物。"[④] 宋赵德麟《侯鲭录》曰："今之秘色瓷器，世言钱氏有国，越州烧进为供奉之物，不得臣庶用之，故云秘色。比见唐《陆龟蒙集》越器诗云：'九秋风露越窑开，夺得千峰翠色来。好向中宵盛沆瀣，共嵇中散斗遗杯。'乃知唐时已有秘色，非自钱氏始。"[⑤] 赵德麟的判断是正确的，进贡宫廷的秘色瓷器并非始于五代时期的吴越国，而是唐代就已经开始了。

特别值得一提的是，1987年陕西省扶风县法门寺地宫出土大批文物，其中包括成套的茶具。法门寺在唐代是皇家寺院，这些茶具是由唐僖宗恩赐给佛寺的，是僖宗本人在即位之前在宫中制作并使用之物，部分茶具上划有"五哥"字样（僖宗即位前是唐懿宗第五子）。这些器物是到目前为止发现的最早的宫廷茶具。法门寺地宫发现的成套茶具主要

---

① （后晋）刘昫等：《旧唐书》卷105《韦坚传》，中华书局1975年版，第3222页。
② （清）彭定求等：《全唐诗》卷710，中华书局1960年版，第8174页。
③ （清）吴任臣：《十国春秋》卷80《吴越四》，中华书局1983年版，第1135页。
④ （清）吴任臣：《十国春秋》卷81《吴越五》，中华书局1983年版，第1150页。
⑤ （宋）赵德麟：《侯鲭录》卷六，《景印文渊阁四库全书》第1037册，台湾商务印书馆1986年版。

第二章　明代的茶具与宫廷、文人和世俗

有：银质鎏金茶碾、银质鎏金茶罗、银茶则、银茶匙、银质鎏金盐台、银质鎏金茶笼、银火筷、琉璃茶碗、琉璃茶托、秘色瓷茶碗等。①

北宋蔡襄著有《茶录》，他是与皇帝关系十分密切的官员，蔡襄写作此书的目的是为了献给当时的皇帝宋仁宗，书中介绍了建安所产的北苑贡茶和茶的烹饮方法。此书上篇论茶，下篇论器（也即茶具），书中所列茶具主要有茶焙、茶笼、砧椎、茶钤、茶碾、茶罗、茶盏、茶匙和汤瓶。② 虽然当时宫廷中真正使用的茶具未必完全如此书中所列，但考虑到皇帝和蔡襄的亲密关系，至少会受到很大的影响。

北宋皇帝宋徽宗赵佶所著《大观茶论》比较完整全面地呈现了当时宫廷茶具的形态和使用方法。宋徽宗是中国历史上皇帝著作茶书的唯一一人。《大观茶论》中列举的茶具有罗、碾、盏、筅、瓶和"杓"。③ 宋徽宗十分热衷于当时流行的点茶，甚至在宫中用茶具为臣下烹茶。宋王明清《挥麈录余话》曰："宣和元年九月十二日，皇帝召臣蔡京、臣王黼、臣越王俣、臣燕王似、臣嘉王楷、臣童贯、臣嗣濮王仲忽、臣冯熙载、臣蔡攸燕保和殿……赐茶全真殿。上亲御击注汤，出乳花盈面。臣等惶恐，前曰：'陛下略君臣夷等，为臣下烹调，震悸惶怖，岂敢啜之。'顿首拜。上曰：'可少休。'……次诣成平殿，风烛龙灯，灿然如画，奇伟万状，不可名言。上命近侍取茶具，亲手注汤击拂。少顷，白乳浮盏面，如疏星澹月。顾诸臣曰：'此自布茶。'饮毕，顿首谢。"④

宋代宫廷茶具最典型的茶具是建州建窑生产的黑瓷茶盏。蔡襄《茶录》和宋徽宗《大观茶论》中的茶盏皆为黑瓷。蔡襄《茶录》曰："茶色白，宜黑盏，建安所造者绀黑，纹如兔毫，其坯微厚，熁之久热难冷，最为要用。出他处者，或薄或色紫，皆不及也。其青白盏，斗试

---

① 王郁风《法门寺出土唐代宫廷茶具及唐代饮茶风尚》，《农业考古》1992 年第 2 期，第 94—101 页。
② （宋）蔡襄：《茶录》，《丛书集成初编》第 1480 册，中华书局 1985 年版。
③ （宋）赵佶：《大观茶论》，陶宗仪《说郛》卷 93，清顺治三年李际期宛委山堂刊本。
④ （宋）王明清：《挥麈录余话》卷 1，商务印书馆 1934 年版，第 14 页。

♨ 香茗雅器：明代茶具与明代社会

家自不用。"① 宋徽宗《大观茶论》曰："盏色贵青黑，玉毫条达者为上，取其燠发茶采色也。"② 清人陈浏《匋雅》曰："兔毫盏即鹧鸪斑。第鹧斑痕宽，兔毫针瘦，亦微有不同。或称近有闽人掘地所得古盏颇多，质厚，色紫黑。茶碗较大，山谷诗以之斗茶者也。酒杯较小，东坡诗以之盛酒者也。证以蔡襄《茶录》，其为宋器无疑。曰瓯宁产，曰建安所造，皆闽窑也。底上偶刻有阴文"供御"楷书二字。"③ 宋代的建窑黑瓷茶盏到陈浏生活的清代在福建还常被掘出，有的刻有"供御"二字，为宫廷茶具无疑。

但其实宋代宫廷茶盏除建窑黑瓷外，也有越窑青瓷。宋人宋白《宫词》诗曰："龙焙中春进乳茶，金瓶汤沃越瓯花。玉堂宣赐元承旨，明日登庸降白麻。"④ 杨亿《北苑焙》诗曰："灵芽呈雀舌，北苑雨前春。入贡先诸夏，分甘及近臣。越瓯犹借渌，蒙顶敢争新。鸿渐茶经在，区区不遇真。"⑤ 两诗均提及在宫中用越瓯也即越窑瓷盏饮茶。清朱琰《陶说》之《秘色瓷》条引明李日华《六研斋笔记》曰："南宋余姚有秘色瓷。"朱琰自加按语："此即钱氏秘色窑之遗也。"⑥ 这说明宋代宫廷还存在使用越窑秘色瓷的情况。

宋代宫廷还常用白瓷茶盏。朱琰《陶说》之《铜叶汤氅》条引宋人程大昌《演繁露》曰："《东坡后集·从驾景灵宫诗》云：病贪赐茗浮铜叶。按，今御前赐茶，皆不用建盏，用大汤氅，色正白，但其制样似铜叶汤氅耳。铜叶色黄，褐色也。"朱琰的按语云："寿州瓷黄，茶色紫，洪州瓷褐，茶色黑，《茶经》以为不宜茶也。铜叶以形名，不以

---

① （宋）蔡襄：《茶录》，《丛书集成初编》第1480册，中华书局1985年版。
② （宋）赵佶：《大观茶论》，陶宗仪《说郛》卷93，清顺治三年李际期宛委山堂刊本。
③ （清）陈浏：《匋雅》卷下，《丛书集成续编》第90册，新文丰出版公司1988年版。
④ 北京大学古文献研究所：《全宋诗》卷20，北京大学出版社1991—1998年版，第285页。
⑤ 北京大学古文献研究所：《全宋诗》卷121，北京大学出版社1991—1998年版，第1377页。
⑥ （清）朱琰：《陶说》卷5《说器中·宋器》，《续修四库全书》第1111册，上海古籍出版社2003年版。

第二章　明代的茶具与宫廷、文人和世俗

色名。然邢瓷白，越瓷青，陆谓越在邢上，宋人又尚建安黑盏，不取白者，大抵宜于斗试耳。饮器自然以白为上，故当日御前茶器用白。"①朱琰指出，建窑黑瓷实际只适合于斗茶，平常饮茶，还是白瓷为佳。

宫廷之中崇金尚银，为显示自己的尊崇与地位，宋代宫廷茶具还常以金银制成。蔡襄《茶录》曰："椎或金或铁，取于便用。……茶钤屈金、铁为之，用以炙茶。……茶碾以银或铁为之。……茶匙要重，击拂有力。黄金为上，人间以银铁为之。……汤瓶……黄金为上，人间以银铁或瓷石为之。"②宋徽宗《大观茶论》曰："碾以银为上……瓶宜金、银，小大之制，惟所裁给。"③宋周密《癸辛杂识·前集》记载了赵南仲曾用黄金千两为皇帝制作了茶具："长沙茶具，精妙甲天下。每副用白金三百星或五百星。凡茶之具悉备。外则以大缕银合贮之。赵南仲丞相帅潭日，尝以黄金千两为之，以进上方。穆陵大喜，盖内院之工所不能为也。因记司马公与范蜀公游嵩山，各携茶以往，温公以纸为贴，蜀公盛以小黑合。温公见之曰，景仁乃有茶具耶。蜀公闻之因留合与寺僧而归，向使二公见此当惊倒矣。"④穆陵是指南宋理宗，文中周密用司马光（司马温公）和范仲淹（范蜀公）在茶具方面简朴的事迹，隐晦批评了宫廷中皇帝的奢侈。周密《武林旧事》《进茶》条曰："仲春上旬，福建漕司进第一纲蜡茶，名'北苑试新'……进御止百夸。……此乃雀舌水芽所造，一夸之值四十万，仅可供数瓯之啜耳。……禁中大庆贺，则用大镀金氅，以五色韵果簇饤龙凤，谓之'绣茶'。不过悦目。"⑤

明代的景德镇窑和宜兴窑均是国内影响巨大的窑场，景德镇窑生产

---

① （清）朱琰：《陶说》卷5《说器中·宋器》，《续修四库全书》第1111册，上海古籍出版社2003年版。
② （宋）蔡襄：《茶录》，《丛书集成初编》第1480册，中华书局1985年版。
③ （宋）赵佶：《大观茶论》，陶宗仪《说郛》卷93，清顺治三年李际期宛委山堂刊本。
④ （宋）周密：《癸辛杂识·前集》不分卷，《景印文渊阁四库全书》第1040册，台湾商务印书馆1986年版。
⑤ （宋）周密：《武林旧事》卷2，《景印文渊阁四库全书》第590册，台湾商务印书馆1986年版。

香茗雅器：明代茶具与明代社会

的瓷器和宜兴窑生产的陶器并列被称为"景瓷宜陶"。明代宫廷中使用的茶具的材质固然多种多样，但陶瓷毫无疑问是主流，是宫中最普及、最广泛并且使用数量最大的茶具种类。

明末宜兴已存在向宫廷进贡紫砂陶器的贡局。林古度（字茂之）为冯本卿所做《林茂之陶宝肖像歌》诗曰："荆溪陶正司陶复，泥沙贵重如珩璜。世间茶具称为首，玩赏揩摩入人手。"[①] 民国年间的李景康、张虹认为此诗说明明代已创设贡局："考林古度为冯本卿作陶宝肖像歌，有'荆溪陶正司陶复'之句，可知阳羡贡局已创于明代。"[②] 现代徐秀棠继承了前者的观点："林古度为冯本卿作陶宝肖像歌有'……荆溪陶正……'。由此推知，明季宜兴已有上面派官或地方官吏兼作"陶正"（陶正，即督造贡陶之官名），督造封建王朝御用陶瓷器物。"[③] 据王健华《试析故宫旧藏宫廷紫砂壶》："宫廷紫砂的存在是不容置疑的。现据故宫博物院藏品考察，宜兴地方进贡宜均的时间不晚于明代万历年间。明代旧藏除 20 余件宜均（宜均是指宜兴均山一带生产的带釉陶器）外，还有一件世界上独一无二的珍品——时大彬款紫砂雕漆四方壶。……时大彬是明末紫砂大师，他奉旨呈壶是合于情理的。"[④]

明末清初文人余怀创作了拟人化描绘宜兴紫砂壶的文学作品《沙苑侯传》，在一定程度上表现了紫砂壶进入宫廷之中受到帝王喜爱的情况。"壶执，字双清，晋陵义兴人也。……迨至南唐李后主造澄心堂，罗置四方玩好，以供左右。惟陆羽、卢仝之器粗不称旨，郁郁不乐。骑省舍人徐铉搢笏奏曰：'义兴人壶执，中通外坚，发香知味。蒙山妙药，顾渚名芽，非执不足以称任。使臣谨昧死以闻。'后主大悦……命铉充行人正使，入义兴山中，聘执入朝。执乃率其昆弟子姓，方圆大

---

① （明）周高起：《阳羡茗壶系》，《丛书集成续编》第 90 册，新文丰出版公司 1988 年版。
② 李景康、张虹：《阳羡砂壶图考》卷上《壶艺列传》，香港百壶山馆 1937 年版，第 49 页。
③ 徐秀棠：《徐秀棠说紫砂》，上海辞书出版社 2007 年版，第 2 页。
④ 王健华：《试析故宫旧藏宫廷紫砂壶》，《故宫博物院院刊》2001 年第 3 期，第 71 页。

第二章　明代的茶具与宫廷、文人和世俗

小，举族以行。陛见之日，整服修容，润泽光美，虽有热中之消，实多消渴之功。后主嘉之，授太子宾客，诏拜侍中，日与游处。每当曲宴咏歌之际，杯斝具备，必与执偕。执亦谨身自爱，以媚天子，由是君臣之间，欢若鱼水，恨相见之晚也。开宝五年，论功行赏，执以水衡劳绩，封为沙苑侯，食邑三百户，世世勿绝。"① 此文中的朝代虽然是南唐，但实际影射的是明代。作为紫砂壶的壶执被征聘入朝，反映的是明代紫砂壶作为贡品被贡入宫中。后主与壶执日与游处，"曲宴咏歌之际，杯斝具备，必与执偕"，反映的明代宫廷之中紫砂茗壶每日对皇帝不可或缺，是筵宴娱乐的必备用具。"君臣之间，欢若鱼水，恨相见之晚也"，反映的是明代皇帝对紫砂壶极其喜爱、密不可分的关系。

明代瓷业主要集中于景德镇。明宋应星对此评论："合并数郡不敌江西饶郡产。……若夫中华四裔驰名猎取者，皆饶郡浮梁景德镇之产也。"② 明代宫廷在景德镇设有御窑（正式名称为御器厂），御窑生产大量宫廷用瓷，其中相当一部分即为茶具。

例如清人所修《续通志》记载了明代宫廷所用的食器："明永乐窑压手杯，宣德窑白坛盏，白茶盏，红鱼靶杯，朱砂大碗，朱砂小壶，成化窑鸡缸，嘉靖窑小白瓯，坛盏，鱼扁盏。"③ 所谓永乐窑、宣德窑、成化窑和嘉靖窑分别是明代景德镇永乐、宣德、成化和嘉靖年间的御窑，引文中的食器其中相当一部分即为御窑烧造的专门茶具，或可兼用来饮茶。

又如清人孙承泽《砚山斋杂记》列举了明代成窑（即成化窑）、宣窑（即宣德窑）和靖窑（即嘉靖窑，也被称为嘉窑）生产的瓷器，其中相当一部分即为茶具。成窑："成窑之草虫可口子母鸡劝杯，人物莲子酒盏，草虫小琖，青花小盏，其质细薄如纸。蒲萄把杯，五色敞口匾

---

① （清）余怀：《茶史补》，《丛书集成续编》第86册，新文丰出版公司1988年版。
② （明）宋应星：《天工开物》卷7《陶埏》，中华书局1978年版，第195页。
③ （清）嵇璜、曹仁虎等：《钦定续通志》卷122《器服略一》,《景印文渊阁四库全书》第392—401册，台湾商务印书馆1986年版。

♨ 香茗雅器：明代茶具与明代社会

肚齐箸小碟，香合，小罐，皆五采者。成杯茶贵于酒，采贵于青，其最者斗鸡可口，谓之鸡缸。神宗时尚食御前成杯一双，已值钱十万。成宣把杯，皆非所贵。"宣窑："宣窑……青花有茶把杯，画龙及松梅，有酒把杯，画人物海兽。……白坛盏心有坛字暗花白茶琖……徐应秋曰：宣窑不独款式端正，色泽细润，即其字画亦精绝。尝见一茶盏，乃画轻罗小扇扑流萤，其人物毫髪具备，俨然一幅李思训画。"嘉窑："嘉窑泡杯，其极低小磬口者，有三青花者称最，水藻者次之，芝草者又次之。坛盏大中小三号内茶字者为最，橄榄字酒字枣汤字次之，姜汤字又次之。姜汤不恒有。琖色以正白如玉斯美，垩嫩则近青，垩不净则近黄。"①

景德镇御窑茶具生产的工序极为复杂。宋应星曰："共计一杯工力，过手七十二方克成器，其中微细节目尚不能尽也。"② 一只茶杯制成，至少要经过七十二道工序，还不包括某些细微之处。清代曾在景德镇督陶的唐英概括了御窑瓷器制成的二十四道程序："采石制泥，淘练泥土，炼灰配釉，制造匣钵，圆器修模，圆器拉坯，琢器做坯，采取青料，拣选青料，印坯乳料，圆器青花，制画琢器，蘸釉吹釉，旋坯挖足，成坯入窑，烧坯开窑，圆琢洋采，明炉暗炉，束草装桶，祀神酬愿。"③ 唐英虽然描绘的是清代御窑的情况，但也同样可说明明代的情况。

明王宗沐所编《江西省大志》记录了嘉靖、隆庆和万历年间景德镇御窑瓷器生产的数量，其中御窑生产的瓷器相当比例即为茶具。下面以嘉靖年间的几个年份为例：嘉靖二十年生产了"白地青花里万岁藤外抢珠龙花茶钟一万九千三百"；二十二年生产了"青磁茶钟二千"；二十三年生产了"桌器一千三百四十桌，每桌计二十七件，内案酒碟、

---

① （清）孙承泽：《砚山斋杂记》卷4，《景印文渊阁四库全书》第590册，台湾商务印书馆1986年版。
② （明）宋应星：《天工开物》卷7《陶埏》，中华书局1978年版，第202页。
③ （清）谢旻、陶成等：《江西通志》卷135《艺文》，《景印文渊阁四库全书》第513—517册，台湾商务印书馆1986年版。

第二章 明代的茶具与宫廷、文人和世俗

五果碟、五菜碟、五碗、五盖碟、三茶钟、酒盏、楂斗、醋注各一";二十五年生产了"青花白磁、里青云龙、外团龙菱花茶钟三千";二十六年生产了"白色暗龙花茶钟共三千";三十五年生产了"磬口白磁茶瓯一千八百";三十六年生产了"青花白磁茶碗四百五十"。①

王宗沐《江西省大志》仅对嘉靖、隆庆和万历年间御窑生产的陶瓷品种及数量有较详细记载,其他年代的情况无法详知。但通过《明会典》《明史》《明实录》的记录仍旧可以间接了解有明一代御窑茶具生产的规模一直很大。例如宣德八年:"尚膳监题准,烧造龙凤瓷器。差本部官一员,关出该监式样,往饶州烧造各样瓷器四十四万三千五百件。"② 又如成化初年:"凡上用膳食器皿三十万七千有奇,南工部造,金龙凤白瓷诸器,饶州造,骈红膳盒诸器,营膳所造。"③ 又如天顺三年:"光禄寺奏请于江西饶州府烧造瓷器,共十三万三千有余,工部以饶州民艰难,奏减八万从之。"④ 又如隆庆时:"诏江西烧造瓷器十馀万。"⑤ 又如万历十年:"传行江西烧造各样瓷器九万六千六百二十四个、副、对、枝、口、把。"⑥ 再如万历十九年:"命造十五万九千,既而复增八万,至三十八年未毕工。自后役亦渐寝。"⑦ 哪怕茶具生产只占御窑瓷器生产量的十分之一,茶具的生产量也不会是一个小数字。

包括茶具在内的御窑瓷器生产由于产量过大,给当地民众带来过重负担。《明史》载:"成化间,遣中官之浮梁景德镇,烧造御用瓷器,最多且久,费不赀。……自弘治以来,烧造未完者三十馀万器。"⑧ 为了国家的长治久安并且迫于舆论压力,皇帝就曾多次下诏减免御窑瓷器产量。例如《明英宗实录》载:"(宣德十年春正月)壬午,上即皇帝

---

① (明) 王宗沐:《江西省大志》卷7《陶书》,成文出版社有限公司1989年版。
② (明) 申时行等:《明会典》卷194《窑冶·陶器》,中华书局1989年版,第981页。
③ (清) 张廷玉等:《明史》卷82《食货志六》,中华书局1974年版,第1990页。
④ 《明英宗实录》卷309,"中央研究院"历史语言研究所1962年版。
⑤ (清) 张廷玉等:《明史》卷82《食货志六》,中华书局1974年版,第2000页。
⑥ (明) 申时行等:《明会典》卷194《窑冶·陶器》,中华书局1989年版,第981页。
⑦ (清) 张廷玉等:《明史》卷82《食货志六》,中华书局1974年版,第2000页。
⑧ 同上。

香茗雅器：明代茶具与明代社会

位，颁诏大赦天下，诏曰：'……各处买办诸色纻丝、纱罗、段匹及一应物件，并续造段匹、抄造纸劄、铸造铜钱、烧造饶器……等件悉皆停罢，其差去内外官员人等即便回京，违者罪之。……'"[1] 其中所言的饶器就是位于饶州浮梁景德镇御窑生产的瓷器。又如《明武宗实录》载："（弘治十八年五月）壬寅，上即皇帝位……诏曰：'……江西饶州府烧造磁器，除各年起运外，十八年以后暂停二年，以苏民困。……'"[2]

包括茶具在内的御窑瓷器长期是由皇帝直接委派宦官监督生产。据明嘉靖《江西通志》："御器厂在县治西二十里景德镇。内臣驻此，烧造器皿。"[3] 又据《明史》："（弘治三年）冬十一月甲辰，停工役，罢内官烧造瓷器。……（弘治十五年）三月癸未，罢饶州督造瓷器中官。"[4] 这说明弘治年间宦官长期督造瓷器，否则就不必下诏停止。正德年间皇帝不顾朝臣阻挠多次向景德镇御窑派遣宦官，据《明武宗实录》："（正德十一年十一月丙申），尚膳监言，供御磁器不足，乞差本监官一员往饶州提督烧造。……（正德十五年十二月）己酉，命太监尹辅往饶州烧造磁器。"[5] 又据《明宪宗实录》："（天顺八年正月）乙亥，上即皇帝位……诏曰：'……江西饶州府、浙江处州府见差内官在彼烧造磁器，诏书到日，除已烧完者照数起解，未完者悉皆停止，差委官员即便回京，违者罪之。……'"[6] 这说明天顺年间宦官长期在景德镇御窑督陶。万历年间在景德镇御窑督陶最著名的宦官是潘相："（万历二十七年二月丙子），遣御马监奉御潘相督理江西瓷厂。"[7]

之所以皇帝要派遣宦官而非直接任命地方官员在御窑监督，是为了更好体现皇帝的意志，所以可以推测御窑生产的茶具很大程度体现了皇

---

[1] 《明英宗实录》卷1，"中央研究院"历史语言研究所1962年版。
[2] 《明武宗实录》卷1，"中央研究院"历史语言研究所1962年版。
[3] 转引自熊廖《中国陶瓷古籍集成》，江西科学技术出版社1999年版，第173页。
[4] （清）张廷玉等：《明史》卷15《孝宗本纪》，中华书局1974年版，第193页。
[5] 《明武宗实录》卷143、194，"中央研究院"历史语言研究所1962年版。
[6] 《明宪宗实录》卷113，"中央研究院"历史语言研究所1962年版。
[7] 《明神宗实录》卷331，"中央研究院"历史语言研究所1962年版。

第二章 明代的茶具与宫廷、文人和世俗

帝的个性和爱好。据明人沈德符《万历野获编》："幼时曾于二三中贵家，见隆庆窑酒杯，茗碗，俱绘男女私亵之状。盖穆宗好内以故，传命造此种。"① 明穆宗有特殊爱好，隆庆窑生产的酒杯、茶碗上都绘有男女不雅的状态，之所以如此，是因为督陶的宦官十分熟悉皇帝的个性，因此能够有针对性地制出充分体现皇帝喜好的茶具。又如明谢肇淛《五杂俎》载："余见御用一茶盏，乃画'轻罗小扇扑流萤'者，其人物毫发具备，俨然一幅李思训画也。外一皮函，亦作盏样盛之。小铜屈戍，小锁尤精，盖人间所藏宣窑又不及也。"② 此茶盏的设计绝不可能是瓷工的独立创作，只能是督陶的宦官根据皇帝的授意或揣摩圣意进行设计。清陈浏《匋雅》载："成庙喜鸽，而贵嫔喜小狗。故当时瓷碗多画此二物。"③ 这反映了御窑完全根据皇帝的意图生产。那些有违圣意，没有很好执行皇帝意志的督陶宦官则很可能会遭到严厉惩罚。如《明史》载："宣宗始遣中官张善之饶州，造奉先殿几筵龙凤文白瓷祭器……逾年，善以罪诛，罢其役。"④

宦官督陶也有严重弊病，那就是他们借助皇帝的权威，在御窑往往对窑工过度索求。如清朱琰《陶说》载："而中官借上供之名，分外苛索。隆庆五年，都御史徐拭疏称：内承运库太监题奏，缺少各样瓷器，要造里外鲜红碗、钟、瓯，并大小龙缸、方盒，共十万五千七百七十……万历十一年，工科都给事中王敬民题称，今据该监所开，碗、碟、钟、盏之类，皆上用必需，而祭器尤不可缺。……总九万六千有奇。苛索如此，风火仙之事，不知何时？"⑤ 被苛索的瓷器中，是包括大量茶具的。风火仙之事，指的是万历年间宦官潘

---

① （明）沈德符：《万历野获编》卷26，中华书局1959年版，第653页。
② （明）谢肇淛：《五杂俎》卷12《物部四》，《明代笔记小说大观》第2册，上海古籍出版社2005年版，第1753页。
③ （清）陈浏：《匋雅》卷下，《丛书集成续编》第90册，新文丰出版公司1988年版。
④ （清）张廷玉等：《明史》卷82《食货志六》，中华书局1974年版，第1999页。
⑤ （清）朱琰：《陶说》卷1《说今》，《续修四库全书》第1111册，上海古籍出版社2003年版。

♨ 香茗雅器：明代茶具与明代社会

相过度逼迫窑工，导致窑工童宾赴火而死，后童宾被窑工奉为风火仙崇奉祭祀。

明代御窑生产的茶具一般为白瓷，许多文献都特别强调这一点。如高濂《遵生八笺》曰："茶盏惟宣窑坛盏为最，质厚白莹，样式古雅，有等宣窑印花白瓯，式样得中，而莹然如玉。……惟纯白色器皿为最上乘品，余皆不取。"①《遵生八笺》还将宣德窑生产的茶盏与定瓷比较："又等细白茶盏……虽定磁何能比方。"② 定瓷是宋代定州窑生产的白瓷。《遵生八笺》又提到嘉靖窑生产的茶盏："有小白瓯，内烧茶字，酒字……亦曰坛盏，制度质料，迥不及茂陵矣。"③ 文震亨《长物志》曰："宣庙有尖足茶盏……洁白如玉，可试茶色，盏中第一。"④ 谢肇淛《五杂俎》曰："今景德镇所造小坛盏，仿大醮坛为之者，白而坚厚，最宜注茶。"⑤ 屠隆《考槃馀事》曰："宣庙时有茶盏……莹白如玉，可试茶色，最为要用。"⑥

现代人使用白瓷茶具或许会觉得这是自然而然并不值得特别注意的事情，但在明代，白瓷茶具的使用却有格外的意义。明代白瓷茶具的普遍使用与唐宋至明代饮茶风尚的变迁息息相关。唐宋时期流行饼茶，唐代的饼茶是蒸青团茶，茶汤色绿，饮茶时使用青瓷茶具更能衬托茶的颜色，使两者相得益彰。故唐人陆羽《茶具》曰："碗，越州上，鼎州次，婺州次；岳州次，寿州、洪州次。……越州瓷、岳瓷皆青，青则益茶。"⑦

---

① （明）高濂：《遵生八笺》卷11，《景印文渊阁四库全书》第871册，台湾商务印书馆1986年版。

② （明）高濂：《遵生八笺》卷14，《景印文渊阁四库全书》第871册，台湾商务印书馆1986年版。

③ 同上。

④ （明）文震亨：《长物志》卷12，《景印文渊阁四库全书》第872册，台湾商务印书馆1986年版。

⑤ （明）谢肇淛：《五杂俎》卷12《物部四》，《明代笔记小说大观》第2册，上海古籍出版社2005年版，第1753页。

⑥ （明）屠隆：《考槃馀事》卷4，《四库全书存目丛书·子部》第118册，齐鲁书社1997年版。

⑦ （唐）陆羽：《茶经》卷中《四之器》，《丛书集成新编》第47册，新文丰出版公司1985年版。

第二章 明代的茶具与宫廷、文人和世俗

陆羽主张饮茶使用皆为青瓷的越瓷或岳瓷。宋代盛行的饼茶是研膏团茶，茶汤颜色为白，为了反衬茶汤的白色，也为了斗茶的需要，最适合的茶盏是建窑的黑瓷。所以宋蔡襄《茶录》曰："茶盏。茶色白，宜黑盏，建安所造者……最为要用。……其青白盏，斗试家自不用。"① 宋徽宗《大观茶论》曰："盏色贵青黑……取其焕发茶采色也。"② 到明代，情况发生了巨大变化，因为明太祖朱元璋废饼茶兴散茶③，饼茶在明代极少有人再去饮用，而是普遍盛行散茶，散茶饮用直接将茶置于茶盏冲入沸水即可，不用碾磨，所以汤色透明，饮茶适合使用白瓷，便于观察汤色和茶芽在汤水中的舒展变化。如明张源《茶录》曰："茶盏。盏以雪白者为上，蓝白者不损茶色，次之。"④ 又如明许次纾《茶疏》曰："茶瓯……其在今日，纯白为佳，叶贵于小。定窑最贵，不易得矣。"⑤ 定窑是指宋代的白瓷窑口定州窑。再如张丑《茶经》曰："茶盏。……取色莫如宣、定。"⑥ 宣、定指明代宣德窑和宋代的定州窑，都是白瓷窑口。

由于饮茶方式的变迁，明代人普遍不主张茶具再用黑瓷，甚至很难理解。如屠隆《考槃馀事》曰："蔡君谟取建盏，其色绀黑，似不宜用。"⑦ 谢肇淛在《五杂俎》中更表达了对宋人使用建窑黑瓷盏饮茶的迷惑不解。谢肇淛《五杂俎》曰："蔡君谟云：'茶色白，故宜于黑盏，以建安所造者为上。'此说，余殊不解。……建安黑窑，间有藏者，时

---

① （宋）蔡襄：《茶录》，《丛书集成初编》第1480册，中华书局1985年版。
② （宋）赵佶：《大观茶论》，陶宗仪《说郛》卷93，清顺治三年李际期宛委山堂刊本。
③ 明沈德符《万历野获编·补遗》载："供御茶。国初四方供茶。以建宁、阳羡茶品为上。时犹仍宋制。所进者俱碾而揉之。为大小龙团。至洪武二十四年九月。上以重劳民力。罢造龙团。惟采茶芽以进。"（卷1，中华书局1959年版，第799页）清张廷玉等《明史》载："其上供茶……旧皆采而碾之，压以银板，为大小龙团。太祖以其劳民，罢造，惟令采茶芽以进，复上供户五百家。"（卷80《食货志四·茶法》，中华书局1974年版，第1961页）
④ （明）张源：《茶录》，喻政《茶书》，明万历四十一年刻本。
⑤ （明）许次纾：《茶疏》，《四库全书存目丛书·子部》第79册，齐鲁书社1997年版。
⑥ （明）张丑：《茶经》，《中国古代茶道秘本五十种》第2册，全国图书馆文献缩微复制中心2003年版。
⑦ （明）屠隆：《考槃馀事》卷4，《四库全书存目丛书·子部》第118册，齐鲁书社1997年版。

♨ 香茗雅器：明代茶具与明代社会

作红碧色，但免俗尔，未当于用也。"①

明代景德镇御窑大量生产白瓷茶具供应宫廷，当然是适应宫廷需要的结果。而明代宫廷饮茶使用白瓷茶具与整个社会的饮茶风气互为因果。整个社会饮茶风气变化，盛行散茶，推崇白瓷，这当然会潜移默化地影响到宫廷，但另一方面，宫廷从明太祖立国开始采用散茶并使用白瓷茶具，又会对整个社会产生很强的示范效应。中国古代御窑之设是始于明代，全国窑口很多，为何皇帝要将御窑定在景德镇，这并非偶然，除了景德镇瓷业兴盛工艺技术水平较高外，还有一点重要原因是景德镇窑从唐代开始就主要生产白瓷。如《遵生八笺》所云："古之饶器，进御用者，体薄而润，色白花青，较定少次。"② 明代饮茶盛行白瓷，作为白瓷窑口的景德镇适应了宫廷的需要。

在明代，社会风气十分崇尚景德镇茶具。如明朱权《茶谱》曰："茶瓯……莫若饶瓷为上，注茶则清白可爱。"③ 明徐𤊹《茗谭》曰："注茶，莫美于饶州瓷瓯"。④ 明末清初人周亮工认为用来泡茶景德镇瓷远超过德化瓷："闽德化瓷茶瓯，式亦精好，类宣之填白。予初以泻茗，黯然无色。……谢君语予曰：'以注景德瓯，则嫩绿有加矣。'试之良然。"⑤ 明人支中夫甚至专门为景德镇茶盏写了一篇拟人化的传记《味苦居士传》："汤器之，字执中，饶州人，尝爱孟子'苦其心志'之言，别号味苦居士。"⑥ 茶盏是用来盛茶汤的器具，故名汤器之，茶盏制作需不偏不倚，故字执中，也象征中庸之道，茶盏产于饶州景德镇，故为饶州人，茶味微苦，故号味苦居士。

明代位于景德镇的御窑为宫廷生产了大量茶具，这些茶具品质最高

---

① （明）谢肇淛：《五杂俎》卷12《物部四》，《明代笔记小说大观》第2册，上海古籍出版社2005年版，第1753页。
② （明）高濂：《遵生八笺》卷14，《景印文渊阁四库全书》第871册，台湾商务印书馆1986年版。
③ （明）朱权：《茶谱》，《艺海汇函》，明抄本。
④ （明）徐𤊹：《茗谭》，喻政《茶书》，明万历四十一年刻本。
⑤ （清）周亮工：《闽小记》卷2，上海古籍出版社1985年版，第99页。
⑥ （明）喻政：《茶集》卷1，喻政《茶书》，明万历四十一年刻本。

第二章 明代的茶具与宫廷、文人和世俗

的是宣窑、成窑和靖窑（即嘉窑）生产的瓷器。如明许次纾《茶疏》曰："茶瓯……宣、成、嘉靖，俱有名窑。近日仿造，间亦可用。"① 明人罗廪《茶解》曰："（茶）瓯，以小为佳，不必求古，只宣、成、靖窑足矣。"② 明人龙膺《蒙史》曰："昭代宣、成、靖窑器精良，亦足珍玩。"③ 明人张岱《夜航船》曰："成窑。大明成化年所制。有五彩鸡缸、淡青花诸器茶瓯酒杯，俱享重价。宣窑。大明宣德年制。青花纯白，俱踞绝顶，有鸡皮纹可辨。醮坛茶杯，有值一两一只者，有酒字枣汤、姜汤等类者稍贱。靖窑大明嘉靖所制。青花白地，世无其比。"④

宣窑、成窑和靖窑生产的茶具，相对而言，宣窑茶具声誉最高。如屠隆《考盘馀事》认为："宣庙时有茶盏，料精式雅……可试茶色，最为要用。"⑤ 高濂《遵生八笺》曰："茶盏惟宣窑坛盏为最……样式古雅有等。"⑥ 文震亨《长物志》曰："宣庙有尖足茶盏……可试茶色，盏中第一。"⑦ 在明代，宣窑茶盏是极为名贵的。如明人田艺蘅《留青日札》曰："宣德之贵，今与汝敌，而永乐、成化亦以次重矣。……今宣窑兴而与汝争价，亦足观也。"⑧ 宣窑瓷器可与宋代的汝窑争价。又如明人胡应麟《吴德符损饷宣德茶盂二枚因瀹天池新焙赋二绝以赏之》诗曰："柴汝官哥各浪传，摩挲秋色到龙泉。筵中宣德新磁在，笑杀何郎食万钱。……琅琊旧著煎茶赋，已说宣窑胜定窑。"⑨ 胡应麟认为宣

---

① （明）许次纾：《茶疏》，《四库全书存目丛书·子部》第79册，齐鲁书社1997年版。
② （明）罗廪：《茶解》，喻政《茶书》，明万历四十一年刻本。
③ （明）龙膺：《蒙史》卷下，喻政《茶书》，明万历四十一年刻本。
④ （明）张岱：《夜航船》卷12《宝玩部》，《续修四库全书》第1135册，上海古籍出版社2003年版。
⑤ （明）屠隆：《考槃馀事》卷4，《四库全书存目丛书·子部》第118册，齐鲁书社1997年版。
⑥ （明）高濂：《遵生八笺》卷11，《景印文渊阁四库全书》第871册，台湾商务印书馆1986年版。
⑦ （明）文震亨：《长物志》卷12，《景印文渊阁四库全书》第872册，台湾商务印书馆1986年版。
⑧ （明）田艺衡：《留青日札》卷6，《续修四库全书》第1129册，上海古籍出版社2003年版。
⑨ （明）胡应麟：《少室山房集》卷79，《景印文渊阁四库全书》第1290册，台湾商务印书馆1986年版。

窑的茶具已超过宋代的定窑。

另外成窑生产的茶具声誉也很高,甚至有时可超过宣窑。清人孙承泽《砚山斋杂记》曰:"成杯茶贵于酒,采贵于青,其最者斗鸡可口谓之鸡缸。神宗时尚食御前成杯一双,已值钱十万。"① 成窑茶杯一双竟可值钱十万,十分惊人。明人黄龙德《茶说》将宣窑与成窑茶具并列:"宣、成窑之茶盏,高人词客,贤士大夫,莫不为之珍重。即唐宋以来,茶具之精,未必有如斯之雅致。"② 明人沈德符认为成窑超过了宣窑:"本朝瓷器,用白地青花,间装五色,为今古之冠。如宣窑品最贵,近日又重成窑,出宣窑之上。盖两朝天纵,留意曲艺,宜其精工如此。"③

明代御窑生产工艺达到很高水平,所产瓷器包括茶具不但在明代对后世也有极大影响。在清代,以宣窑、成窑和靖窑为代表的御窑瓷器(包括茶具在内)是被倾慕、欣赏并被极力收藏和仿制的对象。

清蓝浦、郑廷桂记载了明代景德镇各御窑,到清代皆有仿作。"洪器,仿于唐窑,本明之洪武厂器。永乐器,仿于唐窑。宣德器,仿于年窑。成化器,仿于年窑。正德器,仿于唐窑。嘉靖器,仿于唐窑。隆万器,仿于唐窑。以上皆明厂器。"④ 唐窑是指清乾隆时期唐英督陶景德镇时的御窑,而年窑是指清雍正时期年希尧督陶景德镇时的御窑。

清人许谨斋《熊窑端不及郎窑》诗曰:"新来陶器仿前朝,混入成宣价更高。占断江南有开府,熊窑端不及郎窑。"许谨斋《郎窑行戏呈紫衡中丞》又诗曰:"宣成陶器夸前朝,收藏价比璎琳高;……比视成宣欲乱真,乾坤万象归陶甄。"⑤ 许谨斋与在景德镇的御窑督陶官郎廷

---

① (清)孙承泽:《砚山斋杂记》卷4,《景印文渊阁四库全书》第590册,台湾商务印书馆1986年版。
② (明)黄龙德:《茶说》,《中国古代茶道秘本五十种》第1册,全国图书馆文献缩微复制中心2003年版。
③ (明)沈德符:《万历野获编》卷26,中华书局1959年版,第653页。
④ (清)蓝浦、郑廷桂:《景德镇陶录》卷1《图说》,《续修四库全书》第1111册,上海古籍出版社2003年版。
⑤ 转引自熊廖《中国陶瓷古籍集成》,江西科学技术出版社1999年版,第85页。

第二章 明代的茶具与宫廷、文人和世俗

极是好友,许谨斋赞美郎窑仿制宣窑、成窑的水平很高,几乎以假乱真,连熊窑(清初熊姓所烧之窑)也不如。

清乾隆帝以帝王之身,对明代的宣窑、成窑和靖窑茶具极其倾慕,赋有多首诗歌。乾隆帝《咏官窑碗托子宣窑茗碗》诗曰:"托子成扵宋,岁陈碗莫寻。宣窑尚堪配,春茗雅宜斟。青拟天蓝蔚(谓托子),红泃霞赤侵(谓茗碗)。陶君如有识,谢我善知音。"① 诗中描绘了乾隆帝用宋官窑盏托配明宣窑茶碗。《咏宣窑碗》:"雨过脚云婪尾垂,夕阳孤鹜照飞时。泥澄铁旋丹砂染,此碗陶成色肖之(右霁红)。"② 《咏宣德红锦壶》:"宋窑惟一色,作绘始朱明。白地缛红锦,陶瓷拟琢琼。耳穿便系组,口哆称簪英。长吉如逢此,奚囊较定赢。"③ 这两首诗中的宣窑碗、壶虽也可能是酒具,但也不排除为茶具,或二者兼用。乾隆帝《成窑鸡缸歌》诗曰:"宋明去此弗甚遥,宣成雅具时犹见。寒芒秀采总称珍,就中鸡缸最为冠。……良工物态肖无遗,趋华风气随时变。"④ 《咏嘉窑娃娃杯》:"脱胎始永乐(世传永乐脱胎器最轻薄,然皆白色,无绩尽),历代制增佳。秘器见嘉靖,闲庭戏众娃。传神有独巧,抚手称精揩。五字非玩物,兴予少者怀。"⑤ 诗中的成窑鸡缸杯和靖窑娃娃杯是可茶具、酒具兼用的。

清人陈浏著有《匋雅》,对明代御窑多有评论。《匋雅》曰:"成化彩碗表里各画葡萄果一枝……最难得者,内外彩色花纹不走一丝,映日光照之,不知其为两面彩画也。……昔人每谓成化款皆康雍所仿,而使今世之人抱有生晚之悲者,非确论也。殆因嘉靖、万历采画太粗,遂谓成化之精美者尽自摹本,青胜于蓝而岂其然哉。"成化碗十分精巧。陈

---

① (清)弘历:《御制诗五集》卷19,《景印文渊阁四库全书》第1310—1311册,台湾商务印书馆1986年版。
② (清)弘历:《御制诗四集》卷39,《景印文渊阁四库全书》第1307—1308册,台湾商务印书馆1986年版。
③ 同上。
④ (清)弘历:《御制诗四集》卷34,《景印文渊阁四库全书》第1307—1308册,台湾商务印书馆1986年版。
⑤ 同上。

浏指出人们常说成化款是清康熙、雍正所仿，其实不对，是因为嘉靖、万历采画太粗使人们低估了成化。① 《匋雅》曰："鸡缸为酒器中珍品，昉于成化，今惟有乾隆仿古之作，详见朱笠亭所撰《陶说》。……伪品充斥，要亦煞费苦心，卒之摹拟艰辛，难逃鉴家之眼，正未知成化旧物，其生动颖妙，又当何如也。"② 明成化鸡缸杯是酒器中的珍品，乾隆有仿作，就算伪品也要煞费苦心，制作艰难。其实鸡缸杯亦可为茶具。《匋雅》曰："隆庆、顺治瓷品绝少。……朱《说》所载隆庆藏器美不胜收。今则青花盏托一枚，好事者亦珍同拱璧。"③ 就算明隆庆窑的青花盏托，也十分珍贵，盏托为茶盏之托。朱《说》是指清人朱琰所著《陶说》。

第二节　明代的茶具与文人

茶具在明代文人生活中占有重要地位。文人极大影响了茶具的设计，许多文人珍藏茶具，他们有两项标志性的追求，那就是宜兴紫砂壶以及竹茶炉。文人使用茶具烹茶饮茶，并且极力追求合适的饮茶环境以及适宜的饮茶伴侣。

一　茶具是文人生活的一部分

中国历史上现存最早有关茶具与文人的文献是西汉蜀郡人王褒（字子渊）的《僮约》。《僮约》中有一份王褒从寡妇杨惠购买奴仆便了的券文，券文中规定了便了必须为主人完成的劳役："神爵三年正月十五日，资中男子王子渊，从成都安志里女子杨惠买夫时户下髯奴便了，决卖万五千。奴从百役，使不得有二言。晨起洒扫，食了洗涤。……烹茶尽具，餔已盖藏。……牵牛贩鹅，武阳买茶。……"④

---

① （清）陈浏：《匋雅》卷上，《丛书集成续编》第90册，新文丰出版公司1988年版。
② 同上。
③ （清）陈浏：《匋雅》卷下，《丛书集成续编》第90册，新文丰出版公司1988年版。
④ （唐）佚名：《古文苑》卷17，《景印文渊阁四库全书》第1332册，台湾商务印书馆1986年版。

第二章　明代的茶具与宫廷、文人和世俗

"烹茶尽具"也即煮茶并且清洗茶具，说明早在西汉，茶具已进入了作为文人的王褒的生活。[①]

西晋出现两篇有关茶具与文人的诗文，分别是杜育《荈赋》和左思《娇女诗》。《荈赋》曰："灵山惟岳，奇产所钟。……器择陶简，出自东隅；酌之以匏，取式公刘。"[②] "器择陶简，出自东隅"，也即作为茶盏的茶具选择陶瓷，这种瓷器来自于东面的越州（即越窑）。"酌之以匏"中的"匏"也即用于舀水的水瓢，用葫芦剖开制成。[③] 作为文人的杜育在茶事活动中已使用越窑生产的青瓷茶盏和葫芦制成的水瓢。左思《娇女诗》曰："吾家有娇女，皎皎颇白晰。……心为茶荈剧，吹嘘对鼎䥶。"[④] 此诗描写了诗人的女儿在自己烹茶时急不可待的形态。所谓"鼎䥶"，是指用于烹茶的茶炉。[⑤]

唐代是中国历史上茶业勃兴的时代，饮茶在贵贱各色人等中普及，茶具更是大量进入了文人的生活。我国历史上第一部茶书《茶经》即为唐代的文人陆羽所著。《茶经》卷中《四之器》列举了28种茶具，分别为：风炉、灰承、筥、炭挝、火筴、鍑、交床、夹、纸囊、碾、拂末、罗合、则、水方、漉水囊、瓢、竹筴、鹾簋、揭、熟盂、碗、畚、

[①] 关于西汉王褒《僮约》中"烹茶尽具"的"茶"是否为茶，"具"是否为茶具有不同观点。孙机在《中国古代物质文化》中指出："《衡州图经》说：'茶陵者，所谓山谷生茶茗也。'则古之茶陵（今湖南茶陵县）本以产茶得名。因此西汉王褒《僮约》中之'烹茶尽具''武阳买茶'就是烹茶和买茶；可见这时已兴起饮茶的风气。"（中华书局2014年版，第55页。）但方健在《"烹茶尽具"和"武都买茶"考辨——兼与周文棠同志商榷》一文中认为"烹茶尽具"中的"茶"为苦菜，"具"为烹煮苦菜的餐具（《农业考古》1996年第2期，第184—205页）。

[②] （唐）欧阳询等：《艺文类聚》卷82，《景印文渊阁四库全书》第887—888册，台湾商务印书馆1986年版。

[③] 唐陆羽《茶经》将《荈赋》的作者写作杜毓，且有关《荈赋》的引文为"器择陶拣，出自东瓯。……酌之以匏"。并且释义："瓯，越也。瓯，越州上，口唇不卷，底卷而浅，受半升已下。……匏，瓢也。口阔，胫薄，柄短。"[（唐）陆羽：《茶经》卷中《四之器》，《丛书集成续编第47册》，新文丰出版公司1985年版。]

[④] 逯钦立：《先秦汉魏南北朝诗》，中华书局1983年版，第375页。

[⑤] 唐陆羽《茶经》中有关《娇女诗》的引文为"心为茶荈剧，吹嘘对鼎䥶"。[（唐）陆羽：《茶经》卷下《七之事》，《丛书集成续编第47册》，新文丰出版公司1985年版。]

香茗雅器：明代茶具与明代社会

札、涤方、滓方、巾、具列、都篮。① 这些茶具的功用在本书第一章已有叙述，本处不再重复。上述器皿可以看作是唐代文人所使用的茶具的一个完整罗列，当然，在一般的烹茶活动中，并非每一种茶具都会用到。《茶经》之《六之饮》曰："茶有九难：一曰造，二曰别，三曰器，四曰火，五曰水，六曰炙，七曰末，八曰煮，九曰饮。阴采夜焙，非造也；嚼味嗅香，非别也；膻鼎腥瓯，非器也；……"② "三曰器"中的"器"也即茶具，茶具在陆羽看来是十分重要的，放在"茶有九难"中的第三，很大程度影响着烹茶活动品质的优劣成败。

唐末五代文人苏廙著有《十六汤品》，将烹饮之茶分为十六种，其中第七品富贵汤、第八品秀碧汤、第九品压一汤、第十品缠口汤、第十一品减价汤是因为使用煮水器的材质不同而造成的。富贵汤"以金银为汤器"，秀碧汤"石……琢以为器"，压一汤"瓷瓶有足取"，缠口汤"炼水之器……铜铁铅锡"，减价汤是"无油之瓦"，实际苏廙最倾向于煮水器为石的秀碧汤以及煮水器为瓷瓶的压一汤。因为秀碧汤"凝结天地秀气而赋形者也……秀犹在焉"，压一汤"贵厌金银，贱恶铜铁……幽士逸夫，品色尤宜。岂不为瓶中之压一乎？然勿与夸珍炫豪臭公子道"，而富贵汤"惟富贵者具焉……贫贱者有不能遂也"，缠口汤"夫是汤也，腥苦且涩，饮之逾时，恶气缠口而不得去"，减价汤"渗水而有土气"。富贵汤用金银一般贫贱的文人无法使用，缠口汤用铜铁铅锡，口味不佳，减价汤也有土气，只有碧秀汤和压一汤最佳，是适合文人使用。"压一"，有力压其他品类独一无二的含义。③

唐代文人使用茶具已十分普遍，文献多有记载。如顾况《茶赋》提及了烹饮所用的器具："舒铁如金之鼎，越泥似玉之瓯。"④ 崔致远

---

① （唐）陆羽：《茶经》卷中《四之器》，《丛书集成新编》第47册，新文丰出版公司1985年版。
② （唐）陆羽：《茶经》卷下《六之饮》，《丛书集成新编》第47册，新文丰出版公司1985年版。
③ （唐）苏廙：《十六汤品》，《丛书集成新编》第47册，新文丰出版公司1985年版。
④ （清）董诰：《全唐文》第6册，中华书局1983年版，第5365页。

第二章 明代的茶具与宫廷、文人和世俗

《谢新茶状》中的茶具为："所宜烹绿乳於金鼎，泛香膏於玉瓯。"① 赵璘《因话录》记录了一个每日手持茶具饮茶不辍的文人："（李）约天性唯嗜茶，能自煎。谓人曰：'茶须缓火炙，活火煎。'活火谓炭火之焰者也⊥至不限瓯数，竟日执持茶器不倦。"② 文人使用的最典型的茶具毫无疑问是炉（鼎）和盏（瓯）。

唐代文人最值一提的是陆羽，他是中国历史上第一位对茶具进行全面系统总结者。唐封演《封氏闻见记》载："楚人陆鸿渐为茶论，说茶之功效，并煎茶炙茶之法，造茶具二十四事，以都统笼贮之。远近倾慕，好事者家藏一副。有常伯熊者，又因鸿渐之论广润色之，于是茶道大行。王公朝士无不饮者。御史大夫李季卿宣慰江南，至临淮县馆。或言伯熊善茶者，李公请为之。伯熊著黄被衫乌纱帽，手执茶器，口通茶名，区分指点，左右刮目，茶熟，李公为啜两杯而止。既到江外，又言鸿渐能茶者。李公复请为三，鸿渐身衣野服，随茶具而入。既坐，教授如伯熊故事，李公心鄙之。茶毕，命奴子取钱三十文酬煎茶博士。鸿渐游江介通狎胜流，及此羞愧，复著毁茶论。"③ 陆鸿渐也即陆羽，他所为茶论也即著名的《茶经》，"茶具二十四事"也即《茶经》卷中《四之器》中的器具。《四之器》中的茶具本来实际有 28 种，但陆羽把灰承、拂末、揭分别看作风炉、碾和罗簋的附属器物，而且以都蓝（《封氏闻见记》中作都统笼）来盛装所有茶具，所以茶具统计就变成了 24 件。常伯熊的茶道本来是仿效陆羽，他在为李季卿表演时，穿着正式的服装，过程也有很强的规范性和礼仪性，受到欣赏。但陆羽再为李季卿表演时，"身衣野服，随茶具而入"，陆羽穿着随意的平民服装，语言动作又和常伯熊差不多，让李季卿误认为陆羽是模仿常伯熊，心生鄙夷。其实陆羽是终生未出仕的

---

① （清）董诰：《全唐文》第 6 册，中华书局 1983 年版，第 5365 页。
② （唐）赵璘：《因话录》卷 2，《景印文渊阁四库全书》第 1035 册，台湾商务印书馆 1986 年版。
③ （唐）封演：《封氏闻见记》卷 6，《景印文渊阁四库全书》第 862 册，台湾商务印书馆 1986 年版。

♨ 香茗雅器：明代茶具与明代社会

文人①，随意的衣装反映了他的身份和性格，体现了远离尘俗、洒脱率性的风貌，带有很强的文人色彩，身居高位、手握重权的李季卿自然很难理解。

唐代是一个诗歌十分繁荣的时代，大量诗歌也反映茶具进入文人生活。下举数例。白居易《睡后茶兴忆杨同州》："此处置绳床，傍边洗茶器。白瓷瓯甚洁，红炉炭方炽。沫下麹尘香，花浮鱼眼沸。"② 此诗中的茶具有瓯和炉。元稹《茶》："茶，香叶，嫩芽。慕诗客，爱僧家。碾雕白玉，罗织红纱。铫煎黄蕊色，碗转麹尘花。夜后邀陪明月，晨前命对朝霞。洗尽古今人不倦，将知醉后岂堪夸。"③ 诗中的茶具有碾、罗、铫和碗。李群玉《龙山人惠石廪方及团茶》："客有衡岳隐，遗余石廪茶。……碾成黄金粉，轻嫩如松花。红炉爨霜枝，越儿斟井华。滩声起鱼眼，满鼎漂清霞。……持瓯默吟味，摇膝空咨嗟。"④ 诗中出现的茶具有碾、炉、鼎和瓯。郑愚《茶诗》："嫩芽香且灵，吾谓草中英。夜臼和烟捣，寒炉对雪烹。"⑤ 诗中茶具为臼和炉。

宋代茶业较之唐代更为兴盛，茶具进一步更广泛地进入文人生活。宋代有关茶具与文人最典型的茶书有蔡襄《茶录》和审安老人《茶具图赞》。蔡襄《茶录》分为上篇《论茶》和下篇《论茶器》，茶器也即茶具。《论茶器》分为茶焙、茶笼、砧椎、茶钤、茶碾、茶罗、茶盏、茶匙、汤瓶九条，可以反映作为文人的蔡襄心目中最主要的几种茶具。但需要注意的是，蔡襄是和皇帝关系很密切的上层文人，他写作此书的主要目的是献给当时的皇帝宋仁宗，所以在茶具方面过于追求富贵，文人色彩大打折扣。如在茶匙和汤瓶方面均以黄金未上："茶匙……黄金

---

① 《新唐书·陆羽传》："时谓（陆羽）今接舆也。久之，诏拜羽太子文学，徙太常寺太祝，不就职。羽嗜茶，著经三篇，言茶之原、之法、之具尤备，天下益知饮茶矣。"［（宋）欧阳修、宋祁：《新唐书》卷196《隐逸·陆羽传》，中华书局1975年版，第5611—5612页。］

② （清）彭定求等：《全唐诗》卷453，中华书局1960年版，第5126页。
③ （清）彭定求等：《全唐诗》卷423，中华书局1960年版，第4652页。
④ （清）彭定求等：《全唐诗》卷568，中华书局1960年版，第6579页。
⑤ （清）彭定求等：《全唐诗》卷597，中华书局1960年版，第6911页。

第二章　明代的茶具与宫廷、文人和世俗

为上，人间以银、铁为之。……瓶……黄金为上，人间以银、铁或瓷、石为之。"①

宋代署名审安老人的《茶具图赞》是中国历史上第一部以茶具为主要内容的茶书。此书共记述有十二种茶具，给每种茶具加以官爵、姓名、字号，带有强烈的文人气息。如茶焙姓韦，官鸿胪，名文鼎，字景旸，号四窗闲叟，茶臼的姓、官、名、字和号分别为：木、待制、利济、忘机、隔竹居人，茶碾为金、法曹、研古（轹古）、元锴（仲铿）、雍之旧民（和琴先生），茶磨为石、转运、凿齿、遄行、香屋隐君。明人朱存理就此评论："制茶必有其具，锡具姓而系名，宠以爵，加以号，季宋之弥文。然清逸高远，上通王公，下逮林野，亦雅道也。赞法迂固，经世康国，斯焉攸寓。乃所愿与十二先生周旋，尝山泉极品以终身，此闲富贵也，天岂靳乎哉?"② 朱存理认为这些茶具是清逸高远、下逮林野的雅道，体现了文人的风习和追求。

宋人文集中涉及宋代文人与茶具的内容很多。如宋王洋《东牟集》之《谢郑监惠龙团茶启》条中提及的茶具有碾、石鼎和瓷瓯："是宜铿鍧碾月，飕飗煎风。石鼎煮蚯蚓方鸣，磁瓯焙鹧鸪微暖。"③宋黄庭坚《山谷集》中的《煎茶赋》提及了瓯和鼎："可以酌兔褐之瓯，瀹鱼眼之鼎者也。"④宋王十朋《会稽三赋》提及的茶具有碾、瓯："碾尘飞玉，瓯涛翻皓。"⑤宋杨万里《诚斋集》之《答傅尚书》条中烹茶器皿有大瓢、石鼎："远饷新茶，所谓元丰至今人未识者。……当自携大瓢走汲溪泉，束涧底之散薪，燃折脚之石鼎，烹玉尘，啜云乳以享天上故人之意。"⑥

---

① （宋）蔡襄：《茶录》，《丛书集成初编》第1480册，中华书局1985年版。
② （宋）审安老人：《茶具图赞》，《丛书集成初编》第1501册，中华书局1985年版。
③ （宋）王洋：《东牟集》卷12，《景印文渊阁四库全书》第1132册，台湾商务印书馆1986年版。
④ （宋）黄庭坚：《山谷集》卷4，《景印文渊阁四库全书》第1113册，台湾商务印书馆1986年版。
⑤ （宋）王十朋：《会稽三赋》卷上《会稽风俗赋》，《景印文渊阁四库全书》第589册，台湾商务印书馆1986年版。
⑥ （宋）杨万里：《诚斋集》卷107，《景印文渊阁四库全书》第1160—1161册，台湾商务印书馆1986年版。

♨ 香茗雅器：明代茶具与明代社会

宋罗大经《鹤林玉露》之《茶瓶汤候》中的茶具是作为煮水器的茶瓶："《茶经》以鱼目涌泉连珠为煮水之节。然近世瀹茶，鲜以鼎镬，用瓶煮水，难以候视，则当以声辨一沸二沸三沸之节。"① 宋周辉《清波杂志》中提及的茶具是用来盛水的瓶、盘、瓮："辉家惠山，泉石皆为几案物。亲旧东来，数闻松竹平安信，且时致陆子泉茗碗，殊不落莫。然顷岁亦可致于汴都，但未免瓶盘气。用细沙淋过，则如新汲时，号拆洗惠山泉。天台山竹沥水，断竹梢屈而取之，盈瓮。若杂以他水，则亟败。"② 宋彭乘《墨客挥犀》描绘了蔡襄（蔡君谟）亲为王安石（王荆公）用茶具烹茶："王荆公为小学士时，尝访君谟。君谟闻公至，喜甚。自取绝品茶，亲涤器烹点以待公，冀公称赏。公于夹袋中取消风散一撮投茶瓯，中并食之。君谟失色。公徐曰：'大好茶味。'君谟大笑，且叹公之真率也。"③ 宋沈括《梦溪笔谈》描述了王城东用来贮藏茶叶的茶囊："张邓公为殿中丞，一见王城东，遂厚遇之，语必移时。王公素所厚唯杨大年。公有一茶囊，唯大年至则取茶囊具茶，他客莫与也。公之子弟但闻取茶囊，则知大年至。一日，公命取茶囊，群子弟皆出窥大年，及至乃邓公。他日公复取茶囊，又往窥之，亦邓公也。"④

宋代文人日常经常接触茶具，于是有些文人因之产生感悟，通过茶具来说明道理。如宋郑刚中《北山集》中的《石磨记》记述了一件用以磨茶的石磨，通过石磨未得到正确使用而被埋没，说明了发掘并恰当使用人才的重要性："邻有叟置石磨一小枚于壁角，灰壤之下，余偶见之。其形制虽甚拙，然石理温细可喜。问叟何以弃之，则曰大不堪用，每受茶，磨傍所吐如屑。余假而归，洗尘拂土。翌日用磨建茶，则其细

---

① （宋）罗大经：《鹤林玉露》丙编卷3，《景印文渊阁四库全书》第865册，台湾商务印书馆1986年版。
② （宋）周辉：《清波杂志》卷4，《景印文渊阁四库全书》第1039册，台湾商务印书馆1986年版。
③ （宋）彭乘：《墨客挥犀》卷4，《景印文渊阁四库全书》第1037册，台湾商务印书馆1986年版。
④ （宋）沈括：《梦溪笔谈》卷9，《景印文渊阁四库全书》第862册，台湾商务印书馆1986年版。

第二章 明代的茶具与宫廷、文人和世俗

过于罗碾所出者。又取上品草茶试之,亦细。独磨䥽茶则如叟言也。盖石细而利,茶之老硬者不与磨纹相可,故吐而不受材。叟无佳品付之,遂以为不堪用,而与瓦甓同委。呜呼,器用之不幸,亦如是耶。有德之士,蕴藉和粹,不幸汩没于簿书盐米之间,责以棰楚会计之能,一不见效,遂以为钝拙不才者,世固多矣。洗拂尘土,付以所长,亦当自有识者云。"①

宋朱弁《曲洧旧闻》通过范镇(字景仁,封蜀郡公)用来盛茶的黑木盒,透露了自己反对奢侈提倡简朴的思想倾向:"蜀公与温公同游嵩山,各携茶以行。温公以纸为贴,蜀公用小黑木合子盛之。温公见之,惊曰:景仁乃有茶器也。蜀公闻其言。留合与寺僧而去、后来士大夫茶器精丽,极世间之工巧,而心犹未厌。晁以道尝以此语客。客曰:使温公见今日茶器,不知云如何也。"②温公是指司马光。

宋代文人还有以茶具赠送友人的情况。苏轼曾以茶盂赠送许珏,许珏又以之转赠折彦质:"茶盂留赠。坡公东归赠许珏茶盂,曰:'无以为清风明月之赠,茶盂聊见意耳。'后为枢密折彦质所得,有诗谢许云:'东坡遗物来归我,两手摩挲思不穷。举取吾家阿堵物,愧无青玉案酬公。'(《清鉴录》)"③ 宋洪迈《夷坚志》记载周益公以汤盏赠友人:"《夷坚志》:周益公以汤盏赠贫友,归以点茶,才注汤其中,辄有双鹤飞舞,啜尽乃灭。"④ 宋黄庭坚得到过友人赠送的茶瓢:"生瓢承见惠,亦好,但恨折时太嫩。相茶瓢与相邛竹同,法不欲肥而欲瘦,但须饱霜露耳。"⑤ 梅尧臣得到友人相赠的茶、茶具和诗,因之作诗《晏成

---

① (宋)郑刚中:《北山集》卷5,《景印文渊阁四库全书》第1130册,台湾商务印书馆1986年版。
② (宋)朱弁:《曲洧旧闻》卷3,《景印文渊阁四库全书》第1130册,台湾商务印书馆1986年版。
③ (明)黄履道:《茶苑》卷15,清抄本。
④ (清)朱琰:《陶说》卷5《说器中·宋器》,《续修四库全书》第1111册,上海古籍出版社2003年版。
⑤ (宋)黄庭坚:《山谷集·别集》卷19,《景印文渊阁四库全书》第1113册,台湾商务印书馆1986年版。

♨ 香茗雅器：明代茶具与明代社会

续太祝遗双井茶五品、茶具四枚、近诗六十篇，因以为谢》："始于欧阳永叔席，乃识双井绝品茶。……纹柘冰瓷作精具，灵味一啜驱昏邪。"① 王胜之向邵雍寄送石质茶具和酒具，邵雍作诗《代书谢王胜之学士寄莱石茶酒器》相谢："东山有石若琼玖……殷懃远寄林下叟。林叟从来用瓦盏，惊惶不敢擎上手。"② 吴则礼用友人赠送的石铫烹茶，因之作诗《周介然所惠石铫取淮水瀹茶》："吾人老怀丘壑情，洗君石铫盱眙城。要煎淮水作蟹眼，饭饱睡魔聊一醒。"③ 魏了翁得到友人所赠茶碗，作诗《鲁提干以诗惠分茶碗用韵为谢》："秃尽春窗千兔毫，形容不尽意陶陶。可人两碗春风焙，涤我三升玉色醪。"④ 李彭得到萧子植寄送的茶叶、石铫等物，作诗《萧子植寄建茗、石铫、石脂、潘衡墨，且求近日诗作四绝句》："宝犀新胯面岩冷，碾出壑源春雪花。……良工刻削类方城，煮茗细看秋浪惊。"⑤

宋代文人的诗歌创作亦极为繁荣，大量诗人歌咏过有关茶具的诗词作品，因作品过于浩繁，仅以梅尧臣、苏轼和陆游三人为例。梅尧臣《尝惠山泉》中的茶具为砂瓶和鼎："吴楚千万山，山泉莫知数。……相袭好事人，砂瓶和月注。持参万钱鼎，岂足调羹助。"⑥《次韵和永叔尝新茶杂言》为紫盏和石瓶："兔毛紫盏自相称，清泉不必求虾蟆。石瓶煎汤银梗打，粟粒铺面人惊嗟。"⑦《次韵和再拜》为盏、碾："烹新斗硬要咬盏，不同饮酒争画蛇。从揉至碾用尽力，只取胜负相笑

---

① 北京大学古文献研究所：《全宋诗》卷261，北京大学出版社1991—1998年版，第3153页。

② 北京大学古文献研究所：《全宋诗》卷379，北京大学出版社1991—1998年版，第4513页。

③ 北京大学古文献研究所：《全宋诗》卷1269，北京大学出版社1991—1998年版，第14298页。

④ 北京大学古文献研究所：《全宋诗》卷2935，北京大学出版社1991—1998年版，第34937页。

⑤ （宋）李彭：《日涉园集》卷10，《景印文渊阁四库全书》第1122册，台湾商务印书馆1986年版。

⑥ 北京大学古文献研究所：《全宋诗》卷261，北京大学出版社1991—1998年版，第2977页。

⑦ 同上书，第3262页。

第二章 明代的茶具与宫廷、文人和世俗

呀。……昔得陇西大铜碾，碾多岁久深且宽。"①

苏轼《试院煎茶》中的茶具是磨、瓯、瓶、炉和铫："蒙茸出磨细珠落，眩转绕瓯飞雪轻。银瓶泻汤夸第二，未识古人煎水意。……我今贫病常苦饥，分无玉碗捧蛾眉。且学公家作茗饮，砖炉石铫行相随。"② 苏轼《寄周安孺茶》是碾、瓶和瓯："晴天敞虚府，石碾破轻绿。……蟆培顷曾尝，瓶罂走僮仆。……乳瓯十分满，人世真局促。"③《汲江煎茶》是瓢、瓮、"杓"、瓶和碗："活水还须活火烹，自临钓石取深清。大瓢贮月归春瓮，小杓分江入夜瓶。雪乳已翻煎处脚，松风忽作泻时声。枯肠未易禁三碗，坐听荒城长短更。"④

陆游《试茶》中的茶具是银瓶、铜碾和瓯："日铸焙香怀旧隐，谷帘试水忆西游。银瓶铜碾俱官样，恨欠纤纤为捧瓯。"⑤《效蜀人煎茶戏作长句》为小硙、龙头鼎和风炉："午枕初回梦蝶床，红丝小硙破旗枪。正须山石龙头鼎，一试风炉蟹眼汤。"⑥《九日试雾中僧所赠茶》是瓦炉："今日蜀州生白发，瓦炉独试雾中茶。"⑦《建安雪》是铜瓶、铜碾："建溪官茶天下绝，香味欲全须小雪。……银瓶铜碾春风里，不枉年来行万里。"⑧《烹茶》是兔瓯："兔瓯试玉尘，香色两超胜。"⑨

明代遗留到现代的茶书有 50 种左右，基本为文人创作，内有大量茶具与文人的内容，相当程度能够反映文人使用茶具的情况，或至少是文人心目中理想的状态。

---

① 北京大学古文献研究所：《全宋诗》卷 261，北京大学出版社 1991—1998 年版，第 3262 页。
② 北京大学古文献研究所：《全宋诗》卷 831，北京大学出版社 1991—1998 年版，第 9160 页。
③ 同上书，第 9327 页。
④ 同上书，第 9567 页。
⑤ 北京大学古文献研究所：《全宋诗》卷 2241，北京大学出版社 1991—1998 年版，第 24385 页。
⑥ 同上书，第 24889 页。
⑦ 同上书，第 24367 页。
⑧ 同上书，第 24480 页。
⑨ 同上书，第 24481 页。

♨ 香茗雅器：明代茶具与明代社会

明代第一部茶书是朱权所著《茶谱》，朱权是明太祖朱元璋的第十七子，封宁王。虽贵为藩王，但因为在明初的政治斗争中失败，朱权后半生将主要精力转向文化事业，有很强文人化的倾向，追求超脱神逸的生活，茶具在他生活中占有重要地位。朱权在《茶谱》的序言中说："会茶而立器具……志绝尘境，栖神物外，不伍于世流，不污于时俗。"他描绘了使用系列茶具烹茶的过程："携茶炉于前；一童子出茶具，以瓢汲清泉注于瓶而炊之。然后碾茶为末，置于磨令细，以罗罗之，候汤将如蟹眼，量客众寡，投数匕入于巨瓯。候茶出相宜，以茶筅摔令沫不浮，乃成云头雨脚，分于啜瓯，置之竹架，童子捧献于前。"①《茶谱》正文列举的茶具有茶炉、茶灶、茶碾、茶罗、茶架、茶匙、茶筅、茶瓶和茶瓯九种。

顾元庆编撰的茶书《茶谱》附录了盛虞的《王友石竹炉并分封六事》。此文给每种茶具都加以官爵名号。文前有盛虞之伯盛顒所写的《苦节君铭》："肖形天地，匪冶匪陶。心存活火，声带湘涛。一滴甘露，涤我诗肠。清风两腋，洞然八荒。"所谓苦节君也即竹炉，用带节的竹子制成，故名，也有很深的寓意，"一滴甘露，涤我诗肠"，也即竹炉烹出的茶水，能够使人兴奋激发文人的诗兴。用来盛装所有茶具的竹制箱笼被称为苦节君行省："茶具六事分封，悉贮于此，侍从苦节君于泉石山斋亭馆间，执事者故以行省名之。按：《茶经》有一源、二具、三造、四器、五煮、六饮、七事、八出、九略、十图之说，夫器虽居四，不可以不备，阙之则九者皆荒而茶废矣，得是以管摄众器，固无一阙，况兼以惠麓之泉，阳羡之茶，乌乎废哉？陆鸿渐所谓都篮者，此其是与？"苦节君行省相当于陆羽《茶经》中的都蓝。另还有六种茶具：建城是用来贮茶的茶笼，云屯是用来贮水的水瓶，乌府是盛炭的炭篓，"水曹"是用于盥洗的水缸，器局是用来收贮十六种小型茶具的竹编方箱，品司是存放茶果和茶叶的竹编提盒。②

---

① （明）朱权：《茶谱》，《艺海汇函》，明抄本。
② （明）顾元庆：《茶谱》，《续修四库全书》第 1115 册，上海古籍出版社 2003 年版。

第二章　明代的茶具与宫廷、文人和世俗

明代文人陈师著有茶书《茶考》，描绘了用瓷瓶烹茶和用瓷罐贮茶的情况："烹茶之法，唯苏吴得之。以佳茗入磁瓶火煎，酌量火候，以数沸蟹眼为节，如淡金黄色，香味清馥，过此而色赤，不佳矣。……若贮茶之法……以新磁罐，又以新箬叶剪寸半许，杂茶叶实其中，封固。"《茶考》又曰："杭俗，烹茶用细茗置茶瓯，以沸汤点之，名为'撮泡'。……杂以他果，亦有不相入者，味平淡者差可，如熏梅、咸笋、腌桂、樱桃之类，尤不相宜。……予每至山寺，有解事僧烹茶如吴中，置磁壶二小瓯于案，全不用果奉客，随意啜之，可谓知味而雅致者矣。"使用茶具烹饮，陈师主张清饮，不杂入串味的茶果，这是一种文人风习，饮茶并非主要为了口腹之需，而是追求所谓"雅致"。①

文人屠隆著有茶书《茶说》。《茶说》中的藏茶用具有罂、瓶和坛："又买宜兴新坚大罂，可容茶十斤以上者，洗净焙干听用。……用时以新燥宜兴小瓶取出，约可受四五两，随即包整。……以中坛盛茶，十斤一瓶，每瓶烧稻草灰入于大桶，将茶瓶座桶中。"② 作为煮水器的汤瓶《茶说》最欣赏石和瓷："所以策功建汤业者，金银为优；贫贱者不能具，则瓷石有足取焉。瓷瓶不夺茶气，幽人逸士，品色尤宜。石凝结天地秀气而赋形，琢以为器，秀犹在焉。其汤不良，未之有也。然勿与夸珍炫豪臭公子道。铜、铁、铅、锡，腥苦且涩；无油瓦瓶，渗水而有土气，用以炼水，饮之逾时，恶气缠口而不得去。"这实际承袭了唐人苏廙《十六汤品》的文字和观点，是最适合文人心理和地位的材质。烹饮时还要注意涤器和熁盏。《涤器》条曰："茶瓶、茶盏、茶匙生鉎，致损茶味，必须先时洗洁则美。"《熁盏》条曰："凡点茶．必须熁盏，令热则茶面聚乳；冷则茶色不浮。"③

文人张源所著茶书《茶录》中的茶具有烧火用具炉、煮水用具茶瓢、饮茶用具茶盏、泡茶用具壶、清洁用具拭盏布以及藏茶用具大坛和

---

① （明）陈师：《茶考》，喻政《茶书》，明万历四十一年刻本。
② （明）屠隆：《茶说》，喻政《茶书》，明万历四十一年刻本。
③ 同上。

香茗雅器：明代茶具与明代社会

锡制分茶盒。特别值得一提的是，张源最欣赏的煮水器材质为锡："桑苎翁煮茶用银瓢，谓过于奢侈。后用磁器，又不能持久，卒归于银。愚意银者宜贮朱楼华屋，若山斋茅舍，惟用锡瓢，亦无损于香、色、味也。但铜铁忌之。"① 用银太过昂贵，普通文人难以承受，而瓷易碎裂，铜铁则损害茶味，锡导热快，较为廉价，煮水无异味，最佳。张源观点虽与前述屠隆并不相同，但精神是相通的，那就是适合于文人的实用。

许次纾著有茶书《茶疏》，其中藏茶用具有用于长期收藏的瓷瓮和日常所需的小罂，贮水用具为大瓮，舀水用具为瓷瓯，煮水用具是锡铫，泡茶用具是茶注，饮茶用具则是茶瓯。值得注意的是，许次纾认为茶铫的最佳材质为锡："金乃水母，锡备柔刚，味不成涩，作铫最良。……茶滋于水，水藉乎器；汤成于火，四者相须，缺一则废。"他也十分欣赏锡制茶注："茶注以不受他气者为良，故首银次锡。上品真锡，力大不减，慎勿杂以黑铅。"② 锡之所以得到许次纾的格外青睐，原因在于一来锡较为廉价，文人易得，二是不易产生异味，影响文人品茶的感受。

明代文人张丑著有茶书《茶经》，分为上篇《论茶》、中篇《论烹》、下篇《论器》。下篇《论器》主要论述的是相关的茶具：用于焙茶的茶焙、用于藏茶的茶笼、用于煮水的汤瓶、用于泡茶的茶壶、用于饮茶的茶盏、用于暂存茶叶的纸囊、用于洗茶的茶洗、用于日常取用的贮茶用具茶瓶、用于生火的茶炉。特别值得指出的是，张丑《茶经》是中国历史上最早论述洗茶用具茶洗的茶书。《茶洗》条曰："茶洗，以银为之，制如碗式，而底穿数孔，用洗茶叶，凡沙垢皆从孔中流出，亦烹试家不可缺者。"《洗茶》条曰："凡烹蒸熟茶，先以热汤洗一两次，去其尘垢冷气，而烹之则美。"③ 洗茶一来有除去尘垢、引发茶香

---

① （明）张源：《茶录》，喻政《茶书》，明万历四十一年刻本。
② （明）许次纾：《茶疏》，《四库全书存目丛书·子部》第 79 册，齐鲁书社 1997 年版。
③ （明）张丑：《茶经》，《中国古代茶道秘本五十种》第 2 册，全国图书馆文献缩微复制中心 2003 年版。

第二章 明代的茶具与宫廷、文人和世俗

的作用，二来也适合文人追求饮茶洁净的心理特点。

文人程用宾《茶录》之《茶具十二执事名说》条罗列了十二种茶具：生火的铜鼎、收藏所有茶具的都蓝、贮茶的锡盒、泡茶的陶壶、饮茶的磁盏、煮水的锡罐、舀水的瓠瓢、拨炭的铜筴、盛放盏瓢等物的竹篮、盥洗用的水方以及清洁用的麻巾。其实程用宾《茶录》中还有一种贮水的用具，也即瓮。《积水》条曰："凡水以瓮置负阴燥洁檐间稳地……则星露之气常交而元神不爽。"将茶具称为"执事"（也即执掌相关事务之人），这是文人对茶叶烹饮用具的一种拟人化称呼，程用宾似乎一定程度将茶具当作了自己优雅生活的友人。程用宾在茶具方面特别追求"洁"，铜筴、水方和麻巾三种器具皆与清洁有关："篮……以支盥器，用竹为之。水方……今以之沃盥。巾……以洁诸器。"《煮汤》条曰"彻鼎通红，洁瓶上水"，强调了瓶的洁。《治壶》条曰："倾去交茶，用拭具布乘热拂拭，则壶垢易遁，而磁质渐蜕。饮讫，以清水微荡，覆净再拭藏之，令常洁冽，不染风尘。"《洁盏》条曰："饮茶先后，皆以清泉涤盏，以拭具布拂净，不夺茶香，不损茶色，不失茶味，而元神自在。"[①]《治壶》和《洁盏》条皆是关于清洁的内容。对清洁的强调与文人远离尘俗、高雅不凡的心理特征是相适应的。

文人罗廪著有茶书《茶解》，《器》条罗列了十二种器具，除筥、灶、箕、扇和笼实际是制茶用具外，其他都是烹饮用的茶具，帨是清洁用具，瓮是藏茶用具、炉是生活用具，注是泡茶用具，壶是煮水用具，瓯是饮茶用具，筴是用于将注中的泡过的茶叶拨出。实际上《茶解》中还有一种用于贮水的瓮："梅水，须多置器于空庭中取之，并入大瓮，投伏龙肝两许包，藏月馀汲用，至益人。"罗廪在《茶解》中描绘了文人手持茶具饮茶的难言之美："山堂夜坐，手烹香茗，至水火相战，俨听松涛，倾泻入瓯，云光缥缈，一段幽趣，故难与俗人言。"[②]

屠本畯著有茶书《茗笈》。徐㶿在《茗笈》的序中描绘了自己曾常

[①]（明）程用宾：《茶录》，明万历三十二年戴凤仪刻本。
[②]（明）罗廪：《茶解》，喻政《茶书》，明万历四十一年刻本。

香茗雅器：明代茶具与明代社会

与屠本畯在一起持茶具饮茶："屠豳叟先生，昔转运闽海，牏斋中阅若僧寮。予每过从，辄具茗碗，相对品骘古人文章词赋，不及其他。茗尽而谈未竟，必令童子数爇鼎继之，率以为常。……及先生擢守辰阳，挂冠归隐鉴湖，益以烹点为事。……善夫陆华亭有言曰：'此一味，非眠云跂石人未易领略。'"屠本畯还在为官时，用茶具烹饮茶叶是他抒发隐志，表明恬退独善的一种手段，辞官后茶具更成为他隐逸生活的组成部分。徐㶏所引陆树声（陆树声华亭人，故称陆华亭）话中的"眠云跂石人"字面意思是眠于云中垂足石上之人，也即隐士。《茗笈》分为十六章，其中《第十辩器章》是专论茶具的一章。此章列于前的"赞"曰："精行惟人，精良惟器。毋以不洁，败乃公事。""精行惟人"一句是从陆羽《茶经》中的"为饮，最宜精行俭德之人"[①] 演化而来，表明了文人的道德要求。"毋以不洁"，一语双关，既是要求茶具务必洁净，也暗示文人品格之高洁。此章文后的"评"曰："鍑宜铁，炉宜铜，瓦竹易坏。汤铫宜锡与砂，瓯则但取圆洁白瓷而已，然宜小。若必用柴、汝、宣、成，则贫士何所取办哉？许然明之论，于是乎迂矣。"[②] 此评论特别强调了茶具的适于实用，适于一般文人的身份特点，要求茶瓯一定要用柴、汝、宣、成等名窑，这是强人所难。

黄龙德著有《茶说》。《茶说》之《五之味》曰："器具不洁，真味因之而损，虽松萝诸佳品，既遭此厄，亦不能独全其天。"烹饮茶叶，茶具的洁是十分重要的。《七之具》曰："器具精洁，茶愈为之生色。用以金银，虽云美丽，然贫贱之士，未必能具也。"此处黄龙德不但强调茶具的"洁"，还强调茶具的"精"，也即精致。黄龙德不甚赞同用金银，因为普通文人（贫贱之士）无法采用。《七之具》又曰："若今时姑苏之锡注，时大彬之砂壶，汴梁之汤铫，湘妃竹之茶灶，宣、成窑之茶盏，高人词客，贤士大夫，莫不为之珍重。即唐宋以来，

---

① （唐）陆羽：《茶经》卷上《一之源》，《丛书集成新编》第47册，新文丰出版公司1985年版。
② （明）屠本畯：《茗笈》之《第十辩器章》，喻政《茶书》，明万历四十一年刻本。

第二章　明代的茶具与宫廷、文人和世俗

茶具之精，未必有如斯之雅致。"所谓"高人词客，贤士大夫"也即文人学士，茶具追求精主要是一种精神追求，也即"雅致"的状态。《九之饮》曰："古鼎金瓯，饮之富贵者也；瓷瓶窑盏，饮之清高者也。"① 清高之饮，这是一种文人之饮，自然要胜过使用古鼎金瓯的富贵之饮。

冯可宾所著茶书为《岕茶笺》。《论茶具》条曰："茶壶，窑器为上，锡次之。茶杯，汝、官、哥、定如未可多得，则适意者为佳耳。"茶壶方面，冯可宾指出陶瓷最好，锡器其次，原因在于金银太贵，铜铁易生异味，陶、锡最适合文人之用。茶杯"适意者为佳"，体现了文人追求任随自然的心态。《论茶具》又曰："或问：'茶壶毕竟宜大宜小？'茶壶以小为贵。每一客，壶一把，任其自斟自饮，方为得趣。"这体现了文人对适意、自在的一种追求。《茶忌》条列有几种饮茶不相宜的方面："不如法、恶具、主客不韵、冠裳苛礼、荤肴杂陈、忙冗、壁间案头多恶趣"，"恶具"也即恶劣的茶具列在第二，表明了冯可宾对茶具的重视。②

茶书《续茶经》作者虽是清人陆廷灿，但其中有许多涉及明代文人与茶具的内容。下举四例。《续茶经》引明人乐纯《雪庵清史》曰："茶鼎，丹山碧水之乡，月涧云龛之品，涤烦消渴，功诚不在芝术下。然不有似泛乳花、浮云脚，则草堂暮云阴，松窗残雪明，何以勺之野语清。噫！鼎之有功于茶大矣哉！故日休有'立作菌蠢势，煎为潺湲声'，禹锡有'骤雨松风入鼎来，白云满碗花徘徊'，居仁有'浮花原属三昧手，竹斋自试鱼眼汤'，仲淹有'鼎磨云外首山铜，瓶携江上中浪水'，景纶有'待得声闻俱寂后，一瓯春雪胜醍醐'。噫！鼎之有功于茶大矣哉！虽然，吾犹有取卢仝'柴门反关无俗客，纱帽笼头自煎吃'，杨万里'老夫平生爱煮茗，十年烧穿折脚鼎'。如二君者，差可

---

① （明）黄龙德：《茶说》，《中国古代茶道秘本五十种》第 1 册，全国图书馆文献缩微复制中心 2003 年版。

② （明）冯可宾：《岕茶笺》，《丛书集成续编》第 86 册，新文丰出版公司 1988 年版。

香茗雅器：明代茶具与明代社会

不负此鼎耳。"① 此处茶鼎也即茶炉，乐纯引用古人诗文，极力赞美了这种茶具，表明了文人对茶鼎的喜爱。

《续茶经》引明人王象晋《群芳谱》曰："世人情性嗜好各殊，而茶事则十人而九。竹炉火候，茗碗清缘。煮引风之碧雪，倾浮花之雪乳。非藉汤勋，何昭茶德。略而言之，其法有五：一曰择水，二曰简器，三曰忌溷，四曰慎煮，五曰辨色。"② 文人对茶事嗜好的十之有九，代表性的茶具有竹炉、茗碗。

《续茶经》引沈周《书岕茶别论后》曰："自古名山，留以待羁人迁客，而茶以资高士，盖造物有深意。而周庆叔者，为《岕茶别论》，以行之天下，度铜山金穴中无此福，又恐仰屠门而大嚼者，未必领此味。庆叔隐居长兴，所至载茶具，邀余素鸥黄叶间，共相欣赏。恨鸿渐、君谟不见庆叔耳，为之覆茶三叹。"③ 周庆叔写作了茶书《岕茶别论》，可惜已轶，从书名和他长期隐居长兴来看，应主要论述的是长兴岕茶。他所到之处，都载有茶具，是终生研究茶的文人。

《续茶经》又引《跋茶录》曰："樵海先生，真隐君子也。平日不知朱门为何物，日偃仰于青山白云堆中，以一瓢消磨半生。盖实得品茶三昧，可以羽翼桑苎翁之所不及，即谓先生为茶中董狐可也。"④《跋茶录》本为陈继儒所写，陆廷灿误为沈周。⑤ 樵海先生是著有茶书《茶录》的张源。"于青山白云堆中，以一瓢消磨半生"，说明他长期居于山中，用茶具（瓢是茶具的代称）品饮茶叶，对茶进行研究。

明人文集亦多有有关茶具与文人的内容，典型的有张大复《梅花

---

① （清）陆廷灿：《续茶经》卷中《四之器》，《景印文渊阁四库全书》第844册，台湾商务印书馆1986年版。
② （清）陆廷灿：《续茶经》卷下《五之煮》，《景印文渊阁四库全书》第844册，台湾商务印书馆1986年版。
③ （清）陆廷灿：《续茶经》卷下《七之事》，《景印文渊阁四库全书》第844册，台湾商务印书馆1986年版。
④ （清）陆廷灿：《续茶经》卷下《六之饮》，《景印文渊阁四库全书》第844册，台湾商务印书馆1986年版。
⑤ 参见丁以寿《明代几种茶书成书年代再补——兼答张如安先生》，《农业考古》2009年第5期，第280—282页。

第二章 明代的茶具与宫廷、文人和世俗

草堂笔记》、陈继儒《小窗幽记》、文震亨《长物志》和张岱《陶庵梦忆》等。

张大复是晚明除短期出幕外终身未仕的文人,曾长期游历各地,后因目疾以口述让人整理的方式写作了《梅花草堂笔谈》,该书主要内容是他亲身经历的各种所见所闻,其中有一些有关茶具与文人的描述。张大复本人在生活中常用茶具烹茶饮茶。《品泉》条曰:"料理息庵,方有头绪,便拥炉静坐其中,不觉午睡昏昏也。偶闻儿子书声,心乐之,而炉间翏翏如松风响,则茶且熟矣。三月不雨,井水若甘露,竟扃其门,而以瓶罂相遗。何来惠泉,乃厌张生馋口。讯之家人辈,云旧藏得惠水二器,宝云泉一器。亟取二味品之。而令儿子快读李秃翁焚书,惟其极醒极健者。"①《此坐》条曰:"一鸠呼雨,修篁静立,茗碗时供,野芳暗度。又有两鸟咿嚶林外,均节天成。童子倚炉触屏,忽鼾忽止。念既虚闲,室复幽旷,无事此坐,长如小年。"② 其中涉及的茶具有生火的炉、饮茶的碗和贮茶的瓶罂等物。通过茶具,张大复追求一种超脱、清雅的生活。《紫笋茶》条曰:"长兴有紫笋茶,土人取金沙泉造之乃胜。而泉不常有,祷之然后出,事已辄涸。某性嗜茶,而不能通其说。……炉无炭,茶与水各不见长,书此为雪士一笑。"③ 虽然张大复谦逊地说自己在茶叶与水的鉴别上均无长处,而且茶炉中无炭没法烹茶,但也表明茶炉烹茶是他生活中经常的内容。《梅花草堂笔谈》还描绘了一个嗜茶的冯先生:"冯开之先生喜饮茶,而好亲其事,人或问之。答曰:'此事如美人,如古法书画,岂宜落他人手!'闻者叹美之。然先生对客,谈辄不止,童子涤壶以待。会盛谈,未及着茶,时倾白水而进之,先生未尝不欣然自谓得法,客亦不敢不称善也。世号'白水先生'云。"④ 冯开之茶具烹茶好亲力亲为,但有时对客过于倾注于交

---

① (明)张大复:《梅花草堂笔谈》卷1,浙江人民美术出版社2016年版,第1页。
② (明)张大复:《梅花草堂笔谈》卷2,浙江人民美术出版社2016年版,第35页。
③ (明)张大复:《梅花草堂笔谈》卷7,浙江人民美术出版社2016年版,第211页。
④ (明)张大复:《梅花草堂笔谈》卷6,浙江人民美术出版社2016年版,第158页。

香茗雅器：明代茶具与明代社会

谈来不及烹茶，竟先倾白水待客。

陈继儒亦是终身未仕的文人，与张大复交好，且曾为《梅花草堂笔谈》作序。他对茶文化十分喜好，亦颇有研究，曾编著有两部茶书，即《茶话》和《茶董补》。陈继儒集录前人名言名句编著有《小窗幽记》① 一书，主要内容是表述文人如何涵养心性以及处世之道，表达了隐逸文人对旷达自适的超脱生活的向往。此书内有大量品茶及茶具的内容，通过茶和茶具来构筑闲适、真趣以及清赏的生活状态以及精神世界。《小窗幽记》之《情》曰："蜀纸麝煤添笔媚，越瓯犀液发茶香，风飘乱点更筹转，拍送繁弦曲破长。……风阶拾叶，山人茶灶劳薪；月迳聚花，素士吟坛绮席。……临风弄笛，栏杆上桂影一轮；扫雪烹茶，篱落边梅花数点。"②《小窗幽记》之《灵》曰："问妇索酿，瓮有新刍；呼童煮茶，门临好客。……独坐丹房，潇然无事，烹茶一壶，烧香一炷，看达摩面壁图。……竹风一阵，飘飏茶灶疏烟；梅月半湾，掩映书窗残雪。……茶不甚精，壶亦不燥，香不甚良，灰亦不死。"③《小窗幽记》之《素》曰："茅斋独坐茶频煮，七碗后，气爽神清；竹榻斜眠书漫抛，一枕余，心闲梦稳。……夜寒坐小室中，拥炉闲话。渴则敲冰煮茗；饥则拨火煨芋。……饭后黑甜，日中薄醉，别是洞天；茶铛酒臼，轻案绳床，寻常福地。……净几明窗，一轴画，一囊琴，一只鹤，一瓯茶，一炉香，一部法帖；小园幽径，几丛花，几群鸟，几区亭，几拳石，几池水，几片闲云。……萧斋香炉书史，酒器俱捐；北窗石枕松风，茶铛将沸。……半轮新月数竿竹，千卷藏书一盏茶。"④《小窗幽记》之《景》曰："垂柳小桥，纸窗竹屋，焚香燕坐，手握道书一卷。客来则寻常茶具，本色清言，日暮乃归，不知马蹄为何物。……就寝复坐蒲团，从松端看月，煮茗

---

① 一说此书为明代陆绍珩所编。
② （明）陈继儒：《小窗幽记》卷 2《情》，中华书局 2017 年版，第 50—53 页。
③ （明）陈继儒：《小窗幽记》卷 4《灵》，中华书局 2017 年版，第 79—89 页。
④ （明）陈继儒：《小窗幽记》卷 5《素》，中华书局 2017 年版，第 104—134 页。

第二章 明代的茶具与宫廷、文人和世俗

佐谈，竟此夜乐。……夕阳林际，蕉叶堕地而鹿眠；点雪炉头，茶烟飘而鹤避。"①《小窗幽记》之《韵》曰："香令人幽，酒令人远，茶令人爽……清茶好酒，以适幽趣，臭味之交，如斯而已。……茶中着料，碗中着果，譬如玉貌加脂，蛾眉着黛，翻累本色。煎茶非漫浪，要须人品与茶相得，故其法往往传于高流隐逸，有烟霞泉石磊落胸次者。……松轩竹坞，酒瓮茶铛，山月溪云，农蓑渔罾。……纸帐梅花，休惊他三春清梦，笔床茶灶，可了我半日浮生。……松声，涧声，山禽声，夜虫声，鹤声……煎茶声，皆声之至清，而读书声为最。……焚香啜茗，自是吴中习气，雨窗却不可少。"②

文震亨是晚明文人，著名书画家文徵明之曾孙，在崇祯、弘光年间任职于朝廷，明亡后绝食死，在绘画、园林方面亦有相当成就。他所著的《长物志》反映的是幽人韵士追求文人的雅致情趣。《长物志》卷十二是《香茗》，"香茗"并非清香之茗之意，而是香与茗。《香茗》序言曰："香茗之用，其利最溥。物外高隐，坐语道德，可以清心悦神。初阳薄暝，兴味萧骚，可以畅怀舒啸。晴窗搨帖，挥麈闲吟，篝灯夜读，可以远辟睡魔。青衣红袖，密语谈私，可以助情热意。坐雨闭窗，饭余散步，可以遣寂除烦。醉筵醒客，夜语蓬窗，长啸空楼，冰弦戛指，可以佐欢解渴。品之最优者，以沉香、岕茶为首，第焚煮有法，必贞夫韵士乃能究心耳。"文震亨所言香、茗的功效"清心悦神""畅怀舒啸""远辟睡魔""助情热意""遣寂除烦"和"佐欢解渴"，更多是对清雅、适意生活的一种精神追求，另外当然也有提神解渴的生理作用。品茶是离不开茶具的。《品茶》条曰："古今论茶事者，无虑数十家。……而我朝所尚又不同，其烹试之法亦与前人异，然简便异常，天趣悉备，可谓尽茶之真味矣。至于洗茶、候汤、择器，皆各有法，宁特侈言乌府、云屯、苦节、建城等目而已哉。"乌府、云屯、苦节、建城是指炭篓、水瓶、竹炉和茶篓等

---

① （明）陈继儒：《小窗幽记》卷6《景》，中华书局2017年版，第136—145页。
② （明）陈继儒：《小窗幽记》卷7《韵》，中华书局2017年版，第151—162页。

香茗雅器：明代茶具与明代社会

茶具。明代的烹饮方法与前代相比发生了很大变化，由烦琐变为简便，主要在洗茶、候汤和择器三个方面。《洗茶》条曰："先以滚汤候少温洗茶，去其尘垢，以定碗盛之，俟冷点茶，则香气自发。"洗茶是明代才出现前代所无的烹茶方法。洗茶所用器具是茶洗。《茶洗》条曰："以砂为之，制如碗式，上下二层，上层底穿数孔用洗茶，沙垢悉从孔中流出，最便。"《候汤》条曰："若薪火方交，水釜才炽，急取旋倾，水气未消，谓之嫩。若水踰十沸，汤已失性，谓之老，皆不能发茶香。"与候汤相关的茶具是茶炉和汤瓶。《茶炉汤瓶》条曰："有姜铸铜饕餮兽面火垆及纯素者，有铜铸如鼎彝者，皆可用。汤瓶铅者为上，锡者次之，铜者不可用。形如竹筒者既不漏火又易点注，瓷瓶虽不夺汤气，然不适用，亦不雅观。"文震亨主张的茶炉为铜鼎，汤瓶材质铅最好，锡次之，铜、瓷不适用。文震亨之所以主张汤瓶用铅、锡，主要原因是导热快，无异味，价廉且不易破损，适合文人之用。《涤器》条曰："茶瓶、茶盏不洁皆损茶味，须先时洗涤，净布拭之以备用。"文震亨特别强调茶具的清洁。所谓茶瓶即指茶壶。《茶壶》条曰："壶以砂者为上，盖既不夺香，又无熟汤气，供春最贵，第形不雅，亦无差小者。时大宾所制又太小，若得受水半升，而形制古洁者，取以注茶，更为适用。其提梁、卧瓜、双桃、扇面、八棱细花、夹锡茶替、青花白地诸俗式者，俱不可用。锡壶有赵良璧者亦佳，然宜冬月间用。近时吴中归锡，嘉禾黄锡，价皆最高，然制小而俗。金银俱不入品。"文震亨主张茶壶宜兴紫砂壶最好，但却并不欣赏制壶名家供春、时大彬（引文中误为时大宾），这是文震亨的一家之言，是从适于实用的角度而言的。之所以文震亨认为卧瓜、双桃和扇面等形状的茶壶俱不可用，是因为这些茶壶虽塑形新异，但不太实用。锡壶之所以只"宜冬月间用"，是因为锡壶导热快，壶身温度高，夏日用烫手难以使用。金银之所以不入品，原因在于文震亨认为金银俗气，价高难得。总而言之从壶的选择来看，文震亨追求的是文人的清雅脱俗、适于实用。《茶盏》条曰："宣庙有尖足茶盏，料精式雅，

第二章 明代的茶具与宫廷、文人和世俗

质厚难冷，洁白如玉，可试茶色，盏中第一。……他如白定等窑，藏为玩器，不宜日用。……又有一种名崔公窑，差大，可置果实，果亦仅可用榛、松、新笋、鸡豆、莲实，不夺香味者，他如柑、橙、茉莉、木樨之类，断不可用。"① 文震亨最欣赏宣窑的茶具，做工既精，式样又雅，宋代定窑的茶具就太过贵重不适于日用了。明代文人总体主张茶盏不放入茶果的清饮，但文震亨并不绝对反对，有一种崔公窑的茶盏较大，就是可以置放果实的，只是不能夺去茶本身的香味。

张岱生活于明末清初，不事科举，终生未出仕，著述终老，其代表作是《陶庵梦忆》《西湖寻梦》等。《陶庵梦忆》之《闵老子茶》条记述了一个终生精研茶艺的文人闵汶水，张岱因为倾慕前往拜访："汶水喜，自起当炉，茶旋煮，速如风雨。导至一室，明窗净几，荆溪壶、成、宣窑瓷瓯十余种，皆精绝。灯下视茶色，与瓷瓯无别而香气逼人，余叫绝。……少顷持一壶满斟余曰：'客啜此。'余曰：'香朴烈，味甚浑厚，此春茶耶。向瀹者的是秋采。'汶水大笑曰：'予年七十，精赏鉴者无客比。'遂定交。"② 闵汶水亲自持茶具为张岱烹茶，他不但茶艺高超，还收藏有宜兴紫砂壶、宣窑成窑茶盏等大量精美茶具。张岱赋有《闵汶水茶》一诗："今来自下得异人，汶水老子称水厄。烧鼎烹天尚取渣，劈开混沌寻香色。……细细钻研七十年，草木有身藏不得。茶性孤危取者难，如行栈道耐其厌。……到得当炉啜一瓯，多少深心兼大力。"③《陶庵梦忆》之《砂罐锡注》条专门记载了宜兴紫砂壶和锡壶两种十分受文人欢迎的茶具："宜兴罐，以龚春为上，时大彬次之，陈用卿又次之。锡注，以王元吉为上，归懋德次之。夫砂罐砂也；锡注锡也。器方脱手，而一罐一注价五六金，则是砂与锡与价其轻重正相等焉，岂非怪事。然一砂罐、一锡注，直跻之商彝、周鼎之列，而毫无惭

---

① （明）文震亨：《长物志》卷12，《景印文渊阁四库全书》第872册，台湾商务印书馆1986年版。
② （明）张岱：《陶庵梦忆》卷3，张岱《陶庵梦忆·西湖寻梦》，中华书局2007年版，第38—39页。
③ （明）张岱：《张岱诗文集·张子诗粃》卷3，上海古籍出版社1991年版，第45页。

○ 香茗雅器：明代茶具与明代社会

色，则是其品地也。"① 购买砂罐、锡注的银价重量要和这些器具本身差不多，可想而知受文人喜爱和欢迎的程度。《陶庵梦忆》之《露兄》条描述了一个为文人服务的茶馆："崇祯癸酉，有好事者开茶馆。泉实玉带，茶实兰雪；汤以旋煮，无老汤；器以时涤，无秽器；其火候汤候，亦时有天合之者。……为之作斗茶檄曰：'水淫茶癖，爰有古风。瑞草雪芽，素称越绝。……七碗吃不得了，卢仝茶不算知味。一壶挥麈，用畅清谈。'"② 此茶馆之所以特别得到文人青睐，"器"也即茶具是其中一个重要因素。《西湖七月半》条描绘了西湖七月半，有些文人在湖上和湖边持茶具饮茶赏月的情况："西湖七月半，一无可看，止可看看七月半之人。……小船轻幌，净几暖炉，茶铛旋煮，素瓷静递，好友佳人，邀月同坐，或匿影树下，或逃嚣里湖，看月而人不见其看月之态，亦不作意看月者，看之。"③《陶庵梦忆》还记录了张岱自己烹饮兰雪茶的情况："煮楔泉，投以小罐，则香太浓郁。杂入茉莉，再三较量。用敞口瓷瓯淡放之，候其冷，以旋滚汤冲泻之，色如竹箨方解，绿粉初匀，又如山窗初暑，透纸黎光。取清妃白，倾向素瓷，真如百茎素兰同雪涛并泻也。雪芽得其色矣，未得其气，余戏呼之兰雪。"④ "素瓷"也即白瓷茶盏。张岱还曾为名贵的定窑、宣窑茶盏赋诗。《定窑莲子杯铭》："玉吾属，莲吾族。伶酒羽茶，惟尔所欲。"《宣窑茶碗铭》："秋月初，翠梧下，出素瓷，传静夜。"⑤

明代中期以后，人生自适的观念在文人中流行，以达到人格的独立和自我的发展。著名文人李贽说："士贵为己，务自适。如不自适而适

---

① （明）张岱：《陶庵梦忆》卷2，张岱《陶庵梦忆·西湖寻梦》，中华书局2007年版，第30页。
② （明）张岱：《陶庵梦忆》卷8，张岱《陶庵梦忆·西湖寻梦》，中华书局2007年版，第100页。
③ （明）张岱：《陶庵梦忆》卷7，张岱《陶庵梦忆·西湖寻梦》，中华书局2007年版，第83—84页。
④ （明）张岱：《陶庵梦忆》卷3，张岱《陶庵梦忆·西湖寻梦》，中华书局2007年版，第35页。
⑤ （明）张岱：《张岱诗文集·琅嬛文集》卷5，上海古籍出版社1991年版，第316页。

第二章　明代的茶具与宫廷、文人和世俗

人之适，虽伯夷、叔齐同为淫癖了；不知为己，惟务为人，虽尧、舜同为尘垢秕糠。"① 梅国桢亦曰："人生自适耳。依凭轨迹，外张名教，酷非所屑。"② 文人普遍喜好茶具，往往通过茶具来构建自身优雅闲适的生活，烹茗饮茶在他们的日常生活中是必不可少的。清人计发指出："书斋雅供，茶具为先。"③ 他说的虽然是清代的情况，但明代亦是如此。甚至有文人对茶具到了几乎崇拜的程度，如《奇癖录》记载："拜茶具。明卢廷璧嗜茶成癖，号茶庵。常得元僧讵可庭茶具十事，时具衣冠拜之。"④ 有的文人酷好茶具和茶艺，明人蔡羽《林屋集》之《茶鼎记》曰："王子履约（守）、履吉（宠）氏，王子方以文章显名，而酷好饮茶。其暖茗藏器，别为斗室，淘煮、火功、断汤、反釜，多不构陆羽所传。特出新意，融通其法，而色香滋味，近年无有及者。……吴中善茗者，曩称荻扁王浚（潛）之、延陵吴嗣业（奕），今其法皆出王子下。岂清胜奇绝之事，途萃于一耶？王子固归功于鼎，因记之。"⑤ 文中王子指王守、王宠兄弟，王子兄弟通过茶具和茶艺来追求人生的自适。

许多有关明代文人的传记显示茶具是文人生活的主要特征之一。如有关李世迈的传记："李世迈，字怀古，华亭人。少慕高隐，明末弃经生业，构室高槐古梅中，竹炉泉茗，兴至鼓琴一再行。闻雨滴芭蕉声，则喜而不寐。"⑥ 有关卞文瑜的传记："卞文瑜，字润甫，长洲人。工画山水，不名一家。生平无定居，炉香茗碗，到处自随。"⑦ 徐镜非的传

---

① （明）李贽：《焚书》增补一《答周二鲁》，李贽《焚书·续焚书》，中华书局 1975 年版，第 258—259 页。
② （明）袁中道：《珂雪斋近集》卷 3《梅大中丞传》，上海书店出版社 1982 年版，第 49 页。
③ （清）计发：《鱼计轩诗话》不分卷，《丛书集成续编》第 201 册，新文丰出版公司 1988 年版。
④ （明）黄履道：《茶苑》卷 15，清抄本。
⑤ （明）蔡羽：《林屋集》卷 14《茶鼎记》，国家图书馆出版社 2014 年版。
⑥ （清）赵弘恩、黄之隽等：《江南通志》卷 168，《景印文渊阁四库全书》第 507—512 册，台湾商务印书馆 1986 年版。
⑦ 同上。

♨ 香茗雅器：明代茶具与明代社会

记：".徐行恕，字镜非……后与严印持、张卿子称城东三高士。詹去矜钟玉赠之诗云：'……晦迹城东隅，萧然半亩宅。茶人夙自署，茗碗供朝夕。'"① 上述竹炉、茗碗都是茶具总的代称。顾渚山的传记："墨痴者，埭里人也，姓顾字渚山……每晨起拂几、洗砚、理茶铛、温博山炉、礼古佛……从破瓮取松子、桑枝自扇小鼎为秀碧汤，煮名芥一瓯，把玩徐啜，盖道人酷有茶韵，其贮焙、欣赏往往有法，故自名渚而字渚山，以顾渚山产佳茶，亦古人慕蔺意耳。"② 他每天都要用茶具烹饮茶叶，之所以字渚山，也是因为顾渚山产佳茶。

另外墓志铭也是对人一生的总结，许多有关明代文人的墓志铭显示茶具在他们的一生中占据重要地位。下举两例。《封奉直大夫礼部员外郎吴府君墓表》是有关吴大本的墓志铭："宜兴有逸人焉，氏吴纶，讳大本，字风神。……创别墅二于溪山间，南曰樵隐，西曰渔乐，逍遥乎其间。自号心远居士，意以靖节自拟也。偏嗜茗饮，其出必阳羡、顾渚，非其地者，辄能辨之。其掇之必晴，藏之必温，烹之必法，有茶经所不载。其炉、灶、融鬲、灰承、炭橱、火筴之属，亦皆精绝古雅、甚自贵重。坐客四五人，勺少许沫饽，纷馥，三四啜已，罄，必啜者有余思始复进，终亦不令饫也。人又曰：'其古陆鸿渐之流耶。'……余昔过宜兴，与君邂逅荆溪间，同余游善卷。还过其家，余归吴，贻予茶炉、茶灶。已，又贻驯鹿一岂，以余同隐逸之志耶。"③ 吴大本是终生不仕的隐士，精研茶、茶具和茶艺，甚至以茶具赠送友人。《征仕郎常德卫经历殷君墓志铭》是殷贰卿的墓志铭："君讳贰卿。字仲弘。……闲居，每自适于吟咏，酒鎗、茗碗未尝去侧。而不喜一切驳杂无益之戏。独于三代以来篆刻、图绘、字画之精

---

① （清）厉鹗：《东城杂记》卷下，《景印文渊阁四库全书》第 592 册，台湾商务印书馆 1986 年版。
② （明）朱存理：《珊瑚木难》卷 2，《景印文渊阁四库全书》第 815 册，台湾商务印书馆 1986 年版。
③ （明）王鏊：《震泽集》卷 26，《景印文渊阁四库全书》第 1256 册，台湾商务印书馆 1986 年版。

第二章 明代的茶具与宫廷、文人和世俗

工，一见即能鉴别，若有神解者。"①

因为对茶具、茶艺的嗜好，一些文人对此深有研究，积累了许多深刻见解。例如明人沈长卿《沈氏日旦》中就有他对茶具和茶艺的观点。《收藏》条曰："以精新锡熔铸成坛。约藏拾斤，轻轻筑实，以箬衬紧，复将箬及纸数重塞坛口，仍用锡盖封缄。切勿临风近火。将小罐陆续零取应用，庶不泄气。"藏茶用新铸的锡坛，日常零取的用小罐。《火候》条曰："煮茶火候为先。炉火通红，茶瓢始上。如黑炭未燃，即以瓢阁上，则炭气透入于汤，其味甚恶。扇起要轻疾，待有声稍稍重疾，斯文武候也。文过则水性柔而香不触发。武过则火性烈而味不恬愉，皆非茶家三昧。"此处将煮水器称为茶瓢，火不能太柔也不能太烈，水不能不熟也不能过熟。《器具》条曰："桑苎翁银瓢煮茶，谓过于侈。易之以磁，旋即败坏。愚意朱门华屋宜银，山居草堂宜锡，但忌铜铁耳。"沈长卿认为好的煮水器富贵人家用银，普通文人用锡，但忌铜铁，因为会产生异味。《盏瓯》条曰："白者为上。饮前饮后，俱用细麻布拭之。其他俱不相宜。如磁瓯曾经贮饭者暂用贮茶，不惟味减，而膻秽之气喷鼻，细意人自能体认。"茶盏用白瓷为上，要注意清洁，盛过饭的茶碗不要再饮茶，因为会影响茶味。《贮水》条曰："水瓮须置阴庭中，覆以纱帛，使承星露之气，则与源头活水不异。假令压以木石，封以纸箬，暴于日下，则机滞而气闭，水则腐矣。"② 贮水用水瓮，之所以要盖上纱帛而不要密封，是为了既通风又防尘，不然水易变质。

李渔是明末清初文人，他对茶具亦有相当见解。李渔《闲情偶寄》之《茶具》条曰："茗注莫妙于砂壶，砂壶之精者，又莫过于阳羡，是人而知之矣。然宝之过情，使与金银比值，无乃仲尼不为之已甚乎？置物但取其适用，何必幽渺其说，必至理穷义尽而后止哉！凡制茗壶，其

---

① （明）娄坚：《学古绪言》卷9，《景印文渊阁四库全书》第1295册，台湾商务印书馆1986年版。

② （明）沈长卿：《沈氏日旦》卷8，《续修四库全书》第1131册，上海古籍出版社2003年版。

香茗雅器：明代茶具与明代社会

嘴务直，购者亦然，一曲便可忧，再曲则称弃物矣。盖贮茶之物与贮酒不同，酒无渣滓，一斟即出，其嘴之曲直可以不论；茶则有体之物也，星星之叶，入水即成大片，斟泻之时，纤毫入嘴，则塞而不流。啜茗快事，斟之不出，大觉闷人。直则保无是患矣，即有时闭塞，亦可疏通，不似武夷九曲之难力导也。"茶壶最好的是紫砂壶，紫砂壶最好是宜兴紫砂壶，但关键在于适用，不必神秘其说。制壶壶嘴一定要直，因为茶壶与酒壶不同，茶壶内有茶叶，壶嘴不直茶水很可能斟不出来。《茶具》条又曰："贮茗之瓶，止宜用锡。无论磁铜等器，性不相能，即以金银作供，宝之适以崇之耳。但以锡作瓶者，取其气味不泄；而制之不善，其无用更甚于磁瓶。询其所以然之故，则有二焉。一则以制成未试，漏孔繁多。……锡瓶有眼，其发潮泄气反倍于磁瓶，故制成之后，必加亲试，大者贮之以水，小者吹之以气，有纤毫漏隙，立督补成。试之又必须二次，一在将成未镟之时，一在已成既镟之后。……一则以封盖不固，气味难藏。凡收藏香美之物，其加严处全在封口，封口不密，与露处同。……故锡瓶之盖，止宜厚不宜双。藏茗之家，凡收藏不即开者，开瓶口向上处，先用绵纸二三层，实褙封固，俟其既干，然后覆之以盖，则刚柔并用，永无泄气之时矣。其时开时闭者，则于盖内塞纸一二层，使香气闭而不泄。此贮茗之善策也。"① 最好的藏茶用具是锡瓶，但锡瓶之佳主要在于其密闭性能强，可有效防止瓶外的空气、湿气进入，不然茶叶容易氧化陈化。但锡瓶如果制作不佳，反而不如瓷瓶。锡瓶要特别注意的有两点，一是制作时易有漏孔，二是瓶盖易漏气。李渔对藏茶锡瓶的论述是历史上对此种茶瓶最翔实的论述。

明代诗歌十分繁荣，文人还常以茶具为歌咏对象。因为茶炉（又被称为茶鼎、茶灶等）的重要性和体量，在烹饮活动中很容易成为关注的焦点，在各种茶具中，茶炉是被歌咏最多的。下举数例。王问《竹茶炉》："爱尔班笋垆，圆方肖天地。爱奏水火功，龙团错真味。"②

---

① （清）李渔：《闲情偶寄》卷4《器玩部》，浙江古籍出版社2011年版，第118页。
② （明）醉茶消客：《茶书》，明抄本。

第二章 明代的茶具与宫廷、文人和世俗

杨基《木茶炉》："绀绿仙人炼玉肤，花神为曝紫霞腴。……肌骨已为香魄死，梦魂犹在露团枯。"① 沈周《石鼎》："惟尔宜烹我服从，浑然玉斸谢金镕。广唇哆哆宁无合，柽腹彭亨自有容。……老夫饱饭需茶次，笑看其间水火攻。"② 陈恭尹《茶灶》："白灶青铛子，潮州来者精。……就隙邀风势，添泉战火声。寻常饥渴外，多事养浮生。"③

明代文人盛时泰《大城山房十咏》是有关茶具的十首系列组诗。《茶所》所咏为饮茶处所："云里半间茅屋，林中几树梅花。扫地焚香静坐，汲泉敲火煎茶。"《茶鼎》所咏为竹茶炉："紫竹传闻制古，白沙空说形奇。争似山房凿石，恨无韩老联诗。"《茶铛》咏的是煮水器："四壁青灯掣电，一天碎石繁星。野客采苓同煮，山僧隐几闲听。"《茶罂》咏的是贮水茶瓶："一瓮细涵藻荇，半泓满注山泉。欲试龙坑多远，只教虎穴曾穿。"《茶瓢》咏的是舀水用具："雨里平分片玉，风前遥泻明珠。忆昔许由空老，即今颜子何如。"《茶函》咏的是藏茶的茶篓："已倩缘筠自织，还教青箬重封。不赠当年冯异，可容此日卢仝。"《茶洗》所咏为洗茶用具："壶内旗枪未试，炉边水火初匀。莫道千山尘净，还令七碗功新。"《茶瓶》所咏是紫砂壶："山里谁烧紫玉，灯前自制青囊。可是杖藜客至，正当隔座茶香。"《茶杯》咏的是青花瓷茶盏："白玉谁家酒盏，青花此地茶瓯。只许唤醒清思，不教除去闲愁。"《茶宾》咏的是饮茶的伴侣："枯木山中道士，绿萝庵里高僧。一笑人间白尘，相逢肘后丹经。"④ 除第一和最后一首外，此系列组诗共咏有八种茶具。

明文徵明模仿唐人皮日休、陆龟蒙赋有《茶具十咏》，亦是十首系列组诗。《茶坞》咏的是产茶的山坞："岩隈艺灵树，高下郁成坞。……人语隔林闻，行行入深迂。"《茶人》咏的是产茶的茶农："自

---

① （明）杨基：《眉庵集》卷8，《景印文渊阁四库全书》第1230册，台湾商务印书馆1986年版。

② （明）沈周：《石田诗选》卷10，《景印文渊阁四库全书》第1249册，台湾商务印书馆1986年版。

③ （清）卓尔堪：《明遗民诗》卷6，中华书局1961年版，第224页。

④ （明）醉茶消客：《茶书》，明抄本。

♨ 香茗雅器：明代茶具与明代社会

家青山里，不出青山中。生涯草木灵，岁事烟雨功。荷锄入苍蔼，倚树占春风。"《茶笋》咏的是茶园中的茶芽："东风吹紫苔，一夜一寸长。……朝来不盈掬，暮归难倾筐。"《茶籯》咏的是摘茶时的茶篓："山匠运巧心，缕筠裁雅器。丝含故粉香，箬带新云翠。携攀萝雨深，归染松风腻。"《茶舍》是茶农所居之屋："结屋因岩阿，春风连水竹。一径野花深，四邻茶荈熟。"《茶灶》是炒茶之灶，是生产用具，并非烹茶的茶炉："处处鬻春雨，青烟映远峰。红泥垒白石，朱火然苍松。"《茶焙》是焙茶用具："昔闻凿山骨，今见编楚竹。微笼火意温，密护云牙馥。"《茶鼎》是烹茶的茶炉："斫石肖古制，中容外坚白。煮月松风间，幽香破苍壁。"《茶瓯》是用于饮茶的茶具："畴能炼精珉，范月夺素魄。清宜鬻雪人，雅惬吟风客。"《煮茶》描写文人烹茶饮茶的情况："花落春院幽，风轻禅榻静。活火煮新泉，凉蟾堕圆影。破睡策功多，因人寄情永。仙游恍在兹，悠然入灵境。"[①] 所谓《茶具十首》，有些名不符实，真正赋咏茶具的只有《茶鼎》和《茶瓯》两首，但此系列组诗以"茶具"为名，可见茶具在茶事活动中的核心地位。

明代诗歌中还常出现文人以茶具赠人或得到茶具馈赠的情况。下举数例。刘嵩《遣送茶器与欧阳仲元》咏的是诗人将茶具送与他人："金樽翠杓非吾事，瓦缶瓷罂也可怜。急送直愁冲暮雨，远携应得注寒泉。枯匏久厌山瓢薄，冻芋空嘲石鼎圆。扑室栗香春酒，醒能忘敲火事烹煎。"[②] 吴宽赋诗《谢李贞伯送瓦茶炉》感谢他人送与自己茶炉："搏埴功成上短筵，茶香酒暖尽相便。送来陶鼎风斯下，移近寒屏火始然。巧匠刻铭依古制，才人联咏费新篇。却怜吴地官窑徧，深幸遗材出万砖。"[③] 蔡成中赋诗《茶罐与汪少石许茶罐以诗速之》向他

[①] （明）文徵明：《文徵明集》补辑卷16，上海古籍出版社1987年版，第1213—1217页。

[②] （明）刘嵩：《槎翁诗集》卷6，《景印文渊阁四库全书》第1227册，台湾商务印书馆1986年版。

[③] （明）吴宽：《家藏集》卷10，《景印文渊阁四库全书》第1255册，台湾商务印书馆1986年版。

· 288 ·

第二章 明代的茶具与宫廷、文人和世俗

人索求宜兴紫砂壶。诗序曰:"夜来承携,久旱尘生,冒雨而归,亦一胜也。蒙允宜兴罐,虽鄙心所甚欲,然率尔求之,似为非是;戏作小词上呈,不知可相博否!"诗曰:"水流蜀山拥作泥,肤脉腻细良无比。土人范器复试茶,雅观不数黄金美。平生嗜茶颇成癖,挈罐相俱四千里。瓦者已破锡者存,破吾所惜存吾鄙。气味依稀不似前,渴来误罚卢家婢。闻君蓄此余二三,聊赋新词戏相市。"① 袁宗道《寿亭舅赠我宜兴瓶茶具酒具,一时精美,喜而作歌》歌咏的是他人向自己赠送宜兴紫砂茶具和酒具:"吾舅赠我宜兴瓶,色如羊肝坚如石。……酒苦茶香足我事,从此瓶铛不虚设。……左置铛,右置瓶。大奴烧松根,小奴涤瓷罂。坐愁汤老手自瀹,才闻酒响涎不禁。……铛也老友瓶小友,竹也此君丈也石。日与四子相周旋,共我山房呼五一。"② 胡应麟《吴德符损饷宣德茶盂二枚,因瀹天池新焙赋二绝以赏之》所咏为他人向自己赠送宣窑茶盏二枚,其中诗一:"柴汝官哥各浪传,摩挲秋色到龙泉。筵中宣德新磁在,笑杀何郎食万钱。"诗二:"把赠双珍破寂寥,龙团翻雪乱云飘。琅琊旧著煎茶赋,已说宣窑胜定窑。"③

二 文人影响茶具设计

在明代,茶具成了文人生活中不可或缺的组成部分,文人对茶具的设计产生极大影响。例如对煮水的汤瓶、泡茶的茶壶和饮茶的茶盏,明代茶书和文人著作普遍主张以小为佳,在使用这些茶具时有求小的倾向,这是因为文人饮茶,主要不是为了满足口腹之需,而是一种生活方式和精神追求的需要,不赞成如世俗之人解渴牛饮。

明代文人普遍主张汤瓶要小。宋代蔡襄在《茶录》中即指出:"瓶要小者,易候汤,又点茶、注汤有准。"④ 明朱权《茶谱》和张丑《茶

---

① (明) 醉茶消客:《茶书》,明抄本。
② (明) 袁宗道:《白苏斋类集》卷1,上海古籍出版社1989年版,第6页。
③ (明) 胡应麟:《少室山房集》卷79,《景印文渊阁四库全书》第1290册,台湾商务印书馆1986年版。
④ (宋) 蔡襄:《茶录》,《丛书集成初编》第1480册,中华书局1985年版。

♨ 香茗雅器：明代茶具与明代社会

经》均承袭了蔡襄《茶录》的文字和观点。顾元庆《茶谱》进一步作了解释："凡瓶，要小者，易候汤，又点茶、注汤有应。若瓶大，啜存停久，味过则不佳矣。"[1] 汤瓶小，水易沸腾，饮茶随泡随啜，但汤瓶太大，沸水一次无法用完，时间长了口味就不佳了。屠隆《茶说》之《择器》条[2]和高濂《遵生八笺》之《煎茶四要》[3]承袭了顾元庆《茶谱》的文字和观点。

明代文人主张茶壶也要小。许次纾《茶疏》之《秤量》条曰："茶注，宜小不宜甚大。小则香气氤氲，大则易于散漫。大约及半升，是为适可。独自斟酌，愈小愈佳。"许次纾认为茶壶小，则香气不易散逸，而且小壶一人自斟自酌，也有情趣。《饮啜》条又曰："茶注欲小，小则再巡已终。宁使余芬剩馥尚留叶中，犹堪饭后供啜嗽之用，未遂弃之可也。若巨器屡巡，满中泻饮。待停少温，或求浓苦，何异农匠作劳，但需涓滴，何论品赏，何知风味乎？"[4] 茶壶小，用壶斟茶两次就结束，香味盎然，若壶太大，多次斟饮，口味就不佳了，如果像农夫工匠只是为了解渴，那就谈不上风味了。冯可宾和张丑与许次纾的观点类似。冯可宾《岕茶笺》之《论茶具》条曰："或问：'茶壶毕竟宜大宜小？'茶壶以小为贵。每一客，壶一把，任其自斟自饮，方为得趣。何也？壶小则香不涣散，味不耽阁；况茶中香味，不先不后，只有一时。太早则未足，太迟则已过，的见得恰好，一泻而尽。"[5] 壶宜小，除了香气不易散逸的原因外，另一个原因是茶中香味只在一时，方便茶水倾出一饮而尽。张丑《茶经》之《茶壶》条曰："茶性狭，壶过大，则香不聚，容一两升足矣。"[6] 茶壶只要能容纳一两升水就够了。周高起在《阳羡

---

[1] （明）顾元庆：《茶谱》，《续修四库全书》第1115册，上海古籍出版社2003年版。
[2] （明）屠隆：《茶说》，喻政《茶书》，明万历四十一年刻本。
[3] （明）高濂：《遵生八笺》卷11，《景印文渊阁四库全书》第871册，台湾商务印书馆1986年版。
[4] （明）许次纾：《茶疏》，《四库全书存目丛书·子部》第79册，齐鲁书社1997年版。
[5] （明）冯可宾：《岕茶笺》，《丛书集成续编》第86册，新文丰出版公司1988年版。
[6] （明）张丑：《茶经》，《中国古代茶道秘本五十种》第2册，全国图书馆文献缩微复制中心2003年版。

第二章　明代的茶具与宫廷、文人和世俗

茗壶系》中也极力主张宜兴紫砂壶用小壶："故壶宜小不宜大，宜浅不宜深，壶盖宜盎不宜砥。汤力茗香，俾得团结氤氲。"[①]

明代文人认为茶盏也是以小为佳。许次纾《茶疏》之《瓯注》条曰："茶瓯……其在今日，纯白为佳，叶贵于小。"[②] 罗廪《茶解》之《瓯》条曰："以小为佳，不必求古，只宣、成、靖窑足矣。"[③] 程用宾《茶录》在《器具》条中解释了盏要小的原因："茶盏不宜太巨，致走元气。"[④] 茶盏不能太大，太大香味就散发走了。

由于文人和茶具的密切关系，明代甚至有文人直接进行茶具的制作，典型的人昊十九。"浮梁人昊十九者，能吟，书逼赵吴兴，隐陶轮间，与众作息。所制精瓷，妙绝人巧。尝作卵幕杯，薄如鸡卵之幕，莹白可爱，一枚重半铢。又杂作宣、永二窑，俱逼真者。而性不嗜利，家索然，席门瓮牖也。余以意造流霞不定之色，要十九为之。贻之诗曰：'为觅丹砂斗市廛，松声云影自壶天。凭君点出流霞盏，去泛兰亭九曲泉。'樊御史玉衡亦与之游，寄诗云：'宣窑薄甚永窑厚，天下知名昊十九。更有小诗清动人，匡庐山下重回首。'十九自号壶隐道人，今犹矍。"[⑤] 昊十九是浮梁人，出生于景德镇（景德镇是浮梁下辖之一镇）的制瓷世家，这是作为文人的他能够隐于陶，掌握极高制瓷技艺的重要原因。昊十九与著名文人李日华、樊玉衡多有交往，后两人亦曾为昊十九赋诗。昊十九所制茶具最著名的有卵幕杯和流霞盏。

明代受文人影响最大的茶具毫无疑问是宜兴紫砂壶，这种茶具很大程度就是文人与紫砂陶艺相结合的产物，没有文人的极力推崇和欣赏，宜兴紫砂壶绝不可能产生极高的价值，紫砂陶业也不可能形成繁盛的规

---

① （明）周高起：《阳羡茗壶系》，《丛书集成续编》第90册，新文丰出版公司1988年版。
② （明）许次纾：《茶疏》，《四库全书存目丛书·子部》第79册，齐鲁书社1997年版。
③ （明）罗廪：《茶解》，喻政《茶书》，明万历四十一年刻本。
④ （明）程用宾：《茶录》，明万历三十二年戴凤仪刻本。
⑤ （明）李日华：《紫桃轩杂缀》卷1，《四库全书存目丛书·子部》第108册，齐鲁书社1997版。

☕ 香茗雅器：明代茶具与明代社会

模。李景康从三个方面说明了宜兴紫砂壶为什么会受到文人的青睐："推原其故，约有数端：茗壶为日用必需之品，阳羡砂制端宜瀹茗，无铜锡之败味。无金银之奢靡，而善蕴茗香，适于实用，一也；名工代出，探古搜奇，或仿商周，或摹汉魏，旁及花果，偶肖动物，咸匠心独运，韵致怡人，几案陈之，令人意远，二也；历代文人或撰壶铭，或书款识，或镌以花卉，或鍥以印章，托物寓意，每见巧思，书法不群，别饶韵格……三也。备斯三者，则士夫之激赏岂徒然哉！"① 这三个方面其实分别论述的是宜兴紫砂壶的实用价值、艺术价值和文化价值。在实用方面紫砂壶既无铜锡的异味，又无金银的奢侈，而且善于蕴发茶香，在艺术方面，紫砂壶匠心独运，使人发生悠远的遐想，在文化方面，紫砂壶附加有含义深刻的铭文和卓尔不群的书法，由于这三者，文人极为欣赏并非偶然。吴小楣《明清文人与紫砂陶》则从天时、地利和人和三个方面论述文人为何会和紫砂壶结合："明代，讲学交游、会党结社风气极盛，更推动了茶事的发展，提高了茶事的境界。作为茶事的主要内容——茶具也就随之声名鹊起。……壶，因茶而盛。可说结合的原因，一是得'天时'之便。原因之二……自古文人随着政治经济重心的转移而转移，于是江南一带又成了人文荟萃之地。宜兴民窑处在人文荟萃之地的中心，极易得到文人的光顾。这样，紫砂陶吸引文人参与又有了'地利'之便。原因之三，紫砂陶质地古朴纯厚，不媚不俗，与文人气质十分相近。……尤其与不上釉而朴拙自然，文人能以坯当纸。……能使紫砂陶成为寄情之物，这是其他人和陶瓷壶所不及的，于是特别得到文人的青睐，是'人和'之便。"②

宜兴紫砂壶是受文人深刻影响的茶具，前者的设计受到后者的巨大影响，两者发生密切的结合。宜兴紫砂壶与文人的结合主要体现在以下几个方面：一是文人与紫砂艺人的交往，二是文人定制紫砂壶，三是文

---

① 李景康、张虹：《阳羡砂壶图考》序，香港百壶山馆1937年版，第1页。
② 吴小楣《明清文人与紫砂陶》，史俊棠、盛畔松《紫砂春秋》，文汇出版社1992年版，第148—149页。

第二章 明代的茶具与宫廷、文人和世俗

人参与紫砂壶制作,四是文人撰写紫砂壶铭文(也有铭文是紫砂艺人受文人影响自撰),五是紫砂壶上附加书法篆刻,六是文人对紫砂壶著书立说。

在明代,许多紫砂艺人与文人有密切交往,这是紫砂艺人熟悉并掌握文人审美,紫砂壶日益文人化的重要原因。

最早和文人发生密切关系的紫砂艺人是供春,他是第一位留下姓名的紫砂壶制作者,也是紫砂壶艺真正的创始人。明周高起《阳羡茗壶系》曰:"供春,学宪吴颐山公青衣也。颐山读书金沙寺中,供春于给役之暇,窃仿老僧心匠……世以其孙龚姓,亦书为龚春。"[①] 至于吴颐山的身份,清吴骞《阳羡名陶录》记载:"颐山名仕,字克学,宜兴人,正德甲戌进士,以提学副使擢四川参政。"[②] 吴颐山是正德年间进士,宜兴人,科举考中之前在当地的金沙寺中读书,是典型的文人,供春作为他的家僮正是在此时偷学老僧的壶艺。供春与吴颐山朝夕接触,肯定受到他很大影响。李景康、张虹《阳羡砂壶图考》就推测供春壶上"供春"二字书法水平很高,很可能是吴颐山代刻上去的:"然供春仅一家僮,能作树瘿仿古诸式,款识'供春'二字亦书铁线小篆,倘非颐山研求式样,代为署款,恐难臻此。"[③]

明代成就最高、名望最大的紫砂艺人时大彬就与当时的著名文人陈继儒等人有相当交往:"时大彬,号少山。……初自仿供春得手,喜作大壶。后游娄东,闻眉公与琅琊、太原诸公品茶施茶之论,乃作小壶。"[④] "眉公"是陈继儒的号,时大彬的壶艺受到他很大的影响,包括原喜作大壶,后来开始作小壶。"宜兴时大彬,制砂壶名手也。尝挟其

---

① (明)周高起:《阳羡茗壶系》,《丛书集成续编》第90册,新文丰出版公司1988年版。

② (清)吴骞:《阳羡名陶录》卷上,《续修四库全书》第1111册,上海古籍出版社2003年版。

③ 李景康、张虹:《阳羡砂壶图考》卷上《壶艺列传》,香港百壶山馆1937年版,第25页。

④ (明)周高起:《阳羡茗壶系》,《丛书集成续编》第90册,新文丰出版公司1988年版。

♨ 香茗雅器：明代茶具与明代社会

术以游公卿之门，其子后补诸生。"① 时大彬以自己的技艺游于公卿之门，当然包括与文人的交往，后其子也考上秀才。

蒋伯荂是时大彬弟子之一，也曾客居于陈继儒处，后来甚至攀附文人学士所谓的高雅，讳言紫砂艺人的本业了。"蒋伯荂，名时英。……蒋后客于吴，陈眉公为改其字之'敷'为'荂'，因附高流，讳言本业，然其所作，坚致不俗也。"② 陈继儒还曾为蒋伯荂的紫砂壶题写铭文，代写款识。"沈子培太史藏六角中壶一具，式如宫灯，色浓紫，陈眉公题四言诗四句，分书于壶身六页间，且代伯荂书款，珍品也。"③

明代文人大量向紫砂艺人定制紫砂壶，紫砂艺人因此必须适应文人的好恶，这也是文人对紫砂壶设计影响的一个方面。李景康、张虹《阳羡砂壶图考》中有大量相关记载，下面列举数例曾定制过紫砂壶的文人。

柳佥："佥，字大中，一字安愚，号味茶居士，正德间吴之隐君子。……《蠹轩随笔》云：'予藏一砂壶，署味茶庵，乃大中之遗物也。'"④ 署有味茶庵的紫砂壶是文人柳佥定制的。

彭年："年，字孔嘉，号隆池山樵，正德、嘉靖间长洲人父防，正德辛未六年进士。年夙承家学，嗜读书诗。……著有《隆池山樵集》，定制茗壶署'寒绿堂''彭年'款。……袁寒云克文藏紫砂壶一持，底钤'寒绿堂''彭年'五字，书法鲁公，秀劲有致。"⑤ 署寒绿堂、彭年款的紫砂壶是彭年定制。

赵宧光："宧光，字凡夫，隆庆、万历间太仓人。……凡夫能文，

---

① （清）吴骞：《阳羡名陶录》卷下，《续修四库全书》第1111册，上海古籍出版社2003年版。
② （明）周高起：《阳羡茗壶系》，《丛书集成续编》第90册，新文丰出版公司1988年版。
③ 李景康、张虹：《阳羡砂壶图考》卷上《壶艺列传》，香港百壶山馆1937年版，第10—11页。
④ 同上书，第25页。
⑤ 李景康、张虹：《阳羡砂壶图考》卷上《壶艺列传》，香港百壶山馆1937年版，第25页。

第二章　明代的茶具与宫廷、文人和世俗

善治印……《梅花草堂集》云：凡夫倩人制壶，式类大彬辄毁之另制。大抵以大彬负盛名，不喜傍人篱壁，亦文人立异之见也。……昔钱受斋藏一壶，名钓雪，凡夫所定制，状似戴笠而钓者，意虽牵合，亦奇品也。"① 赵宧光定制砂壶喜标新立异。

董其昌："其昌，字元宰，号思白，华亭人。万历乙丑进士，官至南都礼部尚书，以阉竖用事，深自远引。……尝定制宜兴茗壶墨砚，自书铭识。茗壶惜无传器，可考惟秋枚邓实尝寄示拓本紫泥砚一方，底署'含山'二字行书，下钤'昌'字阳文篆印。"② 董其昌定制的紫砂壶没有流传下来的。

潘允端："允端，字仲履，号南箕老人、元邮道人，上海人。嘉靖进士，力学好古，官至四川右布政使。……遗制有乐寿堂壶，安富尊荣，极天伦之乐。……碧山壶馆藏紫泥小壶一具，泥色莹润可鉴，底錾'会向瑶台月下逢。乐寿堂制'行书共十一字，竹刀刻，盖内有'元江'小印。"③ 潘允端定制的为乐寿堂壶。

邓汉："汉，字远游，一字虚舟，号萧曲山人，江西新城人。万历戊戌二十六年进士……有《大旭山房》《留夷馆》《芙蓉阁》《文远堂》《南中红泉》诸集。……何觉夫藏紫泥小壶一柄，底刻'文远堂'三字楷书。"④ 邓汉定制的紫砂壶署"文远堂"款识。

顾元庆："元庆，字大有，明季长洲人。家阳山大石下，学者称大石先生。……定制茗壶署'顾大石'或'夷白斋'。"⑤ 顾元庆定制的紫砂壶署"顾大石"或"夷白斋"款识。

蒋之翘："之翘，字楚稚，号石林，天启、崇祯间秀水人。家贫，好藏书。……张廷济叔未云：吾弟季勤，藏石林中人壶。又葛见辠和叔

---

① 李景康、张虹：《阳羡砂壶图考》卷上《壶艺列传》，香港百壶山馆 1937 年版，第 25—26 页。
② 同上书，第 26 页。
③ 同上书，第 26—27 页。
④ 同上书，第 27 页。
⑤ 同上。

香茗雅器：明代茶具与明代社会

未诗自注：'石乳''石林'乃叔未弟季勤所藏二壶铭，吴槎客为题铭镂匣。"① 蒋之翘定制的壶署款"石林中人""石乳"或"石林"。

姚咨："咨，字舜咨，号潜坤子、皇象山人、皇山樗老、茶梦主人。明季无锡人。喜藏书，且嗜茶，藏书印曰'茶梦庵'，曰'茶梦散人'，茗壶亦用此印。"② 姚咨定制的茗壶用"茶梦庵""茶梦散人"等印。

有些文人还参与紫砂壶的设计和制作，典型的有项元汴和梁小玉。清张燕昌《阳羡陶说》载："昔在松陵王汋山楠话雨楼，出示宜兴蒋伯荂手制壶，相传项墨林所定式，呼为'天籁阁壶'。墨林以贵介公子不乐仕进，肆其力于法书名画及一切文房雅玩。"③ 项墨林即项元汴，曾设计紫砂壶款式，再由紫砂壶艺人蒋伯荂制作完成。李景康、张虹《阳羡砂壶图考》载："（项）元汴，字子京，号墨林居士，又号香岩居士，嘉兴人。山水学大痴，尤醉心云林，善写古木，水墨松竹梅兰，天真雅淡，颇有逸趣，俱入妙品。……子京尝藏晋代孙登天籁琴，以'天籁'名其阁，定制茗壶，底钤'天籁阁'印章。"④

关于梁小玉，李景康、张虹《阳羡砂壶图考》载："（梁）小玉，明季武林人。七岁依韵赋落花诗，八岁摹大令帖，长而涉猎群书，作《两都赋》，半载而就。著《螂衮集》二卷。……至其语风，怀陈秘戏，流丹吐齐，备极淫靡。高仲武所云既雌亦荡，不如是之甚也。宜其制壶别具遐想。"梁小玉所赋诗句淫靡，所设计的紫砂壶亦有相同特点。蔡寒琼《牟轩边琐》云："乙亥春初，室人过孔夫人贺岁……偶以砂壶为问，夫人召室人入燕处，启绣檀小匣，匣面刻'红霞仙杵，白玉绵团'八字，随园语也。锦茵重裹一白泥茗壶，制法巧妙，顿昭眼帘，惊为奇

---

① 李景康、张虹：《阳羡砂壶图考》卷上《壶艺列传》，香港百壶山馆1937年版，第28页。
② 同上。
③ （清）吴骞：《阳羡名陶录》卷下，《续修四库全书》第1111册，上海古籍出版社2003年版。
④ 李景康、张虹：《阳羡砂壶图考》卷上《壶艺列传》，香港百壶山馆1937年版，第25页。

· 296 ·

第二章　明代的茶具与宫廷、文人和世俗

秘，真令人触手欲噤也。壶坚质如玉，古泽如膏，壶身作乳形，极筑脂蔽发之致，壶盖红，的若乳头微凸，下作扪胸半褪，以绣带为錾，扪胸刻宋锦花纹，工丽无匹。其流作身根形，仅露寸许，器伟而不丑恶。扪胸之扣，作古玉卧蚕纹，中藏'小玉'二篆书，錾下锦纹中藏'娜嬛'二篆书椭圆小印。盖之合口甚深，有'武林梁氏'篆书小长方印，底刻'三秀祠祭器第三'小隶书七字，又刻'金茎甘露，玉乳香谷。九郎题'蝇头小楷十一字。夫人云：伊之夫婿，曩岁于宣南以三千金登来，俪以羊脂白玉水中丞，亦作乳形，大小与壶相若，用双桃花色碧霞犀为的，以充茶瓶儿。"① 蔡寒琼是李景康、张虹的友人，他的夫人在孔夫人处亲眼看见了梁小玉设计的茗壶。此壶应是由梁小玉设计后紫砂艺人再制作完成。壶用白泥，盖用红泥，壶身作妇人乳形状，壶流作男根状。从"三秀祠祭器第三"铭文来看，制此壶是为了祭祀历史上薛涛、苏小小和关盼盼三位著名妓女。

甚至有文人亲自制作紫砂壶，在壶艺上取得很高成就，在历史上不是以文人而是以紫砂艺人的形象留名，典型的是项不损。"项不损，名真，檇李人，襄毅公之裔也，以诸生贡入国子监。吴骞曰：不损，故非陶人也。尝见吾友陈君仲鱼藏茗壶一，底有'北斋'三字，旁署'项不损'款，此殆文人偶尔寄兴所在。然壶制朴而雅，字法晋唐，虽时、李诸家，何多让焉？不损诗文深为李檀园、闻子将所赏，颇以门才自豪，目为狂。"② 项不损是明代名宦项忠的后代，本来是文人，诗文当时深受欣赏，偶然兴致所在，也制作紫砂壶，壶艺即使与时大彬、李仲芳相比也不相上下。

另外时大彬的弟子著名紫砂艺人徐友泉很可能也本是文人出身。"徐友泉，名士衡。故非陶人也，其父好时大彬壶，延致家塾。一日，

---

① 李景康、张虹：《阳羡砂壶图考》卷上《壶艺列传》，香港百壶山馆 1937 年版，第 28—29 页。
② （清）吴骞：《阳羡名陶录》卷上，《续修四库全书》第 1111 册，上海古籍出版社 2003 年版。

♨ 香茗雅器：明代茶具与明代社会

强大彬作泥牛为戏，不即从，友泉夺其壶土出门去，适见树下眠牛将起，尚屈一足，注视捏塑，曲尽厥状。携以视大彬，一见惊叹曰：'如子智能，异日必出吾上。'因学为壶。变化式土，仿古尊罍诸器，配合土色所宜，毕智穷工，粗移人心目。"① 所谓"故非陶人"，也即本来不是紫砂艺人。徐友泉父亲请时大彬到家中定制茗壶，时大彬见到徐友泉的制壶天赋，于是收他为徒。徐友泉"仿古尊罍诸器"，也即古代青铜尊、罍等器，这些器皿也不是一般人能够目睹、熟悉并模仿的，徐友泉应该出生在一个有相当文化底蕴的家庭。

明代紫砂壶上出现附加的铭文，这是文人影响紫砂壶设计的一个重要方面。铭文有的是文人撰写，也有的紫砂艺人本身就有很高文化素养，铭文为自撰。这些铭文寓意寄情、记事言志，极大增加了茗壶的艺术性和文化价值。

文人常为紫砂壶撰写铭文，下举三例。著名文人陈继儒为蒋伯荂撰写铭文："蒋伯敷善制壶，恒为名流招致，眉公为之改字'伯荂'，且为之撰书壶铭。名工名土，允称双绝。"② 眉公即是指陈继儒。潘允端为乐寿堂壶撰写铭文："潘允端……遗制有乐寿堂壶，安富尊荣，极天伦之乐。……碧山壶馆藏紫泥小壶一具，泥色莹润可鉴，底鋻'会向瑶台月下逢，乐寿堂制'行书共十一字，竹刀刻，盖内有'元江'小印。"③ 陈煌图也为自己定制的茗壶撰写铭文："陈煌图……生于万历戊午（四十六年）仲冬，有冬兰之瑞，因名兰孙。崇祯壬午十五年副贡，官翰林院典籍兼待诏……披云楼藏紫砂大壶一持，气格浑厚，鋻、的与流悉存明季风度，意味颇近鹤峰，壶底镌草书'明月一天凉似水'句，款署'兰孙'，笔法疏宕有致，竹刀刻。"④

---

① （明）周高起：《阳羡茗壶系》，《丛书集成续编》第 90 册，新文丰出版公司 1988 年版。
② 李景康、张虹：《阳羡砂壶图考》卷上《壶艺列传》，香港百壶山馆 1937 年版，第 26 页。
③ 同上书，第 26—27 页。
④ 同上书，第 27 页。

第二章 明代的茶具与宫廷、文人和世俗

也有很多茗壶上的铭文为紫砂艺人所撰,下举数例。

紫砂艺术集大成者时大彬常为茗壶撰写铭文。据清陈鳣松《松研随笔》:"客耕武原,见茗壶一于倪氏六十四研斋,底有铭曰'一杯清茗可沁诗脾。大彬',凡十字。"①"大彬"即时大彬。又据清沈铭彝为张廷济收藏的茗壶所作诗《时壶歌为叔未解元赋》:"少山作器器不窳,罨画溪边剧轻土。……庐陵妙句清通神(壶底镌'黄金碾畔绿尘飞,碧玉瓯中素涛起'二句。欧公诗也),细书深刻藏颜筋。"②时壶壶底镌有铭文"黄金碾畔绿尘飞,碧玉瓯中素涛起",这是北宋庐陵欧阳修的诗句。又据《阳羡砂壶图考》:"碧山壶馆藏猪肝色大壶,泥质温润,工巧敦朴兼而有之,底镌行书'叶硬经霜绿,花肥映日红。大彬制'。其十三字草书,想倩人代书者也。"③

陈用卿也曾为茗壶撰写铭文,据《阳羡砂壶图考》:"(一)蔡啸篪藏紫砂壶一具,淡墨色,身圆,凿如半环,盖小的圆,身镌'秋水共长天一色。丁卯(即天启七年。)用卿'共十二字,所谓书仿钟太傅,落墨拙而落力工者也。(二)蔡寒琼藏深紫色大壶一持,造工朴拙,身镌'山中一杯水,可清天地心'句,'用卿'"款,书法在行草之间。"④

周高起《阳羡茗壶系》记载了沈子澈撰写的一条铭文:"沈子澈,崇祯时人,所制壶古雅浑朴。尝为人制菱花壶,铭之曰:'石根泉,蒙顶叶,漱齿鲜,涤尘热。'"⑤

吴骞《阳羡名陶录》记载了明末清初紫砂艺人惠孟臣一条铭文:

---

① (清)吴骞:《阳羡名陶录》卷下,《续修四库全书》第1111册,上海古籍出版社2003年版。
② (清)刘源长:《茶史》卷2,《四库全书存目丛书·子部》第79册,齐鲁书社1997年版。
③ 李景康、张虹:《阳羡砂壶图考》卷上《壶艺列传》,香港百壶山馆1937年版,第8页。
④ 同上书,第14页。
⑤ (明)周高起:《阳羡茗壶系》,《丛书集成续编》第90册,新文丰出版公司1988年版。

香茗雅器：明代茶具与明代社会

"余得一壶，底有唐诗'云入西津一片明'句，旁署'孟臣制'，十字皆行书，制浑朴，而笔法绝类褚河南，知孟臣亦大彬后一名手也。"①《阳羡砂壶图考》记载了惠孟臣三条铭文："蔡寒琼藏孟臣大壶一持……底镌'清风拂面来。孟臣'七字行书，书法敦朴，纯用中锋，为不可多得之品。……披云楼藏朱泥中壶一持……式度妍雅，周身谷罗纹隐现，巧不可阶。底楷书曰'水浸一天星。孟臣'七字。……披云楼藏朱泥小壶一柄，周身谷罗纹隐现。底镌'叶硬经霜绿。孟臣制'八字，在行草之间，笔势灵动，竹刀刻，非明人不办。"②

亦有紫砂艺人留下铭文和自己名号，但其生平已不可考。如清陈敬璋《餐霞轩杂录》载："樵李文后山（鼎），工诗善画，收藏名迹古器甚多，有宜瓷茗壶三具，皆极精确。其署款，曰'壬戌秋日陈正明制'；曰'龙文'；曰'山中一杯水，可清天地心。亮彩。'三人名皆未见于前载，亦未详何地人。"③ 又如署名留佩的茗壶："留佩。佩之事略未详……审留佩壶之式度制作，可断为明末清初人。……唐天如孝廉藏小朱壶一事，底铭'以知汲古功'五字，款署'留佩制'，书法沉着，上乘之品也。披云楼藏朱泥小壶一事，制作精妙，气韵天然，壶底镌'听涛'二字，竹刀刻，内有'元江'小印，盖唇刻'留佩'二字，想必留佩为听涛制。"④ 再如署名号万丰的茗壶："万丰似明代壶肆名号，或云创于万历间。……唐天如孝廉藏紫泥小壶一柄，底刻'明月清风客。万丰制'八字草书，制作精严，酷见明季矩矱。"⑤

---

① （清）吴骞：《阳羡名陶录》卷上，《续修四库全书》第1111册，上海古籍出版社2003年版。

② 李景康、张虹：《阳羡砂壶图考》卷上《壶艺列传》，香港百壶山馆1937年版，第17—18页。

③ （清）刘源长：《茶史》卷2，《四库全书存目丛书·子部》第79册，齐鲁书社1997年版。

④ 李景康、张虹：《阳羡砂壶图考》卷上《壶艺列传》，香港百壶山馆1937年版，第45页。

⑤ 同上书，第44页。

· 300 ·

第二章　明代的茶具与宫廷、文人和世俗

　　书法篆刻亦是体现紫砂壶艺术性的一个重要方面，这些茗壶上出现书法篆刻主要是受到文人的影响。

　　书法篆刻包括书法与篆刻两个方面，先论述书法。紫砂壶上镌刻的书法不一定都是紫砂艺人亲为，也有可能是由善书者代劳。如张虹就曾评价留佩壶："留佩壶就予所见各品，制工皆精，唯款识镌字，书法各异。盖陶人每不擅书，辄倩能书者落墨，是以款识书法互有异同。"① 但仍有许多紫砂艺人有很高的书法水平，这极大提高了紫砂壶的价值，这既是文人影响的体现，也增加了文人对这种茗壶的倾慕。

　　宜兴紫砂壶的创始人所制壶就已体现一定的书法艺术。"据宜兴储南强所藏失盖供春壶，'供春'二字作铁线小篆，镌于堕内壶身，馀不可考。"② 此壶"供春"二字书法水平很高，据推测，这两个字不大可能是供春本人镌刻，而很可能是由他服役的主人吴颐山代劳。

　　时大彬最初书法水平不高，镌刻款识由人代劳，后来达到很高水平。"镌壶款识，即时大彬初倩能书者落墨，用竹刀画之，或以印记。后竟运刀成字，书法闲雅，在《黄庭》《乐毅》帖间，人不能仿，赏鉴家用以为别。次则李仲芳，亦合书法。若李茂林，朱书号记而已。仲芳亦时代大彬刻款，手法自逊。"③《黄庭》《乐毅》分别是指东晋王羲之所书楷书法作品《黄庭经》和《乐毅论》，说明时大彬所镌款识为楷书。时大彬的书法水平达到他人无法模仿的程度，他的弟子李仲芳代他刻款，也有差距。李景康对时大彬在茗壶上的书法评论曰："大彬早年倩能书者落墨，或恐书非一体，似难考证，然其后竟能运刀成字，书法闲雅，在《黄庭》《乐毅》帖间，则其代书者必此两帖书法无疑。想必大彬刀刻日久，如久临字帖，故能得其法度也。"④ 后人往往给予时大

---

　　① 李景康、张虹：《阳羡砂壶图考》卷上《壶艺列传》，香港百壶山馆 1937 年版，第 45 页。
　　② 同上书，第 5 页。
　　③ （明）周高起：《阳羡茗壶系》，《丛书集成续编》第 90 册，新文丰出版公司 1988 年版。
　　④ 李景康、张虹：《阳羡砂壶图考》卷上《壶艺列传》，香港百壶山馆 1937 年版，第 5 页。

香茗雅器：明代茶具与明代社会

彬书法极高评价。明周高起评曰："大彬款用竹刀，书法逼真换鹅经。"① "鹅经"是指他人用鹅换取的王羲之书法作品《道德经》，也即时大彬的书法达到了和王羲之真假难辨的程度。清徐熊飞在《观叔未时大彬壶》中赞叹时大彬壶的书法："风尘沦落复见此，真书廿字铭厥底。削竹契刻妙入神，不信芦刀能刻髓。"② 时大彬的镌刻精妙入神。清沈铭彝在《时壶歌为叔未解元赋》诗中赞叹："庐陵妙句清通神，细书深刻藏颜筋。"③ 时大彬的书法象颜真卿筋力丰满。

陈用卿的书法仿三国时期钟繇："陈用卿，与时同工，而年伎俱后。……款仿钟太傅帖意，落墨拙，落刀工。"④《阳羡砂壶图考》评论："所谓书仿钟太傅，落墨拙而落力工者也。"⑤

陈辰亦是紫砂艺人中的书法高手："陈辰，字共之，工镌壶款，近人多假手焉；亦陶家之中书君也。"⑥ 陈辰书法水平高，许多艺人请他代为镌刻款识。"中书君"是笔的代称。

明末清初惠孟臣的书法水平也很高。清张燕昌曰："余少年得一壶，底有真书'文杏馆孟臣制'六字，笔法亦不俗，而制作远不逮大彬。"⑦ 吴骞评曰："余得一壶，底有唐诗'云入西津一片明'句，旁署'孟臣制'，十字皆行书，制浑朴，而笔法绝类褚河南，知孟臣亦大彬后一名手也。"⑧ 李景康、张虹《阳羡砂壶图考》评曰："细考传器，

---

① 李景康、张虹：《阳羡砂壶图考》卷上《壶艺列传》，香港百壶山馆1937年版，第5页。
② （清）刘源长：《茶史》卷2，《四库全书存目丛书·子部》第79册，齐鲁书社1997年版。
③ 同上。
④ （明）周高起：《阳羡茗壶系》，《丛书集成续编》第90册，新文丰出版公司1988年版。
⑤ 李景康、张虹：《阳羡砂壶图考》卷上《壶艺列传》，香港百壶山馆1937年版，第14页。
⑥ （明）周高起：《阳羡茗壶系》，《丛书集成续编》第90册，新文丰出版公司1988年版。
⑦ （清）吴骞：《阳羡名陶录》卷上，《续修四库全书》第1111册，上海古籍出版社2003年版。
⑧ 同上。

第二章 明代的茶具与宫廷、文人和世俗

行楷书法不一，竹刀钢刀并用，要不离唐贤风格，仿制者虽精，书法究不逮也。"① 惠孟臣的书法很像褚河南，褚河南是指唐代著名书法家褚遂良，在楷书上有很高成就。对惠孟臣壶的仿制虽然也很精，但始终在书法上无法达到。

又如天启、崇祯间的紫砂艺人陈和之，李景康、张虹《阳羡砂壶图考》将其书法评论为："行书字法有晋唐遗风。"② 这是很高评价。

再如徐次京（也生活于天启、崇祯间），对他的书法《阳羡砂壶图考》评论为："擅八分书、楷书，笔法古雅。"③

再如生活于明末，可能是陈鸣远父亲的陈子畦，他的书法《阳羡砂壶图考》评论为："楷书有晋唐风格。"④

明代紫砂壶上除书法艺术外，还常体现篆刻艺术，紫砂艺人将篆刻的印章盖于茗壶之上。按照明末紫砂艺人的习惯，同一把壶署款者很少盖章，盖章者很少署款。但不排除有紫砂艺人在不同的壶上分别署款和盖章。李景康评论曰："明季制壶，大都署款者鲜盖章，盖章者（以单章为）多鲜署款，风气所趋，无论名工庸手，如出一辙。至于制铭者署款，造壶者盖章，大抵清初始成风尚。"⑤ 篆刻艺术的难度往往大于书法，没有几十年很难达到精妙，所以明末在茗壶上署款的更多，钤印的较少。张燕昌《阳羡陶说》评论曰："昔时少山陈共之工镌款，字特真书耳。若刻印，则有篆法、刀法、摹印之学，非有数十年功者不能到也。"⑥ 少山、陈共之是指著名紫砂艺人时大彬和陈辰，他们都只镌款，不钤印，且书法都是楷书。

---

① 李景康、张虹：《阳羡砂壶图考》卷上《壶艺列传》，香港百壶山馆1937年版，第17页。

② 同上书，第16页。

③ 同上书，第17页。

④ 同上书，第11页。

⑤ 李景康、张虹：《阳羡砂壶图考》卷上《品鉴丛话》，香港百壶山馆1937年版，第61页。

⑥ （清）吴骞：《阳羡名陶录》卷下，《续修四库全书》第1111册，上海古籍出版社2003年版。

下面列举文献中一些钤印的紫砂艺人。

邵文银:"文银又名亨裕,万历时人,大彬弟子。……碧山壶馆藏紫砂中壶二具……底有篆书阳文方印曰'邵亨裕制'。……不耽阁藏紫泥中壶二持……与前壶相伯仲,底钤'邵亨裕制'阳文方印。"①

沈子澈:"子澈,崇祯间桐乡县人,居青镇。善制瓷壶文具,与宜兴时大彬齐名,至今士大夫家有藏其手制者,价值甚贵。……桐乡王杨龠藏子澈长方壶一具……制作古雅,底有'沈子澈制'阳文篆书方印。……又子澈扁方壶一,錾、流与的俱方,古雅如前壶,底有'沈子澈制'阳文楷书方印。"②

邵盖:"盖,万历间人。……尝见紫砂大壶二柄,俱作扁花篮形,底有'邵盖监制'阳文篆章,字法与邵亨裕、亨祥章相类,足证诸邵同属一家,故世有'邵家壶'之称。……邵翰香旧藏紫砂大壶一,器底钤'邵盖监制'篆文方印。"③

陈和之:"李凤廷尝藏朱泥粗砂中壶一具,形扁如合欢壶,底镌'陈和之'三字楷书,旁有'和之'篆印。"④ 此壶既镌款又钤印,且镌款和钤印为同一人,十分罕见。

惠孟臣:"……孟臣壶以竹刀划款,盖内有'永林'篆书小印者为最精。……披云楼藏孟臣大壶一持,朱泥,肩膊处毅罗文甚精,底钤楷书大方印,曰'惠孟臣制',惜失盖复配耳。……碧山壶馆藏大壶一持,白泥微黝,底钤篆书大方印曰'惠孟臣制'。"⑤

明代文人对紫砂壶著书立说,这也是文人对紫砂壶艺术设计产生重要影响的一个方面。明代中期以后,文人对紫砂壶已有众多品评。周高起撰写茶书《阳羡茗壶系》,很大程度就是这些品评的一次系统总结,

---

① 李景康、张虹:《阳羡砂壶图考》卷上《壶艺列传》,香港百壶山馆1937年版,第10页。
② 同上书,第16—17页。
③ 同上书,第14页。
④ 同上书,第16页。
⑤ 同上书,第17—18页。

第二章 明代的茶具与宫廷、文人和世俗

对紫砂艺人、紫砂壶技艺和紫砂壶理论进行了较全面的梳理和评说。另一方面,文人的评说特别是周高起总结性的《阳羡茗壶系》也对紫砂壶艺产生了极大的影响,推动了紫砂壶的发展,渗透了文人审美和观念的《阳羡茗壶系》促使紫砂壶进一步文人化。

晚明时期,宜兴紫砂壶引起文人极大注意,不断有文人进行一定程度的研究,并形诸文字对这种茗壶进行评论。如许次纾在《茶疏》中评曰:"往时龚春茶壶,近日时彬所制,大为时人宝惜。盖皆以粗砂制之,正取砂无土气耳。随手造作,颇极精工,顾烧时必须火力极足。"[1] 张岱在《陶庵梦忆》中评曰:"宜兴罐,以龚春为上,时大彬次之,陈用卿又次之。……然一砂罐、一锡注,直跻之商彝、周鼎之列,而毫无惭色,则是其品地也。"[2] 袁宏道在《袁中郎集》中评曰:"瓦瓶如龚春时大彬,价至二三千钱,龚春尤称难得,黄质而腻,光华若玉。……一时好事家争购之,如恐不及。……然其器实精良,他工不及,其得名不虚也。"[3] 陈贞慧在《秋园杂佩》中评曰:"时壶名远甚,即逴陬绝域犹知之。其制,始于供春壶,式古朴风雅,茗具中得幽野之趣者。"[4]

明末文人周高起撰写著作《阳羡茗壶系》其实就建立在之前大量文人对紫砂壶的研究和评说之上,是对紫砂壶研究成果的一次较全面总结。此书是现存最早的一部以单一茶具为内容的著作[5],可想而知宜兴茗壶在文人心目中的地位以及风行程度。此书的出现,也对紫砂壶艺术产生重大影响。

---

[1] (明)许次纾:《茶疏》,《四库全书存目丛书·子部》第 79 册,齐鲁书社 1997 年版。
[2] (明)张岱:《陶庵梦忆》卷 2,张岱《陶庵梦忆·西湖寻梦》,中华书局 2007 年版,第 30 页。
[3] (明)袁宏道:《袁中郎随笔》之《时尚》,上海中央书店 1936 年版,第 10—11 页。
[4] (清)吴骞:《阳羡名陶录》卷下,《续修四库全书》第 1111 册,上海古籍出版社 2003 年版。
[5] 宋代署名审安老人的茶书《茶具图赞》的内容是十二种茶具。明代另两部有关茶具的茶书,佚名《明人茶具图》(参见清嵇璜、曹仁虎等《钦定续通志》卷 166《图谱略二》)和顾元庆《茶具图》(参见清黄虞稷《千顷堂书目》卷 9),均已佚,内容不详。

三 文人珍藏茶具

茶具在明代文人生活中占据重要地位，重要茶具往往得到文人的珍藏。明王象晋《群芳谱》曰："器具雅洁，茶更生色。今姑苏之汤注、时大彬之沙壶、汴梁之锡铫、湘妃竹之茶灶、宣成窑之茶盏，士大夫皆为之珍重。唐宋以来茶具之精未能及之。"[①] 王象晋提到受到文人珍重的茶具有苏州的茶壶、宜兴时大彬所制紫砂壶、开封的锡制茶铫、竹制茶炉、宣窑和成窑的茶盏。

文人珍藏茶具是普遍现象，下举数例。明朱曰藩《山带阁集》曰："汪子元蠡构绣佛斋，终日闭关，以炉熏经卷自适，又性有玉川之癖，倾游金陵，黄子士雅出所藏茶鼎赠之，形制绝古。余亦投以阳羡茗二串，元蠡甚喜，因邀士雅同赋。"[②] 黄士雅珍藏有茶鼎，将之赠送给汪元蠡。明项曹溶《兔毫盏歌报陈若水》诗曰："建安黑窑天下奇，土质光忕欺琉璃。内含纹泽细毫发，传是窑变非人为。……陈公知我饶古癖，挐舟割爱来见贻。……凉轩酌水敢轻试，觊物想象元佑时。"[③] 陈若水长期珍藏宋代建窑所产的兔毫盏，将之赠送给诗人，诗人因之赋诗记录此事。明项元汴编有《项氏历代名瓷图谱》[④]，记录了他收藏的许多瓷器，其中就包括茶具。如项元汴收藏的"明弘治窑娇黄葵花茶杯"："杯制不知何访。高低大小如图。釉色嫩黄，如初放葵花之色。外黄内白，宜乎酌茗。余见弘治一窑器皿多矣，要之无过于此杯之佳者。余以文征仲行书千文一卷，于骥沙朱氏易得此杯二只。"又如"明宣窑青花龙松茶杯"："杯制不知何仿。大约有似汉玉斗式。高低大小

[①] （清）姚之骃：《元明事类钞》卷31《饮食门》，《景印文渊阁四库全书》第884册，台湾商务印书馆1986年版。

[②] 转引自王河、虞文霞《中国散佚茶书辑考》，世界图书出版公司2015年版，第184—185页。

[③] （清）沈季友：《檇李诗系》卷23，《景印文渊阁四库全书》第1475册，台湾商务印书馆1986年版。

[④] 一说此书为清末出现的伪书，参见《邓之诚文史札记》1936年9月3日条，凤凰出版社2012年版，第76—77页。

第二章　明代的茶具与宫廷、文人和世俗

如图。釉色莹白如羊脂美玉，粟文隐起。青花翠光夺目，乃回鹘大青所画也。其松元茎叶，盘屈攫拿，如虬龙蜿蜒舒展之势，若郭熙山水中所写之古松也。松下山石芝兰，咸具种种生趣。决非俗工所能，必殿中名笔所图也。余以十金得此杯四只于吴兴臧敬與太仆家。"再如"明成窑五彩鸡缸杯"："杯制一同鹅缸。高低大小如图。杯质之薄，几同蝉翼，可以照见指螺。所画子母二鸡，特具饮啄之致，与宋画院所作写生之迹无殊。至于鸡冠花草，传色浓淡之间，大得黄筌传色之妙。一杯之微，致工若此，其价目之昂可知矣。今幸为余所藏。"①

现代著名茶文化学者关剑平指出："明代人对茶具有两项标志性的追求，一是紫砂壶，另一个是竹炉。"② 关剑平的判断是十分正确的，明代文人对这两种茶具存在着热烈的追求并进行珍藏。文人最为推崇的紫砂壶是供春、时大彬所制宜兴紫砂壶，最为推崇的竹炉是明初王绂和僧人性海所制无锡惠山听松庵竹炉。

明代文人普遍对宜兴紫砂壶十分推崇，给予极高评价，这是他们珍藏这种茶具的基础。明末周高起评曰："近百年中，壶黜银锡及闽豫瓷而尚宜兴陶，又近人远过前人处也。陶曷取诸？取诸其制，以本山土砂，能发真茶之色、香、味，不但杜工部云'倾金注玉惊人眼'，高流务以免俗也。至名手所作，一壶重不数两，价重每一二十金，能使土与黄金争价。粗日趋华，抑足感矣。"③ 周高起认为紫砂壶很大程度上淘汰了银壶、锡壶和瓷壶，得到文人士夫的喜爱，名手所做可与黄金争价。明谢肇淛曰："茶注……宜兴时大彬所制瓦瓶，一时传尚，价遂踊贵，吾亦不知其解也。"④ 时大彬所制茗壶得到普遍的喜爱，谢肇淛甚

---

① （明）项元汴（撰绘），郭葆昌（校注）：《校注项氏历代名瓷图谱》，北京出版社2011年版，第127、131、161页。

② 关剑平：《中华文化元素：茶》，长春出版社2016年版，第206页。

③ （明）周高起：《阳羡茗壶系》，《丛书集成续编》第90册，新文丰出版公司1988年版。

④ （明）谢肇淛：《五杂组》卷12《物部四》，《明代笔记小说大观》第2册，上海古籍出版社2005年版，第1754页。

♨ 香茗雅器：明代茶具与明代社会

至都很难理解，说明当时以时壶为代表的宜兴紫砂壶风行到了令人匪夷所思的程度。明末清初人李渔曰："茗注莫妙于砂壶，砂壶之精者，又莫过于阳羡，是人而知之矣。然宝之过情，使与金银比值，无乃仲尼不为之已甚乎？"① 李渔认为当时文人对紫砂壶"宝之过情"，证明文人对这种茶具极为崇尚。明末清初人周亮工亦给予时壶为代表的紫砂壶很高评价："当神宗时，天下文治向盛，若赵高邑、顾无锡、邹吉水、海琼州之道德风节，袁嘉兴之穷理，焦秣陵之博物，董华亭之书画，徐上海、利西士之历法，汤临川之词曲，李奉祠之本章，赵隐君之字学，下而时氏之陶，顾氏之冶，方氏、程氏之墨，陆氏攻玉，何氏刻印，皆可与古作者同蔽天壤。"② 宜兴紫砂壶在明代受文人珍视的情况正如民国时李景康所总结："阳羡砂壶，肇造于明代正德间，士夫赏其朴雅，嘉其制作，故自供春、大彬以还，即见重艺林，视同珍玩。"③

宜兴紫砂壶得到明代文人大量珍藏。明周高起曰："此为书房雅供……每见好事家，藏列颇多名制，而爱护垢染，舒袖摩挲，惟恐拭去。"④ 清初吴梅鼎在《阳羡茗壶赋》中也描绘了明代文人争先收藏紫砂壶的情况："供春……澄其泥以为壶，极古秀可爱，世所称供春壶是也。嗣是时子大彬师之，曲尽厥妙。数十年中，仲美、仲芳之伦，用卿、君用之属，接踵骋技。而友泉徐子集大成焉。一瓷罂耳，价埒金玉，不几异乎？顾其壶，为四方好事者收藏殆尽。先子以蕃公嗜之，所藏颇伙，乃以甲乙兵燹，尽归瓦砾。"⑤

下面列举几例明代文人珍藏紫砂壶的情况。明闻龙曰："因忆老友周文甫，自少至老，茗碗薰炉，无时暂废。……尝畜一龚春壶，摩挲宝

---

① （清）李渔：《闲情偶寄》卷4《器玩部》，浙江古籍出版社2011年版，第118页。
② 李景康、张虹：《阳羡砂壶图考》卷上《赏鉴丛话》，香港百壶山馆1937年版，第60页。
③ 李景康、张虹：《阳羡砂壶图考》序，香港百壶山馆1937年版，第1页。
④ （明）周高起：《阳羡茗壶系》，《丛书集成续编》第90册，新文丰出版公司1988年版。
⑤ （清）吴骞：《阳羡名陶录》卷下，《续修四库全书》第1111册，上海古籍出版社2003年版。

第二章 明代的茶具与宫廷、文人和世俗

爱，不啻掌珠，用之既久，外类紫玉，内如碧云，真奇物也。后以殉葬。"① 周文甫珍藏的龚春壶为供春所制之壶。明袁宏道曰："余少有茶癖，又性不嗜酒，用是得专其嗜与茶。……及余居锡城，往来惠山，始得攒力此道。时瓶坛盏，未能斯须去身。"② 袁宏道珍藏的时瓶也即时大彬所制紫砂壶。明末全祖望《鲒轩随笔》载："予藏一砂壶，署味茶庵，乃大中之遗物也。"③ 全祖望藏有明正德间柳佥（字大中）定制的紫砂壶。明张大复《梅花草堂笔记》记载钱受藏有名为钓雪的紫砂壶："赵凡夫倩人制茶壶。式类时彬，辄毁之。……时彬壶不可胜，凡夫恨其未极壶之变，故尔尔。闻有钓雪藏钱受之家。僧纯如云：状似带笠而钓者。然无牵合，意亦奇矣，将请观之。"④ 明末清初周容《宜兴瓷壶记》载："甲午春，余寓阳羡，主人致工于园，见且悉。工曰：'僧草创，供春得华于土，发声光尚已。时为人敦雅古穆，壶如之，波澜安闲，令人喜敬。其下俱因瑕就瑜矣。今器用日烦，巧不自耻。'……主人出时壶二：一提梁卣，一汉觯，俱不失工所言。"⑤ 周容寓居的阳羡也即宜兴，主人请紫砂艺人来制壶，并向周容出示了自己收藏的两件时壶。

明代的一些诗歌亦表现了文人珍藏紫砂壶的情况。周高起《过吴迪美朱萼堂看壶歌兼呈贰公》曰："荆南土俗雅尚陶，茗壶奔走天下半。吴郎鉴器有渊心，曾听壶工能事判。源流裁别字字矜，收贮将同彝鼎玩。……卷袖摩挲笑向人，次第标题陈几案。每壶署以古茶星，科使前贤参静观。指摇盖作金石声，款识称堪法书按。某为壶祖某云孙，形制敦庞古为灿。"此诗描写了周高起前往吴迪美朱萼堂观赏他所收藏的

---

① （明）闻龙：《茶笺》，陶珽《说郛续》卷37，清顺治三年李际期宛委山堂刻本。
② （明）袁宏道：《袁中郎全集·袁中郎游记》，世界书局1935年版，第11页。
③ 李景康、张虹：《阳羡砂壶图考》卷上《壶艺列传》，香港百壶山馆1937年版，第25页。
④ （明）张大复：《梅花草堂笔谈》卷6，浙江人民美术出版社2016年版，第172页。
⑤ （清）吴骞：《阳羡名陶录》卷下，《续修四库全书》第1111册，上海古籍出版社2003年版。

· 309 ·

♨ 香茗雅器：明代茶具与明代社会

大量紫砂壶。周高起《供春、大彬诸名壶价高不易办，予但别其真，而旁搜残缺于好事家，用自怡悦，诗以解嘲》诗曰："阳羡名壶集，周郎不弃瑕。尚陶延古意，排闷仰真茶。燕市会酬骏，齐师亦载车。也知无用用，携欲对残花（吴迪美曰：用涓人买骏骨、孙膑刖足事，以喻残壶之好。伯高乃真赏鉴家，风雅又不必言矣）。"供春、时大彬壶价格太高，周高起只好收藏残缺之壶，以自愉悦。林茂之《陶宝肖像歌（为冯本卿金吾作）》诗曰："我明龚春时大彬，量齐水火抟埴作。……近闻复有友泉子，雅式精工仍继美。……癖好收藏阮光禄，割爱举赠冯金吾。金吾得之喜绝倒，写图锡名曰陶宝。一时咏赞如勒铭，直似千年鼎彝好。"阮光禄收藏有著名紫砂艺人徐友泉所制茗壶，将之割爱赠送给冯本卿，冯本卿极为欣喜，并为之绘图。① 熊飞《坐怀苏亭焚北铸炉以陈壶徐壶烹洞山芥片歌》诗曰："书斋蕴藉夬沉燎，汤社精微重茶器。景陵铜鼎半百沽，荆溪瓦注十千余。宣工衣钵有施叟，时大后劲模陈徐。凝神呢古得古意，宁与秦汉官哥殊。余生有癖赏涎觊，窃恐尤物难兼图。……亭中长日三摩挲，犹如辨香茶话随公侧。"② 陈壶、徐壶是指著名紫砂艺人陈用卿和徐友泉所制壶，熊飞认为这些茗壶完全可与秦汉古物以及官窑、哥窑相提并论。熊飞珍藏有陈壶、徐壶，并在怀苏亭用这些茶具品茗怀古。

入清代，明代紫砂壶仍得到文人的极大推崇并进行珍藏。清吴骞在他所著的《阳羡名陶录》的序中指出："惟义兴之陶，制度精而取法古，迄乎胜国，诸名流出，凡一壶一卣，几与商周鼎并，为赏鉴家所珍。斯尤善于复古者舆？予竭来荆南，雅慕诸人之名，欲访求数器，破数十年之功而所得盖寥寥焉。"③ 宜兴紫砂壶的价值几乎可与商周铜鼎

---

① （明）周高起：《阳羡茗壶系》，《丛书集成续编》第 90 册，新文丰出版公司 1988 年版。

② （清）吴骞：《阳羡名陶录》卷下，《续修四库全书》第 1111 册，上海古籍出版社 2003 年版。

③ （清）吴骞：《阳羡名陶录》之《序》，《续修四库全书》第 1111 册，上海古籍出版社 2003 年版。

第二章　明代的茶具与宫廷、文人和世俗

相提并论，得到文人的珍视并收藏，吴骞耗费几十年，收集的明代紫砂名家的作品也不多。事实上，清代紫砂壶艺的成就与明代相距甚远。清末陈浏在他所著《匋雅》中说："阳羡壶，以时大彬（蓝浦误作'宾'）、李仲芳、徐友泉、陈仲美、陈俊卿为最著，若陈曼生者，本朝一人而已。"①在明清一系列取得最高成就的紫砂壶艺人中，清代只有陈曼生一人。总体上清代紫砂壶艺相比明代并未有大的超越，这也是清代文人仍极力追求明代名家紫砂壶的重要原因。

下面列举清代文人珍藏明代紫砂壶的一些例子。

清陈仲鱼收藏有明项不损所制壶："吴骞曰：……尝见吾友陈君仲鱼藏茗壶一，底有'砚北斋'三字，旁署'项不损'款，此殆文人偶尔寄兴所在。"②

清金云庄收藏有明沈子澈所制壶："吴骞曰：仁和魏叔子禹新为余购得菱花壶一，底有铭云云，后署'子澈为密先兄制'。又桐乡金云庄比部旧藏一壶，摹其式，寄余，底有铭云'崇正癸未沈子澈制'。"③

清王翼之藏有明徐次京所制壶："王汋山长子翼之燕书斋一壶……楷书'徐氏次京'四字在盖之外口，启盖方见，笔法古雅，惟盖之合口处不若大彬之元妙也。余不及见供春手制，见大彬壶，叹观止矣。"④

清张燕昌藏有明惠孟臣和徐友泉所制壶："张燕昌曰：……余少年得一壶，底有真书'文杏馆孟臣制'六字，笔法亦不俗，而制作远不逮大彬，等之自桧以下可也。……余少年得一壶，失其盖，色紫而形扁，底有真书'友泉'二字，殆徐友泉也，笔法类大彬，虽小道，洵有师承矣。"⑤

清吴骞得到并珍藏惠孟臣所制壶："吴骞曰：……余得一壶，底有

---

① （清）陈浏：《匋雅》卷下，《丛书集成续编》第90册，新文丰出版公司1988年版。
② （清）吴骞：《阳羡名陶录》卷上，《续修四库全书》第1111册，上海古籍出版社2003年版。
③ 同上。
④ 同上。
⑤ 同上。

☙ 香茗雅器：明代茶具与明代社会

唐诗'云入西津一片明'句，旁署'孟臣制'，十字皆行书，制浑朴，而笔法绝类褚河南，知孟臣亦大彬后一名手也。"①

清王汋山珍藏有明蒋伯荂所制壶："昔在松陵王汋山（楠）话雨楼，出示宜兴蒋伯荂手制壶，相传项墨林所定式，呼为'天籁阁壶'。"②

清沙上九藏有明时大彬所制壶："吾友沙上九（人龙），藏时大彬一壶，款题'甲辰秋八月时大彬手制'（张燕昌《阳羡陶说》）。"③

清文后山藏有明代紫砂壶三具："樆李文后山（鼎），工诗善画，收藏名迹古器甚多，有宜瓷茗壶三具，皆极精确。其署款，曰'壬戌秋日陈正明制'；曰'龙文'；曰'山中一杯水，可清天地心。亮彩。'三人名皆未见于前载，亦未详何地人（陈敬璋《餐霞轩杂录》）。"④

清初孔尚任藏有紫砂壶三把，其中两把为时大彬所制："宜兴时大彬瓷壶，予有三执。其极大者，闵义行赠，口柄肥美，体肤梢糙，似初年所制，底有刻款'戊午年日时大彬制'，'时'字与'日'字连，可疑也。其小者，得自陈健夫，扁如柿饼，不得容杯水，柄下刻'大彬'二字，紫质坚厚，亦可宝也。中者色淡紫，而胞浆明润，敦朴稳称。非他手可能，闻之羊山朱天锦云，此名宝顷时壶，藏之两代矣（曲阜孔东塘尚任《享金簿》）。"⑤

清百一居士藏有明邵旭茂所制壶："《壶天录》曰：吾家旧藏紫砂大壶一，制度似陈用卿，造工精细过之。……下'邵旭茂制'篆书四字方印，亦精湛绝伦，必明代物也。"⑥

---

① （清）吴骞：《阳羡名陶录》卷上，《续修四库全书》第1111册，上海古籍出版社2003年版。
② 同上。
③ （清）吴骞：《阳羡名陶录》卷下，《续修四库全书》第1111册，上海古籍出版社2003年版。
④ （清）刘源长：《茶史》卷2，《四库全书存目丛书·子部》第79册，齐鲁书社1997年版。
⑤ 李景康、张虹：《阳羡砂壶图考》卷上《壶艺列传》，香港百壶山馆1937年版，第8页。
⑥ 同上书，第44页。

第二章　明代的茶具与宫廷、文人和世俗

清代的一些诗歌亦表现了清代文人珍藏明代紫砂壶。下举数例。陈鳣《观六十四研斋所藏时壶率成一绝》诗曰："陶家虽欲数供春，能事终推时大彬。安得携来偕砚北，注将勺水活波臣（予尝自号东海波臣）。"① 诗人观赏其他文人所藏时大彬壶并赋诗一首。吴骞《芑堂明经以尊甫瓜圃翁旧藏时少山茗壶见视，制作醇雅，形类僧帽，为赋诗而返之》："蜀冈陶覆苏祠邻，天生时大神通神。千奇万状信手出，巧夺坡诗百态新。……一行铭字昆吾刻，岁纪丙申明万历。弹指流光二百秋，真人久化莲台锡（吴梅鼎《茗壶赋》云：刻桑门之帽，则莲叶擎台）。昨暂留之三归亭，篋中常作笙磬声。"② 时少山即时大彬（号少山），吴骞观赏名叫芑堂的文人收藏的时大彬壶并赋诗。汪士慎《苇村以时大彬所制梅花沙壶见赠漫赋兹篇志谢雅贶》诗曰："阳羡茶壶紫云色，浑然制作梅花式。寒沙出冶百年余，妙手时郎谁得知。感君持赠白头客，知我平生清苦癖。"③ 汪士慎得到他人馈赠的时大彬壶，收藏并赋诗致谢。任安上《少山壶》诗曰："洞山茶，少山壶，玉骨冰肤。虽欲不传，其可得乎？壶一把，千金价。我笔我墨空有神，谁来投我以一缗？（袁枚曰：可慨亦复可恨。然自古如斯，何见之晚也？）"④ 任安上为没有收藏一把时大彬壶而十分遗憾。

特别值得一提的是，清张廷济（号叔未）从隐泉王氏得到一把时大彬壶，这是清初进士王幼扶的旧物，遂赋诗四首，大批文人围绕此壶赋诗。张廷济《得时少山方壶于隐泉王氏乃国初进士幼扶先生旧物率赋四律》其中诗一曰："添得萧斋一茗壶，少山佳制果精殊。从来器朴原团土，且喜形方未破瓠。"张廷济为得到时大彬所制壶十分欣喜。诗三曰："琅琊世族溯蝉联，老物传来二百年。……未妨会饮过诗屋（西

---

① （清）吴骞：《阳羡名陶录》卷下，《续修四库全书》第1111册，上海古籍出版社2003年版。
② 同上。
③ （清）刘源长：《茶史》卷2，《四库全书存目丛书·子部》第79册，齐鲁书社1997年版。
④ 同上。

香茗雅器：明代茶具与明代社会

邻葛见岩开溪阳诗屋，藏有陈用卿壶），大好重携品隐泉。"此诗说明张廷济的友邻葛澂（字见岩）藏有明代著名紫砂艺人陈用卿所制壶。诗四曰："活火新泉逸兴赊，年年爱斗雨前茶。从钦法物齐三代（张岱云：龚、时瓦罐，直跻商彝、周鼎之列而无愧。予家藏三代彝鼎十数种。殿以此壶，弥增古泽），便载都篮总一家（吾弟季勤，藏石林中人壶；兄子又超，藏陈雀峰壶）。"诗中透露张廷济家中还藏有三代彝鼎十多种，他的弟弟张季勤藏有明代石林中人壶，他的侄子张又超藏有明代陈雀峰壶。葛澂为此壶作诗两首，第一首是《时大彬方壶澂一家王氏藏之百数十年矣辛酉秋日过隐泉访安期表弟出此瀹茗并示沈竹岑诗即席次韵》，第二首是《叔未解元得时大彬方壶于隐泉王氏赋四诗见示即叠辛酉旧作韵》。第二首诗曰："石乳石林真继美（石乳、石林，叔未弟季勤所藏二壶铭），宝尊宝敦合同珍（叔未藏商尊、周敦，皆精品）。从今声价应逾重，试诵新诗句有神。"从这两首诗的诗题和诗句来看，这把时大彬壶归张廷济之前已在王氏家中藏了一百几十年。徐熊飞《观叔未时大彬壶》诗曰："少山方茗壶，其口强半升。……携壶对客不释手，形模大似提梁卣。……几经兵火完不缺，临危应有神灵守。薄技真堪一代师，姓名独冠陶人首。吾闻美壶如美人，气韵幽洁肌理匀。"诗人对此壶赞叹不已。张上林《叔未叔出示时壶命作图并赋》诗曰："曾阅沧桑二百年，一时千载姓名镌。从今位置清仪阁，活火新泉话夙缘（吴兔床作《隶题画册》，首曰'千载一时'）。"此诗说明张廷济命吴骞（号兔床）为此壶作图。沈铭彝《时壶歌为叔未解元赋》诗曰："少山作器器不窳，罨画溪边剧轻土。后来作者十数辈，逊此形模更奇古。……壶兮壶兮为君贺，曲终正要雅乐佐。"诗人认为时大彬之后的紫砂艺人壶艺均逊于他。吴骞《叔未解元得时大彬汉方壶诗来属和》诗曰："名贵走公卿，价重垺金玉。商周宝尊彝，秦汉古卮璖。……迄今二百祀，瞥若鸟过目。遗器君有之，喜甚获郱璞。……求壶不求官，干水甚干禄。三时我未厌，一夔君已足（予藏大彬壶三，皆不刻铭。君虽一壶，底有欧公诗二句，为先胜）。"吴骞指出此壶极

第二章　明代的茶具与宫廷、文人和世俗

为名贵，可和商周秦汉古物媲美，并认为自己虽也藏有时大彬壶三把，但还不如张廷济的一把。①

明代文人极为追求的茶具除紫砂壶外，还有竹炉，最著名的竹炉是无锡惠山听松庵竹炉。明初僧人性海与著名文人王绂命竹工制作了竹炉，珍藏于惠山听松庵，在这之后，此竹炉曾经失而复得，后又毁而复制，在明代大批文人围绕此炉至少展开过三次大规模的活动，赋诗作文，留下了大量诗文流传到今天。

明代文人围绕惠山听松庵竹炉的第一次大规模的活动发生于洪武、永乐年间。洪武二十八年文人王绂（号友石）因病目修养于听松庵，他和惠山寺主持性海命竹工制作了一件用以烹茶的竹炉。身为画家的王绂画性大发，创作了描绘庐山的一幅山水图，上题"九龙山人王绂为真性海上人制"。②之后，一批文人围绕此炉咏诗撰文，参与者除王绂和性海外，还有朱逢吉、德玙、王达、谢常、释坦庵、广益、陆质、释至宝、钱仲益、顾协、梁用行、陶振、怡庵、钱骥、如律、卞孟符、沈中、莫士安、韩奕、邾庚老、龚泰和吴潜等人。共创作文3篇、诗28首以及画1幅。

下面列出其中的文两篇。朱逢吉《竹茶炉记》文曰："性海禅师卓锡于惠山之阳，山之泉甘美天下，日汲泉试茗以自怡。有竹工进曰：'师嗜茗，请以竹为茗具可乎？'实炉云。炉形不可状，圆方下上，法乾坤之覆载也。周实以土，火炎弗毁，烂虹光之贯穴也。织文外饰，苍然玉润，铺湘云而鬻淇水也。视其中空无所有，冶铁如删者横其半。勺清泠于器，拾堕樵而烹之。松风细鸣，俨与竹君晤语，信奇玩也。……若劚鼎以石，制炉以竹，亦奚足称艳于诗人之口哉？虽然，尊罍鼎鼐，世移物古，见者有感慨无穷之悲；竹炉石鼎，品高质素，玩者有清绝无

---

① （清）刘源长：《茶史》卷2，《四库全书存目丛书·子部》第79册，齐鲁书社1997年版。

② 邵宝《叙竹茶炉》曰："洪武壬午春，友石公以病目寓惠山听松庵。目愈，图庐山于秋涛轩壁。其后潘克诚氏往观之，于是有竹工自湖州至庵。僧性海与友石以古制命为茶炉。友石有诗咏之，一时诸名公继作成卷。"［（明）邵宝：《容春堂续集》卷九］

香茗雅器：明代茶具与明代社会

穷之趣，贵贱弗论也。且竹无地无之，凌霜傲雪，延漫于荒蹊空谷之间，不幸伐而为筥箕筐筐之属，过者弗睨也。今工制为炉焉，汲泉试茗，为高人逸士之供，置诸几格，播诸诗咏，比贵重于尊罍鼎鼐，无足怪矣。……是为记。岁在乙亥秋仲既望日。"① 此炉的形状下圆上方，模仿天地，外为竹，内实以土，中空，有铁栅横其半。朱逢吉还分析了为何此竹炉会称艳于诗人，因为适合了文人的心理追求，"品高质素，玩者有清绝无穷之趣"，而且竹凌霜傲雪而不屈，符合文人理想的人格特征。

王达《竹炉清咏序》文曰："夫物不自贵，因人而贵；名不自彰，因志而彰。远公栽莲，此细事也，而莲社之名遂传于永代，讵非远公之道，足以动后世苍生之念耶？支遁好鹤，细玩也，而鹤舟之名遂传于无穷，讵非支遁之德，足以歆后世黎献之心耶？使远公为常人，则种莲而已，亦何能动于人哉？支遁为庸士，则好鹤而已，何能感于人哉？然则物不自贵，因美而贵；名不自彰，因人而彰，信矣！性海禅师，结庐二泉之上，清净自怡，淡泊自艾。裁清秋之涧竹，制煮雪之茶炉。远追桑苎之风，近葺香山之社，因事显理，必欲续慧命以传灯，托物寓真，无非引群贤而入道。……诚不让于远公；勘厥规模，实无愧惭于支遁。"② 王达以远公栽莲（远公为东晋僧人慧远）和支遁好鹤（支遁亦为东晋僧人）的典故来说明当时文人之所以倾慕听松庵竹炉，本身并不在于炉，是因为性海的名声和他追求清净淡泊的志向。

这次围绕珍藏于听松庵的竹炉共产生诗至少 28 首。如王绂诗曰："僧馆高僧事事幽，竹编茶具瀹清流。……禅翁托此重开社，若个知心是赵州。"诗中所谓"竹编茶具"也就是藏于庵中的竹炉。又如陆质诗曰："湘竹编成胜冶成，紫芝诗里见佳名。……吴兴紫笋今为伴，好约松海结素盟。"陆质认为竹制的茶炉胜过金属的，以茶为媒，在听松庵

---

① （清）吴钺、刘继增：《竹炉图咏》亨集，《锡山先哲丛刊》第 1 册，凤凰出版社 2005 年版。
② 同上。

· 316 ·

第二章 明代的茶具与宫廷、文人和世俗

竹海中结盟赋诗。又如谢常诗曰："竹炉绝胜煮茶铛，新剪淇园玉一茎。团凤乍惊风籁起，夆龙应喜浪花生。"谢常认为竹茶炉胜过一般的煮茶用具。又如顾协诗曰："蒻得三湘影数竿，制成茶具事清欢。……雪煮夜窗临竹几，泉分春院对蒲团。"诗人描绘了用竹制成茶具雪夜烹茶。再如韩奕诗曰："绿玉裁成偃月形，偏宜煮雪向岩扃。虚心未许如灰冷，古色争看似汗青。……达人曾拟同天地，上有秋虫为篆铭。"[1]绿玉形容的是竹，用竹制成茶具，上面还镌刻有形似秋虫的篆书铭文。

明代文人第二次有关听松庵竹炉的大规模活动发生于成化年间。明初的惠山寺主持性海圆寂于永乐年间，在这之后，听松庵竹炉逐渐佚失不知所踪。在性海去世五十多年后，时任武昌知府的无锡人秦夔返乡宿于听松庵，对只见有关竹炉的诗文绘画而不见竹炉十分遗憾，经努力找回了竹炉故物，于是又有大批文人围绕此炉创作了相当数量的诗文。[2]据统计，第二次有关听松庵竹炉的题咏共产生文7篇、诗67首、画1幅（吴珵所绘），参与者除秦夔本人外，有刘弘、秦旭、高直、陈泽、张泰、成性、厉升、罗南斗、陆勉、陈宾、倪祚、陆简、程敏政、李杰、许天锡、张弼、李穆、谢铎、汝讷、邵珪、吴珵、钱福贇、萧显、黄公探、张九才、潘绪、李庶、刘勖、厉异、葛言、张右、曾世昌、俞泰和华夫等人。

下面列出有关竹炉的文数篇。成化十二年，秦夔为寻找不知去向的听松庵竹炉发布《听松庵仿求竹茶炉疏》："伏以织竹为炉，自是山房旧物；烧松煮雪，久为衲子珍藏。移来消洒数竿秋，制就玲珑一团玉，不熔不琢，非石非金。……正拟生涯永托，岂堪尘障未除。提携竟落于

---

[1] （清）吴钺、刘继增：《竹炉图咏》亨集，《锡山先哲丛刊》第1册，凤凰出版社2005年版。

[2] 邵宝《叙竹茶炉》曰："僧性海与友石以古制命为茶炉。……永乐初，性海住虎丘，留以为克诚别，盖自潘氏者六十余年。成化间杨谟孟贤见而爱之，抚玩不已。潘之孙某者慨然曰：'此岂琢于昌黎之画，而吾独不能归诸好者乎？'乃以畀孟贤。孟贤卒之三年，秦方伯廷韶以郡守报政还自武昌，遂为僧撰疏语，白诸孟贤之兄孟敬取而归焉。吾闻诸吾母姨之夫东畊翁云。"[（明）邵宝：《容春堂续集》卷九]

🍵 香茗雅器：明代茶具与明代社会

豪门，消灭略同于幻泡。闲我山中风月，添退席上诗情。大士悲哀，诸天烦恼。恭惟某人，赀雄今代，善种前生。煮凤烹麟，自有千金翠釜；栉风沐雨，何消一个筠炉。恐羞帐底金镂衣，难侣筵中碧玉碗。伏冀早发慈悲，惠然肯赐；岂但空门有幸，实为我佛增光。报忱愧乏乎璃瑶，忏礼冀资于冥福。恭陈短语，俯听慈宣。谨疏。"① 此疏先叙述了竹炉的来历和特点，再用佛教语言恳请竹炉持有者早发慈悲，将炉归还庵寺。

秦夔《听松庵复竹茶炉记》叙述了竹炉在他的努力找寻下失而复得的经历。"炉以竹为之，崇俭素也。于山房为宜，合炉之具，其数有六：为瓶之似弥明石鼎者一；为茗碗者四，皆陶器也；方而为茶格者一，截竹管为之，乃洪武间惠山听松庵真公旧物。炉之制圆上而方下，织竹为郭，筑土为质，土甚坚密，爪之铿然，作金石声，而其中歉焉。以虚类谦有德者。熔铁为栅，横截上下，以节宣气候，制度绝巧，相传以为真公手迹，余独疑此非良工师不能为。……永乐中，真公示寂，炉亦沦落人间，独诸公翰墨粲然尚存，落落与松云萝月为伍。成化丙申冬，余归自鄂渚，暇宿庵中，真公嗣孙曰戒宏者，出以示，余因诵王舍人所作：'气蒸阳羡三春雨，声带湘江两岸秋'之句。叹其佳绝，且惜其空言无征，图欲复之，乃因释氏教述《疏语》一通，畀戒宏使遍访焉。已而果得于城中右族，炉尚无恙，特茗碗失去不存。……炉之亡不知其于何年，姑记其概。收炉者，故诗人杨孟贤，复而归之者，其仲孟敬云。是岁嘉平月望日邑人秦夔识。"② 秦夔先叙述了此炉的特点，十分精致，性海圆寂后佚失不存。成化十二年，秦夔来到庵中了解了有关情况，认为题咏竹炉的诗文应和竹炉印证，千方百计寻访，果然找到藏炉之人，为已故诗人杨孟贤，最后从他的兄长杨孟敬处取回了竹炉，归还听松庵。

---

① （清）吴钺、刘继增：《竹炉图咏》利集，《锡山先哲丛刊》第 1 册，凤凰出版社 2005 年版。
② 同上。

第二章 明代的茶具与宫廷、文人和世俗

秦夔还有一文记述自己来到北京，众多文人为竹炉以及竹炉的奇遇赋诗作文。"竹炉之复，余既为诗，具诸别卷。顷来京师，偶与考工郎中乡友陈公诵之，辱不鄙，首赐和章，既而朝之缙绅，若翰林侍讲同郡陆公、新安程公、夏官副郎华亭张公辈，闻之皆相继赐和。旬日间凡得诗余四十首，亦富矣哉！何物竹炉遭此奇遇？余以诸公之意，不可虚辱，汇次成卷，既求侍讲陆公雄文记之，不揣复用韵勉制四律，一以贺此炉之遭，一以答诸公勤恳之意。南归有日，并付听松主僧收藏，用传为山中它日故事云。时成化丁酉岁春二月吉邑人秦夔书于金台寓馆。"①十多天时间竟得诗四十首，时在成化十三年，秦夔准备南归后将这些诗文一并交给听松庵僧人收藏。

刘弘《复竹茶炉诗卷序》亦叙述了洪武年间性海制炉，大批文人题咏，竹炉佚失后成化年间秦夔又寻归的经历。刘弘感叹："太守为文记其实，复作近体，率诸公和而成卷。山之光辉于是增焉。人才嘉会之一初又如此。虽然竹炉一微物耳，出处若关于大节，盖不盛于他人，而独盛于学士赓吟之秋；不复于囊时，而必复于太守归游之日。太守之缘，若与之夙契，而神明有以相之欤。古所谓身之前后，不能无疑。他日尚当携诗老宿庵中，汲泉瀹茗，听松雨而吟白雪。不谓残霞之顷，寂寞无他人也。人才嘉会之一初又当在于斯。诗若干首。成化丙申腊月既望奉议大夫致仕刘弘超远序。"② 竹炉寻归后又有大批文人题咏，可谓人才嘉会，此文作于成化十二年当年。

陆简《复竹茶炉记》也简述了竹炉从创制到后来失而复得的过程，并发表了一番评论："鸿渐嗜茶，饰及炉鼎，至范铜为之，当不如竹之不凡，但竹力朽弱，难久存。存者若倪元镇茶具，今尚为苏万寿寺僧所收存矣，而寂寂尔无所称。视竹炉之遇不遇何居，然炉居惠

---

① （清）吴钺、刘继增：《竹炉图咏》贞集，《锡山先哲丛刊》第1册，凤凰出版社2005年版。
② （清）吴钺、刘继增：《竹炉图咏》利集，《锡山先哲丛刊》第1册，凤凰出版社2005年版。

香茗雅器：明代茶具与明代社会

泉之上，是所处得其地也。前遇耐轩，后遇武昌，所遇得其人也。岐阳石鼓，孔壁之遗经，假所处与遇非耶，后之存者几希，物固有然者矣。而况于人之所以图其存者乎？……成化丁酉岁春闰二月晦，翰林侍讲平原陆简记。"[1] 陆简指出竹炉本来易朽，为何能够久存，一是因为所处的地理位置，位于茶文化历史极其丰厚的惠山，二是所遇得人，之前遇到王达（即耐轩），后遇秦夔（即武昌），皆为影响极大有名望之人。

一批文人在秦夔的号召下，还为失而复得的竹茶炉赋有大量的诗歌，数十首诗歌的主要内容大多围绕竹炉失而复得的话题题咏。由于附加于竹炉之上的文化魅力，文人题咏的热情很高，例如陆简一人竟赋诗十首，邵珪亦赋诗十首。下举数例。高直诗曰："竹炉还复听松禅，老眼摩挲认往年。……已醒万劫尘中梦，重结三生石上缘。五马使君题品后，一灯相伴永流传。"诗人描写了竹炉回归听松庵，因为秦夔的品题将永远流传（五马使君指武昌知府秦夔）。张泰诗曰："复向山中伴老禅，沉沦吴下几何年。湘筠拂拭仍无恙，赵璧归来尚自娟。风月已清今夕梦，林泉应结再生缘。画图诗卷长为侣，留作空门百世传。"此诗亦咏叹了竹炉失散又复归听松庵的经历。秦夔诗曰："烹茶只合伴枯禅，误落人间五十年。华屋梦醒尘冉冉，湘江魂冷月娟娟。归来白璧元无玷，老去青山最有缘。从此远会须爱惜，愿同衣钵永相传。"[2] 秦夔将竹炉佚失的五十年称为误落人间，希望像佛教的衣钵一样永远流传下去。程敏政作诗三首，其中诗一曰："此君忘却赵州禅，半世来归似隔年。泉上故人应绝倒，眼中奇节尚连娟。不妨遣日分僧供，有幸逢辰离俗缘。活火自知今未灭，联诗留伴一灯传。"诗人将竹炉复归称为半世来归。萧显诗曰："曾向林泉伴老禅，听松瀹茗自年年。远公身后成沦

---

[1] （清）吴钺、刘继增：《竹炉图咏》贞集，《锡山先哲丛刊》第1册，凤凰出版社2005年版。
[2] （清）吴钺、刘继增：《竹炉图咏》利集，《锡山先哲丛刊》第1册，凤凰出版社2005年版。

第二章 明代的茶具与宫廷、文人和世俗

落，陶榖情高爱净娟。暂赏未厌豪客兴，重来还结惠山缘。品题况是诸名笔，留得清声与世传。"① 萧显将制炉的性海比喻为东晋高僧慧远，将寻归竹炉的秦夔比喻为宋代历史上爱茶并撰有《荈茗录》的陶榖。

明代文人第三次围绕听松庵竹炉的事件发生于成化、弘治年间。成化年间，出于对明初王绂和性海用听松庵竹炉烹茗赋诗事迹的仰慕，盛虞（无锡人）依照竹炉原样复制了两件。成化十九年，盛虞将之携至京师，一件赠给他伯父盛颙，将另一件赠予名满天下的吴宽。众多文人因此撰文赋诗，参与者除盛颙、盛虞和吴宽外，还有程敏政、倪岳、谢迁、陈璚、陆简、钱福、邵宝、王其勤、李东阳、王表、华应象、谢士元、莫止、杨守阯、屠滽、李杰、王鏊、商良臣、司马垔、顾萃、吴学、杨子器、钱福、杜启、缪觐、潘绪、卞荣、郁云、张九方、钱章清、范昌龄、陈昌、张恺、徐麟、秦锡、贾焕、邵瑾、杨循吉和祝枝山等人，共撰文7篇，赋诗63首。

吴宽是成化八年状元，明孝宗为太子时曾侍奉其读书，为朝廷重臣，在文人中地位很高、影响极大。他是长洲人，长洲为惠山听松庵的所在地无锡的邻县，这是他与听松庵竹炉形成渊源的重要原因之一。吴宽撰文曰："己亥之春，予过无锡，游惠山，入听松庵，观竹炉，酌第二泉煮茶，尝赋诗纪其事。今刑部侍郎盛公，无锡人也。谓炉出于王舍人端孟，制古而雅，乃仿而为之，且铭其上。其侄虞字舜臣者，性尤好古，来省其伯父，不远数千里，携以与俱，予获观焉。因取前诗，次韵赏之。……舜臣以余尝爱赏，既归江南，特制其一见赠，规制益精；辄复次韵为谢。"② 成化十五年（己亥）春，吴宽曾到听松庵观炉酌泉，曾赋诗纪其事。成化十九年，盛虞（字舜臣）仿制明初王绂会同性海所制竹炉，他的伯父盛颙撰铭于上。吴宽文中曰盛颙"仿而为之，且

---

① （清）吴钺、刘继增：《竹炉图咏》贞集，《锡山先哲丛刊》第1册，凤凰出版社2005年版。
② （清）吴钺、刘继增：《竹炉图咏》元集，《锡山先哲丛刊》第1册，凤凰出版社2005年版。

♨ **香茗雅器：明代茶具与明代社会**

铭其上"，说明他不仅仅撰铭，也参与了竹炉的仿制。后盛虞来京城看望伯父，将竹炉之一赠予吴宽，吴宽再次赋诗。

盛颙撰文曰："吾乡王友石先生诗画珍于朝野，尝居惠山听松庵，与憎真性海制竹炉煮茶，倡诗传诵迄今。吾侄虞奇其制而仿为之，请予铭其上。成化癸卯来京邸，出炉煮茗，清我尘思。适吴匏庵先生见而赋诗，示及余，遂续貂三首，虞亦续之，并书以纪胜云。"① 盛颙十分倾慕明初王绂与性海竹炉煮茗、赋诗传颂的事迹，盛虞仿制竹炉，盛颙撰铭其上。盛虞所写的《王友石竹炉并分封六事》记录了盛颙撰写的被称为《苦节君铭》的铭文："肖形天地，匪冶匪陶。心存活火，声带湘涛。一滴甘露，涤我诗肠。清风两腋，洞然八荒。"②

陈璚撰文曰："竹为清物，取而为炉，炉惟汲惠泉煮茗，所谓太清而不俗也。况仿自王舍人清士，置之听松庵，处至又得至清之地。舜臣仿其制为二，一献其诸父冰蘗翁，一以奉匏庵先生海月庵中。此见舜臣志趣不凡，又能处是物得地，而匏庵题之，又题诸名公和之，又和洋洋乎，使士林喜闻而乐观之，其名遂显，岂止听松庵而已哉。盖将变士风，去豪奢，就清素，使知名教中自有乐事，又岂但竹炉视之而已哉。敬题卷尾，归舜臣藏之。"③ 盛虞所仿竹炉之所以能够得到文人推崇，一是竹为清物，二是仿自文人中的偶像王绂，吴宽（号匏庵）又为之题诗，使其声名大著。

钱福《竹炉新咏引》曰："无锡盛舜臣氏奇而好古……予游锡，独与之契最深，见其所制竹炉而爱之……舜臣并呈是卷，皆极一时有声于诗家者所作也。在要奇古，为诗家共癖。炉为火床，昔之煮茶者，尝以竹称而不得，其遗规若舜臣者，亦慕其乡闻人王中舍所制，效之而攻其技者也。中舍以诗画名一时，而舜臣继之兴，则夫诸诗家之作，岂为无

---

① （清）吴钺、刘继增：《竹炉图咏》元集，《锡山先哲丛刊》第 1 册，凤凰出版社 2005 年版。
② （明）顾元庆：《茶谱》，《续修四库全书》第 1115 册，上海古籍出版社 2003 年版。
③ （清）吴钺、刘继增：《竹炉图咏》元集，《锡山先哲丛刊》第 1 册，凤凰出版社 2005 年版。

第二章 明代的茶具与宫廷、文人和世俗

从也哉。……近古佳士,惟茶是珍,而竹制取重于世,宜无古今贤否之间者也。夫人珍是物与味,必重其所籍而饰之者,则夫舜臣之制,是以暨诸诗家之作,又岂为无从也哉?……若诗之所自起,倡于吾院长匏庵吴吏侍公,而和于其伯父冰壑都宪公,次第可考,无俟予言,而舜臣所以见重于大方家者,亦不为无从也。"① 钱福游无锡,见到了盛虞所制竹炉,盛虞还将诸人所作诗文呈给钱福观赏。钱福指出为何盛虞所制炉会得到文人追捧,很大原因是仰慕王绂,并且适应了文人对茶和竹的珍视,"惟茶是珍,而竹制取重于世",而且在文人中影响很大的吴宽(匏庵)和盛颙(号冰壑)还进行了倡导。此文作于弘治十年(丁巳),应是有一定总结性的发言。

明代第三次围绕听松庵竹炉的题咏亦产生了许多诗歌。如吴宽诗曰:"听松庵里试名泉,旧物曾将活火煎。载读铭文何更古,偶观规制宛如前。细筠信尔呈工巧,暗浪从渠搅醉眠。绝胜田家盛酒具,百年长供子孙全。"诗人曾用竹炉在听松庵煮茗,现在得到的盛虞仿制新炉与旧炉一样好。又如谢迁(成化十一年状元)诗曰:"茗碗清风竹下泉,汲泉仍付竹炉煎。夜瓶春瓮轻烟里,巘谷荆溪旧榻前。谷雨未干湘女泣,火珠深拥箨龙眠。卢仝故业王猷宅,凭仗山人为保全。"此诗描绘了竹炉烹茶的意境,赞美了盛虞对竹炉的保全之功。又如陆简诗曰:"秋怀亭上澹于泉,不受尘凡劫火煎。家学想从良治后,幻身疑出永师前。寒冰绝壑真难抑,白雪深溪任醉眠。莫羡蓬莱是仙处,一家清节几人全(都宪谢事归,有司题其里曰全节坊)。"② 此诗暗含了盛颙(号冰壑)和盛虞(号秋亭)伯侄两人的名号,并颂扬了盛颙(都宪为其官位)全节而归。又如李杰诗曰:"龙团细碾瀹新泉,手制筠炉每自煎。嗜好肯居仝老后,精工更出舍人前。芸窗月冷吟何苦,竹榻烟轻醉

---

① (清)吴钺、刘继增:《竹炉图咏》元集,《锡山先哲丛刊》第1册,凤凰出版社2005年版。
② 同上。

· 323 ·

♨ 香茗雅器：明代茶具与明代社会

未眠。分付奚奴频扫雪，器清味澹美尤全。"① 诗人描绘了竹炉烹茶之美，并赞美盛虞所制新炉精美胜过明初王绂（永乐年间官中书舍人）。再如杨循吉《见新效中舍制有赠秋亭》诗曰："舍人昔居山，雅好煎茗汁。折竹为火炉，意匠巧营立。当时传盛事，吟咏富篇什。谁知百年来，憎房谨收拾。遗规遂不废，手泽光熠熠。盛公效制之，宛有故风习。今人即古人，谁谓不相及。贤孙复好事，相携至京邑。驱驰四千里，爱护费珍袭。吴公一过目，赏叹如不给。赋诗特揄扬，落纸墨犹湿。流传遍都下，赓歌遂成集。泠然惠山泉，千载有人汲。得此讵不佳，卷帙看编辑。"杨循吉用诗歌描绘了听松庵竹炉的历史，王绂制炉传为盛事，产生大量诗歌题咏，盛虞仿制携至京师，吴宽过目赞叹，流传都下。杨循吉《秋亭复制新炉见赠》又诗曰："盛君昔南来，自携竹炉至。吴公既赏咏，遂知公所嗜。还家制其一，持以为公贽。公家冷澹泉，近者新凿利。烹煎已有法，所乏惟此器。……此炉今有三，古一新者二。只此可并德，自足立人世。不容再有作，或恐夺真贵。盛君虽好传，珍惜勿重制。"② 此诗描绘盛虞携竹炉至京，吴宽欣赏赋诗，新炉加上收藏于听松庵中的古炉共有三件，杨循吉在诗中劝告盛虞勿再制新炉，因为会夺去古炉之"真"。

  在清代，围绕珍藏于听松庵的竹炉至少还展开过两次大规模的活动，文人甚至贵为帝王的乾隆进行题咏，产生大量诗文。第一次是在康熙年间，著名词人顾贞观携重制的竹茶炉入京，从纳兰性德处得到久已散失的明代有关听松庵竹炉的诗画合卷，围绕此炉此事，大批文人因之撰文题诗。第二次是在乾隆年间，乾隆帝六下江南，每次都要到无锡听松庵，用竹炉烹茗，并赋有诗歌数十首，乾隆帝的从驾诸臣亦有大量和诗。③ 因已入清代，不在本书范围，不再赘述。

---

  ① （明）醉茶消客：《茶书》，明抄本。
  ② 同上。
  ③ （清）吴钺、刘继增：《竹炉图咏》，《锡山先哲丛刊》第1册，凤凰出版社2005年版。

第二章　明代的茶具与宫廷、文人和世俗

四　茶具与文人饮茶的环境

明代文人持茶具饮茶，十分注重饮茶环境，以营造清雅脱俗的氛围，文人欣赏的饮茶环境有茶寮、山斋亭馆、僧寮道院以及山水自然等。

茶寮在唐代就已出现，本是僧人用以饮茶的小室。受僧人影响，许多文人也逐渐在自己的居所设置茶寮。在明代，文人设置茶寮饮茶已是普遍现象，茶寮中布置的最主要器具自然是茶具。茶寮中的空间一般并不太大，常设置于"斗室"之中。

明代有好几部茶书记录了文人的茶寮，最典型的是陆树声的《茶寮记》，此书描述了他自己设计的茶寮以及在茶寮中的饮茶生活。"园居敞小寮于啸轩埤垣之西。中设茶灶，凡瓢汲罂注、濯拂之具咸庀。择一人稍通茗事者主之，一人佐炊汲。客至，则茶烟隐隐起竹外。……要之，此一味非眠云跂石人，未易领略。余方远俗，雅意禅栖，安知不因是遂悟入赵州耶？"茶寮中的茶具有茶灶、茶瓢、茶罂和茶注等，茶寮饮茶，以达到超凡脱俗、隐逸避世的目的。[①]

许次纾所著茶书《茶疏》亦记载了茶寮。《茶疏》之《茶所》条曰："小斋之外，别置茶寮。高燥明爽，勿令闭塞。壁边列置两炉，炉以小雪洞覆之，止开一面，用省灰尘腾散。寮前置一几，以顿茶注、茶盂，为临时供具。别置一几，以顿他器。傍列一架，巾帨悬之，见用之时，即置房中。斟酌之后，旋加以盖，毋受尘污，使损水力。炭宜远置，勿令近炉，尤宜多办，宿干易炽。炉少去壁，灰宜频扫。总之，以慎火防燕，此为最急。"[②]茶寮中的茶具有茶炉、茶注、茶盂、巾帨等，还有放置器具的茶几以及供作燃料之用的炭。因为茶寮中需要在炉中燃烧炭火，出于安全之需还要注意防火。

屠隆所著茶书《茶说》也记载了茶寮。《茶说》之《茶寮》条曰：

---

① （明）陆树声：《茶寮记》，《四库全书存目丛书·子部》第79册，齐鲁书社1997年版。

② （明）许次纾：《茶疏》，《四库全书存目丛书·子部》第79册，齐鲁书社1997年版。

♨ 香茗雅器：明代茶具与明代社会

"构一斗室，相傍书斋。内设茶具，教一童子专主茶役，以供长日清谈，寒宵兀坐。幽人首务，不可少废者。"① 茶寮设在书斋旁，内设有茶具，以供清谈、兀坐之用。茶寮设在"斗室"之中，说明这是一个并不太大的狭窄空间。

高元濬所著茶书《茶乘拾遗》曰："小斋之外，别构一寮，两椽萧疏，取明爽高燥而已。中置茶炉，傍列茶器。兴到时，活火新泉。随意烹啜，幽人首务，不可少废。"② 茶寮要明亮干爽，原因在于茶寮中的茶事活动要接触大量水，很容易潮湿，如果不干燥的话极易发生异味。茶寮中间安置茶炉，其他茶具列于两旁。

明人的文集中也常出现内设茶具的茶寮。如高濂《遵生八笺》之《茶寮》条曰："侧室一斗，相傍书斋。内设茶灶一；茶盏六；茶注二，余一以注熟水；茶臼一；拂刷净布各一；炭箱一；火钳一；火箸一；火扇一；火斗一，可烧香饼；茶盘一；茶橐二。当教童子专主茶役，以供长日清淡、寒宵兀坐。煎法另具。"③ 茶寮内的茶具有茶灶、茶盏、茶注、茶臼、净布、炭箱、火钳、火箸、火扇、火斗、茶盘、茶橐等。

文震亨《长物志》之《茶寮》条曰："构一斗室，相傍山斋，内设茶具，教一童专主茶役，以供长日清谈，寒宵兀坐，幽人首务，不可少废者。"④ 这是专门的茶寮。另《小室》条曰："几榻俱不宜多置，但取古制，狭边书几一置於中，上设笔砚香合熏炉之属，俱小而雅。别设石小几一，以置茗瓯茶具。小榻一以供偃卧趺坐，不必挂畫或置古竒石，或以小佛橱供鎏金小佛於上亦可。"⑤ 此为书斋兼茶寮。

---

① （明）屠隆：《茶说》，喻政《茶书》，明万历四十一年刻本。
② （明）高元濬：《茶乘拾遗》下篇，《续修四库全书》第1115册，上海古籍出版社2003年版。
③ （明）高濂：《遵生八笺》卷7，《景印文渊阁四库全书》第871册，台湾商务印书馆1986年版。
④ （明）文震亨：《长物志》卷1，《景印文渊阁四库全书》第872册，台湾商务印书馆1986年版。
⑤ （明）文震亨：《长物志》卷8，《景印文渊阁四库全书》第872册，台湾商务印书馆1986年版。

第二章　明代的茶具与宫廷、文人和世俗

李日华《六研斋三笔》曰："洁一室，横榻陈几其中，炉香、茗瓯萧然，不杂他物，但独坐凝想。自然有清灵之气来集我身。清灵之气集，则世界恶浊之气亦从此中渐渐消去。"① 这种茶寮只陈设香具和茶具，以供独坐凝想。

贝琼《清江文集》中的《茶屋记》记载了屠兼善名为茶屋的茶寮："檇李屠生兼善，颜其息游之所曰茶屋。盖兼善嗜茶，尤善烹茶之法，凡茶之产于名山若吴之阳羡、越之日铸、闽之武夷者，收而贮之屋中。客至辄汲泉烹以奉客，与之剧谈终日，不待邾莒之会焉。……亟起而求书为记。余复笑谓之曰：'俟大雪之夜，过茶屋，听松风汹汹，作秋涛声，酒醒一书未晚也。'而请之益坚，遂书之。"② 屠兼善把茶屋作为息游之所，善于用茶具烹茶，在其中与客剧谈终日，贝琼为之作《茶屋记》。

朱存理《楼居杂著》记载了沈周（号白石翁）为王浚之所作《会茶篇》："《会茶篇》一卷，白石翁为王浚之所作：浚之性嗜茶，煎法特妙，尝载佳茗过竹巢，煎以饮翁，其好事如此。……闻浚之吃茶处曰茗醉庐，吴太史有诗题壁以为无功，同其乡而异其趣者也。……浚之有同志吴嗣业，尤精茗事，城居相近，常于其家松泉斋中，以惠麓新制紫竹炉奥洞庭悟道泉供客，而浚之僻处湖上，远不能即此，当径造其所谓茗醉庐者，一饮三日，以洗平生尘土肠胃，再为浚之不一书也。弘治十年仲冬十二日书于野航。"③ 王浚之茶具饮茶的茶寮名为茗醉庐，吴嗣业的茶寮名为松泉斋，吴嗣业常于松泉斋中用竹炉烹茶。

张岱在文集中记载了他好友鲁云谷的茶寮："会稽宝祐桥南，有小小药肆，则吾友云谷悬壶地也。肆后精舍半间，虚窗晶沁，绿树浓阴，时花稠杂。窗下短墙，列盆池小景，木石点缀，笔笔皆云林、大痴。墙

---

① （明）李日华：《六研斋笔记·三笔》卷4，《景印文渊阁四库全书》第867册，台湾商务印书馆1986年版。
② （明）贝琼：《清江文集》卷16，《景印文渊阁四库全书》第1228册，台湾商务印书馆1986年版。
③ （明）朱存理：《楼居杂著》不分卷，《景印文渊阁四库全书》第1251册，台湾商务印书馆1986年版。

香茗雅器：明代茶具与明代社会

外草木奇葩，绣错如锦。云谷深于茶理，禊水雪芽，事事精办。相知者日集试茶，纷至沓来，应接不暇，人病其烦，而云谷乐此不为疲也。"① 鲁云谷的茶寮外布置有盆池小景，花木葱郁，他每日在茶寮中与友人烹水饮茶。

蔡羽《林屋集》之《茶鼎记》记载了王守、王宠兄弟的茶寮："王子履约（守）、履吉（宠）氏，王子方以文章显名，而酷好饮茶。其暖茗藏器，别为斗室，淘煮、火功、断汤、反釜，多不构陆羽所传。特出新意，融通其法，而色香滋味，近年无有及者。余尝与王子游金陵憩石湖，恒奇其善茗，访之笑而不答。丁丑十一月，余病烦垒弥月，忽自林屋入吴城，过王子观其煮茶，再饮而烦涤。用是，知王子敏于为文，尝有渴思，留意于茗，厥功不细。……吴中善茗者，曩称荻扃王浚（濬）之、延陵吴嗣业（奕），今其法皆出王子下。岂清胜奇绝之事，途萃于一耶？王子固归功于鼎，因记之。"② 王氏兄弟"别为斗室"设置茶寮，茶寮中的茶具以茶鼎为核心，茶艺水平很高。

张岱《陶庵梦忆》之《露兄》条曰："崇祯癸酉，有好事者开茶馆，泉实玉带，茶实兰雪，汤以旋煮，无老汤，器以时涤，无秽器，其火候、汤候，亦时有天合之者。余喜之，名其馆曰'露兄'，取米颠'茶甘露有兄'句也。"③ 露兄茶馆虽以盈利为目的，但其实也是适合文人趣味的特殊茶寮，此茶寮特别重视茶具，"器以时涤，无秽器"，有很高的茶艺水平。

明代诗歌中也常出现茶寮的身影。明初诗人高启即有好几首诗涉及茶寮。他的《茶轩》诗曰："摘芳试新泉，手涤林下器。一榻鬓丝傍，轻烟散遥吹。"④ 此诗将茶寮称为茶轩，诗人亲自洗涤茶具。《煮雪斋为

---

① （明）张岱：《张岱诗文集·琅嬛文集》卷4，上海古籍出版社1991年版，第285页。
② （明）蔡羽：《林屋集》卷14《茶鼎记》，国家图书馆出版社2014年版。
③ （明）张岱：《陶庵梦忆》卷8，张岱《陶庵梦忆·西湖寻梦》，中华书局2007年版，第100页。
④ （明）高启：《大全集》卷4，《景印文渊阁四库全书》第1230册，台湾商务印书馆1986年版。

第二章 明代的茶具与宫廷、文人和世俗

贡文学赋禁言茶》诗曰："自扫琼瑶试晓烹，石炉松火两同清。旋涡尚作飞花舞，沸响还疑洒竹鸣。"① 此诗中的茶寮被称为煮雪斋，诗人亲自用茶具烹茶。《寒夜与家人坐语忆客中时》诗曰："茶屋夜灯青，竹庭寒雪白。不对室中人，依然去年客。"② 此诗中的茶寮被称为茶屋。《方崖师画》诗中的茶寮也被称为茶屋："画图忽见白云峰，茶屋香台树几重。身若在师行道处，晚来唯讶不闻钟。"③

另外明代也有许多诗歌咏及茶寮。如吴宽《题王浚之茗醉庐》诗曰："昔闻尔祖王无功，曾向醉乡终日醉。……君今复作醉乡游，醉处虽同游处异。此间亦自有无何，依旧幕天而席地。聊将七碗解宿醒，饮中别得真三昧。"④ 王浚之的茶寮名为茗醉庐，前文提及沈周曾为他作过《会茶篇》。

又如王世贞《醉茶轩歌为詹翰林东图作》诗曰："徐闻蟹眼吐清响，陡觉雀舌流芳馨。定州红瓷玉堪妬，酿作蒙山顶头露。……一杯一杯殊未已，狂来忽鞭玄鹤起。……酒耶茶耶俱我友，醉更名茶醒名酒。"⑤ 詹东图的茶寮名为醉茶轩，王世贞为之作歌。胡应麟《詹东图有茶癖，即所居为醉茶轩，自言一饮辄可数百杯，书来索诗戏成短歌寄赠》诗曰："胸吞云梦蟠潇湘，一饮百碗消枯肠。……斟酌建溪三百饼，巨杓长瓢堪酩酊。风炉竹几罗庭除，大铛贮月来中厨。松风才过鱼眼发，玉乳盈缸喷香雪。……明年倘忆吾乡茗，谷雨前朝赴龙井。"⑥ 此诗也是胡应麟为詹东图所作，诗中提到的茶具有"杓"、瓢、炉、

---

① （明）高启：《大全集》卷15，《景印文渊阁四库全书》第1230册，台湾商务印书馆1986年版。
② （明）高启：《大全集》卷16，《景印文渊阁四库全书》第1230册，台湾商务印书馆1986年版。
③ 同上。
④ （明）吴宽：《家藏集》卷21，《景印文渊阁四库全书》第1255册，台湾商务印书馆1986年版。
⑤ （明）王世贞：《弇州续稿》卷11，《景印文渊阁四库全书》第1282—1284册，台湾商务印书馆1986年版。
⑥ （明）胡应麟：《少室山房集》卷24，《景印文渊阁四库全书》第1290册，台湾商务印书馆1986年版。

香茗雅器：明代茶具与明代社会

铛、缸等。

又如钱子正《题仲毅侄煮茗轩》诗曰："旋拾荆薪涧底归，深清自汲瀹枪旗。风生石鼎浪三级，烟护柴门玉一围。……大瓢小杓乌纱帽，相伴卢仝到落晖。"[1] 钱子正侄子钱仲毅的茶寮名为煮茗轩，诗中提到的茶具有鼎、瓢和"杓"。

高道素《煮茶亭戏仿坡翁作》诗曰："花满香泉碧映窗，林垂珍实红生砌。数叶寻条度晚春，瀹瓯掇碾娱清岁。鉴公弟子本书仙，茗碗流连侣玉川。瓦铛雪浪分秋月，石鼎松风夹夜泉。大瓢小杓那能数，枯肠醉眼俱茫然。"[2] 此诗中的茶寮被称为煮茶亭，诗中涉及的茶具有瓯、碗、铛、鼎、瓢和"杓"。

谢应芳《煮茗轩》诗曰："聚蚊金谷任荤膻，煮茗留人也自贤。三百小团阳羡月，寻常新汲惠山泉。……午梦觉来汤欲沸，松风初响竹炉边。"[3] 此诗中的茶寮被称为煮茗轩，诗中出现的茶具主要是竹炉。

吴伟业《和王太常西田杂兴韵》诗共有八首，其六曰："胜情今日似君稀，鹭立滩头隐钓扉。屋置茶寮图陆羽，轩开画壁祀探微。"[4] 此诗也咏及了文人布置的茶寮。

山斋亭馆亦是文人欣赏的饮茶环境，文人学士常持茶具在山斋亭馆中烹饮茶叶。山斋亭馆与茶寮的区别在于茶寮完全是为饮茶而构建的小室，而山斋亭馆并非只为饮茶而建，只是其环境适合文人的追求而得到青睐。

明代茶书对文人在山斋亭馆中饮茶有一定描述。陆树声《茶寮记》之《五茶候》条列举适宜饮茶的环境："凉台静室，明窗曲几，僧寮道

---

[1] （明）钱子正：《三华集·绿苔轩集》卷1，《景印文渊阁四库全书》第1372册，台湾商务印书馆1986年版。

[2] （清）沈季友：《檇李诗系》卷18，《景印文渊阁四库全书》第1475册，台湾商务印书馆1986年版。

[3] （明）醉茶消客：《茶书》，明抄本。

[4] （清）吴伟业：《梅村集》卷11，《景印文渊阁四库全书》第1312册，台湾商务印书馆1986年版。

第二章　明代的茶具与宫廷、文人和世俗

院；松风竹月，晏坐行吟，清谭把卷。"① 所谓"凉台静室，明窗曲几"也即山斋亭馆的环境。罗廪《茶解》曰："山堂夜坐，手烹香茗，至水火相战，俨听松涛，倾泻入瓯，云光缥缈，一段幽趣，故难与俗人言。"② 这里描绘了在山斋亭馆中亲手用茶具烹茶难以言喻的幽趣。程用宾《茶录》之《茶具十二执事名说》条曰："都篮。按《经》以总摄诸器而名之，制以竹篾。今拟携游山斋亭馆泉石之具。"③ 这说明程用宾把山斋亭馆看作是理想的饮茶环境，用都蓝盛装诸茶具游于其中烹茶饮茶。

明人文集中常有文人在山斋亭馆中用茶具烹茶饮茶的记载，下举数例。王世贞《弇州续稿》之《答殷无美书》曰："仆副山东宪时故吴中丞峻伯为学宪，尝与诸贤酒间戏言志。峻伯谓宦辙不必中土，即滇蜀闽广须尽历之，饱其山川风物，最后亦须坐尚书省押尺一乃告老耳。仆谓鄙愿不及此，愿得二顷陂，四围列植梧竹垂杨芙蓉之属，陂中养鱼数千头，中构一岛，筑高阁三间，其下左室贮书籍及金石古文，右室尽贮美酒，傍一小室，具茶灶瀹釜，兼畜少鲑脯燸菜。阁上一榻、两几，读书小倦即呼酒数行，醉輒假息岛傍。维两蜻蜓艇，客有问奇善觞咏者以一艇载之来，一艇网鱼佐酒，不问朝夕。饮倦则相对隐几，兴尽便复载去。若俗客见挠者，虽吽呼竟日，了不酬应，以此终身足矣。"④ 吴峻伯的志愿是游历各地，饱览山川风景。而王世贞的愿望则是得到二顷陂，四周种植各种树木，陂中养鱼，中间构筑一岛，建高阁三间，其中一小室布置茶具。虽然这只是王世贞的构想，未必实现，也可见文人心目中理想的饮茶环境。

贺复征《文章辨体彙选》辑引汪道昆《徐于室记》曰："室高广方

---

① （明）陆树声：《茶寮记》，《四库全书存目丛书·子部》第79册，齐鲁书社1997年版。
② （明）罗廪：《茶解》，喻政《茶书》，明万历四十一年刻本。
③ （明）程用宾：《茶录》，明万历三十二年戴凤仪刻本。
④ （明）王世贞：《弇州续稿》卷204，《景印文渊阁四库全书》第1282—1284册，台湾商务印书馆1986年版。

香茗雅器：明代茶具与明代社会

丈，深加半焉。……榻之左树佩剑一，盖大将军所铸，余为之铭，又左一几纵置之几上，石琴在北，石磬在南，端主人不能琴，特不去耳。榻右设一几，如左其北为庋者三，一贮佛子书，一贮经史，一贮词赋，其南当参之，一置博山炉。舍几而南不尽一武设小几二，广尺有咫高，视广有加，一置笔床，一置茶灶。中布席衡一几，户牖间去阈尺五几，之右置一篋贮图书，其左设蒲团，西乡燕居则当户抱几，日翻书或蒙庄家言，非有故不辍业。坐久则苍头供茶具，荐沈水香，怠则击磬什数声，倚木箕踞，泽剑首，甚则齁齁睡矣。……其曰徐于则有味乎，庄生言之也。"① 汪道昆设置的馆阁内有图书、琴磬、香具和茶具等物，是理想的饮茶环境。徐于是古代著名隐士，将此馆阁称为徐于室，表明了作者厌弃尘俗、追求隐逸之志。

贺复征《文章辨体彚选》引张鼐《题王甥尹玉梦花楼》曰："辟一室，八窗通门，月夕花辰，如水晶宫万花谷也。室之左构层楼，仙人好楼居，取远眺而宜下览平地，拓其胸次也。……《楞严》一卷，日诵一两段，涤除知见见月忘标。《南华》六卷读之，得齐物养生之理。此二书登楼，只宜在辰巳时。天气未杂，讽诵有得。室中前楹设一几，置先儒语录古本，四书白文，凡圣贤妙义不在注疏，只本文已足。语录印证不拘窠臼，尤得力也。北窗置古秦汉韩苏文数卷，须平昔所习诵者，时一披览，得其间架脉络。名家著作通当世之务者，亦列数篇卷尾，以资经济。西牖广长几陈笔墨古帖，或弄笔临摹，或兴到意会，疾书所得。时拈一题，不复限以程课。南隅古杯一，茶一壶，酒一瓶，烹泉引满，浩浩乎备读书之乐也。"② 此梦花楼处于万花之间，内部布置佛经、古书和笔墨，并有茶具和酒具。此楼的主要功能应为书斋，但也是文人饮茶的理想环境。

---

① （明）贺复征：《文章辨体彚选》卷571《记十二》，《景印文渊阁四库全书》第1403册，台湾商务印书馆1986年版。
② （明）贺复征：《文章辨体彚选》卷365《题二》，《景印文渊阁四库全书》第1403册，台湾商务印书馆1986年版。

第二章　明代的茶具与宫廷、文人和世俗

范景文《文忠集》之《西郭雪游记》描绘了他一次冬天大雪时到郊外的奎阁登高观景，并融化雪水用茶具饮茶的情形："癸亥冬无雪，至是雪竟日夜不歇，庭砌皆满。……发意出郊外一看……携茗碗、酒具散步出西郭。半里许，转至奎阁，一望平远，皎然无际。……因大叫快哉，不暇雪意益复飞舞，飘漾与人意竞。阁前环以平池，池冰将解，为雪花所荡，冷光洞彻，作玻璃琉璃光。池外则古堤，层层叠嶂复岭不啻玉嵌玲珑矣。……于时静对良久，人境俱寂，因命童子取阶上净雪溶铛中，泡洞山茶啜之，尽一二瓯。一派清思往来，心目间俨然坐冰壶而饮沆瀣，不觉喉吻皆润，骨体欲仙，此中恍若有會，急需一人与之语而不可得。遥望前林苍松翠栢中隐露绛红色，巧为点染，天然一幅好画。"①奎阁意为藏有珍贵文献的阁楼，因此此处也应是范景文的书斋。

程敏政《明文衡》辑有杨士奇《聚奎堂记》，描绘了杨士奇构建的馆阁，内有图书、酒具和茶具等，在此休息，以寄托自己萧散的志趣。"周垣数百步，凡屋四楹，制度简朴，梁柱不斲，编苇覆茅，涂墍洁素。间而三之，其中为堂，高明靓深，南楹北户，疏畅洞达，东西二室，左备偃休，西庋图史，庖湢具于两。序卉木之秀，环列前后。四顾虚旷，埃喑之影，车马之音，邈不及宛然郊郭之外，高人逸士之所栖托也。置僮奴数人，酒壶茶灶……以适夫萧散之趣也。"②

明代诗歌中亦有大量文人持茶具在山斋亭馆中饮茶的内容。在这些诗歌中，山斋亭馆一般处于山野郊外，周边往往有花草、树木和流水等因素，以体现诗人自然、清净、超脱的追求。如董纪《草堂杂兴十首》诗曰："我亦西郊有草堂，旁人错比百花庄。笔床茶灶皆新置，诗卷图书只旧藏。……我亦西郊有草堂，野花山卉四时香。"③又如林

---

① （明）范景文：《文忠集》卷6，《景印文渊阁四库全书》第1295册，台湾商务印书馆1986年版。

② （明）程敏政：《明文衡》卷34，《景印文渊阁四库全书》第1373—1374册，台湾商务印书馆1986年版。

③ （明）董纪：《西郊笑端集》卷1，《景印文渊阁四库全书》第1231册，台湾商务印书馆1986年版。

♨ 香茗雅器：明代茶具与明代社会

鸿《暮春游林七钦园亭得朝字》诗曰："啼鸟当窗近，飞花逐砌消。草深初雏雉，槐细未藏蜩。茗碗香云滑，床琴白雪调。野泉堪荐醴，天籁讶闻韶。"① 又如文徵明《喜雨》："山鸟近人呼滑滑，春泉隔屋送潺潺。小窗破睡茶瓯浅，别院生凉羽扇闲。满目新诗题不得，登楼自看郭西山。"② 又如徐𤊹《闲居》："竹满檐楹草满除，青山应属野人居。未春预借看花骑，欲雨先征种树书。石鼎香酣吟懒后，瓦铛茶熟梦回初。"③

明代诗歌中文人在山斋亭馆持茶具饮茶，因为文人本色，书往往是馆阁内重要因素，这些馆阁往往兼具书斋功能或本身就是书斋。下举数例。如李延兴《渔阳客邸》诗曰："城外云山浓似绮，屋里琴书静如水。石炉添火试松香，袅袅篆云飞不起。天涯倦客此停骖，茶灶烟销犹隐几。"④ 又如文徵明《停云馆燕坐有怀昌国》诗："山馆无人午篆残，便闲经日不簪冠。时凭茗碗驱沈困，聊有书编适燕欢。"⑤ 又如文徵明《暮春斋居即事三首》诗之一："经旬寡人事，踪迹小窗前。暝色连残雨，春寒宿野烟。茗杯眠起味，书卷静中缘。"⑥ 又如文肇祉《自遣》诗："非为避喧成小筑，只因疎懒畏趋时。……数卷图书香一缕，茶瓯初歇试弹棋。"⑦ 再如郑珞《病起喜景著见访》诗："书斋隐几厌纷哗，闲看春风扫落花。……缃帘卷月新赊酒，石鼎分泉漫煮茶。欲赋南轩酬

---

① （明）袁表、马荧：《闽中十子诗》卷4《林膳部集四》，《景印文渊阁四库全书》第1372册，台湾商务印书馆1986年版。
② （明）文徵明：《文氏五家集·太史诗集》卷6，《景印文渊阁四库全书》第1382册，台湾商务印书馆1986年版。
③ （清）张豫章等：《御选明诗》卷86，《景印文渊阁四库全书》第1442—1444册，台湾商务印书馆1986年版。
④ （清）张豫章等：《御选明诗》卷38，《景印文渊阁四库全书》第1442—1444册，台湾商务印书馆1986年版。
⑤ （明）文徵明：《文氏五家集·太史诗集》卷6，《景印文渊阁四库全书》第1382册，台湾商务印书馆1986年版。
⑥ （明）文徵明：《文氏五家集·太史诗集》卷5，《景印文渊阁四库全书》第1382册，台湾商务印书馆1986年版。
⑦ （明）文肇祉：《文氏五家集·录事诗集》卷13，《景印文渊阁四库全书》第1382册，台湾商务印书馆1986年版。

第二章 明代的茶具与宫廷、文人和世俗

盛意,挥毫临纸尚欹斜。"①

明代诗歌中文人持茶具饮茶的山斋亭馆,许多取有大有深意的斋名,如听雪轩、宿云楼、绿茗园、安竹轩、古泉新斋、静芳轩、澹圃(澹为恬静、安然之意)和静斋等等,以体现文人超凡脱俗、淡泊宁静以及亲近自然的愿望。下面列"明代诗歌中文人饮茶之斋名表",见表2-1:

表2-1　　　　　明代诗歌中文人饮茶之斋名表

斋名	诗题	作者	诗句(节录)	资料来源
听雪轩	听雪轩	张昱	化机潜运本无声,学士情多睡未成。……花飞翠袖寒光动,茶煮银瓶夜气清	明·张昱《可闲老人集》卷三
停云馆	停云馆燕坐有怀昌国	文徵明	山馆无人午篆残,便闲经日不簪冠。时凭茗碗驱沈困,聊有书编适燕欢	明·文徵明《文氏五家集·太史诗集》卷六
绿茗园	绿茗园宴集诗序	王行	披绿茗飘翠雪于瑶阶,露贮红蕉,泻华浆于碧碗,鸣琴幽涧,清音与流水同闻	明·王行《半轩集》卷六
草堂	草堂杂兴十首	董纪	我亦西郊有草堂,旁人错比百花庄。笔床茶灶皆新置,诗卷图书只旧藏	明·董纪《西郊笑端集》卷一
安竹轩	题吴敬安竹轩	夏原吉	湘江之曲湘山隩,地曰东桥甚多竹。……有时携茶竹下烹,茶烟竹雾相吞吐	明·夏原吉《忠靖集》卷三
天趣轩	题友人张汝弼天趣轩	周瑛	石鼎初分阳羡茶,翠盘又试邵平瓜。当时颇笑渊明俗,都把俸钱付酒家	明·周瑛《翠渠摘稿》卷七
闷城公馆	次闷城公馆	罗钦顺	重门深院小廊偏,茗碗薰炉坐有毡。犹忆荆湖山色好,望穷来路渺云烟	明·罗钦顺《整庵存稿》卷二十
清泉精舍	营清泉精舍	黎民表	青壁旧藏高士传,草堂今映少微星。茶烹石鼎分泉味,井问丹砂识地灵	明·黎民表《瑶石山人稿》卷十
澹圃	陆楚生新居在弇园澹圃间邀余斋中啜茗即席赋	胡应麟	爱尔新居僻,令余世事忘。一瓢寒树里,四壁浣花傍。鸿渐余茶灶,龟蒙但笔床	明·胡应麟《少室山房集》卷三十四

---

① (明)曹学佺:《石仓历代诗选》卷360上,《景印文渊阁四库全书》第1387—1394册,台湾商务印书馆1986年版。

香茗雅器：明代茶具与明代社会

续表

斋名	诗题	作者	诗句（节录）	资料来源
宿云楼	宿云楼闲坐	于慎行	闲来只自烧茶灶，病里凭谁著酒经。总为此中堪避地，不教人指少微星	明·于慎行《谷城山馆集》卷十五
太虚阁	登太虚阁望绝顶	冯从吾	结构冯虚色色幽，三峰图画一亭收。藤萝屈曲穿岩上，泉涧清冷绕地流。石鼎茶烟浮细细，松林鸟语弄悠悠	明·冯从吾《少墟集》卷十
畦乐轩	梁先生畦乐轩	钱仲益	归田依老圃，结屋在东皋。……薑瓿凝香露，茶铛响夜涛。……抚卷翻谣咏，临风独仰高	明·钱仲益《三华集·锦树集》卷十五
一泓亭	为镇江唐惟敬题一泓亭	张泰	江郭喧喧此室幽，当阶一水净涵秋。晴看细浪摇花幔，夜汲寒星落茗瓯	明·曹学佺《石仓历代诗选》卷三百九十八
醒翁亭	醒翁亭	李汛	焙炉火活雾气残，鸟嘴初干香欲喷。……醒翁有亭文不惊，安望醉翁千载名	明·曹学佺《石仓历代诗选》卷四百七十六
紫阳精舍	武夷五曲	程銈	紫阳精舍枕寒流，仁智堂开任隐求。……渔艇钓矶谁管领，一溪茶灶篆烟浮	明·曹学佺《石仓历代诗选》卷四百七十七
安桂坡山堂	安桂坡山堂和段子辛韵	俞泰	归来偶作看山人，恍惚桃源路未真。……已办笔床茶灶在，扁舟莫厌日相亲	明·曹学佺《石仓历代诗选》卷四百八十六
枕流亭	睡起口占	谢承举	茶瀹花磁洗睡魔，枕流亭上暮凉多。狂飙吹下西山雨，一片秋声恋败荷	明·曹学佺《石仓历代诗选》卷四百九十五
鸡鸣山楼	朱振之馆鸡鸣山楼有寄	黄省曾	谁县卧榻秋风阁，遥忆茶炉傍竹氛。黄屋斜窥中禁邸，青城常抱北湖云	明·曹学佺《石仓历代诗选》卷五百一
古泉新斋	古泉新斋对丹枫作	王宠	纸窗棐几竹间房，一树丹枫倚夕阳。啜尽茶瓯犹不去，野人偏自恋秋光	明·曹学佺《石仓历代诗选》卷五百四
秀野轩	题秀野轩图	朱斌	昔年曾作轩中客，今日重题秀野诗。……雨余山气侵茶鼎，风过林香落酒卮	清·陈邦彦《御定历代题画诗类》卷一百十四
福源精舍	福源精舍	李延兴	京城六月日如火，风轩散发执书坐。……素几茶瓯吹碧香，有客敲扉偶相过	清·张豫章等《御选明诗》卷三十八

· 336 ·

第二章 明代的茶具与宫廷、文人和世俗

续表

斋名	诗题	作者	诗句（节录）	资料来源
渔阳客邸	渔阳客邸	李延兴	城外云山浓似绮，屋里琴书静如水。石炉添火试松香，袅袅篆云飞不起。天涯倦客此停骖，茶灶烟销犹隐几	清·张豫章等《御选明诗》卷三十八
梅花庄	梅花庄诗为朱明仲赋	龚诩	先生卜筑吴城曲，剩种梅花绕吟屋。……归来袖手寒窗坐，石鼎有茶炉有火	清·张豫章等《御选明诗》卷四十
玉兰堂	夏日闲居	文徵明	门巷幽深白日长，清风时洒玉兰堂。粉墙树色交深夏，羽扇茶瓯共晚凉	清·张豫章等《御选明诗》卷八十
有渚轩	有渚轩宴集用韵……	黄居中	独醒惭逋酒债频，随君啜茗坐花茵。酒楼邀月人怀楚，茗渚抽芽鸟报春	清·张豫章等《御选明诗》卷八十六
玄旷山房	……集商孟和玄旷山房……	徐𤊹	春草芊芊丝未芽，别开芳墅隔尘凡。……携来茗碗堪供客，新启旗枪白绢缄	清·张豫章等《御选明诗》卷八十六
静芳轩	夏日过饮君印静芳轩即事	范凤翼	娟娟静绿树交加，障却炎尘客不哗。……移尊石几凉消酒，袅壁炉烟晚斗茶	清·张豫章等《御选明诗》卷八十六
墨香亭	题梁慎可墨香亭	李标	古揉蕉衫白接䍦，芳亭长日坐支颐。……竹韵松涛清自远，花瓠茗碗静相宜	清·张豫章等《御选明诗》卷八十七
水竹居	水竹居为朱克恭赋	王镛	碧水澄潭自作洲，琅玕多种屋东头。旋烧新笋当茶灶，时斫嘉鱼上钓舟	清·沈季友《槜李诗系》卷七
静照轩	题静照轩	王绂	寻常客不到山家，松火寒炉自煮茶。风雪闭门才十日，不知春已到梅花	明·王绂《王舍人诗集》卷五
静斋	静斋	张琦	此中动静互为根，四壁虚斋万象存。茶灶不烟春火伏，鸟鸣竹响正开门	清·胡文学《甬上耆旧诗》卷七
北墅	北墅	沈维銶	邮径通商舶，烟波系钓槎。竹支茶灶稳，留护酒旗斜	清·沈季友《槜李诗系》卷十三
净绿堂	月下过小修净绿堂试吴客所饷松萝茶	袁宏道	碧芽拈试火前新，洗却诗肠数斗尘。江水又逢真陆羽，吴瓶重泻旧翁春	明·袁宏道《袁中郎全集》卷39
绿萝馆	为胡元瑞题绿萝馆二十咏·茶灶	王世贞	蟹眼犹未发，雀舌已芬敷。自炊还自啜，不爱文君垆	明·王世贞《弇州续稿》卷二十一

· 337 ·

香茗雅器：明代茶具与明代社会

续表

斋名	诗题	作者	诗句（节录）	资料来源
友筠轩	友筠轩赋	方孝孺	惟青青之玉，立俯漪漪之轩……或弹棋而雅歌……或焚香而啜茗，或联句而鼎真，固平生以足乐……	清·陈元龙《御定历代赋汇》卷八十一

明代产生大量以茶事活动为主题的茶画，许多茶画绘有文人在山斋亭馆间在各式茶具旁的内容。今人裘纪平编撰有收集古代茶画的著作《中国茶画》，据统计其中明代茶画共 103 幅，表现了文人在山斋亭馆间烹茶饮茶内容的就有 31 幅。在这些茶画中，山斋亭馆一般处于山林、树木以及流水的优雅环境之中。这些绘画作品表现的文人生活形态以及精神境界，即使不是实录，也是文人期望的一种理想状态。下举数例。如沈贞所绘《竹炉山房图》，远处山峦耸立，近处为流水、古木、竹林，在流水旁、竹林中有一茅舍，屋中一文人正与一年长僧人攀谈，屋前立有一茶炉，一年少僧人正扇炉烹茶。[①] 又如沈周《拙修庵》，画面左边为水面，右侧为茅草为檐的房屋，房舍被修篁、树木环绕，屋内入口处为上面置有茶铫的茶炉，有一文人坐在榻上向外张望，神态悠闲，中间的桌上有茶盏、茶壶等茶具，靠近内壁为层叠的图书。[②] 再如文徵明《品茶图》，远处为高耸的山峰，近处溪水环绕，水上有桥，水边为数棵松柏，树下有两间茅屋，一间屋内两位文人一主一客隔着桌子正在交谈，桌上放置着紫砂壶和两个茶杯，另一间屋内一童子正在茶炉边手持火筴烹茶，桥上另一文人过桥缓缓而来。[③] 又如唐寅《事茗图》，前方水流从山峰之间冲泻而下形成瀑布，似乎可闻轰鸣之声，形成朦胧的薄雾，溪水流到近处，岸的一边为巨石，另一边有数间茅屋，屋前两棵松树，屋后有稀疏的竹林，一文人在屋中伏于桌上，若有所思所待，桌

---

① 裘纪平：《中国茶画》，浙江摄影出版社 2014 年版，第 76 页。
② 同上书，第 81 页。
③ 同上书，第 97 页。

第二章 明代的茶具与宫廷、文人和世俗

上摆放着提梁紫砂壶和茶杯,屋的另一边有童子双目注视茶炉正在烹茶,屋外一老者过桥拄杖而来,身后有抱琴的童子。① 再如仇英《东林图》,画面在群山的背景下,杂木成林,石块点缀其间,溪水淙淙流过,林中有草堂数间,一主一客二文人谈兴正浓,屋前林中有二童子正在烹茶,图中的茶具有茶炉、茶铫、水缸和茶盏等。②

中国古代文人还十分欣赏僧寮道院的烹茶饮茶环境。早在唐宋时期,一些诗歌就体现了文人在佛寺道观中持茶具饮茶。以下两首唐诗表现了文人在佛寺中烹饮茶叶。刘禹锡《西山兰若试茶歌》诗曰:"山僧后檐茶数丛,春来映竹抽新茸。……骤雨松声入鼎来,白云满碗花徘徊。……僧言灵味宜幽寂,采采翘英为嘉客。不辞缄封寄郡斋,砖井铜炉损标格。"③诗人在寺中饮茶,涉及的茶具有鼎、碗和炉。皮日休《题惠山泉》诗曰:"马卿消瘦年才有,陆羽茶门近始闲。时借僧炉拾寒叶,自来林下煮潺湲。"④诗人借寺中僧人的茶炉亲自烹茶。以下三首宋诗亦表现了文人在僧寺持茶具饮茶。张镃《灵芝寺避暑因携茶具泛湖共成十绝》:"白发催愁酒量悭,软尘盈袂饮尤难。小童正对茶铛立,堪伴先生入画看。"⑤诗人在灵芝寺携茶具饮茶。陆游《梦游山寺焚香煮茗甚适既觉怅然以诗记之》:"平日居山恨不深,暂来差足慰幽寻。僧归共说道逢虎,院静惟闻风满林。毫盏雪涛驱滞思,篆盘云缕洗尘襟。"⑥诗人梦见在山寺持兔毫盏饮茶。晁补之《次韵苏翰林五日扬州石塔寺烹茶》:"唐来木兰寺,遗迹今未灭。……轻尘散罗曲,乱乳发瓯雪。"⑦诗人在石塔寺用瓯饮茶。蒲寿宬《登北山真武观试泉》表

---

① 裘纪平:《中国茶画》,浙江摄影出版社2014年版,第102—103页。
② 同上书,第112页。
③ (清)彭定求等:《全唐诗》卷356,中华书局1960年版,第4000页。
④ 王重民等:《全唐诗外编》下册,中华书局1982年版,第524页。
⑤ (宋)张镃:《南湖集》卷8,《景印文渊阁四库全书》第1164册,台湾商务印书馆1986年版。
⑥ 北京大学古文献研究所:《全宋诗》卷2241,北京大学出版社1991—1998年版,第24907页。
⑦ 北京大学古文献研究所:《全宋诗》卷1141,北京大学出版社1991—1998年版,第12776页。

香茗雅器：明代茶具与明代社会

现了诗人在道观真武观用瓯饮茶："莫夸阳羡茗，在彼山之巅。莫夸惠山溜，试此山之泉。……泉鲜水活别无法，瓯中沸出酥雪妍。山中道士不识此，弹口咋舌称神仙。"①

在明代，更是留下文人持茶具在僧寮道院中烹茶饮茶的大量记载。明代茶书陆树声《茶寮记》即把僧寮道院作为文人茶事活动适宜的环境之一。《茶寮记》之《五茶候》条曰："凉台静室，明窗曲几，僧寮道院；松风竹月，晏坐行吟，清谭把卷。"②

明代茶书陈师《茶考》记载了他自己在僧寺用茶壶、茶瓯饮茶："予每至山寺，有解事僧烹茶如吴中，置磁壶二小瓯于案，全不用果奉客，随意啜之，可谓知味而雅致者矣。"③

清代茶书《竹炉图咏》辑录了明清时期许多文人有关听松庵竹炉的诗文，其中有些诗文记载了一些文人在听松庵烹饮茶叶的情形。刘弘《复竹茶炉诗卷序》文曰："洪武间，性海真上人道行为时辈推重，尝编竹为炉，体制甚精，仅围尺地许，天地动静，阴阳橐籥之妙，历历可观。侍读学士王公达善、少卿朱公逢吉、中书王公孟端，文字与上人往来其间。至则汲惠泉，煮春茗，累夕后返，山亦因此增重，人才嘉会之一初如此。"④洪武年间，文人王达善、朱逢吉、王绂与听松庵主持性海文字往来，并曾在听松庵用竹炉用惠泉煮茶。盛顒亦撰文记载王绂曾在听松庵用竹炉烹茶："吾乡王友石先生诗画珍于朝野，尝居惠山听松庵，与僧真性海制竹炉煮茶，倡诗传诵迄今。吾侄虞奇其制而仿为之，请予铭其上。"⑤吴宽撰文描述自己曾在听松庵观竹炉、煮惠泉："己亥

---

① （宋）蒲寿宬：《心泉学诗稿》卷3，《景印文渊阁四库全书》第1189册，台湾商务印书馆1986年版。

② （明）陆树声：《茶寮记》，《四库全书存目丛书·子部》第79册，齐鲁书社1997年版。

③ （明）陈师：《茶考》，喻政《茶书》，明万历四十一年刻本。

④ （清）吴钺、刘继增：《竹炉图咏》利集，《锡山先哲丛刊》第1册，凤凰出版社2005年版。

⑤ （清）吴钺、刘继增：《竹炉图咏》元集，《锡山先哲丛刊》第1册，凤凰出版社2005年版。

· 340 ·

第二章　明代的茶具与宫廷、文人和世俗

之春，予过无锡，游惠山，入听松庵，观竹炉，酌第二泉煮茶，尝赋诗纪其事。"① 程敏政曾撰诗文表明自己也曾在听松庵用竹炉烹茶。文曰："惠山听松庵有王舍人孟端竹茶炉，既亡而复得。秦太守廷韶尝求余诗。后余过惠山，庵僧因出此炉，吟赏竟日，盖十余年矣。"诗曰："新茶曾试惠山泉，拂拭筠炉手自煎。……野僧暂挽孤帆住，词客遥分半榻眠。回首旧游如昨日，山中清乐羡君全。"②

许多明代诗歌表现了文人在佛寺道观的环境中用茶具烹饮茶叶。如以下三首诗分别为文人在昭庆寺、天宁寺和真如寺饮茶。王宠《和文待诏怀昭庆寺之作》："明光起草五云边，犹忆同条雪窦禅。花雨石床听说法，竹林茶鼎爱谈玄。"③ 丘吉《寄馆天宁寺》："茶炉吹断鬓丝烟，借得禅林看鹤眠。不道秋风何处起，一堆黄叶寺门前。"④ 许相卿《雨宿真如寺》："夜雨僧斋滞客舆，清灯高榻信吾庐。玄谈种种浮生外，茗碗深深坐醉余。"⑤ 以下两首诗分别为文人在道观扁鹊观、紫阳观饮茶。刘嵩《夜饮扁鹊观同魏炼师坐竹林下》："扁鹊观前清夜游，青衣隔竹送茶瓯。绿阴深巷凉如泻，坐听琼箫转玉楼。"⑥ 董纪《宿紫阳观次韵故人辛好礼题壁三首》："偶然来此问丹砂，坐听松风到日斜。……铁炉火暖煨山药，石鼎茶香试井花。"⑦

文人在寺院饮茶，有时是僧人操作茶具为他们烹煮，也可能是文人亲自用茶具烹茶。以下三首诗为文人在佛寺享用僧人所烹之茶。杨基

---

① （清）吴钺、刘继增：《竹炉图咏》元集，《锡山先哲丛刊》第 1 册，凤凰出版社 2005 年版。
② 同上。
③ （明）钱谷：《吴都文粹续集》卷 29，《景印文渊阁四库全书》第 1385—1386 册，台湾商务印书馆 1986 年版。
④ （清）张玉书、汪霦等：《御定佩文斋咏物诗选》卷 232，《景印文渊阁四库全书》第 1432—1434 册，台湾商务印书馆 1986 年版。
⑤ （明）许相卿：《云村集》卷 2，《景印文渊阁四库全书》第 1272 册，台湾商务印书馆 1986 年版。
⑥ （明）刘嵩：《槎翁诗集》卷 7，《景印文渊阁四库全书》第 1227 册，台湾商务印书馆 1986 年版。
⑦ （明）董纪：《西郊笑端集》卷 1，《景印文渊阁四库全书》第 1231 册，台湾商务印书馆 1986 年版。

♨ 香茗雅器：明代茶具与明代社会

《留题湘江寺》："山僧知我携客至，袈裟钟磬下榻迎。汲泉敲火煮新茗，茶香鼎洁泉甘清。"① 徐溥《僧舍甞茶》："缁流不类玉川家，石鼎风炉自煮茶。徃日品题无客和，先春滋味向谁夸。"② 戴叔伦《题横山寺》："偶入横山寺，湖山景最幽。露涵松翠湿，风涌浪花浮。老衲供茶碗，斜阳送客舟。"③

以下三首诗则为文人用茶具亲自烹饮茶叶。文徵明《煮茶》："绢封阳羡月，瓦缶惠山泉。至味心难忘，闲情手自煎。地炉残雪后，禅榻晚风前。"④ 朱朴《元夕石门邀社饮因雨次韵》："寺前双井汲铜瓶，自煮茶杯与客倾。剩取山林闲岁月，从教云物变阴晴。"⑤ 李汛《登太平兴国寺》："坐当十寺烟霞胜，行纳五溪风雨凉。自拨筠炉烹茗净，手持松帚扫苔荒。"⑥

明代诗歌中文人饮茶的佛寺道观一般处于远离尘俗的山野之中，适应了文人对清幽环境的追求。例如以下三首诗均表现了文人在深山幽谷的寺院环境饮茶。黄汉卿《穹窿山》："何处春山好物华，穹窿山下古烟霞。出林涧水作清语，上树藤枝开紫花。久住老僧如避世，初来尘客懒还家。一尊醉倒东风里，更觅沙锅谷雨茶。"⑦ 伊乘《题尧峰寺苣公山房》："我生素有烟霞癖，笋舆清晲穷幽僻。隔岭犹闻钟磬音，荒苔似断渔樵迹。山居老宿霜满髯，蒲团遮眼看楞严。……人烟旷绝非凡

---

① （明）杨基：《眉庵集》卷3，《景印文渊阁四库全书》第1230册，台湾商务印书馆1986年版。
② （明）曹学佺：《石仓历代诗选》卷389，《景印文渊阁四库全书》第1387—1394册，台湾商务印书馆1986年版。
③ （明）钱谷：《吴都文粹续集》卷32，《景印文渊阁四库全书》第1385—1386册，台湾商务印书馆1986年版。
④ （明）文徵明：《甫田集》卷12，《景印文渊阁四库全书》第1273册，台湾商务印书馆1986年版。
⑤ （明）朱朴：《西村诗集》卷上，《景印文渊阁四库全书》第1273册，台湾商务印书馆1986年版。
⑥ （明）曹学佺：《石仓历代诗选》卷476，《景印文渊阁四库全书》第1387—1394册，台湾商务印书馆1986年版。
⑦ （明）钱谷：《吴都文粹续集》卷20，《景印文渊阁四库全书》第1385—1386册，台湾商务印书馆1986年版。

第二章　明代的茶具与宫廷、文人和世俗

境，石湖倒落晴天影。千年文字留断碑，百尺辘轳牵古井。小童座上送茶瓯，软语接耳炉熏浮。"[1] 陆铨《自祝融峯归至南蓥寺少憩》："南蓥禅阁傍山隈，万木阴森石径回。十里已从云外上，千山初向望中开。松房钟静无人到，石鼎茶香有鹤来。"[2] 以下两首诗表现了文人在深山的道观饮茶。张璨《紫虚观》："紫峰坛上鹤成群，碧洞灵芝产石根。云引昼阴归竹坞，水流春色出花源。药炉伏火仙留诀，茶灶生烟客到门。"[3] 瞿式耜《游虞帝祠次金道隐韵》："祠宇萧疎迥绝尘，孤峰随意著闲人。窥云应傍巢松鹤，破浪终同入釜鳞。茶碗酒铛全部史，风篙月桨一江春。却怜岭峤仍无恙，便托荒岩老此身。"[4]

明代文人持茶具饮茶，还十分欣赏山水自然的环境。早在唐代，文人即常在山水自然中持茶具饮茶。如唐陆羽《茶经》之《九之略》曰："其煮器，若松间石上可坐，则具列废。用槁薪、鼎鬲之属，则风炉、灰承、炭挝、火䇲、交床等废。若瞰泉临涧，则水方、涤方、漉水囊废。若五人已下，茶可末而精者，则罗废。若援藟跻岩，引絙入洞，于山口炙而末之，或纸包合贮，则碾、拂末等废。既瓢、碗、䇲、札、熟盂、鹾簋悉以一筥盛之，则都篮废。"[5] 其中提到了松间石上、瞰泉临涧、援藟跻岩（攀附藤蔓登入山岩）、引絙入洞（拉着粗绳进入山洞）这几种山水自然状态下的饮茶。唐陆龟蒙在自传性质的《甫里先生传》中曰："自为《品第书》一篇，继《茶经》《茶诀》之后。……性不喜与俗人交，虽诣门不得见也。……或寒暑得中，体佳无事时，则乘小

---

[1]（明）钱谷：《吴都文粹续集》卷32，《景印文渊阁四库全书》第1385—1386册，台湾商务印书馆1986年版。

[2]（清）胡文学：《甬上耆旧诗》卷9，《景印文渊阁四库全书》第1256册，台湾商务印书馆1986年版。

[3]（清）张豫章等：《御选明诗》卷73，《景印文渊阁四库全书》第1442—1444册，台湾商务印书馆1986年版。

[4]（清）张豫章等：《御选明诗》卷87，《景印文渊阁四库全书》第1442—1444册，台湾商务印书馆1986年版。

[5]（唐）陆羽：《茶经》卷下《九之略》，《丛书集成新编》第47册，新文丰出版公司1985年版。

舟，设蓬席，赍一束书、茶灶、笔床、钓具、棹船郎而已。"① 陆龟蒙常乘小舟游览江湖，舟中带着书籍、茶灶、笔床和钓具，随时可在水上一边观览胜景，一边烹茶饮茶。以下三首唐诗亦表现了在山水自然中烹茶饮茶。刘言史《与孟郊洛北野泉上煎茶》："粉细越笋芽，野煎寒溪滨。恐乖灵草性，触事皆手亲。敲石取鲜火，撇泉避腥鳞。荧荧爨风铛，拾得坠巢薪。"② 姚合《杏溪十首·杏水》："不与江水接，自出林中央。穿花复远水，一山闻杏香。我来持茗瓯，日屡此来尝。"③ 李德裕《忆平泉杂咏·忆茗芽》："谷中春日暖，渐忆掇茶英。……松花飘鼎泛，兰气入瓯轻。饮罢闲无事，扪萝溪上行。"④

宋代亦有一些诗歌表现了文人在山水自然中持茶具饮茶。苏轼《游惠山·其三》："敲火发山泉，烹茶避林樾。明窗倾紫盏，色味两奇绝。……一瓯谁与共，门外无来辙。"⑤ 朱熹《武夷精舍杂咏·茶灶》："仙翁遗石灶，宛在水中央。饮罢方舟去，茶烟袅细香。"⑥ 袁枢《武夷精舍十咏·茶灶》："摘茗蜕仙岩，汲水潜虬穴。旋然石上灶，轻泛瓯中雪。清风已生腋，芳味犹在舌。何时棹孤舟，来此分余啜。"⑦ 方岳《次韵宋尚书山居十五咏·茶岩》："壑底云香不等雷，便携石鼎与俱来。鹁鸠唤得西溪雨，顿得春从齿颊回。"⑧

明代茶书中有许多文人在山水自然中持茶具烹茶饮茶的内容。如明代茶书朱权《茶谱》曰："虽然，会茶而立器具，不过延客款话而已，

---

① （清）董诰：《全唐文》第9册，中华书局1983年版，第8421页。
② （清）彭定求等：《全唐诗》卷468，中华书局1960年版，第5321页。
③ （清）彭定求等：《全唐诗》卷499，中华书局1960年版，第5674页。
④ （清）彭定求等：《全唐诗》卷475，中华书局1960年版，第5413页。
⑤ 北京大学古文献研究所：《全宋诗》卷831，北京大学出版社1991—1998年版，第9281页。
⑥ 北京大学古文献研究所：《全宋诗》卷2392，北京大学出版社1991—1998年版，第27633页。
⑦ 北京大学古文献研究所：《全宋诗》卷2397，北京大学出版社1991—1998年版，第27720页。
⑧ 北京大学古文献研究所：《全宋诗》卷3222，北京大学出版社1991—1998年版，第38314页。

第二章 明代的茶具与宫廷、文人和世俗

大抵亦有其说焉。……或会于泉石之间，或处于松竹之下，或对皓月清风，或坐明窗静牖，乃与客清谈款话，探虚玄而参造化，清心神而出尘表。"[1] 所谓"泉石之间""松竹之下"也即是在山水自然状态下的饮茶。明代茶书顾元庆《茶谱》附盛虞《王友石竹炉并分封六事》曰："茶具六事分封，悉贮于此，侍从苦节君于泉石山斋亭馆间，执事者故以行省名之。"[2] 所谓"泉石"之间，也即山水自然的环境。陆树声《茶寮记》之《五茶候》条曰："凉台静室，明窗曲几，僧寮道院；松风竹月，晏坐行吟，清谭把卷。"[3] "松风竹月"也是山中的自然环境。许次纾《茶疏》之《出游》和《权宜》二条目描述了文人出游山水自然之中需要准备的茶具和其他器具。《出游》条曰："士人登山临水，必命壶觞。乃茗碗薰炉，置而不问，是徒游于豪举，未托素交也。余欲特制游装，备诸器具，精茗名香，同行异室。茶罂一，注二，铫一，小瓯四，洗一，瓷合一，铜炉一，小面洗一，巾副之，附以香奁、小炉、香囊、匕箸，此为半肩；薄瓮贮水三十斤，为半肩，足矣。"《权宜》条曰："游远地，茶不可少，恐地产不佳，而人鲜好事，不得不随身自将。瓦器重难，又不得不寄贮竹等。茶甫出瓮，焙之。竹器晒干，以箬厚贴，实茶其中。所到之处，即先焙新好瓦瓶，出茶焙燥，贮之瓶中。虽风味不无少减，而气力味尚存。若舟航出入，及非车马修途，仍用瓦缶，毋得但利轻赍，致损灵质。"[4] 田艺蘅《煮泉小品》曰："汲泉道远，必失原味。唐子西云：'茶不问团銙，要之贵新；水不问江井，要之贵活。'又云：'提瓶走龙塘，无数千步，此水宜茶，昔人以为不减清远峡。而海道趋建安，不数日可至，故新茶不过三月至矣。'今据所称，已非嘉赏。盖建安皆碾砣茶，且必三月而始得，不若今之芽茶，于清明、谷雨之前陟采而降煮也。数千步取塘水，较之石泉新汲，左杓右

---

[1] （明）朱权：《茶谱》，《艺海汇函》，明抄本。
[2] （明）顾元庆：《茶谱》，《续修四库全书》第1115册，上海古籍出版社2003年版。
[3] （明）陆树声：《茶寮记》，《四库全书存目丛书·子部》第79册，齐鲁书社1997年版。
[4] （明）许次纾：《茶疏》，《四库全书存目丛书·子部》第79册，齐鲁书社1997年版。

· 345 ·

香茗雅器：明代茶具与明代社会

铛，又何如哉？余尝谓二难具享，诚山居之福者也。"[①] 山居者既可得到活泉，又可得到新茶，所以这是山居之福。文人喜爱山中饮茶，除远离尘俗的心理需要和精神追求外，一定程度也是对好水、佳茶的追求，这二者皆产于山中。

一些明代文人文集中多有有关文人持茶具在山水自然中饮茶的内容。如明文震亨《长物志》之《舟》条记载了文人用来在水上游览的舟中置有茶具，可随时烹茶饮茶。"形如划船，底惟平长，可三丈有余。头阔五尺，分为四仓。中仓可容宾主六人，置卓凳、笔床、酒鎗、鼎彝、盆玩之属，以轻小为贵。前仓可容僮仆四人，置壶榼、茗炉、茶具之属。后仓隔之，以板傍容小弄以便出入。"[②]

明陈继儒《小窗幽记》之《灵》中描述了文人在林中水边持茶具饮茶："箕踞于斑竹林中，徙倚于青矶石上；所有道笈梵书，或校雠四五字，或参讽一两章。茶不甚精，壶亦不燥，香不甚良，灰亦不死；短琴无曲而有弦，长讴无腔而有音。激气发于林樾，好风逆之水涯，若非羲皇以上，定亦嵇、阮之间。"[③] 在竹林中、水岸边，或校书或饮茶或抚琴，相当于历史上嵇康、阮籍一类的高人。

明张岱《陶庵梦忆》之《烟雨楼》条描绘了文人在湖上舟中烹茶饮茶："嘉兴……烟雨楼故自佳。楼襟对莺泽湖，淫淫蒙蒙，时带雨意，长芦高柳，能与湖为浅深。湖多精舫，美人航之，载书画茶酒，与客期于烟雨楼。客至，则载之去，舣舟于烟波缥缈。态度幽闲，茗炉相对，意之所安，经旬不返。"[④]《西湖七月半》亦描绘了文人在湖中观景饮茶："西湖七月半……看七月半之人，以五类看之。……其一，小船

[①] （明）田艺蘅：《煮泉小品》，《四库全书存目丛书·子部》第 80 册，齐鲁书社 1997 年版。

[②] （明）文震亨：《长物志》卷 10，《景印文渊阁四库全书》第 872 册，台湾商务印书馆 1986 年版。

[③] （明）陈继儒：《小窗幽记》卷 4《灵》，中华书局 2017 年版，第 89 页。

[④] （明）张岱：《陶庵梦忆》卷 6，张岱《陶庵梦忆·西湖寻梦》，中华书局 2007 年版，第 76—77 页。

第二章 明代的茶具与宫廷、文人和世俗

轻幌,净几暖炉,茶铛旋煮,素瓷静递,好友佳人,邀月同坐,或匿影树下,或逃嚣里湖,看月而人不见其看月之态,亦不作意看月者,看之。"①

明李日华《六研斋笔记》记述了他曾得到一件王叔远的核舟,雕刻有书卷和茶炉、茶壶等茶具,表现的是文人在水上舟中观景、读书和烹茶的情形。"虞山王叔远有绝巧,能于桃核上雕镌种种,细如毫发,无不明了者。……核舟一,长仅八分,中作篷栊,两面共窗四扇,各有枢,可开合,开则内有栏楯。船首一老皤腹匡坐,左右各一方几一书卷,右几一炉,手中仍挟一册,船尾一人侧坐,一橹置篷上,其一旁有茶炉,下仍一孔,炉上安茶壶一,仍有味有柄,所作人眉目衣折皆具。四窗上每扇二字,曰山高月小水落石出,船底有款王叔远三字。"② 又据明魏学洢《核舟记》:"船头坐三人。中峨冠而多髯者为东坡,佛印居右,鲁直居左。苏黄共阅一手卷。东坡右手执卷端,左手抚鲁直背,鲁直左手执卷末,右手指卷如有所语。……舟尾横卧一楫,楫左右舟子各一人。居右者椎髻仰面,左手倚一衡木,右手攀左趾若啸呼状。居左者右手执蒲葵扇,左手抚炉,炉上有壶,其人视端容寂,若听茶声然。……通计一舟为人者五,为窗者八,为箬篷、为楫、为炉、为壶、为手卷、为念珠者各一……"③ 说明此核舟上所雕刻的人物是宋代著名文人苏轼、黄庭坚以及僧人佛印,另还有两个舟子。此舟虽然所刻为宋代人物,但实际上反映的是明代的情况。

明范濂《云间据目钞》之《陆宗行画舫具茶铛》描绘了文人陆宗行常乘舟游览探奇,舟中置有茶具以备烹饮:"筑室於放鹤滩,杂植名花怪石,箕踞吟啸其中。所咏有'不羁天地阔,无事日月长'之语。

---

① (明)张岱:《陶庵梦忆》卷7,张岱《陶庵梦忆·西湖寻梦》,中华书局2007年版,第83—84页。
② (明)李日华:《六研斋笔记》卷1,《景印文渊阁四库全书》第867册,台湾商务印书馆1986年版。
③ (明)贺复征:《文章辨体汇选》卷588《记二十九》,《景印文渊阁四库全书》第1403册,台湾商务印书馆1986年版。

♨ 香茗雅器：明代茶具与明代社会

公多巧思，常制一画舫，外列文象，内具茶铛、酒灶、六博、棋枰之属。每乘舫探奇，虽穷乡儿妇，咸啧啧呼为家山先生。"①

明唐文凤《梧冈集》之《与道友程惟中书》记录他在山中与友人观赏风景、持盏饮茶："别后岁月荏苒，倏经十年。每想万山修竹苍翠，炉香、茗碗，逍遥静乐，溪山一览，如出人寰，何时复得吟咏于其间也。"② 唐文凤《西溪渔隐记》还描绘了文人永升常携笔床茶灶驾舟水上："永升为人，性识聪敏，雅好山水，而眈于画。……西溪之景则天然之画，有不待毫素可知矣。风晨月夕，驾一叶之舟，青箬绿蓑，笔床茶灶，举以自随。或吮墨以画，或鼓枻而歌，天壤之间有此真乐，而为永升得之，其托于渔岂暂隐乎，抑终隐乎。"③

明何乔新《椒邱文集》之《白云山房记》描绘了文人左赞（桂坡君）常与名流韵士在山中饮茶看云："麻源三谷之胜，自谢康乐播之诗章，凡诵碧涧红泉之句者，皆以不得游为歉。……山东参政讷庵先生，徙居盱城，旧庐故在也。其子广东布政使桂坡君少读书山间，及仕而归，时与名流韵士游焉。挹泉瀹茗，踞石看云，或竟日忘返。"④

明代亦有大量诗歌表现文人在山水自然的环境中持茶具烹茶饮茶，具体有以下几种情况：游山时烹饮、寻泉时烹饮以及览水时烹饮。

明代文人常在游山时烹饮茶水。下举数例。黄辉《游嵩山即事诗》歌咏了诗人在游览嵩山时烹茶："太室少室莲花巾，大熊小熊巢父邻。喜从黄社遭贤令，笑共青山阅过人。茶灶煮来秋月冷，芝篮提去夕阳贫。"⑤ 文徵明《秋日将至金陵，舟泊慧山，同诸友汲泉煮茗

---

① （明）范濂：《云间据目钞》卷1，《丛书集成三编》第83册，新文丰出版公司1997年版。

② （明）唐文凤：《梧冈集》卷10，《景印文渊阁四库全书》第1242册，台湾商务印书馆1986年版。

③ （明）程敏政：《新安文献志》卷16，《景印文渊阁四库全书》第1375—1376册，台湾商务印书馆1986年版。

④ （明）何乔新：《椒邱文集》卷14，《景印文渊阁四库全书》第1249册，台湾商务印书馆1986年版。

⑤ （清）叶封：《嵩阳石刻集记》卷下，《景印文渊阁四库全书》第684册，台湾商务印书馆1986年版。

第二章　明代的茶具与宫廷、文人和世俗

喜而有作》歌咏了在慧山用茶具烹茶："少时阅茶经，水品谓能记。如何百里间，慧泉曾未试。……高情殊未已，纷然各携器。……袖中有先春，活火还手炽。吾生不饮酒，亦自得茗醉。"① 蔡羽《秋日虎丘陪顾台州二首》歌咏了诗人在游览虎丘山时烹茶："石壁开青道，烟霄结紫闾。……霜危沙叶紫，鸟映浦花鲜。展齿临虚磴，茶炉觅冷泉。"② 林廷㭿《游鼓山》歌咏在鼓山烹饮茶水："偶随芳草访禅关，乘兴登临万仞山。……竹篱春暮花犹媚，茶灶烟销鹤自还。"③ 刘珏《陪天全游城西诸山》："琴台石屋恣跻攀，上相襟怀岂等闲。一路儿童皆拍手，几人风雨亦登山。乳泉分入茶垆内，瑶草收来药笼间。直把天平作盘谷，烟霞高卧不知还。"④ 此诗亦歌咏在山中游览时烹饮茶水。

对文人来说，松、竹皆凌冬不凋，有特殊的象征意义，代表着高洁坚贞。文人山中持茶具烹饮茶水特别青睐松、竹的环境。以下几首诗表现了文人在山中的松间竹下烹茶饮茶。高启《林间避暑》："自爱蛮藤滑，闲舒卧石苔。松风催暑去，竹月送凉来。石气生琴荐，泉香入茗杯。"⑤ 顾清《寄寿何以仁御医用匏翁韵》："松间倚几逐阴迁，竹里茶铛扫叶然。老去益知闲有味，丹成不恨世无传。"⑥ 樊阜《题山水图为刘廷信都宪作》："持向檐前再三看，青山突兀云模糊。百尺飞泉落松顶，颠厓倒𪩘晴烟影。……先生指我山之西，茅屋数间依竹低。茶灶藤

---

① （明）文徵明：《文氏五家集・太史诗集》卷3，《景印文渊阁四库全书》第1382册，台湾商务印书馆1986年版。
② （明）钱谷：《吴都文粹续集》卷20，《景印文渊阁四库全书》第1385—1386册，台湾商务印书馆1986年版。
③ （明）曹学佺：《石仓历代诗选》卷463，《景印文渊阁四库全书》第1387—1394册，台湾商务印书馆1986年版。
④ （明）钱谷：《吴都文粹续集》卷19，《景印文渊阁四库全书》第1385—1386册，台湾商务印书馆1986年版。
⑤ （明）高启：《大全集》卷12，《景印文渊阁四库全书》第1230册，台湾商务印书馆1986年版。
⑥ （明）顾清：《东江家藏集》卷8，《景印文渊阁四库全书》第1261册，台湾商务印书馆1986年版。

♨ 香茗雅器：明代茶具与明代社会

床旧栖隐，骚人墨客多留题。"① 马升《游南山》："满径落花鸣好鸟，四围修竹挂清萝。扫松坐石逢僧话，对景题诗得句多。游遍苍崖尘自息，笔床茶灶伴行窝。"② 以下三首诗则表现了文人在山中的松树之间烹饮茶水。徐𤊹《天津道中怀王玉生》："……花下笔床临粉本，松间茶鼎扇青烟。自从南北风尘远，不到东山又几年。"③ 罗鼐《野兴》："山中雨欲来，树杪风先起。犹有试茶人，偶坐松萝里。"④ 蔡复一《茶事咏》："春林过雨净，春鸟带云来。……涤器傍松林，风铛作人语。……山月正依人，垆声初战茗。幽谷淡微云，谡谡松风冷。"⑤ 以下三首诗表现了文人在山中的竹间烹饮茶水。虞谦《游宜兴大涪山追和乡先生史良臣诗韵》："一山都见水，万竹尽含风。石灶茶烟碧，螺杯酒晕红。"⑥ 黄省曾《劳鸣玉读孤园》："读易千岩里，令人想绿萝。……茶灶因泉寄，山经选石磨。竹边樵路熟，霜后拟重过。"⑦ 屠隆《幽居诗》："旭日散林光……水映孤霞明。……但见修竹里，童子理茶铛。"⑧

水是茶事活动中的重要因素，而用于烹茶最好的水为泉水。明代文人往山中游览，其中一个重要目的往往是为了佳泉，而且明代文人普遍认为佳泉如果长途运输口味会大减，远不如在山中就地烹饮。下面的诗

---

① （明）曹学佺：《石仓历代诗选》卷437，《景印文渊阁四库全书》第1387—1394册，台湾商务印书馆1986年版。
② （清）汪森：《粤西诗载》卷16，《景印文渊阁四库全书》第1465册，台湾商务印书馆1986年版。
③ （明）徐𤊹：《幔亭集》卷9，《景印文渊阁四库全书》第1296册，台湾商务印书馆1986年版。
④ （清）朱彝尊：《明诗综》卷30，《景印文渊阁四库全书》第1459—1460册，台湾商务印书馆1986年版。
⑤ （明）喻政：《茶集》之蔡复一《茶事咏》，喻政《茶书》，明万历四十一年刻本。
⑥ （明）曹学佺：《石仓历代诗选》卷331，《景印文渊阁四库全书》第1387—1394册，台湾商务印书馆1986年版。
⑦ （明）曹学佺：《石仓历代诗选》卷501，《景印文渊阁四库全书》第1387—1394册，台湾商务印书馆1986年版。
⑧ （清）张豫章等：《御选明诗》卷30，《景印文渊阁四库全书》第1442—1444册，台湾商务印书馆1986年版。

第二章 明代的茶具与宫廷、文人和世俗

均表现了文人在山中寻泉烹茶。以下两诗反映的是文人在惠山酌惠山泉烹茶。邵惟中《观惠山泉用苏韵》："挠棹傍溪曲，入径松阴苍。泉清眇纤碍，恍临冰雪堂。……茶仙烹小团，竹炉遗芬香。"① 沈周《月夜汲第二泉煮茶松下清啜》："石鼎沸风怜碧绉，瓷瓯盛月看金铺。细吟满啜长松下，若使无诗味亦枯。"② 以下两诗反映的是诗人在邓尉山烹七宝泉饮茶。蔡羽《游邓尉山煮七宝泉》："玉音丁丁竹外闻，璇渊清空出树根。……建州紫磁金叵罗，钱塘新拣龙井茶。……七碗同日倾，茶炉若过铜坑去，石上长罂好自盛。"③ 王宠《七宝泉》："七宝在空翠，谷口桃花流。诸天香雨散，百道白虹浮。……携来双玉瓶，酌以黄金瓯。"④ 以下几首诗分别反映了诗人在悟道泉、虎丘第三泉、玉溜泉、百泉和龙井酌泉烹茶。王宠《酌悟道泉》："名泉真乳穴，滴滴渗云肤。白石支丹鼎，青山调水符。灵仙餐玉法，人世独醒徒。长啸千林竹，清风来五湖。"⑤ 沈周《月夕汲虎丘第三泉煮茶坐松下清啜》："石鼎沸风怜碧绉，磁瓯盛月看金铺。细吟满啜长松下，若使无诗味亦枯。"⑥ 许国《玉溜泉》："水石净娟娟，殊方一洞天。山开一窦小，泉散乱珠悬。……竹瓢分乳液，松鼎起茶烟。"⑦ 杨鹤《春日游百泉王信卿留酌赋别》："碧涧千堆雪，苍烟九叠屏。山光垂倒幔，潭影落空青。……绿宜盛玉碗，白好泻银瓶。"⑧ 胡应麟《武林大雪……入龙井汲泉瀹茗，延赏至暮乃归》："阶前奇石迭层巘，洞底流泉吐深麓。山僧瀹茗作清

---

① （明）醉茶消客：《茶书》，明抄本。
② 同上。
③ （明）钱谷：《吴都文粹续集》卷19，《景印文渊阁四库全书》第1385—1386册，台湾商务印书馆1986年版。
④ 同上。
⑤ （明）醉茶消客：《茶书》，明抄本。
⑥ （明）沈周：《石田诗选》卷2，《景印文渊阁四库全书》第1249册，台湾商务印书馆1986年版。
⑦ （清）张豫章等：《御选明诗》卷93，《景印文渊阁四库全书》第1442—1444册，台湾商务印书馆1986年版。
⑧ （清）张豫章等：《御选明诗》卷94，《景印文渊阁四库全书》第1442—1444册，台湾商务印书馆1986年版。

供，色香味美迥可掬。"①

　　明代文人还常在江河湖泊乘舟游览，携茶具、钓具和书卷文具等观景烹茶，以体现摆脱尘俗、希企隐逸的精神追求。这反映到了诗歌之中。下举数例。唐寅《溪山渔隐图》："茶灶渔竿养野心，水田漠漠树阴阴。太平时节英雄懒，湖海无边草泽深。"②谢迁《湖庄小集次雪湖韵》："摆脱尘羁且共游，茶铛钓具满船头。浮名久负湖山胜，懒性真便水竹幽。"③张宁《为张都阃宗大题画》："斜阳淡淡澄江晚，渚蓼江苹映葭菼。蓬窗风扬钓丝轻，竹炉茗熟茶烟淡。……平生自得江湖趣，不是烟波旧钓徒。"④吴孔嘉《西湖汪然明招同李太虚、钱改斋先辈泛不系园》："潋滟湖光十里横，携将书画订鸥盟。清风明月消闲趣，茗碗香炉寄野情。小椁六桥看系马，孤篷三竺听流莺。"⑤

　　唐代文人陆龟蒙常携茶灶、笔床和钓具在舟中游览江湖，许多明代文人对此极为向往，因此"茶灶笔床"或"笔床茶灶"成为固定搭配的词组进入明代诗歌之中。下举数例。胡奎《寄柴野愚》："野愚钓者近如何，占得溪山雨一蓑。茶灶笔床天上坐，往来浑不怕风波。"⑥陆治《舟行书事》："沧江无数白鸥群，欹枕渔歌杳杳闻。……茶灶笔床舟一叶，布帆影里见斜曛。"⑦陈昌《江湖胜览》："笔床茶灶寄生涯，

---

①（明）胡应麟：《少室山房集》卷25，《景印文渊阁四库全书》第1290册，台湾商务印书馆1986年版。

②（清）梁诗正等：《石渠宝笈》卷15，《景印文渊阁四库全书》第824—825册，台湾商务印书馆1986年版。

③（明）谢迁：《归田稿》卷7，《景印文渊阁四库全书》第1256册，台湾商务印书馆1986年版。

④（明）张宁：《方洲集》卷5，《景印文渊阁四库全书》第1247册，台湾商务印书馆1986年版。

⑤（清）张豫章等：《御选明诗》卷89，《景印文渊阁四库全书》第1442—1444册，台湾商务印书馆1986年版。

⑥（明）胡奎：《斗南老人集》卷5，《景印文渊阁四库全书》第1233册，台湾商务印书馆1986年版。

⑦（清）张豫章等：《御选明诗》卷84，《景印文渊阁四库全书》第1442—1444册，台湾商务印书馆1986年版。

第二章 明代的茶具与宫廷、文人和世俗

来往烟波到处家。帆影拂云过九泽,猿声啼月下三巴。"① 蒋冕《病半月小愈偶书》:"笔床茶灶具轻舟,拟向湘江昼夜浮。大块何心令我病,高人从古与天游。"②

明代亦有许多茶画表现了文人在山水自然中用茶具烹饮茶水的内容。裘纪平《中国茶画》收录明代茶画 103 幅,其中画面为文人在山水自然中烹茶饮茶的就有 42 幅。下举数例。如周臣所绘《品茶图》,在山野的丛林环境中,溪水淙淙流过,两位文人随意地坐在地上,神情闲适,似乎完全摆脱了喧嚣的尘世,一位持卷阅读,另一位转头观察正在溪边弯腰用瓶取水的童子,地上和石上摆放着茶炉、茶铫、水缸、茶壶、茶盏等茶具,明显是随时准备用于烹饮茶水。③ 又如文徵明《惠山茶会图》,据蔡羽《惠山茶会图》,描绘的是正德十三年文徵明与友人王宠、蔡羽、汤珍、王守等人在惠山酌泉烹茶的情形。画面为一片枝干遒劲的松林,画面中间为一井泉,应为惠泉,两文人坐于井边,一人展卷若有所思,另一人若有所言,画面右边为两位文人正在攀谈,沿小径向井泉走来,画面左边为一位文人拱手而立,两位童子正在烹茶,其中一位童子正用火筴在四足炉中拨火,炉上放着铫,炉边的矮桌上摆放着水缸、茶壶和茶盏等器具。④ 又如唐寅《琴士图》,画面中间为两棵巨松,右边为嶙峋的巨石,巨石边有一童子正持扇在茶炉边烹茶,炉边的案上摆放着水缸、茶壶和茶盏等茶具以及笔、砚等文具,画面左边为溪流从山涧冲泻而下,就着水鸣,一文人盘坐在地抚琴,似有出尘之态,地上摆放着茶具和香具,另有两位童子立于近侧。⑤ 又如李士达《坐听松风图》,远处为起伏的群山,近处是数棵高耸的松树,松下一文人正神态潇洒地坐于巨石旁,观察着为其服役的四位童仆,一位正在采摘传

---

① (明)曹学佺:《石仓历代诗选》卷400,《景印文渊阁四库全书》第1387—1394册,台湾商务印书馆1986年版。
② (明)曹学佺:《石仓历代诗选》卷432,《景印文渊阁四库全书》第1387—1394册,台湾商务印书馆1986年版。
③ 裘纪平:《中国茶画》,浙江摄影出版社2014年版,第78页。
④ 同上书,第91页。
⑤ 同上书,第102—103页。

❀ 香茗雅器：明代茶具与明代社会

说可延年益寿的灵芝，另一位正在打开成捆的画卷以备主人欣赏，还有两人正在三足茶炉边烹茶，回望主人，似乎随时听候主人吩咐。此图名为《坐听松风图》，一语双关，既指松林之风，也喻指烹茶时茶铫中发出的水声，类似于松风。① 再如尤求《钓船享茗》，江水边垂柳依依，水面上有一舟随水波飘荡，船头一文人正持杆垂钓，身旁置有茶盏、笔砚和画卷，船篷中摆放着琴和图书，船尾一童仆持桨驾船，近旁放置着用来烹茶的茶灶，整个画面十分符合唐陆龟蒙在《甫里先生传》中描述的意境，"乘小舟，设蓬席，赍一束书、茶灶、笔床、钓具、棹船郎而已"，历代文人对此十分向往，以表达远离尘俗、悠闲自在的精神追求。②

五　茶具与文人饮茶的伴侣

明代文人持茶具饮茶，十分注重饮茶的伴侣，总体而言，他们欣赏的茶侣是文人学士、隐逸之人和僧道之徒。

明代茶书中有许多文人持茶具饮茶涉及饮茶伴侣的内容。如明朱权所著茶书《茶谱》曰："予故取亨茶之法，末茶之具，崇新改易，自成一家。为云海餐霞服日之士，共乐斯事也。虽然，会茶而立器具，不过延客款话而已，大抵亦有其说焉。凡鸾俦鹤侣，骚人羽客，皆能志绝尘境，栖神物外，不伍于世流，不污于时俗。……命一童子设香案，携茶炉于前；一童子出茶具，以瓢汲清泉注于瓶而炊之。……饮毕，童子接瓯而退。话久情长，礼陈再三，遂出琴棋，陈笔研。或庚歌，或鼓琴，或弈棋，寄形物外，与世相忘。"③ 朱权所谓"云海餐霞服日之士""鸾俦鹤侣""骚人羽客"也即文人学士、隐逸之士和修道之人，他们在一起用茶具饮茶，另外还唱歌、鼓琴和弈棋，以追求超凡脱俗的境界。

---

① 裘纪平：《中国茶画》，浙江摄影出版社2014年版，第128页。
② 同上书，第135页。
③ （明）朱权：《茶谱》，《艺海汇函》，明抄本。

第二章　明代的茶具与宫廷、文人和世俗

　　明陆树声所著茶书《茶寮记》中欣赏的茶侣总体而言也是文人学士、隐逸之人和僧道之徒。《茶寮记》曰："园居敞小寮于啸轩埤垣之西。中设茶灶，凡瓢汲罂注、濯拂之具咸庀。……其禅客过从予者，每与余相对结跏趺坐，啜茗汁，举无生话。终南僧明亮者，近从天池来，饷余天池苦茶，授余烹点法甚细。……时杪秋既望，适园无诤居士与五台僧演镇、终南僧明亮，同试天池茶于茶寮中。"陆树声在适园中与僧人演镇、明亮用茶具烹试茶叶。《一人品》条曰："煎茶非漫浪，要须其人与茶品相得。故其法每传于高流隐逸、有云霞泉石磊块胸次间者。"所谓"高流隐逸、有云霞泉石磊块胸次间者"也即隐逸之士，没有世俗气息的高人。《六茶侣》条曰："翰卿墨客，缁流羽士，逸老散人，或轩冕之徒，超轶世味。"① 所谓"翰卿墨客，缁流羽士，逸老散人"分别是文人墨客、僧道之徒和隐逸之士，即使为官之人（轩冕之徒），也应没有世俗气息。

　　明黄龙德所著茶书《茶说》亦对文人持茶具饮茶的茶侣有一定论述。《六之汤》条曰："余友吴润卿，隐居秦淮，适情茶政，品泉有又新之奇，候汤得鸿渐之妙，可谓当今之绝技者也。"作为黄龙德茶侣的吴润卿是隐士。《八之侣》条曰："茶灶疏烟，松涛盈耳，独烹独啜，故自有一种乐趣。又不若与高人论道、词客聊诗、黄冠谈玄、缁衣讲禅、知己论心、散人说鬼之为愈也。对此佳宾，躬为茗事，七碗下咽而两腋清风顿起矣。较之独啜，更觉神怡。"② 黄龙德认为饮茶独啜虽然也是一种情趣，但不如与合适的茶侣在一起更为心旷神怡，这些茶侣有高人（世外之人）、词客（文人）、黄冠（道徒）、缁衣（僧人）等。

　　明万邦宁在其所编《茗史》的序言《茗史小引》曰："余癖嗜茗，尝舣舟接它泉，或抱瓮贮梅水。二三朋侪，羽客缁流，剥击竹户，聚话

---

① （明）陆树声：《茶寮记》，《四库全书存目丛书·子部》第79册，齐鲁书社1997年版。
② （明）黄龙德：《茶说》，《中国古代茶道秘本五十种》第1册，全国图书馆文献缩微复制中心2003年版。

香茗雅器：明代茶具与明代社会

无生，余必躬治茗碗，以佐幽韵。固有'烟起茶铛我自炊'之句。"① 万邦宁提到的茶侣"二三朋侪"应是文人学士，"羽客缁流"分别是道士和僧人。

明黄履道所编茶书《茶苑》②引冒襄《斗茶观菊图记》云："客秋，世友金沙张无放秉铎来皋，其令坦名士于象明携茶来，绝妙。……秋间，又有吴门七十四老人朱汝圭携茶过访。茶与象明颇同，多花香一种。汝圭之嗜茶，自幼如世人之结斋于胎。……啸傲瓯香，晨夕涤磁、洗叶、啜美，无休指爪齿牙，与语言激扬，赞颂之津津，恒有喜色，与茶相长养。直奇癖也。……今喜得臭味同心如两君者，时陶满篱，移植数百株于悬溜山之上下，陈邹愚谷先生所用龚春宝鼎壶，及宛姬九年手拭旃檀美人、六觚处士二小壶，杂置名磁，延两君与水绘庵诗画诸友，斗茶观菊于枕烟亭。……象明之为人，芝兰金石，惟茶是视。汝圭尚日能健走六七十里，与余先为十年茶约。……安知天上茶星，人间茶神。非吾辈精灵所托也！"③ 文中冒襄的茶侣于象明、朱汝奎均为文人学士，皆是极喜饮茶之人，他们会同其他友人用紫砂壶以及名瓷在一起烹饮茶水。

明人文集中亦有大量文人持茶具与茶侣饮茶的内容，这些茶侣亦多为文人、隐士和僧道。

如元末明初人王彝《王常宗集》之《衍师文藁序》曰："至正间，余被围吴之北郭，渤海高君启、介休王君行、浔阳张君羽、郯郡徐君贲日夕相嬉游，而方外之士得一人焉曰道衍师，其为古歌诗往往与高徐数君相上下。是时，余所居鹳市聚首辄啜茗坐树下，哦诗论文。"④ 此文中王彝的茶侣有文人高君启、王君行、张君羽、徐君贲，另还有僧人道衍。

---

① （明）万邦宁：《茗史》，《四库全书存目丛书·子部》第79册，齐鲁书社1997年版。
② 编撰《茶苑》的黄履道主要生活于明代成化、弘治年间，但《斗茶观菊图记》的作者冒襄（字辟疆）是明末清初人，因此《斗茶观菊图记》应是清初其他文人增补的内容。
③ （明）黄履道：《茶苑》卷14，清抄本。
④ （明）王彝：《王常宗集》卷2，《景印文渊阁四库全书》第1229册，台湾商务印书馆1986年版。

· 356 ·

第二章　明代的茶具与宫廷、文人和世俗

钱宰《临安集》之《煮雪轩记》曰："西江汪季子筑室于别墅，落成之日，玄云蔽江，朔风号寒，大雪布遥野。适匡庐山道士葛公子虚、九江浮屠无人过季子，相与谈玄。……季子索许旌阳烧丹灶、轩辕弥明煮茶石鼎、伐桂树枝与二客蹑屐中庭，斫白雪纳鼎铛瀹茗而煮之。……无人作煮雪偈，子虚作步虚声歌，阳春白雪之谣，其高洁之操为何如耶？雪且霁，二客别去，季子过余请纪其事，以为雪中嘉话。"① 汪季子在煮雪轩中用茶炉（许旌阳烧丹灶）、茶铫（轩辕弥明煮茶石鼎）煮雪烹茶，茶侣为道士葛子虚、僧人无人。

王直《抑庵文后集》之《廖先生墓志铭》曰："忆前七八年，予为翰林修撰，在北京，先生亦以考绩诣行在，而主于予万宝坊之官舍。时天甚寒，予与先生及仪仲三人者，每围炉至夜分，煮茗而啜之，谈谐笑嬉不啻如骨肉。及去，予赠诗十章，自此不再见，然皆相忆不忘也。"② 王直与廖先生以及仪仲三人皆为文人，他们常在一起煮茶夜谈，互为茶侣。

王鏊《震泽集》之《封奉直大夫礼部员外郎吴府君墓表》曰："宜兴有逸人焉，氏吴纶，讳大本，字风神。…………扁舟往来吴越间，必载鹤鹿自随，至丛林穷壑、修篁灌木，辄憩终日。……偏嗜茗饮……其掇之必晴，藏之必温，烹之必法，有茶经所不载，其炉、灶、融鬲、灰承、炭樐、火筴之属，亦皆精绝古雅、甚自贵重。坐客四五人，勺少许沫饽，纷馥，三四啜已，罄，必啜者有余思始复进，终亦不令饫也。……余昔过宜兴，与君邂逅荆溪间。……余归吴，贻予茶炉、茶灶，已，又贻驯鹿一岂，以余同隐逸之志耶？君虽有封号之荣，而其履历风致则古隐君子之流也。"③ 王鏊以吴大本为茶侣，他极为嗜茶，茶

---

① （明）钱宰：《临安集》卷5，《景印文渊阁四库全书》第1229册，台湾商务印书馆1986年版。
② （明）王直：《抑庵文集·后集》卷30，《景印文渊阁四库全书》第1241—1242册，台湾商务印书馆1986年版。
③ （明）王鏊：《震泽集》卷26，《景印文渊阁四库全书》第1256册，台湾商务印书馆1986年版。

☕ 香茗雅器：明代茶具与明代社会

具精绝，甚至向王鏊赠送茶具（茶炉、茶灶）和驯鹿，吴大本为隐逸之人，茶事是他隐逸生活的重要组成部分。

王立道《具茨文集》曰："大夫曰：夫乌程御荈，蒙顶真茶。摘以春旗，焙以冬牙。筐以文竹，沃以金沙。龙团雀舌，隐如蒸霞。尔乃斸石，罅之清液。收山谷之精英，汤鼎旋瀹。瓷瓯细倾，香浮白花。光沦绿尘，可以释滞，可以通灵。则有江湖逸士，缙绅先生，相与掇庄老之浮谈。驾孔墨之遗评，左挥尘，右操觚，扬眉扼掔，鼓吻风生。……此真谈说之乐也，子岂有取于是乎？"① 江湖逸士是指隐逸之人，缙绅先生一般也都是文人。他们互为茶侣，文中表现了他们用鼎烹茶，用瓯啜茶，在一起高谈阔论。

袁宏道《袁中郎随笔》曰："余友麻城丘长孺，东游吴会，载惠山泉三十坛之团风。长孺先归，命仆辈担回。仆辈恶其重也，随倾於江。至到灌河，始取山泉水盈之。长孺不知，矜重甚。次日，即邀城中诸好事尝水。诸好事如期皆来，团坐斋中，甚有喜色。出尊，取磁瓯盛少许，递相议，然后饮之。嗅玩经时，始细嚼咽下喉中，汩汩有声，乃相视而叹曰：'美哉！水也！非长孺高兴，吾辈此生何缘得饮此水？'皆叹羡不置而去。半月后，诸仆相争，互发其私事。长孺大恚，逐其仆。诸好事之饮水者，闻之愧叹而已。"② 文人饮茶，极其重水。作为丘长孺茶侣被邀来尝水的"诸好事"也皆为文人，他们在一起用瓷瓯递相议论饮水，可以想见他们必然也会用茶具烹茶饮用。

明贺复征《文章辨体彚选》之袁宏道《高梁桥游记》曰："高梁桥在西直门外，京师最胜地也。……游人当春盛时，城中士女云集，缙绅士大夫非甚不暇未有不一至其地者也。三月一日偕王生章甫、僧寂子出游，时柳梢新翠，山色微岚，水与堤平，丝管夹岸。跌坐古根上，茗饮

---

① （明）王立道：《具茨纹集》卷6，《景印文渊阁四库全书》第1277册，台湾商务印书馆1986年版。

② （明）袁宏道：《袁中郎随笔》，上海中央书店1936年版，第1—2页。

第二章 明代的茶具与宫廷、文人和世俗

以为酒,浪纹树影以为侑,鱼鸟之飞沈、人物之往来以为戏具,堤上游人见三人枯坐树下若痴禅者,皆相视以为笑,而余等亦窃谓彼筵中人喧嚣怒诟,山情水意了不相属,于乐何有也。"① 此文中袁宏道的茶侣有文人王章甫和僧人寂子。

明贺复征《文章辨体汇选》之魏学洢《核舟记》曰:"明有奇巧人曰王叔远……尝贻余核舟一,盖大苏泛赤壁云。……船头坐三人。中峨冠而多髯者为东坡,佛印居右,鲁直居左。苏黄共阅一手卷。……舟尾横卧一楫,楫左右舟子各一人。……居左者右手执蒲葵扇,左手抚炉,炉上有壶,其人视端容寂,若听茶声然。……通计一舟为人者五,为窗者八,为箬篷、为楫、为炉、为壶、为手卷、为念珠者各一……"② 此核舟雕刻的内容是宋代苏轼泛舟赤壁,船上茶具有炉、壶等,苏轼的茶侣有文人黄庭坚和僧人佛印。此舟雕刻的虽是宋代人物,但反映的是其实是明代人的观念,最佳茶侣为文人和僧人。

明代诗歌中亦有大量内容反映文人持茶具与茶侣饮茶的内容。下举数例。陶安《赠孙希孟》诗曰:"孤怀轩豁无滞碍,四坐友朋闻笑谈。苦茗瓯中水清冽,绿槐枝上日西南。"③ 诗中的茶侣为"四坐友朋"。王翰《雪夜茗会》诗曰:"时惟朋侪临,杖屦造门径。开门延客入,拜揖须展敬。土炉火新炽,石鼎安欲正。……盏箪涤已洁,盘托拭更净。"④ 诗中茶侣是"朋侪"。祝允明《茗碗铭》诗曰:"紫腴翠涛,皓碗玄盘,我有嘉宾,礼乐兹先。"⑤ 诗中茶侣是"嘉宾"。李叔玉《六平山》诗曰:"喜兹洛社宾朋集,爱此林泉吏隐兼。……石鼎联诗茶共啜,瓦炉

---

① (明)贺复征:《文章辨体汇选》卷579《记二十》,《景印文渊阁四库全书》第1403册,台湾商务印书馆1986年版。
② (明)贺复征:《文章辨体汇选》卷588《记二十九》,《景印文渊阁四库全书》第1403册,台湾商务印书馆1986年版。
③ (明)陶安:《陶学士集》卷6,《景印文渊阁四库全书》第1225册,台湾商务印书馆1986年版。
④ (明)王翰:《梁园寓稿》卷1,《景印文渊阁四库全书》第1233册,台湾商务印书馆1986年版。
⑤ (明)祝允明:《怀星堂集》卷9,《景印文渊阁四库全书》第1260册,台湾商务印书馆1986年版。

煎酒火频添。"① 诗中茶侣是"宾朋"。

　　明诗中文人的茶侣亦可分为文人学士、隐逸之人和僧道之徒。在明代文人所作诗歌中，文人互为茶侣持茶具饮茶同时进行的活动往往还有作诗、清谈、观景和试泉等。以下几首诗中文人互为茶侣作诗。李昱《寿日燕胡伯弘昆仲家》："胡家兄弟出名门，朝夕留宾礼意敦。……石鼎煮茶过夜半，少陵诗法正烦论。"② 诗人与胡家兄弟饮茶作诗。邱浚《冬夜》："铁砚烘冰研墨，瓦炉化雪烹茶，月下忽来诗友，窗前只欠梅花。"③ 诗人与诗友饮茶。文徵明《相城会宜兴王德昭为烹阳羡茶》："地炉相对语离离，旋洗砂瓶煮涧澌。……枯肠最是搜诗苦，醉眼翻怜得卧迟。"④ 文徵明与王德昭互为茶侣赋诗饮茶。徐燉《二月晦日同喻叔虞、张绍和、郭汝承集商孟和玄旷山房分得岩字》："春草芊芊丝未荑，别开芳墅隔尘凡。……携来茗碗堪供客，新启旗枪白绢缄。"⑤ 徐燉与诗题中的喻叔虞等人饮茶作诗。

　　下面几首诗为文人互为茶侣清谈。苏伯厚《偕诸公斋宿听琴作》："炉熏轻烟袅，烛花红烬落。……清谈杂今古，亦足资一噱。相对竟忘眠，更取茶瓯瀹。"⑥ 徐渭《鹧鸪天·竹炉汤沸火初红》："客来寒夜话头频，路滑难沽曲米春。……倾七碗，对三人。"⑦ 王宠《和文侍诏怀昭庆寺之作》："明光起草五云边，犹忆同氽雪窦禅。花雨石床听说法，

---

① （明）曹学佺：《石仓历代诗选》卷444，《景印文渊阁四库全书》第1387—1394册，台湾商务印书馆1986年版。
② （明）李昱：《草阁诗集》卷5，《景印文渊阁四库全书》第1232册，台湾商务印书馆1986年版。
③ （明）邱浚：《重编琼台稿》卷4，《景印文渊阁四库全书》第1248册，台湾商务印书馆1986年版。
④ （明）文徵明：《文徵明集》卷8，上海古籍出版社1987年版，第183页。
⑤ （清）张豫章等：《御选明诗》卷86，《景印文渊阁四库全书》第1442—1444册，台湾商务印书馆1986年版。
⑥ （清）张豫章等：《御选明诗》卷20，《景印文渊阁四库全书》第1442—1444册，台湾商务印书馆1986年版。
⑦ （明）徐渭：《青藤书屋文集》卷13，《丛书集成初编》第2156—2160册，中华书局1985年版。

第二章 明代的茶具与宫廷、文人和世俗

竹林茶鼎爱谈玄。"① 谋㙔《就鹫峰寺宿，同喻宣仲、王曰常、郭伏生作》："鹫岭幽僧借竹房，熏笼茗碗坐绳床。夜长何必求归梦，冻雨疎灯话故乡。"②

以下几首诗表现文人互为茶侣观景。李东阳《游城西故赵尚书果园，与萧文明、李士常、陈玉汝、潘时用倡和四首》："官曹无计可招寻，坐爱林风满素襟。……花蹊柳径稀疎见，茗碗冰壶次第斟。"③ 费宷《长至斋居和荅太常盛程斋、少常胡九鸾》："郭外千峰列画屏，卷帘相对坐虚庭。冻痕尚觉孤梅瘦，秋色犹余万竹青。……轻瓷茗饮清何极，羽客敲冰贮玉瓶。"④ 吴孔嘉《西湖汪然明招同李太虚、钱改斋先辈泛不系园》："潋滟湖光十里横，携将书画订鸥盟。清风明月消闲趣，茗碗香炉寄野情。……荷香处处催诗兴，一片涵空麦浪生。"⑤ 赵南星《壬子仲春，与梁升吉、徐新周、汪景从、吴昌期及其子贞复游沸上，取水烹茶》："命侣游南郊，乃至沸之干。……水落出平沙，中为新月湾。抽蒲此偶坐，西睇太行山。浅流开明镜，绮波生其间。童子负茶鼎，烹之莹心颜。"⑥

下面数首诗反映文人互为茶侣试泉。邵宝《寄吴嗣业》："茶香邻酒国，知味各称仙。何日携茶具，云山共我泉。"⑦ 孙继皋《贾弘庵观察山园社集玉兰花下得南字》："莺花二月满江南，选胜开尊此地

---

① （明）曹学佺：《石仓历代诗选》卷504，《景印文渊阁四库全书》第1387—1394册，台湾商务印书馆1986年版。
② （清）张豫章等：《御选明诗》卷2，《景印文渊阁四库全书》第1442—1444册，台湾商务印书馆1986年版。
③ （清）张豫章等：《御选明诗》卷75，《景印文渊阁四库全书》第1442—1444册，台湾商务印书馆1986年版。
④ （清）张豫章等：《御选明诗》卷79，《景印文渊阁四库全书》第1442—1444册，台湾商务印书馆1986年版。
⑤ （清）张豫章等：《御选明诗》卷89，《景印文渊阁四库全书》第1442—1444册，台湾商务印书馆1986年版。
⑥ （清）朱彝尊：《明诗综》卷57，《景印文渊阁四库全书》第1459—1460册，台湾商务印书馆1986年版。
⑦ （明）邵宝：《容春堂前集》卷5，《景印文渊阁四库全书》第1258册，台湾商务印书馆1986年版。

香茗雅器：明代茶具与明代社会

堪。……人醉瑶林归路晚，还携茗碗试甘泉。"① 杨守址《陈方伯邀观惠山泉》："古庙三贤在，方塘一鉴开。水流螭吻出，源发鹭鸶来。树影波心见，茶香云外栽。竹炉有风味，醒却紫霞杯。"② 文徵明《三月晦徐少宰同游虎丘》："水嚙沧池消剑气，云封白日护经台。一樽不负探幽兴，更试三泉覆茗杯。"③

隐逸之人亦是明代诗歌中文人欣赏的茶侣。下举数例。杨旦《和许天锡司谏过李处士山居》："萝径松关自一家，羡君雅志厌纷华。……约伴荷鉏方剷笋，呼僮支鼎旋烹茶。"④ 诗中李处士是隐逸之人。孙承恩《出郭访隐士》："山毂野藪频行酒，石鼎松根细煮茶。不尽留连还别去，夕阳天际已归鸦。"⑤ 此诗中诗人寻访隐士饮茶。刘泰《寄沈大经》："吴山山下隐君家，静掩柴荆绝市哗。……借书不受银瓶酒，待客惟烹石鼎茶。"⑥ 沈大经为与诗人饮茶的隐士（隐君）。王偁《寄鸣秋赵山人兼似幻居闲士》："石桥低覆薜萝阴，涧户虚窗忆醉吟。书寄远公林下偈，调高中散竹边琴。药栏春去啼禽换，茶灶秋来落叶深。"⑦ 诗中的赵山人为隐士，诗人将之比作魏晋时期的避世的僧人慧远和隐逸的士人嵇康。吴宽《饮阳羡茶》："今年阳羡山中品，此日倾来始满瓯。……自得山人传妙诀，一时风味压南州（吴大本尝论煎茶法）。"⑧ 诗中吴大本

---

① （明）孙继皋：《宗伯集》卷10，《景印文渊阁四库全书》第1291册，台湾商务印书馆1986年版。
② （明）曹学佺：《石仓历代诗选》卷428，《景印文渊阁四库全书》第1387—1394册，台湾商务印书馆1986年版。
③ （明）文徵明：《文氏五家集·太史诗集》卷6，《景印文渊阁四库全书》第1382册，台湾商务印书馆1986年版。
④ （明）曹学佺：《石仓历代诗选》卷451，《景印文渊阁四库全书》第1387—1394册，台湾商务印书馆1986年版。
⑤ （明）孙承恩：《文简集》卷22，《景印文渊阁四库全书》第1271册，台湾商务印书馆1986年版。
⑥ （明）曹学佺：《石仓历代诗选》卷487，《景印文渊阁四库全书》第1387—1394册，台湾商务印书馆1986年版。
⑦ （明）袁表、马荧：《闽中十子诗》卷26《王检讨集五》，《景印文渊阁四库全书》第1372册，台湾商务印书馆1986年版。
⑧ （明）吴宽：《家藏集》卷24，《景印文渊阁四库全书》第1255册，台湾商务印书馆1986年版。

第二章　明代的茶具与宫廷、文人和世俗

为隐逸之人（山人）。文徵明诗曰："落落高松下午阴，静闻飞涧激清音。幽人相对无余事，啜罢茶瓯再鼓琴。"① 诗中"幽人"为隐逸之人。方豪《品泉行》："君不见吴中之水平不流，聚污积垢难入瓯。……瓦屋山人极幽讨，偶来丘下酌尔好。……从此飞埃不可干，茶铛滋味真绝倒。"② 诗中的"瓦屋山人"为隐逸之人。

明代茶诗中文人也常与僧道之徒持茶具饮茶，僧人道士是文人欣赏的茶侣。明盛时泰《大城山房十咏·茶宾》诗十分典型："枯木山中道士，绿萝庵里高僧。一笑人间白尘，相逢时后丹经。"③ 此诗将高僧与道士作为饮茶时最受欢迎的宾客。

以下几首诗中文人饮茶的茶侣皆为僧人。蓝仁《雨中会云松无善宿西山》表现了诗人与僧人云松饮茶、深谈以及赋诗："茅屋闭门惭旧隐，松窗下榻集群贤。茶瓯款话更深后，诗卷分题烛影前。"④ 王绂《悼松庵性海师》回忆了自己与僧人性海在一起听雨、饮茶的时光："方外交情师最优，寻常相见即相留。蒲团对坐听松雨，茶具同携瀹碉流。……固知去住皆虚幻，顾我能无感旧游。"⑤ 胡奎《春夜遇雨宿辰州古寺》表现了诗人与老僧在一起烹茶听雨："春愁如海夜如年，茶鼎分泉手自煎。白发老僧同听雨，就床相伴佛镫眠。"⑥ 范景文《秋杪二日招诸友集静远堂分得门字，时扈芷、天游二上人新至》表现诸友人与僧人扈芷、天游在一起品茶赋诗："共挹高秋色，茗杯远意存。囊云来古涧，绘雪艳端门。"⑦

---

①（清）卞永誉：《书画彙考》卷24，《景印文渊阁四库全书》第827—829册，台湾商务印书馆1986年版。

②（明）醉茶消客：《茶书》，明抄本。

③ 同上。

④（明）蓝仁：《蓝山集》卷5，《景印文渊阁四库全书》第1229册，台湾商务印书馆1986年版。

⑤（明）王绂：《王舍人诗集》卷4，《景印文渊阁四库全书》第1237册，台湾商务印书馆1986年版。

⑥（明）胡奎：《斗南老人集》卷5，《景印文渊阁四库全书》第1233册，台湾商务印书馆1986年版。

⑦（明）范景文：《文忠集》卷11，《景印文渊阁四库全书》第1295册，台湾商务印书馆1986年版。

香茗雅器：明代茶具与明代社会

以下三首诗分别表现诗人与僧人西生上人、初上人和传上人在一起烹茶饮茶。李流芳《同西生上人泛舟两堤题画》："茶熟香微冷竹炉，芙蓉的的向人孤。谁能蘸笔西湖里，貌出孤山宝石图。"① 浦原《重居寺雨后次初上人韵》："空庭修竹响琅琅，夜坐高斋语对床。茶灶有泉分古涧，寺门无树掩寒塘。"② 徐贲《晚过广福精舍访傅上人》："幽鸟不缘留客语，闲僧方自施经归。移来片石安茶器，分得孤云补衲衣。"③

以下几首诗中文人饮茶的茶侣皆为道士。陈颢《次韵答张道士》表现诗人与张道士赋诗饮茶："诗瓢寒挂月，丹灶暖生烟。谢俗怡清淡，探玄论白坚。何时造林下，煮茗试山泉。"④ 文嘉《羽客载茗》："路出华阳远，冠犹碧玉低。轻舠载茶具，送我过荆溪。"⑤ "羽客"即为道士，诗人与道士在舟中茶具饮茶。以下几首诗分别表现了文人与道士分别在道观玄真观、太平观、紫虚观和扁鹊观中烹茶饮茶。王冕《玄真观》："青冈直上玄真观，即是人间小洞天。……仙客相逢更潇洒，煮茶烧竹夜谈玄。"⑥ 黄希英《到太平观》："鞅掌人间世，仙都偶此游。竹林晴翠重，茶灶紫烟浮。……羽人多逸兴，携我上山头。"⑦ 张灿《紫虚观》："紫峰坛上鹤成群，碧洞灵芝产石根。……药炉伏火仙留诀，茶灶生烟客到门。欲就上清传宝箓，未知何日谢尘喧。"⑧ 刘

---

① （明）李流芳：《檀园集》卷6，《景印文渊阁四库全书》第1295册，台湾商务印书馆1986年版。
② （明）曹学佺：《石仓历代诗选》卷297，《景印文渊阁四库全书》第1387—1394册，台湾商务印书馆1986年版。
③ （清）张豫章等：《御选明诗》卷69，《景印文渊阁四库全书》第1442—1444册，台湾商务印书馆1986年版。
④ （明）曹学佺：《石仓历代诗选》卷341，《景印文渊阁四库全书》第1387—1394册，台湾商务印书馆1986年版。
⑤ （明）曹学佺：《石仓历代诗选》卷499，《景印文渊阁四库全书》第1387—1394册，台湾商务印书馆1986年版。
⑥ （明）王冕：《竹斋集》卷上，《景印文渊阁四库全书》第1233册，台湾商务印书馆1986年版。
⑦ （明）曹学佺：《石仓历代诗选》卷477，《景印文渊阁四库全书》第1387—1394册，台湾商务印书馆1986年版。
⑧ （明）曹学佺：《石仓历代诗选》卷377，《景印文渊阁四库全书》第1387—1394册，台湾商务印书馆1986年版。

第二章　明代的茶具与宫廷、文人和世俗

嵩《夜饮扁鹊观同魏炼师坐竹林下》："扁鹊观前清夜游，青衣隔竹送茶瓯。绿阴深巷凉如泻，坐听琼箫转玉楼。"①

明代有大量茶画描绘了文人持茶具饮茶，这些茶画中虽有些是文人悠然自得独饮，但大多有饮茶伴侣。裘纪平《中国茶画》收录明代茶画103幅，其中表现了文人饮茶的有96幅，这96幅画中文人独饮的有32幅（单个文人在童仆的服侍下饮茶亦为独饮），饮茶伴侣也是文人的51幅，茶侣为僧人的4幅，饮茶伴侣既有文人又有僧人的4幅，茶侣为妇人的5幅。表现文人饮茶的绘画作品中文人独饮的约占三分之一。如文徵明《乔林煮茗图》，在图中怪石、古树和流水的环境中，一文人独自倚坐于树，斯正欣赏风景，溪边有一童子正在茶炉边烹茶。②又如唐寅《品茶图》，在巨石和树林边，有茅屋两间，有一文人正独自坐在屋中，观察童子在炉边烹茶，童子回首，似在回答主人的问询。③又如仇英《玉洞仙源图》，群峰巍峨，云雾飘荡其间，一文人坐于松林下、涧水边，正凝神抚琴，另有童子在茶炉边正持扇为主人烹茶，桌上摆着茶壶和茶盏，整个画面仙气盎然。④有关文人饮茶的绘画，大多并非独饮，而是有饮茶伴侣，其中文人互为茶侣的情况最多。如仇英《烹茶论画图》，画面中有松柏、巨石和宽阔的水面，江边两位文人席地而坐，正在欣赏绘画作品，神态潇洒，如出尘外，树下有童子正在茶炉边为他们烹茶，桌上摆放着茶壶、水缸等茶具⑤（图2-3）。又如文嘉《惠山图》，在丛篁、松柏和怪石的环绕中，在惠山泉旁，四位文人或席地对谈，或站立观望，童子用竹炉烹茶，桌上摆放着壶盏。⑥又如钱谷《竹亭对棋图》，在松篁、芭蕉之间有一竹亭，亭中两位文人正在弈棋，两童子侍立于旁，茶炉上搁着提梁壶正在烹茶。再如邵徵《松岳

---

① （明）刘嵩：《槎翁诗集》卷7，《景印文渊阁四库全书》第1227册，台湾商务印书馆1986年版。
② 裘纪平：《中国茶画》，浙江摄影出版社2014年版，第88页。
③ 同上书，第100页。
④ 同上书，第107页。
⑤ 同上书，第110页。
⑥ 同上书，第116页。

♨ 香茗雅器：明代茶具与明代社会

齐年图》，群峰耸立，云雾缥缈，在松柏之下，二文人在涧边席地而坐，观水流瀑布，一童子在树下茶炉边烹茶。文人饮茶的绘画，也有的茶侣为僧人。如沈贞《竹炉山房图》，在流水之旁、修篁之中有一茅屋，一文人与一年老僧人隔桌相对而坐，桌上置有壶盏，屋外一年少僧人正在炉边烹茶。又如仇英《赵孟𫖯写经换茶图》，在松林之中，一文人（赵孟𫖯）与一僧人（明本禅师）隔桌对坐，桌上摆着纸墨笔砚，文人似正书写完成，旁边童子双手奉送茶叶，不远处有童子在炉边烹茶，案上摆放着碗盏等物。此图描写的虽是元代故事，但亦能反映明代的情况。① 再如陈洪绶《参禅图》，一文人与一僧人分别坐于石案两边，文人持卷而读，似有所思，僧人似有所言，僧人近旁地上置有水缸和茶炉，炉上置铫，炉火正旺。② 也有的绘画作品中，文人茶侣既有文人也有僧人。下举两例。如钱谷《惠山煮泉图》，画面中在古木丛林之中，有一僧人四文人，正热烈攀谈，一童子汲水于井中，另有两童子在树下的茶炉边烹茶。③ 又如程嘉燧《虎丘松岳试茶图》，画面中有一僧人二文人坐于巨石之上、怪松之下，三人皆手持茶盏高谈阔论，两位童子在松下炉边烹茶，皓月当空，令人神往。④ 还有的绘画作品中，文人茶侣为妇人，下举两例。如吴伟《铁笛图》，在苍松翠柏之下，一文人（杨维桢）坐于石案之旁低首沉思，似在推敲谱曲，案上摆放着书籍、毛笔和茶壶等物，两女子坐于圆凳之上，神态含蓄，一以扇遮面，一含羞拈花。⑤ 又如陈洪绶《仕女人物图》，一文人坐于石几之后，一手捻须，一手持茶盏欲饮，一美人手持梅花坐于侧旁。右上角有书款曰"道心韵事，平生自许。名花美人，晨夕与处。"此美人应为图中文人的女伴。⑥

---

① 裘纪平：《中国茶画》，浙江摄影出版社2014年版，第110页。
② 同上书，第152页。
③ 同上书，第119页。
④ 同上书，第123页。
⑤ 同上书，第72—73页。
⑥ 同上书，第152页。

第二章 明代的茶具与宫廷、文人和世俗

图2-3 仇英《烹茶论画图》（局部）

第三节 明代的茶具与世俗

明代宫廷所使用的茶具往往追求精美华贵，文人使用的茶具常追求清雅脱俗，除此之外，世俗社会使用的茶具呈现出另外的特点，官绅使用的茶具常显得富贵，豪商富室所用茶具显得豪奢，而普通平民的茶具则呈现简素的面貌。茶馆是极为世俗之地，明代茶馆之中茶具必不可少。明代小说中有一些对仙境和幻境中茶具的描写，其实是对权贵豪富之家所使用茶具的一种影射。

一 官绅与茶具

早在唐宋时期，官绅就已普遍使用茶具，到明代，文献中更是大量出现有关官绅与茶具的内容。

唐代文献中已有一些有关官绅与茶具的记载。唐赵璘《因话录》

香茗雅器：明代茶具与明代社会

记载在朝廷的兵察厅用茶瓶贮茶："礼察厅，谓之'松厅'，南有古松也。刑察厅谓之'魇厅'，寝于此多魇。兵察常主院中茶，茶必市蜀之佳者，贮于陶器，以防暑湿。御史躬亲缄启，故谓之'茶瓶厅'。"① 唐李匡义《资暇集》载建中年间宰相崔宁之女创制不熨指的茶托："始建中，蜀相崔宁之女，以茶杯无衬，病其熨指，取碟子承之，既啜而杯倾，乃以蜡环碟子之夹。其杯遂定。既命匠以漆环代蜡，进于蜀相。蜀相奇之，为制名而话于宾亲，人人为便，用於代。是后传者更环其底，愈新其制，以至百状焉。"②

唐末苏廙撰写了茶书《十六汤品》，列举了十六种茶汤，其中有些茶汤是因为使用了不同材质的茶具造成的。第七品富贵汤："以金银为汤器，惟富贵者具焉。所以策功建汤业，贫贱者有不能遂也。汤器之不可舍金银，犹琴之不可舍桐，墨之不可舍胶。"以金银为茶具者明显是广有财富的官绅阶层，也符合他们的自我心理定位，一般贫贱之士是不可能的。第八品秀碧汤："石，凝结天地秀气而赋形者也，琢以为器，秀犹在焉。"第九品压一汤："贵厌金银，贱恶铜铁，则瓷瓶有足取焉。幽士逸夫，品色尤宜。……然勿与夸珍炫豪臭公子道。"③ 茶具用石或瓷最适合文人阶层，他们追求的是超凡脱俗，并不像世俗的官绅那样崇金尚银，正如引文中所言的"勿与夸珍炫豪臭公子道"。

宋代文献中有关官绅与茶具的记载更多，且往往透露出强烈的富贵气息。如宋蔡襄历任高官，其所著茶书《茶录》中的茶具即十分崇尚金银。"椎或金或铁，取于便用。……茶钤，屈金铁为之，用以炙茶。……茶碾，以银或铁为之。黄金性柔，铜及鍮石皆能生鉎，不入用。……茶罗以绝细为佳，罗底用蜀东川鹅溪画绢之密者，投汤中揉洗以幂之。……茶匙要重，击拂有力，黄金为上，人间以银、铁为

---

① （唐）赵璘：《因话录》卷5，《景印文渊阁四库全书》第1035册，台湾商务印书馆1986年版。
② （唐）李匡义：《资暇集》卷下，苏鹗《苏氏演义（外三种）》，中华书局2012年版，第204页。
③ （唐）苏廙：《十六汤品》，《丛书集成新编》第47册，新文丰出版公司1985年版。

第二章 明代的茶具与宫廷、文人和世俗

之。……汤瓶……黄金为上，人间以银、铁或瓷、石为之。"①各种茶具除黄金性柔不宜为茶碾，茶罗以名贵东川鹅溪画绢制成外，皆首推黄金，另也十分推崇银。

宋周密《癸辛杂识》记载了官僚用纯银制成的茶具，甚至用纯金制成茶具进贡给皇帝。《癸辛杂识》之《长沙茶具》条曰："长沙茶具，精妙甲天下。每副用白金三百星或五百星。凡茶之具悉备。外则以大缕银合贮之。赵南仲丞相帅潭日，尝以黄金千两为之，以进上方。穆陵大喜，盖内院之工所不能为也。因记司马公与范蜀公游嵩山，各携茶以往，温公以纸为贴，蜀公盛以小黑合。温公见之曰，景仁乃有茶具耶。蜀公闻之因留合与寺僧而归，向使二公见此当惊倒矣。"②司马光（温公）和范镇（蜀公）皆使用简素的茶具，他们体现的是清雅的文人茶文化，而非以奢靡相夸的世俗茶文化，自然会被富贵的金银茶具惊倒。

宋周辉《清波杂志》也记载官绅用制作极为精致的茶具互相夸耀，以显示自身的富贵奢侈："长沙匠者造茶器极精致。工直之厚，等所用白金之数。士夫家多有之，寘几案间，但知以侈靡相夸，初不常用也。"《清波杂志》还记载："张芸叟云：吕申公，名知人，故多得于下僚家。有茶罗子一，金饰一，银一，棕栏。方接客，索银罗子，常客也；金罗子，禁近也；棕栏，则公辅必矣。家人常挨排于屏间以候之。申公、温公同时人，而待客茗饮之器，顾饰以金银分等差。益知温公俭德，世无其比。"③吕公著（申公）的茶具奢侈富贵，而司马光（温公）则简单朴素，前者体现的是官绅世俗茶文化，后者体现的是力图超越凡尘的文人茶文化。

宋委心子《分门古今类事》记载任侍郎的奚陟得到精美茶具一副，为夸耀请二十余人举行茶会。该书《奚陟推案》条曰："奚侍郎

---

① （宋）蔡襄：《茶录》，《丛书集成初编》第1480册，中华书局1985年版。
② （宋）周密：《癸辛杂识·前集》不分卷，《景印文渊阁四库全书》第1040册，台湾商务印书馆1986年版。
③ （宋）周辉：《清波杂志》卷4，《景印文渊阁四库全书》第1039册，台湾商务印书馆1986年版。

♨ 香茗雅器：明代茶具与明代社会

陛，少年未从官时，梦与朝客二十余人就一厅吃茶。……后十五年为吏部侍郎。时方以茶为上味，日加修洁，陛性素奢，先为茶器一副，余人未之有也。时正热，餐罢，请同舍外郎就厅茶会，陛为主人，西面首坐，坐者二十余人，两瓯缓行，又茶至揖客，自西南面始，杂以笑语。"①

明代饮茶风气比之唐宋更为普遍，在生活中饮茶成为官绅的日常，史籍中即有一些官绅与茶具的内容，但更多这方面的内容出现在明代创作极为繁荣的小说之中。

明代史籍中官绅与茶具的记载下举两例。据《明史》："帝使画工瞷（宋）讷，图其像，危坐，有怒色。明日入对，帝问：'昨何怒？'讷惊对曰：'诸生有趋蹌者，碎茶器。臣愧失教，故自讼耳。且陛下何自知之？'帝出图。讷顿首谢。"② 文人茶文化讲求的是随性自然，而为官的宋讷因为诸生不慎打破茶具而发怒，明显特别强调礼，这是一种世俗的茶文化。又据明焦竑《玉堂丛语》："陈检讨继幼孤，母守节甚坚，训公严笃。……节妇方率子灌园，节妇前行，检讨抱盎从，步趋整肃，如朝廷然，已而同灌。少顷，节妇入内，久之，手持茶二瓯来，检讨遥望见，遽掷盎趋迎至前跪，两手捧一瓯而起饮之。御史不觉动容称叹。即以上奏，旌表门闾。"③ 陈继在母亲面前饮茶如此严肃，这是礼的要求，是官僚的世俗茶文化。

明代有关官绅与茶具的记载更多出现在大量的小说中，说明官绅饮茶已是极其普遍的现象。小说在情节上虽为虚构，但相当程度上亦能反映真实的历史。在这些小说的描绘中，官绅用茶具饮茶一般是为满足口腹之需，与追求精神境界的文人茶文化迥然不同。下举数例。

明代冯梦龙的小说《喻世明言》第十卷《滕大尹鬼断家私》描绘

---

① （宋）委心子：《分门古今类事》卷6，《景印文渊阁四库全书》第1047册，台湾商务印书馆1986年版。
② （清）张廷玉等：《明史》卷137《宋讷传》，中华书局1974年版，第3953页。
③ （明）焦竑：《玉堂丛语》卷1《行谊》，中华书局1981年版，第4页。

第二章 明代的茶具与宫廷、文人和世俗

了滕大尹用茶瓯喝茶偶然发现了画轴的秘密:"且说滕大尹放告已毕,退归私衙,取那一尺阔、三尺长的小轴看,是倪太守行乐图……丫鬟送茶来吃,将一手去接茶瓯,偶然失挫,泼了些茶把轴子沾湿了。滕大尹放了茶瓯,走向阶前,双手扯开轴子,就日色晒干。忽然,日光中照见轴子里面有些字影,滕知县心疑,揭开看时,乃是一幅字纸,托在画上,正是倪太守遗笔。"① 这是日常饮茶。

冯梦龙《警世通言》第三卷《王安石三难苏相公》描绘了王安石用苏东坡带来的水烹茶,引文中提及的茶具有水瓮、茶灶、银铫和白定碗。"(苏东坡)叫手下给官价与百姓买个干净磁瓮,自己立于船头,看水手将下峡水满满的汲一瓮,用柔皮纸封固,亲手金押,即刻开船,直至黄州。……东坡赉了表文,带了一瓮蜀水,星夜来到东京,仍投大相国寺内。天色还早,命手下抬了水瓮,乘马到相府来见荆公。……荆公命堂候官两员,将水瓮抬进书房,荆公亲以衣袖拂拭。纸封打开,命童儿茶灶中煨火,用银铫汲水烹之。先取白定碗一只,投阳羡茶一撮于内,候汤如蟹眼,急取起倾入,其茶色半晌方见。"② 此小说中的王安石(荆公)和苏东坡虽为宋代人,但实际反映的是明代的现状。

《警世通言》第三十一卷《赵春儿重旺曹家庄》:"忽一日,(赵)春儿睡至半夜醒来,见(曹)可成披衣坐于床上,哭声不止。问其缘故,可成道:'适才梦见得了官职,在广东潮州府。我身坐府堂之上,众书吏参谒。我方吃茶,有一吏,瘦而长,黄须数茎,捧文书至公座,偶不小心,触吾茶瓯,翻污衣袖,不觉惊醒,醒来乃是一梦。自思一贫如洗……是以悲泣耳!'"后曹可成在其妻赵春儿的帮助下使用银钱选了官,逐渐宦声大振,后升了广东潮州府通判。"吏书参谒已毕,门子

---

① (明)冯梦龙:《喻世明言》第 10 卷《滕大尹鬼断家私》,人民文学出版社 1958 年版,第 155 页。
② (明)冯梦龙:《警世通言》第 3 卷《王安石三难苏相公》,人民文学出版社 1956 年版,第 35 页。

☕ 香茗雅器：明代茶具与明代社会

献茶。方才举手，有一外郎，捧文书到公座前，触翻茶瓯，淋漓满袖。可成正欲发怒，看那外郎瘦而长，有黄须数茎。猛然想起数年之前，曾有一梦，今日光景，宛然梦中所见。始知前程出处，皆由天定，非偶然也。"① 曹可成思官成梦，茶瓯之所以会进入他的异梦，正是因为他的日常饮茶之故。

凌濛初的《拍案惊奇》卷二十一《袁尚宝相术动名卿，郑舍人阴功叨世爵》描绘了王部郎家中捧茶盘收茶"钟"的茶童兴儿："一个小厮捧了茶盘出来送茶。（袁）尚宝看了一看，大惊道：'元来如此！'须臾吃罢茶，小厮接了茶钟进去了。尚宝密对部郎道：'适来送茶小童，是何名字？'部郎道：'问他怎的？'尚宝道：'使宅上人眷不宁者，此子也。'"此茶童因此被遣出，后在外逐渐担任了武职，再来拜见王部郎。凑巧袁尚宝也来拜访，兴儿"进去卸了冠带，与旧日同伴，取了一件青长衣披了。听得外边尚宝坐定讨茶，双手捧一个茶盘，恭恭敬敬出来送茶。袁尚宝注目一看，忽地站了起来道：'此位何人？乃在此送茶！'部郎道：'此前日所逐出童子兴儿便是。今无所归，仍来家下服役耳。'尚宝道：'何太欺我？此人不论后日，只据目下，乃是一金带武职官，岂宅上服役之人哉？'"②

撰人不详的明代小说《梼杌闲评》第三回、第四回描绘了官宦之家的王公子与友人吴益之及宠爱的戏子魏云卿、一娘用茶具烹茶饮茶的情形。第三回："小厮拿了果盒团碟来，（王）公子道：'先拿饭来吃，恐云卿饿了。'云卿道：'我吃过了。'公子道：'既吃过了，就先泡茶来吃。'少顷，小厮拿了壶青果茶来。……四人游玩了一回，到厅上坐下。……公子道：'炖茶吃，我们就在这里对花坐罢。'家人移桌在卷篷下。……（王公子）同吴益之出门上马而去。二人（指魏云卿和一

---

① （明）冯梦龙：《警世通言》第 31 卷《赵春儿重旺曹家庄》，人民文学出版社 1956 年版，第 457—460 页。
② （明）凌濛初：《拍案惊奇》卷 21《袁尚宝相术动名卿，郑舍人阴功叨世爵》，人民文学出版社 1991 年版，第 363—370 页。

第二章 明代的茶具与宫廷、文人和世俗

娘）送到门外，携手回来，百般欢笑玩耍，巴不得到晚。在洒雪轩耍了一会，就炉上炖起天水泡新茶来吃。"① 第四回："（王）公子吩咐小厮道：'昨日张爷送的新茶，把惠泉水泡了来吃。'小厮扇炉煮茗。……四人吃了饭，云卿到炉上泡了茶来吃，果然清香扑鼻，美味滋心。"②《梼杌闲评》第八回描述程中书仆人进忠为主人烧炉炖茶："一日，程中书退朝……晚间上灯时，犹是闷闷不乐，坐在房内。进忠烧起炉子炖茶，又把香炉内焚起好香来，斟的杯茶，送至程中书面前。程公拿起茶吃了两口，又叹了口气。"③

明代小说中官宦人家往往有专门的仆役掌管茶具，专职烹茶。如明代小说《警世通言》第二十六卷《唐解元一笑姻缘》中华学士的夫人有四个丫鬟："原来那四个是有执事的，叫作：春媚、夏清、秋香、冬瑞。春媚，掌首饰脂粉；夏清，掌香炉茶灶；秋香，掌四时衣服；冬瑞，掌酒果食品。"④ 又如明瞿佑《剪灯新话》的《绿衣人传》中秋壑平章亦有专职煎茶的仆人："女曰：'儿故宋秋壑平章之侍女也。本临安良家子，少善弈棋……备见宠爱。是时君为其家苍头，职主煎茶，每因供进茶瓯，得至后堂。……彼此虽各有意，而内外严密，莫能得其便。后为同辈所觉，谗于秋壑，遂与君同赐死于西湖断桥之下。……'言讫，呜咽泣下。"⑤

从明代小说来看，官宦人家往往辟有茶具饮茶、友朋交往的茶厅。下举两例。如明末清初署名东鲁古狂生的《醉醒石》曰："这王锦衣，大兴人，由武进士任锦衣，历官到指挥使。锦衣卫虽然是个武职里权要

---

① （明）佚名：《梼杌闲评》第 3 回《陈老店小魏偷情，飞盖园妖蛇托孕》，华夏出版社 2013 年版，第 26—28 页。

② （明）佚名：《梼杌闲评》第 4 回《赖风月牛三使势，断吉凶跛老灼龟》，华夏出版社 2013 年版，第 32 页。

③ （明）佚名：《梼杌闲评》第 8 回《程中书湖广清矿税，冯参汉水溺群奸》，华夏出版社 2013 年版，第 73 页。

④ （明）冯梦龙：《警世通言》第 26 卷《唐解元一笑姻缘》，人民文学出版社 1956 年版，第 385 页。

⑤ （明）瞿佑等：《剪灯新话（外二种）》，上海古籍出版社 1981 年版，第 104—105 页。

衙门，他素性清雅，好与士夫交往。在顺城门西，近城收拾一个园子。内中客厅、茶厅、书厅都照江南制度，极其精雅。回廊曲槛，小榭明窗。外边幽蹊小径，缭绕著花木竹石。"①

又如署名清溪道人的《禅真逸史》第三十二回："春香道：'官人恁地性急！青天白日，侍女往来，决撒了事情，不干我事。必须待夜阑人静后，官人可从东廊而进，由茶厅转过清晖堂、蔷薇架，南进画阁内，见朱帘垂蔽，内露灯光，就是小姐卧房了。'张善相道：'半夜三更，人生路不熟，我那里认得这弯弯曲曲的路径？'"② 春香在小说中是齐国右都督大将军段韶之女段琳瑛的丫鬟，张善相寄居在段韶家中，欲私见小姐，春香故作此语。张善相乘夜私会了小姐后，"天色已明……见小丫头翠翘，挟着一把笤帚出清晖堂来扫地，看见了善相，大惊……张善相道：'我薄衾单枕睡不着，故等不得天明起来，见这条厅门昨晚失关，信步走进来一看。'正说间，闻得老夫人叫翠翘，张善相一溜烟跑出清晖堂，过了茶厅，由东廊至轩内坐了。……翠翘扫地与张善相说话时，夫人听得，叫进房中，问与谁说话，翠翘答是张官人，因茶厅门昨晚失关，故进来一看。夫人听了，心中大疑"。③ 从引文中的内容来看，茶厅是段韶园中的重要空间。

明代小说中存在官宦之家以茶盏为酒具的情况，这是因为在世俗茶文化中，茶盏、酒盏皆为盛器，混用未尝不可，且茶盏容量更大，用茶盏盛酒待人往往更显热情。如《醒世恒言》第二十七卷《李玉英狱中讼冤》："焦榕扯李承祖坐下……焦氏到厨下，将丫头使开，把药倾入壶中，依原走来坐下。少顷，丫头将酒镟汤得飞滚，拿至桌边。焦榕取过一只茶瓯，满满斟一杯，递与承祖道：'贤甥，借花献佛，权当与你

---

① （清）东鲁古狂生：《醉醒石》第15回《王锦衣蚌起园亭，谢夫人智屈权贵》，古典文学出版社1956年版，第230页。
② （明）清溪道人：《禅真逸史》第32回《张善相梦中配偶，段春香月下佳期》，华夏出版社2015年版，第366页。
③ （明）清溪道人：《禅真逸史》第33回《计入香闺贻异宝，侠逢朔郡庆良缘》，华夏出版社2015年版，第373页。

第二章 明代的茶具与宫廷、文人和世俗

洗尘。'……李承祖不知好歹，骨都都饮个干净。"① 焦榕、焦氏兄妹欲毒死李承祖，在壶中下了药，假作热情，用容量大的茶瓯盛酒让李承祖饮用。

又如丁耀亢《续金瓶梅》："孔千户娘子……笑嘻嘻的从门里走过来，道：'打搅得恁两口儿也勾了，天长日久的，又要来请，也不当人了！'李守备也换了一套新衣，忙来接进去……夫妻二人安下坐，李守备横头，他二人对面坐了。守备自己筛酒来斟，要请他小姊妹，二人都过那边院子里耍去了。一面用了三个雕漆茶杯，满斟过五香酒来。孔千户娘子道：'妹子量小，谁使的这大东西！'李奶奶道：'大不大，姐姐收了罢。再换个杯，姐姐又嫌小了。'顽成一块，只得接杯在手，又取壶去还敬李姐夫。"② 李守备欲讨好自己妻子李奶奶（本为黎指挥娘子）和情人孔千户娘子，用容量大的三个茶杯斟酒饮用。

明代小说中官宦之家的茶具往往呈现富贵的气息，崇金尚银。下举数例。如西周生《醒世姻缘传》："晁秀才一来新选了官，况且又是极大的县，见部堂，接乡宦，竟无片刻工夫做到借债的事。……携了一千两银子，刚刚到京。有了人伺候，又有银子使用，买尺头，打银带，叫裁缝，镶茶盏，叫香匠作香，刻图书，钉幞头革带，做朝祭服，色色完备。"③ 晁秀才选了官，他的一项重要活动是"镶茶盏"，所镶自然是金银，以显示自己的富贵和气派。

又如兰陵笑笑生《金瓶梅词话》第七十回描绘西门庆在何太监衙中饮茶："（何太监）说道：'大人，你不认的我，在下是内府匠作太监何沂……'……于是叙礼毕，让坐，家人捧茶，金漆朱红盘托盏递上茶去吃了。茶毕，就揭卓盒盖儿。卓上许多汤饭肴品，拿盏筋儿来

---

① （明）冯梦龙：《醒世恒言》第 27 卷《李玉英狱中讼冤》，人民文学出版社 1956 年版，第 558 页。
② （清）丁耀亢：《续金瓶梅》第 32 回《拉枯桩双妪夹攻，扮新郎二女交美》，中国戏剧出版社 2000 年版，第 158 页。
③ （明）西周生：《醒世姻缘传》第 1 回《晁大舍围场射猎，狐仙姑被箭伤生》，人民文学出版社 2015 年版，第 13 页。

❀ 香茗雅器：明代茶具与明代社会

安下。"①《金瓶梅词话》第七十一回描绘西门庆在何太监家中吃粥饮茶："须臾，拿上粥，围着火盆，四碟齐整小菜，四大碗熬烂下饭。吃了粥，又拿上一盏肉员子馄饨鸡蛋头脑汤，金匙，银厢雕添茶钟。一面吃着，分付出来伺候备马。"② 以上引文中所用茶具分别为贵重的金漆朱红盘托盏和金匙银厢雕添茶"钟"。

又如《续金瓶梅》第三十七回描绘女尼福清师徒三人在金将军粘罕府里饮茶："这福清师徒三众，合掌当胸，问讯下拜。娘娘略笑了一笑，说的番语全不知道。只见一个官娥取了三个红漆泥金凳子，叫福清三人坐了。就是金盘捧上酥酪三盏乳茶来。"③ 引文中的茶具有昂贵的金盘。

又如《梼杌闲评》第四十九回描绘曾权倾一时的太监魏忠贤上吊自杀："差官会同知县来到南关客店内，却好锦衣官校吴国安等也到了，见忠贤等二人果然高挂在梁上，公同验得：'一系太监魏忠贤……一系亲随太监李朝钦。……公同验明。'又拐得行李内玉带二条，金台盏十副，金茶杯十只，金酒器十件，宝石珠玉一箱，衣缎等物，尽行开单报院存县。"④ 魏忠贤被追究治罪其间还携带有许多珍贵宝物，其中就有金茶杯十只。

再如明末清初陈忱所著小说《水浒后传》第十三回描绘安道全、卢师越在权臣蔡京宅中为他小妾诊病："蔡京一拱先行，二人缓缓随后。……进明间内坐下，调和气息，方可诊脉。一个披发丫鬟，云肩青服，捧到金镶紫檀盘内五色玻璃碗阳羡峒山茶。茶罢，养娘丫鬟引安道全轻轻行至绣榻边，安放锦墩，侍儿从销金帐内接出小奶奶

---

① （明）兰陵笑笑生：《金瓶梅词话》第 70 回《西门庆工完升级，群僚廷参朱太尉》，人民文学出版社 2000 年版，第 909 页。
② （明）兰陵笑笑生：《金瓶梅词话》第 71 回《李瓶儿何千户家托梦，提刑官引奏朝仪》，人民文学出版社 2000 年版，第 927 页。
③ （清）丁耀亢：《续金瓶梅》第 37 回《三教堂青楼成净土，百花姑白骨演旁门》，中国戏剧出版社 2000 年版，第 184 页。
④ （明）佚名：《梼杌闲评》第 49 回《旧婢仗义赎尸，孽子褫官服罪》，华夏出版社 2013 年版，第 438 页。

第二章　明代的茶具与宫廷、文人和世俗

玉腕来。"① 引文中的茶具为珍贵的金镶紫檀盘和五色玻璃碗。

二　豪商富室与茶具

明代的豪商富室亦普遍饮茶，明代小说中有大量豪商富室与茶具的内容，下举数例。

如西周生《醒世姻缘传》中经商富裕的童七之妻在家中用茶盘、茶"钟"、茶匙等茶具招待狄员外等人饮茶："狄员外交了一个月房钱，着人把行李搬到童家房内。童七的媳妇，人都称为'童奶奶'。那童奶奶使玉儿送过两杯茶来，朱红小盘，细磁茶钟，乌银茶匙，羊尾笋夹核桃仁茶果。狄员外父子吃过茶，玉儿接下钟去，又送过两钟茶来与狄周、尤厨子吃。"②

又如《金瓶梅词话》，其中的主人公西门庆是靠开生药铺并交接官府以致暴富的豪商，小说中对西门庆宅中的饮茶有大量描写。第十回西门庆家中筵宴所用茶具有白玉瓯、紫金壶："怎见当日好筵席？但见：'香焚宝鼎，花插金瓶……碾破凤团，白玉瓯中分白浪；斟来琼液，紫金壶内喷清香。毕竟压赛孟尝君，只此敢欺石崇富。'"③ 第二十一回西门庆之妻吴月娘烹茶所用茶具有茶罐、白玉壶、紫金壶等："吴月娘见雪下在粉壁前太湖石上，甚厚。下席来，教小玉拿着茶罐，亲自扫雪，烹江南凤团雀舌牙茶，与众人吃。正是：'白玉壶中翻碧浪，紫金壶内喷清香。'正吃茶中间，只见玳安进来……"④ 第七十二回描写西门庆之妾潘金莲用茶盏为西门庆点茶："火边茶烹玉蕊，卓上香袅金猊。（潘金莲）见西门庆进来，慌的轻移莲步，款蹙湘裙，向前接衣裳安

---

① （清）陈忱：《水浒后传》第13回《救水厄天涯逢故友，换良方相府药佳人》，华夏出版社2014年版，第97页。
② （明）西周生：《醒世姻缘传》第54回《狄生客中遇贤主，天爷秋里殛凶人》，人民文学出版社2015年版，第719页。
③ （明）兰陵笑笑生：《金瓶梅词话》第10回《武松充配孟州道，妻妾玩赏芙蓉亭》，人民文学出版社2000年版，第105页。
④ （明）兰陵笑笑生：《金瓶梅词话》第21回《吴月娘扫雪烹茶，应伯爵替花匀使》，人民文学出版社2000年版，第202页。

◎ 香茗雅器：明代茶具与明代社会

放。西门庆坐在床上，春梅拿净瓯儿，妇人从新用纤手抹盏边水渍，点了一盏浓浓艳艳，芝麻、盐笋、栗丝、瓜仁、核桃仁夹春不老海青拿天鹅、木樨玫瑰泼卤六安雀舌芽茶。西门庆刚呷了一口，美味香甜，满心欣喜。"① 第七十三回描写丫鬟春梅用茶具茶铫、茶盏为西门庆烹点茶水："妇人（指潘金莲）道：'我要吃口茶儿……'这春梅连忙舀了一小铫了水，坐在火上，使他挝了些炭放在火内。须臾，就是茶汤，涤盏儿干净，浓浓的点上去递与妇人。"②

又如谷口生等《生绡剪》第十四回描绘了富裕的妓女薛凤儿宅中的布置，其中就有茶壶、茶盏："正德圣上携了妓女薛凤儿，冉冉如天仙步来看月。'娇似淡云笼月色，姮娥态度不分明。'露台上设着一张螺钿交椅；一个瓷墩，一张紫檀桌子，上列香炉香盒，茶壶茶盏。"③

再如吴敬梓《儒林外史》第五十三回描绘富裕的妓女聘娘房中使用了铜铫、锡瓶和宜兴壶等茶具："陈木南下楼来进了房里，闻见喷鼻香。窗子前花梨桌上安著镜台，墙上悬著一幅陈眉公的画，壁桌上供著一尊玉观音……床面前一架几十个香橼，结成一个流苏。房中间放著一个大铜火盆，烧着通红的炭，顿著铜铫，煨著雨水。聘娘用纤手在锡瓶内撮出银针茶来，安放在宜兴壶里，冲了水，递与四老爷，和他并肩而坐，叫丫头出去取水来。"④《儒林外史》虽是清初小说，亦能反映明末的现实。

明代小说中豪商富室所用茶具往往显示出豪奢的特征。下举数例。

如金木散人《鼓掌绝尘》第三十三回中富裕的妓女王二招待客人用珍贵的雕漆茶盘："（王二）见他二人（指张秀、陈通）走到，满心

---

① （明）兰陵笑笑生：《金瓶梅词话》第72回《王三官拜西门为义父，应伯爵替李铭解冤》，人民文学出版社2000年版，第951页。
② （明）兰陵笑笑生：《金瓶梅词话》第73回《潘金莲不愤忆吹箫，郁大姐夜唱闹五更》，人民文学出版社2000年版，第977页。
③ （明）谷口生等：《生绡剪》第14回《清廉能使民无讼，忠勇何妨权作奴》，春风文艺出版社1987年版，第289页。
④ （清）吴敬梓：《儒林外史》第53《国公府雪夜留宾，来宾楼灯花惊梦》，人民文学出版社1958年版，第515页。

第二章 明代的茶具与宫廷、文人和世俗

欢喜，便站起身，迎着笑道：'贵人踏贱地，快拿两杯茶来！'陈通笑道：'烧茶不如暖酒快！'王二道：'还是先看茶后沽酒。'说不了，长官托着一个雕漆八角桶盘，送两杯茶来。你道三个人如何止得两杯茶？这原来是娼家的忌讳。孤老到时，婊子再不肯陪茶的。"①

又如丁耀亢《续金瓶梅》第二十回中豪富的妓女李师师用"雕漆银镶盅儿""金镶的雕磁茶杯儿"招待浮浪子弟郑玉卿："（郑）玉卿坐在前厅上……出来个蓬头小京油儿，打着一个苏州鬏，纯绢青衣，拿着雕漆银镶盅儿，一盏泡茶、杏仁茶果，吃了，说：'太太才睡醒了，梳头哩，就出相见。'……不多时，捧出一盏桂露点的松茶来，金镶的雕磁茶杯儿，不用茶果。吃茶下去就抬了一张八仙倭漆桌来，就是一副螺钿彩漆手盒，内有二十四器随方就圆的定窑磁碟儿，俱是稀奇素果……"②

再如《儒林外史》第四十一回中描绘秦淮河上富人船舱之中摆放着名贵茶具"宜兴沙壶""极细的成窑、宣窑的杯子"："话说南京城里，每年四月半后，秦淮景致，渐渐好了。那外江的船，都下掉了楼子，换上凉篷，撑了进来。船舱中间，放一张小方金漆桌子，桌上摆着宜兴沙壶，极细的成窑、宣窑的杯子，烹的上好的雨水毛尖茶。……自文德桥至利涉桥、东水关，夜夜笙歌不绝。"③

论及明代小说中的富室与茶具，有一类特殊的富人，那就是聚敛颇丰的僧道。僧道本应是世外之人，但在明代小说中的有些僧道沾染着强烈的世俗气息，使用着价值不菲的昂贵茶具。下举数例。

施耐庵《水浒传》第四十五回报恩寺中僧人海阇黎为勾引杨雄之妻潘巧云，用珍贵茶具"白雪定器盏""朱红托子"招待此妇人："海

---

① （明）金木散人：《鼓掌绝尘》第33回《乔小官大闹教坊司，俏姐儿夜走卑田院》，春风文艺出版社1985年版，第365页。

② （清）丁耀亢：《续金瓶梅》第20回《李银瓶梅花三弄，郑玉卿一箭双雕》，中国戏剧出版社2000年版，第97—98页。

③ （清）吴敬梓：《儒林外史》第41回《庄濯江话旧秦淮河，沈琼枝押解江都县》，人民文学出版社1958年版，第404页。

阇黎引到地藏菩萨面前证盟忏悔罢疏头。便化了纸。请众僧自去吃斋，着徒弟陪侍。海和尚却请：'乾爷和贤妹，去小僧房里拜茶。'一邀把这妇人引到僧房里深处。预先都准备下了。叫声：'师哥拿茶来。'只见两个侍者，捧出茶来。白雪定器盏内，朱红托子，绝细好茶。吃罢，放下盏子，'请贤妹里面坐一坐。'又引到一个小小阁儿里。"①

　　吴承恩《西游记》第十六回观音禅院僧人用"羊脂玉的盘儿""法蓝镶金的茶钟""白铜壶儿"向唐三藏和孙悟空献茶："（老僧）只叫献茶。有一个小幸童，拿出一个羊脂玉的盘儿，有三个法蓝镶金的茶钟。又一童，提一把白铜壶儿，斟了三杯香茶。真个是色欺榴蕊艳，味胜桂花香。三藏见了，夸爱不尽道：'好物件，好物件！真是美食美器！'"②

　　兰陵笑笑生《金瓶梅词话》第八十九回永福寺僧人用"雪锭般盏儿"点茶招待吴大舅、吴月娘等人："这长老见吴大舅、吴月娘，向前合掌道了问讯，连忙唤小和尚开了佛殿，请施主菩萨随喜游玩，小僧看茶。那小沙弥开了殿门，领月娘一簇男女，前后两廊参拜。观看子一回，然后到长老方丈。长老连忙点上茶来，雪锭般盏儿，甜水好茶。"③

　　《金瓶梅》第八十四回泰山碧霞宫道士为赚诱吴月娘，用"白定磁盏儿，银杏叶匙"向吴大舅、吴月娘等人献茶："这道士石伯才，专一藏奸蓄诈……不一时，两个徒弟守清、守礼，房中安放卓儿，就摆斋上来，都是美口甜食，蒸烊饼饊，咸□春馔，各样菜蔬，摆满春台。白定磁盏儿，银杏叶匙，绝品雀舌甜水好茶，收下家火去。"④

　　丁耀亢《续金瓶梅》第二十九回大盗假作的金山寺僧人用哥窑新

---

　　① （明）施耐庵：《水浒传》第45回《杨雄醉骂潘巧云，石秀智杀裴如海》，人民文学出版社1997年版，第604页。
　　② （明）吴承恩：《西游记》第16回《观音院僧谋宝贝，黑风山怪窃袈裟》，人民文学出版社2010年版，第193页。
　　③ （明）兰陵笑笑生：《金瓶梅词话》第89回《春梅游旧家池馆　守备使张胜寻经济》，人民文学出版社2000年版，第1304—1305页。
　　④ （明）兰陵笑笑生：《金瓶梅词话》第84回《吴月娘大闹碧霞宫，宋公明义释清风寨》，人民文学出版社2000年版，第1163页。

第二章 明代的茶具与宫廷、文人和世俗

款"漆雕盘""雪靛般雕磁杯"向郑玉卿和吴公子献茶:"那僧人又送上中冷泉的新茶,领着个白净沙弥,一个雕漆盘,四个雪靛般雕磁杯,俱是哥窑新款。二人让僧同坐,茶毕,斟上酒来。那僧也不谦让,就横头坐下,看他二人发兴滑拳。将茶杯斟满,郑玉卿连赢了吴公子两拳……"①

明代小说中豪商富室使用昂贵的茶具最典型的是《金瓶梅词话》,这烘托了西门庆等人广有财富并奢侈炫耀的特点。下面进行列举:

第七回:"西门庆……说着,只见小丫鬟擎了三盏蜜饯金橙子泡茶,银镶雕漆茶钟,银杏叶茶匙。妇人起身,先取头一盏,用纤手抹去盏边水渍,递与西门庆;忙用手接了,道了万福。……妇人取第二盏茶来,递与薛嫂;他自取一盏陪坐。"② 妇人是指孟玉楼,这是西门庆未娶她之前在孟玉楼家中。

第十二回:"西门庆把桂姐搂在怀中陪笑,一递一口儿饮酒,只见少顷,鲜红漆丹盘拿了七钟茶来。雪绽般茶盏,杏叶茶匙儿,盐笋芝麻木樨泡茶,馨香可掬,每人面前一盏。"③ 这是在西门庆家中。

第十三回:"妇人又道了万福,又叫小丫鬟拿了一盏果仁泡茶来,银匙雕漆茶钟。西门庆吃毕茶,说道:'我回去罢。嫂子仔细门户。'于是告辞归家。自此这西门庆就安心设计图谋这妇人。"④ 妇人是指李瓶儿,时为花子虚之妻,这是在花子虚家中。

第十五回:"虔婆笑道……说毕,客位内放四把校椅,应伯爵、谢希大、祝日念、孙天化四人上坐,西门庆对席。……半日,李桂姐出来。……少顷,顶老彩漆方盘,拿七盏来,雪绽盘盏儿,银舌叶茶匙,

---

① (清)丁耀亢:《续金瓶梅》第 29 回《董玉娇明月一帆风,郑玉卿吹箫千里梦》,中国戏剧出版社 2000 年版,第 144 页。
② (明)兰陵笑笑生:《金瓶梅词话》第 7 回《薛嫂儿说娶孟玉楼,杨姑娘气骂张四舅》,人民文学出版社 2000 年版,第 72 页。
③ (明)兰陵笑笑生:《金瓶梅词话》第 12 回《潘金莲私仆受辱,刘理星魇胜贪财》,人民文学出版社 2000 年版,第 122 页。
④ (明)兰陵笑笑生:《金瓶梅词话》第 13 回《李瓶儿隔墙密约,迎春女窥隙偷光》,人民文学出版社 2000 年版,第 139 页。

香茗雅器：明代茶具与明代社会

梅桂泼卤瓜仁泡茶，甚是馨香美味，桂卿、桂姐，每人递了一盏，陪着吃毕茶，接下茶托去。"① 这是在妓院之中，妓女李桂姐接待众人。

第三十四回："西门庆……便衣出来书房内见伯爵，二人作揖坐下。韩道国打横。西门庆唤画童取茶来。不一时，银匙雕漆茶钟，蜜饯金澄泡茶吃了，收了盏托去。"② 此是在西门庆家中。

第三十五回："良久，夏提刑进来……西门庆冠带从后边迎将来。两个叙礼毕，分宾主坐下。不一时，棋童儿云南玛瑙雕漆方盘拏了两盏茶来，银镶竹丝茶钟，金杏叶茶匙，木樨青荳泡茶吃了。"③ 这是在西门庆家中。

第四十三回："来兴媳妇惠秀，与来保媳妇惠祥，每人拏着一方盘果馅元宵，都是银镶茶钟，金杏叶茶匙放白糖玫瑰，馨香美口，走到上边，春梅、迎春、玉箫、兰香四人，分头照席捧递，甚是礼数周详，举止沉稳。"④ 此亦是在西门庆家中。

第五十九回："不一时，丫鬟又拿一道茶来。这粉头轻摇罗袖，微露春纤，取一钟茶过来，抹去盏边水渍，双手递与西门庆。然后与爱香各取一钟相陪。吃毕，收下盏托去，请宽衣服房里坐。……郑爱香儿与郑爱月儿亲手楝攒各样菜蔬肉丝卷，就安放小泥金碟儿内，递与西门庆吃。旁边烧金翡翠瓯儿，斟上苦艳艳桂花木樨茶。……鸳鸯杯，翡翠盏，饮玉液，泛琼浆。"⑤ 这是在妓女郑爱香、郑爱月姐妹家中。

第六十一回："（王六儿）打扮的十分精致，与西门庆插烛也似磕了四个头儿，回后边看茶去了。须臾王经红漆描金托子，拿了两盏八宝

---

① （明）兰陵笑笑生：《金瓶梅词话》第15回《佳人笑赏玩登楼，狎客帮嫖丽春院》，人民文学出版社2000年版，第169页。
② （明）兰陵笑笑生：《金瓶梅词话》第34回《书童儿因宠揽事，平安儿含愤戳舌》，人民文学出版社2000年版，第392页。
③ （明）兰陵笑笑生：《金瓶梅词话》第35回《西门庆挟恨责平安，书童儿妆旦劝狎客》，人民文学出版社2000年版，第411页。
④ （明）兰陵笑笑生：《金瓶梅词话》第43回《为失金西门庆骂金莲 因结亲月娘会乔太太》，人民文学出版社2000年版，第515页。
⑤ （明）兰陵笑笑生：《金瓶梅词话》第59回《西门庆摔死雪狮子，李瓶儿痛哭官哥儿》，人民文学出版社2000年版，第729页。

第二章　明代的茶具与宫廷、文人和世俗

青荳木樨泡茶，韩道国先取一盏，举的高高，奉与西门庆，然后自取一盏，旁边相陪。吃毕，王经接了茶盏下去。"① 这是在西门庆的伙计韩道国家中，王六儿是韩道国之妻。

第六十七回："西门庆道：'你今日如何这般打扮？'……（应）伯爵……正说着，只见王经抓帘子，画童儿用彩漆方盒银厢雕漆茶钟，拿了两盏酥油白糖熬的牛奶子。"②

第九十六回："西门庆灵前……春梅烧了布，落了几点眼泪。然后周围设放围屏，火炉内生起炭火，安放大八仙桌席，摆茶上来。无非是细巧蒸酥，异样甜食，美口菜蔬，希奇果品，缕金碟，象牙筋，雪锭盘盏儿，绝品芽茶。"③ 这是在西门庆家中。

从《金瓶梅》的内容来看，西门庆家中有专司茶具、专顿茶水之人。女仆宋惠莲即为其中之一。据第二十二回："惠莲自从和西门庆私通之后，背地不算，与他衣服、汗巾、首饰、香茶之类。……西门庆又对月娘说：'他做的好汤水。'不教他上大灶，只教他和玉筲两个，在月娘房里，后边小灶上，专顿茶水，整理菜蔬，打发月娘房里吃饭，与月娘做针指，不必细说。"④ 西门庆和惠莲勾搭成奸后，让她在小灶上专顿茶水，既表示对她的重视，也方便进一步接近行奸。《金瓶梅词话》中有多处涉及惠莲烹茶的描写。如第二十三回："这玉筲把帘子掀开，老婆（指惠莲）见无人，急伶俐两三步就扠出来，往后边看茶去了。须臾小玉从外边走来，叫：'惠莲嫂子，娘说你怎的取茶就不去了哩？'老婆道：'茶有了，着姐拿果仁儿来。'不一时，小玉拿着盏托，他提着茶，一直来到前边。月娘问道：'怎的茶这咱才来？'惠莲道：

---

① （明）兰陵笑笑生：《金瓶梅词话》第 61 回《韩道国筵请西门庆，李瓶儿苦痛宴重阳》，人民文学出版社 2000 年版，第 754 页。
② （明）兰陵笑笑生：《金瓶梅词话》第 67 回《西门庆书房赏雪，李瓶儿梦断幽情》，人民文学出版社 2000 年版，第 848 页。
③ （明）兰陵笑笑生：《金瓶梅词话》第 96 回《春梅游旧家池馆　守备使张胜寻经济》，人民文学出版社 2000 年版，第 1304—1305 页。
④ （明）兰陵笑笑生：《金瓶梅词话》第 22 回《西门庆私淫来旺妇，春梅正色骂李铭》，人民文学出版社 2000 年版，第 254 页。

香茗雅器：明代茶具与明代社会

'爹在房里吃酒，小的不敢进去。等着姐屋里取茶叶，剥果仁儿来。'于是打发众人喝了茶，小玉便拿回盏托去了。"① 又如第二十四回："西门庆才起来……陪荆都监在厅上说话，一面使平安儿进来后边要茶，宋惠莲正和玉箫、小玉在后边院子里……顽成一块。……正顽着，只见平安走来，叫：'玉箫姐，前边荆老爹来，使我进来要茶哩。'……宋惠莲道：'怪囚根子！爹要茶，问厨房里上灶的要去，如何只在俺这里缠？俺这后边，只是预备爹娘房里用的茶，不管你外边的帐。'那平安儿走到厨房下，那日该来保妻惠祥，惠祥道：'怪囚！我这里使着手做饭，你问后边要两钟茶出去就是了，巴巴来问我要茶！'"②

明代小说中，豪商富室饮茶常有用茶盏盛酒饮用的情况，作为一种世俗茶文化，饮茶饮酒往往都是为了满足口腹之需，用茶盏饮酒未尝不可。

如《醒世姻缘传》第四十五回："狄希陈……床上掇了一个枕头，把那尊烧酒倒了一茶钟，冷吃在肚里，脱了袜子，脱了裤，脱了衫袄，钻在桌上睡了。……只见素姐只道狄希陈果真睡着，叫玉兰拿过那尊烧酒，剥着鸡子，喝茶钟酒，吃个鸡蛋，吃的甚是甜美……"③

又如《金瓶梅词话》第三十三回："春梅做定科范，取了个茶瓯子，流沿边斟上递与他。慌的（陈）经济说道：'五娘赐我，宁可吃两小钟儿罢。外边铺子里许多人等着要衣裳。'金莲道：'教他等着去，我偏教你吃这一大钟。那小钟子刁刁的不耐烦！'"④ 茶瓯比酒盏容量大，潘金莲以茶瓯盛酒让陈经济喝，是表示热情。

又如署名天然痴叟的《石点头》第十二回："（申屠娘子）回至房

---

① （明）兰陵笑笑生：《金瓶梅词话》第 23 回《玉箫观风赛月房，金莲窃听藏春坞》，人民文学出版社 2000 年版，第 262 页。
② （明）兰陵笑笑生：《金瓶梅词话》第 24 回《陈经济元夜戏娇姿　惠祥怒骂来旺妇》，人民文学出版社 2000 年版，第 277 页。
③ （明）西周生：《醒世姻缘传》第 45 回《薛素姐酒醉疏防，狄希陈乘机取鼎》，人民文学出版社 2015 年版，第 608—609 页。
④ （明）兰陵笑笑生：《金瓶梅词话》第 33 回《陈经济失钥罚唱，韩道国纵妇争风》，人民文学出版社 2000 年版，第 382 页。

第二章 明代的茶具与宫廷、文人和世俗

中,与姚婆饮酒。三杯已过……将过一只大茶瓯,斟得满满的,亲自送到面前。婆子道:'承娘子美意,只是量窄,饮不得这一大瓯。'申屠娘子道:'天气寒冷,吃一杯也无防。'婆子不好推托,只得接来饮了。"① 申屠娘子用茶瓯盛酒敬姚婆,是有意想把她灌醉,好实现计划歼灭仇人报杀夫之仇。

再如《续金瓶梅》第二十三回:"待不多时,翟员外打扮新服,摇摆出来……酒过数巡,就问起往李师师家送礼的事来。(郑)玉卿道:'你且吃一大杯,我才肯说哩:'即取过一个茶杯,满满斟了一杯麻姑酒,那酒又香又辣,翟员外一饮而尽,笑着道:'你可说了罢!'"② 郑玉卿用大容量的茶杯盛酒,是为了戏弄翟员外。

三　普通平民与茶具

早在魏晋时期,文献中就已出现普通平民所用的茶具的身影,在唐代相关文献更多,到明代此类文献已经极其普遍,平民所用茶具总体体现出简素的特征。

魏晋时期,平民饮茶虽不是很普及,但一定程度已经出现,唐陆羽《茶经》之《七之事》辑录有数条魏晋时期平民饮茶及所用茶具的文献。陆羽《茶经》辑录三国魏人张揖《广雅》云:"欲煮茗饮,先炙令赤色,捣末置瓷器中,以汤浇覆之,用葱、姜、橘子芼之。其饮醒酒,令人不眠。"③ 引文中的"瓷器"即为茶具。《茶经》辑录西晋傅咸《司隶教》曰:"闻南方有以困蜀妪作茶粥卖,为廉事打破其器具,后又卖饼于市。而禁茶粥以困蜀姥,何哉?"④ 引文中蜀妪的"器具"为盛茶粥的茶具。《茶经》引《广陵耆老传》曰:"晋元帝时有老姥,每

---

① (明)天然痴叟:《石点头》第12卷《侯官县烈女歼仇》,中国戏剧出版社2000年版,第217页。
② (清)丁耀亢:《续金瓶梅》第23回《翟员外大撒买花钱,郑玉卿稳吃新红酒》,中国戏剧出版社2000年版,第111页。
③ (唐)陆羽:《茶经》卷下《七之事》,《丛书集成新编》第47册,新文丰出版公司1985年版。
④ 同上。

· 385 ·

香茗雅器：明代茶具与明代社会

旦独提一器茗，往市鬻之，市人竞买。自旦至夕，其器不减。所得钱散路旁孤贫乞人。人或异之，州法曹縶之狱中。至夜，老姥执所鬻茗器，从狱牖中飞出。"① 引文中"老姥"所执的茗器也即茶具。旁人之所以觉得她茶具中的茶水不会减少，是因为茶叶烹煮售卖一定程度可不断续水所致，至于所谓"老姥"从监狱的窗中飞出，很可能是被同情她的人释放罢了。

唐代普通平民饮茶已经较为普遍，文献中有关平民与茶具的内容也较多出现。如唐苏廙《十六汤品》中列举有十六种茶汤，其中有五种是因为煮水器的材质不同造成的。第七品富贵汤："以金银为汤器，惟富贵者具焉。……贫贱者有不能遂也。"这种金银的茶具是官绅富贵者所用的，"贫贱者"也即普通平民是办不到的。第八品秀碧汤："石，凝结天地秀气而赋形者也，琢以为器，秀犹在焉。"第九品压一汤："贵厌金银，贱恶铜铁，则瓷瓶有足取焉。幽士逸夫，品色尤宜。"以石和瓷为材质的茶具主要是适合文人所用，既不是太昂贵，又显得清雅。第十品缠口汤："猥人俗辈，炼水之器，岂暇深择，铜铁铅锡，取热而已。夫是汤也，腥苦且涩，饮之逾时，恶气缠口而不得去。"第十一品减价汤："无油之瓦，渗水而有土气。虽御胯宸缄，且将败德销声。谚曰：'茶瓶用瓦，如乘折脚骏登高。'好事者幸志之。"② 廉价的铜、铁、铅、锡、陶（也即瓦）等材质的茶具主要为普通平民所用，作者将他们称为"猥人俗辈"，限于经济条件，他们无法过于选择茶具的材质，饮茶主要是为了满足口腹之需，既不能以茶具来对自身身份炫耀，有无类似文人的精神追求。

又如唐李肇《唐国史补》载："巩县陶者多为瓷偶人，号陆鸿渐，买数十茶器得一鸿渐，市人沽茗不利，辄灌注之。"③ 购买这些廉价陶

---

① （唐）陆羽：《茶经》卷下《七之事》，《丛书集成新编》第47册，新文丰出版公司1985年版。

② （唐）苏廙：《十六汤品》，《丛书集成新编》第47册，新文丰出版公司1985年版。

③ （唐）李肇：《唐国史补》卷中，李肇等《唐国史补·因话录》，上海古籍出版社1979年版，第34页。

第二章 明代的茶具与宫廷、文人和世俗

瓷茶具之人应为普通平民。又如唐裴汶《茶述》曰:"今宇内为土贡实众……今者其精无以尚焉。得其粗者,则下里兆庶,瓯碗粉糜。顷刻未得,则胃腑病生矣。"① 所谓使用"瓯碗"的"下里兆庶",也即地位身份不高的普通平民。

唐段成式《酉阳杂俎》中还记载了一个和茶具瓷碗有关的神异故事:"瓷碗,江淮有士人庄居,其子年二十余,常病魔。其父一日饮茗,瓯中忽起如沤,高出瓯外,莹净若琉璃。中有一人,长一寸,立于沤,高出瓯外。细视之,衣服状貌,乃其子也。食顷,爆破,一无所见,茶碗如旧,但有微墨耳。数日,其子遂著神,译神言,断人休咎不差谬。"②

宋代似未见有关普通平民与茶具内容的文献,但宋代饮茶风气不亚于唐代,按常理推测,宋代普通平民必然大量使用各式茶具。

明代有关普通平民与茶具的内容在文献中大量出现。

明代茶书主要反映的是文人茶文化,其中茶具一般为文人生活中理想的器具,但对普通平民所用茶具也略有涉及,作为反面例子论证文人茶具。例如明许次纾《茶疏》之《饮啜》条曰:"所以茶注欲小,小则再巡已终。宁使余芬剩馥尚留叶中,犹堪饭后供啜嗽之用,未遂弃之可也。若巨器屡巡,满中泻饮。待停少温,或求浓苦,何异农匠作劳,但需涓滴,何论品赏,何知风味乎?"《秤量》条曰:"茶注,宜小不宜甚大。小则香气氤氲,大则易于散漫。"③ 许次纾主张茶壶(茶注)要小,如此则香味盎然,如果用大壶,则香味散失,茶味浓苦。小壶适应的主要是文人的需求,他们饮茶主要目的并非解渴,而是闲适的生活状态和惬意的精神享受。大壶适应的是普通平民的要求,他们饮茶主要是为了解渴的生理目的,容量小的小壶自然不适宜,至于茶香茶味并不太在

---

① (清)陆廷灿:《续茶经》卷上《一之源》,《景印文渊阁四库全书》第844册,台湾商务印书馆1986年版。
② (唐)段成式:《酉阳杂俎》卷10,中华书局1981年版,第100页。
③ (明)许次纾:《茶疏》,《四库全书存目丛书·子部》第79册,齐鲁书社1997年版。

· 387 ·

♨ 香茗雅器：明代茶具与明代社会

乎。许次纾讥笑这些农夫匠人劳动，只知道饮水解渴，不知品赏，不知风味。明罗廪《茶解》还主张茶要慢慢喝，如果大量饮用不辨味道，那就与"拥作"无异："茶须徐啜。若一吸而尽，连进数杯，全不辨味，何异佣作。卢仝七碗，亦兴到之言，未是实事。"① 茶水徐饮这适合的是文人，一饮而尽或连饮数杯，这是普通平民的饮茶方式，罗廪不屑地称为"何异佣作"。

明周高起《阳羡茗壶系》记载的宜兴紫砂壶是一种主要因文人喜爱而兴起的茶具，周高起亦认为壶宜小："壶宜小不宜大，宜浅不宜深，壶盖宜盎不宜砥。汤力茗香，俾得团结氤氲。"《阳羡茗壶系》还记载了著名紫砂艺人时大彬制壶有一个由大变小的过程："时大彬……初自仿供春得手，喜作大壶。后游娄东，闻眉公与琅琊、太原诸公品茶施茶之论，乃作小壶。"② 供春的身份为生活于明正德年间的仆役，受文人影响不大，所制壶主要是为了供应普通平民，自然制作的是容量大的大壶，以便于饮用。时大彬开始模仿供春，也作大壶，但后来与陈继儒（眉公）等著名文人交往，受他们影响，于是开始制作小壶。

明代史籍中已有大量普通平民与茶具的内容。如《明武宗实录》："（正德十四年七月）丙午（朱）宸濠围安庆……濠兵焚彭泽湖口，望江奄至安庆城下。……时军卫卒不满百余人，乘城皆民兵阖户调发，老弱妇女亦令馈饷。……又暑渴乃置釜、鬻于城上煮茶以饮士。"③ 所谓"釜、鬻"就是用来烹茶的茶具。又如明末清初周亮工《闽小记》载："前朝不贵闽茶……闽人以粗瓷胆瓶贮茶，近鼓山支提新茗出，一时学新安，制为方圆锡具，便觉神采奕奕。"④ "前朝"指的是明朝，粗瓷瓶和方圆锡具都是普通平民用来藏茶的用具。又如明刘侗等《帝京景物略》记述了明代北京的风俗："九月九日，载酒具、茶垆、食榼，曰登

---

① （明）罗廪：《茶解》，喻政《茶书》，明万历四十一年刻本。
② （明）周高起：《阳羡茗壶系》，《丛书集成续编》第 90 册，新文丰出版公司 1988 年版。
③ 《明武宗实录》卷 176，"中央研究院"历史语言研究所 1962 年版。
④ （清）周亮工：《闽小记》卷 1，上海古籍出版社 1985 年版，第 65—70 页。

第二章 明代的茶具与宫廷、文人和世俗

高。香山诸山,高山也;法藏寺,高塔也;显灵宫、报国寺,高阁也。释不登。赁园亭,闯坊曲,为娱耳。"① 北京的平民百姓有在九月九日持酒具、茶炉和食榼登高的习俗。清姚之骃《元明事类钞》记载了明代十五、十六民间有茶炉烹茶伴嫦娥的风俗:"伴嫦娥。……一轮初满,万户皆清,若乃狎处衾帷,不惟辜负蟾光,亦恐嫦娥见妒。涓于十五、十六二宵,联女伴同志者,一茗一炉相从卜夜,名曰伴嫦娥。"② 明末长期在中国传教的传教士利玛窦所著《利玛窦中国札记》中亦述及了他所观察到的饮茶方式:"日本人用这种叶子调制饮料的方式与中国人略有不同。他们把它磨成粉末,然后放两三汤匙的粉末到一壶滚开的水里,喝这样冲出来的饮料。中国人则把干叶子放入一壶滚水,当叶子里精华被泡出来以后,就把叶子滤出,喝剩下的水。"③ 日本人饮茶是把茶粉放入盛有沸水的壶中再调和饮用,而中国人则是把散茶茶叶置入盛有沸水的壶中(其实也有先放茶叶,再冲入沸水的),接着饮用茶水(叶子过滤不喝)。用来泡茶的壶是由煮水器演化而来,明代中叶才出现,明末流行开来,利玛窦观察到了这一点。

平民百姓所用茶具最主流的应为陶瓷器具,这些茶具大多为位于江西饶州的景德镇所产。明宋应星《天工开物》载:"凡白土曰垩土,为陶家精美器用。中国出惟五六处,北则真定定州、平凉华亭、太原平定、开封禹州,南则泉郡德化(土出永定,窑在德化)、徽郡婺源、祁门。……真、开等郡瓷窑所出,色或黄滞无宝光。合并数郡不敌江西饶郡产。浙省处州丽水、龙泉两邑,烧造过锈杯、碗,青黑如漆,名曰处窑。……若夫中华四裔驰名猎取者,皆饶郡浮梁景德镇之产也。"④ 景德镇为平民百姓生产的大量瓷器主要为民窑所产。清陈浏《匋雅》曰:

---

① (明)刘侗:《帝京景物略》卷2,《四库全书存目丛书·史部》第248册,齐鲁书社1997年版。

② (清)姚之骃:《元明事类钞》卷3《岁时门》,《景印文渊阁四库全书》第884册,台湾商务印书馆1986年版。

③ [意]利玛窦:《利玛窦中国札记》卷1,中华书局1983年版,第17—18页。

④ (明)宋应星:《天工开物》卷7《陶埏》,中华书局1978年版,第195—196页。

♨ 香茗雅器：明代茶具与明代社会

"民间所卖之瓷器，厂人则谓之曰客货，凡所以别于官窑也。"又曰："客货者，民窑也。官窑别于民窑，御窑别于官窑。"① 陈浏所述反映的是明清时期的情况，景德镇民窑生产的客货主要是销售给平民百姓，其中包括大量陶瓷茶具，而官窑生产的产品则主要供应朝廷和官府。清朱文藻在为朱琰《陶说》所写的"跋"中说："客游饶州，饶产之巨，莫如景德镇之瓷，而其器尤为日用不可缺，乃以亲见之事，参诸旧闻。其说不诬，洵可传也。"② 朱文藻所言的虽然是清代的情况，但明代亦是如此，这些"日用不可缺"的大量陶瓷中有许多即为平民百姓所用的茶具。

通过明代的史籍，大致可推测出当时平民百姓所用的某些茶具的价格。据明申时行等《明会典》："景泰二年令……顺天府及二县，俱集各行，依时估计物货价直，照旧折收钞贯。……其收税则例……青大碗每二十五个、青中碗每三十个、青大楪每五十个……各七百四十文。……青中楪每五十个、白大盘每十个……各六百七十文。青小楪每五十个、白中盘每十五个……各六百文。……青大盘每十二个、青盘每十五个、青小盘每二十个、青小碗每三十个……各五百文。……土青盘每十五个、土青碗、小白盘每二十个、土青楪每五十个、青茶钟每七个……各四百文。……土青酒钟、土青茶钟每十二个、土青香炉、大白碗每十个、中白碗每十五个、白大楪每二十个、白小楪每二十五个……各三百文。……白小碗每十五个……各二百文。……白茶钟每六个……各一百七十文。……叶茶……每斤……六十五文。其余估计未尽物货、俱照价值相等则例收纳。"③ 以上器皿青茶"钟"、土青茶"钟"和白茶"钟"为茶具无疑，其他器皿或许在民间不一定是专用茶具，但作为盛器也可作兼用茶具使用。青茶"钟"每七个估值是四百文，则每

---

① （清）陈浏：《匋雅》卷下，《丛书集成续编》第90册，新文丰出版公司1988年版。
② （清）朱琰：《陶说》跋一，《续修四库全书》第1111册，上海古籍出版社2003年版。
③ （明）申时行等：《明会典》卷35《课程四·商税》，中华书局1989年版，第255—256页。

第二章 明代的茶具与宫廷、文人和世俗

个价格约为五十七文,土青茶"钟"每十二个三百文,则每个价格为二十五文,白茶"钟"每六个估值一百七十文,则每个约为二十八文。这些价格低廉的器皿正是明代普通百姓广泛使用的茶具,茶叶每斤估值六十五文,也即每个茶"钟"的价格只相当于数两茶叶而已。

明代史籍中还有涉及藏族等少数民族所用茶具相关内容的记载。如《明英宗实录》卷二百三十二:"(景泰四年八月甲辰),巡抚湖广右都御史李实奏:'四川董卜韩胡宣慰司番僧国师禅司刺麻进贡毕日,许带食茶回还,因此货买私茶至万数千斤,其铜、锡、磁、铁等器用,沿途多用人船载至成都,陆路起夫扛台。……请敕都察院禁约,今后私通番僧贸易茶货、铜、铁、磁、锡器物,及将子孙投作番僧通士者,俱发口外充军。……'从之。"① 文中的番僧是藏地僧人,茶叶和铜、锡、瓷、铁等器物是运往藏族地区销售牟利,铜、锡、瓷、铁等器物其中相当部分必为茶具。又如明俞汝楫《礼部志稿》载:"成化十三年,苦峪城使臣奏讨,加绢一疋。……十五年再加绢一疋。使臣进贡到京者,每人许买食茶五十斤、青花瓷器五十副、铜锡汤瓶五个……不许过多,就馆中开市五日。……许官民各色铺行人等,持货入馆两平交易。"② 苦峪城是哈密王(维吾尔族)驻地,其使臣欲购的青花瓷器、铜锡汤瓶相当一部分应为茶具。又如明解缙《送习贤良赴河州序》文曰:"革河州、宁河等府县,设军民指挥司治之。与中原郡县等,而善马之出,布于天下。先是民商夷虏,相售易,或相杀害,此茶马市之所由设也。而中国之货马,贵中国之货,以荈茗为上,盖夷人肥膻潼,则群聚穹庐中,置金煮荈茗,调以童酪。"③ 此处所谓夷人,是指藏族居民,他们的饮食结构以肉食为主,需要大量饮茶以利于消化,"置金煮荈茗",也即用金属(一般为铁)茶具煮茶饮用。又如明马文升在给朝廷的上书《禁

---

① 《明英宗实录》卷232,"中央研究院"历史语言研究所1962年版。
② (明)俞汝楫:《礼部志稿》卷38,《景印文渊阁四库全书》第597—598册,台湾商务印书馆1986年版。
③ (明)陈子龙等:《皇明经世文编》卷11《解学士文集》,《四库禁毁书丛刊·集部》第24册,北京出版社1997年版。

☗ 香茗雅器：明代茶具与明代社会

通番以绝边患疏》中曰："照得陕西洮、岷、河州、西宁等处卫所沿边边夷，即古之吐蕃……彼皆顺服，岁时进贡，其所食茶、铁锅、铜器、罗叚等物，奏奉明文，方纔给与。……其后有等各边无知军民，及军职子弟，甚至守备官员，往往亦令家人将铁锅、食茶、段疋、铜器等货，买求守把关隘之人，公然私出外境，进入番族，易换彼处所产马匹等物。"[①] 此处所谓边夷，亦指的是藏族，汉地销往藏地的铁锅、铜器相当一部分可做茶具之用，用来烹茶饮茶。再如明毕自严《石隐园藏稿》曰："洮岷之俗，率以酥油、牛羊乳、湖茶、花椒、草果煎而食之，谓之油茶，日用必需，余初至，闻碗盏器具无不腥膻，饮食大减，越数日始定。"[②] 洮岷是指洮州和岷州，皆为藏族地区，引文中的"碗盏器具"指的是藏族人用来饮茶的茶具。

明代诗歌十分繁荣，这些诗歌亦有咏及普通平民使用茶具的篇章。如明徐𤊹《武夷采茶词》曰："结屋编茅数百家，各携妻子住烟霞。一年生计无他事，老稚相随尽种茶。……竹火风炉煮石铛，瓦瓶磔碗注寒浆。……荒榛宿莽带云锄，岩后岩前选奥区。无力种田来莳茗，官家何事亦征租。"[③] 此诗描绘的是武夷山中贫困的茶农在山中种茶为生的情形，他们居于茅屋之中，使用风炉、石铛、瓦瓶和磔碗等茶具。又如明谢肇淛《茶洞》诗曰："折笋峰西接水乡，平沙十里绿云香。如今已属平泉业，采得旗枪未敢尝。草屋编茅竹结亭，熏床瓦鼎黑磁瓶。山中一夜清明雨，收却先春一片青。"[④] 此诗亦描写的是福建茶农，他们住在简陋的草屋竹亭之中，瓦鼎、黑瓷瓶是他们所用的茶具。又如明童轩《渔者》："一叶扁舟里，萧条生计微。犬依茶灶卧，鸥逐钓丝飞。"[⑤]

---

① （明）陈子龙等：《皇明经世文编》卷62《马端肃公奏疏一》，《四库禁毁书丛刊·集部》第24册，北京出版社1997年版。
② （明）毕自严：《石隐园藏稿》卷3，《景印文渊阁四库全书》第1293册，台湾商务印书馆1986年版。
③ （明）喻政：《茶集》卷2，喻政《茶书》，明万历四十一年刻本。
④ 同上。
⑤ （明）童轩：《清风亭稿》卷5，《景印文渊阁四库全书》第1247册，台湾商务印书馆1986年版。

第二章 明代的茶具与宫廷、文人和世俗

诗中的茶灶是捕鱼为生的渔民所用的茶具。又如明刘锐《雨霁同邻翁过田家》诗曰："林外晴岚散晚霞，偶因雨霁到田家。……流水小桥通钓艇，矮篱茅屋碍巾纱。邻翁款客偏淳朴，瓦缶清泉为煮茶。"[①] 诗人到了一户普通的农家，煮茶所用茶具为"瓦缶"。再如明末清初吴伟业《意难忘·山家》："衰翁健饭堪夸。把瘿尊茗碗，高话桑麻。穿池还种柳，汲水自浇瓜。霜后橘，雨前茶，这风味清佳。喜去年，山田大熟，烂漫生涯。"[②] 这词描绘的是山农的生活，此词中提到了山农所用茶具"茗碗"。

明末民歌较为流行，生活于明末的冯梦龙收集大量民歌并编撰有《桂枝儿》《山歌》《夹竹桃》等民歌集，有些民歌涉及普通平民所用的茶具。如《茶注》："结识私情好像茶注能。冷热温炖待子多少人。我为子你个冤家吃子多少苦。了你前头清爽后来浑。"[③] 茶注指的是茶壶，茶壶在明末就算在普通平民中也已经很流行。此民歌以女子的口吻用茶壶来隐喻并抱怨男子对自己的情感。茶壶冲入沸水后先热后冷，故云"冷热温炖待子多少人"，暗指男子感情先热后冷，茶壶所盛茶水口味微苦，故云"我为子你个冤家吃子多少苦"，喻指女子为情苦苦煎熬，壶中的茶水往往先清后浑，故云"了你前头清爽后来浑"，咒骂薄情的男子为浑人。又如《茶》："斟不出茶来把口吹，壶嘴放在姐口里。不如做个茶壶嘴，常在姐口讨便宜。滋味清香分外奇。"[④] 茶壶斟茶有时会茶叶堵塞壶口，所以就会口吹壶嘴。此民歌有强烈的性隐喻，壶嘴喻指的是男根。又如《汤婆子竹夫人相骂》："名色号汤婆。戊戌生。年不多。汤家还是我的亲生父。我只为热心肠似火。俏冤家爱我。苦怜

---

① （清）沈季友：《檇李诗系》卷11，《景印文渊阁四库全书》第1475册，台湾商务印书馆1986年版。

② （清）吴伟业：《梅村集》卷20，《景印文渊阁四库全书》第1312册，台湾商务印书馆1986年版。

③ （明）冯梦龙：《明清时调集》上册《山歌》卷6，上海古籍出版社1987年版，第364页。

④ （明）冯梦龙：《明清时调集》上册《山歌》卷10，上海古籍出版社1987年版，第439页。

香茗雅器：明代茶具与明代社会

我被窝中准夜如牵磨。一脚就碾开奴。……算来长情倒弗如酒注茶壶。"① 汤婆子是一种铜或瓷质置于被窝中以提高温度取暖的器皿。此民歌用女子的口吻用汤婆子来隐喻男子的始乱终弃。人要取暖时将汤婆子置于被中摩挲，故曰"苦怜我被窝中准夜如牵磨"，不用时移开，故曰"一脚就碾开奴"，人用汤婆子反而不像对茶壶、酒壶一样需长期使用，故曰"算来长情倒弗如酒注茶壶"。

明代小说中有关普通平民与茶具的内容十分丰富。下举数例。

明冯梦龙《警世通言》第二十二卷《宋小官团圆破毡笠》描述："刘翁就在船头上招宋小官上船。……引他到后艄，见了妈妈徐氏，女儿宜春在傍，也相见了。宋金走出船头，刘翁道：'把饭与宋小官吃。'刘妪道：'饭便有，只是冷的。'宜春道：'有热茶在锅内。'宜春便将瓦罐子舀了一罐滚热的茶。刘妪便在厨柜内取了些腌菜，和那冷饭。"② 刘翁的家庭是在船上的贫寒之家，引文中提到的茶具有锅、瓦罐子。

明洪楩《清平山堂话本》卷二《快嘴李翠莲记》曰："只见（张）员外分付：'叫张狼娘子烧中茶吃！'那翠莲听得公公讨茶，慌忙走到厨下，刷洗锅儿，煎滚了茶，复到房中，打点各样果子，泡了一盘茶，托至堂前，摆下椅子，走到公婆面前，道：'请公公、婆婆堂前吃茶。'……少刻，一家儿俱到堂前，分大小坐下，只见翠莲捧着一盘茶，口中道：'公吃茶，婆吃茶，伯伯、姆姆来吃茶。姑娘、小叔若要吃，灶上两碗自去拿。……'"③ 引文中描绘了李翠莲烧茶并请合家大小饮茶的过程，提到的茶具有锅、盘和碗。

明西湖渔隐主人《欢喜冤家》第九回《乖二官骗落美人局》曰："只见里面一个二十三岁的女使，捧出两碗香香的茶来。小山道：'请

---

① （明）冯梦龙：《明清时调集》上册《山歌》卷8，上海古籍出版社1987年版，第392页。
② （明）冯梦龙：《警世通言》第22卷《宋小官团圆破毡笠》，人民文学出版社1956年版，第299页。
③ （明）洪楩：《清平山堂话本》卷二《快嘴李翠莲记》，岳麓书社2013年版，第39页。

第二章 明代的茶具与宫廷、文人和世俗

茶。'……（二官）拿起茶杯正待要吃，只见二娘在厨后露出那付标致脸儿。……二娘……须臾下楼，往灶前取火煽茶。二官道：'哥哥睡未？'回道：'睡熟了，我着三女坐在地下伴他，恐他要茶吃，特下来煎哩。'……二娘骚兴发了，把二官抱紧了，在下凑将上来，二官十分动火，着实奉承。二个人一齐丢了，二娘把裙幅揩净了道：'你且出去吃些酒，我茶煎久了，拿了上去，再下来与你说说儿去睡。'"① 小山与二官都是小商人，引文中描绘了二娘一边与二官偷情，一边为自己的丈夫小山煎茶，提及的茶具有灶、茶杯。

明末清初佚名《麟儿报》描绘："（廉小村）忽见一个人。破衣破帽，像花子一般，赤着双脚，在雪中走过。廉小村看见心中甚是不忍，连忙招手道：'……且请到我家歇息歇息，吃碗热茶，等雪缓些再走何如？'……廉小村见他肯来，不胜欢喜。因在炉中斟一杯热茶与他吃，道：'我看你身上单薄，可到里面来，火上烘烘，也得些暖气。'"② 廉小村是卖豆腐的穷汉，引文中提到的茶具有炉、杯。

明丁耀亢《续金瓶梅》描述："小玉……想起西门庆在时，那一年扫雪烹茶，妻妾围炉之乐，不觉长叹一声，双泪俱落。有一词单道富家行乐，名《沁园春》：'暖阁红炉，匝地毛毡，何等奢华！正彤云密布，琼瑶细剪，银妆玉砌，十万人家。碧碗烹茶，金杯度曲，乳酪羊羔味更佳。……见柴门静掩，一声吠犬，孤村冷落，几阵归鸦，滑拙残灰，牛衣寒絮，市远钱空酒莫赊。……'这首词单说人生苦乐不同，光景各别。即如富家见此雪。添了多少清兴！……那知道山野贫民、穷村寡妇厨下无薪、瓮中无米，忽然大雪把门屯了……灶门口墩着烤那牛粪火，满屋都是臭烟。"③ 这段文字对比了富家与贫民，同样是雪天烹茶，富

---

① （明）西湖渔隐主人：《欢喜冤家》第 9 回《乖二官骗落美人局》，华夏出版社 2015 年版，第 121 页。
② （明）西湖渔隐主人：《麟儿报》第 1 回《廉老儿念风雪冷济饥人，葛神仙趁天灾巧指吉他》，上海古籍出版社 1994 年版，第 5—6 页。
③ （清）丁耀亢：《续金瓶梅》第 12 回《众女客林下结盟，刘学官雪中还债》，中国戏剧出版社 2000 年版，第 61—62 页。

♨ 香茗雅器：明代茶具与明代社会

家是碧碗烹茶，妻妾围炉之乐，而贫家则是"滑拙残灰"，"灶门口墩着烤那牛粪火"。

明代小说反映用以泡茶的壶在明末已经极其流行，成为普通平民常用的一种茶具，泡茶也常以"壶"为计量单位。下举数例。

明冯梦龙《醒世恒言》第三卷《卖油郎独占花魁》描绘卖油郎秦重怀抱茶壶夜晚照顾沦落风尘的美娘："秦重道：'有热茶要一壶。'丫鬟泡了一壶浓茶，送进房里，带转房门，自去耳房中安歇。秦重看美娘时，面对里床，睡得正熟……取了这壶热茶，脱鞋上床，捱在美娘身边，左身抱着茶壶在怀，右手搭在美娘身上，眼也不敢闭一闭。……知他要吐，放下茶壶，用手抚摩其背。……摸茶壶还是暖的，斟上一瓯香喷喷的浓茶，递与美娘。"[1]

明吴承恩《西游记》描绘孙悟空变作虫儿飞入铁扇公主茶壶斟出的茶水中："近侍女童，即将香茶一壶，沙沙的满斟一碗，冲起茶沫漕漕。行者见了欢喜，嘤的一翅，飞在茶沫之下。那罗刹渴极，接过茶，两三气都喝了。行者已到他肚腹之内"。[2]

署名名教中人的《好逑传》描绘铁公子到贫穷的老婆子家借宿："那老婆子教他将马牵到后面菜园破屋里去喂，又请铁公子到旁边一间草屋里去坐，又一面烧了一壶茶出来，请铁公子吃。"[3]

吴敬梓《儒林外史》描绘卜老爹与牛老结亲，卜老爹将自己外孙女嫁给牛老孙子，嫁妆中就有茶壶："只见那边卜老爹已是料理了些镜子、灯台、茶壶，和一套盆桶，两个枕头，叫他大儿子卜诚做一担挑了来。"婚礼当晚牛老烹一壶茶请卜老爹夜谈："牛老道：'实是不成个酒馔。至亲面上，休要笑话。只是还有一说，我家别的没有，茶叶和炭还

---

[1] （明）冯梦龙：《醒世恒言》第3卷《卖油郎独占花魁》，人民文学出版社1956年版，第55—56页。
[2] （明）吴承恩：《西游记》第59回《唐三藏路阻火焰山，孙行者一调芭蕉扇》，人民文学出版社2010年版，第731页。
[3] （明）名教中人：《好逑传》第1回《省凤城侠怜鸳侣苦》，豫章书社1981年版，第2—3页。

第二章 明代的茶具与宫廷、文人和世俗

有些须。如今煨一壶好茶,留亲家坐着谈谈,到五更天,让两口儿出来磕个头,也尽我兄弟一点穷心。'"①

茶壶泡茶饮茶,必须要有茶杯配合。明代小说中述及普通平民与茶壶的内容时,往往也会提及茶杯。下举数例。

明梦觉道人《三刻拍案惊奇》第九回《淫妇情可诛,侠士心当宥》描绘了董文之妻邓氏的卧房:"却也好个房!上边顶格,侧边泥壁,都用绵纸糊得雪白的。内中一张凉床,一张桌儿,摆列些茶壶、茶杯。"②

明清溪道人《禅真后史》描绘濮员外提一壶茶并拿数只碗请众人饮茶:"濮员外右手提了一壶热茶,左手拿着几个磁碗,从侧门趱出去,笑嘻嘻道:'众位辛苦了,请吃一杯茶何如?'众人却待来接,皮廿九向前把濮员外左手只一推,将那碗索琅琅打得粉碎。……只见濮员外又取数只碗,请众人吃茶。"③

吴敬梓《儒林外史》描述卜诚为迎接客人准备一壶茶和茶杯等物:"第二日清早,卜诚起来,扫了客堂里的地,把囤米的折子搬在窗外廊檐下;取六张椅子,对面放着;叫浑家生起炭炉子,煨出一壶茶来;寻了一个捧盘、两个茶杯、两张茶匙,又剥了四个圆眼,一杯里放两个,伺候停当。"④

明代普通平民中有特殊的一类人,那就是僧道,明代小说中多有僧道与茶具的内容。下面先列举几则僧尼与茶具的例子。

明冯梦龙《醒世恒言》第十五卷《赫大卿遗恨鸳鸯绦》描写赫大卿在尼姑庵中饮茶:"女童点茶到来,空照双手捧过一盏,递与大卿,自取一盏相陪。那手十指尖纤,洁白可爱。大卿接过,啜在口中,真个

---

① (清)吴敬梓:《儒林外史》第21回《冒姓字小子求名,念亲戚老夫卧病》,人民文学出版社1958年版,第218页。
② (明)梦觉道人、西湖浪子:《三刻拍案惊奇》第9回《淫妇情可诛,侠士心当宥》,三秦出版社1994年版,第112页。
③ (明)清溪道人:《禅真后史》第4回《听谗言泼皮兴大讼,遇知己老穆诉衷情》,大众文艺出版社1997年版,第25页。
④ (清)吴敬梓:《儒林外史》第22回《认祖孙玉圃联宗,爱交游雪斋留客》,人民文学出版社1958年版,第224页。

香茗雅器：明代茶具与明代社会

好茶！……两下你一句，我一声，渐渐说到分际。大卿道：'有好茶再求另泼一壶来吃。'空照已会意了，便教女童去廊下烹茶。"① 引文中提到的茶具有壶、盏。

明凌濛初《拍案惊奇》卷六《酒下酒赵尼媪迷花，机中机贾秀才报怨》描绘了赵尼姑在庵中请巫娘子饮茶："赵尼姑故意谦逊了一番，走到房里一会，又走到灶下一会，然后叫徒弟本空托出一盘东西、一壶茶来。巫娘子已此饿得肚转肠鸣了。……不觉一连吃了几块。小师父把热茶冲上，吃了两口，又吃了几块糕，再冲茶来吃。"② 引文中提及的茶具有盘、壶。

《拍案惊奇》卷二十六《夺风情村妇捐躯，假天语幕僚断狱》描写太平禅寺僧人请杜氏饮茶："到得里头坐下了，小沙弥掇了茶盘送茶。智圆拣个好磁碗，把袖子展一展，亲手来递与杜氏。杜氏连忙把手接了，看了智圆丰度，越觉得可爱，偷眼觑着，有些魂出了，把茶侧翻了一袖。"③ 引文中出现的茶具有茶盘、瓷碗。

明冯梦龙《醒名花》第五回描绘了庵中尼姑的卧室："收拾得齐整非凡，比外边光景，便觉大不相同。内壁挂的，都是名人手迹，几上列着古今画卷，宣炉内一缕名香，瓷壶中泡得苦茗，鲜花几枝，斜插在胆瓶之内。"④ 引文中的茶具有瓷壶。

明佚名《梼杌闲评（明珠缘）》第二十五回描绘了僧人玉支饮茶："玉支也下禅床，叫侍者取茶来吃。只见两个清俊小童，捧着一盒具品，一壶香茶，摆下几个磁杯。"⑤ 其中茶具有壶、瓷杯。

---

① （明）冯梦龙：《醒世恒言》第 15 卷《赫大卿遗恨鸳鸯绦》，人民文学出版社 1956 年版，第 268 页。
② （明）凌濛初：《拍案惊奇》卷 6《酒下酒赵尼媪迷花，机中机贾秀才报怨》，人民文学出版社 1991 年版，第 103 页。
③ （明）凌濛初：《拍案惊奇》卷 26《夺风情村妇捐躯，假天语幕僚断狱》，人民文学出版社 1991 年版，第 439 页。
④ （明）冯梦龙：《醒名花》第 5 回《奔父命巧遇攒戟岭，避仇人深羁不染庵踪》，金城出版社 2000 年版，第 46 页。
⑤ （明）佚名：《梼杌闲评》第 25 回《跛头陀幻术惑愚，田知县贪财激大变》，华夏出版社 2013 年版，第 247 页。

第二章 明代的茶具与宫廷、文人和世俗

吴敬梓《儒林外史》第二回描绘观音庵中和尚以茶招待众人："申祥甫发作和尚道：'和尚！你新年新岁，也该把菩萨面前香烛点勤些！……'……和尚陪着小心，等他发作过了，拿一把铅壶，撮了一把苦丁茶叶，倒满了水，在火上燎得滚热，送与众位吃。……和尚捧出茶盘——云片糕、红枣，和些瓜子、豆腐干、栗子、杂色糖，摆了两桌。尊夏老爹坐在首席，斟上茶来。"① 提及的茶具有铅壶、茶盘。

下面再列举几则明代道士与茶具的例子。

明吴承恩《西游记》第七十三回描绘黄花观道士以茶招待唐僧师徒："（三藏）遂至客位中，同徒弟们坐下。（道士）急唤仙童看茶，当有两个小童，即入里边，寻茶盘，洗茶盏，擦茶匙，办茶果。……果然那仙童将五杯茶拿出去。道士敛衣，双手拿一杯递与三藏，然后与八戒、沙僧、行者。茶罢收钟……教：'童儿，放了茶盘陪侍，等我去去就来。'"② 其中茶具有茶盘、茶盏和茶匙。

明金木散人《鼓掌绝尘》第一回描绘李道士请杜萼饮茶："正说话间，那道童一只手擎了笔砚，一只手提了茶壶，连忙送来。……李道士就捧了一杯茶，送与杜萼道：'请杜相公见教一联。'杜萼连忙接过茶道：'二位老师在此，岂敢斗胆？'"③ 引文中提及的茶具有茶壶、茶杯。

明西周生《醒世姻缘传》第二十六回描绘了道观中道士的物件："蓝布褥子一件，蓝布棉被一床，席枕头二个，蓝布道袍二件……锡香案五件，锡壶一把，锡酒壶二把，锡灯台一个，铁锅一口，铁鏊铁勺各一把，磁器一百余件，神像大小二十余轴……"④ 这些物件中锡壶为茶具，"磁器"也应有相当一部分为茶具。

---

① （清）吴敬梓：《儒林外史》第2回《王孝廉村学识同科，周蒙师暮年登上第》，人民文学出版社1958年版，第15页。

② （明）吴承恩：《西游记》第73回《情因旧恨生灾毒，心主遭魔幸破光》，人民文学出版社2010年版，第894页。

③ （明）金木散人：《鼓掌绝尘》第1回《小儿童题咏梅花观，老道士指引凤凰山》，春风文艺出版社1985年版，第13页。

④ （明）西周生：《醒世姻缘传》第26回《作孽众生填恶贯，轻狂物类凿良心》，人民文学出版社2015年版，第352页。

♨ 香茗雅器：明代茶具与明代社会

明代并无类似现代的钟表，因民间饮茶极其普及，常以饮茶的耗时作为时间计量单位，这在明代小说中多有体现。下举数例。如明许仲琳《封神演义》第五十五回《土行孙归服西岐》："杨戬躬身辞了公主，驾土遁而行。未及盏茶时候，又落在低泽之旁。"① 西周生《醒世姻缘传》第八回："（刘夫人）一面收拾了饭，在倒座小厅里管待那郎中。……打发青梅吃了药。待了一钟热茶的时候，青梅那肚里渐渐疼将起来，末后着实疼了两阵，下了二三升扭黑的臭水。"②《醒世姻缘传》第九回："（计氏）口里含了一块金子，一块银子，拿了一条桃红鸾带，悄悄的开出门来，走到晁大舍中门底下，在门桄上悬梁自缢。消不得两钟热茶时候：'半天闻得步虚声，隔墙送过秋千影。'"③ 丁耀亢《续金瓶梅》："法师闻言，闭目入定，有一盏茶时，笑道：'原来此会甚奇，只要虔心前去，自有相逢之日，去罢！'"④

作为世俗茶文化，普通平民常以茶盏为酒具，下举明代小说中的两例。

冯梦龙《醒世恒言》第九卷《陈多寿生死夫妻》描绘陈小官以茶瓯饮酒："陈小官人道：'我今日心上有些不爽快，想酒，你与我热些烫一壶来。'朱氏……当下问了婆婆讨了一壶上好酽酒，烫得滚热，取了一个小小杯儿，两碟小菜，都放在卓上。陈小官人道：'不用小杯，就是茶瓯吃一两瓯，到也爽利。'朱氏取了茶瓯，守着要斟。"⑤ 陈小官为何要用茶瓯饮酒，盖因茶瓯容量大。

《三刻拍案惊奇》第二十四回《冤家原自结儿女债须还》描绘僧人

---

① （明）许仲琳：《封神演义》第 55 回《土行孙归服西岐》，三秦出版社 2005 年版，第 482 页。
② （明）西周生：《醒世姻缘传》第 8 回《长舌妾狐媚惑主，昏监生鹊突休妻》，人民文学出版社 2015 年版，第 108 页。
③ （明）西周生：《醒世姻缘传》第 9 回《匹妇含冤惟自缢，老鳏报怨狠投词》，人民文学出版社 2015 年版，第 122 页。
④ （清）丁耀亢：《续金瓶梅》第 59 回《走江口月娘认子，下南海孝子寻亲》，中国戏剧出版社 2000 年版，第 316 页。
⑤ （明）冯梦龙：《醒世恒言》第 9 卷《陈多寿生死夫妻》，人民文学出版社 1956 年版，第 185 页。

第二章 明代的茶具与宫廷、文人和世俗

无垢的师父用茶瓯饮酒："无垢竟往前走，路径都是熟游，直到远公房中。此时下午，他正磁壶里装一上壶淡酒，一碟咸菜儿，拿只茶瓯儿，在那边吃。"①

四 茶馆与茶具

茶馆在中国古代也叫茶肆、茶坊和茶店等，为商业性质的专用饮茶场所，可供客人品茶、休闲、娱乐和交流等。茶馆是开放性的公共场所，三教九流各色人等皆可往来，一般而言，既无宫廷茶文化之富丽，又无文人茶文化之清雅，体现出强烈世俗性的特点。

早在两晋时期，就已有在市中售卖茶水的现象，虽非正式的茶馆，可谓茶馆的萌芽。唐陆羽《茶经》引西晋傅咸《司隶教》："闻南方有以困蜀妪作茶粥卖，为廉事打破其器具，后又卖饼于市。而禁茶粥以困蜀姥，何哉？"② 其中提到的"器具"也即茶具。《茶经》引《广陵耆老传》记载东晋元帝时有老妇提茶具在市中售卖："晋元帝时有老姥，每旦独提一器茗，往市鬻之，市人竞买。自旦至夕，其器不减。所得钱散路旁孤贫乞人。人或异之，州法曹絷之狱中。至夜，老姥执所鬻茗器，从狱牖中飞出。"③ 其中的"茗器"也即茶具。

唐朝时茶馆正式成形并出现，但文献中似未见茶馆中茶具的身影。宋元时期城市经济繁荣，茶馆进一步发展。下举两例。宋吴自牧《梦梁录》记载了北宋开封（汴京）的茶馆："今之茶肆，列花架，安顿奇杉异桧等物於其上，装饰店面，敲打响盏歌卖，止用瓷盏漆托供卖，则无银盂物也。……巷陌街坊，自有提茶瓶沿门点茶，或朔望日，如遇凶吉二事，点送邻里茶水，倩其往来传语耳。"④ 文中提及茶馆中的茶具

---

① （明）梦觉道人、西湖浪子：《三刻拍案惊奇》第24回《冤家原自结，儿女债须还》，三秦出版社1994年版，第267页。

② （唐）陆羽：《茶经》卷下《七之事》，《丛书集成新编》第47册，新文丰出版公司1985年版。

③ 同上。

④ （宋）吴自牧：《梦梁录》卷16，《景印文渊阁四库全书》第590册，台湾商务印书馆1986年版。

香茗雅器：明代茶具与明代社会

有瓷盏、漆托和茶瓶。元李载德所作散曲《阳春雪·赠茶肆》描绘了茶馆的情形："龙团香满三江水，石鼎诗成七步才，襄王无梦到阳台。归去来，随处是蓬莱。一瓯佳味侵诗梦，七碗清香胜碧简，竹炉汤沸火初红。两腋风，人在广寒宫。木瓜香带千林杏，金橘寒生万壑冰，一瓯甘露更驰名。恰二更，梦断酒初醒。兔毫盏内新尝罢，留得余香在齿牙，一瓶雪水最清佳。风韵煞，到底属陶家。龙须喷雪浮瓯面，凤髓和云泛盏弦，劝君休惜杖头钱。学玉川，平地便升仙。金樽满劝羊羔酒，不似灵芽泛玉瓯，声名喧满岳阳楼。夸妙手，博士便风流。"[1] 此系列散曲涉及的茶馆中的茶具有石鼎、竹炉、兔毫盏和玉瓯等。

明代茶馆较之宋元更为发展和普及，有关茶馆的文献十分丰富，这些文献主要集中于明代小说之中，明代小说大量涉及了茶馆中的茶具。

明末冯梦龙编著有《喻世明言》《警世通言》和《醒世恒言》，合称"三言"，是著名的短篇小说集，反映当时世俗社会的人情百态，三言中有大量涉及茶馆的内容，一些有关茶馆的内容提及了茶具。

如《喻世明言》第三十六卷《宋四公大闹禁魂张》曰："马观察马翰……自归到大相国寺前，只见一个人，背系带砖顶头巾，也着上一领紫衫，道：'观察拜茶。'同入茶坊里，上灶点茶来。那着紫衫的人，怀里取出一裹松子胡桃仁，倾在两盏茶里。观察问道：'尊官高姓？'那个人道：'姓赵，名正，昨夜钱府做贼的便是小子。'马观察听得，脊背汗流，却待等众做公的过捉他。吃了盏茶，只见天在下，地在上，吃摆番了。赵正……还了茶钱，分付茶博士道：'我去叫人来扶观察。'赵正自去。"[2] 文中提及茶馆中的茶具有灶、盏。

又如《警世通言》第三十七卷《万秀娘仇报山亭儿》："这襄阳府城中，一个员外，姓万，人叫做万员外。……在襄阳府市心里住，一壁开着乾茶铺，一壁开着茶坊。家里一个茶博士，姓陶，小名叫做铁僧，

---

[1] 隋树森：《全元散曲》下册，中华书局1964年版，第1223—1224页。
[2] （明）冯梦龙：《喻世明言》第36卷《宋四公大闹禁魂张》，人民文学出版社1958年版，第538页。

第二章　明代的茶具与宫廷、文人和世俗

自从小时绾着角儿，便在万员外家中掉盏子，养得长成二十馀岁，是个家生孩儿。……万员外复身再来凳上坐，叫这陶铁僧来问道：'你在我家里几年？'陶铁僧道：'从小里随先老底便在员外宅里掉茶盏抹托子，自从老底死后，罪过员外收留，养得大，却也有十四五年。'"[①] 万员外茶馆中的茶博士陶铁僧负责"掉盏子"，也即端洗茶具。

明施耐庵《水浒传》是明代著名小说，小说中的故事其背景虽然是北宋末年，其描写在很大程度上亦能反映明代社会的现状。西门庆与武大郎之妻潘金莲的奸情就发生在王婆的茶馆之中："且说这王婆却才开得门，正在茶局子里生炭，整理茶锅，张见西门庆从早晨在门前踅了几遭，一迳奔入茶坊里来，水帘底下，望着武大门前帘子里坐了看。王婆只做不看见，只顾在茶局里煽风炉子，不出来问茶。西门庆呼道：'干娘，点两盏茶来。'王婆应道：'大官人来了。连日少见，且请坐。'便浓浓的点两盏姜茶，将来放在桌子上。……吃了茶，坐了一回……王婆只在茶局子里张时，冷眼睃见西门庆又在门前，踅过东去，又看一看，走转西来，又睃一睃。"[②] 所谓茶局子是烹茶的厨房，小说中提及王婆茶馆中茶局子内的茶具有茶锅、风炉，另外西门庆用盏饮茶。

明代署名兰陵笑笑生的《金瓶梅词话》就是截取《水浒传》中西门庆与潘金莲在王婆茶馆中奸情的故事再敷衍展开的。《金瓶梅词话》第二回："这婆子正开门，在茶局子里整理茶锅。张见西门庆踅过几遍，奔入茶局子水帘下，对着武大门首，不住把眼只望帘子里瞧。王婆只推不看见，只顾在茶局子内撮火，不出来问茶。西门庆叫道：'干娘，点两杯茶来我吃。'"[③] 第三回描写王婆在茶馆中给潘金莲和西门庆

---

① （明）冯梦龙：《警世通言》第37卷《万秀娘仇报山亭儿》，人民文学出版社1956年版，第534—535页。
② （明）施耐庵：《水浒传》第24回《王婆贪贿说风情，郓哥不忿闹茶肆》，人民文学出版社1997年版，第315页。
③ （明）兰陵笑笑生：《金瓶梅词话》第2回《西门庆帘下遇金莲，王婆贪贿说风情》，人民文学出版社2000年版，第28—29页。

· 403 ·

♨ 香茗雅器：明代茶具与明代社会

泡茶："那婆子欢喜无限，接入房里坐下，便浓浓点一盏胡桃松子泡茶，与妇人吃了。……那妇人从楼上应道：'奴都待来也！'两个厮见了，来到王婆房里坐下，取过生活来缝。那婆子随即点盏茶来，两个吃了，妇人看看缝到晌午前后。……西门庆见金莲十分情意欣喜，恨不得就要成双。王婆便去点两盏茶来，递一盏与西门庆，一盏与妇人。"①文中的婆子是开茶馆的王婆，妇人是指潘金莲。文中提及的茶具有茶锅和盏。

《儒林外史》为吴敬梓在清初创作，小说中故事的背景是在明末，该小说相当程度能反映明末清初的社会状况，小说中多有对茶馆的描述。如第十四回对杭州茶馆的描写："这西湖乃是天下第一个真山真水的景致！……那些卖酒的青帘高飏，卖茶的红炭满炉，士女游人，络绎不绝，真不数'三十六家花酒店，七十二座营弦楼'。马二先生独自一个，带了几个钱，步出钱塘门，在茶亭里吃了几碗茶，到西湖沿上牌楼跟前坐下。……肚里不饱，又走到间壁一个茶室吃了一碗茶，买了两个钱处片嚼嚼，到觉得有些滋味。……马二先生从桥上走过去，门口也是个茶室，吃了一碗茶。……前前后后跑了一交，又出来坐在那茶亭内——上面一个横匾，金书'南屏'两字——吃了一碗茶。……第三日起来，要到城隍山走走。……看见一个大庙门前卖茶，吃了一碗。……又转过两个湾……左边靠着山，一路有几个庙宇。……马二先生正走着，见茶铺子里一个油头粉面的女人招呼他吃茶。马二先生别转头来就走，到间壁一个茶室泡了一碗茶。"② 这位马二先生在不同茶馆不断饮茶，文中提及的茶具有炉和碗。

从《儒林外史》对茶馆的描写来看，茶客饮茶一般以壶为单位，下举数例。如第二十三回："牛浦道：'我在家有甚事，不如也同你去

---

① （明）兰陵笑笑生：《金瓶梅词话》第3回《王婆定十件挨光计，西门庆茶房戏金莲》，人民文学出版社2000年版，第36—39页。
② （清）吴敬梓：《儒林外史》第14回《蘧公孙书坊送良友，马秀才山洞遇神仙》，人民文学出版社1958年版，第153—154页。

第二章 明代的茶具与宫廷、文人和世俗

顽顽。'当下锁了门，同道士一直进了旧城，一个茶馆内坐下。茶馆里送上一壶干烘茶，一碟透糖，一碟梅豆上来。"① 又如第二十五回："鲍文卿道：'如此，屈老爹在茶馆坐坐。'当下两人进了茶馆坐下，拿了一壶茶来吃著。"② 再如第四十五回："知县道：'余生员，你且下去，把这些情由具一张清白呈子来，我这里替你回复去。'余持应了下来。出衙门，同差人坐在一个茶馆里吃了一壶茶，起身又要走。"③

《儒林外史》对茶馆设施最详细的描写出现在第五十五回："一个是开茶馆的。这人姓盖，名宽，本来是个开当铺的人。……可怜这盖宽带着一个儿子，一个女儿，在一个僻净巷内，寻了两间房子开茶馆。把那房子里面一间与儿子、女儿住。外一间摆了几张茶桌子。后檐支了一个茶炉子。右边安了一副柜台。后面放了两口水缸，满贮了雨水。他老人家清早起来，自己生了火，扇著了，把水倒在炉子里放著，依旧坐在柜台里看诗画画。柜台上放著一个瓶，插著些时新花朵，瓶旁边放著许多古书。他家各样的东西都变卖尽了，只有这几本心爱的古书是不肯卖的。人来坐着吃茶，他丢了书就来拿茶壶、茶杯。茶馆的利钱有限，一壶茶只赚得一个钱，每日只卖得五六十壶茶，只赚得五六十个钱。除去柴米，还做得什么事！"④ 盖宽茶馆内的陈设主要是一个茶炉、两个水缸、一个柜台、几张茶桌以及若干茶壶和茶杯。

另外其他明代小说也往往有对茶馆的描写，涉及茶馆中的茶具。如丁耀亢《续金瓶梅》第三十五回："吴惠到了帅府前，不敢高声问人，远远站在门首一个小茶馆里。那店主道：'老客是吃茶的么？请进来坐！'吴惠故意走进去，坐在侧首一副座头上，那茶博士送了一壶茶，

---

① （清）吴敬梓：《儒林外史》第23回《发阴私诗人被打，叹老景寡妇寻夫》，人民文学出版社1958年版，第233页。
② （清）吴敬梓：《儒林外史》第25回《鲍文卿南京遇旧，倪廷玺安庆招亲》，人民文学出版社1958年版，第253页。
③ （清）吴敬梓：《儒林外史》第45回《敦友谊代兄受过，讲堪舆回家葬亲》，人民文学出版社1958年版，第442页。
④ （清）吴敬梓：《儒林外史》第55回《添四客述往思来，弹一曲高山流水》，人民文学出版社1958年版，第533页。

一盘蒸糕,又是四盘茶食时果。吴惠吃了一钟茶、一块糕,问茶博士道:'这帅府可是斡将军家么?'"① 其中茶具有茶壶、茶盘和茶"钟"。

又如安遇时《百家公案》第五十二回:"过数日雪霁天晴,韩满入城来,恰遇故人在街头过来。韩满近前,邀入茶店中坐定,沽卖一壶叙饮。"② 第七十二回:"话说包公离了李家庄……唐公应诺,挑行李到茶肆,二人坐下。有茶博士出来,生得丑恶,躬身揖云:'秀才们要吃清茶么?'包公云:'行路辛苦,有热热的,可将二盏来。'卖茶大郎转身入去,不多时持过二盏茶出,与包公二人各吃一盏。包公吃罢茶,乃令唐公取过二百钱还他。"③ 其中茶具有壶、盏。

又如罗贯中《三遂平妖传》第五回:"天色已晓,走了半日,到一个凉棚下,见个点茶的婆婆,(胡)永儿入那茶坊里坐了歇脚。那婆婆点盏茶来与永儿吃罢,永儿问婆婆道:'此是何处,前面出那里去?'……永儿变十数文钱还了茶钱,谢了婆婆,又行了二里路。"④ 引文中提及的茶具有茶盏。

再如明洪楩《清平山堂话本》卷一《简帖和尚》:"去枣槊巷口一个小小底茶坊,开茶坊人唤做王二。当日茶市方罢,相是日中,只见一个官人入来。……入来茶坊里坐下。开茶坊的王二拿着茶盏,进前唱喏奉茶。那官人接茶吃罢,看着王二道:'少借这里等个人。'"⑤ 引文中提及的茶具也是茶盏。

五 仙境、幻境与茶具

由于小说特别是神魔小说的虚构性、夸张性,明代小说中常会出现

---

① (清)丁耀亢:《续金瓶梅》第35回《清河县李铭传信,齐王府银姐逢时》,中国戏剧出版社2000年版,第172页。

② (明)安遇时:《包公案:百家公案》第52回《重义气代友伸冤》,远方出版社2007年版,第215页。

③ (明)安遇时:《包公案:百家公案》第72回《除黄郎兄弟刁恶》,远方出版社2007年版,第326页。

④ (明)罗贯中:《三遂平妖传》第5回《胡员外女嫁憨哥,胡永儿私走郑州》,华夏出版社1995年版,第25—26页。

⑤ (明)洪楩:《清平山堂话本》卷二《快嘴李翠莲记》,岳麓书社2013年版,第6页。

第二章　明代的茶具与宫廷、文人和世俗

现实生活中并不存在的仙境、幻境。在这些仙境、幻境中又常描绘饮茶场面，出现茶具。这些茶具的材质常为人世颇为昂贵甚至罕见难得的金、银、玉、琉璃（玻璃）和玛瑙等，烘托了仙气盎然或虚无缥缈的气氛，显得迥异尘世。但小说不管被描写得如何奇异虚幻，归根到底是对现实社会曲折的反映。仙境、幻境中的茶具实际是对现实中宫廷之地、豪富之家使用茶具的一种折射。不过玉在现实中作为酒具、食具尚可，其实并不太适合作为盛茶的茶盏，因为茶盏要冲入沸水，高温下玉容易碎裂。

《西游记》是明吴承恩创作的著名神魔小说，其中有一些仙境、幻境中有关茶具的描写。如《西游记》第二十三回描写了黎山老母、南海菩萨、普贤和文殊幻化出庄院并变作母女四人，假意欲招婿，以试唐僧师徒的禅心。"那妇人见了他三众，更加欣喜，以礼邀入厅房，一一相见礼毕，请各叙坐看茶。那屏风后，忽有一个丫髻垂丝的女童，托着黄金盘、白玉盏，香茶喷暖气，异果散幽香。那人绰彩袖，春笋纤长；擎玉盏，传茶上奉。对他们一一拜了。茶毕，又吩咐办斋。"[①] 其中茶具有黄金盘、白玉盏。之所以有这些昂贵的茶具，一是这本为幻境，二是显得十分富贵，用来试探唐僧师徒是否会贪念富贵以动凡心。

又如《西游记》中镇元子所居的五庄观亦是神仙之地，此观门上有对联："长生不老神仙府，与天同寿道人家。"唐僧师徒曾在观中吃饭饮茶："三藏道：'既如此，盛将饭来，我们吃了去罢。'那八戒便去盛饭，沙僧安放桌椅。二童忙取小菜，却是些酱瓜、酱茄、糟萝卜、醋豆角、腌窝蕈、绰芥菜，共排了七八碟儿，与师徒们吃饭。又提一壶好茶，两个茶钟，伺候左右。"[②] 文中二童是观中的两名仙童，茶"钟"

[①]（明）吴承恩：《西游记》第23回《三藏不忘本，四圣试禅心》，人民文学出版社2010年版，第279—280页。

[②]（明）吴承恩：《西游记》第25回《镇元仙赶捉取经僧，孙行者大闹五庄观》，人民文学出版社2010年版，第304页。

☗ 香茗雅器：明代茶具与明代社会

（盏）实际是玉质的，有后文为证。第二十六回，在五庄观中，孙悟空用观中的玉器盛仙水浇淋曾被他击倒的人参果树，这些玉器主要是玉茶盏和玉酒杯。"菩萨叫：'悟空，伸手来。'那行者将左手伸开。菩萨将杨柳枝，蘸出瓶中甘露，把行者手心里画了一道起死回生的符字，教他放在树根之下，但看水出为度。那行者捏着拳头，往那树根底下揣着，须臾有清泉一汪。菩萨道：'那个水不许犯五行之器，须用玉瓢舀出，扶起树来，从头浇下，自然根皮相合，叶长芽生，枝青果出。'行者道：'小道士们，快取玉瓢来。'镇元子道：'贫道荒山，没有玉瓢，只有玉茶盏、玉酒杯，可用得么？'菩萨道：'但是玉器，可舀得水的便罢，取将来看。'大仙即命小童子取出有二三十个茶盏，四五十个酒盏，却将那根下清泉舀出。行者、八戒、沙僧，扛起树来，扶得周正，拥上土，将玉器内甘泉，一瓯瓯捧与菩萨。"①

再如《西游记》第六十四回描绘了成精的松树、柏树、桧树和竹竿变幻成四老，杏树变成杏仙在木仙庵中与唐僧谈诗论道："四老欠身问道：'杏仙何来？'……那女子叫：'快献茶来。'又有两个黄衣女童，捧一个红漆丹盘，盘内有六个细磁茶盂，盂内设几品异果，横担着匙儿，提一把白铁嵌黄铜的茶壶，壶内香茶喷鼻。斟了茶，那女子微露春葱，捧磁盂先奉三藏，次奉四老，然后一盏，自取而陪。"② 文中提及的茶具有红漆丹盘、细瓷茶盂、白铁嵌黄铜的茶壶。

《西游记》中沙和尚本为天宫的卷帘大将，仅因在王母娘娘的蟠桃会上不慎打碎一只玻璃（琉璃）盏，致玉帝大怒而被贬到流沙河。第八回沙和尚在流沙河边对观音菩萨陈述："菩萨，恕我之罪，待我诉告。我不是妖邪，我是灵霄殿下侍銮舆的卷帘大将。只因在蟠桃会上，失手打碎了玻璃盏，玉帝把我打了八百，贬下界来，变得这般模样。又

---

① （明）吴承恩：《西游记》第 26 回《孙悟空三岛求方，观世音甘泉活树》，人民文学出版社 2010 年版，第 325 页。
② （明）吴承恩：《西游记》第 64 回《荆棘岭悟能努力，木仙庵三藏谈诗》，人民文学出版社 2010 年版，第 791 页。

第二章 明代的茶具与宫廷、文人和世俗

教七日一次,将飞剑来穿我胷胁百余下方回,故此这般苦恼。……不期今日无知,冲撞了大慈菩萨。"① 第二十二回沙僧在流沙河边与猪八戒相斗时自述:"自小生来神气壮,乾坤万里曾游荡。……玉皇大帝便加升,亲口封为卷帘将。……只因王母降蟠桃,设燕瑶池邀众将。失手打破玉玻璃,天神个个魂飞丧。玉皇即便怒生嗔……遭贬流沙东岸上。"②沙和尚在做卷帘大将时蟠桃会上打破的玻璃盏不知是酒盏还是茶盏,但仅因打碎一只遭如此重罚,说明在明代人的概念里,即便在天宫,玻璃盏也十分昂贵稀有难得。

《西游补》是明末董说创作的《西游记》的续书,亦是一部神魔小说,其中多处涉及仙境、幻境中的茶具。如第四回孙悟空进入鲭鱼精变化出的幻境青青世界:"行者定睛一看,原来是个琉璃楼阁:上面一大片琉璃作盖,下面一大片琉璃踏板;一张紫琉璃榻,十张绿色琉璃椅,一只粉琉璃桌子,桌上一把墨硫璃茶壶,两只翠蓝琉璃钟子;正面八扇青琉璃窗,尽皆闭着,又不知打从哪一处进来。"③ 其中茶具有墨硫璃茶壶、翠蓝琉璃钟子。又如第十二回描写孙悟空在幻境中看到唐僧与小月王相对而坐:"歇了一个时辰,忽然见一个高楼上,依然九华巾唐僧、洞庭巾小月王两把交椅相对坐着。面前排一柄碧丝壶,盛一壶茶;两只汉式方茶钟。低磴上又坐着三个无目女郎:一个叫做隔墙花,一个叫做摸檀郎,一个叫做背转娉婷。"④ 其中茶具有碧丝壶、汉式方茶"钟"。再如第十四回描绘了孙悟空在幻境中所见:"忽见唐僧道:'戏倒不要看了,请翠绳娘来。'登时有个侍儿,又摆着一把飞云玉茶壶,一只潇湘图茶盏。顷刻之间翠娘到来,果是媚绝千年,

---

① (明)吴承恩:《西游记》第8回《我佛造经传极乐,观音奉旨上长安》,人民文学出版社2010年版,第90页。
② (明)吴承恩:《西游记》第22回《八戒大战流沙河,木叉奉瀍收悟净》,人民文学出版社2010年版,第266—267页。
③ (明)董说:《西游补·续西游记》第4回《一窦开时迷万镜,物形现处我形亡》,华夏出版社1995年版,第10页。
④ (明)董说:《西游补·续西游记》第12回《关雎殿唐僧堕泪,拨琵琶妓女弹祠》,华夏出版社1995年版,第27—28页。

☕ **香茗雅器：明代茶具与明代社会**

香飘十里，一个奇美人！"① 其中茶具有飞云玉茶壶、潇湘图茶盏。

《三遂平妖传》是明罗贯中创作、冯梦龙增补的神魔小说。第七回描写卜吉进入仙境，遇到圣姑姑："卜吉想道：'必是个神仙洞府，我必是有缘到得这里。'向前便拜道：'告真仙！客人卜吉谨参拜！'……（圣）姑姑叫点茶来，女童将茶来，茶罢……姑姑道：'你有缘到这里，且莫要去，随我来饮数杯酒，送你回去。'……但见：香焚宝鼎，花插金瓶，四壁张翠幕鲛绡，独早排金银器皿。水晶壶内，尽是紫府琼浆；琥珀杯中，满泛瑶池玉液，玳瑁盘，堆仙桃异果；玻璃盏，供熊掌驼蹄。鳞鳞脍切银丝，细细茶烹玉蕊。"② 引文中提及的饮食器具有金银器皿、水晶壶、琥珀杯、玳瑁盘、玻璃盏，这些器具有些是食具、酒具，但应该也有的是茶具。

《东度记》是明方如浩创作的神魔小说。该书第四十八回描述三位神僧有一个颇具法力的茶瓶。"只见天风猛烈，海水泛滥起来。烟雾漠漠，却见蛟腾无数。看看村落漂没，那村人汹汹慌乱。……全真独力救援。正在势孤力弱之际，只见西南上来了三个僧人，手执着一个茶瓶，口中念着菩萨梵语。那海潮渐平，长蛟化为蚯蚓般样，也有钻入全真葫芦内的，也有收入僧瓶的，顿时村沙宁静。"③ 第四十九回还描绘虾精变成的老汉执神僧茶瓶与善神和神王相斗："善神赶来，虾精乃执着茶瓶，取出全真与的丹药一丸，叫声：'变！'那仙丹即变了一丸石弹子，圆滚滚，直敌那如意，左来打左抵，右来打右挡，两相战斗，却遇着神王回到取册。见两个战斗……乃执神斧来砍虾精老汉。老汉忙了，见那弹丸抵敌不住，随把茶瓶捧在手中。只见那瓶中五色毫光外显，光中钻出一朵红莲。此时善神与神王停着兵器说道：'救苦难的菩萨宝器，你

---

① （明）董说：《西游补·续西游记》第14回《唐相公应诏出兵，翠绳娘池边碎玉》，华夏出版社1995年版，第44页。
② （明）罗贯中：《三遂平妖传》第7回《八角井卜吉遇圣姑姑，献金鼎刺配卜吉密州》，华夏出版社1995年版，第33页。
③ （明）清溪道人：《东度记》第48回《仙佛宝器收蛟患，祖师说偈试沙弥》，巴蜀书社1993年版，第403页。

· 410 ·

第二章 明代的茶具与宫廷、文人和世俗

是何怪，敢窃了来？'……虾老道：'石弹乃是仙真之丹，茶瓶乃是高僧之器，他们见在荒沙之前，特为善人来救。'"①

《大宋中兴通俗演义》是明熊大木创作的历史小说。该小说第七十五回描写了书生胡迪梦中魂魄进入冥司的忠贤天爵之府："殿上坐者百余人，皆冠通天之冠，衣云锦之裳……绛绡玉女五百余人，或执五明之扇，或捧八宝之盂，环侍左右。见（阎）王至悉降阶迎迓，宾主礼毕，分东西而坐。采女数人，执玛瑙之壶，捧玻璃之盏，荐龙睛之果，倾凤髓之茶，世罕闻见。茶既毕，王乃道（胡）生所见之故，命生致拜，诸公皆答之尽礼，同声赞曰：'先生可谓仁者，能爱人能恶人矣。'"②其中的茶具有玻璃盏、玛瑙壶。

《梼杌闲评》是明代一部撰人不详描写权阉魏忠贤的历史小说。第四十六回叙述了仙道陈元朗为警醒魏忠贤，带他进入幻境："元朗邀忠贤入内，那洞中景致更自不凡。只见：珍楼贝阙，雾箔云窗。黄金为屋瓦，白玉作台阶。……二人携手到亭上，分宾主坐下。童子献茶，以白玉为盏，黄金为盘。茶味馨香，迥异尘世，到口滑稽甘香，滋心沁齿，如饮醍醐甘露。吃毕起身，各处游玩，果然仙境非凡，心神不觉顿爽。……二人到亭上坐下，元朗举杯相劝，众女乐八音齐奏，只见那酒器非金玉珍宝，忠贤却不识为何物。饮馔盘盂皆非凡类。忠贤看了，心荡一悟，形神俱化。"③ 在此幻境之中，陈元朗和魏忠贤饮茶是以白玉为盏、黄金为盘。酒器甚至贵重罕见至非金玉珍宝，食具（饮馔盘盂）也皆非凡类，从而衬托了幻境迥异凡间的状态。

《禅真逸史》是明末方汝浩创作的历史小说。小说第二十二回描写了杜伏威进入仙境"清虚境"："四围紫玉栏杆，上下珠红门扇，内外

---

① （明）清溪道人：《东度记》第 49 回《善神守护善人家，恶党闻灾知警悟》，巴蜀书社 1993 年版，第 410 页。

② （明）熊大木：《大宋中兴通俗演义》卷 8《冥司中报应秦桧》，中国文史出版社 2003 年版，第 326 页。

③ （明）佚名：《梼杌闲评》第 46 回《陈元朗幻化点奸，魏忠贤行边杀猎户》，华夏出版社 2013 年版，第 415 页。

香茗雅器：明代茶具与明代社会

俱是白玉石砌地。地上珊瑚、玛瑙、琅玕，奇珍异宝，不计其数，看之不足。少顷，两个紫衣女童邀道：'天主专候，杜郎可速上楼来。'二仙领着杜伏威，打从侧首扶梯上去。……紫衣女童捧出一个真珠穿的托盘，四个碧玉茶盏，满贮雪白琼浆，异香扑鼻。杜伏威接上，一吸而尽，其味甘美清香，顿觉身体轻健，气爽神清。"[1] 其中茶具有真珠穿的托盘、碧玉茶盏。

明末清初西周生所著《醒世姻缘传》是一部世情小说。小说第九十三回描绘众人往峄山朝见女仙峄山圣姆，路遇圣姆的管茶博士。"末后一个戴黄巾的后生，挑着一头食箱，一头火炉茶壶之类，其担颇重，力有未胜，夹在香头队内，往前奔赶。……众人因问他：'前面过去的是那位王妃郡主，这般严肃齐整？'……黄巾后生因说：'这是峄山圣姆，是你武城县晁乡宦的夫人。他在阳世间多行好事，广结善缘。……如今见做着峄山圣姆，只是位列仙班……因明日是圣姆的诞辰，念你们特地的远来，怕山上没有地主，故暂回本山料理。'……众人问道：'你是甚人，知得如此详细？'黄巾后生道：'我就是圣姆脚下的管茶博士。'众人道：'果真如此，你也就是山中的神道，生受你传言与我们。'……顷刻之间，那黄巾后生不知去向。"[2] 小说中的神圣峄山圣姆有专门的管茶博士，她所用茶具有火炉、茶壶等。

---

[1] （明）清溪道人：《禅真逸史》第 22 回《张氏园中三义侠，隔尘溪畔二仙舟》，华夏出版社 2015 年版，第 257—258 页。
[2] （明）西周生：《醒世姻缘传》第 93 回《晁孝子两口焚修，峄山神三番显圣》，人民文学出版社 2015 年版，第 1237 页。

第三章 明代的茶具与儒、释、道

中国历史上影响最大的思想流派是以孔子和孟子为代表的儒家，另外印度传入的佛教以及本土的道教（道教并非道家，但两者有渊源关系）对中国社会也有深刻影响。明代的茶具与儒、释、道三家皆有密切关系。

第一节 明代的茶具与儒家

明代茶具的纹饰、器型和款识大量体现了儒家的内涵和寓意。明代文人往往赋予茶具以人格、礼仪、入世和崇玉等儒家思想观念。

一 儒家与明代茶具的纹饰、器型与款识

在明代儒家思想充分渗透到了茶具的制作与设计之中，主要体现在茶具的纹饰、器型与款识几个方面。

明代茶具之上的许多纹饰大量体现了儒家的内涵与寓意，这些纹饰植物方面主要有莲荷、菊、兰、梅、松和竹等，动物方面主要有龙、凤、鸡和鸳鸯等。

莲荷出淤泥而不染，象征着儒家士人道德的完善，北宋理学家周敦颐即作有《爱莲说》。而且"莲"谐音"廉"，也隐喻为官的廉洁。莲荷的花可观赏，莲子、莲藕可食用，莲叶可供采择亦有用途，也象征着士人的德才兼备。明代茶具上大量出现莲荷的纹饰，与此种植物的在儒

家中的寓意有关。

　　许多文献记载了明代茶具之上的莲荷纹饰。明沈德符《万历野获编》的《瓷器》条记述了宣窑、成窑所产瓷器的花样，其中就有西番莲。① 明高濂《遵生八笺》记了成窑的"人物莲子酒盏"，可推测亦会有此种纹饰的茶盏。② 清朱琰《陶说》记述了明代的西番莲杯、高士杯。而所谓高士，"一面画周茂叔爱莲，一面画陶渊明对菊也"。③ 明王宗沐《江西省大志·陶书》记载了明嘉靖、隆庆和万历年间景德镇生产的供御的瓷器。其中嘉靖二十三年有"外龙穿西番莲里穿花凤花碟"，嘉靖三十一年有"里龙凤外结子莲碟"，嘉靖三十三年有"里青穿花龙边穿花龙凤外荷花鱼水藻碗""里青穿花龙边穿花龙凤外荷花鱼水藻瓯"，隆庆五年有里"青鸂鶒荷花"钟、外"西番莲"瓯，万历五年有外"双云荷花"碗、"西番莲"碗、外"荷花"碟、里"荷花"钟、里"荷花鱼"瓯，万历十一年有外"荷花鱼"碗、里"一把莲"碗、外"西番莲"碟、里"荷花鱼"钟、"西番莲"瓶、外"缠枝金莲"缸，万历十九年有里"五彩莲花"杯盘、"莲托八吉祥"罐、"西番莲托真言字"壶瓶，万历二十年有外"端午节荷花"碗、外"水莲"盏、外"荷花"炉，万历二十一年有"荷花"缸。④

　　菊花凌冬不凋，代表着高尚的人格和气节，绝不趋炎附势。东晋陶渊明《饮酒》诗曰："采菊东篱下，悠然见南山。"⑤ 唐元稹《菊花》诗曰："秋丛绕舍似陶家，遍绕篱边日渐斜。不是花中偏爱菊，此花开尽更无花。"⑥ 受陶渊明爱菊的影响，菊花往往也象征高洁的隐士。

---

　　① （明）沈德符：《万历野获编》卷26《玩具》，中华书局1959年版，第653页。
　　② （明）高濂：《遵生八笺》卷14，《景印文渊阁四库全书》第871册，台湾商务印书馆1986年版。
　　③ （清）朱琰：《陶说》卷5《说器下·明器》，《续修四库全书》第1111册，上海古籍出版社2003年版。
　　④ （明）王宗沐：《江西省大志》卷7《陶书》，成文出版社有限公司1989年版。
　　⑤ （晋）陶潜：《陶渊明集》卷3，《景印文渊阁四库全书》第1063册，台湾商务印书馆1986年版。
　　⑥ （清）彭定求等：《全唐诗》卷411，中华书局1960年版，第4560页。

第三章 明代的茶具与儒、释、道

明王宗沐《江西省大志·陶书》记载了一些景德镇生产的以菊为纹饰的供御茶具。"隆庆五年，烧造青花白地双云龙凤霞穿花、喜相逢、翟鸡、朵朵菊花、缠枝宝相花、灵芝、葡萄桌器共五百桌。"其中包括菊花纹饰。清朱琰《陶说》在对这段话的按语解释中说："淳熙丙申，待制张子政，贺金国生辰。抵馆供晚食，先设茶筵具瓦垅。此云桌器，即筵具也。约一桌之器，而整齐之瓷色花样，俱以类从。明窑始见于此，今亦盛行。古人用几筵，今之桌，所以代几也。"[1] 桌器是生产出来的瓷色花样类从的系列餐饮器具，其中包括配套茶具，此即引文中所云"设茶筵具瓦垅。此云桌器，即筵具也"。另外据《江西省大志·陶书》，万历十九年景德镇生产的供御茶具有外"金菊"杯盘，万历二十年有"五彩菊花"盏。[2]

兰花生于幽谷，象征着高洁，常用来比喻修道立德的君子。孔子曰："且芝兰生于深林，不以无人而不芳，君子修道立德，不谓穷困而改节。"[3]

亦有一些明代茶具之上绘有兰花纹饰。据清蓝浦、郑廷桂《景德镇陶录》："（景德）镇有小南街，明末烧造……器粗整，土埴黄，体颇薄而坚，惟小碗一式，色白带青，有青花，花止兰朵、竹叶二种。"[4] 另明项元汴《历代名瓷图谱》中记载有"明宣窑青花龙松茶杯"，项元汴对其上的纹饰描绘曰："松下山石芝兰，咸具种种生趣。决非俗工所能，必殿中名笔所图也。"[5]

梅在古代是一种十分受欢迎得到普遍喜爱的植物，因为独具幽香，

---

[1] （清）朱琰：《陶说》卷6《说器下·明器》，《续修四库全书》第1111册，上海古籍出版社2003年版。

[2] （明）王宗沐：《江西省大志》卷7《陶书》，成文出版社有限公司1989年版。

[3] （魏）王肃（注）：《孔子家语》卷5《在厄第二十》，《景印文渊阁四库全书》第695册，台湾商务印书馆1986年版。

[4] （清）蓝浦，郑廷桂《景德镇陶录》卷5《景德镇历代窑考》，《续修四库全书》第1111册，上海古籍出版社2003年版。

[5] （明）项元汴（撰绘），郭葆昌（校注）：《校注项氏历代名瓷图谱》，北京出版社2011年版，第131页。

♨ 香茗雅器：明代茶具与明代社会

不畏严寒，凌霜傲雪，往往象征坚贞的君子。宋王安石《梅花》诗曰："墙角数枝梅，凌寒独自开。遥知不是雪，为有暗香来。"①

明代茶具之上经常出现梅花纹饰。据明高濂《遵生八笺》，明代宣窑即生产"青花如龙、松、梅茶靶杯"。②又据清陈浏《匋雅》："嘉靖官窑素彩之碗，表里皆大绿（即硬绿也）为地……绿中有梅花八朵，白质黄心。浪花中又皆有梅花也。"③《江西省大志·陶书》记载了大量景德镇生产的带有梅花纹饰的茶具，如隆庆五年有里"松竹梅"碗、里"松竹梅"瓯、里"松竹梅"盏，万历五年有"松竹梅"桌器、里"梅花"碗、外"松竹梅"盘、里"松竹梅"盘，万历十一年有外"松竹梅"盘、里"梅花"盏，万历十九年有外"蜂赶梅花"杯盉，万历二十年有边"松竹梅"碗、外"松竹梅"盘，万历二十一年有"梅花"缸。④

现代遗留下来大量带有梅花纹饰的明代茶具。如一只青花釉里红喜上眉梢折沿茶碗，制于明万历年间，碗内分四面均等，开光绘梅花枝叶，碗心以青花绘花鸟纹，花瓣点以釉里红。⑤又如一只明德化窑印梅花纹杯，外壁杯腹一侧堆贴一枝梅花，显得素净淡雅。⑥再如一只明磁州窑梅花纹瓷盏，碗外壁施一大圈褐釉，又在其上以点彩工艺分饰五组七点白色梅花纹。梅花纹没有勾画瓣、蕊、心等部位，而是简单地于釉面上笔锋点点。⑦

松树亦是在古代十分受青睐的植物，枝叶常绿，经冬而不凋，傲然

---

① （宋）王安石：《临川文集》卷26，《景印文渊阁四库全书》第1105册，台湾商务印书馆1986年版。
② （明）高濂：《遵生八笺》卷14，《景印文渊阁四库全书》第871册，台湾商务印书馆1986年版。
③ （清）陈浏：《匋雅》卷下，《丛书集成续编》第90册，新文丰出版公司1988年版。
④ （明）王宗沐：《江西省大志》卷7《陶书》，成文出版社有限公司1989年版。
⑤ 汪星燚：《以适幽趣：明清茶具珍藏展》，西泠印社出版社2014年版，第95页。
⑥ 吴晓力：《器为茶香：陈钢旧藏历代茶具精粹》，浙江人民美术出版社2017年版，第175页。
⑦ 吴晓力：《器为茶香：陈钢旧藏历代茶具精粹》，浙江人民美术出版社2017年版，第177页。

· 416 ·

第三章 明代的茶具与儒、释、道

挺立，多喻坚贞高洁的情操。松树能傲岁寒而荣，喻其节，又为女萝、葛藟所缠绵而栖托，喻其义。东晋陶渊明《饮酒》诗曰："青松在东园，众草没其姿。凝霜殄异类，卓然见高枝。连林人不觉，独树众乃奇。"① 而且文人常将烹茶时水在茶铫之中的微沸之声喻为松风，所以茶具之上的松树纹饰更是有特殊的含义。

松树纹饰常出现在明代茶具之上。如明高濂《遵生八笺》载宣德年间景德镇造有"青花如龙、松、梅茶靶杯"。② 明项元汴《历代名瓷图谱》记载有"宣窑青花龙松茶杯"："……其松本茎叶，盘屈攫拿，如虬龙蜿蜒舒展之势，若郭熙山水中所写之古松也。……余以十金得此杯四只于吴兴臧敬舆太仆家。"③

松、竹、梅在中国古代被称为岁寒三友，在陶瓷纹饰中三种植物常被合绘于一处。明王宗沐《江西省大志·陶书》中记载的景德镇供御陶瓷茶具之上就有许多绘有"松竹梅"纹，因为前文在论述明代茶具之上的梅花纹饰时已有描述，此处不再重复。④

竹在中国古代亦是一种十分受人喜爱的植物，竹中空象征虚心自谦，竹经冬常绿象征坚贞不挠，竹带节象征士人的节气。竹常和君子之德、君子之操联系起来。

明代陶瓷茶具之上常有竹纹。如明高濂《遵生八笺》载："宣德年造……竹节靶罩盖卤壶、小壶，此等发古未有。"⑤ 所谓卤壶，也即陶瓷茶壶。又如蓝浦、郑廷桂《景德镇陶录》载："（景德）镇有小南街，明末烧造，窑独小……惟小碗一式，色白带青，有青花，花止兰朵、竹

---

① （晋）陶潜：《陶渊明集》卷3，《景印文渊阁四库全书》第1063册，台湾商务印书馆1986年版。
② （明）高濂：《遵生八笺》卷14，《景印文渊阁四库全书》第871册，台湾商务印书馆1986年版。
③ （明）项元汴（撰绘），郭葆昌（校注）：《校注项氏历代名瓷图谱》，北京出版社2011年版，第131页。
④ （明）王宗沐：《江西省大志》卷7《陶书》，成文出版社有限公司1989年版。
⑤ （明）高濂：《遵生八笺》卷14，《景印文渊阁四库全书》第871册，台湾商务印书馆1986年版。

· 417 ·

☕ 香茗雅器：明代茶具与明代社会

叶二种。"①《江西省大志·陶书》记载了一些景德镇生产的上有竹纹的供御茶具，嘉靖二十一年有"青花白地竹叶"碗，隆庆五年有外"竹叶灵芝"碟，万历五年有边"竹叶灵芝"盘，万历十一年有里"竹叶灵芝"盘，万历十九年有外"竹叶灵芝"瓯，万历二十年有里"竹叶"盘、外缠"竹叶"碟，万历二十一年有边"竹叶灵芝"碗。另还有大量"松竹梅"纹饰的茶具，因为前文已述，此处不赘。②

龙在中国古代是一种虚拟的动物，本来在纹饰和造型的使用上并无太多的禁忌，但到明代，统治者对龙纹实行垄断，凡饰有龙纹的陶瓷多为官窑器物。龙在儒家礼制上象征着皇权和尊贵。

明代景德镇御窑生产的陶瓷茶具其上多带有龙的纹饰。如明高濂《遵生八笺》载："宣德年造……又等细白茶盏，较坛盏少低，而瓮肚，釜底，线足，光莹如玉，内有绝细龙凤暗花，底有'大明宣德年制'暗款，隐隐橘皮纹起，虽定磁何能比方？真一代绝品！"③ 引文中提及此种茶盏内有龙凤暗花。又如清陈浏《匋雅》记载："永乐款之盖碗，有青花夹彩表里绘龙者，形式绝巨。"又载："宣德浆胎小碗，内外大开片，有外画青花三团龙者，有内作釉里红石榴一枚者，且带有青花枝叶也。"又载："嘉靖官窑素彩之碗，表里皆大绿（即硬绿也）为地……碗心龙有翼。凡四兽四马一龙……涛中浪头皆白，为玻璃白，沿碗底一圈。"④

明王宗沐《江西省大志·陶书》记载了大量景德镇御窑在不同年份生产的带有龙纹的茶具。嘉靖十五年有"青花白地赶珠龙"碗、"青花白地里升降戏龙"碟，嘉靖二十年有外"万岁藤外抢珠龙"茶"钟"，嘉靖二十一年有"龙凤"碗，嘉靖二十三年有外"海水苍龙"

---

① （清）蓝浦、郑廷桂：《景德镇陶录》卷5《景德镇历代窑考》，《续修四库全书》第1111册，上海古籍出版社2003年版。

② （明）王宗沐：《江西省大志》卷7《陶书》，成文出版社有限公司1989年版。

③ （明）高濂：《遵生八笺》卷14，《景印文渊阁四库全书》第871册，台湾商务印书馆1986年版。

④ （清）陈浏：《匋雅》卷下，《丛书集成续编》第90册，新文丰出版公司1988年版。

第三章 明代的茶具与儒、释、道

碗、里"云龙"钟、里"出水云龙"瓯,另有里"青双云龙""暗龙紫金"等花样桌器(桌器中包括茶"钟"等茶具),嘉靖二十五年有里外"青穿花龙"碗、里"青云龙"外"团龙"茶"钟",嘉靖二十六年有"白色暗龙"茶"钟"、"双云龙"盏、"双云龙"碗,嘉靖三十年有外"云龙"盏、"出水龙"瓯,三十一年有里"云龙"外"龙凤"碗、里"升龙"瓯、外"云龙"钟,隆庆五年有外"双云龙"钟、里"金黄暗龙"钟、外"五龙淡海水"瓯、里"红九龙"瓯、外"梭龙"盏、里"云龙"盏,万历五年有里"团龙"碗、里"穿花云龙"钟、外"穿花龙凤"瓯、里"团云龙"瓯,万历十一年有外"云龙"碗、里"暗双云龙"瓯、外"穿花双云龙"盏,万历十九年有里"双龙捧'寿'"碗、外"团龙如意云"瓯、"暗花云龙宝相花"茶"钟",万历二十年有里"云龙"碗、外"双云龙凤"盏,万历二十一年有外"双云龙"碗、里"正面龙"碗等。①

凤亦是虚拟的动物,在中国古代被看作百鸟之王,儒家礼制中象征着帝后嫔妃,往往代表君臣之道。《韩诗外传》称凤凰"戴德负仁,抱中挟义"。② 凤凰又象征着儒家的仁义道德。

明代景德镇御窑生产的茶具之上相当一部分带有凤纹。王宗沐《江西省大志·陶书》记载了许多景德镇生产的带有凤纹的茶具,嘉靖十五年有外"凤穿花"碟,嘉靖二十一年有"穿花花样龙凤"碗,嘉靖二十三年有里"穿花凤"碟,嘉靖二十六年有外"穿花鸾凤"瓯,嘉靖三十年有里"升凤"盏,嘉靖三十一年有里"双凤"盏,嘉靖三十八年有"鸾凤穿宝相"碗,万历五年有外"龙凤缠枝"碗、外"穿花龙凤"瓯,万历十一年有外"鸾凤"盘,万历十九年有外"团云龙鸾凤"碗,万历二十年有外"双云龙凤"盏,万历二十二年有"凤穿

---

① (明)王宗沐:《江西省大志》卷7《陶书》,成文出版社有限公司1989年版。
② (汉)韩婴:《韩诗外传》卷8,《景印文渊阁四库全书》第89册,台湾商务印书馆1986年版。

香茗雅器：明代茶具与明代社会

四季花"瓶等。①

因为明代景德镇御窑生产的包括茶具在内的瓷器带有龙、凤纹饰的占大部分，御窑所产瓷器在文献中常被笼统称为"龙凤"瓷器。如明申时行等《明实录》载："宣德八年，尚膳监题准，烧造龙、凤瓷器，差本部官一员，关出该监式样，往饶州烧造各样瓷器四十四万三千五百件。……天顺三年奏准：光禄寺素白瓷、龙凤碗碟，减造十分之四。"②又如明王宗沐《江西省大志·陶书》记载："（万历十一年）工科都给事中王敬民等题称：窃惟器，惟取其足用，不必于过多也。亦惟取其适用，不必于过巧也。……总之至九万六千有奇，不几于过多乎？况龙凤花草，各肖其形容；而五彩玲珑，务极其华丽，又不几于过巧乎？"③再如清张廷玉等《明史》载："正统元年……宫殿告成，命造九龙九凤膳案诸器，既又造青龙白地花缸。"④

鸡在中国古代的儒家思想中有深刻的寓意。《韩诗外传》总结出鸡有文、武、勇、仁和信五德："君独不见夫鸡乎？头戴冠者，文也，足傅距者，武也，敌在前敢鬭者，勇也，见食相呼者，仁也，守夜不失时者，信也。"⑤而且鸡谐音"吉"，也是十分受喜爱的吉祥纹饰。

明代成窑生产的带有鸡的纹饰的鸡缸杯十分名贵，工艺水平极高，很受社会的倾慕，在当时价值就很高昂。成窑鸡缸杯在文献中有时虽然被当做酒杯，其实也是茶具，可作为茶杯使用。明张岱《夜航船》之《宝玩部》记载："成窑。大明成化年所制。有五彩鸡缸，淡青花诸器茶瓯、酒杯，俱享重价。"⑥明高濂《遵生八笺》："成窑……若草虫可

---

① （明）王宗沐：《江西省大志》卷7《陶书》，成文出版社有限公司1989年版。
② （明）申时行等：《明会典》卷194《工部十四·窑冶》，中华书局1989年版，第981页。
③ （明）王宗沐：《江西省大志》卷7《陶书》，成文出版社有限公司1989年版。
④ （清）张廷玉等：《明史》卷82《食货志六》，中华书局1974年版，第1999页。
⑤ （汉）韩婴：《韩诗外传》卷2，《景印文渊阁四库全书》第89册，台湾商务印书馆1986年版。
⑥ （明）张岱：《夜航船》卷12《宝玩部》，《续修四库全书》第1135册，上海古籍出版社2003年版。

第三章　明代的茶具与儒、释、道

口子母鸡劝杯……皆精妙可人。"① 明刘侗《帝京景物略》载："成杯，茶贵于酒，采贵于青。其最者斗鸡可口，谓之鸡缸。神庙、光宗，尚前窑器，成杯一双，值十万钱矣。"② 成杯一双，价值十万，价值高得惊人。明代收藏家项元汴在《历代名瓷图谱》中描绘了他自己所收藏的成窑五彩鸡缸杯："杯制一同鹅缸。高低大小如图。杯质之薄，几同蝉翼，可以照见指螺。所画子母二鸡，特具饮啄之致，与宋画院所作写生之蹟无殊。至于鸡冠花草，传色浓淡之间，大得黄筌（五代蜀人以善画花鸟著名）传色之妙。一杯之微，致工若此，其价目之昂可知矣。今幸为余所藏。"③ 清朱琰《陶说》引明末清初朱彝尊《曝书亭集》云："尝以月之朔望，观京师慈仁寺集。贵人入市，见陈瓷碗，争视之。万历窑器，索白金数两。宣德、成化款者，倍蓰。至鸡缸，非白金五镒市之不可，有力者不少惜。"④ 到了清初，万历窑的瓷器价值白银数两，而成窑鸡缸杯则要白银一百两（白金五镒），其贵重可知。清代乾隆帝贵为帝王，对成窑鸡缸杯也十分青睐，曾作有《成窑鸡缸歌》："宋明去此弗甚遥，宣成雅具时犹见。寒芒秀采总称珍，就中鸡缸最为冠。牡丹丽日春风和，牝鸡逐队雄鸡绚。金尾鐡距首昂藏，怒势如听贾昌唤。良工物态肖无遗，趋华风气随时变。我独警心在齐诗，不敢耽安兴以晏。"⑤ 乾隆帝认为宣窑、成窑的瓷器以鸡缸杯为最。

明王宗沐《江西省大志·陶书》记载了一些景德镇生产的带有鸡纹饰的茶具。如隆庆五年有"翟鸡"纹饰桌器、外"翟鸡"钟，万历五年有"翟鸡"纹饰桌器，万历十一年有里"穿花翟鸡"盏、"锦鸡牡

---

① （明）高濂：《遵生八笺》卷14，《景印文渊阁四库全书》第871册，台湾商务印书馆1986年版。

② （明）刘侗：《帝京景物略》卷3，《四库全书存目丛书·史部》第248册，齐鲁书社1997年版。

③ （明）项元汴（撰绘），郭葆昌（校注）：《校注项氏历代名瓷图谱》，北京出版社2011年版，第161页。

④ （清）朱琰：《陶说》卷6《说器下·明器》，《续修四库全书》第1111册，上海古籍出版社2003年版。

⑤ （清）弘历：《御制诗四集》卷34，《景印文渊阁四库全书》第1307—1308册，台湾商务印书馆1986年版。

♨ 香茗雅器：明代茶具与明代社会

丹"瓶。①

古人以为鸳鸯雌雄双居，永不分离，在中国古代的儒家观念中象征着夫妻之伦，儒家五伦"父子有亲、君臣有义、夫妇有别、长幼有序、朋友有信"就包括夫妻之伦。先秦诗歌总集《诗经》中《小雅》之《鸳鸯》一诗曰："鸳鸯于飞，毕之罗之。君子万年，福禄宜之。鸳鸯在梁，戢其左翼。君子万年，宜其遐福。"② 诗中鸳鸯相依相偎，共度艰险，共享福禄，祝福和比喻夫妻之间的关系。

有些明代茶具之上绘有鸳鸯纹饰。如明高濂《遵生八笺》曰："我明永乐年造压手杯……中心画双狮滚毯……为上品，鸳鸯心者次之，花心者又其次也。"③ 又如清朱琰《陶说》在论及明代御窑所生产的瓷器时，指出五彩瓷如制锦之法，在纹饰方面有"走龙、云凤、麒麟、狮子、鸳鸯……狮子盘球、水藻戏鱼，皆古锦名。陶人画染之作，约略相似"。④ 其中纹饰就包括有鸳鸯。

除纹饰外，明代许多茶具在器型方面也深刻体现了儒家观念，这集中表现在明代宜兴紫砂壶的造型。

如明代紫砂艺人徐友泉所制茗壶，明周高起《阳羡茗壶系》记载："变化式土，仿古尊罍诸器，配合土色所宜，毕智穷工，粗移人心目。予尝博考厥制，有汉方、扁觯、小云雷、提梁卣、蕉叶、莲方、菱花、鹅蛋、分档索耳、美人、垂莲、大顶莲、一回角、六子诸款。"⑤ 徐友泉所制茗壶仿"尊罍诸器"，这些是商周时期作为礼器的青铜酒具，契合儒家"礼"的观念。而"莲方""垂莲""大顶莲"造型的茗壶在儒家思想方面都有很深的寓意。李景康、张虹《阳羡砂壶图考》总结了

---

① （明）王宗沐：《江西省大志》卷7《陶书》，成文出版社有限公司1989年版。
② （清）阮元：《十三经注疏·毛诗正义》卷14，中华书局2009年版，第1032页。
③ （明）高濂：《遵生八笺》卷14，《景印文渊阁四库全书》第871册，台湾商务印书馆1986年版。
④ （清）朱琰：《陶说》卷6《说器下·明器》，《续修四库全书》第1111册，上海古籍出版社2003年版。
⑤ （明）周高起：《阳羡茗壶系》，《丛书集成续编》第90册，新文丰出版公司1988年版。

第三章 明代的茶具与儒、释、道

徐友泉所制茗壶的造型："友泉有云罍、蝉翼、汉瓶、僧帽、提梁卣、苦节君、扇面、美人肩；西施乳、束腰菱花、平肩莲子、合菊、荷花、竹节、橄榄六方、冬瓜段、分蕉蝉翼、柄云索耳、番象鼻，沙鱼皮、天鸡、篆珥诸式。"① 苦节君（即竹）、平肩莲子、合菊、荷花、竹节、天鸡等器型都有深刻的儒家寓意。

明周高起《阳羡茗壶系》记载了明代紫砂艺人陈仲美所制茗壶造型："壶象花果，缀以草虫，或龙戏海涛，伸爪出目。"② 李景康在《阳羡砂壶图考》中对所谓"龙戏海涛"进行了描绘："［康按］予藏一紫砂壶，质极细润，全身至底均作巨浪形，一面龙首仰出如戏逐波涛，一面鲤跃其中浪珠喷薄。盖亦作波涛形，浪花结顶，以一龙首代的，持壶时首能摇动，龙舌亦能吞吐，惜盖内仅钤'大亨'印，绝无款宇。本传所谓龙戏海涛，又曰心思殚竭，虽此壶泥质制作似嘉、道间物，或亦摹仿仲美遗器也。"③ 龙在儒家观念中有特定的内涵。

李景康、张虹《阳羡砂壶图考》转引清吴骞《桃溪客语》描述了明末紫砂艺人沈子澈所制茗壶的造型："子澈胜国名手，至其品类，则有龙蛋、印方……苦节君……平肩莲子、合菊、荷花、芝兰、竹节……天鸡……十锦杯等，大都炫奇争胜，各有擅场，姑举其十一耳。观此则子澈制作力追友泉，所制壶式亦多相类也。"④ 竹、莲、菊、兰和鸡等都有特定的儒家寓意。

明代紫砂壶艺方面最有成就的艺人时大彬曾制有梅花造型茗壶。清人汪士慎作有《苇村以时大彬所制梅花沙壶见赠，漫赋兹篇志谢雅贶》一诗，诗曰："阳羡茶壶紫云色，浑然制作梅花式。寒沙出冶百年余，妙手时郎谁得知。感君持赠白头客，知我平生清苦癖。清爱梅花苦爱

---

① 李景康、张虹：《阳羡砂壶图考》卷上《赏鉴丛话》，香港百壶山馆 1937 年版，第 56 页。
② （明）周高起：《阳羡茗壶系》，《丛书集成续编》第 90 册，新文丰出版公司 1988 年版。
③ 李景康、张虹：《阳羡砂壶图考》卷上《壶艺列传》，香港百壶山馆 1937 年版，第 15 页。
④ 同上书，第 16 页。

香茗雅器：明代茶具与明代社会

茶，好逢花候贮灵芽。"① 梅在儒家思想中有深刻的内涵。

明代紫砂艺人陈用卿制有莲子器型的茗壶："式尚工致，如莲子、汤婆、钵盂、圆珠诸制，不规而圆，已极妍饬。"②

清初吴梅鼎对明代宜兴紫砂壶极力赞美，作有《阳羡茗壶赋》："肩果削成，采金塘之莲蒂（平肩莲子）。菊入手而疑芳（合菊），荷无心而出水（荷花）。芝兰之秀（芝兰），秀色可餐；竹节之清（竹节），清贞莫比。"③ 其中提及的茗壶造型有莲荷、菊、兰和竹等。

除纹饰和器型之外，明代茶具的许多款识也往往深刻体现了儒家观念。款识是在陶瓷一定部位表明器物相关信息的文字或纹样。

如明张岱所撰《定窑莲子杯铭》曰："玉吾属，莲吾族。伶酒羽茶，惟尔所欲。"儒家观念中，君子比德于玉，莲也有特定儒家内涵，所谓"伶酒羽茶"，是指既可作刘伶饮酒之杯，也可为陆羽品茶之盏。张岱所作《宣窑茶碗铭》曰："秋月初，翠梧下，出素瓷，传静夜。"④ 梧在儒家往往象征着高洁的品格，先秦《诗经》之《卷阿》诗曰："凤凰鸣矣，于彼高冈。梧桐生矣，于彼朝阳。"⑤ 《庄子·秋水》篇云："夫鹓鶵……非梧桐不止，非练实不食，非醴泉不饮。"⑥ 张岱此铭文令人想象高洁的士人在梧桐之下手持瓷盏饮茶。

明祝允明所撰《茗碗铭》曰："紫腴翠涛，皓碗玄盘，我有嘉宾，礼乐兹先。"⑦ 此铭表明茗碗在儒家礼教中的重要性，礼乐是儒家思想

---

① （清）刘源长：《茶史》卷2，《四库全书存目丛书·子部》第79册，齐鲁书社1997年版。
② （明）周高起：《阳羡茗壶系》，《丛书集成续编》第90册，新文丰出版公司1988年版。
③ （清）吴骞：《阳羡名陶录》卷下，《续修四库全书》第1111册，上海古籍出版社2003年版。
④ （明）张岱：《张岱诗文集·琅嬛文集》卷5，上海古籍出版社1991年版，第316页。
⑤ （清）阮元：《十三经注疏·毛诗正义》卷17，中华书局2009年版，第1179页。
⑥ （晋）郭象（注）：《庄子注》卷6《秋水第十七》，《景印文渊阁四库全书》第1056册，台湾商务印书馆1986年版。
⑦ （明）祝允明：《怀星堂集》卷9，《景印文渊阁四库全书》第1260册，台湾商务印书馆1986年版。

第三章 明代的茶具与儒、释、道

的重要内核。

明末紫砂艺人沈子澈所撰《茗壶铭》曰:"石根泉,蒙顶叶。漱齿鲜,涤尘热。"① 饮石根之水,品蒙顶之茶,漱净口齿,涤除尘热,这象征着超凡脱俗的生活,进行品格的完善,去除对世俗名利的追逐。

清吴骞《阳羡名陶录》引清陈鳣《松研斋随笔》曰:"客耕武原,见茗壶一于倪氏六十四研斋,底有铭曰'一杯清茗,可沁诗脾。大彬',凡十字。"② 此铭文是刻于时大彬所制茗壶之上,象征着洗涤心灵。李景康、张虹《阳羡砂壶图考》载:"碧山壶馆藏猪肝色大壶,泥质温润,工巧敦朴兼而有之,底镌行书'叶硬经霜绿,花肥映日红。大彬制'。"③ 此款识铭文应是描绘茶之叶和花,茶之叶可经冬不凋,象征着坚贞和气节,茶之花则象征着旺盛的生命力和欣欣向荣。另明末紫砂艺人惠孟臣亦曾制有一把带有"叶硬经霜绿"款识的茗壶,李景康、张虹《阳羡砂壶图考》载:"披云楼藏朱泥小壶一柄,周身谷罗纹隐现。底镌'叶硬经霜绿。孟臣制'八字。"④

《阳羡砂壶图考》载:"蔡寒琼藏深紫色大壶一持,造工朴拙,身镌'山中一杯水,可清天地心'句,'用卿'款,书法在行草之间。"⑤ 陈用卿所制茗壶镌刻的此款识象征着清心寡欲,实现道德人格的完善。另据清吴骞《阳羡名陶续录》转引清人陈敬璋《餐霞轩杂录》,明末署名"亮彩"之人亦曾制有一把上有款识"山中一杯水,可清天地心"的茗壶。⑥

另明代茶具之上体现了儒家观念的款识还有"善""上"⑦、"玉"

---

① (清)吴骞:《阳羡名陶录》卷下,《续修四库全书》第1111册,上海古籍出版社2003年版。
② 同上。
③ 李景康、张虹:《阳羡砂壶图考》卷上《壶艺列传》,香港百壶山馆1937年版,第8页。
④ 同上书,第18页。
⑤ 同上书,第14页。
⑥ (清)刘源长:《茶史》卷2,《四库全书存目丛书·子部》第79册,齐鲁书社1997年版。
⑦ 此处"上"为品德高尚之意。

☙ 香茗雅器：明代茶具与明代社会

"仁""天下太平""同庆天下太平""国泰民安""尧舜"等吉语款，"敦仁堂""松柏草堂""芝兰斋""纯思堂""纯忠堂""白玉堂""白玉斋""聚贤斋""翔凤堂""丛菊斋""悟斋""五竹斋""玉兰斋""松石居"等堂斋款。①② 这些款识或表现了对自身道德完善的追求，或表现了对自身高尚品格的暗喻，或表达了对治国平天下理想的期盼。

二 明代茶具与人格思想

儒家有很强的人格思想，儒家的理想人格首先表现在个人的修养和道德的完善。曾子曰："吾日三省吾身：为人谋而不忠乎？与朋友交而不信乎？传不习乎？"③ 孔子曰："德之不修，学之不讲，闻义不能徙，不善不能改，是吾忧也。"④ 儒家经典《大学》认为："大学之道，在明明德……物格而后知至，知至而后意诚，意诚而后心正，心正而后身修，身修而后家齐，家齐而后国治，国治而后天下平。自天子以至于庶人，壹是皆以修身为本。"⑤ 儒家经典《中庸》指出："好学近乎知。力行近乎仁。知耻近乎勇。知斯三者，则知所以修身。知所以修身，则知所以治人。知所以治人，则知所以治天下国家矣。……修身，则道立。……苟不至德，至道不凝焉。"⑥ 儒家认为通过修养可以达到人格的完善，最终实现齐家治国平天下的目的。

明人往往赋予茶具以强烈的人格观念。如明屠本畯对《茗笈》之《第十辩器章》曰："精行惟人，精良惟器。毋以不洁，败乃公事。"⑦ 将茶具与为人相提并论，为人必须精于品行，茶具必须精于制作，且均

---

① 堂斋款是指在私人定制的瓷器上刻、印或书写上自己的堂名、斋名、阁名、轩名、书屋名、山房名等。
② 参考草千里《中国历代瓷器款识》（浙江大学出版社2004年出版）。
③ （清）阮元：《十三经注疏·论语注疏》卷1，中华书局2009年版，第5336页。
④ （清）阮元：《十三经注疏·毛诗正义》卷7，中华书局2009年版，第5390页。
⑤ （宋）朱熹：《四书章句集注·大学章句》，中华书局1983年版，第3—4页。
⑥ （宋）朱熹：《四书章句集注·中庸章句》，中华书局1983年版，第29—30页。
⑦ （明）屠本畯：《茗笈》之《第十辩器章》，喻政《茶书》，明万历四十一年刻本。

第三章 明代的茶具与儒、释、道

要避免不洁,为人不洁玷污品行,茶具不洁影响茶事。又如明王问《茶洗》诗曰:"片片云腴鲜,泠泠井泉冽。一洗露气浮,再洗泥滓绝,三洗神骨清,寒香逗芸室。受益不在多,讵使蒙不洁。君子尚洗心,勉旃日新德。"① 明代烹茶流行先用茶洗洗茶,该诗用茶叶受洗来比喻君子不可蒙受不洁,需要洗涤心灵,日新其德,完善人格。再如明沈周《石鼎》诗曰:"惟尔宜烹我服从,浑然玉斲谢金镕。广唇哆哆宁无合,枵腹彭亨自有容。味在何妨人染指,餗存还愧母尸饔。老夫饱饭需茶次,笑看其间水火攻。"② 用来烹茶的石鼎"浑然玉斲",君子比德于玉,玉是君子的象征,"枵腹彭亨自有容"是指石鼎容量很大,喻指君子有容人之量,"味在何妨人染指",茶鼎烹茶一般是要分饮,不一定是独饮,象征君子与人利益共享,"笑看其间水火攻",烹茶鼎中为水,鼎下为火,水火相攻,寓意看透世情,独善其身。

因为松、竹皆可凌霜傲雪、经冬不凋,明代文人在人格修养上常以松、竹自喻。明人十分喜爱在松、竹之间相伴茶具烹茶饮茶,这与松、竹的隐喻有密切关系。如明朱权在《茶谱》中论及饮茶良好的环境,就包括"或处于松竹之下"。③ 明陆树声《茶寮记》述及"茶候"时也包括"松风竹月"。④ 明人熊明遇在《芥茶疏》中曰:"时于松风竹雨、暑昼清宵,呼童汲水吹炉,依依觉鸿渐之致不远。"⑤ 明陈继儒《小窗幽记》述及的各种超凡脱俗的雅事中就包括"松篁里煎茶"。⑥ "松篁"也即松、竹,篁为竹林之意。

另明代有许多诗歌表现文人在松、竹间相伴茶具烹饮茶水。明顾清《寄寿何以仁御医用鲍翁韵》诗曰:"松间倚几逐阴迁,竹里茶铛扫

---

① (明)醉茶消客:《茶书》,明抄本。
② (明)沈周:《石田诗选》卷10,《景印文渊阁四库全书》第1249册,台湾商务印书馆1986年版。
③ (明)朱权:《茶谱》,《艺海汇函》,明抄本。
④ (明)陆树声:《茶寮记》,《四库全书存目丛书·子部》第79册,齐鲁书社1997年版。
⑤ (明)黄履道:《茶苑》卷14,清抄本。
⑥ (明)陈继儒:《小窗幽记》卷3《峭》,中华书局2017年版,第67页。

香茗雅器：明代茶具与明代社会

叶然。"① 钱仲益《浦浚之家山图》："松下雨收栽药畦，竹边烟起焙茶炉。"② 李标《题梁慎可墨香亭》诗曰："竹韵松涛清自远，花觚茗碗静相宜。"③ 王守仁《登凭虚阁和石少宰韵》诗："松间鸣瑟惊栖鹤，竹里茶烟起定僧。"④ 袁仁《香和庵》诗："竹锁茅庵野水边，松篁满地获茶烟。"⑤

裘纪平《中国茶画》是一部汇编了中国古代茶画的著作，其中明代茶画 103 幅。从这些茶画可以看出，明人常在松、竹之间相伴茶具烹饮茶叶。根据裘纪平《中国茶画》统计，明代 103 幅茶画中，其中人物在松树之下饮茶的有 63 幅，在丛竹之旁饮茶的有 34 幅，画面中人物饮茶既有松又有竹的场景有 23 幅。⑥ 明人在松间竹下饮茶的比例如此之高，并非偶然，反映的是明人对高尚人格的追求，以松、竹自喻。

明代出现过几篇用拟人化的手法描绘茶具的文章，主要有支中夫《味苦居士传》（副标题《茶瓯》）、支廷训《汤蕴之传》（副标题《影茶壶》）和余怀《沙苑侯传》，前者影射的是景德镇茶盏，后两者影射的是宜兴紫砂壶，这些文章表露出强烈的儒家人格思想。

支中夫《味苦居士传》全文如下：

> 汤器之，字执中，饶州人，尝爱孟子"苦其心志"之言，别号味苦居士。谓学者曰："士不受苦，则善心不生；善心不生，则无由以入德也。"是以人召之则行，命之则往，寒热不辞，多寡不择，旦暮不失，略无几微厌怠之色见于颜面。或讥之曰："子心志

---

① （明）顾清：《东江家藏集》卷 8，《景印文渊阁四库全书》第 1261 册，台湾商务印书馆 1986 年版。
② （明）钱仲益：《三华集·锦树集》卷 11，《景印文渊阁四库全书》第 1372 册，台湾商务印书馆 1986 年版。
③ （清）朱彝尊：《明诗综》卷 65，《景印文渊阁四库全书》第 1459—1460 册，台湾商务印书馆 1986 年版。
④ （明）曹学佺：《石仓历代诗选》卷 455，《景印文渊阁四库全书》第 1387—1394 册，台湾商务印书馆 1986 年版。
⑤ （清）沈季友：《檇李诗系》卷 12，《景印文渊阁四库全书》第 1475 册，台湾商务印书馆 1986 年版。
⑥ 裘纪平：《中国茶画》，浙江摄影出版社 2014 年版，第 67—156 页。

第三章 明代的茶具与儒、释、道

固苦矣，筋骨固劳矣，奈何长在人掌握之中乎？"曰："士为知己者死。我之所遇者，待我如执玉，奉我如捧盈，惟恐我少有所伤。召我，惟恐至之不速；既至，虽醉亦醒，虽寐亦寤，昏惰则勤，忿怒则释，忧愁郁闷则解；无谏不入，无见不怿。不谓之知己可乎！掌握我者，敬我也，非奴视也，吾何患焉？我虽凉薄，必不惰于庸人之手；苟待我不谨，使能齑粉，我亦不往也。"尝曰："我虽未至于不器，然子贡贵重之器，亦非我所取也。盖其器宜于宗庙，而不宜于山林。我则自天子至于庶人，苟有用我者，无施而不可也。特为人不用耳。行己甚洁，略无毫发瑕玷，妒忌者以谤玷之，亦受之而不与辩；不久则白，人以涅不缁许之。"

太史公曰：人见君子之劳，而不知君子之安。劳者，由其知乡义也。能乡义，则物欲不能扰，其心岂有不安乎？器之勉人受苦，其亦知劳之义也。[1]

"汤器之，字执中，饶州人，尝爱孟子'苦其心志'之言，别号味苦居士。"茶盏是用来盛茶汤的器具，所以姓名为汤器之，茶盏左右对称所以字执中，也象征着执着于中庸之道，最佳的茶盏产于饶州浮梁景德镇，所以是饶州人，茶味有一定的苦涩，故号味苦居士，并喜爱孟子"苦其心志"的话语。"苦其心志"典出《孟子·告子下》，表明的是人通过艰难困苦磨砺意志、增长才干并完善道德。"士不受苦，则善心不生；善心不生，则无由以入德也。"这表现的是人通过苦难增进善心并跃入更高道德的境地。"人召之则行，命之则往，寒热不辞，多寡不择，旦暮不失，略无几微厌怠之色见于颜面。"这表现的是一种忠义的品格，对他人之事略无倦怠。"行己甚洁，略无毫发瑕玷，妒忌者以谤玷之，亦受之而不与辩；不久则白，人以涅不缁许之。"茶盏洁白，受污也易去除，这象征着高洁坚贞的品格。文后有模拟太史公的赞词：

---

[1] （明）喻政：《茶集》卷1，喻政《茶书》，明万历二十一年刻本。

香茗雅器：明代茶具与明代社会

"人见君子之劳……劳者，由其知乡义也。能乡义，则物欲不能扰，其心岂有不安乎？器之勉人受苦，其亦知劳之义也。"将茶盏美称为君子，这是对拟人化茶盏人格的肯定。"乡义"，这是对道义的追求，不为物欲干扰。之所以勉励人受苦，是为了道德的完善。

支廷训《汤蕴之传》全文如下：

坡翁尝曰"买田阳羡吾将老焉"，岂以济胜得胜故云尔邪？非也！此中有一清真道人，与汤蕴之最善。道人名闻天下，即天子首嘉之，啧啧曾不释口。蕴之亦阳羡产也，状貌虽不甚伟，闲雅修饰，一准于时。且火候具足，入水不濡，历金山玉泉碧涧，咸为识赏中怀。惟珍一清真，清真亦惟蕴之是契，两相渐涵，芝兰之气不啻也。饮德者风生两腋，在座尘袪，能令寐者忽寤，醉者旋醒，烦者顿解。喜通雀舌，故知会悟也。仪肃枪旗，尊驾聿临也。颁颁龙凤，禁庭异数也。所以导款诚，将祗肃，孰为之调停斟酌，非蕴之弗任矣。以故士君子咸器之于时，名益重。虽块然一质，即金玉其相者不与易也，有同类流人酗里，典袭落帽，居然以圣贤自标，笑其斤斤独抱，徒为自苦耳。曰：吾苦固甘之，凡受我灌输者，谦谦抑抑，一如捧盈，虽有高谈情话，终始不愆于仪，非若丧德丧邦是戒者。宁从竹里炊烟，不向瓮边觅梦；宁随作书刘琨为伍，不与投辖陈遵为邻。整容缄口，一种清芬未启，气已充然有余。其入人亦在意气，非关唇吻，置之者亦必慎择所处，非几筵弗置也。禹锡赋菊表情，陶谷烹雪知味，率皆蕴之裹事。松风叶唱，其受知于坡翁素矣，微独阳羡佳山水足当一老邪！

评曰：质虽天授，尤贵善成，独诣尚矣，借资讵可少哉。清真非蕴之，谁善其涵蓄，卒之重清真者，垂蕴之之名于不朽。虽然，其得于天者，亦各自超也。[①]

[①] （明）支廷训：《十影君传》，《丛书集成续编》第95册，上海书店1994年版。

第三章 明代的茶具与儒、释、道

《汤蕴之传》中的汤蕴之影射的是宜兴紫砂壶，这种宜兴所产的茶壶是用来冲泡容纳茶汤，故名"汤蕴之"，因为主要产于宜兴，故云"阳羡产也"，阳羡是宜兴的古称。阳羡之清真道人喻指的是宜兴茶，此地亦以产茶闻名，并上贡天子，故云"即天子首嘉之"。宜兴紫砂壶的功能是用来泡茶，壶与茶二者密不可分，故汤蕴之"惟珍一清真，清真亦惟蕴之是契"。这种茗壶外形比较拙朴，且常被喜爱者随身携带甚至置于怀中，故云"状貌虽不甚伟……咸为识赏中怀"。唐陆羽《茶经》认为茶之为饮，最宜精行俭德之人，有道德的要求，故云"饮德者风生两腋，在座尘祛"。"所以导款诚，将祗肃，孰为之调停斟酌"，这表现的是一种忠诚恭谨的品格。"吾苦固甘之，凡受我灌输者，谦谦抑抑，一如捧盈"，茶味微苦，苦而后甘，象征通过苦其心志完善道德，持壶饮茶时要小心谨慎，象征谦虚谨慎的品格。"虽有高谈情话，终始不愆于仪，非若丧德丧邦是戒者"，指的是持壶饮茶虽可潇洒高谈，但不可似饮酒者错失礼仪道德，导致丧国丧邦之事。"宁从竹里炊烟，不向瓮边觅梦；宁随作书刘琨为伍，不与投辖陈遵为邻"，指的是宁可饮茶修德，不可纵酒丧德，陈遵是汉代著名嗜酒之人。"质虽天授，尤贵善成"指的是宜兴茗壶的材质虽是天然而得，但也需高超制壶技艺才可完成，象征一个人虽有较好天质，但也要不断磨砺，完善自身道德。

余怀是明末清初人，他所作《沙苑侯传》全文如下：

壶执，字双清，晋陵义兴人也。其先，帝尧土德之后，后微弗显，散处江湖之滨，迁至义兴者为巨族，然世无仕宦，故姓氏不传。

迨至南唐李后主造澄心堂，罗置四方玩好，以供左右。惟陆羽、卢仝之器粗不称旨，郁郁不乐。骑省舍人徐铉摺笏奏曰："义兴人壶执，中通外坚，发香知味。蒙山妙药，顾渚名芽，非执不足以称任。使臣谨昧死以闻。"后主大悦，爰具元纁束帛，安车蒲

香茗雅器：明代茶具与明代社会

轮，加以商山之金，蜀泽之银，命铉充行人正使，入义兴山中，聘执入朝。执乃率其昆弟子姓，方圆大小，举族以行。陛见之日，整服修容，润泽光美，虽有热中之诮，实多消渴之功。后主嘉之，授太子宾客，诏拜侍中，日与游处。每当曲宴咏歌之际，杯罾具备，必与执偕。执亦谨身自爱，以媚天子，由是君臣之间，欢若鱼水，恨相见之晚也。

开宝五年，论功行赏，执以水衡劳绩，封为沙苑侯，食邑三百户，世世勿绝。一日，后主坐凉风亭，召执侍食。执因免冠顿首曰："臣以泥沙陋质，缘徐铉之荐，谬膺睿赏，爵为通侯，苟幸无罪。但犬马之年已及耄耋，诚恐一旦有所玷缺，辜负上恩，臣愿乞骸骨归田里，留子姓之愿朴端正者，供上指麾，臣死且不朽。"后主曰："吁！四时之序，成功者退，知足不辱，知止不殆。嘉侯之志，依侯所请，加特进光禄大夫，予告驰驿还乡。"于是骑省铉及弟锴、中书侍郎欧阳遥契等，设供帐祖道都门外。

侯归，结庐义兴山中以居。吴越之间，高人韵士、山僧野老，莫不愿交于侯。侯亦坦中空洞，不择贵贱亲疏，倾心结友，百余岁以寿终。

外史氏曰：吾观古人，如汉之飞将军李广，束发百战，卒不封侯。今壶执以一艺之工，辄徼万户之赏，岂不与羊头、羊胃同类共讥哉。然侯固帝尧之苗裔，封于陶之别派，而又功济于水火，德敷于草木，其膺侯爵不虚也。侯之师有翁氏、时氏者，实雕琢而刮磨之，以玉侯于成，并宜俎豆不衰云。今侯之子孙感铉之知，世受业于徐氏之父子，称老徐、小徐者，咸以寡过，不失国士。壶氏之名重于江南者，徐氏之功居多，呜呼，盛哉！[1]

紫砂壶需手执品饮，故姓壶名执，象征着执着的品格，饮茶时壶和

---

[1] （清）余怀：《茶史补》，《丛书集成续编》第86册，新文丰出版公司1988年版。

第三章 明代的茶具与儒、释、道

茶皆需清洁，故字双清，喻示为人需高洁。紫砂壶产于宜兴，所以是晋陵义兴人，义兴是宜兴的古称之一。紫砂壶内部通透以贮茶水，外部坚硬，故曰"义兴人壶执，中通外坚"，象征着通达坚贞的良好品格。紫砂壶泡茶要冲入沸水，有解渴的功效，故曰"虽有热中之诮，实多消渴之功"，象征虽过于热衷他人之事，但解人危难，有益于人的品格。"成功者退，知足不辱，知止不殆"，指的是饮茶完成茗壶即可退下，茶水饮足即可，不必过量，也有很深的为人处世的道德寓意。壶执为官告老还乡后，"高人韵士、山僧野老，莫不愿交于侯"，喻指的是紫砂壶得到上至帝王权贵，下至文人学士以至普通平民的喜爱。紫砂茗壶内部中空以容茶水，贵贱各色人等皆可使用，故曰"侯亦坦中空洞，不择贵贱亲疏，倾心结友"，象征着豁达大量、诚心待人的品格。紫砂壶使用离不开水、火，才能用茶叶泡出佳茗，故云"功济于水火，德敷于草木"，象征儒士修身完善道德治国平天下的理想，济民于水火。紫砂壶的制作需要雕琢刮磨，故云"雕琢而刮磨之，以玉侯于成"，象征人的道德修为和功业需要不断自我磨砺，以达最后的成功。

宜兴紫砂壶的颜色比较暗淡，外形也较为朴拙，为何能在明代中叶得到广泛喜爱而崛起，其中一个重要原因是符合明代士人对儒家朴拙人格的欣赏和追求。明周高起《阳羡茗壶系》、清吴骞《阳羡名陶录》、清吴骞《阳羡名陶续录》以及民国李景康和张虹所著《阳羡砂壶图考》是几部记载古代宜兴紫砂壶的重要著作，这几部著作在评价明代著名紫砂艺人所制茗壶时有一个共同特点，那就是茗壶的外观普遍比较朴拙。

如明周高起《阳羡茗壶系》评价紫砂壶的开创者供春所制壶为"栗色暗暗如古金铁，敦庞周正"，评价赵梁、玄锡和时朋所制壶为"三家多古拙"，评价李茂林为"妍在朴致中"，评价时大彬为"不务妍媚，而朴雅坚栗"，评价李仲芳为"其父督以敦古"。[1]

又如清吴骞《阳羡名陶录》评价明代紫砂艺人项不损所制壶为

---

[1] （明）周高起：《阳羡茗壶系》，《丛书集成续编》第 90 册，新文丰出版公司 1988 年版。

香茗雅器：明代茶具与明代社会

"壶制朴而雅"，评价沈子澈为"款制极古雅浑朴"，评价惠孟臣为"制浑朴"。①《阳羡名陶录》引明陈贞慧《秋园杂佩》评价时大彬所制壶为"式古朴风雅，茗具中得幽野之趣者"，引清张燕昌《阳羡陶说》评论明代作者不详者所制宜兴瓷花尊为"质朴浑，气尤静雅"。引明周容《宜兴瓷壶记》评价时大彬为"时为人敦雅古穆，壶如之，波澜安闲，令人喜敬"。引清陈维崧《赠高侍读澹人以宜壶二器并系以诗》评价时大彬及其壶为"彬也沉郁并老健，沙法质古肌理匀。"②

《阳羡砂壶图考》的作者之一李景康已认识到明人欣赏紫砂壶的一个重要原因是茗壶外形的朴拙雅观，符合士人的心理特点，他在该书的序言中指出："阳羡砂壶，肇造于明代正德间，士夫赏其朴雅，嘉其制作，故自供春、大彬以还，即见重艺林，视同珍玩。壶艺著述，代有其人。"③该书对一些明代紫砂艺人的评价也为朴拙。如评价陈用卿所制壶为"造工朴拙"，评价方拙所制壶为"式度朴拙"，评价真实姓名不详的壶痴所制壶为"式度朴雅"。④

竹炉是一种在明代极受士人喜爱并且使用较为普遍的茶具，竹炉虽在宋元时期就已出现⑤，但其崛起还是在明代。明代竹炉的流行与竹的儒家寓意密切相关，竹象征着坚贞、谦逊等良好品格，竹常被比喻为君子。

---

① （清）吴骞：《阳羡名陶录》卷上，《续修四库全书》第1111册，上海古籍出版社2003年版。
② （清）吴骞：《阳羡名陶录》卷下，《续修四库全书》第1111册，上海古籍出版社2003年版。
③ 李景康、张虹：《阳羡砂壶图考》序，香港百壶山馆1937年版，第1页。
④ 李景康、张虹：《阳羡砂壶图考》卷上《壶艺列传》，香港百壶山馆1937年版。
⑤ 宋杜耒《寒夜》诗曰："寒夜客来茶当酒，竹炉汤沸火初红。"（北京大学古文献研究所《全宋诗》卷2823，北京大学出版社1991—1998年版，第33637页）宋方岳《次韵君用寄茶》诗曰："茅舍生苔费梦思，竹炉烹雪复何时。"（北京大学古文献研究所《全宋诗》卷3222，北京大学出版社1991—1998年版，第38300页）元李载德《阳春曲·赠茶肆》曲曰："一瓯佳味侵诗梦，七碗清香胜碧筒，竹炉汤沸火初红。"（隋树森《全元散曲》下册，中华书局1964年版，第1223—1224页）元陈德和《落梅风·陶谷烹茶》曲曰："龙团细，蟹眼肥，竹炉红小窗清致。试烹来是觉风韵美，比羊羔较争些滋味！"（隋树森《全元散曲》下册，中华书局1964年版，第1311页）

· 434 ·

第三章　明代的茶具与儒、释、道

明代大量出现与竹炉有关的诗文。如明朱存理《会茶篇》文曰："（王）浚之有同志吴嗣业尤精茗事，城居相近，常於其家松泉斋中，以惠麓新制紫竹炉，斟洞庭悟道泉供客。"① 又如明张岱文曰："吾兄精於茶理……则素瓷静递……缺月疏桐，竹炉汤沸……与兄茗战，并驱中原，未知鹿死谁手也。"② 再如明吴从先文曰："茶具无冰壶玉碗，清涧可漱，随时山果可摘，以消诗渴。竹炉烧叶，犹余事也。"③

再举数诗为例。谢应芳《煮茗轩》诗曰："午梦觉来汤欲沸，松风初响竹炉边。"④ 徐熥《茶杂咏》诗曰："竹炉莫放灰教冷，闻说诗肠好润枯。……竹炉蟹眼荐新尝，愈苦从教愈有香。"⑤ 徐㶿诗曰："谷雨才过紫笋新，竹炉香裹月团春。"⑥ 周天球《汲惠泉煮云岩寺茶》："惠泉初试竹炉清，虎阜云中摘露英。"⑦ 邵宝《次王郡公煎茶行》："竹炉石鼎文具耳，妙手只在调和中。"⑧ 陈继儒《试茶》："绮阴攒盖，灵草试旗。竹炉幽讨，松火怒飞。水交以淡，茗战而肥。"⑨

明初著名文人王绂曾因目疾居于无锡惠山听松庵修养，他与惠山寺主持性海命竹工制作了一个竹炉，这就是历史上享有盛名的惠山听松庵竹炉，后在王绂与性海去世后此炉失而复得、毁而再制，明代文人先后三次围绕此炉大规模赋诗作文，这些诗文后集结于清人吴钺、邱涟和刘继增先后参与汇编的《竹炉图咏》中。明代文人之所以对此炉极为倾慕，一是景仰王绂与性海的高尚人格，二是与听松庵竹炉"松"与

---

① （明）朱存理：《楼居杂著》不分卷，《景印文渊阁四库全书》第1251册，台湾商务印书馆1986年版。
② （明）张岱：《张岱诗文集·琅嬛文集》卷3，上海古籍出版社1991年版，第241页。
③ （明）吴从先：《小窗自纪》卷2《小斋供具》，《四库全书存目丛书·子部》第252册，齐鲁书社1997年版。
④ （明）醉茶消客：《茶书》，明抄本。
⑤ （明）喻政：《茶集》卷2，喻政《茶书》，明万历四十一年刻本。
⑥ （明）喻政：《烹茶图集》，喻政《茶书》，明万历四十一年刻本。
⑦ （明）醉茶消客：《茶书》，明抄本。
⑧ （明）邵宝：《容春堂续集》卷1，《景印文渊阁四库全书》第1258册，台湾商务印书馆1986年版。
⑨ （明）陈继儒：《晚香堂小品》卷7，上海杂志公司1936年版。

· 435 ·

香茗雅器：明代茶具与明代社会

"竹"的隐喻有关。

下面分析一些《竹炉图咏》中的明代诗文，这些诗文体现了浓厚的儒家人格思想。

明程敏政诗曰："细结湘筠煮石泉，虚心宁复畏相煎。巧形自出今人上，清供曾当古佛前。"[1]"虚心宁复畏相煎"，竹炉中空，水火相煎，这隐喻了一种虚怀若谷、心胸坦荡的人格，不畏他人的诽谤与痛苦的煎熬。

明陈璲文曰："竹为清物，取而为炉，炉惟汲惠泉煮茗，所谓太清而不俗也。况仿自王舍人清士，置之听松庵，处至又得至清之地。舜臣仿其制为二……其名遂显，岂止听松庵而已哉。盖将变士风，去豪奢，就清素，使知名教中自有乐事，又岂但竹炉视之而已哉。敬题卷尾，归舜臣藏之。"竹为清物，王绂为清士，听松庵又为至清之地，所以听松庵竹炉能够得到大名。"清"是儒家对人格的重要要求之一，竹炉的存在，能够改变士风，去豪奢而就清素，使人知道名教（儒家礼教）中自有乐事。陈璲诗曰："惠山人爱惠山泉，截住为炉瀹茗煎。……秋风亭上心偏苦，海月庵中喜不眠。……几年林下煮名泉，携向词垣试一煎。……顿使士林传盛事，儒家风味此中全。"[2]"秋风亭上心偏苦"指的是竹炉烹茶茶味微苦，喻指苦其心志完善道德，"儒家风味此中全"，是指竹炉以及围绕竹炉产生的盛事十分符合儒家风味。

明陆简《题秋亭篆史新制竹炉诗卷后，并奉怀其世父冰壑都宪先生及雪溪居士，用匏庵韵》诗曰："秋怀亭上澹于泉，不受尘凡劫火煎。……莫羡蓬莱是仙处，一家清节几人全（都宪谢事归，有司题其里曰全节坊）。"[3]竹炉用清雅带节的竹子制成，故曰"一家清节几人全"，也喻指盛顒（冰壑都宪先生）所居里被称为"全节坊"，而且也

---

[1] （清）吴钺、刘继增：《竹炉图咏》元集，《锡山先哲丛刊》第1册，凤凰出版社2005年版。

[2] 同上。

[3] 同上。

第三章 明代的茶具与儒、释、道

有称颂士人高尚气节的寓意。

明朱逢吉《竹茶炉记》文曰:"勺清泠于器,拾堕樵而烹之。松风细鸣,俨与竹君晤语,信奇玩也。……若剬鼎以石,制炉以竹,亦奚足称艳于诗人之口哉?虽然,尊罍鼎鬲,世移物古,见者有感慨无穷之悲;竹炉石鼎,品高质素,玩者有清绝无穷之趣,贵贱弗论也。且竹无地无之,凌霜傲雪,延漫于荒蹊空谷之间,不幸伐而为筥筅筐篚之属,过者弗睨也。今工制为炉焉,汲泉试茗,为高人逸士之供,置诸几格,播诸诗咏,比贵重于尊罍鼎鬲,无足怪矣。初禅师未学也,材岂异于人,人及修持刻励,道隆德峻,迥出尘表,为江左禅林之选,亦竹炉之谓也。"此文指出竹无地无之,如制为"筥筅筐篚",无人留意,但制为竹炉,就显得品质高雅清素,为高人逸士所用。这喻指人的天分本无差异,但如不断自我修持努力,道德日高,超越凡人,即可得到广泛景仰。就如性海禅师本与常人无异,但因为"修持刻励,道隆德峻,迥出尘表",所以才能够为"江左禅林之选"。朱逢吉诗曰"织翠环炉代瓦陶,试烹山茗若溪毛。……文武火然心转劲,炎凉时异节还高。"[①]竹炉能够经受烈火燃烧的炙烤,不管火燃火灭仍保持着竹节,这喻指人能够忍受常人无法接受的痛苦煎熬,不管世态炎凉,仍保持高尚的气节。

明德瑀诗曰:"谁把筼筜细柬裁,织成茶具亦幽哉。……料得虚心宁恋土,从教劲节久存灰。宾筵托此供清玩,不羡豪门白玉罍。"[②] 竹炉中空,故曰"虚心",喻指谦逊的品格,制炉之竹有节,故曰"劲节",喻指坚贞的气节。过竹炉象征的清雅的生活,不羡慕代表富贵的"白玉罍"。

明王达《竹炉清咏序》文曰:"夫物不自贵,因人而贵;名不自彰,因志而彰。……然则物不自贵,因美而贵;名不自彰,因人而彰,

---

① (清)吴钺、刘继增:《竹炉图咏》亨集,《锡山先哲丛刊》第 1 册,凤凰出版社 2005 年版。

② 同上。

· 437 ·

香茗雅器：明代茶具与明代社会

信矣！性海禅师，结庐二泉之上，清净自怡，淡泊自艾。裁清秋之涧竹，制煮雪之茶炉。远追桑苎之风，近葺香山之社，因事显理，必欲续慧命以传灯，托物寓真，无非引群贤而入道。……获一时趋风而向德。"① 此文指出听松庵竹炉之所以名声彰显，关键不在于竹炉本身，而是众人普遍景仰性海禅师的道德修为。

明怡庵诗曰："竹炉新置小窗西，煮雪烹茶也自宜。渭水波涛翻涌处，湘江风雨到来时。……烧杀岁寒心不改，通身清汗下淋漓。"② 竹炉在炉中烹水，故曰"波涛翻涌处""风雨到来时"，喻指能够经受人世惊涛骇浪和人生风雨的高尚人格。不管炉中生火，还是火灭，炉皆不改本色，故曰"烧杀岁寒心不改"，喻指坚定不移的优良品格。

明卞孟符诗曰："火箄蟠屈化龙材，煮茗禅房日几回。凤髓瀹醒淇绿梦，乌薪燃作汗青篕。不随冷暖移贞操，已报平安度劫灰。一夜秋声闻沸鼎，清风还是此君来。"③ 竹炉不因火灭火燃而改易，可以经受烈火炙烤，炉中燃料烧成灰烬，竹炉安然无恙，故曰"不随冷暖移贞操，已报平安度劫灰"，这象征着坚贞的人格。"一夜秋声闻沸鼎，清风还是此君来"，喻指人能够面对险绝的环境，但保持清素的品格。

明秦夔《听松庵仿求竹茶炉疏》文曰："解煮山中第二泉，惯烹天上小团月；可爱清奇手段，相传淡泊家风。冰雪清姿，岂受缁尘点污；岁寒贞节，何妨劫火焚烧。"此文赞美竹炉"冰雪清姿""岁寒贞节"，其实这也是儒家对人格的追求。秦夔《听松庵复竹茶炉记》文曰："炉以竹为之，崇俭素也。……截竹管为之，乃洪武间惠山听松庵真公旧物。炉之制圆上而方下，织竹为郭……而其中歉焉。以虚类谦有德者。"④ 竹炉以廉价的竹制成，象征着俭素的品格，竹炉中空，象征着

---

① （清）吴钺、刘继增：《竹炉图咏》亨集，《锡山先哲丛刊》第1册，凤凰出版社2005年版。
② 同上。
③ 同上。
④ （清）吴钺、刘继增：《竹炉图咏》利集，《锡山先哲丛刊》第1册，凤凰出版社2005年版。

第三章　明代的茶具与儒、释、道

谦逊的品格。

明邵珪诗曰："穷阴有复占应验，清节难污介且娟。……朴素且坚将利用，去来无定是随缘。"① 此诗赞美了竹炉的"清节难污""朴素且坚"，这些品行也是儒家对人格的一种追求。

三　明代茶具与礼仪思想

中国古代儒家有十分丰富的礼仪思想，礼能起到规范社会秩序和伦理的作用。体现孔子言论和思想的《论语》中就有大量关于礼的论述，如"道之以德，齐之以礼，有耻且格"，"生，事之以礼；死，葬之以礼，祭之以礼"②，"君使臣以礼，臣事君以忠"③，"恭而无礼则劳；慎而无礼则葸；勇而无礼则乱；直而无礼则绞"④，"非礼勿视，非礼勿听，非礼勿言，非礼勿动"⑤，"上好礼，则民易使也"⑥ 等等。

在明代，茶具与礼仪发生密切关系，往往体现出浓厚的礼仪思想，主要表现在四个方面，茶具用于馈赠礼仪、茶具用于待客礼仪、茶具用于婚丧礼仪以及茶具用于祭祀礼仪。

早在宋代就已出现茶具用于馈赠礼仪的事例。明黄履道《茶苑》引《清鉴录》曰："茶盂留赠。坡公东归赠许珏茶盂，曰：'无以为清风明月之赠，茶盂聊见意耳。'后为枢密折彦质所得，有诗谢许云：'东坡遗物来归我，两手摩挲思不穷。举取吾家阿堵物，愧无青玉案酬公。'"⑦ 宋苏轼将茶具赠给许珏，许珏后又转赠折彦质。宋代还出现一些有关茶具用于馈赠礼仪的诗歌。如黄裳《谢人惠茶器并茶》诗曰："三事文华出何处，岩上含章插烟雾。……美林见器安所施，六角灵犀

---

① （清）吴钺、刘继增：《竹炉图咏》贞集，《锡山先哲丛刊》第 1 册，凤凰出版社 2005 年版。
② （清）阮元：《十三经注疏·论语注疏》卷 2，中华书局 2009 年版，第 5346 页。
③ （清）阮元：《十三经注疏·论语注疏》卷 3，中华书局 2009 年版，第 5360 页。
④ （清）阮元：《十三经注疏·论语注疏》卷 8，中华书局 2009 年版，第 5400 页。
⑤ （清）阮元：《十三经注疏·论语注疏》卷 12，中华书局 2009 年版，第 5436 页。
⑥ （清）阮元：《十三经注疏·论语注疏》卷 14，中华书局 2009 年版，第 5461 页。
⑦ （明）黄履道：《茶苑》卷 15，清抄本。

香茗雅器：明代茶具与明代社会

用相副。……几时对话爱竹轩，更引毫瓯斠诗句。"① 黄裳得到有人赠送的茶具和茶而作诗感谢。又如吴则礼《周介然所惠石铫取淮水瀹茶》："吾人老怀丘壑情，洗君石铫盱眙城。要煎淮水作蟹眼，饭饱睡魔聊一醒。"② 吴则礼用他人赠送的石铫取水烹茶。邵雍《代书谢王胜之学士寄莱石茶酒器》："东山有石若琼玖，匠者追琢可盛酒。君子得之惜不用，殷懃远寄林下叟。"③ 邵雍得到王益柔（字胜之）馈赠的茶酒器。

  明代有关茶具用于馈赠礼仪的文献记载更多。如明陈璚文曰："竹为清物，取而为炉……况仿自王舍人清士，置之听松庵，处至又得至清之地。舜臣仿其制为二，一献其诸父冰壑翁，一以奉匏庵先生海月庵中。"④ 盛虞仿效明初听松庵竹炉制作了两炉，其中之一赠送其伯父盛颙，另一赠送吴宽。明徐霞客《徐霞客游记》记载己卯年僧人纯一在云南丽江境内向他赠送茶具："（己卯二月）初八日昧爽，大把事赍册书驰去，余迟迟起。饭而天雨霏霏。纯一馈以古磁杯、薄铜鼎，并芽茶为烹瀹之具。"⑤ 明朱曰藩《山带阁集》记载黄士雅向汪元鼎赠送茶炉（茶鼎）："汪子元鼎构绣佛斋，终日闭关，以炉熏经卷自适，又性有玉川之癖，倾游金陵，黄子士雅出所藏茶鼎赠之，形制绝古，余亦投以阳羡茗二串，元鼎甚喜，因邀士雅同赋。"⑥

  另有一些明代诗歌体现茶具用于馈赠之礼。下举数例。蔡成中

---

 ① 北京大学古文献研究所：《全宋诗》卷946，北京大学出版社1991—1998年版，第11019页。
 ② 北京大学古文献研究所：《全宋诗》卷1269，北京大学出版社1991—1998年版，第14298页。
 ③ 北京大学古文献研究所：《全宋诗》卷379，北京大学出版社1991—1998年版，第4513页。
 ④ （清）吴钺、刘继增：《竹炉图咏》元集，《锡山先哲丛刊》第1册，凤凰出版社2005年版。
 ⑤ （明）徐弘祖：《徐霞客游记》卷7下《滇游日记七》，上海古籍出版社2011年版，第877页。
 ⑥ 转引自王河、虞文霞《中国散佚茶书辑考》，世界图书出版公司2015年版，第184—185页。

第三章 明代的茶具与儒、释、道

《茶罐与汪少石许茶罐以诗速之》诗序曰："夜来承携，久旱尘生，冒雨而归，亦一胜也。蒙允宜兴罐，虽鄙心所甚欲，然率尔求之，似为非是；戏作小词上呈，不知可相博否！"诗曰："平生嗜茶颇成癖，挈罐相俱四千里。……闻君蓄此余二三，聊赋新词戏相市。"① 胡应麟《吴德符损饷宣德茶盂二枚，因瀹天池新焙赋二绝以赏之》："筵中宣德新磁在，笑杀何郎食万钱。把赠双珍破寂寥，龙团翻雪乱云飘。"② 刘嵩《遣送茶器与欧阳仲元》："金樽翠杓非吾事，瓦缶瓷罂也可怜。急送直愁冲暮雨，远携应得注寒泉。"③ 吴宽《谢文宗儒以茶橐寄赠》："畴昔山崖与水滨，行时茶具每随身。俗缘未尽还分郡，清物犹存合赠人。……只今纸裹真堪笑，携去尤惊范景仁。"④

明代帝王以茶具赏赐臣子，这是一种特殊形式的馈赠。下举两例。清姚之骃《元明事类钞》转引《卓异记》曰："上最宠遇夏原吉，一日赐茶杯，是白磁，公觉其异，为一注目。上曰：'以赐卿，令卿子孙世世见朕也。'今杯为其家世宝，无心视之内有永乐二字，久视不见。"⑤ 此处皇帝是明成祖。明黄佐《翰林记》载："宣德初，上尝亲御翰墨作春山竹石牧牛三图，题诗其上，以赐大学士杨荣，并赐端砚、御用笔墨及白磁、酒器、茶钟、瓦罐、香炉之类。"⑥ 此处帝王为明宣宗。

明代朝廷还向外国或少数民族政权赏赐茶具，这也是一种特殊形式的馈赠。如《明太宗实录》载明廷向日本赏赐金银、茶具等物："（永乐四年春正月）遣使赍玺书褒谕日本国王源道义。……仍赐道义白金

---

① （明）醉茶消客：《茶书》，明抄本。
② （明）胡应麟：《少室山房集》卷79，《景印文渊阁四库全书》第1290册，台湾商务印书馆1986年版。
③ （明）刘嵩：《槎翁诗集》卷6，《景印文渊阁四库全书》第1227册，台湾商务印书馆1986年版。
④ （明）吴宽：《家藏集》卷24，《景印文渊阁四库全书》第1255册，台湾商务印书馆1986年版。
⑤ （清）姚之骃：《元明事类钞》卷30《器用门》，《景印文渊阁四库全书》第884册，台湾商务印书馆1986年版。
⑥ （明）黄佐：《翰林记》卷16，《景印文渊阁四库全书》第596册，台湾商务印书馆1986年版。

香茗雅器：明代茶具与明代社会

千两、织金及诸色彩币二百匹、绮绣衣六十件、银茶壶三、银盆四……又封其国之山曰寿安镇国之山，立碑其地。"①《明会典》载明廷规定向进贡的藏族地方政权僧人赏赐锦缎、茶具等物："嘉靖六年题准，乌思藏、长河西、朵甘思、董卜韩胡、金川、杂谷、达思蛮、加渴瓦寺、松潘洮岷等处番人番僧，正赏折衣彩段俱与一疋折给。……内府各衙门关造锦二段、纻丝十表里、袈裟僧衣一套、高顶僧帽一顶、水晶数珠一串、响钹二副、铃杵二副、白瓷茶钟二个……"②

早在晋代，茶具就已用于待客礼仪。杜育《荈赋》曰："灵山惟岳，奇产所钟。……器择陶简，出自东隅；酌之以匏，取式公刘。"③"酌之以匏"是指斟茶用葫芦制成的瓢，"取式公刘"典出《诗经·大雅》之《公刘》一诗。此诗曰："笃公刘，于京斯依。跄跄济济，俾筵俾几。……执豕于牢，酌之用匏。"④ 此处"酌之用匏"本意是主人以瓢斟酒待客。《荈赋》诗中的"酌之以匏，取式公刘"指的是以瓢斟茶待客，有很强礼仪色彩。唐人陆羽《茶经》引《晋四王起事》曰："惠帝蒙尘，还洛阳，黄门以瓦盂盛茶上至尊。"⑤ 晋惠帝在大乱后回洛阳，宦官以瓦盂（陶制盛水容器）作为茶具盛茶敬献，体现了一种礼仪和敬意。

唐陆羽《茶经》之《四之器》列举了二十四种茶具，但在《七之事》中又说："但城邑之中，王公之门，二十四器阙一，则茶废矣。"⑥在正式场合，特别是待客，茶具是礼仪的重要组成部分，所以二十四种茶具皆必不可少，缺一不可。

---

① 《明太宗实录》卷50，"中央研究院"历史语言研究所1962年版。
② （明）申时行等：《明会典》卷112《给赐三·外夷下》，中华书局1989年版，第596页。
③ （唐）欧阳询等：《艺文类聚》卷82，《景印文渊阁四库全书》第887—888册，台湾商务印书馆1986年版。
④ （清）阮元：《十三经注疏·毛诗正义》卷17，中华书局2009年版，第1168—1169页。
⑤ （唐）陆羽：《茶经》卷下《七之事》，《丛书集成新编》第47册，新文丰出版公司1985年版。
⑥ 同上。

第三章　明代的茶具与儒、释、道

下面两则宋代史料也体现了茶具在待客礼仪中的重要地位。宋沈括《梦溪笔谈》载："古人谓，贵人多知人，以其阅人物多也。张邓公为殿中丞，一见王城东，遂厚遇之，语必移时。王公素所厚唯杨大年。公有一茶囊，唯大年至则取茶囊具茶，他客莫与也。公之子弟但闻取茶囊，则知大年至。一日，公命取茶囊，群子弟皆出窥大年，及至乃邓公。他日公复取茶囊，又往窥之，亦邓公也。子弟乃问公：'张殿中者何人？公待之如此。'公曰：'张有贵人法。不十年当据吾座。'后果如其言。"① 王城东之所以为张邓公茶囊具茶，是因为对他的重视与敬意，所以礼仪上显得特别尊重。

宋周辉《清波杂志》曰："张芸叟云：吕申公，名知人，故多得于下僚家。有茶罗子，一金饰，一银，一棕栏。方接客，索银罗子，常客也；金罗子，禁近也；棕栏，则公辅必矣。家人常挨排于屏间以候之。申公、温公同时人，而待客茗饮之器，顾饰以金银分等差。益知温公俭德，世无其比。"② 吕申公以不同的茶具接待地位不同的客人，显示了在他心中礼仪的等差性，当然从周辉的描绘来看，他对此做法并不以为然。

明代有关茶具用于待客礼仪的记载很多。如明人朱权《茶谱》有很强闲逸散淡的倾向，但对茶具在以茶待客中的作用亦有一定描绘。"虽然，会茶而立器具，不过延客款话而已，大抵亦有其说焉。……命一童子设香案，携茶炉于前；一童子出茶具，以瓢汲清泉注于瓶而炊之。……主起，举瓯奉客曰：'为君以泻清臆。'客起接，举瓯曰：'非此不足以破孤闷。'乃复坐。饮毕，童子接瓯而退。话久情长，礼陈再三，遂出琴棋，陈笔研。"③ 在饮茶过程中，礼仪非常重要，而茶具扮演重要角色。

---

① （宋）沈括：《梦溪笔谈》卷9，《景印文渊阁四库全书》第862册，台湾商务印书馆1986年版。
② （宋）周辉：《清波杂志》卷4，《景印文渊阁四库全书》第1039册，台湾商务印书馆1986年版。
③ （明）朱权：《茶谱》，《艺海汇函》，明抄本。

♨ 香茗雅器：明代茶具与明代社会

明末清初黄宗羲《明儒学案》记载明人罗汝芳以待客礼仪中的茶具来譬喻儒家的道理："时方饮茶逊让，罗子执茶瓯问曰：'君言照管归依，俱是恭敬持瓯之事，今且未见瓯面，安得遽论持瓯恭谨也？'曰：'我於瓯子，也曾见来，也曾持来，但有时见，有时不见，有时持，有时忘记持，不能如圣人之常不失耳。'曰：'此个性，只合把瓯子作譬，原却不即是瓯子。瓯子则有见有不见，而性则无不见也。瓯子则有持有不持，而性则原不待持也。不观《中庸》说：率性谓道，道不可须臾离……'"① 之所以主客饮茶时会恭谨持茶瓯，因为这是一种重要礼仪。

明代小说中常出现茶具用于待客礼仪的内容。如明吴承恩《西游记》描写杏仙向唐僧等人茶具献茶，以示敬意："那女子叫：'快献茶来。'又有两个黄衣女童，捧一个红漆丹盘，盘内有六个细磁茶盂，盂内设几品异果，横担着匙儿，提一把白铁嵌黄铜的茶壶，壶内香茶喷鼻。斟了茶，那女子微露春葱，捧磁盂先奉三藏，次奉四老，然后一盏，自取而陪。"②

明施耐庵《水浒传》描写名妓李师师向宋江等人茶具献茶，以表尊重。"宋江、柴进居左，客席而坐。李师师右边，主位相陪。奶子奉茶至。李师师亲手与宋江、柴进、戴宗、燕青换盏。不必说那盏茶的香味，细欺雀舌，香胜龙涎。茶罢，收了盏托，欲叙行藏。"③

明兰陵笑笑生《金瓶梅词话》描述孟玉楼向西门庆茶具敬茶："说着，只见小丫鬟拏了三盏蜜饯金橙子泡茶，银镶雕漆茶钟，银杏叶茶匙。妇人起身，先取头一盏，用纤手抹去盏边水渍，递与西门庆；忙用手接了，道了万福。……妇人取第二盏茶来，递与薛嫂；他自取

---

① （清）黄宗羲：《明儒学案》卷34《泰州学案三·参政罗近溪先生汝芳》，中华书局1985年版，第774页。
② （明）吴承恩：《西游记》第64回《荆棘岭悟能努力，木仙庵三藏谈诗》，人民文学出版社2010年版，第791页。
③ （明）施耐庵：《水浒传》第72回《柴进簪花入禁院，李逵元夜闹东京》，人民文学出版社1997年版，第943页。

· 444 ·

第三章 明代的茶具与儒、释、道

一盏陪坐。"①

清初吴敬梓《儒林外史》反映了明末清初的社会现实。其中描写了卜家兄弟因为第二天官要来拜,准备了许多茶具。"卜家弟兄两个,听见有官来拜,也觉得喜出望外,一齐应诺了。第二日清早,卜诚起来,扫了客堂里的地,把囤米的折子搬在窗外廊檐下;取六张椅子,对面放着;叫浑家生起炭炉子,煨出一壶茶来;寻了一个捧盘、两个茶杯、两张茶匙,又剥了四个圆眼,一杯里放两个,伺候停当。"② 之所以卜家兄弟要备茶备茶具,因为这是待客的重要礼仪。

如在待客礼仪中摔碎了茶具,则显得极其不敬。如清张廷玉《明史》载:"帝使画工瞷(宋)讷,图其像,危坐,有怒色。明日入对,帝问:'昨何怒?'讷惊对曰:'诸生有趋踣者,碎茶器。臣愧失教,故自讼耳。且陛下何自知之?'帝出图。讷顿首谢。"③

又如清孔尚任《桃花扇》描写柳敬亭以茶杯掷地劝谏左良玉不可以兵犯阙:"(问丑介)足下尊姓大号?(丑)不敢,晚生姓柳,草号敬亭。(杂捧茶上)(小生)敬亭请茶。(丑接茶介)(小生)你可知这座武昌城,自经张献忠一番焚掠,十室九空。俺虽镇守在此,缺草乏粮,日日鼓噪,连俺也做不得主了。(丑气介)元帅说那里话,自古道'兵随将转',再没个将逐兵移的。……(摔茶钟于地下介)(小生怒介)呵呀!这等无礼,竟把茶杯掷地。(丑笑介)晚生怎敢无礼,一时说的高兴,顺手摔去了。(小生)顺手摔去,难道你的心做不得主么。(丑)心若做得主呵,也不叫手下乱动了。(小生笑介)敬亭讲的有理。只因兵丁饿的急了,许他就粮内里。"④ 柳敬亭以杯掷地显得极其无礼,所以左良玉会发怒。

---

① (明)兰陵笑笑生:《金瓶梅词话》第 7 回《薛嫂儿说娶孟玉楼,杨姑娘气骂张四舅》,人民文学出版社 2000 年版,第 72 页。
② (清)吴敬梓:《儒林外史》第 22 回《认祖孙玉圃联宗,爱交游雪斋留客》,人民文学出版社 1958 年版,第 224 页。
③ (清)张廷玉等:《明史》卷 137《宋讷传》,中华书局 1974 年版,第 3953 页。
④ (清)孔尚任:《桃花扇》第十一出《投辕》,岳麓书社 2002 年版,第 62—63 页。

· 445 ·

♨ 香茗雅器：明代茶具与明代社会

茶具在明代的婚丧礼仪中也扮演重要角色。

例如明申时行等《明会典》记载皇太子婚礼要用到一些茶具，如纳采问名礼物包括"末茶一十二袋（用红绿罗销金袋一十二个）"，纳征礼物包括"末茶四十袋（用红绿罗销金袋四十个）"，回门礼物包括金器"壶瓶一对（六十两重）、酒注一对（六十两重）、盂子一对（二十两重）、赞礼盘二面（六十两重）、盘盏二副（二十两重）、托里胡桃木碗四个（六十四两重）、楞边胡桃木托四个（五两重）、托里胡桃木钟子一对（一十一两重）、撒盏一对（八两重）、葫芦盘盏一副（一十两重）、茶匙一双（一两重）、匙一双（五两重）、箸二双（五两重）"，银器"壶瓶二把（共五十两重）、果合一对（一百六十两重）、汁瓶二把（共五十两重）、茶瓶一对（五十两重）、汤鼓四个（八十两重）、按酒楪一十二个（四十二两重）、果楪一十二个（三十两重）、茶楪一十二个（二十四两重）"。①

《明会典》记载的亲王婚礼也包括大量茶具的使用，如定亲礼物包括"末茶一十袋（用红绿罗销金袋一十个）"，纳征礼物包括"末茶三十二袋（用红绿罗销金袋三十二个）"，回门礼物包括金器"壶瓶一对（六十两重）、酒注一对（六十两重）、盂子一对（二十两重）、赞礼盘二面（六十两重）、盘盏二副（二十两重）、托里胡桃木碗四个（六十四两重）、楞边胡桃木托子四个（五两重）、托里胡桃木钟子一对（一十一两重）、撒盏一对（八两重）、葫芦盘盏一副（一十两重）、茶匙一双（一两重）、匙一双（五两重）、箸二双（五两重）"。②

明代平民百姓的婚礼往往也是要以茶具为礼物的。如《儒林外史》描绘卜老爹将自己的外甥女嫁给牛老之孙，其中陪嫁包括茶具与茶："只见那边卜老爹已是料理了些镜子、灯台、茶壶，和一套盆桶，两个

---

① （明）申时行等：《明会典》卷68《婚礼二·皇太子纳妃仪》，中华书局1989年版，第407—409页。

② （明）申时行等：《明会典》卷69《婚礼三·亲王婚礼》，中华书局1989年版，第412—414页。

第三章　明代的茶具与儒、释、道

枕头,叫他大儿子卜诚做一担挑了来。挑进门放下,和牛老作了揖。……随后卜家第二个儿子卜信,端了一个箱子,内里盛的是新娘子的针线鞋面;又一个大捧盘,十杯高果子茶,送了过来,以为明早拜堂之用。"①

明代丧礼也往往包括茶具。如《明太祖实录》载:"(洪武二年冬十月)庚午,敕葬开平忠武王常遇春于钟山之阴,给明器九十事,纳之幕中。其明器钲二、鼓四……灶釜、火炉各一,以上俱以木为之。……盏、杓、壶、瓶、酒瓮、唾壶、水盆、香炉各一……茶钟、茶盏各一,筯二、匙一、匙筯瓶一、碗二、楪十二、枣二,以上俱以锡造,金裹之。"②

《明会典》记载职官坟茔内的明器按规定包括"军器局锡造水盆一、台盏一、杓一、壶瓶一……茶钟一、茶盏一、碗二、枣二、灯台盏一副、碟十二、油瓶一、匙筯连瓶一副。"③

在明代以前,茶具就已经常用于祭祀礼仪。如唐陆羽《茶经》引晋人王浮所著《神异记》曰:"余姚人虞洪入山采茗,遇一道士……曰:'吾,丹丘子也。闻子善具饮,常思见惠。山中有大茗可以相给。祈子他日有瓯牺之余,乞相遗也。'因立奠祀,后常令家人入山,获大茗焉。"④"瓯牺"指的是茶具中饮茶的茶盏和舀水的木"杓",这两种茶具在祭奠中都是重要角色。又如宋王巩《随手杂录》曰:"潘中散适为处州守,一日作醮,其茶百二十盏皆乳华。内一盏如墨。诘之,则酌酒人误酌茶盏中。潘焚香再拜谢过,即成乳华。僚吏皆敬叹。"⑤潘中

---

① (清)吴敬梓:《儒林外史》第21回《冒姓字小子求名,念亲戚老夫卧病》,人民文学出版社1958年版,第218页。
② 《明太祖实录》卷46,"中央研究院"历史语言研究所1962年版。
③ (明)申时行等:《明会典》卷203《工部二十三·职官坟茔》,中华书局1989年版,第1021页。
④ (唐)陆羽:《茶经》卷下《七之事》,《丛书集成新编》第47册,新文丰出版公司1985年版。
⑤ (宋)王巩:《随手杂录》,《景印文渊阁四库全书》第1037册,台湾商务印书馆1986年版。

☙　香茗雅器：明代茶具与明代社会

散祭祀时用到了茶盏这种茶具。

　　明代有关茶具用于祭祀礼仪的记载更多。如《明太祖实录》载："（洪武二年六月）丁亥造太庙金器成。每庙壶一、盂一、台盏二、爵二、碗四、肉楪十、菜楪十、橐四、匙二、筯二、茶壶二、茶钟二、香炉一、香盒一、花瓶二、烛台二，计金八千八百八十余两。先是，上欲造宗庙金器，因谕礼官曰：'礼缘人情，因时宜不必泥于古。近世祭祀皆用古笾豆之属，宋太祖曰，吾先人亦不识此。孔子曰，事死如事生，事亡如事存。其言可法。今制宗庙祭器，只依常时所用者。'于是造酒壶、盂盏之属，皆拟平时之所用。"① 太庙的祭祀用品包括茶壶、茶"钟"等茶具。明太祖要求这些祭器的制造只依常时所用，说明这些茶具也是宫廷日常所用。

　　又如《明世宗实录》载："嘉靖二十六年十月……己酉……树皇考圣制碑亭于小孤山庙中。先是，皇考舟次小孤山，制诗一篇，扁留祠中。至是勒诗于石，建亭藏之庙，故土民私建为小姑神女像，不应祀典。命改用木主题小孤山之神，赐庙额曰小孤山庙，令有司春秋致祭。以圣母先年舟过遣致茶果，留龙盘三、彩盘九，即用所留盘定式，龙盘一、飡食二、麦饼彩盘果五、蔬四，加羊一、豕一、帛一、爵三，著为令。"② 小孤山庙中用于祭祀的茶具有龙盘、彩盘等，用于盛茶果献祭。

　　明代民间也常将茶具用于祭祀。如清陆廷灿《续茶经》引明陈诗教《灌园史》曰："卢廷璧嗜茶成癖，号茶庵。尝蓄元僧讵可庭茶具十事，具衣冠拜之。"③ 卢廷璧几乎把茶具当作神灵一般崇拜。《续茶经》又引明末清初人钱谦益《茶供说》曰："（朱）汝圭益精心治办茶事，金芽素瓷，清净供佛，他生受报，往生香国。"④ 朱汝圭以茶祀神，茶

---

①　《明太祖实录》卷43，"中央研究院"历史语言研究所1962年版。
②　《明世宗实录》卷329，"中央研究院"历史语言研究所1962年版。
③　（清）陆廷灿：《续茶经》卷上《二之具》，《景印文渊阁四库全书》第844册，台湾商务印书馆1986年版。
④　（清）陆廷灿：《续茶经》卷中《七之事》，《景印文渊阁四库全书》第844册，台湾商务印书馆1986年版。

· 448 ·

第三章 明代的茶具与儒、释、道

具起着重要作用。再如明冯梦龙在小说《醒世恒言》中描写:"且说秋先每日清晨起来,扫净花底落叶,汲水逐一灌溉,到晚上又浇一番。若有一花将开,不胜欢跃,或暖壶酒儿,或烹瓯茶儿,向花深深作揖,先行浇奠,口称花万岁三声,然后坐于其下,浅斟细嚼。……若花到谢时,则累日叹息……直至干枯,装入净瓷,满瓷之日,再用茶酒浇奠。"① 文中秋先用茶瓯盛茶祭奠花儿。

四 明代茶具与入世思想

中国古代儒家有很强的入世精神,具有积极地关心并参与社会现实的人生态度。孔子曾在与自己的弟子子路的对话中谴责长沮、桀溺这样逃避社会的隐士,认为:"鸟兽不可与同群,吾非斯人之徒与而谁与? 天下有道,丘不与易也。"② 孔子讥讽逃避社会之人形同鸟兽,改易社会正是自己的责任。孔子有实现天下为公的远大志向,他说:"大道之行也,与三代之英,丘未之逮也,而有志焉。大道之行也,天下为公。"③ 孔子弟子之一曾子说:"士不可以不弘毅,任重而道远。仁以为己任,不亦重乎? 死而后已,不亦远乎?"④ 儒家代表人物之一孟子也以治理天下为己任:"夫天未欲平治天下也,如欲平治天下,当今之世,舍我其谁也?"⑤

唐人陆羽《茶经》中记载的风炉就体现了强烈的儒家入世精神。风炉设有三足,其中一足上的文字是:"圣唐灭胡明年铸","圣唐灭胡"指的是唐朝镇压平定了安史之乱,安史之乱平定是在广德元年(763 年),则此炉铸于广德二年。将此七字刻于炉上,表明陆羽虽然终

---

① (明)冯梦龙:《醒世恒言》第 4 卷《灌园叟晚逢仙女》,人民文学出版社 1956 年版,第 75—76 页。
② (清)阮元:《十三经注疏·论语注疏》卷 18,中华书局 2009 年版,第 5495 页。
③ (清)阮元:《十三经注疏·礼记正义》卷 21,中华书局 2009 年版,第 3061—3062 页。
④ (清)阮元:《十三经注疏·论语注疏》卷 8,中华书局 2009 年版,第 5401 页。
⑤ (清)阮元:《十三经注疏·孟子注疏》卷 4 下,中华书局 2009 年版,第 5871 页。

☕ 香茗雅器：明代茶具与明代社会

身没有入仕为官，但有浓厚的儒家情怀，极为关注天下形势。风炉三足之间设三窗："上并古文书六字，一窗之上书'伊公'二字，一窗之上书'羹陆'二字，一窗之上书'氏茶'二字。所谓'伊公羹，陆氏茶'也。"①伊公指的是商朝初年辅佐商汤的名相伊尹，"伊公羹"是一个著名典故，"伊尹名阿衡。……负鼎俎，以滋味说汤，致于王道。"②陆羽将自己的陆氏茶与伊公羹相提并论，是希望通过烹饮茶叶来实现治国平天下的理想。

唐人曹邺《梅妃传》中的茶炉亦体现了深刻的儒家入世思想。"梅妃，姓江氏，莆田人。……上与妃斗茶，顾诸王戏曰：'此梅精也。吹白玉笛，作惊鸿舞，一座光辉。斗茶今又胜我矣！'妃应声曰：'草木之戏，误胜陛下。设使调和四海，烹饪鼎鼐，万乘自有心法，贱妾何能较胜负也。'上大悦。"③梅妃与唐玄宗斗茶，因为茶炉烹茶，茶汤中需加入调料，炉又被称为鼎，且有伊尹"负鼎俎，以滋味说汤"的典故，故将帝王的治国比喻为"调和四海，烹饪鼎鼐"。虽然梅妃斗茶胜过唐玄宗，但巧妙地恭维玄宗在"鼎鼐"中烹饪调和的是天下四海，更有难以言喻的办法（万乘自有心法），他人无法胜过，使皇帝大悦。

宋代审安老人所著《茶具图赞》也有很强的入世精神。十二种茶具每种茶具都有官职，在每种茶具的赞词中结合茶具的用途和特点暗喻各种政治观念和活动。对作为茶焙的韦鸿胪的赞词是："祝融司夏，万物焦烁，火炎昆岗，玉石俱焚，尔无与焉。乃若不使山谷之英堕于涂炭，子与有力矣。"这暗喻了救民于如炭火炙烤般的暴政。对作为茶臼的木待制的赞词是："上应列宿，万民以济，禀性刚直，摧折强梗……然非佐以法曹、资之枢密，亦莫能成厥功。"暗喻了摧折强徒、救济万民的政治理念。对作为茶碾的金法曹的赞词是："柔亦不茹，刚亦不

---

① （唐）陆羽：《茶经》卷中《四之器》，《丛书集成新编》第47册，新文丰出版公司1985年版。
② （汉）司马迁：《史记》卷3《殷本纪第三》，中华书局1959年版，第94页。
③ （明）陶宗仪：《说乳》卷111下，《景印文渊阁四库全书》第876—882册，台湾商务印书馆1986年版。

第三章 明代的茶具与儒、释、道

吐，圆机运用，一皆有法"。暗喻刚柔相济灵活运用法度。对作为石磨的石转运的赞词是："周行不怠，斡摘山之利，操漕权之重，循环自常，不舍正而适他"。暗喻通过正途为国家获取财利。对作为茶瓢的胡员外的赞词是："周旋中规而不逾其闲……虽中无所有而外能研究，其精微不足以望圆机之士。"暗喻在政治活动中需要灵活处理而又中规中矩。对作为茶罗的罗枢密的赞词是："几事不密则害成……奈何矜细行而事喧哗，惜之。"暗喻在政治活动中的谨慎机密原则。对作为茶帚的宗从事的赞词是："能萃其既散、拾其已遗，运寸毫而使边尘不飞，功亦善哉。"暗喻平定边疆的军政活动。对作为盏托的漆雕秘阁的赞词是："以其弭执热之患，无圮堂之覆，故宜辅以宝文，而亲近君子。"暗喻消弭隐患、稳定政局并亲近贤良。对作为茶盏的陶宝文的赞词为："经纬之象，刚柔之理……虚己待物，不饰外貌，位高秘阁。"暗喻经纬天下、刚柔相济、位高权重之人。对作为茶瓶的汤提点的赞词是："辅成汤之德，斟酌宾主间，功迈仲叔圉，然未免外烁之忧，复有内热之患，奈何？"暗喻南宋末年内忧外患的政治形势。对作为茶宪的竺副帅的赞词为："首阳饿夫，毅谏于兵沸之时，方金鼎扬汤，能探其沸者，几稀！"暗喻孤身坚持政治操守和道德理念之人。对作为茶巾的司职方的赞词为："瑞方质素，经纬有理，终身涅而不缁者？此孔子之所以与洁也。"① 暗喻坚守理念、洁身自好之人。明人朱存理在给《茶具图赞》所撰的后序中明确指出该茶书通过茶具来表现自己的治国理念和政治理想："制茶必有其具，锡具姓而系名，宠以爵，加以号，季宋之弥文。……赞法迁固，经世康国，斯焉攸寓。"②

明人顾元庆《茶谱》后附有盛虞所著的《竹炉并分封六事》，描绘了竹茶炉和另外六种茶具。盛虞的伯父盛颙在文前作有《苦节君铭》，苦节君喻指的是竹茶炉，竹上有节，比喻君子的气节，不断经受烈火烤炙之苦而能不弯曲变形，表明了自己的政治理想。《竹炉并

---

① （宋）审安老人：《茶具图赞》，《丛书集成初编》第 1501 册，中华书局 1985 年版。
② 同上。

♨ 香茗雅器：明代茶具与明代社会

分封六事》曰："茶具六事分封，悉贮于此，侍从苦节君于泉石山斋亭馆间，执事者故以行省名之。"盛虞将其他六种茶具比喻为苦节君的臣属，而且各有官职，这是作者治国思想的一种折射和体现。茶具之一是储茶的蒻笼，官职为建城："茶宜密裹，故以蒻笼盛之……今称建城。按《茶录》云：建安民间以茶为尚，故据地以城封之。"建城字面意思是建造城池，是一种重要的治民理政行为。茶具之二是储水的瓷瓮，官职为云屯："泉汲于云根……以石子同贮瓶缶中，用供烹煮。……今名云屯，盖云即泉也，得贮其所，虽与列职诸君同事，而独屯于斯，岂不清高绝俗而自贵哉！"屯是驻军屯结防守之地，以云屯命名有很强的政治意味。茶具之三是储炭的竹篓，官职为乌府："炭之为物……触之者腐，犯之者焦，殆犹宪司行部，而奸宄无状者望风自靡。苦节君得此，甚利于用也，况其别号乌银，故特表章。其所藏之具，曰乌府，不亦宜哉！"宪司是掌纠察刑狱的官员，行部是巡行监察的官员，乌府如宪司行部一般。茶具之四是洗涤各种茶具的木盆，职为"水曹"："凡苦节君器物用事之余，未免有残沥微垢，皆赖水沃盥，名其器曰水曹，如人之濯于盘水，则垢除体洁，而有日新之功。岂不有关于世教也耶！""水曹"字面意思是司水的官职，使人去除污垢、身体清洁，这有相当的政治寓意。茶具之五是收储十六件小茶具的箱笼，职器局："右茶具十六事，收贮于器局，供役苦节君者，故立名管之，盖欲统归于一，以其素有贞心雅操而自能守之也。""统归于一"象征政治上的大一统。茶具之六是储放各种茶叶佐料的箱笼，职为品司："虽欲啜时，入以笋、榄、瓜仁、芹蒿之属，则清而且佳。因命湘君设司检束，而前之所忌乱真味者，不敢窥其门矣。"① 检束乱真味者，使之不敢随意进入，喻指政治上检察约束品质低劣之人，使他们不能随意成为牧民的官员。

在中国古代，作为重要茶具之一的炉或铫常被称为鼎，与儒家的入

---

① （明）顾元庆：《茶谱》，《续修四库全书》第 1115 册，上海古籍出版社 2003 年版。

第三章　明代的茶具与儒、释、道

世观念有关。鼎在商周时期本是用来烹煮或盛贮肉类的青铜器物，逐渐演变成重要礼器，相当程度上代表国家政权和等级秩序，例如争霸天下被称为问鼎中原。而且鼎与儒家要求的德联系在一起。《左传》载宣公三年楚庄王率兵至洛邑，窥伺周之天下，故意向周定王派来的使者王孙满问鼎之轻重，王孙满答曰："在德不在鼎。昔夏之方有德也……铸鼎象物……用能协于上下以承天休。桀有昏德，鼎迁于商，载祀六百。商纣暴虐，鼎迁于周。德之休明，虽小，重也。……鼎之轻重，未可问也。"[1] 作为茶具的炉或铫之所以被称为鼎，一方面固然是炉或铫外形似鼎，另一方面也是因为文人士大夫的儒家入世观念以及心灵深处隐含的政治理想和追求。

西晋左思在《娇女诗》中即称茶炉为鼎："心为荼荈剧，吹嘘对鼎䥷。"[2] 唐代许多文献也将茶炉称为鼎。如唐顾况《茶赋》曰："舒铁如金之鼎，越泥似玉之瓯。"[3] 又如唐裴汶《茶述》曰："烹之鼎水，和以虎形，人人服之，永永不厌。"[4] 再如唐崔致远《谢新茶状》："所宜烹绿乳於金鼎，泛香膏於玉瓯。"[5] 唐陆羽《茶经》虽未称炉为鼎，亦云："风炉以铜铁铸之，如古鼎形。"[6]

宋元时期亦常将茶炉称为鼎。如宋苏轼《叶嘉传》曰："砧斧在前，鼎镬在后，将以烹子，子视之如何？"[7] 宋黄庭坚《煎茶赋》曰："则六者亦可以酌兔褐之瓯，瀹鱼眼之鼎者也。"[8] 宋王洋《谢郑监惠龙

---

[1]（清）阮元：《十三经注疏・春秋左传正义》卷21，中华书局2009年版，第4056页。
[2] 逯钦立：《先秦汉魏南北朝诗》，中华书局1983年版，第375页。
[3]（清）董诰：《全唐文》第6册，中华书局1983年版，第5365页。
[4]（清）陆廷灿：《续茶经》卷上《一之源》，《景印文渊阁四库全书》第844册，台湾商务印书馆1986年版。
[5]（清）董诰：《全唐文》第11册，中华书局1983年版，第10852页。
[6]（唐）陆羽：《茶经》卷中《四之器》，《丛书集成新编》第47册，新文丰出版公司1985年版。
[7]（宋）苏轼：《东坡全集》卷39，《景印文渊阁四库全书》第1107—1108册，台湾商务印书馆1986年版。
[8]（宋）黄庭坚：《山谷集》卷4，《景印文渊阁四库全书》第1113册，台湾商务印书馆1986年版。

◎ **香茗雅器：明代茶具与明代社会**

团茶启》曰："石鼎煮蚯蚓方鸣，磁瓯焙鹧鸪微暖。"① 宋俞德邻《荼茗赋》曰："响松风于石鼎，漪沤淳以云翻。"② 元冯子振《鹦鹉曲·陆羽风流》词曰："待中泠一滴分时，看满注黄金鼎处。"③ 元刘诜《石泉》诗曰："瓢汲试茶鼎，庶足凌飞仙。"④ 元谢宗可《雪煎茶》："夜扫寒英煮绿尘，松风入鼎更清新。"⑤

明代有关将茶炉称为鼎的文献更多。试举数例。明许次纾《茶疏》曰："三人以下，止燕一炉；如五六人，便当两鼎炉，用一童，汤方调适。"⑥ 明程用宾《茶录》曰："鼎。拟《经》之风炉也，以铜铁铸之。"⑦ 徐㶿在为屠本畯《茗笈》所撰写的序言中曰："予每过从，辄具茗碗……茗尽而谈未竟，必令童子数燃鼎继之，率以为常。"⑧ 明沈德符《万历野获编》之《供御茶》条曰："今人惟取初萌之精者，汲泉置鼎，一沦便啜，遂开千古茗饮之宗。"⑨ 明乐纯《雪庵清史》曰："茶鼎，丹山碧水之乡，月涧云龛之品，涤烦消渴，功诚不在芝术下。……噫！鼎之有功于茶大矣哉！"⑩ 甚至明蔡羽专作有《茶鼎记》一文："王子履约（守）、履吉（宠）氏，王子方以文章显名，而酷好饮茶。……吴中善茗者，曩称荻扃王浚（濬）之、延陵吴嗣业（奕），今其法皆出王子下。岂清胜奇绝之事，途萃于一耶？王子固归功于鼎，因记之。"⑪

---

① （宋）王洋：《东牟集》卷12，《景印文渊阁四库全书》第1132册，台湾商务印书馆1986年版。
② （宋）俞德邻：《佩韦斋集》卷81，《景印文渊阁四库全书》第1189册，台湾商务印书馆1986年版。
③ 唐圭璋：《全金元词》下册，中华书局1979年版，第919页。
④ （元）刘诜：《桂隐诗集》卷1，《景印文渊阁四库全书》第1195册，台湾商务印书馆1986年版。
⑤ （元）谢宗可：《咏物诗》不分卷，《景印文渊阁四库全书》第1216册，台湾商务印书馆1986年版。
⑥ （明）许次纾：《茶疏》，《四库全书存目丛书·子部》第79册，齐鲁书社1997年版。
⑦ （明）程用宾：《茶录》，明万历三十二年戴凤仪刻本。
⑧ （明）屠本畯：《茗笈》，喻政《茶书》，明万历四十一年刻本。
⑨ （明）沈德符：《万历野获编·补遗》卷1，中华书局1959年版，第799页。
⑩ （清）陆廷灿：《续茶经》卷中《四之器》，《景印文渊阁四库全书》第844册，台湾商务印书馆1986年版。
⑪ （明）蔡羽：《林屋集》卷14《茶鼎记》，国家图书馆出版社2014年版。

第三章 明代的茶具与儒、释、道

下面的明诗皆将明初王绂与性海命竹工所制的听松庵竹炉与作为礼器和国家权力象征的商周之鼎相提并论。明邵宝《咏竹茶垆次匏翁》诗曰："雨过春山满汲泉，旧僧垆在好烹煎。……调元固有商家鼎，不出山林道已全。"① 明成性诗曰："湘竹炉头细问禅，出山何事更何年。……瓦釜更窥周鼎贵，湘筠曾并舜妃娟。"② 明僧人守道诗曰："不教周鼎与齐名，别翦湘筠细织成。"③ 明程敏政诗曰："不随莲社爱逃禅，对客煎茶记往年。……入手未悬萍去住，汉家汾鼎亦谁传。"④ 明李杰诗曰："松窗瀹茗助谈禅，犹记山僧手制年。……郜鼎鲁弓今孰在，漫凭笔札为流传。"⑤ 明谢铎诗曰："无心到处即安禅，何物烦劳文百年。……周鼎殷盘千载上，只今沦落与谁传。"⑥ 明邵珪诗曰："山中雅制只宜禅，漂泊何知厄九年。……阴默定劳神物护，商彝周鼎未能传。"⑦

张岱《陶庵梦忆》之《砂罐锡注》条将宜兴紫砂壶与商彝周鼎相对比："宜兴罐，以龚春为上，时大彬次之，陈用卿又次之。……然一砂罐、一锡注，直跻之商彝、周鼎之列，而毫无惭色，则是其品地也。"⑧

明卢之颐《本草乘雅半偈》用茶鼎烹茶来譬喻治国，体现了浓厚的治国思想。"定汤谈说似易，措制便难。急即鼎沸，怠则瓦解，须具燮阴阳，调鼎鼐，山中宰相，始得三至七教，待汤建勋，谁其

---

① （明）邵宝：《容春堂别集》卷4，《景印文渊阁四库全书》第1258册，台湾商务印书馆1986年版。
② （明）醉茶消客：《茶书》，明抄本。
③ （清）吴钺、刘继增：《竹炉图咏》亨集，《锡山先哲丛刊》第1册，凤凰出版社2005年版。
④ （清）吴钺、刘继增：《竹炉图咏》贞集，《锡山先哲丛刊》第1册，凤凰出版社2005年版。
⑤ 同上。
⑥ 同上。
⑦ 同上。
⑧ （明）张岱：《陶庵梦忆》卷2，张岱《陶庵梦忆·西湖寻梦》，中华书局2007年版，第30页。

秉衡，跂石眠云。"① "急即鼎沸，怠则瓦解"，比喻的是治国过于急促，会导致天下动乱，但也不可过于松懈，否则会导致上下轻慢瓦解。文中将烹茶者称为"山中宰相"，将烹茶称为"建勋"，也即建功立业。

明朱逢吉《竹茶炉记》认为本来"过者弗睨"的普通之竹制为竹炉，供高人逸士之用，则贵重过于尊罍鼎鼐，这洋溢着强烈的积极进取、建功立业的儒家入世精神。《竹茶炉记》文曰："尊罍以酒，鼎鼐以烹，此盖适于国家之用。尤可贵者，若劚鼎以石，制炉以竹，亦奚足称艳于诗人之口哉？虽然，尊罍鼎鼐，世移物古，见者有感慨无穷之悲；竹炉石鼎，品高质素，玩者有清绝无穷之趣，贵贱弗论也。且竹无地无之，凌霜傲雪，延漫于荒蹊空谷之间，不幸伐而为筥筲筐筁之属，过者弗睨也。今工制为炉焉，汲泉试茗，为高人逸士之供，置诸几格，播诸诗咏，比贵重于尊罍鼎鼐，无足怪矣。"另外朱逢吉诗曰："鹍啼湘浦听春雨，龙起鼎湖翻夜涛。文武火然心转劲，炎凉时异节还高。"② "龙起鼎湖"比喻争锋天下建立功业，"文武火然心转劲"，比喻文韬武略意志十分坚定。

五 明代茶具与崇玉观念

儒家有很强的崇玉观念，确立了"君子比德于玉"的思想，玉为君子的象征，赋予了玉儒家要求的各种道德品质。孔子曰："君子比德於玉焉：温润而泽，仁也。缜密以栗，知也；廉而不刿，义也；垂之如队礼也；叩之其声清越以长，其终诎然，乐也；瑕不掩瑜、瑜不掩瑕，忠也；孚尹旁达，信也；气如白虹，天也；精神见于山川，地也；圭璋特达、德也。天下莫不贵者，道也，《诗》云：言念君子，温其如玉。

---

① （明）卢之颐：《本草乘雅半偈》卷7《神农食经》，《景印文渊阁四库全书》第779册，台湾商务印书馆1986年版。
② （清）吴钺、刘继增：《竹炉图咏》亨集，《锡山先哲丛刊》第1册，凤凰出版社2005年版。

第三章 明代的茶具与儒、释、道

故君子贵之也。"① 孔子认为玉有仁、知、义、礼、乐、忠、信、天、地、德和道这十一种重要品德。西汉对儒家理论有重要发展的董仲舒亦十分崇尚玉:"玉有似君子。……玉至清而不蔽其恶,内有瑕积,必见之于外,故君子不隐其短。……君子比之玉,玉润而不污,是仁而至清洁也;廉而不杀,是义而不害也;坚而不坚,过而不濡。视之如庸,展之如石,状如石,搔而不可从绕,洁白如素,而不受污,玉类备者,故公侯以为贽。"② 东汉许慎亦认为玉有五德:"润泽以温,仁之方也;鳃理自外,可以知中,义之方也;其声舒扬,專以远闻,智之方也;不桡而折,勇之方也;锐廉而不技,絜之方也。"③

儒家极为崇尚玉,把玉比作君子,赋予了玉种种道德理想,这极大影响到了古代的茶具。在中国古代,茶具有追求类玉的倾向,这最典型地体现在茶炉、茶壶和茶盏(又叫茶碗、茶瓯、茶杯等)之中。特别是茶盏和茶壶,它们的材质主要是陶瓷。

中国古代瓷业的兴起和发展与儒家的尚玉心理有很大关系,玉是一种天然矿石,不可人工制造也不能再生,随着自然界玉的采掘难度越来越大,先民们迫切需要一种材质上类似玉,但又可以人工制造且无耗尽之忧的物质,陶瓷因此逐渐被发明出来。在中国古代,将陶瓷比拟为玉,这是对陶瓷的极大肯定和赞美。如明王宗沐《江西省大志·陶书》在述及唐代景德镇窑的崛起时说:"唐武德二年,里人陶玉献假玉器,由是置务设镇,历代相因。"④ 清蓝浦、郑廷桂《景德镇陶录》在论及唐代之霍窑时说:"霍窑。窑瓷色亦素,土墡腻质薄,佳者莹缜如玉。为东山里人霍仲初所作,当时呼为霍器。"⑤ 宋蒋祈《陶记》述及宋代

---

① (清)阮元:《十三经注疏·礼记正义》卷63,中华书局2009年版,第3679页。
② (汉)董仲舒:《春秋繁露》卷16《执贽七十二》,中华书局1975年版,第533—534页。
③ (汉)许慎:《说文解字》卷1,中华书局1963年版,第10页。
④ (明)王宗沐:《江西省大志》卷7《陶书》,成文出版社有限公司1989年版。
⑤ (清)蓝浦、郑廷桂:《景德镇陶录》卷5《景德镇历代窑考》,《续修四库全书》第1111册,上海古籍出版社2003年版。

♨ 香茗雅器：明代茶具与明代社会

景德镇窑时说："景德陶，昔三百余座。埏埴之器，洁白不疵，故鬻于他所，皆有'饶玉'之称。"① 明汤显祖作有《浮梁县新作讲堂赋》形容浮梁（景德镇在浮梁辖区境内）的茶和瓷："今夫浮梁之茗，闻于天下，惟清惟馨系其揉者；浮梁之瓷，莹于水玉，亦系其钧火候是足。"② 明章潢《图书编》形容景德镇之瓷："瓷。浮梁白者如玉，青花描金极精。"③ 明李贤等《明一统志》描述景德镇瓷："瓷器。浮梁县出，白者莹洁如玉，亦有青花及描金者，极为精致。"④

早在唐代，茶具就有很强的崇玉倾向。如唐陆羽《茶经》在论述二十四种茶具之一的"碗"时曰："若邢瓷类银，越瓷类玉，邢不如越一也。"⑤ 邢窑生产的瓷茶碗之所以不如越窑，一个重要原因是越瓷更为"类玉"。又如唐顾况《茶赋》曰："舒铁如金之鼎，越泥似玉之瓯。"⑥ 此赋中的茶瓯为越窑生产，似玉。再如唐崔致远《谢新茶状》曰："所宜烹绿乳於金鼎，泛香膏於玉瓯。"⑦ 此"玉瓯"为瓷瓯，被美称为玉，并非真为玉制而成。

下面几首唐诗中的茶具皆被美称为玉。唐陆羽《六羡歌》曰："不羡黄金罍，不羡白玉杯；不羡朝入省，不羡暮入台；惟羡西江水，曾向金陵城下来。"⑧ "白玉杯"指的是白瓷茶杯。唐陆龟蒙《奉和袭美茶具十咏·茶瓯》："昔人谢墟埞，徒为妍词饰（刘孝威集有谢墟埞启）。岂如珪璧姿，又有烟岚色。"⑨ 诗中将茶瓯比喻为珪璧，珪璧为玉器之

---

① （清）乔溎等：《（道光）浮梁县志》卷8，景德镇陶瓷大学图书馆馆藏。
② （清）陈元龙等：《御定历代赋汇·补遗》卷10，《景印文渊阁四库全书》第1422册，台湾商务印书馆1986年版。
③ （明）章潢：《图书编》卷八十九，《景印文渊阁四库全书》第968—971册，台湾商务印书馆1986年版。
④ （明）李贤等：《明一统志》卷50，《景印文渊阁四库全书》第472—473册，台湾商务印书馆1986年版。
⑤ （唐）陆羽：《茶经》卷中《四之器》，《丛书集成新编》第47册，新文丰出版公司1985年版。
⑥ （清）董诰：《全唐文》第6册，中华书局1983年版，第5365页。
⑦ （清）董诰：《全唐文》第11册，中华书局1983年版，第10852页。
⑧ （清）彭定求等：《全唐诗》卷308，中华书局1960年版，第3492页。
⑨ （清）彭定求等：《全唐诗》卷620，中华书局1960年版，第7144页。

· 458 ·

第三章 明代的茶具与儒、释、道

意。唐卢纶《新茶咏》："三献蓬莱始一尝，日调金鼎阅芳香。贮之玉合才半饼，寄与惠连题数行。"① 诗中将贮茶之盒美称为玉合。唐元稹《茶》："茶……碾雕白玉，罗织红纱。铫煎黄蕊色，碗转麹尘花。"② 诗中将茶碾美称为"白玉"。

宋代亦有大量表现茶具崇玉倾向的诗词，这些诗词大多是有关于茶盏的。最常见的是茶盏被称为玉瓯，下举三例。宋刘挚《煎茶》："石鼎沸蟹眼，玉瓯浮乳花。"③ 宋刘才邵《方景南出示馆中诸公唱和分茶诗次韵》："欲知奇品冠坤珍，须观乳面啗瓯唇。……迩英讲读优儒臣，玉瓯珍赐从中宸。"④ 宋袁说友《斗茶》："截玉夸私斗，烹泉测嫩汤。……年年较新品，身老玉瓯尝。"⑤ 宋苏轼《记梦回文二首》则将茶盏称为玉碗："酡颜玉碗捧纤纤，乱点余花唾碧衫。……红焙浅瓯新火活，龙团小碾斗晴窗。"⑥

所谓"玉瓯"或"玉碗"其实并非玉制而成，其材质为陶瓷，玉是对陶瓷的美称。有以下数诗为证。宋宋祁《贵溪周懿文寄遗建茶偶成长句代谢》："品绝未甘奴视酪，啜清须要玉为瓷。"⑦ 宋家铉翁《谢刘仲宽惠茶》："儒臣讲毕上命坐，瀹茗初试琼瓯瓷。"⑧ 此诗中的"琼"为玉之意。宋周紫芝《摊破浣溪沙·茶词》："凤饼未残云脚乳，

---

① （清）彭定求等：《全唐诗》卷279，中华书局1960年版，第3177页。
② （清）彭定求等：《全唐诗》卷423，中华书局1960年版，第4652页。
③ 北京大学古文献研究所：《全宋诗》卷679，北京大学出版社1991—1998年版，第7922页。
④ 北京大学古文献研究所：《全宋诗》卷1680，北京大学出版社1991—1998年版，第18846页。
⑤ 北京大学古文献研究所：《全宋诗》卷2579，北京大学出版社1991—1998年版，第29914页。
⑥ 北京大学古文献研究所：《全宋诗》卷831，北京大学出版社1991—1998年版，第9315页。
⑦ 北京大学古文献研究所：《全宋诗》卷225，北京大学出版社1991—1998年版，第2500页。
⑧ 北京大学古文献研究所：《全宋诗》卷3343，北京大学出版社1991—1998年版，第39950页。

☼ 香茗雅器：明代茶具与明代社会

水沉催注玉花瓷。"① 宋黄庭坚《满庭芳》："纤纤捧，冰瓷莹玉，金缕鹧鸪斑。"② 宋罗从彦《寄满庭芳》："纤纤捧，玉瓷弄影，金缕鹧鸪斑。"③ 以上数首诗词皆将玉与瓷联系在一起，可证宋诗中的"玉瓯""玉碗"等实际是瓷盏。

宋诗中的"玉瓯""玉碗"等多为黑瓷茶盏，也有白瓷、青瓷和红瓷等。以下三诗为黑瓷茶盏。宋范仲淹《和章岷从事斗茶歌》："黄金碾畔绿尘飞，紫玉瓯心雪涛起。"④ 宋黄庭坚《醉落魄·咏茶》："紫玉瓯圆，浅浪泛春雪。"⑤ 宋方岳《黄宰致江西诗双井茶》："砖炉春著兔毫玉，石鼎月翻鱼眼汤。"⑥ 宋代流行黑瓷烹茶，"紫玉瓯"实际为黑瓷，"兔毫玉"指的是上有兔毫纹路的黑瓷。宋焦千之《谨次君倚舍人寄题惠山翠麓亭韵》中的"白玉瓯"是白瓷茶盏："一径谁开青步障，客来共泛白玉瓯。"⑦ 宋陈崖《煎茶峰》中的"碧玉瓯"是青瓷茶盏："春山细摘紫英芽，碧玉瓯中散乳花。"⑧ 宋苏轼《试院煎茶》中的"红玉"是红瓷茶盏："又不见今时潞公煎茶学西蜀，定州花瓷琢红玉。我今贫病常苦饥，分无玉碗捧蛾眉。"⑨

宋诗中还有一些其他茶具也被形容为玉。宋秦观《茶》中的茶炉被形容为"玉鼎"："茶实嘉木英，其香乃天育。……玉鼎注漫流，金

---

① 唐圭璋：《全宋词》第 2 册，中华书局 1965 年版，第 873 页。
② 唐圭璋：《全宋词》第 1 册，中华书局 1965 年版，第 401 页。
③ （宋）吴曾：《能改斋漫录》卷 17《乐府下》，《景印文渊阁四库全书》第 850 册，台湾商务印书馆 1986 年版。
④ 北京大学古文献研究所：《全宋诗》卷 167，北京大学出版社 1991—1998 年版，第 1868 页。
⑤ （宋）佚名：《草堂诗余》卷 1，《景印文渊阁四库全书》第 1489 册，台湾商务印书馆 1986 年版。
⑥ 北京大学古文献研究所：《全宋诗》卷 3222，北京大学出版社 1991—1998 年版，第 38468 页。
⑦ 北京大学古文献研究所：《全宋诗》卷 689，北京大学出版社 1991—1998 年版，第 8063 页。
⑧ 北京大学古文献研究所：《全宋诗》卷 3614，北京大学出版社 1991—1998 年版，第 43293 页。
⑨ 北京大学古文献研究所：《全宋诗》卷 831，北京大学出版社 1991—1998 年版，第 9160 页。

第三章 明代的茶具与儒、释、道

碾响丈竹。"① 宋秦观《茶臼》中的茶臼被形容为"白玉缸":"幽人耽茗饮,刳木事捣撞。……愿偕黄金碾,自比白玉缸。"② 从诗句内容来看,此茶臼应为木制。宋王禹偁《茶园十二韵》中的贮水之瓮被称为"玉瓮":"汲泉鸣玉瓮,开宴压瑶樽。"③ 吕居仁《咏茶》中的茶斧被形容为"玉斧":"玉斧运风宝月满,密云候再苍龙翔。"④ 宋张舜民《茶咏》与宋刘子翚《寄茶与曾吉甫》均将茶碾中的碾轮称为"玉尺"。宋张舜民《茶咏》:"玉尺锋棱耸,银槽样度窊。月中亡桂实,雨里得天葩。"⑤ 宋刘子翚《寄茶与曾吉甫》:"两焙春风一滕隔,玉尺银槽分细色。解苞难辨邑中黔,瀹盏方知天下白。"⑥

元代也有一些诗歌表现了茶具的崇玉倾向。元耶律楚才《西域从王君玉乞茶因其韵七首》将茶盏称为"碧玉瓯""琼瓯":"积年不啜建溪茶,心窍黄尘塞五车。碧玉瓯中思雪浪,黄金碾畔忆雷芽。……琼瓯啜罢酬平昔,饱看西山插翠霞。……黄金小碾飞琼屑,碧玉深瓯点雪芽。"⑦ 元李载德《阳春曲·赠茶肆》则将茶盏称为"碧玉瓯""玉瓯":"黄金碾畔香尘细,碧玉瓯中白雪飞,扫醒破闷和脾胃。……金樽满劝羊羔酒,不似灵芽泛玉瓯,声名喧满岳阳楼。夸妙手,博士便风流。"⑧ 以下两首诗词皆将茶盏称为"玉瓯"。元无名氏《沁园春》:"碾磨捣、香尘腻水加。玉瓯内,仗仙童手巧,烹出金花。"⑨ 元耶律铸

---

① 北京大学古文献研究所:《全宋诗》卷 1067,北京大学出版社 1991—1998 年版,第 12128 页。

② 同上。

③ 北京大学古文献研究所:《全宋诗》卷 672,北京大学出版社 1991—1998 年版,第 761 页。

④ (明)高元濬:《茶乘》卷 4,《续修四库全书》第 1115 册,上海古籍出版社 2003 年版。

⑤ (明)高元濬:《茶乘》卷 5,《续修四库全书》第 1115 册,上海古籍出版社 2003 年版。

⑥ (明)喻政:《茶集》卷 2,喻政《茶书》,明万历四十一年刻本。

⑦ (元)耶律楚材:《湛然居士集》卷 5,《景印文渊阁四库全书》第 1191 册,台湾商务印书馆 1986 年版。

⑧ 隋树森:《全元散曲》下册,中华书局 1964 年版,第 1223—1224 页。

⑨ 唐圭璋:《全金元词》下册,中华书局 1979 年版,第 1281 页。

♨ 香茗雅器：明代茶具与明代社会

《和人茶后有怀友人》："玉瓯盈溢仙人掌，云脚浮花雪面堆。"① 元唐元《分韵得隔竹敲茶臼》诗中将茶盏形容为"玉瓷"："居然捧玉瓷，灪灪日出屋。"② 元吴莱《岭南宜蒙子解渴水歌》将茶臼形容为"玉臼"："柏观金茎擎未湿，蓝桥玉臼捣空寒。小罂封出香覆锦，古鼎贡馀声撼寝。"③ 元耶律楚才《西域从王君玉乞茶因其韵七首·其四》称茶臼中之"杵"为"玉杵"："玉杵和云春素月，金刀带雨剪黄芽。"④

在明代，表现茶具崇玉观念的文献更多，这些茶具主要有炉、壶和盏等。

明代围绕惠山听松庵竹炉产生大量诗文，其中有些诗文表现了有关竹炉的崇玉观念。以下诗文皆将竹炉美称为玉。明朱逢吉《竹茶炉记》文曰："织文外饰，苍然玉润，铺湘云而鬻淇水也。"⑤ 明秦夔《听松庵仿求竹茶炉疏》文曰："移来消洒数竿秋，制就玲珑一团玉，不熔不琢，非石非金。"⑥ 明莫士安《竹茶炉》诗曰："乍出潇湘玉一竿，制成规度逐铛圆。"⑦ 明谢常诗曰："竹炉绝胜煮茶铛，新剪淇园玉一茎。"明僧人守道诗曰："白灰拨火虹光见，青玉镂纹翠浪萦。"明沈中诗曰："裁玉编炉置茗铛，试泉长向石边烹。"明韩奕诗曰："绿玉裁成偃月形，偏宜煮雪向岩扃。"⑧

---

① （元）耶律铸：《双溪醉隐集》卷6，《景印文渊阁四库全书》第1199册，台湾商务印书馆1986年版。
② （元）唐元：《筠轩集》卷2，《景印文渊阁四库全书》第1213册，台湾商务印书馆1986年版。
③ （元）吴莱：《渊颖集》卷2，《景印文渊阁四库全书》第1209册，台湾商务印书馆1986年版。
④ （元）耶律楚材：《湛然居士集》卷5，《景印文渊阁四库全书》第1191册，台湾商务印书馆1986年版。
⑤ （清）吴钺、刘继增：《竹炉图咏》亨集，《锡山先哲丛刊》第1册，凤凰出版社2005年版。
⑥ （清）吴钺、刘继增：《竹炉图咏》利集，《锡山先哲丛刊》第1册，凤凰出版社2005年版。
⑦ （明）醉茶消客：《茶书》，明抄本。
⑧ （清）吴钺、刘继增：《竹炉图咏》亨集，《锡山先哲丛刊》第1册，凤凰出版社2005年版。

第三章 明代的茶具与儒、释、道

以下几首诗用琅玕来形容听松庵竹炉,琅玕为美玉之意。明释至宝诗曰:"迥疑宝鼎饰琅玕,陆羽知时定喜看。"明莫士安诗曰:"一炉周绕护琅玕,圆上方中量自宽。"① 明陆简《和复竹茶炉》诗曰:"鼎俎呈身无少贬,琅玕披腹有余娟。"②

以下几首诗将听松庵竹炉形容为璧,璧为美玉之一种。明张弼诗曰:"结此不须增感慨,楚珩赵璧是谁传。"明邵珪诗曰:"莫诧相如还赵璧,山中清事更堪传。"明吴珵诗曰:"尺璧归来真旧物,相如高谊至今传。"③ 听松庵竹炉曾经失而复得,故此三首诗中皆用了完璧归赵的典故。

明代的茶壶也有很强的崇玉倾向,以下三诗分别将茶壶称为"玉注""玉壶"和"玉瓶"。明程敏政《竹茶炉卷》诗曰:"细结湘筠煮石泉,虚心宁复畏相煎。……可配瓦盆篘玉注,绝胜金鼎薶砂眠。"④ 程敏政《斋所谢定西侯惠巴茶》诗曰:"元戎斋祓近青坊,分得新茶带酪香。雪乳味调金鼎厚,松涛声泻玉壶长。"⑤ 明莫止《次韵匏庵学士题复竹茶炉卷》诗曰:"剪竹攒炉为品泉,泉清惟称露芽煎。……失脚误投金帐去,灰心曾伴玉瓶眠。"⑥

明代中后期,宜兴紫砂壶崛起,作为茗壶之一种,亦有很强崇玉倾向。如明闻龙《茶笺》记载他的好友周文甫十分嗜茶,拥有一个供春所制的宜兴紫砂壶:"摩挲宝爱,不啻掌珠,用之既久,外类紫玉,内

---

① (清)吴钺、刘继增:《竹炉图咏》亨集,《锡山先哲丛刊》第 1 册,凤凰出版社 2005 年版。
② (清)吴钺、刘继增:《竹炉图咏》贞集,《锡山先哲丛刊》第 1 册,凤凰出版社 2005 年版。
③ 同上。
④ (明)程敏政:《篁墩文集》卷 74,《景印文渊阁四库全书》第 1252—1253 册,台湾商务印书馆 1986 年版。
⑤ (明)程敏政:《篁墩文集》卷 77,《景印文渊阁四库全书》第 1252—1253 册,台湾商务印书馆 1986 年版。
⑥ (明)曹学佺:《石仓历代诗选》卷 502,《景印文渊阁四库全书》第 1387—1394 册,台湾商务印书馆 1986 年版。

♨ 香茗雅器：明代茶具与明代社会

如碧云，真奇物也。"① 明袁宏道亦曾描绘："瓦瓶如龚春时大彬，价至二三千钱，龚春尤称难得，黄质而腻，光华若玉。"② 再如明盛时泰《茶瓶》诗曰："山里谁烧紫玉，灯前自制青囊。可是杖藜客至，正当隔座茶香。"③ 此诗中的"紫玉"形容的即是宜兴紫砂壶。清人吴梅鼎作有《阳羡茗壶赋》描绘明代的宜兴紫砂壶，表现了强烈的崇玉观念："范金琢玉，弥甚其侈。……一瓷罂耳，价埒金玉，不几异乎？……若入渊兮百仞，采玉成峰。……有大彬之典重（时大彬），价拟璆琳；仲美之碉锼（陈仲美），巧穷毫发。……挹此茗具，烂于琼瑶。……远而望之，黝若钟鼎陈明廷；追而察之，灿若琬琰浮精英。"④ 赋中的"璆琳""琼瑶"和"琬琰"皆为美玉之意。

明代茶盏多为瓷质，更是体现了强烈的崇玉观念。明人常将茶盏比喻为玉。如明屠隆《茶说》曰："宣庙时有茶盏，料精式雅，质厚难冷，莹白如玉，可试茶色，最为要用。"⑤ 明高濂《遵生八笺》曰："又等细白茶盏……光莹如玉，内有绝细龙凤暗花，底有'大明宣德年制'暗款，隐隐橘皮纹起，虽定磁何能比方？"⑥ 明刘侗《帝京景物略》曰："嘉窑……适用曰坛盏（大中小三号），内字曰茶，为坛盏最（酒枣汤次之，姜汤又次之，姜汤不恒有）。盏色正白，如玉斯美（泑嫩则近青，泑不净则近黄）。"⑦ 明张岱《定窑莲子杯铭》曰："玉吾属，莲吾族。伶酒羽茶，惟尔所欲。"⑧ 此杯既可作酒杯又可作茶杯，张岱将之比喻为玉。

---

　　① （明）闻龙：《茶笺》，陶珽《说郛续》卷37，清顺治三年李际期宛委山堂刻本。
　　② （明）袁宏道《袁中郎随笔》之《时尚》，上海中央书店1936年版，第10—11页。
　　③ （明）醉茶消客：《茶书》，明抄本。
　　④ （清）吴骞：《阳羡名陶录》卷下，《续修四库全书》第1111册，上海古籍出版社2003年版。
　　⑤ （明）屠隆：《茶说》，喻政《茶书》，明万历四十一年刻本。
　　⑥ （明）高濂：《遵生八笺》卷14，《景印文渊阁四库全书》第871册，台湾商务印书馆1986年版。
　　⑦ （明）刘侗：《帝京景物略》卷3，《四库全书存目丛书·史部》第248册，齐鲁书社1997年版。
　　⑧ （明）张岱：《张岱诗文集·琅嬛文集》卷5，上海古籍出版社1991年版，第316页。

第三章 明代的茶具与儒、释、道

以下数首明诗将茶盏称为玉瓯。明杨廉夫诗曰:"雪泛玉瓯茶吐沫,花零金剪钵生光。"① 明谢士元《和竹茶灶诗》诗曰:"玉瓯金碾相将久,拟待春风到雅州。"② 谢士元又诗曰:"尘尾有情披拂遍,玉瓯多事往来稠。"③ 明王世懋《解语花·题美人捧茶》词曰:"云翻露蕊,早碾破愁肠万缕,倾玉瓯徐上闲阶,有个人如意。"④

有时也把茶盏称为玉碗。如明吴从先文曰:"茶具无冰壶玉碗,清涧可漱,随时山果可摘,以消诗渴。竹炉烧叶,犹余事也。"⑤ 明朱舜水《漱芳》文曰:"惟茶则沏以龙团. 瀹之蟹眼,玉碗擎来,素瓷傅送。"⑥ 以下数首明诗将茶盏称为玉碗。明李熔《林秋窗精舍啜茶》诗曰:"玉碗啜来肌骨爽,却疑林馆是蓬山。"明范昌龄诗曰:"玉碗素涛晴雪卷,翠瓶香蔼自云稠。"明陈昌诗曰:"摘向金蕾东风小,盛来玉碗白花稠。"⑦ 明杨慎《和章水部沙坪茶歌》诗:"贮之玉碗蔷薇水,拟以帝台甘露浆。"⑧ 明胡应麟《少傅赵公斋头烹供虎丘新茗适侯家以紫牡丹至清香艳色应接不遑即席二首》:"玉碗坐邀阳羡月,金盘驰送洛城霞。"⑨

明代茶盏多为白瓷,以下两首诗中的"白玉""白玉瓯"分别都是白瓷茶盏。明盛时泰《茶杯》诗曰:"白玉谁家酒盏,青花此地茶瓯。"⑩

---

① (明)吴之鲸:《武林梵志》卷1,《景印文渊阁四库全书》第588册,台湾商务印书馆1986年版。

② (明)曹学佺:《石仓历代诗选》卷390,《景印文渊阁四库全书》第1387—1394册,台湾商务印书馆1986年版。

③ (明)醉茶消客:《茶书》,明抄本。

④ (明)潘游龙:《精选古今诗馀醉》卷12,辽宁教育出版社2003年版,第359页。

⑤ (明)吴从先:《小窗自纪》卷2《小斋供具》,《四库全书存目丛书·子部》第252册,齐鲁书社1997年版。

⑥ (明)朱舜水:《朱舜水集》卷11,中华书局1981年版,第508页。

⑦ (明)醉茶消客:《茶书》,明抄本。

⑧ (明)杨慎:《升庵集》卷39,《景印文渊阁四库全书》第1270册,台湾商务印书馆1986年版。

⑨ (明)胡应麟:《少室山房集》卷63,《景印文渊阁四库全书》第1290册,台湾商务印书馆1986年版。

⑩ (明)醉茶消客:《茶书》,明抄本。

香茗雅器：明代茶具与明代社会

明罗钦顺《示允迪允恕二弟》诗曰："风动青纱帐，茶香白玉瓯。"①明秦夔《听松庵仿求竹茶炉疏》文中的"碧玉瓯"则为青瓷："恐羞帐底金缕衣，难侣筵中碧玉碗。"②明王世贞《醉茶轩歌为詹翰林东图作》诗中的"红瓷玉"为红瓷："定州红瓷玉堪炉，酿作蒙山顶头露。"③

另外明代还有其他一些茶具也常被形容为玉。以下两诗中的"玉笙"是指茶铫，因为茶铫煮水时会发出似笙的响声，故名。明僧人怡庵诗曰："紫笋香浮阳羡雨，玉笙声沸惠山泉。"明郏庚老诗曰："火升龙气若丹鼎，瓶合凤声如玉笙。"④明贝琼《方文敏惠二白瓶及新茶土铁》中的"双玉瓶"指的是贮茶之茶瓶："老夫不费百金字，远道忽来双玉瓶。"⑤明王宠《七宝泉》中的"双玉瓶"则指的是贮水之水瓶："携来双玉瓶，酌以黄金瓯。"⑥明王穉登《友人寄惠山泉》中的"玉罂"指的是贮水之罂："夜半扣山扃，灵泉满玉罂。"⑦明王绂诗中的"玉臼"指的是碾茶之茶臼："玉臼夜敲苍雪冷，翠瓯晴引碧云稠。"⑧以下两诗中的"玉杵"都指的是茶臼中捣茶之杵。明谢士元《竹茶炉为僧题》诗曰："玉杵夜敲苍雪冷，翠屏晴引碧云稠。"⑨明盛颙诗曰：

---

① （明）罗钦顺：《整庵存稿》卷16，《景印文渊阁四库全书》第1261册，台湾商务印书馆1986年版。
② （清）吴钺、刘继增：《竹炉图咏》利集，《锡山先哲丛刊》第1册，凤凰出版社2005年版。
③ （明）王世贞：《弇州续稿》卷11，《景印文渊阁四库全书》第1282—1284册，台湾商务印书馆1986年版。
④ （清）吴钺、刘继增：《竹炉图咏》亨集，《锡山先哲丛刊》第1册，凤凰出版社2005年版。
⑤ （明）贝琼：《清江诗集》卷8，《景印文渊阁四库全书》第1228册，台湾商务印书馆1986年版。
⑥ （明）钱谷：《吴都文粹续集》卷19，《景印文渊阁四库全书》第1385—1386册，台湾商务印书馆1986年版。
⑦ （明）醉茶消客：《茶书》，明抄本。
⑧ 同上。
⑨ （明）曹学佺：《石仓历代诗选》卷390，《景印文渊阁四库全书》第1387—1394册，台湾商务印书馆1986年版。

第三章　明代的茶具与儒、释、道

"绿云擘破先春后,玉杵敲残午夜前。"①

另外明代茶具有关"玉"的款识也值得一提。如李景康、张虹《阳羡砂壶图考》转引蔡寒琼《牟轩边琐》记载了明梁小玉所制紫砂茗壶:"乙亥春初,室人过孔夫人贺岁……偶以砂壶为问,夫人召室人八燕处,启绣檀小匣,匣面刻'红霞仙杵,白玉绵团'八字……锦茵重裹一白泥茗壶……壶坚质如玉……工丽无匹。……扪胸之扣,作古玉卧蚕纹,中藏'小玉'二篆书。……底刻……金茎甘露,玉乳香谷。"②此壶款识中的"玉"字一语双关,既是赞誉此壶如玉,也是暗喻自己,因为制壶者名为小玉。

明代陶瓷茶具的款识常有"玉""金玉满堂""玉堂金马"和"玉堂佳器"等吉语款,"白玉堂""白玉斋"和"玉兰斋"等堂斋款,这也是明代茶具崇玉观念的重要反映。③

第二节　明代的茶具与佛教

明代茶具的纹饰、器型和款识亦深受佛教思想影响,一些僧人亦参与了茶具的制作。明代僧人普遍嗜茶并喜持茶具饮茶,茶具在茶禅一味地思想中扮演重要角色。

一　佛教与明代茶具的纹饰、器型与款识

在明代,佛教十分流行,对社会各方面的影响很大,茶具的设计和制作也深受佛教思想的影响,主要体现在纹饰、器型和款识几个方面。

在纹饰方面,明代茶具体现佛教观念的图案主要有莲荷、狮、鱼、八吉祥以及梵文、藏文等。

---

① (清)吴钺、刘继增:《竹炉图咏》元集,《锡山先哲丛刊》第1册,凤凰出版社2005年版。
② 李景康、张虹:《阳羡砂壶图考》卷上《壶艺列传》,香港百壶山馆1937年版,第29页。
③ 参考草千里《中国历代陶瓷款识》(浙江大学出版社2004年版)。

香茗雅器：明代茶具与明代社会

明代茶具上的莲荷纹饰，既在儒家思想方面有深刻寓意，也有很深的佛教含义。后秦僧人鸠摩罗什翻译引进了佛教经典《妙法莲花经》（又名《法华经》），此经影响极大，在经中常以莲花作为比喻，阐明佛法的旨意，所以莲花很大程度上成为佛教的象征。其实在佛法初起的印度古代，人民就十分熟悉并有爱莲的风气，炎热的天气之下生长莲花的水边较为凉爽，莲花本身也清丽动人，这是佛教常以莲花作为譬喻的重要原因。

明代文献中多有茶具之上以莲荷为纹饰的记载。如明沈德符《万历野获编》即描述了宣窑和成窑的纹饰中有重要的一种即"西番莲"。[①]明王宗沐《江西省大志·陶书》记载了明代景德镇御窑生产的大量茶具，如嘉靖二十二年有外"龙穿西番莲"碟，嘉靖三十一年有外"结子莲"碟，嘉靖三十三年有外"荷花"瓯、外"荷花"碗，隆庆五年有里"青鸂鶒荷花"钟、外"西番莲"瓯，万历五年有外"双云荷花"碗、外"西番莲"碗、里"荷花"钟、里"荷花鱼"瓯，万历十一年有外"荷花鱼"碗、里"荷花鱼"钟，万历十九年有里"五彩莲花"杯盘，万历二十年有里"水莲"盏等。[②]

狮在佛教中也有特殊的含义。文殊菩萨的坐骑即为青色的狮子。狮为百兽王，显得威严、坚强，往往代表修佛的勇猛、精进。佛教中把讲法称为狮子吼，要达到振聋发聩、扶正祛邪的效果。

明代文献记载大量茶具之上有狮纹。如明高濂《遵生八笺》载："明永乐年造压手杯，坦口折腰，沙足滑底，中心画双狮滚毯，球内篆书'永乐年制'四字，细若粒米为上品。"[③]明王宗沐《江西省大志·陶书》记载了一些景德镇御窑生产的上有狮纹的茶具，如嘉靖二十一年有"狮子滚绣球"罐、"巴山出水飞狮"罐，嘉靖二十六年有"海水

---

① （明）沈德符：《万历野获编》卷26《玩具》，中华书局1959年版，第653页。
② （明）王宗沐：《江西省大志》卷7《陶书》，成文出版社有限公司1989年版。
③ （明）高濂：《遵生八笺》卷14，《景印文渊阁四库全书》第871册，台湾商务印书馆1986年版。

第三章 明代的茶具与儒、释、道

飞狮"盘，嘉靖三十年有里"狮子"瓯、"苍狮龙"瓶，隆庆五年有里"狮子"钟，万历五年有外"狮子滚绣球"钟，万历十一年有里"狮子滚绣球"碗、"狮子滚绣球"碟，万历十九年有外"海水飞狮"杯。①

鱼在佛教中也有深刻寓意。鱼双目昼夜不闭，终日常醒，佛寺中刻木象形为木鱼，诵经时击之，用以警惕昏惰，以促修行时惜时精进。另外八吉祥中包括鱼，寓意佛法如鱼游水中，自由自在，解脱劫难，游刃自如。鱼又谐音余，在民间往往代表剩余，与莲（谐音连）的纹饰组合象征"连年有余"，与蝙蝠（谐音富）的纹饰组合可象征"富贵有余"。而且鱼多子，在人口增长缓慢的中国古代又有多子多福的含义。

明代出现大量带有鱼纹的茶具，文献中亦有许多相关记载（图3－1）。如明高濂《遵生八笺》载："'宣德年造'红鱼靶杯，以西红宝石为末，图画鱼形……鲜红夺目。若紫黑色者，火候失手，似稍次矣。……嘉窑如磬口、馒心、圆足，外烧三色鱼扁盏……亦为世珍。"②明王宗沐《江西省大志·陶书》记录了一些景德镇御窑生产的带有鱼纹的茶具，嘉靖二十一年有"鲭鲌鲤鳜水藻鱼"罐，嘉靖三十年有外"鲭鲌鲤鳜"碗，嘉靖三十三年有外"荷花鱼水藻"碗、外"荷花鱼水藻"瓯，隆庆五年有里"飞鱼"瓯、里"青海水鱼"瓯，万历五年有里"荷花鱼"瓯，万历十一年有外"荷花鱼"碗、里"荷花鱼"钟，万历十九年有外"五彩水藻鱼"瓯、"五彩水藻鱼"壶瓶，万历二十年有外"水藻鱼"碗，万历二十一年有"水藻鱼"缸等。③

八吉祥也叫八宝，是重要的佛教纹饰。八吉祥是指佛家常用以象征吉祥的八件宝物，包括法轮、法螺、宝伞、白盖、莲花、宝瓶、金鱼和盘长。法轮象征佛法圆通无碍，运转不息，能摧破众生业惑。法螺之音勇猛传远，象征法音广被，响彻世间。宝伞喻佛法张弛自如，贯通无

---

① （明）王宗沐：《江西省大志》卷7《陶书》，成文出版社有限公司1989年版。
② （明）高濂：《遵生八笺》卷14，《景印文渊阁四库全书》第871册，台湾商务印书馆1986年版。
③ （明）王宗沐：《江西省大志》卷7《陶书》，成文出版社有限公司1989年版。

· 469 ·

香茗雅器：明代茶具与明代社会

图 3-1 明代景德镇民窑鱼纹瓷片（藏于中国陶瓷博物馆）

碍。白盖象征佛法遍覆大千世界，广施慈悲，普惠众生。莲花寓意出淤泥而不染，引导众生脱离污垢。宝瓶象征福智圆满，毫无漏洞。金鱼是自由自在，解脱劫难的象征。盘长象征回环贯彻，一切通明，无尽无休。八吉祥主要是在宋元时期由藏传佛教传入内地。

明代文献中有一些有关八吉祥（八宝）纹饰茶具的内容。如明沈德符《万历野获编》即记载了明宣窑、成窑生产有八吉祥纹饰的瓷器。明王宗沐《江西省大志·陶书》记载了许多景德镇御窑生产的带有八吉祥纹饰的茶具，如嘉靖七年有"八宝"罐，隆庆五年有外"八吉祥"瓯，万历五年有"八吉祥"碗、里"八宝"碟、外"灵芝捧八吉祥"盏，万历十一年有外"牡丹花托八宝"碟、里"八吉祥"碟，万历十

· 470 ·

第三章　明代的茶具与儒、释、道

一年有外"锦地八宝"碗、里"八吉祥"碟、外"五彩八宝葡萄"杯盘、"莲托八吉祥"罐，万历二十年有外"八宝"碟等。①

明代还有一些茶具之上常出现梵文、藏文纹饰，这是深受佛教思想影响而出现的图案。梵文是印度古代书面语言文字，随着中印文化交流和佛教的传播（特别是宋元年间藏传佛教的传入）逐渐传入中国。梵文最早出现在洪武民窑器物之上，以后历代常有呈现，最集中表现在成化年间。藏文是我国藏族所使用的拼音文字，明代中期景德镇生产的陶瓷之上开始出现此种纹饰。明代帝王大多尊重或者信奉藏传佛教，其中以明宪宗（成化帝）为代表，这是明代瓷器之上大量出现藏文纹饰的重要原因。

大量景德镇窑生产的茶具亦常带有梵文或藏文纹饰。如一件明成化斗彩缠枝莲梵文杯，绘有红、黄、绿诸彩缠枝莲纹，上托青花梵文，梵文书写颇具中国传统书法之韵味。又如一件青花莲瓣梵文碗，外壁饰有一周八个莲瓣纹，之内均绘有梵文，底有"大明成化年制"楷书款识。又如一件宣德青花藏文高足碗，外壁绘有藏文一周，汉语译文为"日平安夜平安，阳光普照皆平安，日夜永远平安泰，三宝护佑永平安"，底边饰有莲瓣纹。再如一件青花穿花龙藏文僧帽壶，颈部绘有龙穿缠枝莲纹，近足处绘有莲瓣纹，腹部饰有一周藏文，文字与上文相同。②

中国古代茶具除纹饰外，器型也受到佛教思想的很大影响。早在唐宋时期，茶具有时设计成莲荷状，就是佛教观念的一种反映。如唐孟郊《凭周况先辈于朝贤乞茶》诗曰："道意勿乏味，心绪病无惊。蒙茗玉花尽，越瓯荷叶空。"③ 孟郊所用越窑瓷瓯是荷叶形状的。又如宋梅尧臣《茶磨二首》诗："盆是荷花磨是莲，谁砻麻石洞中天。欲将雀舌成云末，三尺蛮童一臂旋。"④ 此茶磨也设计为莲荷状。

---

① （明）王宗沐：《江西省大志》卷7《陶书》，成文出版社有限公司1989年版。
② 参考铁源《明清瓷器纹饰鉴定·博古文字卷》，华龄出版社2002年版，第39—74页。
③ （清）彭定求等：《全唐诗》卷380，中华书局1960年版，第4266页。
④ 北京大学古文献研究所：《全宋诗》卷261，北京大学出版社1991—1998年版，第3131页。

香茗雅器：明代茶具与明代社会

明代许多茶具的器型设计也深受佛教思想影响。明时大彬曾制作过形类僧帽的茗壶。清吴骞《芑堂明经以尊甫瓜圃翁旧藏时少山茗壶见视，制作醇雅，形类僧帽，为赋诗而返之》诗曰："蜀冈陶覆苏祠邻，天生时大神通神。千奇万状信手出，巧夺坡诗百态新。……弹指流光二百秋，真人久化莲台锡。……他日来寻丙舍帖，春风还啜赵州茶。"[①] 诗题中的"少山"、诗句中的"时大"皆是指明代制壶名家时大彬，他曾设计过僧帽壶。"真人久化莲台锡"，说明时大彬深受佛教思想影响，"春风还啜赵州茶"，说明此壶散发着浓厚的佛教气息。另据明周高起《阳羡茗壶系》和清吴骞《阳羡名陶续录》，明著名紫砂艺人徐友泉设计制作过僧帽、莲方、垂莲、大顶莲、平肩莲子、荷花诸式茗壶。根据《阳羡茗壶系》，明著名紫砂艺人陈用卿设计制作过莲子式的茗壶。而明紫砂艺人陈仲美"至塑大士像，庄严慈悯，神采欲生；璎珞花鬘，不可思议"，他塑佛像极为生动，必然会影响到他对茗壶的制作。[②] 据李景康、张虹《阳羡砂壶图考》转引清吴骞《桃溪客语》，明紫砂艺人沈子澈也曾设计制作过僧帽、平肩莲子和荷花等诸式茗壶。[③] 清吴梅鼎《阳羡茗壶赋》描绘明代宜兴紫砂壶的各种形制，其中就有："刻桑门之帽（僧帽），则莲叶擎台。……肩果削成，采金塘之莲蒂（平肩莲子）。……荷无心而出水（荷花）。"[④]

有些明代茶具的款识亦受到佛教思想的影响。如李景康、张虹《阳羡砂壶图考》载："僧如曜，字昱光……蔡寒琼尝于友人家见卧轮紫砂大壶。盖内钤'白华庵'阳文小篆方印，底刻楷书铭四行，行六字，铭曰：'清人树，涤心泉，茶三昧，赵州禅。佛生日，丙申年，如

[①] （清）吴骞：《阳羡名陶录》卷下，《续修四库全书》第1111册，上海古籍出版社2003年版。

[②] （明）周高起：《阳羡茗壶系》，《丛书集成续编》第90册，新文丰出版公司1988年版。

[③] 李景康、张虹：《阳羡砂壶图考》卷上《壶艺列传》，香港百壶山馆1937年版，第16页。

[④] （清）吴骞：《阳羡名陶录》卷下，《续修四库全书》第1111册，上海古籍出版社2003年版。

第三章 明代的茶具与儒、释、道

曜铭,赠天然.'"① "清人树,涤心泉"指的是茶可清人心神、涤除烦虑,正与佛教修行的要求吻合。铭文中"茶三昧"中的"三昧"是佛教用语,指的是止息杂念,使心神平静,饮茶能够使人涤烦除虑,故用此语。"赵州禅"指的是关于唐代赵州从谂禅师"吃茶去"的著名公案典故。另外有些茶具上的供奉款也是受佛教思想影响的一种表现,如有的茶具上会出现"信士某某某"等铭文。供奉款是佛教信徒为求神灵护佑舍给寺庙作为供奉器上的铭文。

二 明代僧人参与茶具的制作

明代僧人一定程度上参与了茶具的制作,这是佛教对明代茶具产生影响的一个重要方面。

早在唐代,就已有佛僧对茶具制作产生影响的现象。唐陆羽著有中国历史上第一部茶书《茶经》,设计制作了二十四种茶具。据陆羽自撰的《陆文学自传》:"上元初,结庐於苕溪之滨,闭关对书,不杂非类,名僧高士,谈宴永日。常扁舟往来山寺,随身惟纱巾藤鞋短褐犊鼻,往往独行野中。诵佛经,吟古诗,杖击林木,手弄流水。……始三岁惸露,育乎竟陵大师积公之禅院。自幼学属文,积公示以佛书出世之业。……洎至德初,秦人过江,子亦过江,与吴兴释皎然为缁素忘年之交。"② 又据唐赵璘《因话录》:"竟陵龙兴寺僧,姓陆,于堤上得一初生儿,收育之,遂以陆为氏。……余幼年尚记识一复州老僧,是陆僧弟子。常讽其歌云:'不羡黄金罍,不羡白玉杯,不羡朝入省,不羡暮入台。千羡万羡西江水,曾向竟陵城下来。'又有追感陆僧诗至多。"③ 也即陆羽本是被遗弃的孤儿,从小被竟陵禅师智积收养,在寺院中接受过佛学教育,少年始还俗,但仍然常来往山寺,颂佛经,与僧人交往,他

---

① 李景康、张虹:《阳羡砂壶图考》卷上《壶艺列传》,香港百壶山馆 1937 年版,第 28 页。

② (清)董诰:《全唐文》第 5 册,中华书局 1983 年版,第 4420—4421 页。

③ (唐)赵璘:《因话录》卷3,《景印文渊阁四库全书》第 1035 册,台湾商务印书馆 1986 年版。

香茗雅器：明代茶具与明代社会

最好的友人即为释皎然。或许因为他虽然已不居寺院，但终生未婚，过着类似僧侣的生活，在赵璘《因话录》中被直接称为陆僧。陆羽《茶经》之《四之器》记载的二十四种茶具，其中的漉水囊即明显受到佛教思想的很大影响，此物除可滤去水中杂质，还可挡住微小水虫，从而避免烹茶时杀生，导致违反佛教戒律。①

明代中后期宜兴紫砂壶兴起，而这种茶具的崛起与佛教有很大关系，最早本创始于僧人。明周高起《阳羡茗壶系》曰"壶于茶具，用处一耳。而瑞草、封泉，性情攸寄，实……梵王之香海莲邦。"所谓"梵王之香海莲邦"，也即佛教之极乐世界。《阳羡茗壶系》之《创始》条曰："金沙寺僧，久而逸其名矣。闻之陶家云，僧闲静有致，习与陶缸瓮者处，为其细土，加以澄练，捏而为胎，规而圆之，刳使中空，踵傅口、柄、盖、的，附陶穴烧成，人遂传用。"② 宜兴紫砂壶为金沙寺僧创制，可惜僧人姓名已轶。僧人能创制茗壶，绝非偶然，与佛僧普遍嗜茶有关。李景康、张虹《阳羡砂壶图考》中李景康评曰："阳羡砂壶，创始于正德间金沙寺僧，年代非甚湮远，理宜不难考证，然明清两代著录无有述其传器者，推原其故，不外两端：一则此僧必制壶无多，故流传甚罕，难于考证。二则所制茗壶既无款识印章，后世纵遇传器亦无从辨认，所以名不可考，器亦不可考也。"③ 也即金沙寺僧名号之所以湮没不闻，一是因为制壶不多，二是没有留下款识无从辨认。

宜兴紫砂壶的正式开始是始于供春，供春本是吴颐山的家僮，吴颐山正德年间考中进士之前读书金沙寺中，供春偷学寺僧制壶技巧。周高起《阳羡茗壶系》曰："供春，学宪吴颐山公青衣也。颐山读书金沙寺中，供春于给役之暇，窃仿老僧心匠，亦淘细土抟胚，茶匙穴中，指掠

---

① （唐）陆羽：《茶经》卷中《四之器》，《丛书集成新编》第 47 册，新文丰出版公司 1985 年版。
② （明）周高起：《阳羡茗壶系》，《丛书集成续编》第 90 册，新文丰出版公司 1988 年版。
③ 李景康、张虹：《阳羡砂壶图考》卷上《壶艺列传》，香港百壶山馆 1937 年版，第 4 页。

· 474 ·

第三章　明代的茶具与儒、释、道

内外，指螺文隐起可按。胎必累按，故腹半尚现节腠，视以辨真。"①

宜兴紫砂壶壶土的发现也与僧人有关。《阳羡茗壶系》曰："相传壶土初出用时，先有异僧经行村落，日呼曰：'卖富贵！'土人群嗤之。僧曰：'贵不要买，买富何如？'因引村叟，指山中产土之穴，去。及发之，果备五色，烂若披锦。"②

有些僧人定制宜兴紫砂壶，也会对这种茗壶产生一定影响，佛教思想渗透其中。如明代万历年间普陀落伽山白华庵住持释如曜就曾定制茗壶。李景康、张虹《阳羡砂壶图考》记载："蔡寒琼尝于友人家见卧轮紫砂大壶。盖内钤'白华庵'阳文小篆方印，底刻楷书铭四行，行六字，铭曰：'清人树，涤心泉，茶三昧，赵州禅。佛生日，丙申年，如曜铭，赠天然。'"③

明初僧人惠山寺住持性海曾与著名文人王绂（号友石）命竹工制作烹茶之竹炉，此炉在明代文人中影响很大。明邵宝《容春堂续集》之《叙竹茶垆》条曰："洪武壬午春，友石公以病目寓惠山听松庵。目愈，图庐山于秋涛轩壁。其友潘克诚氏往观之，于是有竹工自湖州至庵。僧性海与友石以古制命为茶垆。友石有诗咏之，一时诸名公继作成卷。"④明朱逢吉《竹茶炉记》文曰："性海禅师卓锡于惠山之阳，山之泉甘美天下，日汲泉试茗以自怡。有竹工进曰：'师嗜茗，请以竹为茗具可乎？'实炉云。炉形不可状，圆方下上，法乾坤之覆载也。……勺清泠于器，拾堕樵而烹之。松风细鸣，俨与竹君晤语，信奇玩也。禅师走书东吴，介予友石庵师以记请。"⑤曾有人以为听松庵竹炉为王绂

---

① （明）周高起：《阳羡茗壶系》，《丛书集成续编》第 90 册，新文丰出版公司 1988 年版。

② 同上。

③ 李景康、张虹：《阳羡砂壶图考》卷上《壶艺列传》，香港百壶山馆 1937 年版，第 28 页。

④ （明）邵宝：《容春堂续集》卷9，《景印文渊阁四库全书》第 1258 册，台湾商务印书馆 1986 年版。

⑤ （清）吴钺、刘继增：《竹炉图咏》亨集，《锡山先哲丛刊》第 1 册，凤凰出版社 2005 年版。

☵ 香茗雅器：明代茶具与明代社会

手制，事实并非如此。明陆简曰："炉出国初，惠山寺僧真性海所制，王舍人辈但赋咏之耳。今或以为舍人手物，盖误也。"①

三 明代僧人喜持茶具饮茶

饮茶可提神醒脑、涤除烦虑，十分有利于僧人修行，故此在中国古代僧人普遍嗜茶，喜持茶具饮茶。

早在唐代，就有一些诗歌表现了僧人喜持茶具饮茶。以下几首诗歌为唐代僧人所咏。唐皎然《对陆迅饮天目山茶因寄元居士晟》提及的茶具有铛和碗："喜见幽人会，初开野客茶。……投铛涌作沫，著碗聚生花。"②皎然《饮茶歌诮崔石使君》提及的茶具有金鼎、素瓷："越人遗我剡溪茗，采得金牙爨金鼎。素瓷雪色缥沫香，何似诸仙琼蕊浆。"③唐齐己《咏茶十二韵》中的茶具为炉："百草让为灵，功先百草成。……角开香满室，炉动绿凝铛。"④齐己《闻道林诸友尝茶因有寄》中的茶具为碾："枪旗冉冉绿丛园，谷雨初晴叫杜鹃。摘带岳华蒸晓露，碾和松粉煮春泉。"⑤以下几首诗为文人所咏，表现文人与僧人一起饮茶。唐刘禹锡《西山兰若试茶歌》中的茶具有鼎、碗："山僧后檐茶数丛，春来映竹抽新茸。……骤雨松声入鼎来，白云满碗花徘徊。"⑥唐吕岩《大云寺茶诗》的茶具为兔毛瓯："玉蕊一枪称绝品，僧家造法极功夫。兔毛瓯浅香云白，虾眼汤翻细浪俱。"⑦唐施肩吾《蜀茗词》的茶具是越碗："越碗初盛蜀茗新，薄烟轻处搅来匀。山僧问我将何比，欲道琼浆却畏嗔。"⑧唐成彦雄《煎茶》的茶具是碾："岳寺春深睡起时，虎跑

---

① （清）吴钺、刘继增：《竹炉图咏》元集，《锡山先哲丛刊》第1册，凤凰出版社2005年版。
② （清）彭定求等：《全唐诗》卷818，中华书局1960年版，第9225页。
③ （清）彭定求等：《全唐诗》卷821，中华书局1960年版，第9260页。
④ （清）彭定求等：《全唐诗》卷843，中华书局1960年版，第9523页。
⑤ （清）彭定求等：《全唐诗》卷846，中华书局1960年版，第9571页。
⑥ （清）彭定求等：《全唐诗》卷356，中华书局1960年版，第4000页。
⑦ （清）彭定求等：《全唐诗》卷858，中华书局1960年版，第9700页。
⑧ （清）彭定求等：《全唐诗》卷494，中华书局1960年版，第4603页。

第三章 明代的茶具与儒、释、道

泉畔思迟迟。蜀茶倩个云僧碾，自拾枯松三四枝。"①

宋代亦有许多诗歌表现僧人喜持茶具饮茶。以下几首宋诗为僧人所咏，表现他们的饮茶生活。宋释了元《游云门》诗曰："拖筇纵步入松门，寺在白云堆里住。老僧却笑寻茶具，旋汲寒泉煮玉乳。"② 宋释道潜《琅琊山茶仙亭呈曾子开侍郎》中的茶具是花瓷："花瓷劝引满，疏瀹贯百神。……牧之擅风流，茶仙夸绝伦。"③ 宋释德洪《无学点茶乞诗》中的茶具是银瓶和盏："政和官焙来何处，雪后晴窗欣共煮。银瓶瑟瑟过风雨，渐觉羊肠挽声度。盏深扣之看浮乳，点茶三昧须饶汝。"④ 所谓"饶汝"是指饶州景德镇窑和汝窑生产的茶盏。释德洪《与客啜茶戏成》中的茶具则为金鼎和玉瓯："金鼎浪翻螃蟹眼，玉瓯绞刷鹧鸪斑。津津白乳冲眉上，拂拂清风产腋间。"⑤ 宋杨万里《澹庵坐上观显上人分茶》一诗则歌咏的是诗人观察到的诗人烹饮茶水："分茶何似煎茶好，煎茶不似分茶巧。蒸水老禅弄泉手，隆兴元春新玉爪。二者相遭兔瓯面，怪怪奇奇真善幻。……银瓶首下仍尻高，注汤作字势嫖姚。不须更师屋漏法，只问此瓶当响答。"⑥ 其中茶具有兔瓯、银瓶。

明代文献有关明代僧人持茶具饮茶的记载很多。如明陈继《清足轩记》曰："荆石上人生秀朗，少有出尘志。长薙髪而从蕴庵禅师求佛道甚力。所居无长物，惟设熏炉、茶具、经函、席几。庭下植竹百余竿，凉阴幢幢，虚籁淙淙，风回露晞，苍雪飘拂。"⑦ 作为僧人的荆石

---

① （清）彭定求等：《全唐诗》卷759，中华书局1960年版，第8626页。
② 北京大学古文献研究所：《全宋诗》卷721，北京大学出版社1991—1998年版，第8334页。
③ 北京大学古文献研究所：《全宋诗》卷920，北京大学出版社1991—1998年版，第10786页。
④ 北京大学古文献研究所：《全宋诗》卷1344，北京大学出版社1991—1998年版，第15167页。
⑤ 同上书，第15204页。
⑥ 北京大学古文献研究所：《全宋诗》卷2318，北京大学出版社1991—1998年版，第26085页。
⑦ （明）程敏政：《明文衡》卷35，《景印文渊阁四库全书》第1373—1374册，台湾商务印书馆1986年版。

♨ 香茗雅器：明代茶具与明代社会

上人所居仅有作为香具的熏炉、烹饮茶水之用的茶具、诵经之用的经函、寝卧之用的席几。明蒋冕《送僧正某归湘山序》曰："湘山寺在吾郡之西郭，仅二里许。……予且不日得告南归，蹑屐游兹山。……平生斯时也，不知某肯扫松花、瀹茗碗来陪我杖屦否？"① 蒋冕送某僧人归湘山寺，希望与他在湘山寺"瀹茗碗"。明万邦宁在《茗史》之引言中曰："余癖嗜茗，尝舣舟接它泉，或抱瓮贮梅水。二三朋侪，羽客缁流，剥击竹户，聚话无生，余必躬治茗碗，以佐幽韵。"② 所谓"羽客缁流"也即道士僧人，万邦宁常与僧人在一起"躬治茗碗"饮茶。明刘侗《帝京景物略》之《法云寺》条曰："峰下法云寺，寺有双泉，鸣于左右……西泉出经茶灶，绕中溜；东泉出经饭灶，绕外垣；汇于方塘，所谓香水已。"③ 法云寺中有茶灶，这其实是明代寺院的普遍现象。

明代诗歌中亦有大量反映僧人喜持茶具饮茶的内容。以下几首诗歌皆为僧人所作，歌咏的是僧人的饮茶生活。明释宗泐《送裕上人归天台》诗曰："崖泓有泉瓢，竹室留茶灶。"④ 明如兰《采茶》诗："石鼎煎来自吃，胸中净洗六经。"⑤ 明德荣《题国清寺》："香残瓦鼎僧初定，月上松巢鹤未归。"⑥ 明释雪江《宿归云堂》诗："重把茶杯坐，云山话所思。"⑦ 明契灵《山居四首》："密雪绝无人到，迎风点起茶铛。"⑧ 明

---

① （清）汪森：《粤西文载》卷49，《景印文渊阁四库全书》第1465—1467册，台湾商务印书馆1986年版。
② （明）万邦宁：《茗史》，《四库全书存目丛书·子部》第79册，齐鲁书社1997年版。
③ （明）刘侗：《帝京景物略》卷5，《四库全书存目丛书·史部》第248册，齐鲁书社1997年版。
④ （明）释宗泐：《全室外集》卷2，《景印文渊阁四库全书》第1234册，台湾商务印书馆1986年版。
⑤ （明）释正勉、释性㳆：《古今禅藻集》卷26，《景印文渊阁四库全书》第1416册，台湾商务印书馆1986年版。
⑥ （清）朱彝尊：《明诗综》卷91，《景印文渊阁四库全书》第1459—1460册，台湾商务印书馆1986年版。
⑦ （明）曹学佺：《石仓历代诗选》卷506，《景印文渊阁四库全书》第1387—1394册，台湾商务印书馆1986年版。
⑧ （明）释正勉、释性㳆：《古今禅藻集》卷26，《景印文渊阁四库全书》第1416册，台湾商务印书馆1986年版。

第三章 明代的茶具与儒、释、道

释妙声《煮雪斋》:"禅客嗜春茶,铜瓶煮雪花。"[1] 明僧德祥《竹亭》:"花沟安钓艇,蕉地着茶瓶。"[2] 以上诗歌提及的茶具有茶灶、石鼎、瓦鼎、茶杯、茶铛、铜瓶和茶瓶。

以下诗歌皆为明代文人描绘的僧人饮茶生活,每首诗歌皆提及了茶具。明胡来朝诗:"涧水绕流茶灶沸,暮鸦知暑竹阴多。何年蒲坐僧归定,今夕云栖翠入萝。"[3] 明倪光《登北高峯访僧不遇》:"经阁竹边斜有路,僧房云里半开门。……欲问老禅方丈去,火温茶灶一瓢存。"[4] 明徐颖《西山梅花四首》:"雪曙有僧携茗具,天寒无蝶上湘裙。"[5] 明吴宽《饮玉泉》:"尘渴正须清冷好,寺僧犹自置茶垆。"[6] 明盛时泰《茶铛》:"四壁青灯掣电,一天碎石繁星。野客采苓同煮,山僧隐几闲听。"[7]

以下几首诗歌描绘的皆是文人与僧人相伴饮茶,每首诗也都提及了茶具。明高启《忆昨行寄吴中诸故人》诗曰:"客欲归我不能,更度前岭缘峻嶒。远携茗器下相候,喜有白首楞伽僧。"[8] 明杨基《留题湘江寺》:"山僧知我携客至,袈裟钟磬下榻迎。汲泉敲火煮新茗,茶香鼎洁泉甘清。"[9] 明王绂《悼松庵性海师》:"方外交情师最优,寻常相见

---

[1] (明)释妙声:《东皋录》卷上,《景印文渊阁四库全书》第1227册,台湾商务印书馆1986年版。
[2] (清)张玉书、汪霦等:《御定佩文斋咏物诗选》卷335,《景印文渊阁四库全书》第1432—1434册,台湾商务印书馆1986年版。
[3] (明)吴之鲸:《武林梵志》卷3,《景印文渊阁四库全书》第588册,台湾商务印书馆1986年版。
[4] (清)胡文学:《甬上耆旧诗》卷5,《景印文渊阁四库全书》第1256册,台湾商务印书馆1986年版。
[5] (清)沈季友:《槜李诗系》卷19,《景印文渊阁四库全书》第1475册,台湾商务印书馆1986年版。
[6] (明)刘侗:《帝京景物略》卷7,《四库全书存目丛书·史部》第248册,齐鲁书社1997年版。
[7] (明)醉茶消客:《茶书》,明抄本。
[8] (明)钱谷:《吴都文粹续集》卷48,《景印文渊阁四库全书》第1385—1386册,台湾商务印书馆1986年版。
[9] (明)杨基:《眉庵集》卷3,《景印文渊阁四库全书》第1230册,台湾商务印书馆1986年版。

479

即相留。蒲团对坐听松雨，茶具同携瀹涧流。"①

　　明代小说对僧人饮茶亦多有描绘，其中往往涉及茶具。下举数例。明施耐庵《水浒传》第四十五回描写僧人海闍黎请潘公父女饮茶："海和尚却请：'乾爷和贤妹，去小僧房里拜茶。'一邀把这妇人引到僧房里深处。预先都准备下了。叫声：'师哥拿茶来。'只见两个侍者，捧出茶来。白雪定器盏内，朱红托子，绝细好茶。"② 其中提及的茶具有白雪定器盏、朱红托子。明梦觉道人《三刻拍案惊奇》第二十九回描述僧房："果然这徐公子悄悄步入佛堂，蹴过僧房，转入墙门，闯入小轩：静几余残局，茶炉散断烟。萧萧檐外竹，写影上窗间。真是清雅绝人。"③ 提及茶具有僧房中的茶炉。明冯梦龙《醒名花》第五回描述尼庵中女尼的卧室："内壁挂的，都是名人手迹，几上列着古今画卷，宣炉内一缕名香，瓷壶中泡得苦茗，鲜花几枝，斜插在胆瓶之内。敷说不尽其中幽雅。"④ 提及茶具有瓷壶。明撰人不详的《梼杌闲评》第二十五回僧人玉支在佛寺中饮茶："玉支也下禅床，叫侍者取茶来吃。只见两个清俊小童，捧着一盒果品，一壶香茶，摆下几个磁杯。玉支道：'请山主来。'"⑤ 其中茶具有茶壶、磁杯。

四　明代茶具与茶禅一味思想

　　僧人打坐修禅易于困乏，而饮茶能使精神健旺，达到祛除睡魔的功效，且僧人较为清闲，有时间品茶，广布佛寺的南方山区也适于种茶，所以在中国古代茶与佛教很早就结下了不解之缘。所谓茶禅一味，是指

---

① （明）王绂：《王舍人诗集》卷4，《景印文渊阁四库全书》第1237册，台湾商务印书馆1986年版。

② （明）施耐庵：《水浒传》第45回《杨雄醉骂潘巧云，石秀智杀裴如海》，人民文学出版社1997年版，第604页。

③ （明）梦觉道人、西湖浪子：《三刻拍案惊奇》第29回《淫贪皆有报，僧俗总难逃》，三秦出版社1994年版，第327页。

④ （明）冯梦龙：《醒名花》第5回《奔父命巧遇攒戟岭，避仇人深羁不染庵踪》，金城出版社2000年版，第46页。

⑤ （明）佚名：《梼杌闲评》第25回《跛头陀幻术惑愚，田知县贪财激大变》，华夏出版社2013年版，第247页。

第三章 明代的茶具与儒、释、道

通过饮茶领悟佛理禅机，二者之间有可互通之处。茶能使人心绪宁静，祛除烦乱，而佛教禅宗也要求人心胸淡泊，主张有即无，无即有，二者从而联系起来。

早在唐代，僧人就常通过饮茶来促进禅修，甚至形成了著名的"吃茶去"的禅门公案。据《五灯会元》记载："赵州观音院（亦曰东院）从谂禅师，曹州郝乡人也。……师问新到：'曾到此间么？'曰：'曾到。'师曰：'吃茶去。'又问僧，僧曰：'不曾到。'师曰：'吃茶去。'后院主问曰：'为甚么曾到也云吃茶去，不曾到也云吃茶去？'师召院主，主应喏。师曰：'吃茶去。'"① 所谓"吃茶去"，也就是要通过饮茶领悟禅理和佛法。

饮茶离不开茶具，在中国古代，实践茶禅一味，茶具在其中有重要地位并发挥着重要的作用。如宋方岳《茶僧赋》曰："林子仁名茶瓢曰'茶僧'，予为之赋。秋崖人问茶僧曰，咨尔佛子，多生纠缠，今者得度，以何因缘？岂其能重译陆羽之《经》，饱参赵州之禅也？……曾未若尔，出家在许瓢之后，而成佛在魏瓠之先也。试尝为扫除霜苣，提携出山，衣以驼尼之浅褐，喜其梵相之紧圆。与之转法轮于午寂，战魔事于春眠。……然后挂维摩拂，卧沩山瓶，未尝不叹曰，奇哉！此僧之精研也。"② 此赋将葫芦剖制而成的茶瓢称为茶僧，使用佛教语言，包含着浓厚的茶禅一味的思想。又如宋何梦桂《状元坊施茶疏》曰："暑中三伏热岂堪，大驿路往来，渴时一盏茶，胜似恒河沙布施。况有竟陵老僧鲜事，更从鸠坑道地分香，不妨运水搬柴，便好煽炉燹盏，大家门发欢喜意，便是结千人万人缘，小比丘无遮碍心，任他吃七碗五槐去。"③ 何梦桂亦用佛教语言表达了施茶的内容，提到了使用茶具"煽炉燹

---

① （宋）普济：《五灯会元》卷4，《景印文渊阁四库全书》第1053册，台湾商务印书馆1986年版。
② （宋）方岳：《秋崖集》卷36，《景印文渊阁四库全书》第1053册，台湾商务印书馆1986年版。
③ （宋）何梦桂：《潜斋集》卷11，《景印文渊阁四库全书》第1053册，台湾商务印书馆1986年版。

· 481 ·

盏",亦是茶禅一味思想的一种反映。

以下两首宋诗均有茶具的内容,包涵茶禅一味地观念。宋曾几《盛夏东轩偶成》:"客至但茗碗,谈诗复谈禅。……安得僧舍雪,霏微湿茶烟。"① 宋方岳《黄宰致江西诗双井茶》:"黄侯授我以江西诗禅之宗派,瀹我以双井老仙之雪香。砖炉春著兔毫玉,石鼎月翻鱼眼汤。……乃翁诗家第一祖,不用棒喝行诸方。"②

明代有关茶具与茶禅一味观念的记载很多。下举数例。如清王士禛《居易录》载:"宗弟少司徒颛庵(掞)云少时闻太常公(时敏)言,在径山亲见雪峤禅师将入涅盘,召集大众升座说法竟,呼茶,茶至。笑谓众曰:'吃一杯茶,坐脱去也。'置茶碗而寂。"③ 雪峤禅师虽清顺治初去世,但主要生活于明末,临终呼茶,置茶碗而去世,这是茶禅一味思想的一种反映。

又如明陆树声《茶寮记》曰:"园居敞小寮于啸轩埤垣之西。中设茶灶,凡瓢汲罂注、濯拂之具咸庀。……其禅客过从予者,每与余相对结跏趺坐,啜茗汁,举无生话。终南僧明亮者,近从天池来,饷余天池苦茶,授余烹点法甚细。……而僧所烹点,绝味清,乳面不黟,是具入清净味中三昧者。……余方远俗,雅意禅栖,安知不因是遂悟入赵州耶?时杪秋既望,适园无诤居士与五台僧演镇、终南僧明亮,同试天池茶于茶寮中。"④ 陆树声在适园中布置茶具,与僧人烹饮茶水,体味禅意,也即"入清净味中三昧""遂悟入赵州",三昧是止息杂念的修行方法,赵州指的是唐从谂禅师"吃茶去"的典故。

再如明袁宏道《惠山后记》曰:"惠山泉点茶特异,而酒味殊不如

---

① 北京大学古文献研究所:《全宋诗》卷1658,北京大学出版社1991—1998年版,第18513页。
② 北京大学古文献研究所:《全宋诗》卷3222,北京大学出版社1991—1998年版,第38468页。
③ (清)王士禛:《居易录》卷28,《景印文渊阁四库全书》第869册,台湾商务印书馆1986年版。
④ (明)陆树声:《茶寮记》,《四库全书存目丛书·子部》第79册,齐鲁书社1997年版。

第三章 明代的茶具与儒、释、道

北酿。……余少有茶癖,又性不嗜酒,用是得专其嗜与茶。……及余居锡城,往来惠山,始得擅力此道。时瓶坛盏,未能斯须去身。凡朋友议论不彻处,古人诗文来畅处,禅家公案未释然处,一以此味销之,不独除烦雪滞已也。"① 袁宏道通过"时瓶坛盏"(指时大彬之紫砂壶和宣窑所产带坛字的茶盏)饮茶,感受佛教禅家公案。

另外明代许多诗歌亦包含有有关茶具与茶禅一味的内容。下举数例。明文徵明《煮茶》:"绢封阳羡月,瓦缶惠山泉。……地炉残雪后,禅榻晚风前。"② 明《顾舍人夏日过访弘法寺》:"云入松房冷,风生茗碗秋。颇饶禅悦味,能为远公留。"③ 明吴宽《谢吴东涧惠悟道泉》:"试茶曾忆廿年前,抱瓮倾来味宛然。……题诗寥落怀诸友,悟道分明见老禅。"④ 明李汛《登太平兴国寺》:"自拨筠炉烹茗净,手持松帚扫苔荒。萧然云水谈禅处,不道苏公是借床。"⑤ 明徐贲《赋得石井赠虎丘蟾书记》:"竹引归香积,瓶分供法筵。……锡影孤亭日,茶香小灶烟。师心如定水,应悟赵州禅。"⑥ 明丘吉《寄馆天宁寺二首》:"蒲团学得枯禅坐,合作东轩长老称。茶炉吹断鬓丝烟,借得禅林看鹤眠。"⑦

明初僧人性海与文人王绂命竹工制作了竹炉,众多文人围绕此炉产生了大量诗文,许多诗文充分体现了茶禅一味的思想。如明王达《竹炉清咏序》文曰:"性海禅师,结庐二泉之上,清净自怡,淡泊自艾。

---

① (明)袁宏道:《袁中郎全集·袁中郎游记》,世界书局1935年版,第11页。
② (明)文徵明:《甫田集》卷12,《景印文渊阁四库全书》第1273册,台湾商务印书馆1986年版。
③ (明)王世贞:《弇州四部稿》卷28,《景印文渊阁四库全书》第1279—1281册,台湾商务印书馆1986年版。
④ (明)钱谷:《吴都文粹续集》卷33,《景印文渊阁四库全书》第1385—1386册,台湾商务印书馆1986年版。
⑤ (明)曹学佺:《石仓历代诗选》卷476,《景印文渊阁四库全书》第1387—1394册,台湾商务印书馆1986年版。
⑥ (清)张豫章等:《御选明诗》卷92,《景印文渊阁四库全书》第1442—1444册,台湾商务印书馆1986年版。
⑦ (清)张豫章等:《御选明诗》卷105,《景印文渊阁四库全书》第1442—1444册,台湾商务印书馆1986年版。

♨ 香茗雅器：明代茶具与明代社会

裁清秋之涧竹，制煮雪之茶炉。远追桑苎之风，近葺香山之社，因事显理，必欲续慧命以传灯，托物寓真，无非引群贤而入道。清风一榻，扫开万劫之尘埃；紫笋三瓯，涤尽平生之肺腑。论其事业，诚不让于远公；勘厥规模，实无愧惭于支遁。名于永世，其势灼然；道播诸方，此心广矣。"① 此文用佛教语言写成，指出性海通过竹炉来传播佛理，其功不下于东晋慧远（远公）和支遁。

又如明秦夔《听松庵仿求竹茶炉疏》文曰："伏以织竹为炉，自是山房旧物；烧松煮雪，久为衲子珍藏。……正拟生涯永托，岂堪尘障未除。提携竟落于豪门，消灭略同于幻泡。闲我山中风月，添退席上诗情。大士悲哀，诸天烦恼。恭惟某人，赀雄今代，善种前生。……伏冀早发慈悲，惠然肯赐；岂但空门有幸，实为我佛增光。报忱愧乏乎璃瑶，忏礼冀资于冥福。恭陈短语，俯听慈宣。谨疏。"② 此文亦用佛教语言写成，表明竹炉失去，恳请持有者归还，则空门有幸，且可得到福报。在竹炉复归后，秦夔在《听松庵复竹茶炉记》中指出之前写《听松庵仿求竹茶炉疏》的动机："惜其空言无征，图欲复之，乃因释氏教述《疏语》一通，畀戒宏使遍访焉。"③

以下数首有关听松庵竹炉的诗歌亦体现了茶禅一味的思想。明王绂诗曰："僧馆高闲事事幽，竹编茶灶瀹清流。……禅翁托此重开社，若个知心是赵州。"明秦锡诗曰："翰苑分题为阐幽，清风千古共传流。……笔床今喜相邻近，从此无人慕赵州。"诗中"赵州"是指"吃茶去"的典故。明陶振《竹茶炉》："惠山亭上老僧伽，斫竹编炉意自嘉。……闻道万松禅榻畔，清风长日动袈裟。"④ 明邵宝《重登松风阁》："天风满榻坐参禅，上有松声下有泉。……茶垆夜湿昙花雨，画

---

① （清）吴钺、刘继增：《竹炉图咏》亨集，《锡山先哲丛刊》第1册，凤凰出版社2005年版。
② （清）吴钺、刘继增：《竹炉图咏》利集，《锡山先哲丛刊》第1册，凤凰出版社2005年版。
③ 同上。
④ （明）醉茶消客：《茶书》，明抄本。

· 484 ·

第三章　明代的茶具与儒、释、道

壁春销刼火烟。"① 明谢士元《竹茶炉为僧题》："僧馆高闲事事幽，竹编茶具瀹清流。……禅翁托此重开社，若个知心是赵州。"② 明怡庵诗曰："刳竹为炉制作坚，金芽雪乳任烹煎。……吟际每留诗客会，定余顿悟衲僧禅。"③

特别值得一提的是，明成化年间在秦夔等人的倡议和寻访之下，失而复得的竹炉回到听松庵，秦夔为此作有七言律诗一首："烹茶只合伴枯禅，误落人间五十年。华屋梦醒尘冉冉，湘江魂冷月娟娟。归来白璧元无玷，老去青山最有缘。从此远会须爱惜，愿同衣钵永相传。"④ 由于听松庵竹炉的魅力和秦夔个人交游的影响，大批文人就此炉附和秦夔作和诗。这些和诗皆为八句的七律，模仿秦夔之诗，首句最末一字皆为"禅"，第二句的末字为"年"，第四句末字是"娟"，第六句末字是"缘"，第八句末字皆是"传"。仅在清吴钺、刘继增编辑的《竹炉图咏》中，附和秦夔作和诗的文人就有二十一人，诗四十四首，其中陆简和邵珪分别即作有和诗十首。这些诗歌歌咏的都是明初性海制作竹炉并且佚失，在五十年后复归之事，包含有浓厚茶禅一味的思想。

这些和诗下举数例。明高直诗曰："竹炉还复听松禅，老眼摩挲认往年。润带茶烟香细细，冷含萝雨翠娟娟。已醒万劫尘中梦，重结三生石上缘，五马使君题品后，一灯相伴永流传。"明陈泽诗曰："煮茶留客喜谈禅，编竹为炉记昔年。一去人间成杳杳，重来尘外净娟娟。文园司马曾消渴，雪水陶公拟结缘。淮海先生为题咏，价增十倍永流传。"明成性诗曰："湘竹炉头细问禅，出山何事更何年。渴心几度生尘梦，旧态常时守净娟。刺史能留存物意，老僧还结煮茶缘。题诗再续中书

---

① （明）邵宝：《容春堂前集》卷6，《景印文渊阁四库全书》第1258册，台湾商务印书馆1986年版。
② （明）曹学佺：《石仓历代诗选》卷390，《景印文渊阁四库全书》第1387—1394册，台湾商务印书馆1986年版。
③ （清）吴钺、刘继增：《竹炉图咏》亨集，《锡山先哲丛刊》第1册，凤凰出版社2005年版。
④ （清）吴钺、刘继增：《竹炉图咏》利集，《锡山先哲丛刊》第1册，凤凰出版社2005年版。

笔，千古清风一样传。"明陆勉诗曰："竹炉元供定中禅，久落红尘复此年。雪乳谩烹香细细，湘纹重拂翠娟娟。远公衣钵还为侣，太守文章最有缘。犹爱风流王内翰，旧题佳句到今传。"明王其勤诗曰："竹炉欢喜复归禅，一别山房五十年。声绕羊肠还簌簌，梦回湘月共娟娟。松堂宿火无尘劫，石槛清泉有净缘。莫怪真公招不返，已将诗卷万人传。"① 明程敏政诗曰："此君忘却赵州禅，半世来归似隔年。泉上故人应绝倒，眼中奇节尚连娟。不妨遣日分僧供，有幸逢辰离俗缘。活火自知今未灭，联诗留伴一灯传。"②

在大批文人作了和诗之后，秦夔复作文追叙此事之缘起。"竹炉之复，余既为诗，具诸别卷。顷来京师，偶与考工郎中乡友陈公诵之，辱不鄙，首赐和章，既而朝之缙绅，若翰林侍讲同郡陆公、新安程公、夏官副郎华亭张公辈，闻之皆相继赐和。旬日间凡得诗余四十首，亦富矣哉！何物竹炉遭此奇遇？余以诸公之意，不可虚辱，汇次成卷，既求侍讲陆公雄文记之，不揣复用韵勉制四律，一以贺此炉之遭，一以答诸公勤恳之意。南归有日，并付听松主僧收藏，用传为山中它日故事云。时成化丁酉岁春二月吉邑人秦夔书于金台寓馆。"③ 陈公可能是指陈宾，陆公、程公和张公分别指陆简、程敏政和张弼。为庆贺此炉的奇遇，也为答谢众人和诗之勤恳，秦夔又复按原韵作诗四首。因此按此韵包括秦夔在内共有二十二人赋诗，诗作四十九首。

第三节　明代的茶具与道教（道家）

道教（道家）思想对明代茶具的纹饰、器型及款识影响也很大，有的道徒还参与了茶具的制作。明代道徒普遍嗜好茶叶，喜爱使用茶具

---

① （清）吴钺、刘继增：《竹炉图咏》利集，《锡山先哲丛刊》第1册，凤凰出版社2005年版。
② （清）吴钺、刘继增：《竹炉图咏》贞集，《锡山先哲丛刊》第1册，凤凰出版社2005年版。
③ 同上。

第三章 明代的茶具与儒、释、道

烹茶饮茶。明代茶具与道教（道家）的道法自然、隐逸避世和长生神仙等思想发生密切关系。

一 道教（道家）与明代茶具的纹饰、器型与款识

作为本土宗教，在明代，道教亦十分流行，对社会许多方面均有深刻影响，其中也包括对茶具制作的影响，主要体现在纹饰、器型和款识这几个方面。

在纹饰方面，明代茶具体现道教观念的主要图案有八卦、仙人、婴戏、桃、灵芝、葫芦、鹤、羊以及"寿"字等。

八卦是典型的道教纹饰，是《周易》中用"－－""—"两种基本线段组合成的八种不同的图形，以"—"为阳，以"－－"为阴，卦象为乾、坤、震、巽、坎、离、艮、兑八种，象征天、地、雷、风、水、火、山、泽八种自然现象。《周易·系辞上》曰："易有太极，是生两仪，两仪生四象，四象生八卦，八卦定吉凶，吉凶生大业。"①

明代存在一些带有八卦纹的茶具。如明王宗沐《江西省大志·陶书》即记载了一些景德镇御窑生产的带有八卦纹的茶具，嘉靖二十一年有"青花白地水火捧八卦"罐，嘉靖二十三年有外"海水苍龙捧八卦"碗，万历十一年有"八卦"瓶。②再如《明清瓷器纹饰鉴定·图案纹饰卷》记录了一件明嘉靖青花八卦云纹罐，颈部饰有花叶纹，罐腹部的纹饰是八卦云纹，布局为上下交错，罐近足处饰有海水纹。③

道教存在神仙崇拜，这种多神教的神灵系统很复杂，其中八仙是较受民间喜爱的一组八位神仙。明代的八仙是指汉钟离、吕洞宾、李铁拐、曹国舅、蓝采和、张果老、韩湘子、何仙姑这八位仙人。有时也用这些仙人所用的器物代指八仙，被称为暗八仙，以扇子代表汉钟离，以宝剑代表吕洞宾，以葫芦和拐杖代表李铁拐，以阴阳板代表曹国舅，以

---

① （清）阮元：《十三经注疏·周易正义》卷7，中华书局2009年版，第169—170页。
② （明）王宗沐：《江西省大志》卷7《陶书》，成文出版社有限公司1989年版。
③ 铁源：《明清瓷器纹饰鉴定·图案纹饰卷》，华龄出版社2002年版，第96页。

♨ 香茗雅器：明代茶具与明代社会

花篮代表蓝采和，以渔鼓代表张果老，以笛子代表韩湘子，以荷花或笊篱代表何仙姑。

明代文献中记载了一些带有仙人纹饰的茶具。明王宗沐《江西省大志·陶书》中景德镇御窑生产的陶瓷，嘉靖二十三年有里"二仙"盏、里"三仙炼丹"碗，嘉靖二十七年有"群仙捧寿字"盒，嘉靖三十年有外"四画神仙"盘。这些仙人纹饰，最多的还是八仙纹，如嘉靖二十一年有"八仙过海"罐，嘉靖三十一年有里"八仙捧寿"盘，隆庆五年有外"八仙庆寿"瓯，万历五年有外"八仙庆寿"瓯，万历十一年有"八仙过海"罐，万历二十一年有外"八仙过海盒子心"碗。[1]

明代婴戏纹饰较为普遍，这与道教（道家）思想有密切关系。道家认为婴儿纯真朴实、无思无虑，是道的一种体现，是人与自然和谐的象征。道家经典《道德经》曰："专气致柔，能婴儿。涤除玄鉴，能无疵。"[2] 又曰："为天下溪，常德不离，复归于婴儿。"[3] 明代著名思想家李贽还提出影响很大的童心说。李贽《童心说》曰："夫童心者，真心也。若以童心为不可，是以真心为不可也。夫童心者，绝假纯真，最初一念之本心也。"[4] 另外婴戏纹在民俗中也往往代表对多子多福的追求，为上至帝王、下至普通民众喜闻乐见。

明代存在大批带有婴戏纹的茶具。如明王宗沐《江西省大志·陶书》中记录的带有婴戏纹的茶具，嘉靖十五年有外"一秤金娃娃"碗，嘉靖二十三年有外"耍戏娃娃"钟、外"四季花耍娃娃"瓯，万历五年有外"娃娃"盏，万历十一年有里"耍娃娃"碗、外"耍娃娃"

---

[1] （明）王宗沐：《江西省大志》卷7《陶书》，成文出版社有限公司1989年版。

[2] （汉）河上公（注）：《老子道德经》卷上《能为第十》，《景印文渊阁四库全书》第1055册，台湾商务印书馆1986年版。

[3] （汉）河上公（注）：《老子道德经》卷上《反朴第二十八》，《景印文渊阁四库全书》第1055册，台湾商务印书馆1986年版。

[4] （明）李贽：《焚书》卷3《童心说》，李贽《焚书·续焚书》，中华书局1975年版，第98—99页。

第三章 明代的茶具与儒、释、道

盘,万历十九年有边"'永保洪福齐天'娃娃"盘、"耍娃娃"罐。①清乾隆帝曾赋诗歌咏明代嘉窑带有婴戏纹的茶杯,《咏嘉窑娃娃杯》诗曰:"秘器见嘉靖,闲庭戏众娃。传神有独巧,抚手称精揩。"② 今人汪星燚《以适幽趣:明清茶具珍藏展》记录了一件明末"大明嘉靖年制"款青花婴戏图撇口杯:"以青花绘婴戏图。外壁绘四个小孩,以花草山石间隔成两面。一面绘童子手持炮仗耍玩,另一孩童追逐着手舞足蹈的嬉闹,背面画童子执旗挥舞,其童伴骑着木马听其指挥,跳跃前进。杯心有一小孩月下读书状。"该书还认为明代茶具之上的婴戏纹可分为上中下三品:"下品者,画片常见如麒麟送子、五子登科等,常见而典型,存世量大;中品者,如四妃十六子、百子婴戏等;上品者,其纹饰少见,生动传神,童趣盎然,让人爱不释手,妙不可言。此杯即为明末清初婴戏杯之上品也。"③

桃在道教中有特定含义,可辟邪,也象征着长寿。《典术》曰:"桃者,五木之精也,能厌伏邪气者也。桃之精生在鬼门,制百鬼,故令作桃鞭。人着以厌邪,此仙木也。"《梦书》曰:"桃为守御,辟不祥,梦见桃者守御官。"《神农经》曰:"玉桃服之,长生不死,若不得早服之,临死日服之,其尸毕天地不朽。"《汉武故事》曰:"西王母遣使谓上(指汉武帝)曰:'求仙信耶,欲见神人而杀戮,吾与帝绝矣。'又致三桃,曰:'食此可得极寿。'"④

明代茶具之上常见桃纹。如《江西省大志·陶书》记载万历十一年景德镇御窑制作有外"蟠桃结篆'寿'字"钟,万历二十年制作有里"仙桃"碟。⑤ 又如《明清瓷器纹饰鉴定·松竹蔬果卷》记录有一

---

① (明)王宗沐:《江西省大志》卷7《陶书》,成文出版社有限公司1989年版。
② (清)弘历:《御制诗四集》卷40,《景印文渊阁四库全书》第1307—1308册,台湾商务印书馆1986年版。
③ 汪星燚:《以适幽趣:明清茶具珍藏展》,西泠印社出版社2014年版,第98页。
④ (宋)李昉等:《太平御览》卷967,《景印文渊阁四库全书》第893—901册,台湾商务印书馆1986年版。
⑤ (明)王宗沐:《江西省大志》卷7《陶书》,成文出版社有限公司1989年版。

♨ 香茗雅器：明代茶具与明代社会

件明永乐青花桃纹玉壶春执壶，一面绘折枝枇杷，另一面绘折枝桃纹，桃实饱满。又记录有一件明宣德青花桃实纹碗，外壁绘有折枝花果纹饰，桃实饱满，桃叶细长而尖。①

灵芝作为一种药材有滋补作用，道教认为灵芝是服之可长寿的瑞草、仙草，逐渐成为吉祥、长寿的象征。宋张君房《云笈七籤》曰："口衔灵芝，降于形中，是谓真仙之术。守中抱一，抱一勿失，与天地齐毕矣。"②

明代常见带有灵芝纹的茶具。如明刘侗《帝京景物略》曰："嘉窑，泡杯其最，花三友者，泡杯之最（水藻次之，灵芝又次之）。"③《江西省大志·陶书》记录了大量景德镇御窑生产的带有灵芝纹的茶具，如嘉靖二十一年有"灵芝捧八宝"罐，嘉靖三十八年有"灵芝四季花"罐瓶，隆庆五年有里"灵芝"盘、外"竹叶灵芝"碟、外"灵芝"盏，万历五年有边"竹叶灵芝"盘、外"灵芝捧八吉祥"盏，万历十一年有外"香竹叶灵芝"盘、里"灵芝花果碟""草兽衔灵芝"瓶，万历十九年有外"福禄寿灵芝"碗、外"竹叶灵芝"瓯、外"灵芝"杯，万历二十年有外"灵芝"碟、里"转枝灵芝"盏，万历二十一年有边"竹叶灵芝"碗等。④

在道教中，鹤有特殊的寓意，往往象征着长寿，且在道教传说中常由仙人骑乘和饲养。宋罗愿《尔雅翼》曰："鹤一起千里，古谓之仙禽，以其于物为寿（《淮南》曰：'鹤寿千岁，以极其游'）。"⑤

明代茶具之上常见鹤纹。《江西省大志·陶书》中记载了很多景德镇御窑生产的带有鹤纹的茶具，嘉靖二十年有外"云鹤"碟，嘉靖二

---

① 铁源：《明清瓷器纹饰鉴定·松竹蔬果卷》，华龄出版社2002年版，第143、145页。
② （宋）张君房：《云笈七籤》卷34，《景印文渊阁四库全书》第1060—1061册，台湾商务印书馆1986年版。
③ （明）刘侗：《帝京景物略》卷3，《四库全书存目丛书·史部》第248册，齐鲁书社1997年版。
④ （明）王宗沐：《江西省大志》卷7《陶书》，成文出版社有限公司1989年版。
⑤ （宋）罗愿：《尔雅翼》卷13，《景印文渊阁四库全书》第222册，台湾商务印书馆1986年版。

第三章 明代的茶具与儒、释、道

十一年有"团云鹤"碗，嘉靖二十六年有"鸾鹤"碟，嘉靖三十年有里"云鹤"盘、里"云鹤"碗，嘉靖三十一年有外"鸾鹤"碗，万历十一年有里"云鹤"碗、里"云鹤"钟，万历十九年有"白鹤"坛。①《明清瓷器纹饰鉴定·花鸟纹饰卷》记录了一件明弘治青花山石鹤纹碗残片，碗心绘有山石松鹤纹饰，鹤的画法写意，身短而腿长，颈曲而羽短。又记录了一件明嘉靖青花云鹤纹碗残片，鹤纹倒三角形的翅膀和弯曲的双腿显得妙趣横生，整个画面有飘逸洒脱之感。②

羊在道教中有特殊含义。道教认为老子曾骑青羊过函谷关。汉扬雄《蜀本纪》曰："老子为关令尹喜著《道经》，临别曰：'子行道千日后，于成都青羊肆寻吾。'今为青羊观是也。"③且羊谐音阳，往往象征冬去春来、阴消阳长，另外羊也谐音祥，所以"三羊开泰"有非常吉祥的寓意。

明代羊纹茶具较为常见。如一件明嘉靖青花"三羊开泰"杯，外壁绘有松柏、兰竹，在其间三只羊分别昂首而立。又如一件明嘉靖青花壶，外壁开光之中绘有翠竹松柏，下有四名儿童牵着一只羊向前进。④再如一件明嘉靖青花松竹梅三羊纹碗，外壁的图案为三只神态各异的山羊，其间饰有松、竹、梅。⑤这几件茶具之上的纹饰都有很深的寓意。《江西省大志·陶书》亦记载了有关羊纹的茶具，如嘉靖二十三年景德镇御窑生产了里"三阳开泰"盘，万历十一年生产了"四阳捧'寿'"罐。⑥前者纹饰应绘有三羊，后者应绘有四羊。

追求长寿以致长生是道教的重要目标。成书于东汉年间的道教经典《太平经》曰："人最善者，莫若常欲乐生，汲汲若渴，乃后可也。"⑦

---

① （明）王宗沐：《江西省大志》卷7《陶书》，成文出版社有限公司1989年版。
② 铁源：《明清瓷器纹饰鉴定·花鸟纹饰卷》，华龄出版社2002年版，第24、30页。
③ （宋）李昉等：《太平御览》卷191，《景印文渊阁四库全书》第893—901册，台湾商务印书馆1986年版。
④ 佘彦焱：《中国历代茶具》，浙江摄影出版社2001年版，第106—109页。
⑤ 铁源：《明清瓷器纹饰鉴定·动物纹饰卷》，华龄出版社2001年版，第101页。
⑥ （明）王宗沐：《江西省大志》卷7《陶书》，成文出版社有限公司1989年版。
⑦ 王明：《太平经合校》卷40，中华书局1979年版，第80页。

☕ **香茗雅器：明代茶具与明代社会**

中国古代许多帝王崇道，一个重要目标就是为了得到长生不死之药。

图 3-2　明代景德镇民窑"寿"字纹瓷片（藏于中国陶瓷博物馆）

　　道教追求长生的观念也反映到了明代茶具之上，其中一个重要表现就是茶具纹饰常出现"寿"字纹（图 3-2）。"寿"字纹可能单独出现，也可能与其他吉祥文字在一起组合出现。《江西省大志·陶书》记载了一些明代景德镇御窑生产的带有"寿"字纹的茶具，如嘉靖十五年有"福寿康宁"钟，嘉靖二十二年有外"海水苍龙捧八卦'寿比南山久，福如东海深'"碗、外"天花捧寿山福海字"盏，嘉靖二十四年有"转枝莲托百寿字"坛，嘉靖二十六年有"龙捧福寿字"盘，万历二十一年有"篆'福寿康宁'字"碗、外"蟠桃结篆'寿'字"钟、"四阳捧'寿'"罐，万历十九年有里"双龙捧'寿'"碗、里"永保长寿"盘、里"篆'寿'字"瓯、里"篆'寿'字"杯盘、"云龙捧'圣寿'字"壶瓶，万历二十一年有里"篆'寿'字如意"碗。[①]铁源《明清瓷器纹饰鉴定·博古文字卷》记录了一些带有寿字纹的茶具。如一件明嘉靖青花花鸟"寿"字碗，外壁绘有鸾凤、云鹤和云龙，内壁饰有栖息于桃树之上的山雀，桃实累累，碗心绘有一楷体"寿"字。

---

①　（明）王宗沐：《江西省大志》卷 7《陶书》，成文出版社有限公司 1989 年版。

· 492 ·

第三章 明代的茶具与儒、释、道

又如一件明天启青花灵芝托"寿"字碗,外壁绘有四组灵芝,每组灵芝之上有一大"寿"字,共四个"寿"字,而且碗上间隔出现四个"卍"纹,此碗纹饰受佛、道双重影响。①

明代茶具的器型亦深受道教观念的影响,主要表现在许多明代茶具的器型深刻体现了道家"道法自然"的思想,这些茶具往往模仿自然界各种物事的外形。

如明文震亨《长物志》曰:"茶壶。……其提梁、卧瓜、双桃、扇面、八棱细花、夹锡茶替、青花白地诸俗式者,俱不可用。"② 这说明当时茶壶有模拟瓜、桃和花等自然物的造型。明项元汴《历代名瓷图谱》曰:"明弘治窑娇黄葵花茶杯。……釉色嫩黄,如初放葵花之色。外黄内白,宜乎酌茗。"③ 此茶杯模拟的是葵花的造型。

明代茶具模拟自然物的造型,最集中体现在宜兴紫砂壶的设计。

明代宜兴紫砂壶的创始人供春曾模仿树瘿制壶。李景康、张虹《阳羡砂壶图考》曰:"宜兴储简翁藏供春树瘿壶,失盖,全身作老松皮状,凸凹不平,磐类松根。"④

供春弟子明代著名紫砂艺人时大彬曾模仿菱花制壶。清吴骞《阳羡名陶录》引清张燕昌《阳羡陶说》曰:"先府君性嗜茶,所购茶具皆极精,尝得时大彬小壶,如菱花八角,侧有款字。"⑤ 他还制作过"钓雪"器型的茗壶,清陆廷灿《续茶经》引葛万里《清异录》曰:"时大彬茶壶,有名'钓雪',似带笠而钓者,然无牵合意。"⑥

---

① 铁源:《明清瓷器纹饰鉴定·博古文字卷》,华龄出版社2002年版,第91、101页。
② (明)文震亨:《长物志》卷12,《景印文渊阁四库全书》第872册,台湾商务印书馆1986年版。
③ (明)项元汴(撰绘),郭葆昌(校注):《校注项氏历代名瓷图谱》,北京出版社2011年版,第127页。
④ 李景康、张虹:《阳羡砂壶图考》卷上《壶艺列传》,香港百壶山馆1937年版,第5页。
⑤ (清)吴骞:《阳羡名陶录》卷下,《续修四库全书》第1111册,上海古籍出版社2003年版。
⑥ (清)陆廷灿:《续茶经》卷中《四之器》,《景印文渊阁四库全书》第844册,台湾商务印书馆1986年版。

香茗雅器：明代茶具与明代社会

明董翰亦制作过菱花式茗壶。明周高起《阳羡茗壶系》曰："董翰，号后溪，始造菱花式，已殚工巧。"①

明徐友泉制壶大量模仿自然物。明周高起《阳羡茗壶系》曰："其父好时大彬壶，延致家塾。一日，强大彬作泥牛为戏，不即从，友泉夺其壶土出门去，适见树下眠牛将起，尚屈一足，注视捏塑，曲尽厥状。携以视大彬，一见惊叹曰：'如子智能，异日必出吾上。'因学为壶。变化式土……予尝博考厥制，有汉方、扁觯、小云雷、提梁卣、蕉叶、莲方、菱花、鹅蛋、分裆索耳、美人、垂莲、大顶莲、一回角、六子诸款。……种种变异，妙出心裁。"②徐友泉所制壶虽然"种种变异，妙出心裁"，但一般离不开对各种物象的模仿，如蕉叶、菱花和鹅蛋等。徐友泉在幼年即有模仿自然的天分，捏塑树下在睡眠的牛将要爬起，十分生动，连时大彬都赞叹："如子智能，异日必出吾上。"清吴骞《阳羡名陶续录》转引清李斗《扬州画舫录》亦记载了徐友泉茗壶的一些造型，这些造型多为模仿自然："友泉有云垒、蝉觯、汉瓶、僧帽、提梁卣、苦节君、扇面、美人肩、西施乳、束腰菱花、平肩莲子、合菊、荷花、竹节、橄榄六方、冬瓜丽、分蕉蝉翼、柄云索耳、番象鼻、沙鱼皮、天鸡、篆耳诸式。"③

明欧正春所制壶的造型模仿的是花卉果物。明周高起《阳羡茗壶系》："欧正春，多规花卉果物，式度精妍。"④

明陈仲美制壶模拟花果草虫。《阳羡茗壶系》："陈仲美……好为壶土，意造诸玩……细极鬼工。壶象花果，缀以草虫，或龙戏海涛，伸爪出目。"⑤

---

① （明）周高起：《阳羡茗壶系》，《丛书集成续编》第90册，新文丰出版公司1988年版。

② 同上。

③ （清）刘源长：《茶史》卷2，《四库全书存目丛书·子部》第79册，齐鲁书社1997年版。

④ （明）周高起：《阳羡茗壶系》，《丛书集成续编》第90册，新文丰出版公司1988年版。

⑤ 同上。

第三章　明代的茶具与儒、释、道

明沈君用制壶上接欧正春一派，模仿诸物。《阳羡茗壶系》："沈君用……壶式上接欧正春一派，至尚象诸物，制为器用，不尚正方圆，而笋缝不苟丝为。"①

明沈子澈曾制菱花壶。《阳羡茗壶系》："尝为人制菱花壶，铭之曰：'石根泉，蒙顶叶，漱齿鲜，涤尘热。'"②

明代宜兴紫砂器除作为茶具的茗壶外，其他器具的制作也往往模仿自然诸物。清吴梅鼎《阳羡茗壶赋》对此作了总结："乃有广厥器类，出乎新裁。花蕊婀娜，雕作海棠之盒（沈君用海棠香合）；翎毛璀璨，镂为鹦鹉之杯（陈仲美制鹦鹉杯）。捧香奁而刻凤（沈君用香奁），翻茶洗以倾葵（徐友泉葵花茶洗）。瓶织回文之锦（陈六如仿古花尊），炉横古干之梅（沈君用梅花炉）。卮分十锦陈（六如十锦杯），菊合三台（沈君用菊台）。"③ 合的制作模仿海棠，杯模仿鹦鹉，香奁模仿凤凰，茶洗模仿葵花，炉模仿梅花，台模仿菊花。

明代茶具的款识也往往体现道教思想。如李景康、张虹《阳羡砂壶图考》曰："碧山壶馆藏紫泥小壶一具，泥色莹润可鉴，底錾'会向瑶台月下逢。乐寿堂制'行书共十一字，竹刀刻，盖内有'元江'小印。"④ 乐寿堂壶为明人潘允端的定制壶。此壶款识"会向瑶台月下逢"来自唐李白的诗歌："云想衣裳花想容，春风拂槛露华浓。若非群玉山头见，会向瑶台月下逢。"⑤ 群玉山、瑶台均为西王母所居仙境，体现了浓厚的神仙思想，暗喻此壶仙境才有。

明人姚咨曾定制茗壶，这些茗壶的款识为"茶梦庵"或"茶梦散人"。李景康、张虹《阳羡砂壶图考》曰："（姚）咨，字舜咨，号潜

---

① （明）周高起：《阳羡茗壶系》，《丛书集成续编》第 90 册，新文丰出版公司 1988 年版。

② 同上。

③ （清）吴骞：《阳羡名陶录》卷下，《续修四库全书》第 1111 册，上海古籍出版社 2003 年版。

④ 李景康、张虹：《阳羡砂壶图考》卷上《壶艺列传》，香港百壶山馆 1937 年版，第 27 页。

⑤ （清）彭定求等：《全唐诗》卷 27，中华书局 1960 年版，第 391 页。

☕ 香茗雅器：明代茶具与明代社会

坤子、皇象山人、皇山樗老、茶梦主人。明季无锡人。喜藏书，且嗜茶，藏书印曰'茶梦庵'，曰'茶梦散人'，茗壶亦用此印。"[1] "茶梦庵"或"茶梦散人"的款识与元杨维桢所著《煮茶梦记》一文有关，此文描绘铁龙道人饮茶入梦进入仙境："铁龙道人卧石床……命小芸童，汲白莲泉燃槁湘竹，授以凌霄芽为饮供。道人乃游心太虚，雍雍凉凉，若鸿蒙，若皇芒，會天地之未生，适阴阳之若亡。……乃有扈绿衣，若仙子者，从容来谒。云名淡香，小字绿花。乃捧太玄杯，酌太清神明之醴以寿。"[2] 所以"茶梦庵"或"茶梦散人"带有道教神仙思想的意味。

清吴骞《阳羡名陶录》引张燕昌《阳羡陶说》曰："余于市中骨董肆得一瓷印，盘螭钮，文曰'太平之世多长寿人'，白文切玉法，侧有款曰'葭轩制'。葭轩，不知何许人，此必百年来精于刻印。"[3] 此款识"太平之世多长寿人"是印于茗壶之上，体现了道教追求长生的思想。

特别值得一提的是明代景德镇御窑生产的坛盏，此种茶具带有"坛"字款识，是用于宫廷道教经箓醮事活动。明高濂《遵生八笺》曰："宣德年造……心有'坛'字白瓯，所谓坛盏是也，质细料厚，式美，足用，真文房佳器。……世宗……有小白瓯内烧'茶'字、'酒'字、'枣汤''姜汤'字者，乃世宗经箓醮坛用器，亦曰坛盏，制度质料，迥不及茂陵矣。"[4] 高濂认为嘉窑坛盏不如宣窑。这些坛盏在明末就已十分珍贵。明末清初人张岱《夜航船》曰："宣窑……青花纯白，俱踞绝顶，有鸡皮纹可辨。醮坛茶杯，有值一两一只者，有酒字枣汤、

---

[1] 李景康、张虹：《阳羡砂壶图考》卷上《壶艺列传》，香港百壶山馆 1937 年版，第 28 页。

[2] （清）汪灏：《御定佩文斋广群芳谱》卷 19《茶谱》，《景印文渊阁四库全书》第 845—847 册，台湾商务印书馆 1986 年版。

[3] （清）吴骞：《阳羡名陶录》卷下，《续修四库全书》第 1111 册，上海古籍出版社 2003 年版。

[4] （明）高濂：《遵生八笺》卷 14，《景印文渊阁四库全书》第 871 册，台湾商务印书馆 1986 年版。

第三章 明代的茶具与儒、释、道

姜汤等类者稍贱。"① 一只坛盏竟能值银一两。明谢肇淛《五杂俎》曰："宣德款制最精，距迄百五十年，其价几与宋器埒矣。嘉靖次之。成化又次之。世宗末年所造金籙，大醮坛用者，又其次也。……今景德镇所造小坛盏，仿大醮坛为之者，白而坚厚，最宜注茶。"② 谢肇淛主要生活于万历年间，他所谓"今景德镇所造小坛盏"，是指景德镇御窑在万历时期生产的坛盏。明嘉靖帝十分崇奉道教，常举行经籙醮事活动，仅在嘉靖三十七年即"遣官之江西，造内殿醮坛瓷器三万"，数量十分巨大。③

二 明代道徒参与茶具的制作

明代有的道徒参与了茶具的制作，对茶具造成一定影响，最典型的是明初的朱权。朱权为明太祖朱元璋的十七子，封宁王，颇有谋略，后在政治斗争中失败，长期遭到明成祖和明宣宗的压制，开始把主要精力转向文化和道教。清张廷玉《明史》载："时年已老，有事多龃龉以示威重。（朱）权日与文学士相往还，托志翀举，自号臞仙。"④ "翀举"也即成仙升天，"臞仙"本意是清瘦的仙人，有很深的道教意味。

朱权对茶的叙述带有强烈的道教色彩。他所著道书《天皇至道太清玉册》之《茶》条曰："周昭王时，老子出函谷关，令尹喜迎之於家，首献茗，此茶之始。老子曰：'食是茶者，皆汝之道徒也。'后世俗凡客至家者，必先献茶，此其始。"⑤ 朱权所言虽不尽符合历史事实，但可见茶在他心目中的重要地位，甚至假借老子之口声称食茶者皆为道徒。

---

① （明）张岱：《夜航船》卷12《宝玩部》，《续修四库全书》第1135册，上海古籍出版社2003年版。

② （明）谢肇淛：《五杂俎》卷12《物部四》，《明代笔记小说大观》第2册，上海古籍出版社2005年版，第1753页。

③ （清）张廷玉等：《明史》卷82《食货志六》，中华书局1974年版，第2000页。

④ （清）张廷玉等：《明史》卷117《诸王二·宁王权传》，中华书局1974年版，第3593页。

⑤ （明）朱权：《天皇至道太清玉册》卷下，明万历三十七年刻本。

香茗雅器：明代茶具与明代社会

朱权把自己所著的《茶谱》也看作重要的道书之一。同是在他所著的《天皇至道太清玉册》一书中朱权曰："昔在金虏蒙古之时，当宋季中微之日，其羌人呼延迈，妒中国道藏内有《藏天隐月之经》《玉纬》《九天》等经，皆上天极玄至秘之书，乃设胡主蒙哥忽必烈，尽令烧毁。……亦间有存者，未入经藏，今我大明丽天，其中国人必尊中国之道，故纪其名目于左：《藏天隐月经》《玉纬经》《九天经》《上清经》……《茶谱》……"①

朱权在他所著的《茶谱》一书中罗列的茶具，普遍受到道教观念很大影响。《茶谱》之《茶炉》条曰："与炼丹神鼎同制……予以泻银坩锅瓷为之，尤妙。"道教最求长生，用鼎炉炼制仙药，此处茶炉的形制与道教的"炼丹神鼎"相同。《茶灶》条曰："古无此制，予于林下置之。……顽石置前，便炊者之坐。予得一翁，年八十犹童，痴憨奇古，不知其姓名，亦不知何许人也。衣以鹤氅，系以麻绦，履以草屦，背驼而颈胱，有双髻于顶，其形类一菊字，遂以菊翁名之。每令炊灶以供茶，其清致倍宜。"茶灶之所以要在林下石前，因为这接近道教追求的自然。用八十菊翁烹茶，也是因为这符合道教的清。《茶碾》条曰："古以金、银、铜、铁为之，皆能生鉎。今以青礞石最佳。"《茶架》条曰："茶架，今人多用木，雕镂藻饰，尚于华丽。予制以斑竹、紫竹，最清。"《茶匙》条曰："茶匙要用击拂有力，古人以黄金为上，今人以银、铜为之，竹者轻。予尝以椰壳为之，最佳。后得一瞽者，无双目，善能以竹为匙，凡数百枚，其大小则一，可以为奇。特取异于凡匙，虽黄金亦不为贵也。"《茶筅》条曰："茶筅，截竹为之。"《茶瓶》条曰："古人多用铁，谓之罌。罌，宋人恶其生鉎，以黄金为上，以银次之。今予以瓷石为之。"② 茶碾不用金银铜铁而用青礞石，茶架不用华丽的木而用竹，茶匙不用金银铜而用椰壳和竹，茶筅用竹，茶瓶不用金银而用瓷石，皆是因为这更符合道教追求之自然。

---

① （明）朱权：《天皇至道太清玉册》卷上，明万历三十七年刻本。
② （明）朱权：《茶谱》，《艺海汇函》，明抄本。

第三章 明代的茶具与儒、释、道

清陆廷灿《续茶经》记载了两段朱权（号臞仙）有关茶具的话语。《续茶经》之《二之具》曰："臞仙云：古之所有茶灶，但闻其名，未尝见其物，想必无如此清气也。予乃陶土粉以为瓦器，不用泥土为之。大能耐火，虽猛焰不裂。径不过尺五，高不过二尺馀，上下皆镂铭颂箴戒之。又置汤壶于上，其座皆空，下有阳谷之穴，可以藏瓢、瓯之具，清气倍常。"① 朱权认为自己所制茶具非常符合道教要求的清气。

《续茶经》之《四之器》曰："臞仙云：茶瓯者，予尝以瓦为之，不用瓷。以笋壳为盖，以槲叶攒覆于上，如箸笠状，以蔽其尘。用竹架盛之，极清无比。茶匙以竹编成，细如笊篱，样与尘世所用者大不凡矣，乃林下出尘之物也。"② 茶瓯以笋壳为盖，用竹架盛之，茶匙用竹编成，这些都符合道教追求自然的要求。而且朱权评价竹架为极清。

"清"是道教重要的追求。道教主要经典之一《道德经》就多次提到"清"。《道德经》曰："孰能浊以澄？静之徐清。"③ 又曰："天得一以清……天无以清，将恐裂。"④ 又曰："静胜躁，寒胜热，清静为天下正。"⑤

朱权在其所著道书《臞仙神隐》中有关茶具的论述也很大程度上体现了道教的观念。《臞仙神隐》曰："茶灶。……山中只宜瓦炉可也。茶磨。必用青礞石为之，又可化痰，妙妙。……茶臼。檀木为之，大概取其声。……茶匙以竹为之，更佳。……茶瓶。瓦者最清。"⑥ 茶灶、

---

① （清）陆廷灿：《续茶经》卷上《二之具》，《景印文渊阁四库全书》第844册，台湾商务印书馆1986年版。
② （清）陆廷灿：《续茶经》卷中《四之器》，《景印文渊阁四库全书》第844册，台湾商务印书馆1986年版。
③ （汉）河上公（注）：《老子道德经》卷上《显德第十五》，《景印文渊阁四库全书》第1055册，台湾商务印书馆1986年版。
④ （汉）河上公（注）：《老子道德经》卷下《法本第三十九》，《景印文渊阁四库全书》第1055册，台湾商务印书馆1986年版。
⑤ （汉）河上公（注）：《老子道德经》卷下《洪德第四十五》，《景印文渊阁四库全书》第1055册，台湾商务印书馆1986年版。
⑥ （明）朱权：《新刻臞仙神隐》卷2《草堂杂用》，明胡文焕刊《格致丛书》本，第14—15页。

香茗雅器：明代茶具与明代社会

茶瓶的材质之所以适合用瓦（也即陶），因为"瓦者最清"。茶磨用青礠石，茶臼用檀木，茶匙用竹，都是因为这些材质接近自然。

明初著名文人王绂作为道徒亦曾影响茶具的制作。明王洪《王孟端绂传》曰："孟端讳绂……隐居九龙山中。咏左太冲诗曰，何必丝与竹，山林有清音，若将有终焉之志，自号曰九龙山人。……尤工画山水竹石，每酒酣，对宾客，着黄冠服，意气傲然。"[1]"黄冠服"也即道士服，王绂存在很深的道教信仰。

洪武年间王绂因病目修养于无锡惠山听松庵，他与僧人性海共同命竹工制作了竹炉。明朱逢吉《竹茶炉记》曰："炉形不可状，圆方下上，法乾坤之覆载也。周实以土，火炎弗毁，烂虹光之贯穴也。织文外饰，苍然玉润，铺湘云而翦淇水也。视其中空无所有，冶铁如删者横其半。勺清冷于器，拾堕樵而烹之。"[2] 明刘弘《复竹茶炉诗卷序》曰："尝编竹为炉，体制甚精，仅围尺地许，天地动静，阴阳橐籥之妙，历历可观。"[3] 此炉"圆方下上"，符合道教天圆地方的宇宙观。所谓"阴阳橐籥之妙"，是指此炉符合道教阴阳的理论和天地自然观。道教经典《道德经》曰："天地之间，其犹橐籥。虚而不屈，动而俞出。"[4] 橐籥本意是鼓风吹火的风箱，刘弘在《复竹茶炉诗卷序》中用橐籥比喻竹炉。竹炉由竹（代表木）、土、铁（代表金）制成，生火以烹水，也符合道教阴阳五行的理论。

三 明代道徒喜持茶具饮茶

道教一定程度上认为茶叶是一种有利于修炼甚至达到羽化登仙目的

---

[1] （明）焦竑：《献征录》卷81，上海书店1987年版，第3433页。
[2] （清）吴钺、刘继增：《竹炉图咏》亨集，《锡山先哲丛刊》第1册，凤凰出版社2005年版。
[3] （清）吴钺、刘继增：《竹炉图咏》利集，《锡山先哲丛刊》第1册，凤凰出版社2005年版。
[4] （汉）河上公（注）：《老子道德经》卷上《虚用第五》，《景印文渊阁四库全书》第1055册，台湾商务印书馆1986年版。

第三章 明代的茶具与儒、释、道

的仙药，所以道徒普遍嗜茶。早在晋代就已有道士希望持茶具饮茶的记载。唐陆羽《茶经》引晋王浮《神异记》曰："余姚人虞洪入山采茗，遇一道士，牵三青牛，引洪至瀑布山曰：'吾，丹丘子也。闻子善具饮，常思见惠。山中有大茗可以相给。祈子他日有瓯牺之余，乞相遗也。'因立奠祀，后常令家人入山，获大茗焉。"[①] 所谓"瓯牺"也即用来饮茶的茶具茶瓯和水"杓"。

唐韩愈《石鼎联句并序》记录了唐元和七年衡山道士轩辕弥明与为官的文人刘师服、侯喜有关茶具炉中石鼎的联句。"（轩辕）弥明忽轩衣张眉，指炉中石鼎谓喜曰：'子云能诗，能与我赋此乎？'……（刘师服）闻此说大喜，即援笔题其首两句，次传于喜，喜踊跃缀其下云云。道士哑然笑曰：'子诗如是而已乎？'……因高吟曰：'龙头缩菌蠢，豕腹胀彭亨。'初不似经意，诗旨有似讥喜。二子相顾惭骇，欲以多穷之。……刘与侯皆已赋十余韵，弥明应之如响，皆脱颖含讥讽。夜尽三更，二子思竭不能续……道士奋曰：'不然，章不可不成也。'……即又唱出四十字，为八句……谓二子曰：'章不已就乎。'"[②] 此诗说明作为道士的轩辕弥明对茶具十分熟悉，这并非偶然，道士普遍多为嗜茶之人。

宋江少虞《宋朝事实类苑》之《张杲卿》记载了一名道士茶具烹茶从而劫走金器的故事："张杲卿丞相致政居阳翟……一日，有道人形神潇洒，野冠山服来谒，公与之语，颇达道，要亦究佛理，待之甚喜。既夕，道人曰：'某新自浙中回，得茗芽少许，欲请相公一啜。'公欣然可之，道人乃躬自涤器，进火烹茶以进。公颇称善，良久，又取茶饮从者各一瓯，少时，从者皆昏瞑颠仆且睡，道人即白公曰：'某欲往罗浮，炼丹之药剂鼎灶之资，行从多金器，原赐数事。'公遽呼从者，皆不应，亦无可奈何，任其所取，几十余斤，悉

[①] （唐）陆羽：《茶经》卷下《七之事》，《丛书集成新编》第 47 册，新文丰出版公司 1985 年版。

[②] （清）彭定求等：《全唐诗》卷 791，中华书局 1960 年版，第 8912—8914 页。

香茗雅器：明代茶具与明代社会

持去。"[1] 张果卿之所以会放松警惕，是因为道士普遍嗜茶且精于茶艺，看到道士洗涤茶具并且烹茶以进，完全没有把他与江洋大盗联系起来。

元尹廷高《堂成而方外芥室和尚、玉溪道士访予，玉井峰相对啜茶，一笑忘言，真会一也》一诗曰："携手孤峰蹑紫霞，船来陆到摠无差。从教庐阜传三笑，要学双林会一家。格物隐然条柏子，养心即是炼丹车。莫将门户论分别，鼎踞蒲团且啜茶。"[2] 诗中玉溪道士与芥室和尚以及诗人尹廷高共同用鼎烹茶饮茶，诗人还将饮茶养心比喻为道家炼丹。

明代有关道徒用茶具烹茶饮茶的记载很多。如明朱权《茶谱》曰："予故取亨茶之法，末茶之具，崇新改易，自成一家。为云海餐霞服日之士，共乐斯事也。虽然，会茶而立器具，不过延客款话而已，大抵亦有其说焉。凡鸾俦鹤侣，骚人羽客，皆能志绝尘境，栖神物外，不伍于世流，不污于时俗。"[3] 所谓"云海餐霞服日之士""鸾俦鹤侣""骚人羽客"很大程度指的是信奉道教的道徒。

又如明万邦宁在《茗史》之引言中说："余癖嗜茗，尝舣舟接它泉，或抱瓮贮梅水。二三朋侪，羽客缁流，剥击竹户，聚话无生，余必躬治茗碗，以佐幽韵。固有'烟起茶铛我自炊'之句。"[4] 所谓"羽客"是指道士，道士常与万邦宁用茶具相聚饮茶。

又如明唐文凤《与道友程惟中书》曰："别后岁月荏苒，倏经十年。每想万山修竹苍翠，炉香、茗碗，逍遥静乐，溪山一览，如出人寰，何时复得吟咏于其间也。"[5] 唐文凤与程惟中皆为信奉道教的道徒，他们十年前常在山中用茶具饮茶。

---

[1] （宋）江少虞：《宋朝事实类苑》卷70《诈妄谬误》，上海古籍出版社1981年版，第938页。

[2] （元）尹廷高：《玉井樵唱》卷中，《景印文渊阁四库全书》第1202册，台湾商务印书馆1986年版。

[3] （明）朱权：《茶谱》，《艺海汇函》，明抄本。

[4] （明）万邦宁：《茗史》，《四库全书存目丛书·子部》第79册，齐鲁书社1997年版。

[5] （明）唐文凤：《梧冈集》卷10，《景印文渊阁四库全书》第1242册，台湾商务印书馆1986年版。

第三章 明代的茶具与儒、释、道

再如明末清初钱德苍《解人颐》记载："唐六如、陈白阳同步园中，唐云：'眼前一簇园林，谁家庄子？'陈云：'壁上几行文字，那个汉书？'又一日，二人同至道院，唐云：'道童锅内煎茶，不知罐煮。'陈云：'和尚墙头递酒，必是私沽。'"① 唐六如是指唐寅，陈白阳是陈道复。唐寅云："道童锅内煎茶，不知罐煮"，"罐煮"表面上的意思是用茶罐煮茶，又谐音道观的"观主"。陈道复所云"私沽"谐音"师姑"。唐寅和陈道复所言说明当时道观道士烹茶，寺院和尚沽酒可能是常见现象。

明代描绘道徒用茶具烹茶饮茶的诗歌很多。如以下几首诗均描绘了道士在不同场合用茶具烹茶饮茶。明王冕《玄真观》："青冈直上玄真观，即是人间小洞天。……仙客相逢更潇洒，煮茶烧竹夜谈玄。"② 明黄希英《到太平观》："鞅掌人间世，仙都偶此游。竹林晴翠重，茶灶紫烟浮。……羽人多逸兴，携我上山头。……鸟与黄冠狎，人因翠竹留。松风六月冷，鼎气万年浮。"③ 明文嘉《羽客载茗》："路出华阳远，冠犹碧玉低。轻舠载茶具，送我过荆溪。"④ 明费宷《长至斋居和苍太常盛程斋少常胡九鸾》："郭外千峰列画屏，卷帘相对坐虚庭。……轻瓷茗饮清何极，羽客敲冰贮玉瓶。"⑤ 明陈颢《次韵答张道士》："见说辞京国，端居又一年。诗瓢寒挂月，丹灶暖生烟。谢俗怡清淡，探玄论白坚。何时造林下，煮茗试山泉。"⑥ 明钱子义《九龙峯（……山间有桑苎翁祠茶灶遗迹)》："青山飞下白云端，御井沉沉鏁翠

---

① （清）钱德苍：《解人颐》卷4《博趣集》，新文化书社1937年版，第70页。
② （明）王冕：《竹斋集》卷上，《景印文渊阁四库全书》第1233册，台湾商务印书馆1986年版。
③ （明）曹学佺：《石仓历代诗选》卷477，《景印文渊阁四库全书》第1387—1394册，台湾商务印书馆1986年版。
④ （明）文嘉：《文氏五家集·和州诗集》卷9，《景印文渊阁四库全书》第1382册，台湾商务印书馆1986年版。
⑤ （清）张豫章等：《御选明诗》卷79，《景印文渊阁四库全书》第1442—1444册，台湾商务印书馆1986年版。
⑥ （明）曹学佺：《石仓历代诗选》卷341，《景印文渊阁四库全书》第1387—1394册，台湾商务印书馆1986年版。

香茗雅器：明代茶具与明代社会

寒。陆羽祠前旧茶灶，道人留试小龙团。"① 以上诗中的仙客、羽人、羽客和道人皆是指道士。

特别值得一提的是明盛时泰所咏的《大城山房十咏》，由十首诗组成，第一首《茶所》描绘的是烹茶饮茶的环境，第二至第九首分别是《茶鼎》《茶铛》《茶罂》《茶瓢》《茶函》《茶洗》《茶瓶》《茶杯》，描绘了八种茶具，第十首是《茶宾》，描绘的是饮茶适合的茶侣。《茶宾》曰："枯木山中道士，绿萝庵里高僧。一笑人间白尘，相逢肘后丹经。"② 这组诗说明使用茶具烹茶饮茶最适合之人是山中的道士和庵中的高僧。

明代小说中亦有一些有关道徒用茶具烹茶饮茶的描写。下举数例。明吴承恩《西游记》第七十三回曰："长老欢喜上殿……与道士行礼。遂至客位中，同徒弟们坐下。（道士）急唤仙童看茶，当有两个小童，即入里边，寻茶盘，洗茶盏，擦茶匙，办茶果。"③ 明兰陵笑笑生《金瓶梅词话》第八十四回："这道士石伯才……两个徒弟守清、守礼，房中安放卓儿，就摆斋上来，都是美口甜食，蒸煠饼馓，咸口春馔，各样菜蔬，摆满春台。白定磁盏儿，银杏叶匙，绝品雀舌甜水好茶，收下家火去。"④ 明撰人不详的《梼杌闲评》第四十六回："（陈）元朗邀（魏）忠贤入内，那洞中景致更自不凡。……二人携手到亭上，分宾主坐下。童子献茶，以白玉为盏，黄金为盘。茶味馨香，迥异尘世，到口滑稽甘香，滋心沁齿，如饮醍醐甘露。"⑤ 陈元朗为道士前来点化魏忠贤。明金木散人《鼓掌绝尘》第一回："李道士笑道：'不过寄蜉蝣于天地耳，何劳相公过奖。'正说话间，那道童一只手擎了笔砚，一只手

---

① （明）钱子义：《三华集·种菊庵集》卷8，《景印文渊阁四库全书》第1372册，台湾商务印书馆1986年版。

② （明）醉茶消客：《茶书》，明抄本。

③ （明）吴承恩：《西游记》第73回《情因旧恨生灾毒，心主遭魔幸破光》，人民文学出版社2010年版，第894页。

④ （明）兰陵笑笑生：《金瓶梅词话》第84回《吴月娘大闹碧霞宫，宋公明义释清风寨》，人民文学出版社2000年版，第1163页。

⑤ （明）佚名：《梼杌闲评》第25回《跛头陀幻术惑愚，田知县贪财激大变》，华夏出版社2013年版，第247页。

第三章 明代的茶具与儒、释、道

提了茶壶,连忙送来。许叔清在旁着实帮衬,便把笔砚摆列齐整。李道士就捧了一杯茶,送与杜蕚。"①

四 明代茶具与道法自然的思想

道法自然是道教重要的思想。在道教重要经典《道德经》《庄子》中,对自然就多有论述。如《道德经》曰:"成功事遂,百姓皆谓我自然。"② 又曰:"人法地,地法天,天法道,道法自然。"③ 又曰:"是以万物莫不尊道而贵德。道之尊,德之贵,夫莫之命而常自然。"④ 道教经典《庄子》曰:"游心于淡,合气于漠,顺物自然而无容私焉,而天下治矣。"⑤ 又曰:"阴阳和静,鬼神不扰,四时得节,万物不伤,群生不夭,人虽有知,无所用之,此之谓至一。当是时也,莫之为而常自然。"⑥ 所谓自然也即自然而然,本应如此。

中国古代文人受道教道法自然思想的影响,喜在山水自然环境下用茶具烹茶饮茶。例如唐陆羽在他所著的《茶经》中,就已表现出喜爱在"松间石上""瞰泉临涧""援藟跻嵒"以及"引絙入洞"等自然环境中使用茶具。"其煮器,若松间石上可坐,则具列废。……若瞰泉临涧,则水方、涤方、漉水囊废。……若援藟跻嵒,引絙入洞,于山口炙而末之,或纸包合贮,则碾、拂末等废。"⑦ "援藟跻嵒""引絙入洞"

---

① (明)金木散人:《鼓掌绝尘》第1回《小儿童题咏梅花观,老道士指引凤凰山》,春风文艺出版社1985年版,第13页。
② (汉)河上公(注):《老子道德经》卷上《淳风第十七》,《景印文渊阁四库全书》第1055册,台湾商务印书馆1986年版。
③ (汉)河上公(注):《老子道德经》卷上《象元第二十五》,《景印文渊阁四库全书》第1055册,台湾商务印书馆1986年版。
④ (汉)河上公(注):《老子道德经》卷下《养德第五十一》,《景印文渊阁四库全书》第1055册,台湾商务印书馆1986年版。
⑤ (晋)郭象(注):《庄子注》卷3《应帝王第七》,《景印文渊阁四库全书》第1056册,台湾商务印书馆1986年版。
⑥ (晋)郭象(注):《庄子注》卷6《缮性第十六》,《景印文渊阁四库全书》第1056册,台湾商务印书馆1986年版。
⑦ (唐)陆羽:《茶经》卷下《九之略》,《丛书集成新编》第47册,新文丰出版公司1985年版。

香茗雅器：明代茶具与明代社会

也即攀藤登上岩石，牵绳进入洞中。

明初朱权是著名崇道者，也是文人化的藩王，在他所著《茶谱》中描述了用茶具在自然状态下的饮茶："会茶而立器具，不过延客款话而已，大抵亦有其说焉。……或会于泉石之间，或处于松竹之下，或对皓月清风……探虚玄而参造化，清心神而出尘表。……寄形物外，与世相忘。"① 通过在自然环境中的饮茶，参悟大道的虚玄，探究天地的造化。

明田艺蘅《煮泉小品》曰："汲泉道远，必失原味。……数千步取塘水，较之石泉新汲，左杓右铛，又何如哉？余尝谓二难具享，诚山居之福者也。"② 田艺蘅主张在山中自然的环境中用茶具饮茶。

明徐献忠《水品》之《吴兴白云泉》曰："吴兴金盖山，故多云气。乙未三月，与沈生子内晓入山。观望四山，缭绕如垣，中间田段平衍，环视如在甑中受蒸润也。少焉日出，云气渐散，惟金盖独迟，越不易解。予谓气盛必有佳泉水，乃南陟坡陁，见大杨梅树下，汩汩有声，清泠可爱，急移茶具就之，茶不能变其色。"③ 徐献忠亦认为在金盖山的山中环境下适宜用茶具取水饮茶。

明黄履道《茶苑》引明熊明遇《芥茶疏》曰："主人舌根，多为名根所役，时于松风竹雨、暑昼清宵，呼童汲水吹炉，依依觉鸿渐之致不远。……偶泛舟茗上，偕安吉陈刺史啜之，刺史故称鉴赏"。④ 熊明遇叙述了在松风竹雨、泛舟茗上等自然状态下的饮茶。

许多明人诗歌也反映了用茶具在自然环境中的饮茶。下举两例。如明顾清《寄寿何以仁御医用鲍翁韵》诗曰："松间倚几逐阴迁，竹里茶铛扫叶然。老去益知闲有味，丹成不恨世无传。风尘笑我方为客，云海如君更羡仙。"⑤ 此诗描绘了在松间、竹里等自然状态下用茶铛烹茶，

---

① （明）朱权：《茶谱》，《艺海汇函》，明抄本。
② （明）田艺蘅：《煮泉小品》，《四库全书存目丛书·子部》第 80 册，齐鲁书社 1997 年版。
③ （明）徐献忠：《水品》，《四库全书存目丛书·子部》第 80 册，齐鲁书社 1997 年版。
④ （明）黄履道：《茶苑》卷 14，清抄本。
⑤ （明）顾清：《东江家藏集》卷 8，《景印文渊阁四库全书》第 1261 册，台湾商务印书馆 1986 年版。

第三章　明代的茶具与儒、释、道

几如道教之仙人。又如明樊阜《题山水图为刘廷信都宪作》："我家本在山中住，读书惯识山中趣。偶落名涂尘眼昏，见山便欲还山去。南阳先生官态无，半醉示我云山图。持向檐前再三看，青山突兀云模糊。百尺飞泉落松顶，颠厓倒巘晴烟影。神仙楼阁牵翠霞，薇帐围香昼长静。……不是苕川与辋川，仙都山下川原杳。……茶灶藤床旧栖隐，骚人墨客多留题。……由来泉石绝纤尘，当与先生分管领。"[①] 此诗描绘了宛如道教神仙境界的山中自然环境，在其中安有用于烹茶的茶灶。

再如以下三诗皆描绘了用茶具在各种山水自然环境中的饮茶。明邵惟中《观惠山泉用苏韵》："挠棹傍溪曲，入径松阴苍。泉清眇纤碍，恍临冰雪堂。……茶仙烹小团，竹炉遗芬香。荡涤尘俗虑，对景浑相忘。"[②] 明徐𤊹《闲居》："竹满檐楹草满除，青山应属野人居。……石鼎香酣吟懒后，瓦铛茶熟梦回初。半生消受清闲福，一任人嗔礼法疏。"[③] 明谢迁《湖庄小集次雪湖韵二首》："摆脱尘羁且共游，茶铛钓具满船头。浮名久负湖山胜，懒性真便水竹幽。风约浮萍双鲤出，雨深腐草乱萤流。扣舷一曲聊乘兴，惊起波心几白鸥。"[④]

另有大量明代茶画表现了文人在山水自然的环境中使用茶具烹茶饮茶，这是道教道法自然思想的一种反映，因为在本书第二章第二节《明代的茶具与文人》中对此问题已有一定论述，此处不再重复。

五　明代茶具与隐逸思想

隐逸思想是道家重要的观念之一。道家重要经典《庄子》描写上古帝王尧欲将帝位让给许由，许由曰："子治天下，天下既已治也。而我犹代子，吾将为名乎？名者，实之宾也，吾将为宾乎？鹪鹩巢于深

[①]（明）曹学佺：《石仓历代诗选》卷437，《景印文渊阁四库全书》第1387—1394册，台湾商务印书馆1986年版。

[②]（明）醉茶消客：《茶书》，明抄本。

[③]（清）张豫章等：《御选明诗》卷86，《景印文渊阁四库全书》第1442—1444册，台湾商务印书馆1986年版。

[④]（明）谢迁：《归田稿》卷7，《景印文渊阁四库全书》第1256册，台湾商务印书馆1986年版。

香茗雅器：明代茶具与明代社会

林，不过一枝；偃鼠饮河，不过满腹。归休乎君，予无所用天下为！庖人虽不治庖，尸祝不越樽俎而代之矣。"《庄子》还以大树比喻："今子有大树，患其无用，何不树之于无何有之乡，广莫之野，彷徨乎无为其侧，逍遥乎寝卧其下。不夭斤斧，物无害者，无所可用，安所困苦哉！"① 汉班固《汉书》评论道家："道家者流……清虚以自守，卑弱以自持……《易》之嗛嗛，一谦而四益，此其所长也。及放者为之，则欲绝去礼学，兼弃仁义，曰独任清虚可以为治。"②

在道家隐逸思想的影响下，历代均产生一批隐逸之士。如南朝梁萧子显《南齐书》之《高逸传》曰："故有入庙堂而不出，徇江湖而永归，隐避纷纭，情迹万品。若道义内足，希微两亡，藏景穷岩，蔽名愚谷，解桎梏于仁义，示形神于天壤，则名教之外，别有风猷。"③ 宋欧阳修《新唐书》之《隐逸传》曰："古之隐者，大抵有三概：上焉者，身藏而德不晦，故自放草野，而名往从之……其次，挈治世具弗得伸，或持峭行不可屈于俗……末焉者，资槁薄，乐山林，内审其才，终不可当世取舍"。④ 清张廷玉《明史》之《隐逸传》曰："夫圣贤以用世为心，而逸民以肥遁为节，岂性分实然，亦各行其志而已。明太祖兴礼儒士，聘文学，搜求岩穴，侧席幽人，后置不为君用之罚，然韬迹自远者，亦不乏人。"⑤

在中国古代，茶往往成为隐逸的象征，茶具是隐士隐逸生活的重要标志，茶具与道家隐逸思想结合在一起。

早在唐代，隐逸之士就与茶具发生密切关系。如唐陆羽《茶经》在述及二十四种茶具中的漉水囊时说："林栖谷隐者，或用之竹木。"⑥

---

① （晋）郭象（注）：《庄子注》卷1《逍遥游第一》，《景印文渊阁四库全书》第1056册，台湾商务印书馆1986年版。
② （汉）班固：《汉书》卷30《艺文志》，中华书局1962年版，第1732页。
③ （南朝梁）萧子显：《南齐书》卷54《高逸传》，中华书局1972年版，第925页。
④ （宋）欧阳修等：《新唐书》卷196《隐逸传》，中华书局1975年版，第5593—5594页。
⑤ （清）张廷玉等：《明史》卷298《隐逸传》，中华书局1974年版，第7624页。
⑥ （唐）陆羽：《茶经》卷中《四之器》，《丛书集成新编》第47册，新文丰出版公司1985年版。

第三章 明代的茶具与儒、释、道

说明在陆羽心目中使用茶具有一批隐逸之士。包括陆羽本人虽生前就已名满天下，但终生未出仕为官，亦是隐逸之人。又如唐苏廙《十六汤品》在论及"压一汤"时说："贵厌金银，贱恶铜铁，则瓷瓶有足取焉。幽士逸夫，品色尤宜。"①"幽士逸夫"亦是隐逸之人。再如唐张籍所作《赠姚合少府》表现了隐士用茶灶烹茶："病来辞赤县，案上有丹经。为客烧茶灶，教儿扫竹亭。……阙下今遗逸，谁瞻隐士星。"②

明代茶书中有许多表现明代隐逸之人与茶具的内容。如明屠隆《茶说》曰："择器。……贫贱者不能具，则瓷石有足取焉。瓷瓶不夺茶气，幽人逸士，品色尤宜。石凝结天地秀气而赋形，琢以为器，秀犹在焉。"③ 所谓"幽人逸士"，指的是隐逸之人。

又如闻龙《茶笺》曰："山林隐逸，水铫用银，尚不易得，何况鍑乎？若用之恒，而卒归于铁也。"④"山林隐逸"指的是隐士。

明张源《茶录》之《茶具》条曰："愚意银者宜贮朱楼华屋，若山斋茅舍，惟用锡瓢，亦无损于香、色、味也。"⑤ 居于"山斋茅舍"自然一般是隐逸之人。

明许次纾终身未仕，作为隐逸之人写作过著名茶书《茶疏》，他在《茶疏》中表达："余斋居无事，颇有鸿渐之癖。又桑苎翁所至，必以笔床、茶灶自随，而友人有同好者，数谓余宜有论著，以备一家，贻之好事，故次而论之。"⑥ 许次纾也象唐代陆羽（字鸿渐，号桑苎翁）一样，常以茶具自随，是在友人的鼓励下写了《茶疏》。

明董其昌在为明夏树芳《茶董》所撰的序言中说："陶通明曰：'不为无益之事，何以悦有涯之生？'余谓茗碗之事，足当之。盖幽人高士，蝉脱势利，藉以耗壮心而送日月。水源之轻重，辨若淄渑；火候

---

① （唐）苏廙：《十六汤品》，《丛书集成新编》第47册，新文丰出版公司1985年版。
② （清）彭定求等：《全唐诗》卷384，中华书局1960年版，第4314页。
③ （明）屠隆：《茶说》，喻政《茶书》，明万历四十一年刻本。
④ （明）闻龙：《茶笺》，陶珽《说郛续》卷37，清顺治三年李际期宛委山堂刻本。
⑤ （明）张源：《茶录》，喻政《茶书》，明万历四十一年刻本。
⑥ （明）许次纾：《茶疏》，《四库全书存目丛书·子部》第79册，齐鲁书社1997年版。

香茗雅器：明代茶具与明代社会

之文武，调若丹鼎。"① 陶通明是南朝齐、梁年间著名的道士，亦是隐逸之人。"幽人高士"指的是隐士，他们常以茗碗之事消耗送走日月。"火候之文武，调若丹鼎"指的是隐士操作茶具之火候，就像道士调理用来炼丹的鼎炉一样。

明徐𤊹在为明屠本畯《茗笈》所撰的序言中说："屠幽叟先生……予每过从，辄具茗碗……茗尽而谈未竟，必令童子数燃鼎继之，率以为常。……挂冠归隐鉴湖，益以烹点为事。……善夫陆华亭有言曰：'此一味，非眠云跂石人未易领略。'"② 屠本畯，字幽叟，为官时即常以茶鼎烹茶，茶碗饮茶，归隐后更是常烹点茶水。徐𤊹引用明陆树声（华亭人，故又称为陆华亭）的话将屠本畯比喻为"眠云跂石人"，眠云跂石人表面上的意思是眠于云中、垂足石上之人，实际指的是隐士。

明陈继儒在为明张源所著茶书《茶录》所撰的跋中说："樵海先生，真隐君子也。平日不知朱门何物，日偃仰青山白云堆中，以一瓢消磨半生。"③ 张源，号樵海先生，是真正的隐士，半生以茶具消磨时光（"以一瓢消磨半生"）。

明周庆叔著有茶书《岕茶别论》，沈周在《书岕茶别论后》中评论曰："自古名山，留以待羁人迁客，而茶以资高士，盖造物有深意。……庆叔隐居长兴，所至载茶具，邀余素鸥黄叶间，共相欣赏。"④ 周庆叔隐居于岕茶产地长兴，所至带着茶具。

另外许多史料亦表现了茶具与明代隐逸之士之间的密切关系，茶具往往成为他们的隐逸象征。

如清蒋溥等《钦定盘山志》曰："德清，号憨山，万历癸酉夏至盘山千像寺后石巇内见一隐者，灰头土面。山作礼，绝不顾问，亦不应。

---

① （明）夏树芳：《茶董》，《四库全书存目丛书·子部》第79册，齐鲁书社1997年版。
② （明）屠本畯：《茗笈》，喻政《茶书》，明万历四十一年刻本。
③ （明）陈继儒：《白石樵真稿》卷18《题诗文·跋记传卷集》，上海杂志公司1935年版，第307页。
④ （清）陆廷灿：《续茶经》卷下《七之事》，《景印文渊阁四库全书》第844册，台湾商务印书馆1986年版。

第三章 明代的茶具与儒、释、道

山知非常人,亦同默坐。少顷隐者烧茶,唯取一杯自饮。山亦取一杯同饮。饮茶竟,隐者还茶具于原处,端坐如故。……明日山知茶时烹茶,饭时炊饭。"① 德清于明万历年间在盘山遇一隐者,茶具是隐者隐逸生活的重要器物。

清赵弘恩等《江南通志》记载了明代两个隐士:"李世迈……少慕高隐,明末弃经生业,构室高槐古梅中,竹炉泉茗,兴至鼓琴一再行,闻雨滴芭蕉声则喜而不寐,授徒自给。……卜文瑜……工画山水,不名一家,生平无定居,炉香茗碗,到处自随。吴伟业九友歌有'晚年笔力凌沧洲,幅巾鹤发轻王侯'之句。"② 李世迈和卜文瑜的隐逸生活分别是和竹炉、茗碗这些茶具联系在一起的。

明王世贞在给他人的信件中说:"仆已寄迹方外,不复甘腐鼠,而饿鸱见吓转甚近。……足下何不委蛇鳌伯子,跌宕笔床茶灶间,亦足送日。李于鳞云:'意气还从我辈生,功名且付儿曹立',语故有味也。"③"不复甘腐鼠,而饿鸱见吓转甚近"的典故出自道家典籍《庄子》之《秋水》篇:"惠子相梁,庄子往见之。或谓惠子曰:'庄子来,欲代子相。'于是惠子恐,搜于国中三日三夜。庄子往见之,曰:'南方有鸟,其名鹓𫛢,子知之乎?夫鹓𫛢,发于南海而飞于北海,非梧桐不止,非练实不食,非醴泉不饮。于是鸱得腐鼠,鹓𫛢过之,仰而视之曰:"吓!"今子欲以子之梁国而吓我邪?'"④ 此典故表现的是隐逸的高洁,视功名如腐鼠。王世贞表明自己已对世俗功名没有兴趣,并劝他人"跌宕笔床茶灶间",也即寻求隐逸。

明费元禄《鼂采馆清课》中表现了自己的隐逸生活:"聚书万

---

① (清)蒋溥等:《钦定盘山志》卷9《方外二》,《景印文渊阁四库全书》第586册,台湾商务印书馆1986年版。

② (清)赵弘恩、黄之隽等:《江南通志》卷168,《景印文渊阁四库全书》第507—512册,台湾商务印书馆1986年版。

③ (明)王世贞:《弇州续稿》卷205,《景印文渊阁四库全书》第1282—1284册,台湾商务印书馆1986年版。

④ (晋)郭象(注):《庄子注》卷6《秋水游第十七》,《景印文渊阁四库全书》第1056册,台湾商务印书馆1986年版。

♨ 香茗雅器：明代茶具与明代社会

卷……琴一、笛一、剑戟、尊罍、名香、古鼎、湘榻、素屏、茶具、墨品。暇日肃咏其间，无俗客尘事之累，当是震旦净土，人世丹丘。……于声华势利一切嗜好泊如也，居恒箕踞蕞采，凡一琴，香一鼎，竹炉、茶灶一具。昧爽栉梳，辄咏羲文易象、虞夏周书、公丹典礼，览仲尼之春秋、左、国、两司马诸史，倦则逍遥双树侧。"① 茶具是费元禄隐逸生活的重要物品。

明代甚至有一名叫昊十九的文人，隐于陶轮间，以制作茶具度日。"浮梁人昊十九者，能吟，书逼赵吴兴，隐陶轮间。与众作息，所制精瓷，妙绝人巧。尝作卵幕杯，薄如鸡卵之幕，莹白可爱，一枚重半铢。又杂作宣、永二窑，俱逼真者。而性不嗜利，家索然，席门瓮牖也。余以意造流霞不定之色，要十九为之，贻之诗曰：'为觅丹砂斗市廛，松声云影自壶天。凭君点出流霞盏，去泛兰亭九曲泉。'……十九自号壶隐道人，今犹矍。"② 昊十九制作了卵幕杯、流霞盏等茶具。他自号"壶隐道人"，有很深的道家意味。

还有许多明代诗歌表现了茶具与隐逸生活的重要关系。如明盛时泰《茶瓢》诗曰："雨里平分片玉，风前遥泻明珠。忆昔许由空老，即今颜子何如。"③ 许由是上古时期著名隐士，历史上有许由弃瓢的传说："许由者，古之贞固之士也。……无杯杆，每以手捧水而饮之。人有见其饮无杯，以瓢遗之。许由受以操饮毕，辄挂于树枝。风吹树，瓢摇动，历历有声。许由尚以为繁扰，取而弃之。"④ 颜子是指颜回，孔子弟子，春秋著名隐士，孔子曾称赏他："一箪食，一瓢饮，在陋巷，人不堪其忧，回也不改其乐。"⑤

---

① （明）费元禄：《鼂采馆清课》，《丛书集成初编》第637册，中华书局1985版。
② （明）李日华：《紫桃轩杂缀》卷1，《四库全书存目丛书·子部》第108册，齐鲁书社1997版。
③ （明）醉茶消客：《茶书》，明抄本。
④ （宋）李昉等：《太平御览》卷571，《景印文渊阁四库全书》第893—901册，台湾商务印书馆1986年版。
⑤ （清）阮元：《十三经注疏·论语注疏》卷6，中华书司2009年版，第5383页。

第三章　明代的茶具与儒、释、道

下面再列举数首诗歌。如明文徵明《雨后》诗曰："竹几蒲团供坐睡，茗杯香鼎有闲缘。客来莫话长安事，自理南华物外篇。"① 此诗表现了很强的隐逸倾向，以茗杯求闲，莫谈京中功名之事，且看道家之书《南华经》（指《庄子》）。又如明邵宝《赠吴山人》："渊明酒以逃，陆羽乃茶癖。……山人竹为垆，曾赏王友石。……（心远翁自宜兴来，过我精舍，野服萧然，从以一鹿。茶罢遂行，曰：'吾将游吴中诸山。'越数日，复过此，乃书此为赠。翁以能茗闻，而予先言酒尚古也。）"② 又如明王偁《寄鸣秋赵山人兼似幻居闲士》："书寄远公林下偈，调高中散竹边琴。药栏春去啼禽换，茶灶秋来落叶深。"③ 远公是指晋代隐居庐山的僧人慧远，中散是指魏晋间隐居不仕喜爱老庄学说的嵇康，此诗以远公、中散喻赵山人。又如明杨旦《和许天锡司谏过李处士山居》："萝径松关自一家，羡君雅志厌纷华。……约伴荷锄方斸笋，呼僮支鼎旋烹茶。流连不觉忘归去，满地残红落乳鸦。"④ 明孙承恩《出郭访隐士》："地远怪君知我至，鹊声先我报君家。山殽野蔌频行酒，石鼎松根细煮茶。不尽留连还别去，夕阳天际已归鸦。"⑤ 明丘浚《挽全州蒋隐君友人蒋良之父》："高人厌世氛，一夕敛天真。花落闲庭晚，鸟啼空谷春。药囊余旧剂，茶灶冷香尘。埋玉湘江上，悲风起白苹。"⑥ 以上数诗中的吴山人、赵山人、李处士、"隐士"、蒋隐君之父皆为隐逸之人，茶具是他们隐逸生活的重要内容。

---

① （明）文徵明：《甫田集》卷13，《景印文渊阁四库全书》第1273册，台湾商务印书馆1986年版。
② （明）邵宝：《容春堂后集》卷9，《景印文渊阁四库全书》第1258册，台湾商务印书馆1986年版。
③ （明）袁表、马荧：《闽中十子诗》卷26《王检讨集五》，《景印文渊阁四库全书》第1372册，台湾商务印书馆1986年版。
④ （明）曹学佺：《石仓历代诗选》卷451，《景印文渊阁四库全书》第1387—1394册，台湾商务印书馆1986年版。
⑤ （明）孙承恩：《文简集》卷22，《景印文渊阁四库全书》第1271册，台湾商务印书馆1986年版。
⑥ （清）汪森：《粤西诗载》卷11，《景印文渊阁四库全书》第1465册，台湾商务印书馆1986年版。

香茗雅器：明代茶具与明代社会

特别值得一提的是在中国古代常以"渔父"作为隐逸的象征，这来源于《庄子》的《渔父》篇以及屈原《楚辞》之《渔父》篇。在《庄子》之《渔父》篇中，孔子遇到渔父，向渔父请教，并对他十分敬畏。渔父离去，孔子还说："道之所在，圣人尊之。今之渔父之于道，可谓有矣，吾敢不敬乎！"[①] 文中隐逸的渔父逍遥泽畔，显得悠然自得，最后离去时更显示出晦迹韬光、变幻莫测的贵真性格。

《楚辞》之《渔父》篇中，屈原遇见隐逸的渔父。屈原自认为"举世皆浊我独清，众人皆醉我独醒，是以见放"，渔父则曰："圣人不凝滞于物，而能与世推移。……何故深思高举，自令放为？"屈原表示："安能以皓皓之白，而蒙世俗之尘埃乎？"渔父则"莞尔而笑，鼓枻而去。乃歌曰：'沧浪之水清兮，可以濯吾缨；沧浪之水浊兮，可以濯吾足。'遂去，不复与言。"[②] 此篇虽非道家著作，但高蹈遁世的渔父"不凝滞于物""与世推移"的思想体现出深刻的道家理念，也对后世道家、道教产生深刻影响。

唐代陆龟蒙深受以上两篇大致同时代产生的《渔父》的影响，他所作自传《甫里先生传》曰："先生嗜茶荈，置小园於顾渚山下……性不喜与俗人交，虽诣门不得见也。……或寒暑得中，体佳无事时，则乘小舟，设蓬席，赍一束书、茶灶、笔床、钓具、棹船郎而已。……人谓之江湖散人，先生乃著《江湖散人传》而歌咏之。……岂涪翁、渔父、江上丈人之流者乎？"[③] 为表现自己的隐逸和旷达，陆龟蒙模仿《庄子》和《楚辞》中的渔父，乘舟游荡，舟中设有书籍、茶灶、笔床和钓具等。陆龟蒙自认为自己是历史上渔父、涪翁和江上丈人一流人物。涪翁和江上丈人也都是以渔钓为生、避世隐逸且品德高尚的渔翁。《后汉书·郭玉传》曰："初有老父不知何出，常渔钓于涪水，因号涪翁。乞

---

① （晋）郭象（注）：《庄子注》卷10《渔父第三十一》，《景印文渊阁四库全书》第1056册，台湾商务印书馆1986年版。
② （汉）刘向（辑），（汉）王逸：《楚辞》卷7《渔父章句》，上海古籍出版社2015年版。
③ （清）董诰：《全唐文》第9册，中华书局1983年版，第8421页。

第三章 明代的茶具与儒、释、道

食人间，见有疾者时下针石，辄应时而效。"① 晋皇甫谧《江上丈人》记载春秋时期作为渔翁的江上丈人救了逃难的楚人伍员（伍子胥），伍员欲以千金之剑相赠，丈人曰："楚国之法得伍胥者，爵执珪，金千镒，吾尚不取，何用剑为。"②

明代有一些文人仿效陆龟蒙，作渔翁状，驾舟水上，舟中贮笔床、茶具和钓具等，以表现自己的放达和隐逸。如明唐文凤作有《西溪渔隐记》："永升为人，性识聪敏，雅好山水，而眈于画。……风晨月夕，驾一叶之舟，青箬绿蓑，笔床茶灶，举以自随。或吮墨以画，或鼓枻而歌，天壤之间有此真乐，而为永升得之。其托于渔岂暂隐乎，抑终隐乎？……然则吾永升其得终隐西溪欤？"③

又如明田艺蘅著有《钓赋》："著玄真以自号。天随继美兮，伴笔床而茶灶。江湖为家，烟波寄傲。笑歌沧浪，斗酒自劳。富贵浮云，曾何足道。执鞭可求，甚于媚奥。钓而不纲，手舞足蹈。先民有言，从吾所好。"④ 田艺蘅在赋中表现自己渔钓水上，伴笔床、茶灶，笑傲江湖。"著玄真以自号"指的是唐代道士张志和（自号烟波钓徒）著有道书《玄真子》，"天随"是指自比渔父的唐代陆龟蒙（别号天随子）。

又如明宋讷《镜湖渔隐赋》曰："此镜湖之在绍兴，犹西湖之在钱唐。其遨游登临之胜，盖不少殊焉。若夫和气渐融，化日初舒，船尾载琴，船头载书，茶灶兮蒙顶石花，砚床兮白玉蟾蜍。和沧浪之短歌，赋孙绰之遂初，寄兴于白头之波，移家于黄茅之庐。"⑤ 此赋表现了作者渔隐湖上，船中载书籍和茶灶。

---

① （南朝梁）范晔：《后汉书》卷112下《郭玉传》，中华书局1986年版，第2735页。
② （晋）皇甫谧：《高士传》卷上，《景印文渊阁四库全书》第448册，台湾商务印书馆1986年版。
③ （明）程敏政：《新安文献志》卷16，《景印文渊阁四库全书》第1375—1376册，台湾商务印书馆1986年版。
④ （清）陈元龙等：《御定历代赋汇·补遗》卷13，《景印文渊阁四库全书》第1422册，台湾商务印书馆1986年版。
⑤ （清）黄宗羲：《明文海》卷37，《景印文渊阁四库全书》第1453—1458册，台湾商务印书馆1986年版。

♨ 香茗雅器：明代茶具与明代社会

再如明李昌祺创作的小说《幔亭遇仙录》曰："杜僎成，巴丘之逸士，而寓居于建阳。赋性高迈，抗志林泉。畜一小舟，置笔床、茶灶、钓具、酒壶于其中。每夷犹于清溪九曲间以为常，而人亦推其有标致。一日，仲秋雨霁，凉风满襟。僎成沿流临泛，听其所之。"① 此文虽然为小说，亦真实反映了当时的历史事实。

另有一些诗歌表现了隐逸之士在舟中载茶具、钓具，渔钓水上的状况。下举数例。明童轩《渔者》诗曰："一叶扁舟里，萧条生计微。犬依茶灶卧，鸥逐钓丝飞。不识功名路，浑忘宠辱机。溪头新水绿，欸乃日忘归。"② 明谢迁《湖庄小集次雪湖韵二首》："摆脱尘羁且共游，茶铛钓具满船头。浮名久负湖山胜，懒性真便水竹幽。……扣舷一曲聊乘兴，惊起波心几白鸥。"③ 明魏学洢《送唐污父入四安山》："污父先生久作邻，未知污父是何人。茶垆时畜长生火，药裹常随不病身。……刺船忽向千峰去，何处烟波着钓纶。"④ 明文彭《余有别业在笠泽之上，尝课耕于此，因阅黄太史渔父词，喜而继作，聊以述其自得之乐也》："无利无名一老翁，笔床茶灶任西东。陆鲁望，米南宫，除却先生便是侬。"⑤ 明徐贲《渔父篇赠瞿敬夫》："君本烟波一钓徒，载得全家入五湖。……笔床茶灶何用将，篷底惟留钓鱼具。……但取鱼来不论迟，黄粱绿竹手亲炊。饱时把钓醒时唱，世事于君定不知。"⑥

---

① （明）瞿佑等：《剪灯新话（外二种）》，上海古籍出版社 1981 年版，第 218 页。
② （明）童轩：《清风亭稿》卷 5，《景印文渊阁四库全书》第 1247 册，台湾商务印书馆 1986 年版。
③ （明）谢迁：《归田稿》卷 7，《景印文渊阁四库全书》第 1256 册，台湾商务印书馆 1986 年版。
④ （明）魏学洢：《茅檐集》卷 2，《景印文渊阁四库全书》第 1297 册，台湾商务印书馆 1986 年版。
⑤ （明）文彭：《文氏五家集·博士诗集》卷 7，《景印文渊阁四库全书》第 1382 册，台湾商务印书馆 1986 年版。
⑥ （清）张豫章等：《御选明诗》卷 4，《景印文渊阁四库全书》第 1442—1444 册，台湾商务印书馆 1986 年版。

第三章　明代的茶具与儒、释、道

六　明代茶具与长生神仙思想

道家（道教）非常重视人的生存，希望通过自身修炼或食用仙药达到长生甚至成仙的目的。东汉重要道教典籍《太平经》曰："守一明之法，长寿之根也，万神可祖，出光明之门。……百病除去，守之无懈，可谓万岁之术也。"[1] 又曰："吾字十一明为止……人得见之寿长久，居天地间活而已，治百万人仙可待，善治病者勿欺绐，乐莫乐乎长安市，使人寿若西王母。"[2] 道教认为可以服食长寿，甚至成仙，东晋著名道士葛洪所著道教经典《抱朴子》曰："虽服草木之叶，已得数百岁，忽怠於神丹，终不能仙。以此论之，草木延年而已，非长生之药可知也。未得作丹，且可服之，以自支持耳。"[3]

中国古代受道教长生神仙思想的影响，早在宋代就存在将烹茶的茶具比喻为道教炼丹的丹鼎的现象。如南宋陆睿为当时权相贾似道作有祝寿词《八声甘州·寿贾师宪》："玉帝要留公住，把西湖一曲，分入林园。有茶炉丹灶，更有钓鱼船。觉秋风、未曾吹著，但砌兰、长倚北堂萱。千千岁，上天将相，平地神仙。"[4] 此词将茶炉喻为丹灶，将贾似道喻为千千岁的神仙。

明代将茶具喻为道教丹鼎的诗文较多。如明钱宰《煮雪轩记》文曰："西江汪季子筑室于别墅……适匡庐山道士葛公子虚、九江浮屠无人过季子，相与谈玄。季子着银鼠帽、狐裘豹祛傲雪，出迎客。……季子索许旌阳烧丹灶、轩辕弥明煮茶石鼎，伐桂树枝与二客蹀屧中庭，斫白雪纳鼎铛瀹茗而煮之。火且炽。白雪旋化，若生银入冶镕而为玉液，若真铅九转变而为玄霜。一勺入口……白雪之英，清入肺腑，因名其轩

---

[1]　王明：《太平经合校》卷18—34，中华书局1979年版，第16页。
[2]　王明：《太平经合校》卷38，中华书局1979年版，第62页。
[3]　（晋）葛洪：《抱朴子》内篇卷2《仙药第十一》，《景印文渊阁四库全书》第1059册，台湾商务印书馆1986年版。
[4]　（宋）周密：《齐东野语》卷12，《景印文渊阁四库全书》第865册，台湾商务印书馆1986年版。

♨ 香茗雅器：明代茶具与明代社会

曰煮雪。"① 此文将烹茶的茶鼎称为"轩辕弥明煮茶石鼎"，这是因为唐代道士轩辕弥明与人作有著名的联句诗歌《石鼎联句》，且将烹茶石鼎喻为晋代道士许逊（曾出任旌阳令）炼丹的丹灶，有很深的道教意味。此文还将茶鼎烹雪，喻为丹灶炼丹。

另有许多明代诗歌将茶具喻为道教炼丹之鼎。下举数例。明蓝仁《谢卢石堂惠白露茶》诗曰："武夷山里谪仙人，采得云岩第一春。丹灶烟轻香不变，石泉火活味逾新。"② 明张九方为明初所制惠山听松庵竹炉赋诗曰："竹炉煮茗称清幽，石上夷斗泉取急流。细擘凤团香泛雪，旋生蟹眼韵含秋。火分丹灶红光溜，烟绕书屏翠影稠。"③ 明王宠《酌悟道泉》诗曰："名泉真乳穴，滴滴渗云肤。白石支丹鼎，青山调水符。灵仙餐玉法，人世独醒徒。"④ 以上三诗皆将烹茶的茶炉称为丹灶或丹鼎。

受道教长生神仙思想的影响，在宋元时期就存在把茶具所烹的茶水看作可通仙飞升之药的现象。如元杨维桢《煮茶梦记》文曰："铁龙道人卧石床，移二更，月微明及纸帐，梅影亦及半窗，鹤孤立不鸣。命小芸童，汲白莲泉燃槁湘竹，授以凌霄芽为饮供。道人乃游心太虚，雍雍凉凉，若鸿蒙，若皇芒，会天地之未生，适阴阳之若亡。……乃有扈绿衣，若仙子者，从容来谒。"⑤

再举三诗为例。宋张九成《勾漕送建茶》诗曰："分甘尝此品，敢望建溪烹。……罪罟敢当此，自碾供百灵。捧杯啜其余，云腴彻顶清。……顿觉凡骨蜕，疑在白玉京。整冠朝金阙，鸣佩谒东皇。须臾还旧观，坐见百虑平。"⑥ 白玉京是指天帝所居仙境。宋吕南公《茶铛》：

---

① （明）钱宰：《临安集》卷5，《景印文渊阁四库全书》第1229册，台湾商务印书馆1986年版。
② （明）蓝仁：《蓝山集》卷3，《景印文渊阁四库全书》第1229册，台湾商务印书馆1986年版。
③ （明）醉茶消客：《茶书》，明抄本。
④ 同上。
⑤ （清）汪灏：《御定佩文斋广群芳谱》卷19《茶谱》，《景印文渊阁四库全书》第845—847册，台湾商务印书馆1986年版。
⑥ 北京大学古文献研究所：《全宋诗》卷1795，北京大学出版社1991—1998年版，第19989页。

· 518 ·

第三章　明代的茶具与儒、释、道

"宾榻萧萧午户开，松枝火尽半寒灰。主人欲就游仙梦，休愿煎茶醒睡来。"① 元侯克中《答朱鹤皋惠茶》："日高梦破打门声，阳羡新茶称客情。方念雁无千里信，忽闻鹤在九皋鸣。轩辕石鼎春云暖，汉武金盘晓露清。方丈蓬莱在何处，乘风好缔玉川盟。"② 方丈蓬莱是仙人所居之地。

明代亦有一些诗文将茶具所烹之茶当作可通仙甚至飞升的灵药。如明倪谦《茶榜》文曰："缓火炙，活火煎，鼓阴阳于橐钥。前浪平后浪涌，沸江汉于釜鬵。非关煮蒙顶之露芽。自是瀹蓬壶之瑶草。丹丘子服此而轻身换骨，玉泉公饮之而返老还童。……渴睡汉从今唤醒，长生药何用别寻。……高超清净境界，同挟两腋之清风。请尝试之，乃所愿也。"③ "橐钥"在《道德经》中本意是用来鼓风的风箱，用来比喻天地之乾坤变化，此文中是指茶炉，"釜鬵"亦指茶具。此文将茶具所烹之茶看作是可以轻身换骨、返老还童的长生药。

下面再举三诗为例。明陈献章《杂兴》诗曰："白日几时生羽翼，金丹负我不神仙。东家茗碗频分啜，两腋清风也可怜。"④ 明李梦阳《咏信州茗和郑子》："厥草有佳种，灵味固无匹。……入鼎沸银浪，随风可倾国。涤烦古有经，通仙讵堪惑。"⑤ 明程敏政《病中夜试新茶简二弟戏用建除体》："建溪新茗如环钩，生人食之除百忧。……朝来定与两难弟，执手共瀹青瓷瓯。腹藁已破五千卷，举身恨不登危楼。玉川成仙几百载，清气渺渺散不收。"⑥ 程敏政诗中的玉川是指唐卢仝（号

---

① 北京大学古文献研究所：《全宋诗》卷1038，北京大学出版社1991—1998年版，第11878页。
② （元）侯克中：《艮斋诗集》卷6，《景印文渊阁四库全书》第1205册，台湾商务印书馆1986年版。
③ （明）倪谦：《倪文僖集》卷32，《景印文渊阁四库全书》第1439—1441册，台湾商务印书馆1986年版。
④ （明）陈献章：《陈白沙集》卷5，《景印文渊阁四库全书》第1246册，台湾商务印书馆1986年版。
⑤ （明）李梦阳：《空同集》卷12，《景印文渊阁四库全书》第1262册，台湾商务印书馆1986年版。
⑥ （明）曹学佺：《石仓历代诗选》卷414，《景印文渊阁四库全书》第1387—1394册，台湾商务印书馆1986年版。

玉川），曾作有《走笔谢孟谏议寄新茶》诗，内有诗句："蓬莱山，在何处？玉川子，乘此清风欲归去。山上群仙司下土，地位清高隔风雨。"①

在道教长生神仙思想的影响下，早在宋元时期就有一些诗歌将茶具烹茶之地喻作仙境。下举数例。宋程珌《西江月·茶词》词曰："岁贡来从玉垒，天恩拜赐金奁。春风一朵紫云鲜。明月轻浮盏面。想见清都绛阙，雍容多少神仙。归来满袖玉炉烟。愿侍年年天宴。"② 宋李吕《茶灶》诗曰："中坻出盘陀，曲突非刻画。仙翁碾玉尘，盈瓯试春色。"③ 宋袁枢《武夷精舍十咏·茶灶》诗曰："摘茗蜕仙岩，汲水潜虬穴。旋然石上灶，轻泛瓯中雪。清风已生腋，芳味犹在舌。何时棹孤舟，来此分余啜。"④ 元蔡廷秀《茶灶石》："仙人应爱武夷茶，旋汲新泉煮嫩芽。啜罢骖鸾归洞府，空余石灶锁烟霞。"⑤

明代亦有一些将茶具烹茶之地看作仙境的诗歌。下举数诗为例。明王冕《玄真观》诗曰："青冈直上玄真观，即是人间小洞天。……仙客相逢更潇洒，煮茶烧竹夜谈玄。"⑥ 明黄希英《到太平观》："鞅掌人间世，仙都偶此游。竹林晴翠重，茶灶紫烟浮。……羽人多逸兴，携我上山头。……鸟与黄冠狎，人因翠竹留。松风六月冷，鼎气万年浮。即此是真境，何须十二楼。"⑦ 明林瀚《寄姑苏苏延玉义相》："当年客棹过君家，一段蓬壶景不赊。……金樽满泛长春酒，石鼎新烹异品茶。为问

---

① （清）彭定求等：《全唐诗》卷388，中华书局1960年版，第4379页。
② 唐圭璋：《全宋词》第4册，中华书局1965年版，第2290页。
③ 北京大学古文献研究所：《全宋诗》卷2109，北京大学出版社1991—1998年版，第23839页。
④ 北京大学古文献研究所：《全宋诗》卷2397，北京大学出版社1991—1998年版，第27720页。
⑤ （清）张豫章等：《御选元诗》卷75，《景印文渊阁四库全书》第1439—1441册，台湾商务印书馆1986年版。
⑥ （明）王冕：《竹斋集》卷上，《景印文渊阁四库全书》第1233册，台湾商务印书馆1986年版。
⑦ （明）曹学佺：《石仓历代诗选》卷477，《景印文渊阁四库全书》第1387—1394册，台湾商务印书馆1986年版。

第三章 明代的茶具与儒、释、道

传书南去鹤,寿仙何处炼丹砂。"① 明顾璘《宿云开堂》:"难逢魏母彩鸾车,聊试弥明石鼎茶。翠羽金支云缥缈,紫厓丹洞石崝岈。……愿借夒公玄鹤羽,月明骑上太清家。"② 以上几首诗中的"洞天""仙都""十二楼""蓬壶"和"丹洞"等指的都是道教中的仙境。

明代还有诗歌直接将茶具喻为仙。如明杨基《木茶炉》将茶炉喻为仙人:"绀绿仙人炼玉肤,花神为曝紫霞腴。九天清泪沾明月,一点芳心托鹧鸪。肌骨已为香魄死,梦魂犹在露团枯。嬬娥莫怨花零落,分付余醺与酪奴。"③ 明贾焕咏惠山听松庵竹炉将茶炉喻为仙流:"古朴茶炉制度幽,名全苦节入仙流。篝龙气焰三千丈,云朵精华八百秋。"④

---

① (明)曹学佺:《石仓历代诗选》卷409,《景印文渊阁四库全书》第1387—1394册,台湾商务印书馆1986年版。
② (清)张玉书、汪霦等:《御定佩文斋咏物诗选》卷237,《景印文渊阁四库全书》第1432—1434册,台湾商务印书馆1986年版。
③ (明)杨基:《眉庵集》卷8,《景印文渊阁四库全书》第1230册,台湾商务印书馆1986年版。
④ (明)醉茶消客:《茶书》,明抄本。

· 521 ·

结　　语

　　明代代表性的茶具主要有炉、盏和壶，另外还有一些其他相关茶具，这些茶具在茶书、诗歌、茶画和小说戏曲中都有大量相关记载和描述。在茶书中，明代炉的材质主要有铜、陶和竹三种，其设计主要有似鼎和似灶两类，炉中的燃料，普遍主张用炭。明代诗歌中作为茶具的"鼎"大多指的是生火的炉，但有时也指置于炉上的煮水器。明代诗歌中的茶炉，根据材质，主要可分为铜炉、陶炉、地炉、石炉、竹炉，另外也有木炉和铁炉，炉中的燃料，最常见的有松、竹、笋壳和枯叶，这些燃料的共同点是易燃且火力旺，十分符合对活火的要求。从明代诗歌看，炉中似乎不流行用炭，反而颇为崇尚茶烟，认为是一种很美的意境。中国古代以茶为题材的绘画极其丰富，明清一些记载中国古代书画的著作记录了大量的明代茶画，这些著作对茶画中的炉多有涉及，另外大量歌咏明代茶画或直接题于茶画上的诗歌涉及茶炉。由于茶炉的体量和在茶事活动中不可替代的重要性，中国古代茶画大多会出现茶炉，且茶炉往往会处于一个比较显要的位置。明代小说中大量出现茶炉，茶炉已成为官与民、贫与富各色人等日常生活中的重要器具。明代小说中涉及茶馆时常出现茶炉，文人逸士外出游玩时也常携带茶炉等茶具。明代小说中富贵人家的奴仆一项重要职责即是扇炉煮茗。明代戏曲中也有一些涉及茶炉的内容。

　　中国古代茶书中的盏，唐代主要崇尚青瓷，宋代崇尚黑瓷，而明代则崇尚白瓷，这与饮茶方式的变迁有关，明代主流的饮茶方式由唐代的

结 语

烹茶法、宋代的点茶法演变为泡茶法,唐宋流行的饼茶逐渐退出历史舞台,盛行散茶。明代茶书中茶盏是最典型的茶具,普遍十分注重茶饮中茶盏的清洁。从中国古代的茶诗来看,瓷器是茶盏的主流,明代亦是如此。中国古代陶瓷有崇玉的倾向,所以茶诗中的茶盏常被称为玉瓯、玉盏,明代诗歌中以玉形容茶盏的例子很多。唐代茶诗中最受欣赏的茶盏是越窑青瓷,宋代茶诗中出现最多的是建窑为代表的黑瓷,明代茶诗中则流行以景德镇窑为代表的白瓷。因明代茶盏尚白,明代茶诗常以雪来形容瓷盏之色,有时也用白玉来形容茶盏。明代茶诗中大量出现燃香烹茶同时进行的情景,作为香具的熏炉和作为茶具的茶碗甚至结合在一起成为固定搭配的词汇。明代茶诗中茶事、酒事往往同时出现,有关茶具、酒具的搭配最常出现的是"茶碗"和"酒杯"。明清时期有一些记载并评论中国古代书画作品的著作,这些著作往往涉及明代茶画中的盏,另外明代还有一些歌咏茶画或直接题于茶画上的诗歌涉及茶盏。大量明代茶画中,盏是十分重要并且核心的茶具。明代小说中有大量涉及茶盏的内容,通过茶盏推动情节的发展。明代小说中茶盏的主流为瓷器,瓷器茶盏多为白瓷,也有青瓷。除此之外,还有漆器茶盏、玉器茶盏等。明代戏曲中也常出现茶盏的身影。

明代的壶与唐宋时期的煮水器有很深的渊源关系,是由煮水器逐渐演化而来,到明后期功能方面才完全从煮水器中脱离出来与煮水器并列。壶在明后期开始风行并十分普及,成为最核心的茶具之一。明代茶书中煮水器的材质有金、银、瓷、石、铜、铁、锡和陶等,哪一种对茶饮而言最合适,不同茶书观点并不相同。明代茶书普遍认为煮水器宜小不宜大,因为器小易沸腾,便于及时冲泡。煮水有一定的技巧,大多认为不可不熟也不可过熟,但也有观点认为水应纯熟。明代茶书中壶的材质有陶、瓷、金、银、锡、铜等,何者最佳不同茶书观点并不相同,但陶质的宜兴紫砂壶已在茶书中颇受关注和推崇。明清时期宜兴紫砂壶有很高声誉,至少产生三部有关茶书,分别是明周高起《阳羡茗壶系》、清吴骞《阳羡名陶录》以及吴骞《阳羡名陶续录》。最受推崇的紫砂壶

🍵 香茗雅器：明代茶具与明代社会

名家是供春和时大彬。明代诗歌中的煮水器被称为铛、瓶和鼎等，煮水器的材质有银、铜、陶、瓷和石等。明代诗歌对煮水器中的水声有丰富描述，常形容为车声、松涛、波涛、蝉鸣、雨声和笙乐等。明代已出现一些有关茶壶的诗歌，明诗中歌咏的壶主要是宜兴紫砂壶。明代一些歌咏茶画或直接题于茶画上的诗歌涉及煮水器，还有涉及壶的。茶事活动中，煮水器不可或缺，因之明代茶画中煮水器出现的频率很高，并常处于较突出的位置。壶在明代茶画中出现的频率远小于各式煮水器。明代小说中大量出现煮水器，煮水器常被称为锅、铫、壶、瓶和罐等，从明代小说来看，这些煮水器功能并非单纯煮水，有时还直接用来煮茶。茶壶在明代小说中也已是很常见的茶具，因壶之普及，所以饮茶常以壶为单位，其材质主要有银、铜、瓷和紫砂等。明代戏曲内也有一些涉及煮水器和茶壶的内容。

  中国古代最核心的茶具是炉、盏和壶，但仍然还有大量其他茶具，所有的茶具可分为藏茶用具、生火用具、煮茶用具、烤茶碾茶用具、盛水取水用具、饮茶用具、盛器和摆设用具、清洁用具几类。明代茶书中的藏茶用具一般为陶瓷器皿，另外锡器也已出现，作为藏茶用具的陶瓷器具被称为罂、坛、瓮和瓶等。明代茶书中的生火用具除炉外，还有炊筒、炭篓、火筴和扇等。明代茶书中的煮茶用具除煮水器外，未见其他器具。明代茶书中的烤茶碾茶用具仅见于明初朱权《茶谱》中，为茶碾和茶罗。明代茶书中的盛水用具有瓶、罂、罐和瓮等陶瓷器皿，取水用具多为葫芦所制之瓢。明代茶书中的饮茶用具除盏和壶外，重要的还有用来作为舀取茶果之用的茶匙。明代茶书中的盛器和摆设用具有都蓝、茶架和具列等。另外明代茶书中还有一些用来清洁水、茶以及其他茶具的清洁用具，特别值得一提的是用来洗茶的茶洗。明代诗歌中的藏茶用具主要是茶笼和茶瓶，用来包裹封闭茶叶的除箬叶外，还有绢。明代诗歌中最常见的碾茶用具是茶臼，也有茶碾。明诗中的盛水用具被称为瓮、瓶和罂等，取水用具被称为瓢和"杓"。明诗中饮茶用具除盏和壶外，还出现了盘，这是用来承托茶盏的饮茶附属器具。明诗中最重要

结　语

的清洁用具是茶洗。明代茶画中大量出现炉、盏和壶以外的其他各式茶具，为今人考察明代茶具提供了直观的形象。明代小说中的藏茶用具可分为箱、袋和瓶这几类，盛水用具主要有瓮和缸，饮茶用具除盏和壶外，还有茶盘、茶托、茶匙和茶碟，盛器和摆设用具有用来盛放茶果糕点等物的茶盒和摆放各类茶具的茶架。

明代向朝廷进贡的茶叶可分为地方府县进贡、太监进贡和土官进贡几个部分，毫无疑问，地方府县进贡是明代贡茶最主要的部分。地方府县进贡到朝廷的茶叶实际上有两类，一类是礼部征收并转交光禄寺的茶叶，另一类是户部征收转交内府供用库的茶叶，分别用于外廷和内廷的开支。在制度上，礼部每年征收的贡茶约19000斤，户部近10万斤，合计共11万多斤。实际贡茶数量远远超过制度规定，主要原因在于皇室的奢侈、官吏的贪渎以及太监的强征。茶叶是明代宫廷的重要饮食，这使茶具在明代宫廷生活中占有重要地位，宫廷甚至有专门负责皇帝茶饮等饮食的机构，即御茶房。文献中多有明代帝王在宫廷中使用茶具的记载。明代宫廷中的茶具不但用于饮食，还大量用于祭祀、婚礼、筵宴、赏赐和赐茶等礼仪。太庙、奉先殿、陵寝、灵明显佑宫和灵济宫的祭祀中都离不开茶及茶具。宫廷的婚礼中茶具亦必不可少。宫廷的筵宴包括对臣僚的筵宴和对蕃国的筵宴两个方面，茶具不可或缺，筵宴的饮食往往被叫做茶饭。宫廷中涉及茶具的赏赐有两种情况，一种是皇帝向大臣赏赐茶具，另一种是朝廷向藩属或外国赐予茶具。明代宫廷赐茶可分为犒赏赐茶、召对赐茶、视学赐茶和教育赐茶几类，茶具皆扮演重要角色。明代宫廷中使用茶具的材质固然多种多样，但陶瓷毫无疑问是主流。明代宫廷在景德镇设有御窑，大量生产宫廷用瓷，其中相当一部分即为茶具。景德镇御窑生产茶具的工序极为复杂，生产的数量也很大。包括茶具在内的御窑瓷器是由皇帝直接委派宦官监督生产的，这些茶具很大程度体现了皇帝的个性和爱好。明代御窑生产的茶具一般为白瓷，这与唐宋到明清饮茶风尚的变迁有关。御窑茶具品质最高的是宣窑、成窑和靖窑生产的瓷器，相对而言，宣窑茶具声誉最高。

☗ 香茗雅器：明代茶具与明代社会

明代遗留到现代的茶书有 50 种左右，多为文人创作，代表性的有张源《茶录》、许次纾《茶疏》、程用宾《茶录》以及罗廪《茶解》等，内有大量茶具与文人的内容，相当程度能够反映文人使用茶具的情况，或至少是文人心目中理想的状态。明人文集亦多有有关茶具与文人的内容，典型的有张大复《梅花草堂笔记》、陈继儒《小窗幽记》、文震亨《长物志》以及张岱《陶庵梦忆》等。明代中期以后，人生自适的观念在文人中流行，以达到人格的独立和自我的发展，文人普遍喜好茶具，往往通过茶具来构建自身优雅闲适的生活，烹茗饮茶在他们的日常生活中是必不可少的。在明代，文人对茶具的设计产生极大影响。例如对汤瓶、茶壶和茶盏，明代茶书和文人著作普遍主张以小为佳。明代受文人影响最大的茶具毫无疑问是宜兴紫砂壶，这种茶具很大程度就是文人与紫砂陶艺相结合的产物。宜兴紫砂壶与文人的结合主要体现在以下几个方面：一是文人与紫砂艺人的交往，二是文人定制紫砂壶，三是文人参与紫砂壶制作，四是文人撰写紫砂壶铭文，五是紫砂壶上附加书法篆刻，六是文人对紫砂壶著书立说。明代文人珍藏茶具是普遍现象，他们对茶具有两项标志性的追求，一是紫砂壶，另一个是竹炉。文人最推崇的紫砂壶是供春、时大彬所制宜兴紫砂壶，最推崇的竹炉是明初王绂和僧人性海所制无锡惠山听松庵竹炉。明代文人持茶具饮茶，十分注重饮茶环境，以营造清雅脱俗的氛围，文人欣赏的饮茶环境有茶寮、山斋亭馆、僧寮道院以及山水自然等。明代文人持茶具饮茶还十分注重饮茶的伴侣，他们欣赏的茶侣是文人学士、隐逸之士和僧道之徒。

世俗社会使用的茶具呈现出与宫廷茶具、文人茶具不同的特点，官绅使用的茶具常显得富贵，豪商富室所用茶具显得豪奢，而普通平民的茶具则呈现简素的面貌。在生活中饮茶成为明代官绅的日常，史籍中有关官绅与茶具的内容主要出现在明代创作极为繁荣的小说中。从明代小说来看，官宦人家往往辟有茶具饮茶、友朋交往的茶厅，有专门的仆役掌管茶具、专职烹茶，官宦人家的茶具往往呈现富贵的气息，崇金尚

结 语

银。明代豪商富室亦普遍饮茶，明代小说中有大量豪商富室与茶具的内容，他们所用茶具往往显示出豪奢的特征。明代小说中豪商富室使用昂贵茶具最典型的是兰陵笑笑生《金瓶梅词话》，烘托了西门庆等人广有财富并奢侈炫耀的特点，西门庆家中有专司茶具、专顿茶水之人。明代有关普通平民与茶具的内容在文献中大量出现，平民百姓所用茶具最主流的应为陶瓷茶具，这些茶具大多为位于江西饶州的景德镇所产，较为廉价，一个茶"钟"的价格只相当于数两茶叶。明代茶书、诗歌、民歌和小说中均有大量平民与茶具的内容，特别是小说中有关内容十分丰富，这些茶具总体呈现出简素的特点。茶馆是世俗的饮茶场所，明代茶馆较之宋元更为发展和普及，明代小说中有大量涉及茶馆中茶具的内容。明代小说中常会出现有关仙境、幻境与茶具的内容，这些茶具的材质常为人世昂贵甚至罕见难得的金、银、玉、琉璃和玛瑙等，烘托了仙气盎然、迥异尘世的气氛，这些茶具实际上是对宫廷之地、富豪之家使用茶具的一种影射。

在明代，儒家思想充分渗透到了茶具的制作与设计之中，主要体现在茶具的纹饰、器型与款识几个方面。明代茶具之上的许多纹饰大量体现了儒家的内涵与寓意，这些纹饰植物方面主要有莲荷、菊、兰、梅、松和竹等，动物方面主要有龙、凤、鸡和鸳鸯等。儒家有很强的人格思想，明人往往赋予茶具以强烈的人格观念。明代出现过几篇拟人化描绘茶具的文章，主要有支中夫《味苦居士传》、支廷训《汤蕴之传》和余怀《沙苑侯传》，这些文章表露出强烈的儒家人格思想。宜兴紫砂壶颜色较为暗淡，外形也较为朴拙，之所以能在明代得到广泛喜爱而崛起，一个重要原因是符合明代士人对儒家朴拙人格的欣赏和追求。在明代，茶具与礼仪发生密切关系，往往体现出浓厚的儒家礼仪思想，主要表现在四个方面，茶具用于馈赠礼仪、茶具用于待客礼仪、茶具用于婚丧礼仪以及茶具用于祭祀礼仪。明盛虞《竹炉并分封六事》中的茶具体现了深刻的儒家入世思想，中国古代包括明代往往将茶炉或茶铫称为鼎也与儒家入世思想有关，隐含了文人士大夫心灵深处的政治理想和追求。

· 527 ·

♨ 香茗雅器：明代茶具与明代社会

儒家有很强的崇玉观念，赋予玉种种道德理想，这极大影响到古代包括明代的茶具，茶具有类玉的倾向，这典型地体现在茶炉、茶壶和茶盏，例如将竹炉美称为玉，将茶壶称为"玉注""玉壶"和"玉瓶"等，将茶盏称为"玉瓯""玉碗"等。

　　明代佛教十分流行，茶具的设计和制作也深受佛教思想的影响，主要体现在纹饰、器型和款识几个方面。在纹饰方面，明代茶具体现佛教观念的图案主要有莲荷、狮、鱼、八吉祥以及梵文和藏文等。明代僧人一定程度参与了茶具的制作，这是佛教对明代茶具产生影响的一个重要方面。明代中后期兴起的宜兴紫砂壶，与佛教有很大关系，最早本创始于僧人。饮茶可提神醒脑、涤烦除虑，十分有利于僧人修行，明代僧人普遍嗜茶，喜持茶具饮茶。茶能使人心绪宁静，去除烦乱，而佛教禅宗也要求人心胸淡泊，二者于是联系起来。茶禅一味，是指通过饮茶领悟佛理禅机。饮茶离不开茶具，在中国古代包括明代，实践茶禅一味，茶具在其中有重要地位并发挥着重要作用。

　　作为本土宗教，在明代，道教也十分流行，对茶具制作产生深刻影响，主要表现在纹饰、器型和款识这几个方面。在纹饰方面，明代茶具体现道教观念的主要图案有八卦、仙人、婴戏、桃、灵芝、葫芦、鹤、羊以及"寿"字等。在器型方面，许多明代茶具的器型深刻体现了道家"道法自然"的思想，往往模仿自然界各种物事的外形。明代茶具的款识如"会向瑶台月下逢""茶梦庵""坛"等亦体现了深刻的道教思想。明代有的道徒参与了茶具的制作，最典型的是明初的朱权，他把自己所著的《茶谱》也看作重要道书之一，该书中罗列的茶具，普遍受到道教观念很大影响，朱权其他有关茶具的话语，也往往体现了道教观念。明代有关道徒用茶具烹茶饮茶的记载很多，相关内容大量存在于茶书、诗歌和小说中。受道家道法自然思想的影响，明代文人喜在山水自然的环境中用茶具烹茶饮茶。在中国古代，茶具是隐士隐逸生活的重要标志，茶具与道家隐逸思想结合在一起，明代文献中多有有关隐逸之士与茶具的内容。中国古代，"渔父"是

结　语

隐逸的象征，明代一些文人仿效唐陆龟蒙，作渔翁状，舟中贮笔床、茶具和钓具等，驾舟水上，以表现自己的放达和隐逸。受道教长生神仙思想的影响，明代一些诗文将茶具喻为道教炼丹的丹鼎，将茶具所烹之茶当作可通仙甚至飞升的灵药。

参考文献

一　古籍史料类（按出版时间排序）：

程用宾：《茶录》，明万历三十二年戴凤仪刻本，中国国家图书馆藏。

徐彦登：《历朝茶马奏议》，明万历刻本，南京大学图书馆藏。

醉茶消客：《茶书》，明抄本，南京图书馆藏。

朱权：《茶谱》，《艺海汇函》，明抄本，南京图书馆藏。

黄履道：《茶苑》，清抄本，中国国家图书馆藏。

邓志谟：《茶酒争奇》，邓志谟《七种争奇》，清春语堂刻本，中国国家图书馆藏。

李景康、张虹：《阳羡砂壶图考》，香港百壶山馆 1937 年版。

钱德苍（编），汪协如（点校）：《缀白裘》，中华书局 1941 年版。

冯梦龙：《醒世恒言》，人民文学出版社 1956 年版。

冯梦龙：《警世通言》，人民文学出版社 1956 年版。

王敷：《茶酒论》，王重民《敦煌变文集》，人民文学出版社 1957 年版。

冯梦龙：《喻世明言》，人民文学出版社 1958 年版。

吴敬梓：《儒林外史》，人民文学出版社 1958 年版。

毛晋：《六十种曲》，中华书局 1958 年版。

郎瑛：《七修类稿》，《明清笔记丛刊》，中华书局 1959 年版。

沈德符：《万历野获编》，中华书局 1959 年版。

彭定求等：《全唐诗》，中华书局 1960 年版。

《明实录》，"中央研究院"历史语言研究所 1962 年版。

参考文献

汪楫：《崇祯长编》，"中央研究院"历史语言研究所 1962 年版。

唐圭璋：《全宋词》，中华书局 1965 年版。

张廷玉等：《明史》，中华书局 1974 年版。

欧阳修、宋祁：《新唐书》，中华书局 1975 年版。

脱脱：《宋史》，中华书局 1977 年版。

陈祖槼、朱自振：《中国茶叶历史资料选辑》，农业出版社 1981 年版。

焦竑：《玉堂丛语》，中华书局 1981 年版。

王重民等：《全唐诗外编》，中华书局 1982 年版。

董诰等：《全唐文》，中华书局 1983 年版。

蔡襄：《茶录》，《丛书集成初编（第 1480 册）》，中华书局 1985 年版。

宋子安：《东溪试茶录》，《丛书集成初编（第 1480 册）》，中华书局 1985 年版。

陈继儒：《茶董补》，《丛书集成初编（第 1480 册）》，中华书局 1985 年版。

审安老人：《茶具图赞》，《丛书集成初编（第 1501 册）》，中华书局 1985 年版。

邹炳泰：《纪听松庵竹炉始末》，《丛书集成初编（第 1501 册）》，中华书局 1985 年版。

陆羽：《茶经》，《丛书集成新编（第 47 册）》，新文丰出版公司 1985 年版。

张又新：《煎茶水记》，《丛书集成新编（第 47 册）》，新文丰出版公司 1985 年版。

苏廙：《汤品》，《丛书集成新编（第 47 册）》，新文丰出版公司 1985 年版。

熊蕃：《宣和北苑贡茶录》，《丛书集成新编（第 47 册）》，新文丰出版公司 1985 年版。

黄儒：《茶品要录》，《丛书集成新编（第 47 册）》，新文丰出版公司 1985 年版。

赵汝砺：《北苑别录》，《丛书集成新编（第47册）》，新文丰出版公司1985年版。

王世贞：《弇山堂别集》，中华书局1985年版。

李东阳等：《明会典》，《景印文渊阁四库全书（第617—618册）》，台湾商务印书馆1986年版。

陆廷灿：《续茶经》，《景印文渊阁四库全书（第844册）》，台湾商务印书馆1986年版。

高濂：《遵生八笺》，《景印文渊阁四库全书（第871册）》，台湾商务印书馆1986年版。

文震亨：《长物志》，《景印文渊阁四库全书（第872册）》，台湾商务印书馆1986年版。

焦竑：《献征录》，上海书店1987年版。

冯梦龙、王廷绍、华广生：《明清民歌时调集》，上海古籍出版社1987年版。

赵佶：《大观茶论》，陶宗仪《说郛三种·说郛（清顺治三年李际期宛委山堂刊本）（卷93）》，上海古籍出版社1988年版。

冯时可：《茶录》，陶珽《说郛三种·说郛续（清顺治三年李际期宛委山堂刻本）（卷37）》，上海古籍出版社1988年版。

熊明遇：《罗岕茶记》，陶珽《说郛三种·说郛续（清顺治三年李际期宛委山堂刻本）（卷37）》，上海古籍出版社1988年版。

闻龙：《茶笺》，陶珽《说郛三种·说郛续（清顺治三年李际期宛委山堂刻本）（卷37）》，上海古籍出版社1988年版。

冯可宾：《岕茶笺》，《丛书集成续编（第86册）》，新文丰出版公司1988年版。

周高起：《洞山岕茶系》，《丛书集成续编（第86册）》，新文丰出版公司1988年版。

余怀：《茶史补》，《丛书集成续编（第86册）》，新文丰出版公司1988年版。

参考文献

冒襄：《岕茶汇钞》，《丛书集成续编（第86册）》，新文丰出版公司1988年版。

周高起：《阳羡茗壶系》，《丛书集成续编（第90册）》，新文丰出版公司1988年版。

支廷训：《十影君传》，《丛书集成续编（第95册）》，新文丰出版公司1988年版。

申时行等：《明会典》，中华书局1989年版。

吴觉农：《中国地方志茶叶历史资料选辑》，农业出版社1990年版。

《中国陶瓷名著汇编》，中国书店1991年版。

朱自振：《中国茶叶历史资料续辑（方志茶叶资料汇编）》，东南大学出版社1991年版。

凌濛初：《拍案惊奇》，人民文学出版社1991年版。

凌濛初：《二刻拍案惊奇》，人民文学出版社1991年版。

北京大学古文献研究所：《全宋诗》，北京大学出版社1991—1998年版。

陈子龙，徐孚远，宋征璧：《皇明经世文编》，《四库禁毁书丛刊·集部（第24册）》，北京出版社1997年版。

施耐庵：《水浒传》，人民文学出版社1997年版。

万邦宁：《茗史》，《四库全书存目丛书·子部（第79册）》，齐鲁书社1997年版。

屠本畯：《茗笈》，《四库全书存目丛书·子部（第79册）》，齐鲁书社1997年版。

夏树芳：《茶董》，《四库全书存目丛书·子部（第79册）》，齐鲁书社1997年版。

许次纾：《茶疏》，《四库全书存目丛书·子部（第79册）》，齐鲁书社1997年版。

陆树声：《茶寮记》，《四库全书存目丛书·子部（第79册）》，齐鲁书社1997年版。

徐献忠：《水品》，《四库全书存目丛书·子部（第79册）》，齐鲁书社1997年版。

田艺蘅：《煮泉小品》，《四库全书存目丛书·子部（第80册）》，齐鲁书社1997年版。

李日华：《紫桃轩杂缀》，《四库全书存目丛书·子部（第108册）》，齐鲁书社1997年版。

屠隆：《考槃馀事》，《四库全书存目丛书·子部（第118册）》，齐鲁书社1997年版。

陈彬藩、余悦、关博文：《中国茶文化经典》，光明日报出版社1999年版。

阮浩耕、沈冬梅、于良子：《中国古代茶叶全书》，浙江摄影出版社1999年版。

熊寥：《中国陶瓷古籍集成》，江西科学技术出版社1999年版。

高英姿：《紫砂名陶典籍》，浙江摄影出版社2000年版。

兰陵笑笑生：《金瓶梅词话》，人民文学出版社2000年版。

冯先铭：《中国古陶瓷文献集释（上）》，艺术家出版社2000年版。

叶羽：《茶书集成》，黑龙江人民出版社2001年版。

孔尚任：《桃花扇》，岳麓书社2002年版。

吴骞：《阳羡名陶录》，《续修四库全书（第1111册）》，上海古籍出版社2003年版。

吴骞：《阳羡名陶续录》，《续修四库全书（第1111册）》，上海古籍出版社2003年版。

顾元庆：《茶谱》，《续修四库全书（第1115册）》，上海古籍出版社2003年版。

高元濬：《茶乘》，《续修四库全书（第1115册）》，上海古籍出版社2003年版。

黄龙德：《茶说》，《中国古代茶道秘本五十种（第1册）》，全国图书馆文献缩微复制中心2003年版。

参考文献

张丑:《茶经》,《中国古代茶道秘本五十种(第2册)》,全国图书馆文献缩微复制中心2003年版。

钱椿年:《制茶新谱》,《中国古代茶道秘本五十种(第4册)》,全国图书馆文献缩微复制中心2003年版。

《中国古代陶瓷文献辑录》,全国图书馆文献缩微复制中心2003年版。

谢肇淛:《五杂俎》,《明代笔记小说大观(第2册)》,上海古籍出版社2005年版。

吴钺、刘继增:《竹炉图咏》,《锡山先哲丛刊(第1册)》,凤凰出版社2005年版。

曾枣庄、刘琳:《全宋文》,上海辞书出版社2006年版。

郑培凯、朱自振:《中国历代茶书汇编校注本》,商务印书馆(香港)有限公司2007年版。

张岱:《陶庵梦忆·西湖寻梦》,中华书局2007年版。

吴从先:《小窗自纪》,中华书局2008年版。

阮元:《十三经注疏(清嘉庆刊本)》,中华书局2009年版。

朱自振、沈冬梅、增勤:《中国古代茶书集成》,上海文化出版社2010年版。

吴承恩:《西游记》,人民文学出版社2010年版。

杨东甫:《中国古代茶学全书》,广西师范大学出版社2011年版。

项元汴:《校注项氏历代名瓷图谱》,北京出版社2011年版。

中国陶瓷文化研究所:《中国古代陶瓷文献影印辑刊》,世界图书出版公司2012年版。

裘纪平:《中国茶画》,浙江摄影出版社2014年版。

方健:《中国茶书全集校证》,中州古籍出版社2015年版。

王河、虞文霞:《中国散佚茶书辑考》,世界图书出版公司2015年版。

西周生:《醒世姻缘传》,人民文学出版社2015年版。

陈雨前:《中国古陶瓷文献校注》,岳麓书社2015年版。

龙膺:《蒙史》,喻政《茶书》,明万历四十一年刻本,四川大学出版社

2017年版。

喻政:《茶集》,喻政《茶书》,明万历四十一年刻本,四川大学出版社2017年版。

喻政:《烹茶图集》,喻政《茶书》,明万历四十一年刻本,四川大学出版社2017年版。

陈师:《茶考》,喻政《茶书》,明万历四十一年刻本,四川大学出版社2017年版。

徐㶿:《蔡端明别纪》,喻政《茶书》,明万历四十一年刻本,四川大学出版社2017年版。

徐㶿:《茗谭》,喻政《茶书》,明万历四十一年刻本,四川大学出版社2017年版。

罗廪:《茶解》,喻政《茶书》,明万历四十一年刻本,四川大学出版社2017年版。

张源:《茶录》,喻政《茶书》,明万历四十一年刻本,四川大学出版社2017年版。

陈继儒:《茶话》,喻政《茶书》,明万历四十一年刻本,四川大学出版社2017年版。

屠隆:《茶说》,喻政《茶书》,明万历四十一年刻本,四川大学出版社2017年版。

屠本畯:《茗笈》,喻政《茶书》,明万历四十一年刻本,四川大学出版社2017年版。

陈继儒:《小窗幽记》,中华书局2017年版。

二　今人著作类（按出版时间排序）：

"国立"中央图书馆:《明人传记资料索引》,"国立"中央图书馆1965年版。

中国硅酸盐学会:《中国陶瓷史》,文物出版社1982年版。

陈椽:《茶业通史》,农业出版社1984年版。

参考文献

汤纲、南炳文：《明史》，上海人民出版社 1985 年版。
吴智和：《明清时代饮茶生活》，博远出版有限公司 1990 年版。
史俊棠、盛畔松：《紫砂春秋》，文汇出版社 1991 年版。
陈宗懋：《中国茶经》，上海文化出版社 1992 年版。
顾景舟：《宜兴紫砂珍赏》，香港三联书店 1992 年版。
《中国历史年代简表》，文物出版社 1994 年版。
冈夫：《茶文化》，中国经济出版社 1995 年版。
吴智和：《明人饮茶生活文化》，明史研究小组 1996 年版。
余悦：《问俗》，浙江摄影出版社 1996 年版。
刘淼：《明代茶业经济研究》，汕头大学出版社 1997 年版。
姚国坤、胡小军：《中国古代茶具》，上海文化出版社 1998 年版。
冯先铭：《中国古陶瓷图典》，文物出版社 1998 年版。
何草：《茶道玄幽》，光明日报出版社 1999 年版。
王河：《茶典逸况》，光明日报出版社 1999 年版。
王建平：《茶具清雅》，光明日报出版社 1999 年版。
胡长春：《茶品幽韵》，光明日报出版社 1999 年版。
余悦：《茶趣异彩》，光明日报出版社 1999 年版。
赖功欧：《茶哲睿智》，光明日报出版社 1999 年版。
赵自强：《中国历代茶具》，广西美术出版社 1999 年版。
炎黄艺术馆：《景德镇出土元明官窑瓷器》，文物出版社 1999 年版。
刘勤晋：《茶文化学》，中国农业出版社 2000 年版。
陈宗懋：《中国茶叶大辞典》，中国轻工业出版社 2000 年版。
徐秀棠：《中国紫砂》，上海古籍出版社 2000 年版。
王从仁：《中国茶文化》，上海古籍出版社 2001 年版。
叶羽：《茶经》，黑龙江人民出版社 2001 年版。
关剑平：《茶与中国文化》，人民出版社 2001 年版。
佘彦焱：《中国历代茶具》，浙江摄影出版社 2001 年版。
铁源：《明清瓷器纹饰鉴定——龙凤纹饰卷》，华龄出版社 2001 年版。

铁源：《明清瓷器纹饰鉴定——花鸟纹饰卷》，华龄出版社 2001 年版。
铁源：《明清瓷器纹饰鉴定——动物纹饰卷》，华龄出版社 2001 年版。
铁源：《明清瓷器纹饰鉴定——人物纹饰卷》，华龄出版社 2001 年版。
铁源：《明清瓷器纹饰鉴定——图案纹饰卷》，华龄出版社 2002 年版。
铁源：《明清瓷器纹饰鉴定——松竹蔬果卷》，华龄出版社 2002 年版。
铁源：《明清瓷器纹饰鉴定——博古文字卷》，华龄出版社 2002 年版。
铁源：《明清瓷器纹饰鉴定——四季花卉卷》，华龄出版社 2002 年版。
铁源：《明清瓷器纹饰鉴定——荷莲牡丹卷》，华龄出版社 2002 年版。
刘昭瑞：《中国古代饮茶艺术》，陕西人民出版社 2002 年版。
龚建华：《茶文化博览·中国茶典》，中央民族大学出版社 2002 年版。
余悦：《茶文化博览·中国茶韵》，中央民族大学出版社 2002 年版。
柏凡：《茶文化博览·中国茶饮》，中央民族大学出版社 2002 年版。
宋伯胤：《品味清香：茶具》，上海文艺出版社 2002 年版。
胡小军：《茶具》，浙江大学出版社 2003 年版。
任继愈：《中国哲学史》，人民出版社 2003 年版。
查俊峰、尹寒：《茶文化与茶具》，四川科学技术出版社 2003 年版。
陈文华：《长江流域茶文化》，湖北教育出版社 2004 年版。
陈宝良：《明代社会生活史》，中国社会科学出版社 2004 年版。
草千里：《中国历代陶瓷款识》，浙江大学出版社 2004 年版。
廖建智：《明代茶酒文化之研究》，万卷楼图书股份有限公司 2005 年版。
吴觉农：《茶经述评》，中国农业出版社 2005 年版。
万明：《晚明社会变迁——问题与研究》，商务印书馆 2005 年版。
罗文华：《趣谈中国茶具》，百花文艺出版社 2005 年版。
陈文华：《中国茶文化学》，中国农业出版社 2006 年版。
姜青青：《数典》，浙江摄影出版社 2006 年版。
于良子：《谈艺》，浙江摄影出版社 2006 年版。
寇丹：《鉴壶》，浙江摄影出版社 2006 年版。

参考文献

中国茶叶博物馆：《品茗的排场：民间收藏茶具精品》，浙江大学出版社2006年版。

廖建智：《明代茶文化艺术》，秀威资讯科技股份有限公司2007年版。

商传：《明代文化史》，东方出版中心2007年版。

沈冬梅：《茶与宋代社会生活》，中国社会科学出版社2007年版。

南国嘉木：《茶具大观》，华艺出版社2007年版。

徐秀棠：《徐秀棠说紫砂》，上海辞书出版社2007年版。

陈文华：《中国古代茶具鉴赏》，江西教育出版社2007年版。

郭丹英、王建荣：《中国老茶具图鉴》，中国轻工业出版社2007年版。

张显清：《明代后期社会转型研究》，中国社会科学出版社2008年版。

阴法鲁、许树安、刘玉才：《中国古代文化史》，北京大学出版社2008年版。

王建荣、赵燕燕、郭丹英、姚晓燕：《中国茶具百科》，山东科学技术出版社2008年版。

王玲：《中国茶文化》，九州出版社2009年版。

吴智和：《明人休闲生活文化》，明史研究小组2009年版。

郭丹英、王建荣：《中国茶具流变图鉴》，中国轻工业出版社2009年版。

北京大学考古文博学院、江西省文物考古研究所、景德镇市陶瓷考古研究所：《景德镇出土明代御窑瓷器》，文物出版社2009年版。

吴智和：《明人休闲生活文化》，明史研究小组2009年版。

冯天瑜、何晓明、周积明：《中华文化史》，上海人民出版社2010年版。

王光尧：《明代宫廷陶瓷史》，紫禁城出版社2010年版。

肖丰：《器型、纹饰与晚明社会生活——以景德镇瓷器为中心的考察》，华中师范大学出版社2010年版。

池宗宪：《茶杯：寂光幽邃》，生活·读书·新知三联书店2010年版。

池宗宪：《茶席：曼荼罗》，生活·读书·新知三联书店2010年版。

香茗雅器：明代茶具与明代社会

池宗宪：《茶壶：有容乃大》，生活·读书·新知三联书店 2010 年版。

廖宝秀：《茶韵茗事：故宫茶话》，"国立"故宫博物院 2010 年版。

[美] 威廉·乌克斯：《茶叶全书》，东方出版社 2011 年版。

姚伟钧、刘朴兵、鞠明库：《中国饮食典籍史》，上海古籍出版社 2011 年版。

杨东甫、杨骥：《茶文观止：中国古代茶学导读》，广西师范大学出版社 2011 年版。

何国松：《图观茶天下：茶具》，北京工业大学出版社 2011 年版。

张景明、王雁卿：《中国饮食器具发展史》，上海古籍出版社 2011 年版。

叶喆民：《中国陶瓷史》，生活·读书·新知三联书店 2011 年版。

丁以寿、章传政：《中华茶文化》，中华书局 2012 年版。

王镜轮：《闲来松间坐：文人品茶》，故宫出版社 2012 年版。

向斯：《心情一碗茶：皇帝品茶》，故宫出版社 2012 年版。

池宗宪：《藏茶生金》，清华大学出版社 2012 年版。

池宗宪：《炉铫兴味》，清华大学出版社 2012 年版。

陈文华：《茶文化概论》，中国广播电视大学出版社 2013 年版。

马未都：《瓷之纹》，故宫出版社 2013 年版。

吴光荣：《茶具鉴藏》，印刷工业出版社 2013 年版。

中国茶叶博物馆：《品茶说茶：在中国茶叶博物馆漫步》，东方出版社 2013 年版。

李文杰：《茶与道》，上海文化出版社 2014 年版。

马莉：《茶与佛》，上海文化出版社 2014 年版。

方雯岚：《茶与儒》，上海文化出版社 2014 年版。

陈宝良：《明代社会转型与文化变迁》，重庆大学出版社 2014 年版。

商传：《走进晚明》，商务印书馆 2014 年版。

王建荣、郭丹英：《中国老茶具》，黄山书社 2014 年版。

余悦：《图说茶具文化》，世界图书出版公司 2014 年版。

汪星燚：《以适幽趣：明清茶具珍藏展》，西泠印社出版社 2014 年版。

施由明：《明清中国茶文化》，中国社会科学出版社 2015 年版。

胡长春：《文人与茶》，中国社会科学出版社 2015 年版。

黄文哲、李菲：《茶之器》，武汉大学出版社 2015 年版。

关剑平：《中华文化元素：茶》，长春出版社 2016 年版。

李文年：《中国陶瓷茶具珍赏》，文物出版社 2016 年版。

陈宝良：《明代士大夫的精神世界》，北京师范大学出版社 2017 年版。

廖宝秀：《历代茶器与茶事》，故宫出版社 2017 年版。

蔡定益：《香茗流芳：明代茶书研究》，中国社会科学出版社 2017 年版。

三 学术论文类（按发表时间排序）：

吴智和：《晚明茶人集团的饮茶性灵生活》，《社会科学战线》1992 年第 4 期。

吴智和：《明代的茶人集团》，《传统文化与现代化》1993 年第 6 期。

吴智和：《明代茶人的茶寮意匠》，《史学集刊》1993 年第 3 期。

吴智和：《明代茶人集团的社会组织——以茶会类型为例》，《明史研究》1993 年第 3 期。

吴智和：《明代文人集团的茶文化生活》，《中华食苑（第九集）》，中国社会科学出版社 1996 年版。

郭孟良：《〈金瓶梅〉与明代的饮茶风尚》，《明清小说研究》2002 年第 2 期。

施远：《竹器与晚明文人生活》，《文史知识》2002 年第 11 期。

胡长春、龙晨红、真理：《从明代茶书看明代文人的茶文化取向》，《农业考古》2004 年第 4 期。

施由明：《论明清文人与中国茶文化》，《农业考古》2005 年第 4 期。

王河：《惠山听松庵竹茶炉与〈竹炉图咏〉》，《农业考古》2006 年第 2 期。

♨ 香茗雅器：明代茶具与明代社会

陈文华：《中国古代民间和宫廷的茶具》，《中国农史》2006 年第 4 期。

施由明：《明清中国皇室的饮茶生活》，《农业考古》2006 年第 5 期。

王小红：《坐弄流泉烹溪月，篝火调汤煮云林——"明四家"所绘茶文化图举要》，《书画世界》2006 年第 1 期。

施由明：《试析明清中国市民的生活情怀与市民茶文化》，《农业考古》2007 年第 5 期。

郭丹英：《苦节君考》，《茶叶》2009 年第 1 期。

丁以寿：《〈茶具图赞〉疏解》，《农业考古》2009 年第 2 期。

王河、王晓丹、刘美彩：《清代邹炳泰与〈纪听松庵竹炉始末〉》，《农业考古》2009 年第 2 期。

覃瑞南：《明中叶文士饮茶空间之研究》，《台南科大学报》2009 年第 28 期。

唐冰：《〈水浒传〉中的餐具酒具和茶具》，《水浒争鸣》2010 年第 12 辑。

施由明：《论茶与明代文人文徵明的人生情怀》，《农业考古》2011 年第 5 期。

胡长春：《明清时期中国茶文化的变革与发展》，《农业考古》2012 年第 5 期。

蔡定益、周致元：《明代贡茶的若干问题》，《安徽大学学报（哲学社会科学版）》2015 年第 5 期。

潘高洁：《晚明文人的茶具、茶寮与饮茶生活——以丁云鹏〈煮茶图〉为例》，《艺术品》2015 年第 6 期。

蔡定益：《中国古代茶书中的茶具与儒家哲学思想》，《茶叶》2017 年第 2 期。

四 学位论文类（按学位年份排序）

鲁烨：《明代诗歌中的茶文化》，江南大学，2001 年。

章传政：《明代茶叶科技、贸易、文化研究》，南京农业大学，2007 年。

参考文献

徐国清：《明朝时期浙江茶文化研究》，中国农业科学院研究生院，2009年。

刘双：《明代茶艺初探》，华中师范大学，2008年。

王秀萍：《明清茶美学思想研究》，湖南农业大学，2010年。

袁薇：《明中晚期文人饮茶生活的艺术精神》，杭州师范大学，2011年。

张岳：《养生视角下的中国明代茶文化研究》，中国中医科学院，2012年。

李培：《从文徵明画中的茶具看吴门四家的文人生活状态》，安徽大学，2014年。

王叶菁：《紫砂壶在明代江南的兴起与传播》，西北师范大学，2014年。

童怡倩：《文徵明"茶事图"研究》，华东师范大学，2016年。

后　　记

　　写作此书，很大程度是因为与景德镇和浮梁的缘分。在古代，景德镇是浮梁县下辖之一镇，在现代，浮梁转变为景德镇下辖之一县。2005年来景德镇陶瓷学院工作，老校区设于景德镇市区，新校区位于浮梁县境。一千多年前的唐代白居易咏有《琵琶引》一诗，其中有两句"商人重利轻别离，前月浮梁买茶去"。[①] 本人位处浮梁，一时间产生了思接千载的感觉，唐代的浮梁是茶叶生产贸易十分兴盛的地区。而唐代景德镇瓷业的逐渐兴起与茶叶有某种隐秘的联系，茶业盛则对茶具有很大需求，最好的茶具是陶瓷，而当地适有优质瓷土，瓷业因之而兴。茶具成为茶叶与陶瓷的结合点。本人所居位于景德镇昌江支流南河畔的湖田，漫步河边，时常可见河道中散落有大量古代遗留下来的瓷片和匣钵，可明显辨别出有些是宋代的影青，有些是明清的青花。似乎令人看到几百年前大量的船只装载陶瓷熙熙攘攘从此地出发远销各地，其中相当一部分即为茶具。接触陶瓷史料，竟发现最早许多有关陶瓷的记载竟保存于茶书（如唐陆羽《茶经》）和茶诗（如晋杜育《荈赋》）之中。从而产生朦胧的想法，意图从史学角度对中国古代的茶具进行探究。景德镇每年都会举办国际陶瓷博览会，目测几近三分之一的展品为茶具。漫步景德镇街头，随时可见琳琅满目的各式茶具，更坚定了自己研究茶具的想法。

[①] （清）彭定求等：《全唐诗》卷435，中华书局1960年版，第4821—4822页。

后 记

本人长期以茶史为研究方向，或许是自身性情契合了茶在中国文化中的象征及隐喻。明人董其昌有言："'不为无益之事，何以悦有涯之生？'余谓茗碗之事，足当之。盖幽人高士，蝉脱势利，藉以耗壮心而送日月。"① 明人陈继儒曰："樵海先生，真隐君子也。平日不知朱门何物，日偃仰青山白云堆中，以一瓢消磨半生。"② 明蔡复一曰："古今浇垒块者，图书外，惟茶、酒二客。酒，养浩然之气；而茶，使人之意也消。功正未分胜劣。……酒和中取劲，劲气类侠；茶香中取淡，淡心类隐。"③ 自己对这些文字很着迷，也深受浸染。茶代表着闲逸、淡泊和隐退。

本人读博期间博士论文的名字是《明代茶书研究》，从而收集了大量明代茶史的相关资料，其中许多也与明代茶具有关。2016 年博士毕业以后，时间较为空闲，从而决心完成《明代茶具与明代社会》的写作。2017 年初开始，在现有已经收集的资料基础上，进一步收集各类史料，整整耗费了一年时间，到 2018 年初史料终于基本收集完整。又用了一年的光阴从事文字的写作，到 2019 年初书稿基本完成。最近两年的时间，除必要的工作任务和生活杂务外，基本都花费在这本书上了。如有可能，希望将来能有机会完成中国历史其他时段茶具的写作。

绝不敢有两千多年前祖师爷太史公"藏诸名山，传之其人""究天人之际，通古今之变"之类的抱负，本书只是完成了一件自己想做并满足内心的事情。当然此书如果能使他人略有所得，稍有感悟，那就是两全其美了。

蔡定益

2019 年 1 月 8 日深夜于南河畔

---

① （明）夏树芳：《茶董》，《四库全书存目丛书·子部》第 79 册，齐鲁书社 1997 年版。
② （明）陈继儒：《白石樵真稿》卷 18《题诗文·跋记传卷集》，上海杂志公司 1935 年版，第 307 页。
③ （明）喻政：《茶集》之蔡复一《茶事咏》，喻政《茶书》，明万历四十一年刻本。